納冨常天著

金沢文庫蔵

国宝称名寺聖教湛睿説草

研究と翻刻

勉誠出版

伝湛睿和尚像

(75)

金沢貞顕廻向表白（三一四函一三二号）

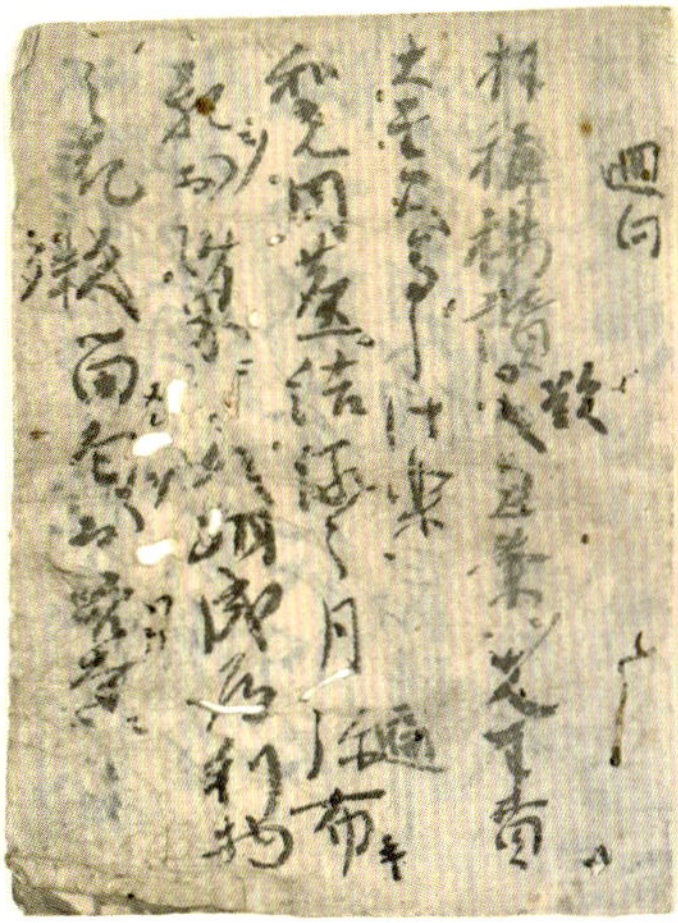

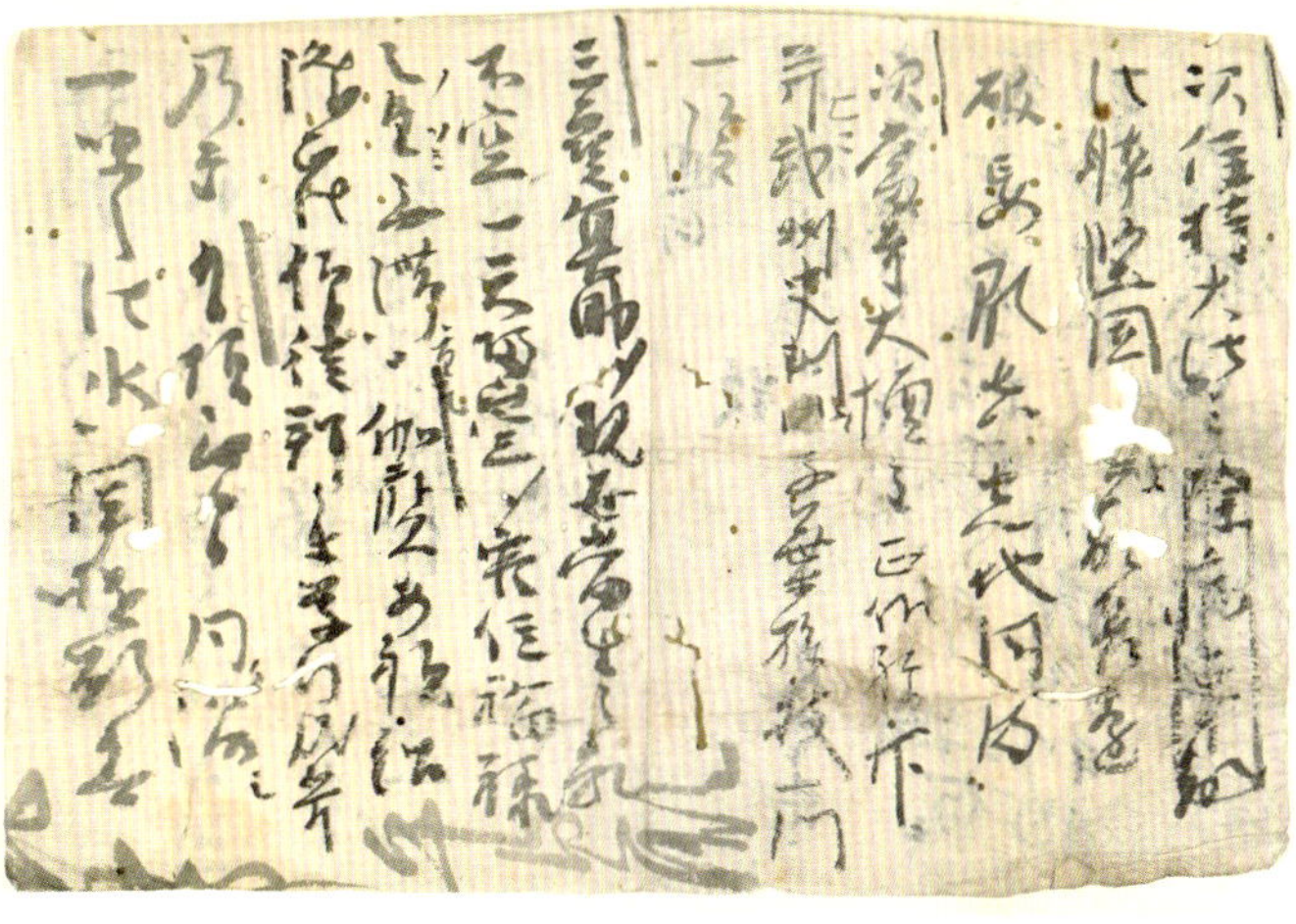

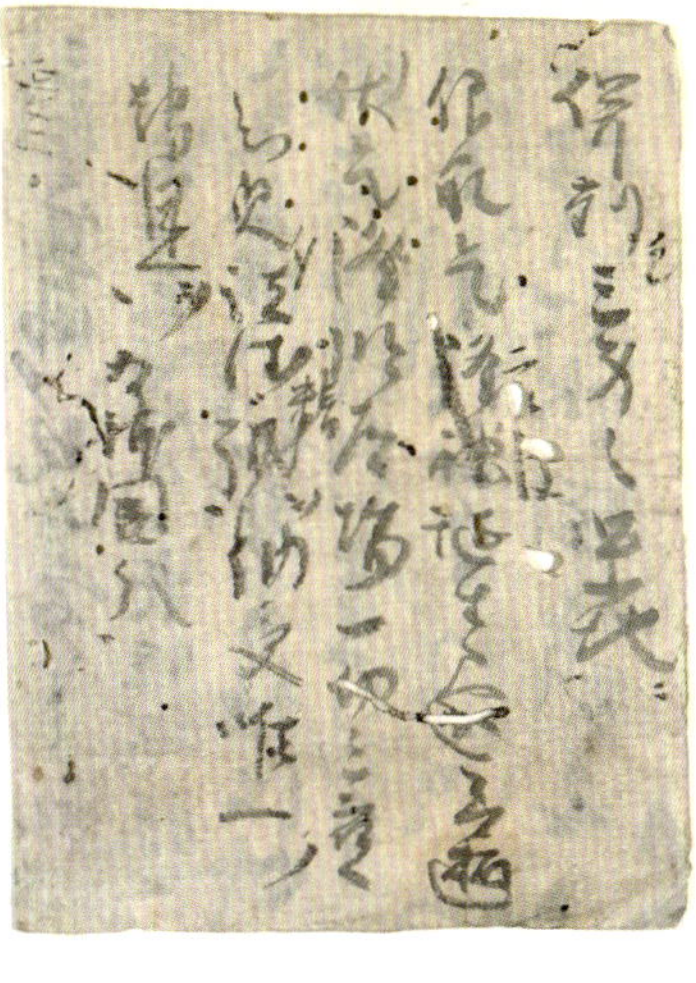

称名寺二代長老釼阿初七日表白（三九九函三二号）

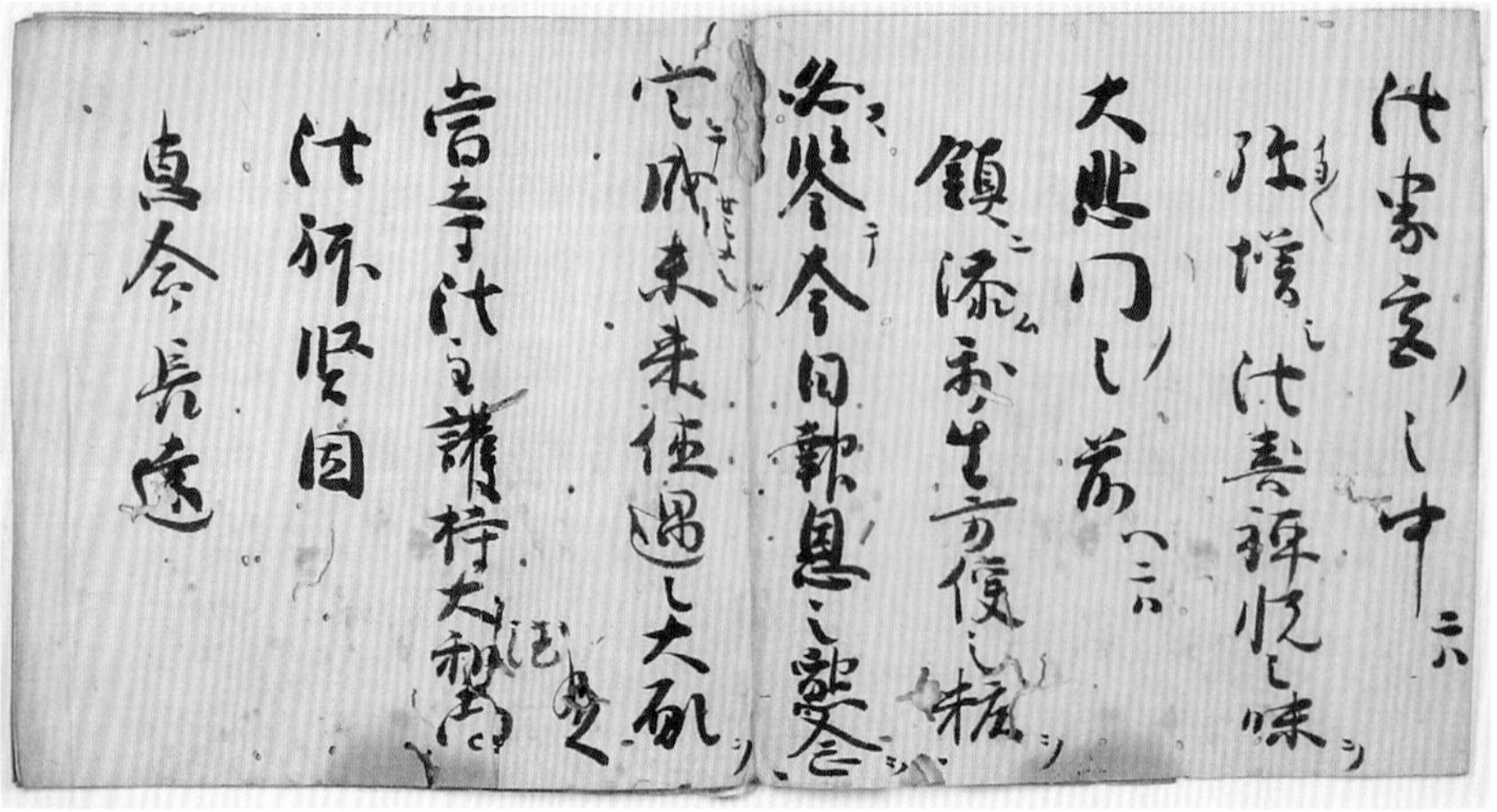

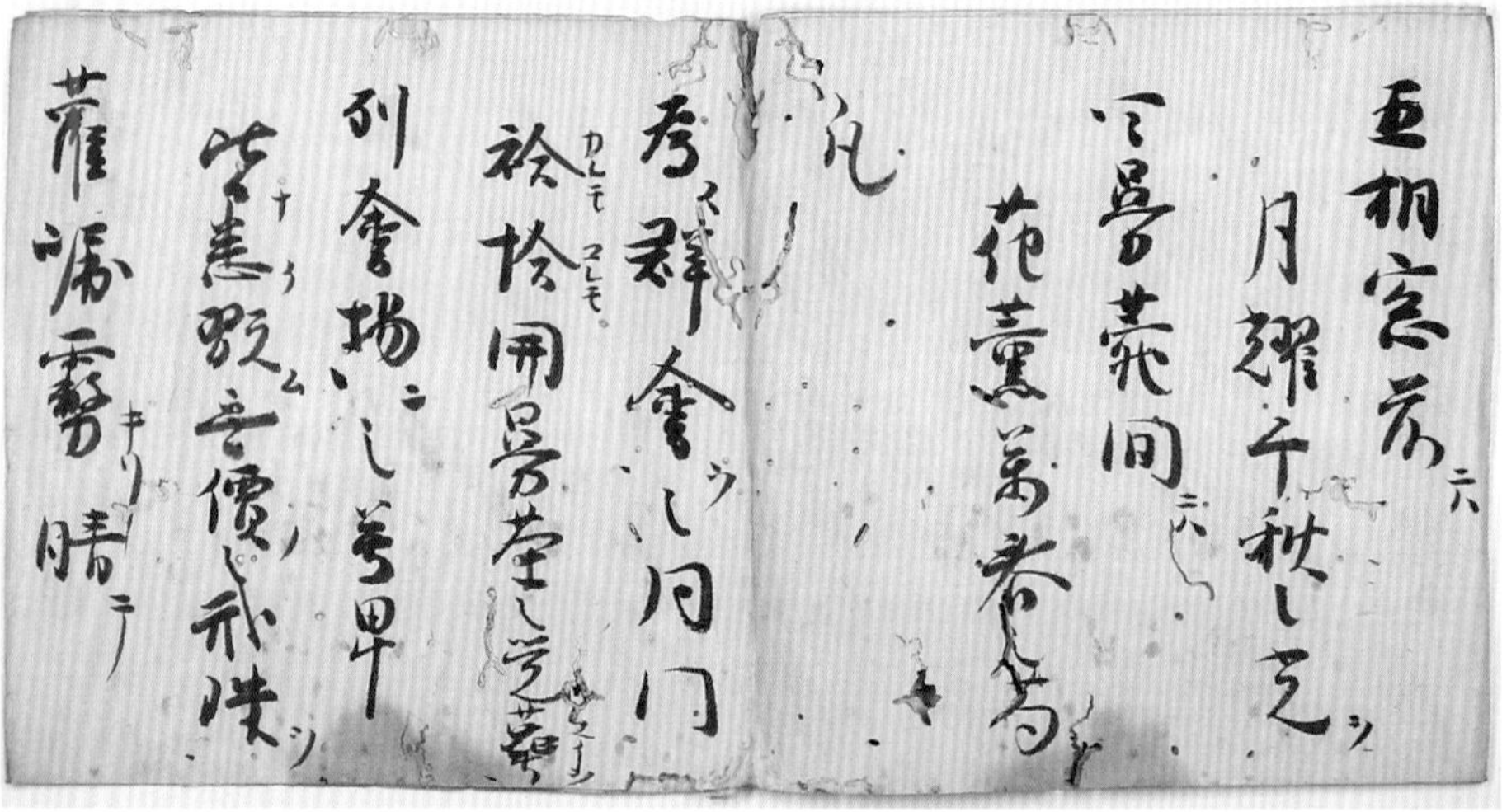

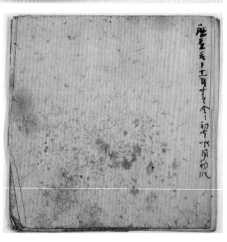

(104)

称名寺二代長老釼阿三七日表白案

(三九九函二一七号)

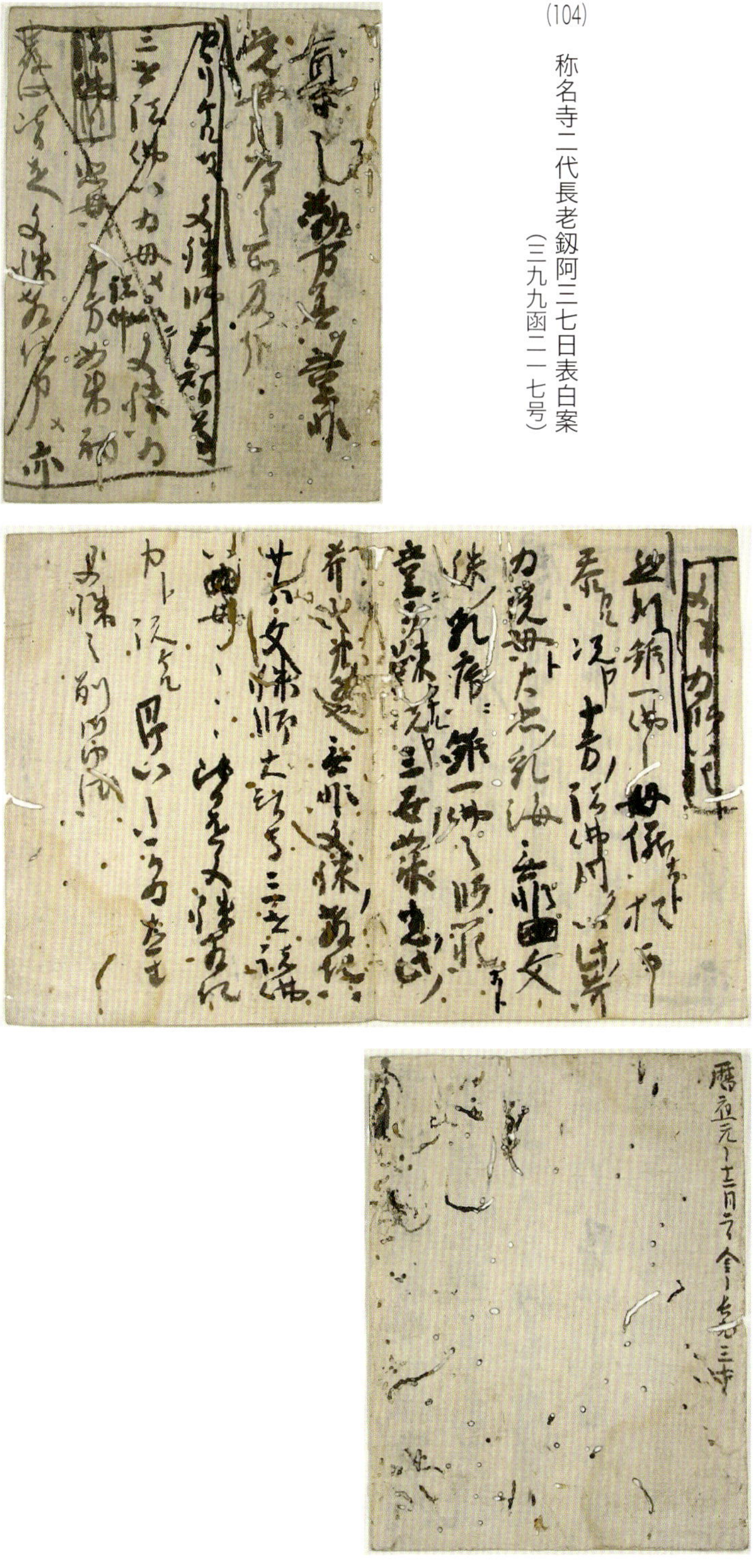

○俗
為僧施主段（三〇八函四七号）

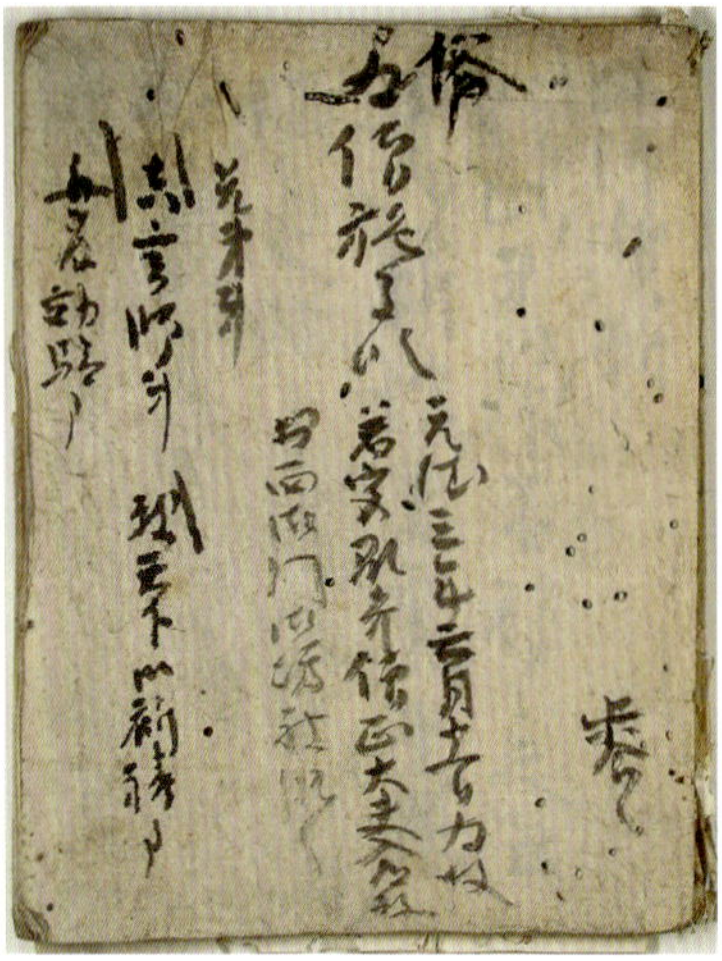

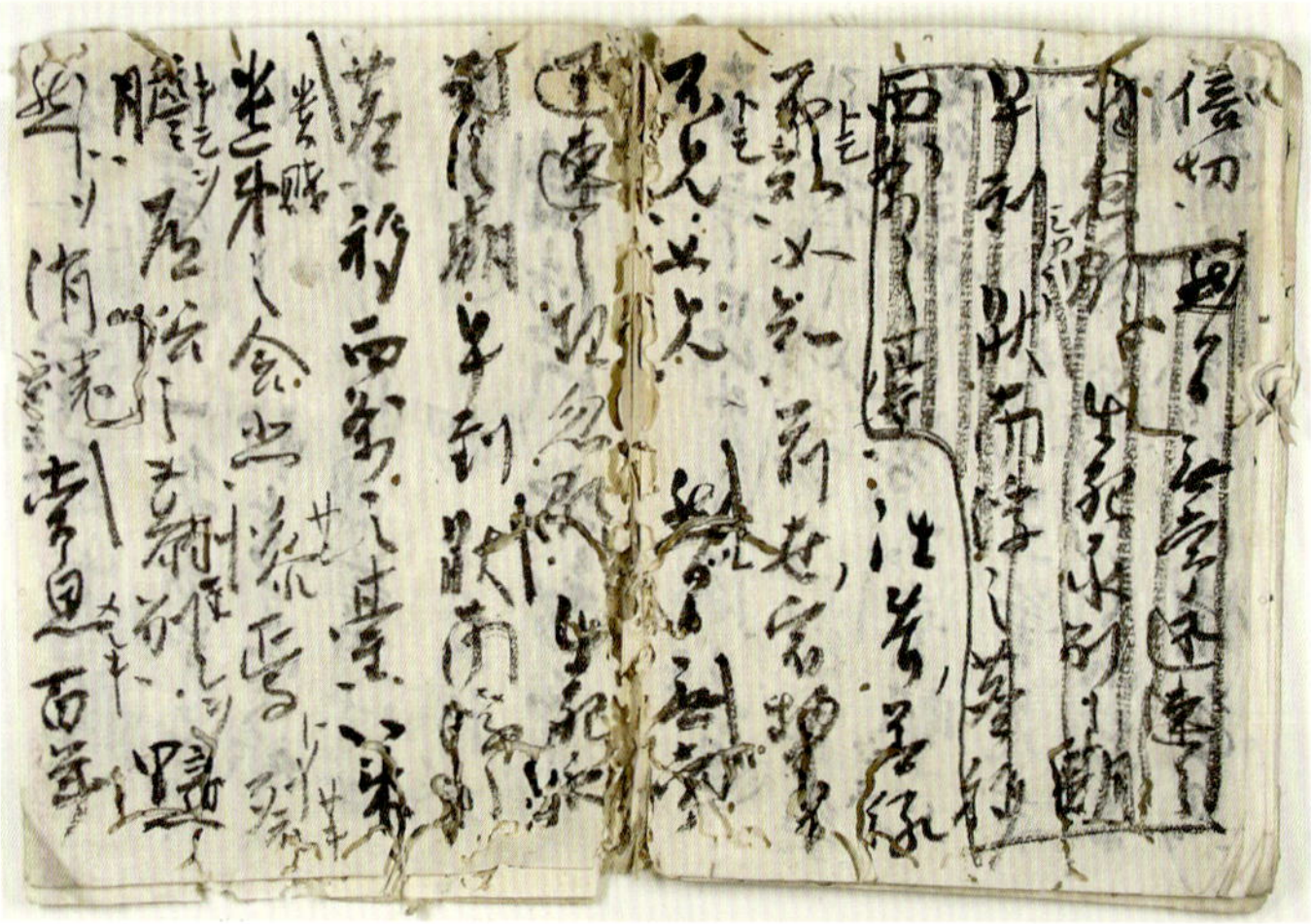

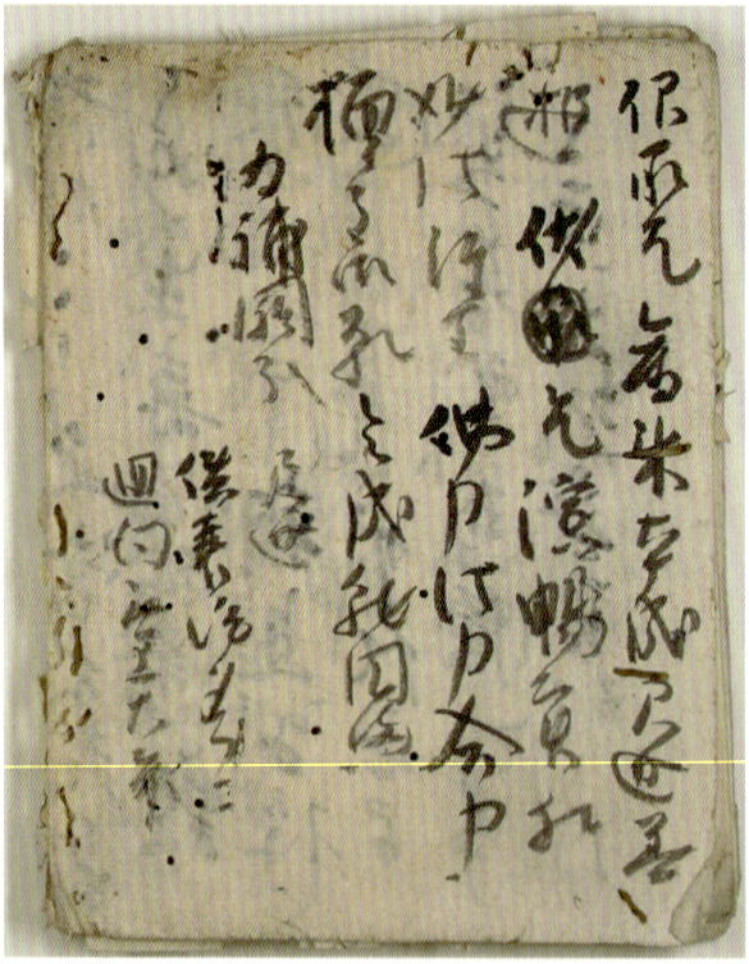

(114)

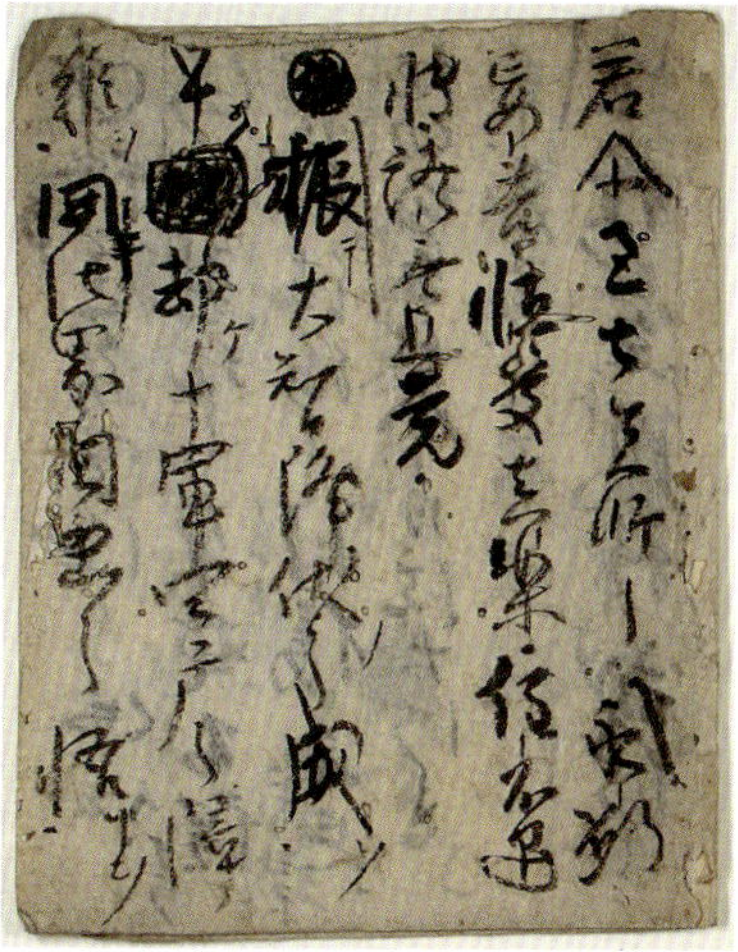

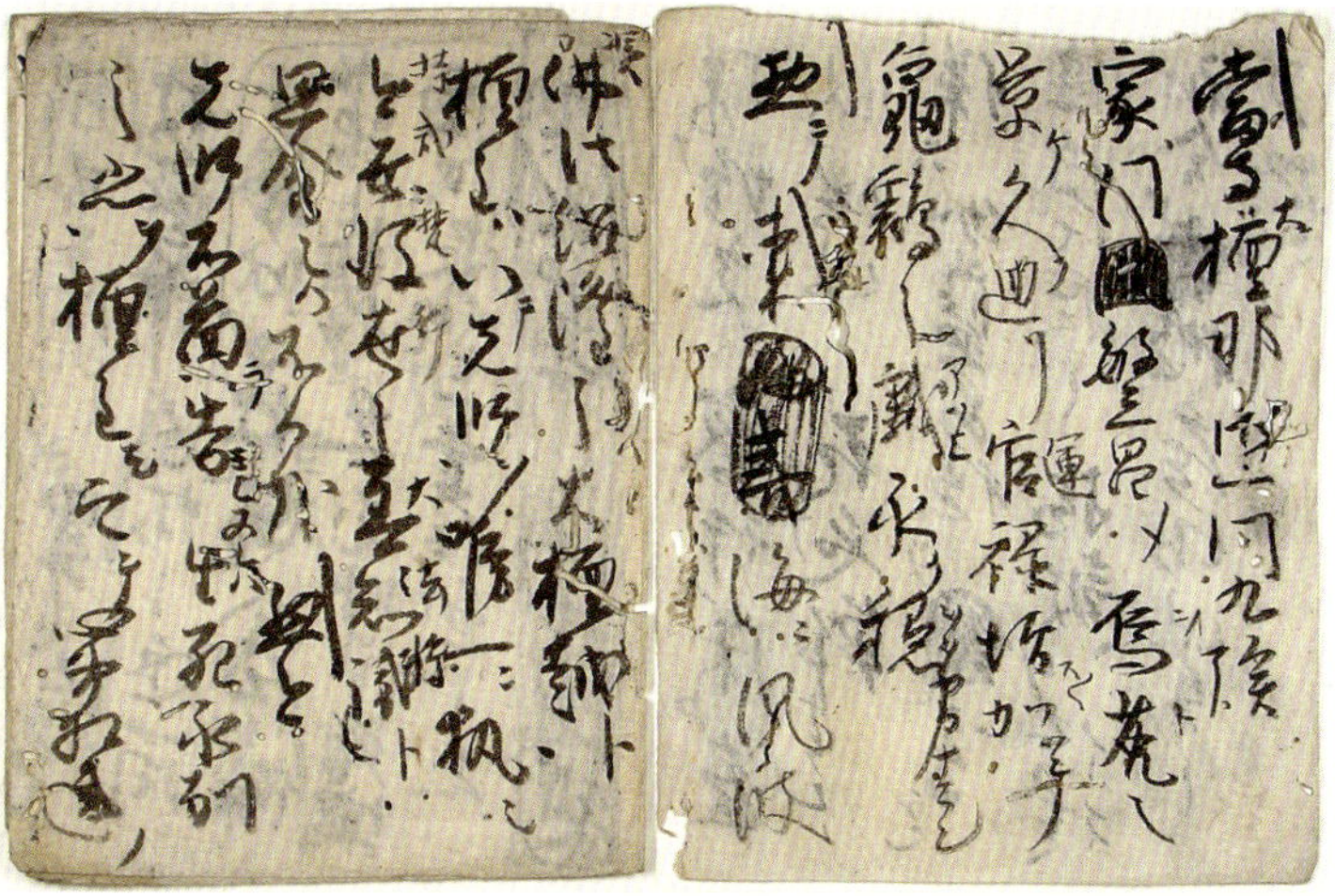

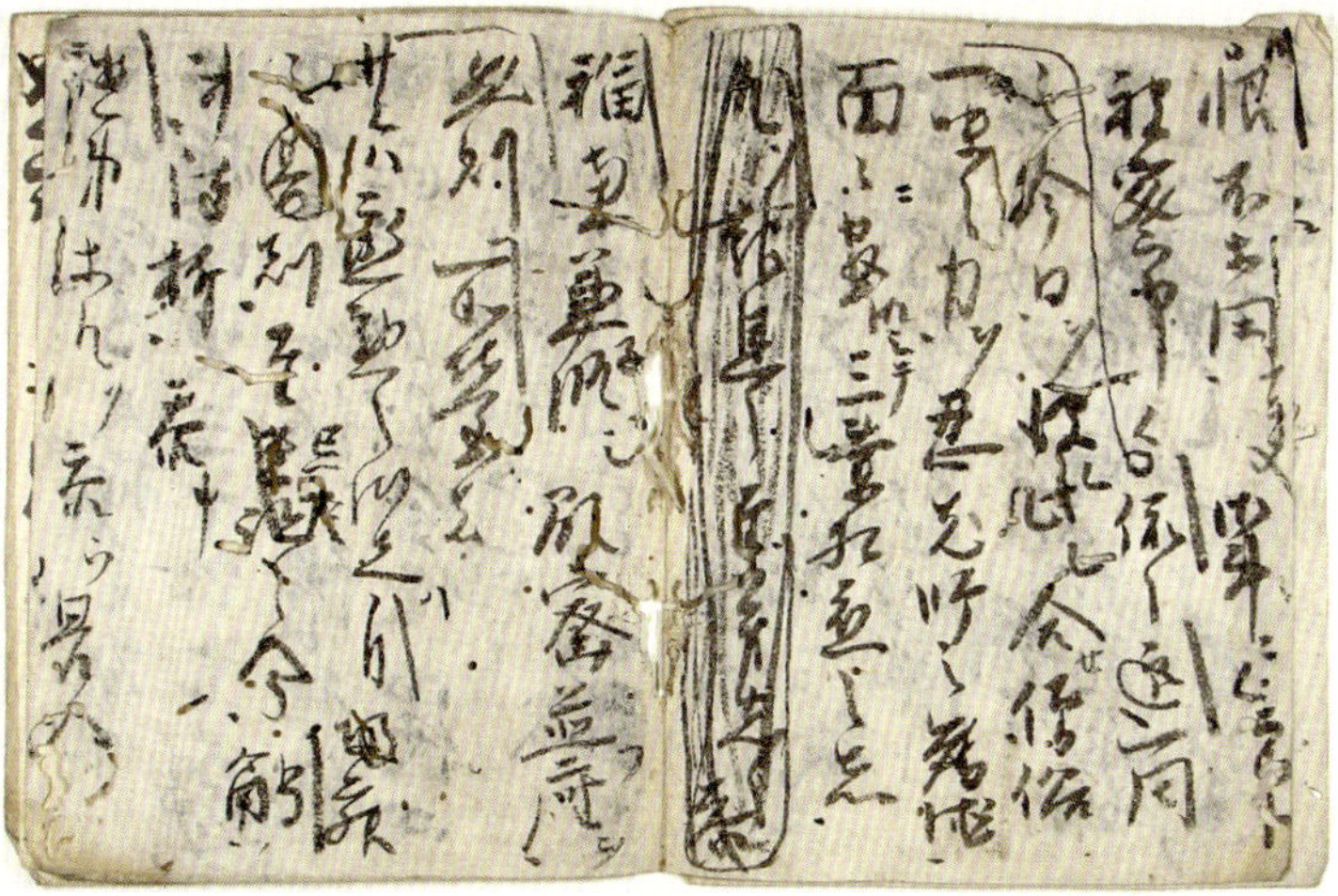

先師（審海）一周忌表白
（三一四函一二九号）

(122)
下総東禅寺住持三年忌表白
（三一四函一三三号）

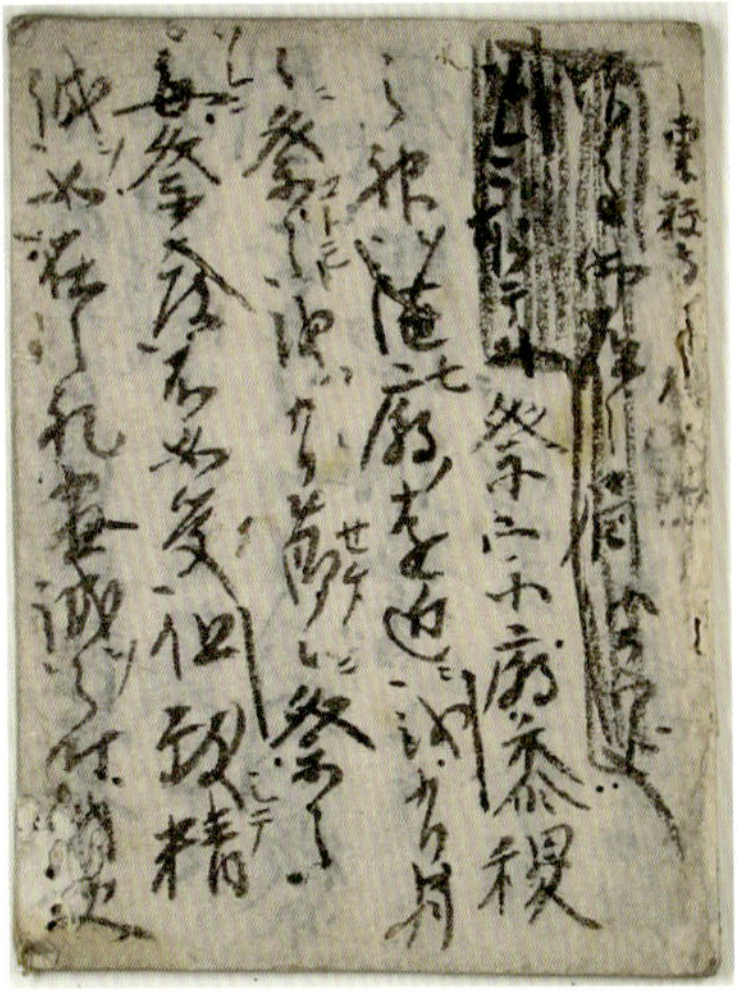

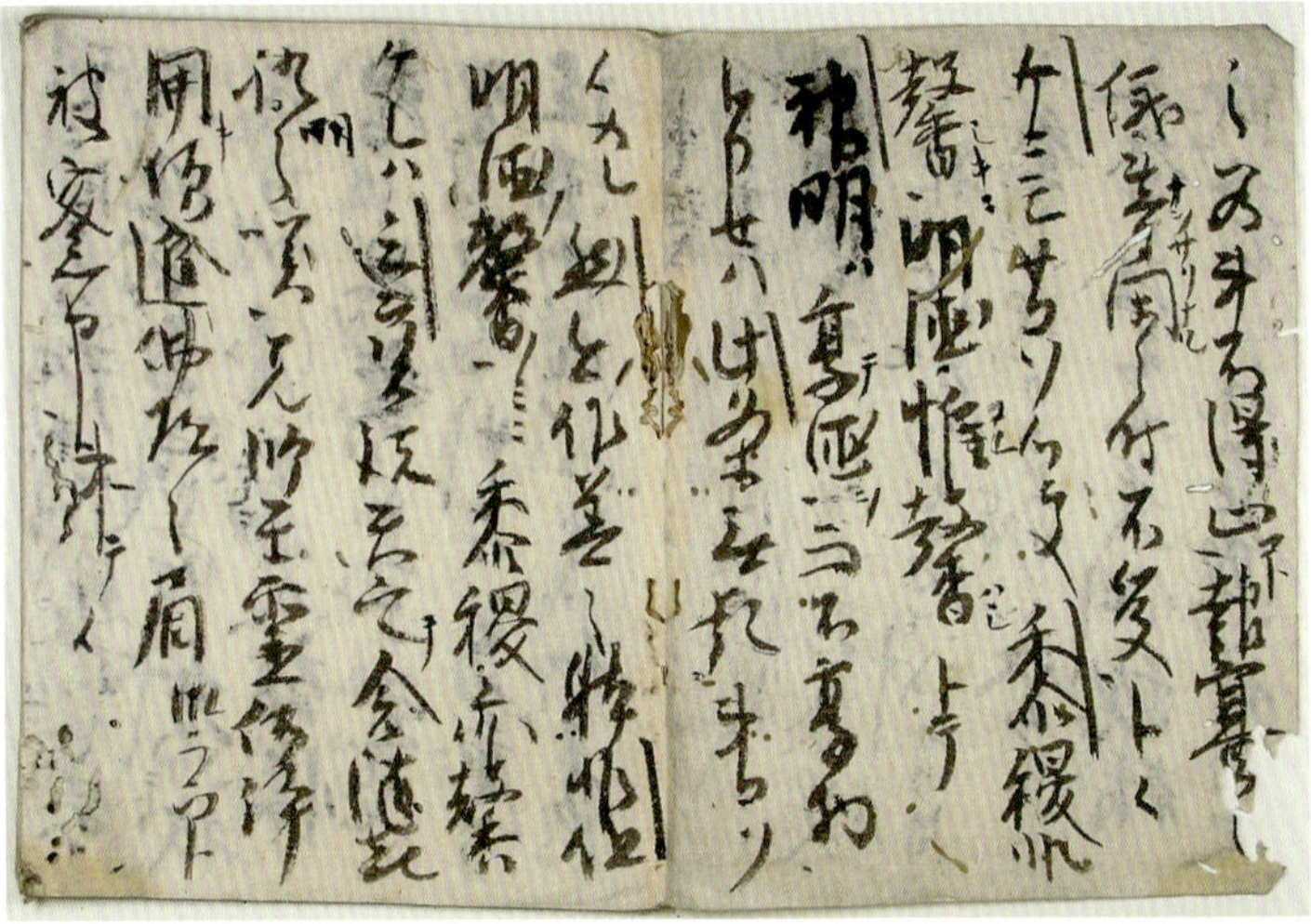

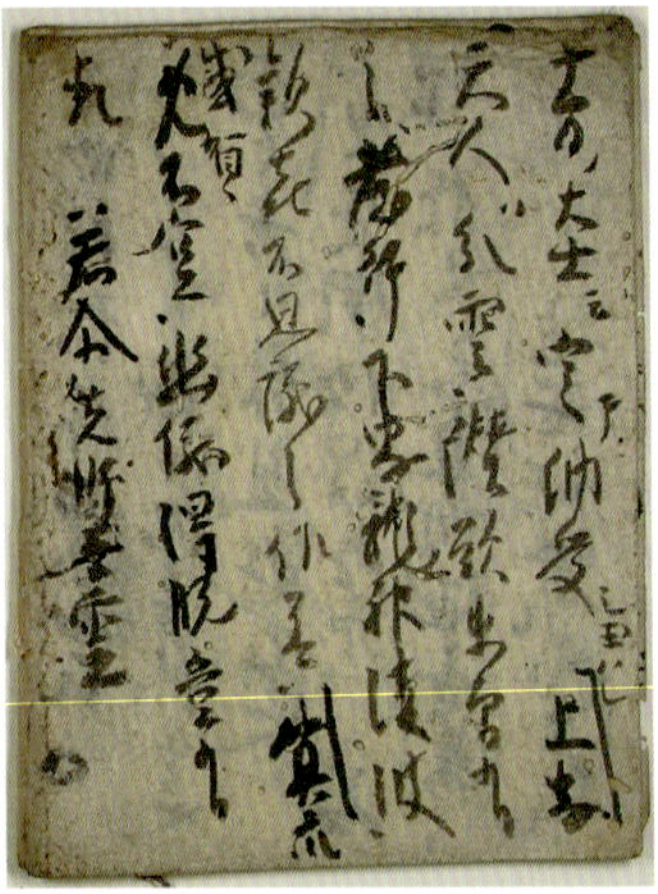

口絵掲載の絵画・聖教は全て称名寺所蔵
（神奈川県立金沢文庫保管および管理）

刊行によせて

金沢称名寺三代長老の本如房湛睿（一二七一～一三四六）は、称名寺・極楽寺で修行の後、東大寺や和泉久米多寺の碩徳に師事して華厳・戒律の学問を修め、密教の行法の奥儀にも達し、かつ唱導や悉曇にも名を残す偉大な学僧である。そればかりでなく、金沢文庫文書に残る当時の書状からうかがわれるところでは、鎌倉時代末期から南北朝時代にかけて、戦乱によって危機に瀕した下総土橋東禅寺や金沢称名寺の長老となって諸寺の存立を守り、多数の檀那・外護者を獲得し、遠く離れた寺領の経営にも辣腕をふるうなど、世俗の実務にも通じた達人であった。

そうした湛睿の多岐にわたる活動のなかで、膨大な唱導資料に注目されたのが納冨常天元金沢文庫長である。納冨氏は華厳や戒律の湛睿草稿の整理を進めると同時に、称名寺聖教のあちこちに散在する湛睿の手稿本を探索し、翻刻に努められた。その成果は、金沢文庫退職後に鶴見大学の紀要に連載され、中世唱導文学に関心をもつ多くの研究者の渇を癒してきた。今回、九旬に及ばれる納冨先生が精力的に改訂増補を加えられ、新たに見いだされた多数の資料を加え、連載中にはなかった通し番号を付し、見やすくまとまった形で公刊されることは、斯界の研究の発展に大きく寄与するものとして慶賀にたえない。

湛睿の手許には、安居院澄憲の説草を集めて鎌倉時代初期に編纂された『上素帖』や、東大寺弁暁説草など、平安時代末期に活躍した京師南都の唱導の名手たちの説草が蓄積されていた。湛睿は、それらの古典を縦横に活用して自らの説草を書き、実際に法会の場で口演して人々の感動を呼んだらしい。湛睿の筆になる枡形本の小さな説草の表紙や裏表紙の片隅には、それを使用した日付・場所・対象者が細字で書き込まれ、きわめてリアルな説法の記録となっている。こうした周到な注記は、同じ内容を同じ相手に繰り返さないための用心から行われたものと考えられるが、その記入のおかげで現代のわれわれは、具体的にどのような場でどのような説法が行われたのかを知ることができるのである。説草を一つの文芸・演芸の台本と見るとき、使われた時・所・人が明瞭に特定できる作品が文学史の上で他にあるだろうか。そのような面からも、湛睿説草の歴史史料としての貴重性も特筆されるわけである。仏教や文学の研究者ばかりでなく、歴史研究者にも本書を活用していただきたいと願うゆえんである。

納冨先生は、昭和五年に建てられた旧金沢文庫の最後の文庫長として平成新館の建設に取り組まれたが、新館着工を前に退役された。筆者が金沢文庫に学芸員として採用されたのは納冨文庫長の最後の一年であったが、西日の強くあたる旧館の文庫長室に閉じこもってひたすら資料の翻刻・調査に取り組まれている姿は、金沢文庫の学芸職員はかくあるべしと背中で示されていたように思う。時は移り、小生も当時の納冨先生と同じ年齢に達し、金沢文庫を退く日を迎えたが、あれから三十年余の歳月をへて、今なお御壮健に研究活動を続けられている先生を見るにつけ、学問に終わりはなく、研究は根気よく永く続けなければならないということをさらに教えられる。この多大な学恩に満腔の感謝を申し上げて、本書発刊のはなむけとさせていただきたい。

前金沢文庫学芸課長
上智大学特任教授　西岡芳文

目次

湛睿の唱導資料について

はじめに

金沢文庫収蔵にかかる唱導資料（称名寺聖教、平成二十八年八月十七日国宝指定）については、『金沢文庫古文書』第八輯「仏事篇」や『安居院唱導集』[1]などで、すでにその一部は翻刻紹介されているが、まだ学界に未発表の貴重な資料が豊富にある。その大部分は学山金沢称名寺の住僧や関係者のものであるが、[2]とりわけ湛睿関係のものが大量に残存している。湛睿については『金沢文庫資料の研究』（法蔵館）において詳細に述べたが、その唱導資料については「湛睿の基礎的研究」[3]や「湛睿の事績」[4]などで、簡単に列挙し紹介した。しかし、その後新たに発見したものも少なくないので、ここで改めて関係資料を網羅的にとりあげ、総括的検討を加えて、唱導師としての湛睿を明らかにする手がかりにしたい。またそれらの唱導資料は、いずれも宗教儀礼解明のうえから重要であるばかりか、思想的に注目しなければならないもの、説話的要素をもっているもの、さらには文学性の著しく高いものなどを多く含んでいる。それどころか、その奥書などから何時・何処で、如何なる法会で使用されたものか、またその多くに施主の名が記されており、中世における唱導の実態を知るうえで極めて重要な資料である。また仏教辞典や国語辞典・大漢和辞典・古語辞典をはじめ諸辞典にない用語や語句もあるから、『鶴見大学紀要』第四部人文・社会・自然科学編二十九号（平成四年三月）から三十・三十一・三十二号の四回にわたり一九三点を発表したが、その後二〇〇六年に称名寺聖教の重要文化財指定のための悉皆調査などにより、新たに発見されたもの二十六点を補遺として加え、翻刻することにして作業を進めていたが、作業中、三点の稿本が一冊となることを確認したので、これを改め、前回発表分とあわせて二一七点を翻刻した。さらに、二〇一六年、古文書とあわせて国宝に指定するため、断簡等の調査が行われた結果、湛睿の唱導関係の断簡が二十六点発見されたので、これらも追補として総計二四三点を翻刻する。これらの多くは或いは前欠・後欠の欠落分に関係があるものと思われるので、今後解明が必要である。また既刊のものはコピーを中心に翻刻したので、ここでは、改めて原本に基づき、補訂し正確を期した。なお、神奈川県立金沢文庫の西岡芳文学芸課長・道津綾乃主任学芸員の協力により、随処にある校訂の経緯を示す抹消・貼紙・添付紙・挿入紙などの記録も翻刻付加することができ、心から感謝したい。また、末尾の索引も道津主任学芸員に作成していただいたので、重ねてお礼を申し上げたい。

一　湛睿における唱導の系譜

湛睿における唱導の系譜について述べるまえに、唱導の源流と展開について簡単に考察してみたい。唱導の源流はいうまでもなく、釈尊の対機説法・応病与薬の教化[5]にはじまるが、後掲する湛睿筆になる(29)『名号具衆徳』の冒頭にも、「凡そ一切の諸仏皆説法・神通・光明・名号の四事を以て衆生を利益す」(原漢文)とある。虎関師錬撰『元亨釈書』は印度・中国における展開について、つぎのように述べている。

唱導は演説なり。昔満慈子、応真の間に鳴る。吾が法、東に伝わってより諸師みな論導に切なり。しかれども盧山の遠公独りその美を檀にす。大法瓜のごとくに裂くるにおよんで、この道もまた分かる。故に梁伝に立てて科となせり。[6](原漢文)

これによると、印度では弁舌第一の富楼那(満慈子)尊者や、多くの仏弟子(応真＝賓頭盧尊者などの阿羅漢)がすぐれた説法を演じ、教化を行ったことが推察される。

また中国においては、はじめ「宿徳を別請して、座に昇って説法せしむ。あるいは因縁を雑序し、あるいは譬喩を傍引せり」[7](原漢文)とあるように、因縁を種々述べ、譬喩を引くのみであったが、盧山の慧遠(三三四―四一六)にいたり、唱導が著しく興隆したとしている。慧遠について慧皎(四九七―五五四)の『梁高僧伝』巻第十三は

道業貞華にして、風才秀発なり。齋集に至るごとに、すなわち自ら高座に昇りて、みずから導首となり、まず三

世の因果を明らかにして、かえって一齋の大意を弁ぜり。後代伝受してついに永則となる。[8]（原漢文）

と述べ、中国における唱導の実情を語ると同時に、慧遠を唱導興隆の起点として位置づけている。またその後多くの人材が輩出し活躍したことは、同じく『梁高僧伝』巻第十三「唱導第十」に登場する道照[9]・慧明・曇頴[10]・慧璩・曇宗・僧意・曇光・慧芬・道儒・僧喜・慧重・法覚・法願・法鏡[11]・道親・寶興・道登ら十七名の行実[12]からも伺うことができる。

また慧皎は唱導の意義目的について「唱導は蓋し法理を宣唱し、衆の心を開き導くなり」[13]（原漢文）とするとともに、唱導における不可欠の四つの要素、さらには唱導の方法技術について、つぎのように詳細に述べている。いま繁雑をかえりみず掲げてみよう。

夫れ唱導の貴ぶ所は、其の事四あり。謂く、声・弁・才・博なり。声に非ざれば則ち以て衆を識しむる無し。弁に非ざれば則ち以て時に適する無し。才に非ざれば則ち言採る可き無し。博に非ざれば則ち語に依拠無し。響韻鍾鼓の若きに至りては、則ち四衆心を驚かす。声の用たるなり。辞吐俊発して、適会差無きは、弁の用たるなり。綺声彫華、文藻横逸するは、才の用たるなり。経論を商搉し、書史を採撮するは、博の用たるなり。若し能く茲の四事を善くして適するに人時を以てし、如し出家五衆の為めにせば、則ち須く切に無常を語り、苦めて懺悔を陳すべし。若し君王長者の為にせば、則ち須く俗典を兼ね引き綺綜に辞を成すべし。若し悠悠たる凡庶の為めにせば、則ち須く指事造形して、直に聞見を談ずべし。若し山民野処の為にせば、則ち須く言辞を近局して、罪目を陳斥すべし。凡そ此の変態は事を与にして興る。時を知り衆を知りて、又能く善説すと謂うべし。然りと雖も故に懇切を以て人を感ぜしめ、誠を傾けて物を動かすは、此れ其の上なり。[14]（原漢文）

なお唱導の実態——唱導師の所作や表情、さらには聴衆の反応について、八関斎（在家が六斎日に、一日一夜を限って八戒を厳守し、出家生活をする）の例をひき、導師則ち炉を擎げて慷慨し、含吐抑揚、弁出でて窮まらず、言応じて尽る無く、無常を談ずれば、則ち心形をして戦慄せしめ、地獄を語れば則ち怖涙をして交々零さしめ、昔因を徴すれば則ち往梁を見るが如く、当果を覈すれば則ち已に來報示し、怡楽を談ずれば則ち情抱暢悦し、哀感を叙すれば則ち涙を灑ぎ酸を含む。是に於て闔衆心を傾け、挙堂惻愴し、五体席を輸して、首を砕き哀を陳べ、各弾指し、人々仏を唱う。(15)（原漢文）

と微細に描写している。しかし唱導師は「道においては末となすも、俗を悟らしむるは崇むべし」(16)（原漢文）とあるように、民衆教化においては高く評価されているにも拘わらず、教団における地位は高くなかったことがわかる。

このような唱導の流れは唐・道宣（五九六―六六七）の『続高僧伝』巻第三十「雑科声徳篇」第十や、宋・賛寧（?―九九九）・智輪共撰の『宋高僧伝』巻第二十九「雑科声徳篇」第十に「説法師」(17)という呼称があらわれ、唱導の発展が推察される。

また日本における唱導については、『勝鬘経』『法華経』を講讃した聖徳太子や、民衆に罪福の因果を巧説した行基（「街衢に零畳りに罪福を説き」釈教や僧尼令に違犯する『続日本紀』とも評されている）などをその源流とすることができるが、景戒が弘仁十四年（八二三）頃著して、善悪に対する仏教的因果応報の理を説き、譬喩因縁に用いる話材として最適な『日本国現報善悪霊異記』や、源信（九四二―一〇一七）が寛和元年（九八五）に著し、厭離穢土、欣求浄土を説き、礼拝・讃歎・作願・観察・廻向の五念門による正修念仏を勧めた『往生要集』なども無視することはできない。『元亨釈書』巻第二十九「音芸七」に

本朝、音韻を以て吾が道を鼓吹する者四家なり。経師と曰い、梵唄と曰い、唱導と曰い、念仏と曰う。(18)（原漢文）

とあり、また

吾が国向う方のはじめなお彼がごとく、また剖判無し。故に慶意(19)は先泣の誉を受け、縁賀(20)は後讃の議あり。しかも未だ閥閲あらず。治承養和の間に澄憲法師は給事の家学を挟んで智者の宗綱に拠る。台芒儒林を射て花鮮かに、

性具舌端を出でて泉のごとくに湧き、一たび高坐に昇れば四衆耳を清ます。晩年に戒法を慎まずして屡々数子を生む。[21]長嗣聖覚、家業を克くして唱演を課す。此れより数世、系嗣瓞々たり。覚は隆承を生み、承は憲実を生み、実は憲基を生めり。朝廷その論導を韙して閫房を緩うす。故を以て氏族益々繁し。寛元の間に定円という者あり。園城の徒なり。唱説を善くし、又一家を立つ。猶憲が苗種の如し。方今天下に唱演をいう者、皆二家に効えり。[22]（原漢文）

とある。これによると鎌倉時代には「四海の大唱導、一天の名人、能説の名才」[23]と称美され、また弁説は「富楼那の如し」といわれた澄憲[24]（一一二六―一二〇三）の安居院流と、唱説をよくした定円[25]の三井寺流[26]が並立し、唱導の家元的存在になったこと、とりわけ安居院流は藤原通憲＝信西入道（一一〇六―一一五九）の子澄憲から聖覚[27]（一一六七―一二三五）―隆承―憲実―憲基と次第し、後世にまで大きな影響を与えたとしているのに対し、平安時代についてはわずかに憲意・縁賀をあげるのみである。なお、虎関師錬撰恵空和解『和解元亨釈書』には、唱導師は声・弁・才・博が必要とあることを付記しておきたい。

しかし最澄は天台僧の教育方針である『山家学生式』の「六条式」に「能く行い能く言うは常に山中に住して衆の首となし、国の宝となす。能く言いて行うこと能わざるは国の師となし、能く行いて言うこと能わざるは国の用となす」（原漢文）と述べている。これは能行＝すぐれた実践と同じように、能言＝すぐれた表現能力を重視していること、さらには能行より能言を優位においていることを示すものであるが、天台座主を期する学生の才について述べた、藤原明衡（九八九―一〇六六）の『新猿楽記』は「宏才博覧にして論義決択の吻《くちさき》満座の惑を破す。当弁利口にして説経教化の声衆会の睡を驚かす。大意釈名朦からず、入文判釈分明なり。梵音錫杖の句花の如く、題名諷誦の詞蝶に似たり。（中略）其の容貌を謂えば忝くも阿難・羅睺に等し。其の智弁を論ずれば身子（舎利弗）・富楼那に同じ。一音、二弁、三形、四徳、五愛敬、既に以て具足せり」と記し、説法者の好ましいあり方について触れている。また「ただ常住仏性の四字を称へ、人に仏事を勧めて、唱導を本となせり」(28)とある『続本朝往生伝』一条天皇の条には、「能説之師」として清範・静昭・院源・覚縁があげられているが、清範は文殊の化身とされ、『枕草子』(三五)には「朝座の講師清範、高座のうへも光りみちたる心地して、いみじうぞあるや」と讃歎している。また院源も『本朝高僧伝』には「弁音調適」(29)とあり、『御堂関白記』長和四年(一〇一五)閏六月廿二日条に「其の弁才人に勝れ、聞く者涕を流す」(原漢文)と記されているように、道長から高く評価されており、道長薨去の時は導師をつとめている。

また『二中歴』(30)第十三「名人」の条、説教の項には

賀縁阿闍梨　湛然同　静昭法橋功徳院　院源座主　寛印供奉　源心座主　慶意律師已上山　清範律師　栄昭僧都已上南京　源泉僧正　維尊法橋　済算同　湛円阿闍梨　慶範供奉　維明阿闍梨已上三井寺(31)

とあるのみならず『中右記』にも説教の名手として永縁・覚誉・信永(已上興福寺)・覚厳(東大寺)・香雲房・実教房らがしばしば登場し、『今昔物語集』にも卓越した説教師として、まえに掲げた院源(巻十九第四話)や懐円(山門僧、巻二十第二十・三十五話)、教円(山門座主、巻二十八第七話)、さらには祥蓮(大和吉野、巻十七第三十一話)らの話を載せている。これらは平安時代における説法の重視や唱導師の活躍の一端を示すものといわなければならない。また『二中歴』の清範・栄昭、『中右記』の永縁・覚誉・信永・覚厳、『今昔物語集』の祥蓮らの活躍は、山門・寺門のほかに、南都においても唱導がさかんに行われ、その伝灯が存在していたことを証するものである。なお『本朝高僧伝』には院源・寛印・源心・慶意・清範・源泉・永縁の伝記が収録されているのみならず、静照についても触れている(納富常天編『本朝高僧伝総索引』〈法蔵館〉参照)。

それでは鎌倉時代における唱導について述べてみたい。安居院流唱導については永井義憲・清水宥聖編『安居院唱導集』上巻をはじめ、すでに多くの先学により究明されており、また紙幅の都合もあってここでは省略するが、注目すべき二・三の点について触れておきたい。まず澄憲には『唱導鈔』『澄憲作文集』『源氏表白文』『法滅の記』、さ

らには名説法の種本とされる『雑念集』（『竜門文庫善本書目』）などの著書がある。『元亨釈書』をはじめ、『僧綱補任』『法然上人行状画図』『平家物語』『古今著聞集』『浄土伝灯総系譜』などから、かなり知ることができる。また『玉葉』『明月記』『吾妻鏡』などにも屢々登場するが唱導文芸において、とりわけ評価されるのは、豊かな教養と見識による絶妙なる説法もさることながら、承安四年（一一七四）五月の最勝講導師をつとめた時の注進文『公請表白』に

　夫れ説法は往哲古賢と雖も、多く是れ当座の巧弁なり。故に清範、永昭、静昭、院源等、絶当の芳誉と雖も、後代の記録に及ばず。仍って後輩その妙旨を聞かず。末代彼の麗句を知らず。少僧たびたび愚説多く以って禁闕に注進す。頻に以って叡覧に備う。(32)（原漢文）

と記しているように、清範・院源など往古の説教師たちはいずれも妙詞麗句を残していないのに対し、澄憲ははじめてその説草を記録し残していることである。それは最近判明した称名寺聖教本澄憲撰『上素帖登心』(33)からもわかる。これは華厳・戒律の学匠湛睿手沢本で、「承久四年二月廿五日於雲林院御房書写了　智朗」の奥書をもつもので、稀覯資料としなければならない。しかし長文であり、また紙背も含め刊行が予定されているとのことから、本書では翻刻を割愛する。つぎに澄憲と二条天皇およびその后高松院との関係である。まず二条天皇との関係は、『千載集』巻九哀傷歌に、「二条院かくれさせ給うて御わさの夜よみ侍りける」と題して、「常に見し君か御幸を今日とへは　帰らぬ旅と聞くぞ悲しき」と詠んでいる。これは二条天皇と親密な関係にあったことが推察される。またそれは二条天皇の后高松院に接する機会も多かったことは間違いない。このような高松院と澄憲については、前に「四十八願釈――澄憲を中心として」（拙著『金沢文庫資料の研究稀覯資料編』所収）においても触れた。それは西大寺叡尊『感身学正記』建長三年条に「一人禅尼高松女院姫宮号高倉殿後号醍醐殿於法華寺卆去」、『法華寺舎利縁起』に「其ノ名ヲ曰二空如ト一本号高倉殿稟テ二天性ヲ於敏聡ニ一。自二少年一入二仏道ニ一。顕密ノ之学。和漢ノ之才。世之所ロレ知。人ノ之所ナリレ嘆。老年ノ之後慕ヒ二本願ノ之昔ノ蹤ヲ一、隠居ス法華寺安居房ニ一。偏積ム二事理ノ之行業ヲ一」とあり、称名寺聖教本『法華法』の奥書に「写本云報恩院師主仰云、今次第者故遍智院僧正御草也、依

高倉局之命被作此次第也云々、高倉殿者安居院澄憲法印息女云々一交了」（『金沢文庫古文書識語編』二二八五号）とあるから、法華寺空如（高倉殿）は高松院（二条天皇后）と澄憲の間に生まれた女ということになる。このような事態は、澄憲が弁才もさることながら、名門（藤原通憲＝信西の子）の出身で、品格もあると同時に、清少納言の『枕草子』に「説経師は顔よき」とあるように、容貌もとりわけすぐれていたからであろうか。

また繁雑にわたるが、無視できない説法が『玉葉』寿永元年（一一八二）十一月廿八日にあるので紹介しておきたい。それは西大寺叡尊（一二〇一―九〇）の弟子総持（生没年未詳）は『四分律比丘尼戒本』を開板し、その刊記に「一切の女人はみな母、只是れ過現時を異にするのみ」として、奈良法華寺の比丘尼をはじめとする一切の女人の救済に努めているが、澄憲の説法優美、衆人涙を拭くの後に、誠に珍重なりとあり、「一切の女人は三世諸仏真実の母なり」とするのみならず、「一切の男子は諸仏の真実の父に非ず（中略）仏出世の時（中略）父に於ては陰陽和合の儀無し。身体髪膚その父に受けず。仍て父子の道理なきの故なり。これによってこれを云えば、女は男に勝るものか。云々この事尤も珍事、興あるの言と謂うべし」（原漢文）とある。

また聖覚は『浄土伝灯総系譜』では法然の弟子として位置づけられ、『尊卑分脈』をはじめ、『明月記』『三長記』『明義進行集』『古今著聞集』『沙石集』『吾妻鏡』などに頻繁に記録があるが、安居院流の大成者で、浄土宗では「説法義の祖」とされ『唯信鈔』『四十八願釈』『黒谷源空上人伝』（十六門記）『草案集』『言泉集』などを著している。なかでも『四十八願釈』第二十九願に

> 極楽の菩薩は法を説んと思う時、弁才智恵あって能く説法すと云うなり。弁才智と申すは弁説なり。是に四無导と云うことあり。四無导とは始に法無导、諸の法門に暗き事なきなり。次に義無导、一切の義に滞りなきなり。一名に一切の義を摂するなり。次に詞無导とは法門を演る言詞《ことば》妙《たえ》なるなり。次に巧説無导は上の事ともをふさねて弁舌あきらかに言う事なり。（中略）極楽に生れて十方の衆生を度せんには、説法利生闕る事あるまじきとなり。尤

も大切の事なり。覚《さとり》深き人も弁説の闕るはわろし。(中略)極楽に生れは三界においても、十方においても、弁才説無导ならん事、浄土第一の徳なり。(中略)時に応じ機に叶て、説法利生明らかならんぞ大切の事にて候(原漢文)

とあり、弁説には法・義・詞・巧説の四無导が不可欠であるとすると同時に、念仏による衆生救済において、説法がいかに重要であるかを具体的に述べている。また『本朝高僧伝』に貞応元年(一二二二)夏、十禅師彼岸所で叡山の碩徳による「法華八講」が執行されたが、初座の供養導師を聖覚が勤め「演説微妙」(34)とある。『井蛙抄』には「澄憲と聖覚と風情ははなはだ替りたれども、ともに能説の名誉ありし」ともある。なお藤原定家(一一六二―一二四一)は、『明月記』(嘉禎元年〈一二三五〉四月二十二日)によると、聖覚の中陰の法事を営むほど親交があったが、同年二月二十一日の記録に「聖(覚)法印を安居院房に問う。病甚し。(中略)濁世の富楼那遂に遷化の期たるは、実に是れ道の滅亡か。悲しくて余りあり。今年六十九云々。先師(澄憲)七十八の由陳べらる。碩学能説、今において断絶か」(前年の文暦元年二月二十一日条にも同様の記事がある)とある。また弟子の信承には聖覚による唱導の坐作進退、法会の種類や次第について十四項目を記した『法則集』があるが、これは法式の故実を知る唯一の資料として注目しなければなるまい。『岩波仏教辞典』「唱導」の項によると、「導師の上堂・着座から委細に進退作法を示し、法会の種類(追善・造仏など)に応じた語句・発声の方法を説き、表白・願文・発願・四弘誓願・諷誦文・教化の次に説法・廻向・降座に至る。表白以下の読み上げられる漢文体は内容の洗練度、文章の巧拙、音声の抑揚が重要で、適切かつ具体的で、聴衆の心を打ち、感涙を催させる時は、神仏もこれに感じて霊験を示すものと信じられた。これに続く説法は経名の解題、経の来歴を講義し、内容に入って判釈が行われ、施主の徳業を讃歎し、日本・中国・天竺(インド)の因縁譬喩談や霊験説話が引用される。この説法の時間が最も長く、話題の豊富さ、話術の技巧が求められた。表白体詞章はその文体・用語に定った型があるので模範文集として書きとめられた。『言泉集』『転法輪抄』『拾珠鈔』などは天台系で、良季撰『普通唱導集』は真言系の唱導文集である」とある。

このように澄憲・聖覚の安居院流は唱導・説法をよくし、能説の名誉が高かったが、前に掲げた『元亨釈書』のように、澄憲は晩年に戒法を慎まず数子を生み、その一族も子孫を儲けてはいるが、論導をよくしたので朝廷も韙とした。

これに対し、鎌倉前期から中期に成立したとされる『説法明眼論』「釈法身品」第十三には「不‐浄説‐法ノ者ハ不レ可レ有二出‐離ノ之期一不‐浄説‐法ニ有リ二五‐科一一ニハ以テ二有‐所‐得ノ心ヲ一説テ二虚‐妄ノ言ヲ一令ルカ三他ヲシテ発テレ信ヲ堕セ二悪道ニ一故ニ二ニハ不シテレ説二仏‐法ヲ一徒ニ説カ二世‐事ヲ一故ニ三ニハ食シ二酒肉五辛ヲ一犯二非‐婬正‐婬ヲ一即身著テ法衣ヲ一及テレ入二堂中ニ一穢スカ二三宝ヲ一故四ハ誹リ二他ノ有‐徳ヲ一讃ルカ自ノ無‐徳ヲ一故ニ五ニハ不シテ悟二一‐乗一実ノ法ヲ一而耽‐著スルカ二権‐門有‐相ノ教ニ一故ニ」とあり、戒律を守らず四波羅夷・十重禁戒の一つである不婬戒を犯しているから、澄憲一族の説法は、不浄説法であり、出離の期＝解脱の機会はないことになる。

この安居院流と並立した定円の三井寺流については、前に掲げた『二中暦』に、説教の名人として、源泉・惟尊・済算・湛円・慶範・惟明已上三井寺とあるように、平安時代には多くの人材が活躍しているが、鎌倉時代にはわずかに、洛東霊山寺定円とその弟子定観、および実玄が知られるのみである。また資料もわずかに定円の『太子曼荼羅講式』『諸尊道場観集』『法隆寺宝物縁起』『法隆寺宝物和歌』と、実玄の「二品准宮熊野御経供養」・「荷稲表白」（『転法輪鈔神祇上末』〈安居院唱導集上巻二七六頁下段、二七七頁下〉）・『土公供縄引私記』があるのみで、他に資料がなく明らかでないので、他の機会にゆずり、ここでは主として南都の唱導について考察してみよう。これについては管見するかぎり、従来の研究ではあまり言及されていない。専門的・網羅的研究を行っていないので、詳細には不明であるが、東大寺・興福寺・高山寺などを中心として唱導が行われたことは間違いない。弁暁・貞慶・明恵・円照一族などの活躍を通じて、その実情を伺うことにする。まず弁暁（一一三七―一二〇〇）は東大寺二大院家の一つ尊勝院の法務として活躍し、「中古の英匠[35]」とされ、平安時代以降真言に偏重し、形式主義に堕していた東大寺の教学を復興している。とりわけ華厳を慶俊に学び、尊勝院を中心に伝統的華厳教学の興隆につとめたが、同時に、高山寺華厳を樹立した明恵をはじめ、道性・尊玄・宗性・教寛ら幾多の英俊を育成し、影響を与えた。

弁暁には多くの唱導資料があったらしいことは、あとで掲げる湛睿の唱導資料一覧に、弁暁草が十六部含まれていることからもわかるが、(36) 弁暁説草については平成二十五年、『称名寺聖教 尊勝院弁暁説草 翻刻と解題』(勉誠出版)が公刊され、その特色と意義が明らかになった。また『玉葉』の随所にその活躍を伺わせる記事があるが、その二・三をあげてみよう。まず承安四年(一一七四)十月十七日条に、つぎのように記している。

今日より関白、当時の能説五人隆憲、観智、覚長、明遍、弁暁を嘱し、五ヶ日の間、日別に五部大乗経を供養せらる。云々 (原漢文)

また養和二年(一一八二)一月十七日の条に

この日大将仏事を修す。弁暁律師をもつて講師となす。説法優美なり。(原漢文)

とある。これらによって弁暁は能説五人のなかの一人に数えられているのみならず、兼実から説法が優美であるとして賞歎されている。なお寿永三年(一一八四)十二月六日には後白河院の逆修供養における結願導師を勤修しているが、そのほかにも最勝講・御八講などにおいて、講師や証義者としてしばしば登場している。これらは唱導師弁暁の一側面を語るものといえよう。また宗性は『日本高僧伝要文鈔』『日本高僧伝指示鈔』など多くの著書があり、貞慶を慕って海住山寺に隠遁するが、とりわけ後述する貞慶の説草をまとめた『讃仏乗抄』を編纂していることは無視できない。

つぎに興福寺関係は『春日権現験記絵』にある説話と関連する『俊盛卿因縁』『狛行光事』『多聞房已講事』『春日因縁少々』『春日権現記抄』などもあるが、「末代の智徳」と称賛された貞慶をとりあげなければならない。『興福寺奏状』の起草者ともされる解脱房貞慶(一一五五―一二一三)は、『尊卑分脈』によると藤原通憲の孫で、安居院澄憲の甥、聖覚の従兄弟である。蔵俊(37)(一一〇四―一一八〇)―覚憲(38)(一一三一―一二一二)と次第する法相の伝統的立場に立脚しながらも、『法華経』の注釈である慈恩大師窺基の『法華玄賛』の疏釈『法華開示鈔』の奥書に「今品々に渉り新たに問答を記し、本末の書を拾焉しこれを抄す。その失錯邪僻、深く冥顕を恐る。ただ願わくは生々世々大聖に値遇し、自他同じく共に一乗に悟入せん」とある。このように一乗思想との和会や、易行思想の受容による法相教学の興隆につとめるとともに、[39]『解脱上人戒律興行願書』『南都叡山戒勝劣事』などを著し、興福寺常喜院を中心に戒律の復興・弘通をはかっている。[40]また建仁三年（一二〇三）唐招提寺で七日七夜の釈迦念仏会、元久元年（一二〇四）には笠置で竜華会をはじめているが、著書の『愚迷発心集』（凡夫が愚迷を反省し、菩提心をおこすよう啓白の形式ですすめたもの）や『讃仏乗鈔』（東大寺宗性篇）をはじめ『法華転読心要』『春日御本地尺』『舎利発願』『社頭発願』『春日御社事』などがあり、貞慶が優れた唱導師であったことを暗示する。『玉葉』建久二年（一一九一）二月二十一日条に

この日八講結願なり。四座昨日の如し。結座の講師は貞慶已講、説法珍重なり。只恨むその音少きことを。談と云い、弁と云い、末代の智徳なり。感ずべきなり。（原漢文）

とある。これは九条兼実が内府（長子である九条良通）遠忌のため、丈六仏像を供養し、法華八講を行ったが、その結座講師を貞慶が勤めたときの兼実評である。説法は珍重であったが、声が低かったとしていることは注目する必要があろう。また同年五月二十二日条の興福寺南円堂における誦経にあたり「誦経導師貞慶已講、表白甚優なり」とあるのみならず、同十月十一日、兼実は女宜秋門院のため祈祷をしているが、

自筆金字心経一巻を供養す。貞慶已講を以て講師となす。粗かた子細を示聞す。貞慶の旨趣演説、大僧正と余、相い共に感涙を拭う。実に神明三宝と雖も、いかでか此の理に伏し給わざらんや。殆んど神と謂つべきか。尊ぶべし、尊ぶべし。此の感応必ず空しかるべからざるものなり。（原漢文）

とあり、その旨趣と演説は聴衆に感涙を催させ、神明三宝も感応するほどであったと賞讃しているが、いかに説法が優れていたか伺えよう。[41]また『本朝高僧伝』には後鳥羽上皇が好んで麋鹿を射ったが、晩年これを悔いて梵宇を立て、

鹿の福を祈った法会で、導師の貞慶は「鹿苑事」(42)を挙げ説法したが、「辞弁流髭、因譬壮麗、君臣感歎」とある。なお『弥勒講式』(称名寺蔵)、『発心講式』(金剛三昧院蔵)、『解脱上人御草等』(花園大学図書館蔵)、『貞慶抄物』(東寺蔵)などもある。

つぎに高山寺明恵(一一七三―一二三二)は法蔵・澄観の影響をうけた東大寺の伝統的華厳教学に対し、李通玄と密教の影響をうけた実践的華厳教学＝厳密を樹立するとともに、易行思想に基づく「三時三宝礼」や「光明真言」の実践、さらには『持戒清浄印明』や『梵網菩薩戒本』による戒律の厳守を強調した。『華厳修禅観照入解脱門義』『華厳信種義』『摧邪輪』『三時礼釈』『光明真言句義釈』『涅槃講式』(二月十五日早朝)、『十六羅漢講式』(十五日初夜〈午後八時〉)、『如来遺跡講式』(十五日中夜〈午前二～四時〉)、『舎利講式』(十五日後夜〈午前四時〉)の四座講式など多くの著書がある。なかでも四座講式は凝然著『法華疏慧光記』第五十二(東大寺図書館蔵)の紙背に、涅槃会には涅槃講・羅漢講・遺跡講・舎利講を行った記録があり、かつ式師、唄師、散花、梵音、錫杖、伽陀、讃頭の役者名もあるが、これに対応するものと思われる。また、『明月記』寛喜元年(一二二九)五月十五日条に、つぎのようにある。

戌時禅尼女子等密々に戸賀(栂)之尾に詣ず。明恵房、件の所において毎月十五日、晦日授戒せらる。天下の道俗、仏在世のごとくその場に列す云々。予結縁大切たりと雖も、稠人を耻じて従うなし。貧者非人遂に其の教化に漏る。尤も悲しく思う所なり。(中略)衆会の群衆、狭少の壺祢に入りて、人をみるに及ばず。爲長卿その座に列する由、人これを称す。盛兼・定高両卿、殊にその所にあり云々。(原漢文)

また同年六月一日条に

昨日戸加の尾稠人衆会し、互いに登り踏むが如し。声々嗷々、聴聞に及ばざるの間、聖人説法せず帰入せらる云々。(中略)衆会しその路なきによって、弟子僧達手を引き超融せらるるの間、胸骨連《しき》りにして言語におよばず帰らる。(原漢文)

とある。これらは高山寺における明恵の授戒や説法に、為長・盛兼・定高をはじめ、多くの人がお互いに登り踏むほど参集し、また余りの盛況と騒々しさに説法もできなかった様子を伝えているが、これは唱導師としての明恵に対する世間の評価が、いかに高かったかを示すものにほかならない。しかしその授戒や説法は、貧者や非人を除く上流階級のものが対象だったとしていることは注目しなければなるまい。また明恵は説法においてさかんに譬喩を用いている。それは明恵の著書の聞書――『解脱門義聴集記』『華厳信種義聞集記』『起信論本疏聴集記』など――において手近な生活用具（衣・文机・脇足・屏風・畳・団扇・火桶など）をはじめ、食物（飯・瓜・酢など）、事物（釣瓶・車・艫綱・囲碁など）、動物（野干《きつね》・狸・蛙・鳥など）、楽器（鼓・笙・笛・琵琶など）、職業（陰陽師・梶取・能書家・泳ぎ手など）、さらには赤子・海・川などを引用し、門人が容易に理解できるよう配慮しているが(43)、これは一般民衆に対しての説法は、さらに身近なしかも平易な譬喩をふんだんに駆使したものであったことはいうまでもなかろう。

また円照一族については「照公一族、唱導の徳あり」(44)とある。一族は父厳寛・俗兄聖守らであるが、まず父厳寛の唱導について考察してみよう。『円照上人行状』につぎのようにある。

厳寛大法師は、当時抜群の唱導なり。才は内外を包み、誉は遐邇に通ず。智海深広、涯底を知らず。弁河縦横、敵対を致すこと罕《まれ》なり。表白廻向深く時宜に叶う。法譬因縁大いに人心を悦ばす。多能の徳、時に競う者なく、言弁の勢、任放自在なり。東大寺信禅擬已講語りて曰く、厳寛得業は弁説第一、言を出せばすなわち山野を動かすに似たり。音を騰ればすなわち草木を揺がすが如し云々。名僧の唱導は必ず対偶を用い、法をもって法に対し、喩えをもって喩えに対す。方角違わず、黒白背くなし。厳寛の説道は深くこの事を窮む。（原漢文）

また『本朝高僧伝』には「厳寛は唱導師たり。学は内外を有し、義弁抜群なり」(45)とあるが、これらは厳寛がいかに唱導の達人であったか、さらには高名であったかを、信禅の言葉を引き、具体的に述べたものである。なお厳寛には男子四人、女子一人があったが、「一男諱厳海、房号伊予（是れ他腹、余は並に当腹）、二男諱寛乗、房号大輔、有職階に昇る。親父これを以て立てて嫡子と為す。年二十八。遁世して緇に入る。諱は聖守、房号中道。密教奥を罄《つく》し、唱導倫を絶つ」(46)とある。

このような厳寛の嫡子中道房聖守（一二一九―一二九一）は覚盛（一一九四―一二四九）に具足戒を、憲深（一一九二―一二六三）に密教を受け、三論を樹慶に学び、三論の学匠として有名であるが、歴史的由来と理論的立場から、三論学に関して略述した『三論興縁』を著すと同時に、『法華遊意』『三論玄義』を開板し、三論教学の普及につとめている。また密教・戒律にも通じていたが、唱導についても父の教導により非常に優れていた。『円照上人行状』に

聖守上人は生年十八、始めて説道に入る。厳親の躅を伝え、唱導比なし。年を経てさらに巧みにして、齢闌《たけなわ》にして弥昌《いよいよ》んなり。名声遠く聞こえ、称誉遙かに通ず。対偶の詞は任運にして、感を彰わす。大いに人耳を悦ばし、深く物情を催す。(47)（原漢文）

とあり、比類なき唱導家として賞讃している。また『本朝高僧伝』にはつぎのようにある。

守生まれながらにして充実。音声・諷誦は儔《ともがら》を絶す。(48)（原漢文）

これによって聖守は唱導はいうまでもなく、音声・諷誦も抜群であったことがわかる。なお『沙石集』（巻第十末）「諸宗ノ旨ヲ自得シタル事」に「格ヲコヘタル心也。ユ、シク目出ク申シツル大衆供養ノ人々カナ」と記されている。

また実相房円照（一二二一―一二七七）は宗性・良忠・智舜・良遍・叡尊などに師事して華厳・三論・法相・戒律・天台・密教・禅など八宗に精通したが、(49)神道にも造詣が深く、『無二発心成仏論』を著している。(50)また東大寺戒壇院を中興して律学を講説するとともに、東大寺大勧進職として堂塔の造営につとめている。また晩年には洛東鷲尾の金山院（京都市東山区、廃寺）に住し、戒律の弘通をはかっているが、凝然は円照について、

照公、解行は熏積し、業用は蘊集す。徳は普天に弥《あまね》くして、名は率土に満つ。智慧は深広にして、威風は偉大なり。広学多聞にして、法義は躬に溢る。(51)（原漢文）

と述べ、その威大なる人格と博学多聞に対し、絶大な賞讃を与えている。また円照の唱導については、つぎのようにある。

照公の説法開導は道俗を教化す。聞く者は信を起こし心を開く。湌う者は旨を得、法に入る。唱導の能、益を獲り、倫を絶す。半月の布薩、臨時の仏事、聴徒市を成し、投輩林を作る。(52)(原漢文)

これは円照の唱導が道俗の教化に大きな影響を与えると同時に、布薩や臨時の仏事においては、聴聞者が市をなし林をなすほど歓迎されたことを伝えるものである。また南都律・北京律を通じての一大法会である鑑真の遠忌＝唐招提寺舎利会の唱導師を、兄聖守と二人で時宜に随い、示寂するまでつとめているが、円照がより多く活躍したことを『円照上人行状』はつぎのように記している。

南北の間、律門の大会は唐招提寺舎利会に如くは無し。斯れすなわち鑑真和尚遠忌の法事なり。唱導の職、兄弟の両徳時の宜しきに随ってこれを勤めこれを作す。多くこれ照公勤むる所のみ。両徳の卒後、時の高﨟随次これを勤め、以て規矩と為す。(53)(原漢文)

また凝然は円照の声について、

上人、音は衆徳を備え、雄朗清雅にして縦横自在なり。聞く者心澄み、信心純正なり。音曲の事は施作せざるなし。辞弁自在にして、意楽の欲に随う。開導の徳源は茲による。(54)(原漢文)

とある。これは円照が美声であるとともに雄弁であり、聴聞者に大きな感動を与えたことがわかる。またまえに触れた厳寛は「言を出せばすなわち山野を動かすに似たり。音を騰ればすなわち草木を揺がすが如し」と賞讃され、聖守も「音声・諷誦儔を絶す」と評されていることを考えると、一族はそろって優れた音声の持ち主であったことが伺える。しかし三者を通じて異質なものがあったことも見逃してはならない。それは唱導における修辞上の対偶＝対句に対する考え方の相違である。厳寛と聖守はまえに掲げたように、それぞれ「名僧の唱導は必ず対偶を用う」「対偶の

詞は任運にして感を彰わす」として、両者間にも少しく相違が認められるも、唱導上における対句を重視している。しかし円照は

唱導は未だ必らずしも対を事とせず、時に随って旨を獲、節に任せて意を得、責は道理を以てし、顕は由る所を以てす。兄弟の両般、事義小しく異なる。[55]（原漢文）

と述べているように、対句を必らずしも重視していないことが知られる。

なお『円照上人行状』は南都における優れた唱導師として白毫寺住持で三論、律、真言、悉曇に通暁し、梵漢能書の入円房道照、藤原通憲四世の孫、興福寺円憲の舎弟で学識兼包の通観房承憲、関東出身、長楽寺隆寛五世の法孫で、浄土教における一方の梁棟である洛陽三条大光明寺住持の空蔵房観海をあげていることを付記しておく。

このように鎌倉時代における唱導の系譜は、澄憲―聖覚の安居院流、定円・定観・実玄の三井寺流、さらには弁暁・貞慶・明恵・厳寛―聖守・円照の南都流の三つを数えることができるが、湛睿はいずれの系譜をうけていたか、これを明らかに語る資料はない。あるいは関係資料を仔細に究明することによりみいだせるかも知れないが、それは後日に俟たなければならない。

したがってここでは湛睿の行実や唱導資料を通じて推察してみよう。まず湛睿の行実については「湛睿の研究」[56]や「湛睿の事績」[57]において詳しくふれたが、このなかで華厳・戒律において大きな影響を与えた東大寺凝然と、勧修寺・三宝院・小島・西院・保寿院・仁和御流など、野沢両流にわたって授与している称名寺釼阿を注目しなければならない。

まず東大寺凝然（一二四〇―一三二一）は博覧強記、華厳・天台・真言・三論・法相・律・浄土・禅などあらゆる宗旨に通じ、[58]著書は百八十二部にものぼる鎌倉時代随一の学匠である。正元元年（一二五九）円照について出家しているが、それ以降も戒壇院や金山院において、およそ二十年にわたり随事している。また『円照上人行状』の奥書に

「于時正安四年壬寅三月六日於東大寺戒壇院記之」(59)とあるように、正安四年（一三〇二）三月六日に著しているばかりか、「遺弟沙門凝然春秋六十有三。予年三十八にして先師の寂に値う。二十六年を経て今この齢に至る。生涯幾ばくならず、奄化すること近きにあり。願わくは安養に生まれて早く先師に見《まみ》えん」(60)（原漢文）とある奥書からも、いかに師円照を思慕していたかが伺われる。このように凝然は聴徒市をなし、投輩林を作る唱導、さらには雄朗清雅の音声をもつ円照に永年随事し、寂後も厚い思慕を懐き続けていることは、唱導や声明道においても大きな影響を受けていたことは間違いない。また凝然は『本朝高僧伝』によると日蓮房重如（一二二二―一二九九）について「顕密の諷音を学ぶ」とあるが、重如は金剛王院主の胎蓮法師について灌頂をうけ秘呪を学び、普く密場にわたり密教を研究し、「野沢の秘を尽くすと共に筆翰に工にして音調を善くす」とある。(61)また湛睿手沢本中、唱導関係として『然公草普賢行願品総釈』一巻一冊（湛睿筆）があるが、これをはじめとして東大寺図書館所蔵にかかる凝然撰『華厳孔目章発悟記』巻九・十（弘安十年三月十日と廿三日の奥書あり）の紙背にある「念仏堂結願唱導勤仕候」や、「蒙仰候唱導事は可勤仕候」、『華厳探玄記洞幽鈔』巻五十三（徳治三年三月十四日の奥書あり）の紙背にある「今日忍辱山へ説法罷候」とある凝然書状、また『同』巻百八紙背（延慶二年〈一三〇九〉十月二十八日）に海住山英俊が凝然に甕原願応寺如法経供養への出席を請う書状を送っており、さらには金沢文庫資料『音律通致章』(62)や『音律合曲抄』(63)はその一端を証するものといえよう。

なお東大寺図書館蔵、凝然撰『梵網戒本疏日珠鈔』巻二十六紙背にある某書状「明日十四日唱導又闕如候如何可仕候哉」、『法華疏慧光記』巻五十二紙背の某書状「抑自来十四日恒例春季念仏可令始行候唱導及闕如候」、禅明書状「晩及候とも可有御唱導候也」、『華厳孔目章発悟記』巻二十三紙背の某書状「今月廿五日一切経会勤行仕候〔　〕唱導率衆僧可有御光臨□今年は舞楽等事存〔　〕略儀候」、『華厳探玄記洞幽鈔』巻五十四紙背の某書状「唱導之由承候目出候兼又竹林寺談義御沙汰候」、凝然宛頼祐書状「当山毎年逆修始行自今月一日七日結願候唱導御結縁候哉」

や同じく巻五十九紙背凝然書状「菩提山妙観院逆修今日八日明日両一日勤候又十一日可勤仕候、然十日者御唱導候（後略）」などは、南都において唱導がさかんに行われていたことや、凝然の活躍を示すものである。

つぎに明忍房釼阿（一二六一―一三三八）は称名寺における東密・声明・唱導・神道を大成し、教学の振興につくしているのみらず、東国仏教界の指導的地位にあった。また十五代執権にもなった大檀越金沢貞顕の強力な援助によって、称名寺の伽藍結構を完備し、学山称名寺の確立につとめている。その関係資料や行実・思想さらには中世東国仏教史に占める地位については「称名寺の基礎的研究」(64)においてふれたので、ここでは省略する。

釼阿の関係資料は七三〇部余り(65)にのぼるが、そのうち唱導関係はおよそ五十部が知られているにすぎない。しかしそのなかには『言泉集』三十八冊、『釈門秘鑰』三十五冊、『表白集』二十冊など大部なものが含まれている。(66)とりわけ澄憲―聖覚―隆承―憲実―憲基・覚守(67)と次第する安居院流唱導資料『言泉集』『言泉集目録』『転法輪鈔』『転法輪鈔目録』『鳳光鈔』などを写得していることは注目しなければならない。写得の事情については問題があるが(68)、少なくとも安居院流唱導に大きな影響を受けていることはいうまでもなかろう。

また釼阿は八十余部の声明資料を手沢し、凝然の『声明源流記』にも「明忍房金沢長老(69)」とあるほど、顕密――妙音院流や新相応院流・進流――にわたる声明の名手であったが、まえにもふれたように、凝然が著わした『音律通致章』や、凝然相伝の『音律合曲抄』を手沢していることは、南都の影響も受けているといってよかろう。

また湛睿の唱導資料中には、湛睿が書写したものや、他筆になるものをわずかに含んでいるが、そのなかに東大寺弁暁草になる『吉祥天女』『普賢観経』『花厳経総尺』『花厳大意事』『講経結座廻向』『二親後子悲深事』『善知識可大切事』『釈迦佛』『為父母追善旨趣通用』『尺迦讃歎』『反旧色紙因縁』『弥陀念仏功能』『冥衆感賀作善事為仁和寺三帖内』『四巻金光明経尺』『遠忌追善』『金光明最勝王経講讃廻向』各一巻一冊の十六部、凝然草のもの『普賢行願品総尺』一巻一冊が一部あることも無視できない。

また湛睿の唱導資料を全般的にみた場合、引用経論は南都の教学、華厳・戒律・法相関係が多く、また人物や寺院もそれに関連するものが中心であるのみならず、個別的にみても、湛睿自筆本『孝子伝』（仮題）と安居院流唱導資料『言泉集孝養因縁』（四帖之二）と比較した場合、郭巨、丁蘭、蔡順、姜詩（諱）はいずれもあるが、内容に出入りがあるとともに、楊威、欧尚、朱百羊、老莱について『言泉集孝養因縁』は触れていない。また湛睿手沢本（他筆）『五部大乗経総尺』と『言泉集五部大乗経大般若経』（四帖之一）の五部大乗経と比較すると、内容は殆んど同じであるが、欠落部分もあるとともに非常に出入りがあり、伝写の系統を異にしているとしなければならない。また湛睿手沢本『売三衣供父母事』（後半加筆分は湛睿）は、『言泉集亡父』（四帖之四畢）の「売三衣供父母事」と比較すると、随所に出入りがあるうえ、湛睿加筆分も異なっており、『言泉集亡父』（四帖之三）にある「董永売身」は、湛睿筆「波羅那国貧女売身事」に、母に孝するため十貫で売身したと簡単に触れており、また「董永売身」と「高柴三□□《（年泣）》」は、湛睿手沢本『慈父四十九日表白』（貼付紙湛睿筆）にはわずかに「高柴泣血之涙、董永売身之志」とあるのみである。また湛睿手沢本『仏種従縁起事』（他筆）にある「秦郡東寺沙門誦法花事」と、『鳳光抄』「佚題」の中にあるものと比較すると多少出入りがある。

以上のことから、湛睿における唱導は、弁暁・凝然から南都流を、釼阿から安居院流および南都流をうけているといわなければならない。また管見するかぎりにおいて、残存する湛睿唱導資料中、最近、澄憲の説草集であることが判明した『上素帖』を除き、安居院唱導資料から直接影響をうけたものは殆んどみられない。

なお湛睿は『文殊賛』『舎利和讃』『阿弥陀三昧』『四ヶ法用聞書』『合殺』『毒々々』『式法則用意条々』などの声明資料を手沢しているのみならず、称名寺住僧恵釼の消息に

（前略）

可申入之由存候、自何事

も、付声明御相伝何
事候らん、ゆかしく
奉察候(70)(以下略)

とあり、湛睿が南都で声明を相伝していることを知ることができる。

また最後に資実草「顕徳院一日一切経」「同院御逆修」、菅原爲長草「同(顕徳院御逆修)結願」「同諷誦文」「爲長卿逆修」「法性寺殿阿弥陀経」などを収めている『明儒願文集』一巻一冊を写得していることは、いかに湛睿が唱導の研究に熱心であったかを物語るものといえよう。

二　湛睿の唱導資料

ここで湛睿の唱導資料(湛睿草・湛睿筆、湛睿書写のもの、他筆のものに湛睿が加筆したもの、他筆であるが湛睿の手沢名を有するもの、および識語等により湛睿が手沢していたことがわかるもの)一覧を掲げることにしたいが、その内容や使用目的によって

(A)仏事法会関係(1)〜(77)
(B)仏事法会と追善供養(逆修も含む)に使用したもの(78)〜(87)
(C)追善供養(逆修も含む)に使用したもの(88)〜(191)
(D)補遺(192)〜(218)
(E)追補(217)〜(243)

に大別し、列挙する。なお前欠などにより書名未詳の場合は、内容を勘案して仮題を付し「(仮題)」とした(71)。また前表紙にある書名の左右に、内容を示す章句(標目)があり、尾や表紙に奥書・識語を有するものは、書名のつぎにこ

れを掲げることにする。前欠の資料は、後欠の資料に続くものがあるかも知れない。また(D)補遺、(E)追補（断簡）は内容や使用目的による分類はせず、一括して掲げた。なお(E)追補（断簡）は内容により括弧して仮題を付したものもある。またこれらの断簡は前欠・後欠の資料に関係があると思われる。また書名の下に括弧して示した数字は、金沢文庫の函架番号である。なお装釘は主として粘葉装であるが、その巻数は一巻一冊とし、折本装の場合は一巻一帖とした。また書名の上に便宜的に一連番号を付した。

(A)仏事法会関係（七十七部）

(一)仏・菩薩の讃歎に関するもの（十一部）

(1)讃歎仏徳事（三二三函四七号）　一巻一冊（本書89頁）
　実欲成就セムト功徳悉地ヲ一可讃歎仏徳事

(2)供《ム》養諸仏（四二三函二七〇号）　断簡一紙（本書90頁）

(3)文《ム》殊（四二三函三二八号）　断簡二紙（本書91頁）

(4)文殊尺（三二四函一二一号）　一巻一冊（本書92頁）
　＼得名事
　＼形像所乗持物事
　＼諸仏師事
　＼大乗教流転併由文殊力事

(5)文殊名号功徳事（三一四函九六号）　一巻一冊（本書96頁）

(6)文殊在金剛窟ニ一講花厳経事（三一六函二九号）　一巻一冊（本書98頁）

一万菩薩為助帝道化作大臣等事

(7)文殊為法照授念仏法事（三一四函九四号）　一巻一冊（本書99頁）

善財年齢事

(8)如意輪六臂事（三一四函六七号）　一巻一帖（本書102頁）

(9)不動能延六月事（三一六函二八号）　一巻一冊（本書103頁）

（巻首）百因縁集第廿三

(10)弁草 吉祥天女（三一四函二九号）　一巻一冊（本書104頁）

※『称名寺聖教　尊勝院弁暁説草　翻刻と解題』（勉誠出版、二〇一三年）三四五頁参照。

(11)知識徳法句喩経（三一四函六一号）　一巻一冊（本書104頁）

境界愛事

臨終時可避悪縁事

(二)経典の注釈に関するもの（十三部）

(12)中草 五部大乗経総尺（三一四函三四号）　一巻一冊（本書106頁）

(13)心阿無観（三一四函四九号）　一巻一冊（本書111頁）

(14)心阿普観（三一四函四八号）　一巻一冊（本書113頁）

(15)法花総尺広惣広略別（三一四函一〇二号）　一巻一冊（本書114頁）

(16)属累品仏（三一四函六〇号）　一巻一冊（本書117頁）

(17)弁 普賢観経（三一四函八七号）　一巻一冊（本書121頁）

劫後三月当般涅槃事

事理懺悔事

⒅梵（ム）網経総尺（太賢意）　（三四六函一三六号）　一巻一冊（本書126頁）

⒆花（弁）厳経総尺　（三一四函一六号）　一巻一冊（本書129頁）

⒇花（弁）厳大意事　（三一四函一七号）　一巻一冊（本書130頁）

覚賢翻経事

玄智居士事

修徳禅師事

九瀧山尼事

弥多羅女授善財一ニ之法門事

書写事

積行菩薩不信受等事

都率天子事

今ノ施主過現熏修事

㉑普賢行願品総尺　（三一四函八九号）　一巻一冊（本書135頁）

（然公草）普賢十願釈

㉒円覚（ム）経　（三一四函一一号）　一巻一冊（本書137頁）

㉓円覚（ム）大意　（三一四函一二号）　一巻一冊（本書139頁）

十二章約三根乀略尺之

㉔阿弥陀経讃歎（不分三段　但付尺意）　（三一四函一一九号）　一巻一冊（本書141頁）

浄土依正二報事　一巻一冊（本書143頁）

㈢教義に関するもの（七部）

(25)法花経女人成仏事（三一四函四七号）
女人障事可合提婆品

(26)法花仏種従縁起事（三一四函九二号）　一巻一冊（本書145頁）
驢首王転馬首事
閻浮那河ノ石成黄金事
秦郡東寺沙門誦法花事

(27)臨終善悪相事群疑論（三一四函一一三号）　一巻一冊（本書148頁）
西方来迎地獄来迎事

(28)横截五悪趣（三三五函四四号）　一巻一冊（本書151頁）

(29)名号具衆徳（三一四函一〇六号）　一巻一冊（本書152頁）

(30)利益衆生
功徳善根称性深広事（三一四函三五号）　一巻一冊（本書153頁）

(31)三密相応深義（三三三函四六号）　一巻一帖（本書156頁）

㈣密教修法に関するもの（五部）

(32)□□《(ゴマ)》表白（三三六函三七号）　一巻一冊（本書159頁）

(33)□種子三麻耶尊形（四二三函二三九号）（開披不能）　断簡一紙（本書160頁）

(34)阿弥陀三昧法則（三一四函一二三号）　一巻一冊（本書161頁）

（尾）

写本云
建長六年十一月四日於菩提院賜御本書写了　能―在判

正応五年八月十一日於関東明王院西谷書写了　頼斉

(35)菩提心論秘印（三一六函三〇号）　一巻一帖（本書163頁）

（内題下）

臨終之時可用之

(36)羊石（羯磨）会五仏明（三一六函三四号）　一巻一紙（本書165頁）

(五)写経関係のもの（三部）

(37)如法経因縁（仮題）（三一四函六八号）　一巻一帖（本書166頁）

(38)筒奉納表白（仮題）（三一四函一三五号）　一巻一冊（本書169頁）

(39)登加ム
卒都婆面写経事（三〇八函三四号）　一巻一冊（本書171頁）

（尾）

□四五土橋殿□写経□

(六)布薩会に関するもの（十部）

(40)僧云和合衆事（三一四函九三号）　一巻一帖（本書172頁）

＼教理行果之四法事

＼仏具自覚等三義事

（表紙）

正慶二年正月十五土―フ

⑷住持三宝事（仮題）（三三六函六七号）　一巻一冊（本書174頁）

（表紙）

嘉暦四年正月十五　土橋布

⑷仏《ム》法僧並名宝事（三〇八函三三号）　一巻一冊（本書176頁）

（表紙）

晋経第四十三ニ有十種仏所摂持十種法所摂持

（尾）

正慶二年正月十五土―フ

暦応五年正月十五金―フ

（已下異筆）貞和四年正月　金

観応三年正―十五金―

⑷仏《ム》法僧三宝事（三〇八函三二号）　一巻一冊（本書178頁）

（表紙）

元亨二正十五多―フ

⑷年始説戒布薩説草断簡（仮題）（三九九函二一一号）　一巻一冊（本書182頁）

（尾）

建武二―正月十五日　土―　観音

康永四年正月十五　金―　処々旅略用之

貞和元年

(45)聞《ム》法得益 心地観経 智光長者因縁　（三〇八函三七号）　一巻一冊（本書187頁）

（尾）

暦応二年四月十五日金―フ

(46)布薩説草断簡（仮題）（三九九函二一六号）　断簡二紙（本書189頁）

（尾）

元徳三年八月十五日金―フ

建武五年正月十五日土―フ

康永二年正月十五日金―フ

(47)舎利弗等不知機熟不事（三一四函四二号）　一巻一冊（本書190頁）

＼微少結縁感広大之妙果事

＼念仏名之功能事

＼唯空発願成解脱因事

＼解脱分善根之□□事

＼真善知識［　］

＼世間有漏［　］

入仏道之因縁事

（尾）

嘉暦三年八月十五金―布

(48)布薩説草断簡（仮題）（三九九函一九五号）　断簡一紙（本書191頁）

（尾）

元亨元―十月晦日多―フサ

(49)聞《ム》法功能（三一四函九七号）　一巻一冊（本書192頁）

（表紙）

勧 建武□年□□土―フ

（尾）

暦応元年十一月十五日金―フサ

(七)年始説戒に関するもの（二部）

(50)年《ム》始説戒（三〇八函二号）　一巻一冊（本書193頁）

＼除災与楽事

＼令法久住之功併由布薩事

＼住在仏家以戒為本事

（表紙）

元徳四年正月十五日土―布―

元弘四年正月十五日土―布―

暦応二年正月十五金―フ

（尾）

元弘四年正月十五土―フ

暦応二年正月十五金―フ

貞和二年正月十五金―フ
（已下異筆）貞和四年正月十五金―私始
文和元年正月十五日金―
（別紙紙背）
貞和二年正月十五日金―布

(51) 年《ム》始説戒（三一三函六二号）　一巻一冊（本書202頁）

法花開会之戒事
梵網頓大之戒事
年三長斎月事　六斎日事
毘尼蔵仏法寿命事　在家出家二衆事
僧以戒為体事　弘法利生事
戒律□可為小乗事　大小邪正ハ由機事
（表紙）
元徳三年正月十五日東禅寺用之
（尾）
暦応三年正月十五日金―フ但シ然今時有一類之輩已下不用之
康永三年正月十五日金―布―情見若破法界円現下不用之一総様略之後日可用之
（已下異筆）貞和六年正月十五日金―
延文二年写了

(八)涅槃会に関するもの（二部）

(52)陵母因縁（三一四函一一二号）　一巻一冊（本書216頁）

母思子之志深事

女心武事

（尾）

元徳二年二月十五日土橋用之

正慶二年二月十五日土―

康永二年二月十五日金―

(53)涅槃会表白断簡（仮題）（三九九函二〇三号）　断簡二紙（本書219頁）

（尾）

元応三年辛酉二月十五日多宝寺用之

嘉暦四年二月十五日東禅寺

(九)彼岸会に関するもの（四部）

(54)為私助我身一可求蓄聖財事（三一四函五号）　一巻一冊（本書220頁）

（表紙）

正和六年丁巳二月彼岸久米多寺用之

（尾）

元応三年辛酉二月彼岸多宝寺用之

(55)善《ム》知識火鬘護喜（三〇八函二〇号）　一巻一冊（本書222頁）

朋友追善
菩薩利生強逼所生方便善巧事
（尾）
嘉暦四年二月廿日彼岸中日東禅寺

(56)文殊化身為貧女事（三一四函九五号）　一巻一冊（本書228頁）
＼可合施行
仏菩薩同形於凡夫事
（尾）
元亨元年七月盆会多宝寺用之

(57)祈テ地蔵ニ癒癩病ヲ事 真貴僧都因縁也（三〇八函二一号）　一巻一冊（本書229頁）
母悲子事
（尾）
元亨元八彼岸多―用之

(十)仏名会に関するもの（三部）

(58)化制二教以願為初事（三〇七函一号）　一巻一冊（本書232頁）
属シテ師部ニ入之化制ノ法門故也
＼化教四種願事
＼制教以受体名願事
＼二教勝劣事　三聚戒事

（表紙）

建武三年正月十五土

（尾）

建武四年十二月十五　土―布―

(59)仏名会（三九九函三号）　一巻一冊（本書242頁）

（表紙）

嘉暦三年十二月十五日土橋布サ

(60)仏名会表白（仮題）（三一四函一二四号）　一巻一冊（本書245頁）

(十一)千部経に関するもの（一部）

(61)恵進読誦法花延命事（三三五函四二号）　一巻一冊（本書247頁）

可合逆修事

百部法花事

（尾）

康永四―十一月三日町屋如来堂千部経

(十二)其の他（十六部）

(62)悉達太子之得名事（仮題）（三四七函四六号）　一巻一冊（本書249頁）

(63)造尺迦像法愛因縁三宝感応録依常愍遊歴記出之（三一六函二一号）　一巻一冊（本書250頁）

為仏弟子必先可帰尺尊一之可合

(64)以舎利一為寺院本尊之供養事（三一四函四号）　一巻一冊（本書252頁）

╲舎利安五輪塔事

(65) 百因縁中第三 波羅奈国貧女売身事（三四六函一一三号）　一巻一冊（本書254頁）

聞法事

╲如来証涅槃等文ハ可見涅槃経第廿二一不同今草

(66) 善導影像作化仏身少康伝（三〇八函四六号）　一巻一冊（本書258頁）

礼讃事

(67) 講経結座廻向（三一四函三七号）　一巻一冊（本書259頁）

※『称名寺聖教　尊勝院弁暁説草　翻刻と解題』（勉誠出版、二〇一三年）三三〇頁参照。

(68) 阿《ム》ミタ因縁（三四六函一五号）　一巻一冊（本書260頁）

(69) 悲母因縁（三〇八函二八号）　断簡一紙（本書261頁）

恵咲勧邪見母一令臨終正念事

臨終知識事

○《弥陀》念仏事

子勧母事

(70) 二《弁》親後子悲深事（三一四函一一五号）　一巻一冊（本書262頁）

※『称名寺聖教　尊勝院弁暁説草　翻刻と解題』（勉誠出版、二〇一三年）三三五頁参照。

(71) 善《弁》知識可大切事（三一四函五五号）　一巻一冊（本書262頁）

※『称名寺聖教　尊勝院弁暁説草　翻刻と解題』（勉誠出版、二〇一三年）三三〇頁参照。

(72) 弥陀為《タメニ》我等カ因縁厚《アツキ》事（三一四函一〇八号）　一巻一冊（本書262頁）

＼天竺優婆塞事　妻為夫求往生良縁事＼
＼定不定業事
＼珊提嵐国事
＼胡馬越鳥事

(73)□法表白 私 付息災（四二三函二三八号）　一巻一帖（本書265頁）

(74)東大寺仙懐已講依法華功力開父母盲目事（仮題）（三三五函九九号）　一巻一帖（本書266頁）

（尾）

暦応四　三　七　金―瀬崎尼二親一周忌

貞和二年二月十七日　金―　引越孫四郎二親孝―

(75)金沢貞顕廻向表白（仮題）（三一四函一三二号）　断簡一紙（本書273頁）

（尾）

（異筆）

延文二

(76)明儒願文集（別置）　一巻一冊（本書274頁）

(77)孝子伝（仮題）（金沢文庫収集資料）　一巻一冊（本書284頁）

(B)仏事法会と追善供養（逆修も含む）に使用したもの（十部）

(一)布薩と逆修に使用したもの（一部）

(78)弥陀来迎（仮題）（三九九函二〇四号）　断簡一紙（本書287頁）

（尾）

嘉暦元―十二月卅日東禅寺フサ用之

同三年八月七日金―為六浦一能入道逆修

㈡布薩と逆修・追善に使用したもの（二部）

(79)法花功能（三〇八函一〇号）　一巻一冊（本書290頁）

演義抄十七下　同十三下

仏道之近遠偏由逢此経不逢事法師品

（尾）

暦応元―十二月十四日金―□□六七日引上

同四三七金―ミナトノ入道逆修

康永二年五月十六日金―右馬五郎妻四十九日

同三年八月十五日金―布―中井禅尼逆修

(80)識語断簡（仮題）（三九九函二〇七号）　断簡一紙（本書293頁）

（尾）

元亨三年四月九日松谷浄俊房五七日

同四五晦日於称名ウヌマ新―第三年

正中二年十二月十五日角禅尼悲母七年

同三年五月十六日山岸殿二七日

嘉暦元年五月廿三日大夫入道殿御逆修

同八月十日東禅寺六七日
同三年九月廿九日海岸寺賀嶋入道一周忌円□房
元弘三年九月廿九日東鼻和五郎一周忌
暦応二年二月十一日金―瀬崎良信三七日
同五年四月十五金―フ為荷（ママ）稲殿悲母三十三廻
康永二―十二月三―尼如蓮逆修
同三年五月一日新善光寺一如長老四十九日
（異筆）延文元年五月廿二日室木女姓（マヽ）逆修

㈢布薩と追善に使用したもの（一部）

⑻⑴廻向説草断簡（仮題）（三九九函二一三号）

断簡一紙（本書294頁）

（尾）

暦応四年八月八金―ミナト［　　］
同五―三―九―金―善阿弥悲母十三年
康永元―十二月廿日俊首座悲母一周忌
同三―七月廿三金―六浦道空妻母三年
貞和二―八月十五金―フ自瑜已下ハ不用
（已下異筆）至徳三八二蔵アミ後家第三年用之
明徳二十廿九了本上人悲母三十三年

㈣布薩・彼岸会と追善に使用したもの（一部）

(82)識語断簡（仮題）（三九九函二一〇号）　断簡一紙（本書295頁）

（尾）

元亨元年八月彼岸多―用之
同十二月六日夜多―方丈柏間父十三年
正中元年後正月十六日田中殿為美作父十三年
延元《建武三》々年八月十五土―フ―輪如房為乳母
建武四年六月七日三谷永興寺用之
暦応五年四月十五金―フ―為荷（ママ）稲殿悲母三十三年
（付箋異筆）明徳二八廿一蔵阿弥三十三年引上修之正忌明年十二月

(五)涅槃会と追善に使用したもの（一部）

(83)釈迦恩徳事（仮題）（三九九函一九四号）　一巻一冊（本書296頁）

（尾）

元亨四―八月九日中田太郎左衛門悲母七年
嘉暦四―二月十五　東禅寺
暦応四年十月廿日三谷
康永三年二月十五金―
同四年九月十二日瀬崎寺千了尼供養

(六)彼岸会と追善に使用したもの（三部）

(84)□□（不動）尺（三〇八函一三号）　一巻一冊（本書298頁）

示郭因縁
請免死罪事
聖之加護事
一称名号事
（尾）
元亨元年八月彼岸多―用之
同三九一源蔵人大夫妻初七日
正中二二月廿日金―田中殿初七日

(85)不動明王智証大師伝文　（三一三函七〇号）　一巻一冊（本書300頁）

（表紙）
□□日□□（彼岸）多―用之
（尾）
康永□（三）年十二月八日　金―良信七廻引上

(86)悲母因縁　（三一四函一号）　一巻一冊（本書302頁）

（尾）
元亨二　三月五日彼岸多―用之
同　三九十五タウラニテ為禅日房祖父

(七)千部会と追善に使用したもの（一部）

(87)尋陽江湖女因縁　（三一四函五三号）　一巻一冊（本書304頁）

可合聴聞功徳也

妙法花経聴聞事

（表紙）

正和四年久米多千部会用之

（尾）

元亨四五晦日於称―ウヌマ新―第三年

建武二年二月廿五日土―夭亡人々第三年

(C)追善供養（逆修も含む）に使用したもの（百六部）

(一)逆修のみに使用したもの（八部）

(88) ム鶏頭供養仏僧（三〇八函一八号）　一巻一冊（本書308頁）

＼夫婦同心修善根事

＼信心有誠感応不空事

＼貧者修善

（尾）

貞和二年三月晦日金―平岡入道逆修

此御本ハ（貞慶か）□□本ヨリ於南都一相伝之一今ハ一具ニ可添師草ニ一也

(89) ム阿弥陀因縁鸚鵡鳥（三〇八函一七号）　一巻一冊（本書313頁）

＼随称念積功即仏増法楽事

（尾）
暦応三九月二日金―瀬崎善阿ミ逆修

(90)法《弁加ム》花経（三〇七函三九号）　一巻一冊（本書316頁）
此経摂尽諸教事
（尾）
康永四年六月廿八日金―引越孫四郎妻逆修

(91)《登》不動（三〇八函四号）　一巻一冊（本書319頁）
（尾）
正慶元―十一月十一日東禅―総逆修

(92)善知識備四種徳事（三一四函五六号）　一巻一冊（本書322頁）
可合聞法等侶之修善
（尾）
嘉暦三年八月七日金―為六浦一能入道逆修
暦応四年三月五日金―瀬崎ミナトノ入道逆修

(93)法《逆修》事万荼羅供表白（三一四函一〇四号）　一巻一冊（本書326頁）

(94)文殊別功徳（仮題）（三九九函二〇六号）　断簡一紙（本書327頁）
（尾）
嘉暦元年五月廿九日大夫入道殿御逆修

(95)識語断簡（仮題）（三九九函二〇九号）　断簡一紙（本書328頁）

（尾）

元弘三年十二月廿八日土―御夕―逆修

㈡逆修と諸追善に使用したもの（六部）

(96) 法花経（三一四函一一八号）　一巻一冊（本書329頁）

是諸経之王事

(97) 法花（三一三函七四号）　一巻一冊（本書333頁）

迷悟賢愚一性平等事

薬草喩品文

（尾）

元徳二年十一月二日称―為顕助僧正百ヶ日武州修之

正慶元―八月廿六日若宮小路大夫入道殿逆修

同十二月廿四日土―鼻和五郎百日引上

建武四　五月廿六日大殿為サ、入道五旬

暦応元―十一月二日浄光明寺仙公（四代如仙房高慧）百日

同五年四月六日金―俊首座宿所為悲母百日

康永三年四月十三日金―瀬崎源三入道妻五七日

（以下異筆）観応元年六月十八日如来堂

延文元七廿一日常範三七日

至徳三年六月廿日浜名殿第三年

同四年三月十七日軽部□年々忌用之

⑼⑻ 弥《ム》陀別功徳（三一四函一一〇号）　一巻一冊（本書337頁）

来迎願事

（尾）

嘉暦二年二月五日大御堂テ弾正太郎入道父十三年

同　三月廿四日海岸寺大夫入道殿御息第七年

同　十一月十一日海―為賀嶋入道道顕房修之

正慶二年三月廿六日称名寺為恵日三十三年民部少輔殿修之

元弘三年十月十五日土―御局逆修

建武二年九月十九日中江入道四十九日

暦応三年八月廿五日六浦為道空妻父七年

同五―三月九日金―善アミ悲母十三年

康永二年三月廿八日千秋坊主四十九日

同　四年二月十四日金―瀬崎尼逆修

（已下異筆）
貞和四年二月［　］

観応元年六月ミナト

観応二年十［　］尼□如来堂

観応三―［　］阿ミ□

文和五　瀬崎尼逆修

(99) 不《ム》動（三〇八函七号）　一巻一冊（本書342頁）

（尾）

元徳四年三月廿八日土—故坊主七年

正慶元年七月廿一日若宮小路殿為顕助僧正第三年

暦応二年十一月十七日金—為阿公（称名寺二代釼阿）一周忌

同四六三金—松富尼逆修　同十一月五日土—逆

康永三年七月卅日金—ツルハス尼初七日

(100) 不動釈（三一三函六八号）　一巻一冊（本書344頁）

名不動明王事

労常住金剛事

（尾）

（異筆）永仁五年乙酉三月廿六日午時了

元亨三九一源蔵人大夫妻初七日

正中二二廿金—田中殿初七日

正慶元八月廿六日若宮小路大夫入道殿逆修

康永四—十月十五日金—引越右馬四郎妻逆修除形相不用之

(101) 釈《弁》迦仏　化身尺　但付尺迦仏（三一三函四二号）　一巻一冊（本書350頁）

三身中化身最勝事

娑婆衆生之有様事

（尾）
元亨四正廿三谷殿蓮信房用之
同六月晦日金—顕御母逆—用之
嘉暦三年十月六日金—大夫入道殿母儀用之
元徳元年十月八日谷殿二七日
元弘三年十月十八日土—惣逆修

㈢初七日のみに使用したもの（二部）

(102)不動讃歎（三一四函八五号）　一巻一冊（本書355頁）
正法教令之二身事
浄菩提心即名不動尊事
慈恵僧正即成不動事
（尾）
暦応四—七—廿三日金—定月後家初七

(103)称名寺二代長老釼阿初七日表白（仮題）（三九九函三二号）　一巻一帖（本書358頁）
（尾）
暦応元—十一月廿三日金—（称名寺二代釼阿）初七日唯用初修

㈣三七日のみに使用したもの（二部）

(104)称名寺二代長老釼阿三七日表白案（仮題）（三九九函二一七号）　断簡一紙（本書360頁）
（尾）

暦応元―十二月二日金―長老（称名寺二代釼阿）三七日

(105)浄光明寺三代長老道空三七日表白（仮題）（三九九函二一八号）　断簡一紙（本書361頁）

（尾）

正慶二年潤二月八日良日房為浄光明寺長老（三代性仙房道空）三七日修之

(五)五七日のみに使用したもの（二部）

(106)悲母表白（通用）（三一四函一三七号）　一巻一冊（本書362頁）

（尾）

暦応四―八月廿一日　定月後家五七日

康永元―八月廿八日金―

(107)（私）悲母五七日表白（付地蔵二檀施一）（三三五函一一四号）　一巻一冊（本書364頁）

(六)七七日のみに使用したもの（四部）

(108)追善表白（通用）（三〇八函一六号）　一巻一帖（本書367頁）

（尾）

康永三年九月十四日金―ツルハス尼四十九日

(109)○為（俗）僧施主段（三〇八函四七号）　一巻一冊（本書369頁）

兄弟事

＼真言師事　＼致天下御祈祷事

＼毎度効験事

（表紙）

元徳三年六月十一日為故若宮顕弁僧正大夫入道殿於西御門御坊被修之

(110)祖母表白（三三六函七六号）　一巻一帖（本書375頁）

弥陀　法花読誦書写　四要品

（表紙）

大内孫太郎殿祖母四十九日

(111)慈父四十九日表白（三一四函四一号）　一巻一冊（本書376頁）

弥陀　法花

捨仮入真事

福貴之仁事

一門九族皆栄分事

妻子眷属之悲願事

（表紙）

鎌倉名越ノ越州式部殿四十九日貞応三年後七月二日

(七)百ヶ日のみに使用したもの（一部）

(112)次浦殿百ヶ日表白（仮題）（三九九函一九九号）　断簡一紙（本書379頁）

（尾）

元弘三年八月卅日土―為次浦殿百日

(八)一周忌のみに使用したもの（三部）

(113)蒲里山中江尼一廻表白（仮題）（三九九函二一一号別紙）　断簡一紙（本書380頁）

（尾）

康永四年九月十七日蒲―中江尼一廻

(114)先師（審海）一周忌表白（仮題）（三一四函一二九号）　断簡一紙（本書381頁）

(115)某父九回忌供養表白（仮題）（三一四函一二五号）　断簡一紙（本書384頁）

(九)三年忌のみに使用したもの（七部）

(116)第三年為父母表白通用私草（三一九函五号）　一巻一帖（本書386頁）

(117)悲母表白通用簡略（三一四函七六号）　一巻一冊（本書388頁）

弥陀　法花

(118)表白（三一六函二七号）　一巻一帖（本書391頁）

＼慈父　＼朋友

(119)追善旨趣（三三五函一〇三号）　一巻一帖（本書393頁）

熊野山詣ノ祈請

往生浄土ノ望事

＼二人施主同心合力事

＼女人其身清潔事

（表紙）

建武三年八月晦日為御局第三年

(120)施主段悲母付老

老者別離之殊悲事（三一三函八二号）　一巻一冊（本書397頁）

（尾）

暦応二年十一月廿七日金―六浦ツルハス入道第三年

(121) 為悲母第三年旨趣■■■■（三一九函三号）　断簡二紙（本書398頁）

(122) 下総東禅寺住持三年忌表白（仮題）（三一四函一三三号）　一巻一冊（本書400頁）

(十) 七年忌のみに使用したもの（五部）

(123) 地蔵別功徳（三〇八函八号）　一巻一冊（本書404頁）

＼商迦首菩薩之問答事

＼出家形事

＼一切衆生中三人残留成地獄栖守事

＼地蔵観音

（尾）

嘉暦二年五月晦日金―掃部左衛門七年

(124) 遠忌旨趣（三一四函一四号）　一巻一冊（本書407頁）

＼在家女人交僧衆書写事

＼悲母恩徳事 付薬王品文

＼孝子報恩之志切事

＼為如法経ノ為檀那ト事自交僧衆写経事

＼自交僧衆手写経事

（表紙）

賀嶋妻悲母七年
嘉暦二年三月五日海岸寺

(125) 為御母旨趣（三〇八函六号）　一巻一冊（本書411頁）
（表紙）
嘉暦二年六月十一日金―伊賀御母七年

(126) 某七回忌表白（仮題）（三一四函一二六号）　断簡二紙（本書413頁）

(127) 某七回忌表白（仮題）（三一四函一二七号）　断簡二紙（本書414頁）

(十一) 十三年忌のみに使用したもの（七部）

(128) 祖母十三年　一巻一帖（本書416頁）
表白通用為養父（三二三函七一号）

(129) 十三年旨趣通用（三二三函五八号）　一巻一帖（本書417頁）
（書名右上）通用部
＼光目□（女）致◦亡母十三年之孝行事
＼光目之母是弥陀如来事
＼孝養報恩人之徳行事

(130) 法花懺法（三〇七函四〇号）　一巻一冊（本書420頁）
（尾）
康永二年二月廿五日瀬崎寺為彼檀那十三年

(131) 口称心念（三一四函三六号）　一巻一冊（本書421頁）

余念間雑事
観念称名作想之三機事
念仏三昧事
三業相応事
動舌念仏事
引満二業事
（尾）
建武五―十月十八日金―松富十三年

(132)道安仕母事（三〇八函二二号）　一巻一冊（本書424頁）

（尾）
元亨四年四月晦日大仏妙□（本）房悲母十三年

(133)悲母十三回忌表白（仮題）（三九九函二一四号）　一巻一帖（本書427頁）

（尾）
暦応五年三―九　金―善アミ悲母十三年

(134)某十三回忌表白（仮題）（三九九函二一五号）　断簡一紙（本書429頁）

（尾）
康永二年二月廿五日瀬崎寺為彼檀那十三年

（十三）三十三年忌のみに使用したもの（三部）

(135)為《ム》祖父遠忌旨趣（三一四函六号）　一巻一冊（本書430頁）

＼檀主歎徳事
＼武臣政道等事　＼賢息相続事
＼禅定修行事
＼真俗相兼事
（表紙）
正慶二年三月廿六日為恵日民部少輔殿修之
(136)悲母因縁大納言禅師　（三〇八函三号）　一巻一帖（本書434頁）
（尾）
康永四年十二月□□―上棡大御母三十□（三）廻
(137)ム文如意観音（三五〇函一八号）　一巻一冊（本書441頁）
＼得名事　＼六臂事
（尾）
貞和二年七月六日極楽寺為照音上三十三廻
㈢遠忌のみに使用したもの（二部）
(138)為悲母《ウム》親通二　（三〇八函一号）　一巻一冊（本書445頁）
妙運比丘尼因縁
＼子祈仏一知親生所事
＼依子追善一親ノ生極楽二事
＼由致親孝養一其子亦生極楽事

＼弥陀念仏功能事

（尾）

暦応四年十二月二日金—ミナト入道二親遠忌

(139)遠忌追善事（三〇八函一二号）　一巻一帖（本書449頁）

＼四君事　＼人盛衰事　以世ノ勤ヲ事

＼没後追善事　＼逆修可発ス

＼遠忌事

（尾）

暦応四　三七金—六浦彦治郎入道妻二親遠忌

(十四)月忌のみに使用したもの（一部）

(140)中御所月忌日表白（三一四函六二号）　一巻一冊（本書454頁）

万タラ供

（表紙）

元亨元年七月廿日多宝寺用之

(十五)多種類の追善に使用したもの（識語のみのものも含む）（二十五部）

(141)慈父旨趣初通用（三〇八函五六号）　一巻一帖（本書457頁）

（尾）

暦応二年三月□□（十七）金—守「　」父七年

（異筆）延文五十一廿九日助太郎入道父百ヶ日

(142)悲母旨趣 通用 （三〇八函五号） 一巻一冊（本書460頁）

＼孝養之□（勤）諸仏□（喜之か）事

＼広挙聖人為例

＼懐胎等之辛苦事

（尾）

元亨四四晦日大仏妙本悲母十三年

同　八月九日中田太郎左衛門悲母第七年

正慶二年三月五日海岸寺鹿島後家悲母十三年

建武三年八月廿三日土—為原四郎母儀四十九日

暦応四年十二月九日金—為文仙房悲母七廻

同　五年四月六日金—俊首座宿所為悲母百ヶ日

康永三—十二—廿日蒲—中江尼百ヶ日

(143)三《弁》品孝養事

父母追善旨趣 通用 （三三五函三四号） 一巻一冊（本書463頁）

（尾）

明（異筆）徳二八卅日能阿ミ一周忌引上用之女子三人設之

建武五年二月五日土—観本母三十三年

暦応四三廿金—六浦孫次郎入道妻二親遠忌

(144)為父旨趣 （三一六函五号） 一巻一帖（本書465頁）

亡者為阿弥陀仏之持者事

（表紙）

建武二年九月十九日中江入道四十九日

暦応四―七月晦　蒲里山同（中江）入道七廻

(145)悲母恩徳事通用　（三〇八函一五号）　一巻一冊（本書474頁）

＼悲母思子之志切事

＼薬王品如子得母之経文事

＼尺尊宿摩耶胎内事

＼凡夫二親恩徳授量事

（尾）

暦応五年四月十五日金―フ―為稲荷殿悲母三十三廻

康永三年十二月八日金―浜名母七廻

同四年九月十七日蒲里山中江尼一周忌

(146)悲母　思子因縁　（三一四函七三号）　一巻一冊（本書479頁）

亀念子之譬事

須陀那比丘事

（尾）

正中二年二月十七日金沢松富悲母七廻用之

康永元年八月廿八日金―六浦道空妻母五七日

(147)道瑜法橋開母盲目事（三一四函六五号）　一巻一冊（本書482頁）

母志事

薬王品事

（尾）

元亨二　三月五日経師谷鹿嶋妻母用之
彼岸　用之

建武五年正月五日土―観本母三十三年

康永二―七月廿七日金―六浦道空妻母一周忌

（異筆）
貞和三年金《ミナト》入道妻ノ母儀為

(148)恩愛紲難断事（三一九函七号）　一巻一冊（本書487頁）

匂章因縁

幼少群息男女眷属。（哀傷）等事

恋慕悲歎則進修有誠事

（尾）

元亨四　五　晦日　称―　ウヌマ新―門第三年

元弘三年八月十一日土―為孫六殿百日後家修之

(149)尺《ム》迦総別功徳（三一三函四〇号）　一巻一冊（本書491頁）

＼本跡（迹）二門為総功徳事

＼法花々厳所説之二門不同事

＼普賢文殊事

（表紙）
嘉暦□（三）年五月二日海岸□（寺）山本殿□□忌
（尾）
元徳三年六月十一日為故若宮顕弁僧正大夫入道殿於西御門坊裡修之
暦応五年二月九日俊首座母儀五七日其取可有一願分至不可為相違者略之
康永三年七月廿一日於浄光明寺亦略之

(150) 私 尺迦（三一四函四三号） 一巻一冊（本書496頁）
一代得度之機前後皆由往昔因縁事
（表紙）
文保元年二月十八日長滝（か）用之
（尾）
元亨元―十二月十四日多―諏方殿
□□□（元亨四）正廿二谷殿蓮信房

(151) 弁 尺迦讃歎（三〇八函一一号） 一巻一冊（本書499頁）
穢土利生事　仏徳殊妙事
穢土衆生○（之有様）事
罪人向地獄之有様事
諸仏捨此土事
（尾）

元亨三年三月八日大仏大竹殿用之
正中二年三月廿七日田中殿二七日
同　三年五月十五日山岸殿二七日

(152) 弥陀滅罪得生　（三一四函一〇七号）　一巻一冊（本書507頁）

弥陀本誓為娑婆我等事
諸仏大悲於苦者一二殊哀事
娑婆衆生事
定業難転事
三輩九品事

（尾）

嘉暦三年十月十四日海岸寺了願尼百ヶ日
元徳元―十月廿五日金―為谷殿臨時山岸殿修之
同二年三月九日荒見永福寺用之
正慶元年七月八日千秋長老四十九日檀那方悉聴聞
暦応四　三　七　金―六浦彦次郎入道妻二親遠忌
康永三　五　廿三海巌寺―祖母七年
（異筆）貞和四年　平次母

(153) 弥陀讃歎簡略　（三〇八函九号）　一巻一冊（本書512頁）

（尾）

康永三年九月十四日金―ツルハス尼四十九日

同四年五月廿二日金―泉谷殿慈父十三廻

同九月十九日蒲里山中江尼一廻

(154)阿弥陀（三〇八函一四号）　一巻一帖（本書514頁）

幷極楽荘厳事

三字三諦事　幷州罪人事

（表紙）

弘安四年閏七月クルミノ谷用之

弘安四年閏七月十一日比丘尼用之

六年二月十八日於講堂用之

（尾）

正中二年三月廿六日田中殿用之

(155)不動尺 総別功徳　（三一三函六七号）　一巻一冊（本書518頁）

三身事

正法教令二身事

不動明王無有住処等事

（尾）

嘉暦三年五月十五日金―地―□□人初七日

暦応五年四月九日金―為六浦ツルハス尼子

(156)真言宗大意（三〇八函一九号）　一巻一冊（本書521頁）

両界事

理趣会事

（表紙）

嘉暦二年十（二月十一日）□□□□□海―賀島□□

暦応元―十二月十六日金―長老法事（称名寺二代釼阿）

（尾）

嘉暦三年四月十一日荒見長老五七日

元徳元年十一月八日金―谷殿法事

同　四年四月十五日金―大夫入道殿息女同姫殿法事

(157)為《ム》僧旨趣（三〇八函三六号）　一巻一冊（本書523頁）

（表紙）

元徳二年八月十二日為顕助僧正於若宮小路愛宕局修之

同十一月二日為彼百ヶ日於称―武州修之

(158)僧供養（三一四函五八号）　一巻一冊（本書528頁）

三宝一体事

西天亡女之入寺法事

（尾）

暦応二八十八金―六浦道空妻父三十三年薄物羅因縁用之

同四 六 八 金―ミナト入道二親三十三年
康永二―七月三日　金―　六浦道空子百ヶ日
同三年十一月十五日　金―　故長老（称名寺二代釼阿）七廻仏事東殿

(159) 反《弁》旧色紙因縁（三一四函七〇号）　一巻一冊（本書529頁）

（尾）

正中二年三月十日田中殿
同四月九日極楽寺用之

(160) 十三年マテ受中有生事（三一六函一七号）　一巻一冊（本書531頁）
弁四十九日大小一周忌事

(161) 魚母念持子因縁（仮題）（三九九函一九七号）　断簡一紙（本書535頁）

（尾）

元亨元年十二月三日梅谷為甲斐亡室
暦応二年六月廿三日金―瀬崎善阿ミ悲母
康永二―七月廿七日金―六浦道空妻母一周忌
（異筆）文和五年正月十九日六浦蔵アミ母儀十三年

(162) 識語断簡（仮題）（三九九函一九八号）　断簡一紙（本書536頁）

（尾）

康永四年九月十五日蒲里山中江尼一周忌
（異筆）康応二年四月五日了本上人母儀三十三年

(163)識語断簡（仮題）（三九九函二〇〇号）　断簡一紙（本書536頁）

（尾）

嘉暦三年五月二日海巌（岸）寺用之
元徳二年九月三日金―顕助僧正六七日野島御母修之
正慶元―十一月十八東禅―鼻和五郎四十九日
元弘三年九月五日土―為井土山入道百日
暦応元―十一月廿七金―六浦ツルハス入道一周忌
同四三七金―
康永元―六月廿四海―長老四十九日
同元―十月十五日金

(164)識語断簡（仮題）（三九九函二〇二号）　断簡一紙（本書537頁）

（尾）

元亨元年四月廿三日金沢称名寺御老用之
同廿四日経師谷用之
同六月二日多宝寺小御堂法花堂ノ人
同二年正月廿七多方丈長崎下野息女
同三三月廿九日称名寺覚浄房十三年用之
同卯月廿一日松谷静俊房四十九日
同九月十五日為夕浦祖父

正中三年三月五日用禅尼子息十三年
嘉暦元―七月廿日土橋戒円房ニ用之
暦応二年六月廿三日金―瀬崎善阿ミ悲母
(異筆)文和二年五月如来堂

(165)識語断簡 (仮題) (三九九函二一九号) 断簡一紙 (本書538頁)

(尾)

正慶二年三月廿一日金―為恵日三十三年御勤修之
建武五―五―廿四日千秋長老七回

(六)不明の追善に使用したもの (二十八部)

(166)売(異筆)三衣供父母事 (三〇八函二三号) 一巻一冊 (本書539頁)

\僧子致為父母一修善根一可合之

(尾)

元亨元年四月十六日多宝寺用之

(167)悲母思子因縁諸句 (三〇八函六〇号) 一巻一冊 (本書541頁)

(168)ム追善可通父母鹿島妻之母儀 (三一九函六六号) 一巻一冊 (本書543頁)

一身具三品孝事
母子居別所一不逢終焉事

(169)悲歎事通用 (三一四函七一号) 一巻一冊 (本書545頁)

\神人ハ不堕悪趣事

(170)忌日表白 通用　（三一四函二八号）　一巻一冊（本書548頁）
阿弥陀三昧
(171)ム遠忌表白 通用　（三一四函一五号）　一巻一冊（本書549頁）
如法経　弥陀　地蔵
施主自手写経事
(172)乳母表白　（三一四函六六号）　一巻一冊（本書552頁）
(173)○法事表白 僧為檀越（マヽ）　（三一四函五七号）　一巻一冊（本書554頁）
(174)廻向 付法花書写普賢　（三一四函二五号）　一巻一冊（本書556頁）
(175)弁 弥陀念仏功能　（三一四函一〇九号）　一巻一冊（本書558頁）
＼清河邪見女人事
＼阿輸沙国不信婆羅門事
(176)弁 冥衆感賀作善事 爲仁和寺三帖内　（三一八函一四七号）　一巻一冊（本書561頁）
付悲テ弟子離別一其師ノ発心一事
聖霊納受追善一致歓喜事
(177)田中草 筒奉納表白ミ 為慈父　（三一四函六三号）　一巻一冊（本書563頁）
亡者相兼文武内外諸徳事
襁褓中告別事
檀那自交僧而行□□
（文中）

(178) 為孫表白（三一四函七号）　一巻一冊（本書568頁）

弘安作（西＝八年）号之歳至テ仲冬（十一月）下旬之

乳父合力

(179) 廻向表白断簡（仮題）（三九九函二〇一号）　断簡一紙（本書569頁）

（尾）

元徳四年四月十五日金―大夫入道殿息女御姫腹法事

(180) 廻向表白（阿難尊者説法事）（仮題）（三九九函一九六号）　一巻一冊（本書570頁）

（尾）

(181) 地獄苦患事（仮題）（三一四函一二八号）　断簡二紙（本書573頁）

元亨四年十一月二日大仏大竹為養父

(182) 某僧廻向表白（仮題）（三一四函一三四号）　断簡二紙（本書575頁）

(183) 為師表白終句（三三三函一六号）　一巻一帖（本書577頁）

(184) ミ親父思子之志事（三一四函九一号）　一巻一冊（本書578頁）

浄飯大王将命終之時恋仏与難陀事

子在他所一不値終焉ニ一方来于中陰ノ内ニ一事

(185) ム悲母施主段初通用（四二三函二四三号）　断簡一紙（本書581頁）

(186) 法花書写＼般若転読＼光明真言＼理趣三昧（三三五函一三〇号）　一巻一帖（本書582頁）

(187) ム為悲母旨趣之余（三三五函三二号）　断簡一紙（本書583頁）

＼先年引上修之

重至正忌日更修之
\悲母モ孝子モ共□□事
\度々修善之事
\十三年之事
\母子共ニ如本［　］

(188)旨趣之初通用　（四二三函二四〇号）　断簡一紙（本書584頁）
別離之悲歎古今並同事

(189)弥陀念仏行　（四二三函二四一号）　断簡一紙（本書585頁）
仏法滅尽事
法滅之時念仏行殊勝事
智覚禅師事

(190)為二親表白通用　（四二三函二二九号）　一巻一帖（本書585頁）
\法花読誦事
長楽寺
\悲慈深重事
\廻向句

(191)母別子旨趣　（三一四函九九号）　一巻一冊（本書587頁）

※『称名寺聖教　尊勝院弁暁説草　翻刻と解題』（勉誠出版、二〇一三年）一一頁参照。

(D)補遺（二十六部）

(192)金光明最勝王経講讃廻向（三一四函一一六号）　一巻一冊（本書587頁）

(193)四《弁》巻金光明経釈（三一九函四七号）　一巻一冊（本書587頁）

※『称名寺聖教　尊勝院弁暁説草　翻刻と解題』（勉誠出版、二〇一三年）三一一頁参照。

(194)円《ム》覚経総尺（三〇九函八〇号）　一巻一冊（本書589頁）

(195)提婆品（三〇七函二一号）　一巻一帖（本書594頁）

(196)遺《ム》教経（三一六函三九号）　一巻一帖（本書595頁）

(197)如法経立筆表白（二九一函二七号）　一巻一冊（本書596頁）

　　武略福禄相兼事

（朱）神下＼孝子事＼後室事

（朱）廻向＼仏子残留事

　　＼母子「　」事　ケンカウ（梵字）

(198)百部経廻向（三三六函九三号）　一巻一帖（本書605頁）

(199)一《ム》業所惑事（三二九函一一号）　一巻一冊（本書606頁）

(200)法爾恒説事（一一二函一四号）　一巻一冊（本書607頁）

(201)光明啓白（三三六函五五号）　一巻一帖（本書610頁）

(202)八講諸座法則（三〇九函二四号）　一巻一冊（本書611頁）

(203)筒《私》奉納旨趣六補（浦）（四一三函一三三号）　一巻一冊（本書613頁）

為亡母追福　為慈父逆修

亡妻亡兄十三年
＼摂提事

(204) 上《異筆》　三千仏供養（三一七函二六号）　一巻一冊（本書614頁）

(205) 上西門院一品経供養（仮題）（四二三函二四六号）　一巻一冊（本書617頁）

(206) 弥《古》陀念仏事（三一六函三三号）　一巻一帖（本書618頁）
＼七種選択念仏
＼法照禅師之因縁

(207) 懺悔事（四二三函二七一号）　一巻一冊（本書623頁）

(208) 遠《ム》忌旨趣（三一四函一四号）　一巻一冊（本書624頁）
悲母
＼在家女人交僧衆書写事
＼悲母恩徳事付薬王品文
＼孝子報恩之大切事
＼為如法経檀那事
＼自交僧衆一手写経事

（表紙）
賀島妻悲母七年
嘉暦二年三月五日海岸寺

(209) 為悲母逆修表白（三一四函八号）　一巻一冊（本書628頁）
慈父亡過

悲母存生

(210)慈父表白（四二三函二四二号）　一巻一帖（本書629頁）

（表紙）

暦応四年十一月四日

土—了親一周忌引上

(211)亡《称カ》母施主段（四二三函二三二号）　一巻一冊（本書630頁）

母子兄弟同好修善之人事

＼亡者生前修善事

＼施主帰仏修善事

＼悲母病席致看病等事

＼没後之追善事

(212)夫後妻之悲深事（四二三函三七九号）　一巻一帖（本書633頁）

＼志切之時隔生㆒再逢事

＼雖夢而有実事

(213)＼為悲母（一二二函一号）　一巻一帖（本書634頁）

(214)故起煩悩事（一六函四号）　一巻一帖（本書640頁）

(215)遠《弁》忌追善　後白河法皇於最勝光院被修之　（四二八函一七号）　一巻一冊（本書644頁）

＼亡者資益施主事

為父㆒悲之

此日諸人落涙法皇御感云々
＼聖人至于百代一ニ被祭一事
＼得遠忌之追報一ヲ為有徳之人一ト事
＼子孫前死老父修追善事

(216)小納言致正入道因縁夫婦離別（三三九函四八号）　一巻一帖（本書647頁）

（湛睿筆）
「　」之人恩愛難捨事
善知識是大因縁一事

(E)追補（二十七部）

(217)為先妣廻向表白（仮題）（四二一函三三号）　一巻一帖（本書657頁）

(218)彼岸七ヶ日布薩表白（仮題）（四二一函三九号）　一巻一帖（本書658頁）

（尾）
□正和二年二月晦日金―布

(219)開悟得道因縁（仮題）（四二一函四三号）　一巻一帖（本書659頁）

(220)持戒功徳（仮題）（四二一函六七号）　一巻一冊（本書660頁）

(221)為母七々日忌廻向表白（仮題）（四二一函七一号）　一巻一帖（本書661頁）

(222)金沢某寺本尊供養表白（仮題）（四二一函七四号）　一巻一帖（本書662頁）

（尾）

康永三―三―十三―　金―

(223)某檀越供養表白（仮題）（四二一函七五号）　一巻一帖（本書663頁）
(224)廻向理趣三昧供養表白（仮題）（四二一函七六号）　一巻一帖（本書664頁）
(225)法華経縁起（仮題）（四二一函八五号）　一巻一帖（本書665頁）
(226)三宝供養表白（仮題）（四二一函八七号）　一巻一帖（本書666頁）
(227)某子供養表白（仮題）（四二一函九七号）　一巻一帖（本書666頁）
(228)某廻向表白（仮題）（四二一函九八号）　一巻一帖（本書667頁）
(229)某供養表白草案（仮題）（四二一函一〇二号）　一巻一冊（本書668頁）
(230)読経作善釈（仮題）（四二一函一〇四号）　一巻一冊（本書669頁）
(231)功徳善根釈（仮題）（四二一函一〇五号）　一巻一冊（本書670頁）
(232)衆生界釈（仮題）（四二一函四四号）　一巻一冊（本書670頁）
(233)法華功徳（仮題）（四二一函四〇号）　一巻一帖（本書671頁）
(234)某説草押紙（仮題）（四二一函六二号）　一巻一冊（本書671頁）
(235)某供養表白（仮題）（四二一函六三号）　一巻一帖（本書672頁）
(236)某抄断簡（仮題）（四二一函一一四号）　一巻一帖（本書673頁）
(237)某草稿（仮題）（四二一函一一五号）　一巻一帖（本書673頁）
(238)仏身総別功徳釈（仮題）（四二一函一一九号）　一巻一帖（本書674頁）
(239)於称名寺祈願往生表白（仮題）（四二一函一二二号）　一巻一帖（本書674頁）
(240)某表白（仮題）（四二一函一二三号）　一巻一帖（本書675頁）

(241)極楽往生祈願表白（仮題）（四二一函一二六号）　一巻一帖（本書675頁）
(242)誓願名号釈（仮題）（四二一函一一〇号）　一巻一帖（本書676頁）
(243)説草草案（仮題）（四四二函一六号）　一巻一冊（本書676頁）

三　湛睿の唱導資料における問題点

前項に二四三点にのぼる湛睿の唱導資料をあげたが、これには数多くの問題がある。ここでは要約してこれをとりあげ、今後における研究の手がかりとしたい。

第一には相当に散逸していることである。それは最後の尊経閣文庫蔵『古文状』にある「聖徳太子」からも具体的にわかる。また金沢文庫に所蔵されているものは、『明儒願文集』を除き、説草箱に入れ携帯に便利であると同時に、懐中に入れて唱導に臨めるように、装丁が枡形本（縦横が一五〜一三センチメートルの大きさ、次第本ともいう。わずかに折本装・袋綴装・大和綴装——資料中一巻一帖と表記したものもあるが、殆んどは粘葉装）であるから、保存も糊剝がれと虫損など困難であったばかりか、形態的にも紛失し易い条件にあったからであろう。それは表紙だけ残存し、本文が欠落している『弥陀念仏行』（目録(189)）をはじめ、数多見られる表紙欠や前欠・中欠・後欠などからも具体的にわかる。また湛睿は凝然の影響をうけ、撰述・書写・講義を行った場合、一部を除き日時・場所などを識語として書き記しているが、唱導資料も例外ではない。そこで問題になるのは嘉暦元年（一三二六）、下総東禅寺の住持就任（建武五年称名寺転住）以降における年課関係の資料である。[72]一・三の例をあげ考察してみよう。

まず仏事法会関係で、毎年一月十五日に行っている「年始説戒」をとりあげてみる。律院においては布薩とともにとりわけ重要な行事であることはいうまでもない。現在『年始説戒』が二部残存している。その奥書によると、一部は元徳四年（一三三二）、元弘四年（一三三四）、暦応二年（一三三九）、貞和二年（一三四六）に使用し、他の一部は元徳三年（一三三一）、暦応三年（一三四〇）、康永三年（一三四四）に使用している。これは数種の『年始説戒』を交互に使用していることを示すものであるのみならず、欠落した年（一三二七―一三三〇、一三三三、一三三五―一三三八、一三四一―一三四三、一三四五）に使用した四乃至五部の『年始説戒』があったことを予想させる。

また「涅槃会」も釈迦信仰を基調とする律院にとっては重要な年中行事であるが、これに関するものが二部ある。これらの奥書によると、元応三年（一三二一）・嘉暦四年（一三二九）、元徳二年（一三三〇）・正慶二年（一三三三）・康永二年（一三四三）にそれぞれ使用しており、欠落した年（一三二二―一三二八、一三三一、一三三二、一三三四―一三四二、一三四四―一三四六）に使用した四～五部の資料が散逸していることがわかる。

つぎに追善供養関係から、称名寺二代釼阿のものをとりあげてみる。湛睿はまえにも触れたように、釼阿から東密諸流をうけているのみならず、建武五年（一三三八）十一月十六日に没した釼阿の後をうけ、称名寺三代住持に就任しているから、釼阿の追善供養については、とりわけ懇篤に執行したことはいうまでもなかろう。しかし三七日、一周忌、七年忌関係がわずかに残存し、初七日（他筆はある。目録⒀）、二七日、示寂後一ヶ月（他筆はある。目録⒃）、四七日～七七日、百ケ日、三年忌関係などはすべて散逸している。

また貞顕の子で仁和寺に出家した顕助僧正の場合は、三七日、六七日、百ケ日、三年忌関係のものはあるが、その他のものは散逸しており、田中殿（称名寺檀越であるがいかなる人物か不明）の場合は、初七日、二七日、四七日、六七日関係はあるも、その他は散逸している。またこれらと同じように、その他の檀越関係も散逸しているから、いかに大量のものが散逸しているかがわかる。また現存資料中にも、前に触れたように前欠、中欠、後欠、あるいは識語のみ遊離しているもの（後欠資料のものである可能性あり）、虫損、破損の著しいものなどがあるが、開披不能のものも二・三ある。

第二に分類整理されていたらしい。それは湛睿存命中になされたか、没後に施されたか明らかでないが、『十三年旨趣通用』の書名右上に「通要部」、『鶏《ム》頭供養仏僧』の書名左下に「修善部」、『法花経《弁加ム》』の書名左下に「三増之内」とある。また三十余の資料に限られるが、前表紙右上隅に「親」「通」「日」「甲」「奸」「勧」とあり、後表紙左上隅に「一餘」「一半餘」「二餘」「二半」「二半餘」「三」「三餘」「四」「四半」「五」「五半」「六半」「七餘」「十半」「十一」「十三」などとある。これはいずれも分類整理のための項目や記号とみて間違いない。ただ何故全資料にわたってこれが付されていないのか、またこれが湛睿の資料に限られたものか、移名寺唱導資料全般のものか、今後の調査に俟たなければならない。

第三に大部分は前表紙右下に「睿之」「睿」「湛睿」（左下に一件）とあり、湛睿手沢本であることを示す。また、前表紙にある書名の右上に「弁」「弁草」「登」「田中草」「中草」「弁加ム」「登加ム」「然公草」と細字で注したものがある。これらはいずれも湛睿筆になるものであるが、「弁」「弁草」は東大寺弁暁の草、「然公草」は東大寺凝然の草であることを示すものであるが、「登」は前に触れた澄憲撰『上素帖登心』からあるいは澄憲の草かもしれない。しかし「田中草」「中草」は誰れの草であるか不明である。また「弁加ム」「登加ム」と注したものは、弁暁草あるいは澄憲草にム＝私＝湛睿が補筆したものであることを示すものかもしれない。なお『不動《登》』・『卒都婆面写経事《登加ム》』は少なくとも『安居院唱導集上巻』には関係する文言を見出すことはできない。

また湛睿草のもの、湛睿が書写したもの、本文は他筆であるが湛睿が加筆したもの[73]、本文は他筆であるが「湛睿」の手沢名があるもの、貼付紙のみ湛睿筆のもの、書名あるいは識語が湛睿筆のものなどがわずかにある[74]。また百四十余部にのぼる湛睿草のうち、三十余部にかぎり書名の右上に「ム」「私」と細注しているが、いかなる事情によるか明らかでない。

なおいずれも湛睿筆であるが、『鶏《ム》頭供養仏僧』の尾に「此御本ハ□□本ヨリ於南波相伝之今ハ一具ニ可添師草ニ也」とあり、相伝の経緯を明らかにしたものや、『広清涼伝』巻中から抄出したもの[75]、『百因縁集』第三・三十三から抄出したものもある。[76]

第四には経論の引用部分など理解し難い箇所には「可訓尺之」や「更可訓尺」とあり、また文中に「戒犯紀綱《戒珠添光》」、「師資相摂《弟導》」、「現当悉地《菩提行願》《薩埵行願》」、「生前奉公《多年撫育》」、「夢後菩提《九品託生》」など異なった表現を傍注しているもの、さらには随所に加筆・抹消されているのみならず、押紙・貼紙・添付紙（とりわけ律院の年課である「年始説戒」「仏名会」関係、さらには「不《ム》動」「不動釈」など）による校訂や「○在別紙」とあるものなど注目する必要がある。

第五には資料の尾や前表紙に、奥書や識語を有するものと無いものがある。奥書・識語があるものはいうまでもなく、湛睿が唱導に使用したものであるが、なかには識語断簡（仮題）（目録(80)(82)）・廻向説草断簡（仮題）（目録(81)）や、『法《ム》花』（目録(97)）、『弥《ム》陀別功徳』（目録(98)）などのように、その識語から湛睿没後にも使用されたものがある。また識語がないものは使用する目的で草し、あるいは書写したものであろう。また『為父母表白《第三年》通用私草』『悲母表白通用簡略』『悲母旨趣通用』『為悲母通二親』『為二親表白通用』『追善表白通用』『悲歎事通用』など、通用＝範例的なものを二十余部含んでいるが、そのなかには使用したものがある。

第六には特定の追善供養のみに使用されたものと、不特定でしかも種々の追善供養に使用されたものとがある。前者は恵日（北条顕時）・顕弁（金沢貞顕庶兄、鶴岡別当）の追善供養や、平岡入道・善アミ・大夫入道の逆修供養など、北条氏一族や有力者に使用されたものであるが、後者は資料的にみると『弥《ム》陀別功徳』十回、『弥《ム》陀滅罪得生』六回、『法《ム》華』七回、『法花功能』四回、『釈《弁》迦仏』五回、『尺《ム》迦総別功徳』四回、『不《ム》動』五回、『不動尺』四回、『悲母旨趣通用』七回などが注目されるが、『題未詳』のもので十二回、あるいは八回も使用されたものがある。また追善供養には弥陀・法花・釈迦・不動関係のものが唱導に効果があったらしく、頻繁に使用されている。

第七に追善供養を数日にわたり経営しているものがある。『北条貞時十三年忌供養記』[77]によると、元亨三年（一三二三）十月二十日から、正当命日の二十六日まで、盛大かつ華麗に行われているが、[78]恵日三十三年忌も、正慶二年（一三三三）三月二十一日から、正当命日の二十八日まで、八日間にわたり盛大に追善供養を行っている。(79) また蒲里山中江尼一周忌には康永四年（一三四五）九月十五日に『題未詳』を、九月十七日に『悲母恩《ム》徳事』『弥陀讃歎簡略』『題未詳』を使用しているから、数日にわたって大きな追善供養が行われている。また大夫入道の逆修供養は、嘉暦元年（一三二六）五月二十三日から二十九日まで、ミナト入道の逆修供養は暦応四年（一三四一）三月五日から、少なくとも七日まで行っているが、これは逆修供養も七日間から数日間にわたり行われていたことがわかる。

なお中江尼一周忌にもみられたように、一日に何回も供養が行われているが、(80) 元亨四年（一三二四）五月晦日の鵜沼新左衛門三年忌には、『恩愛紲難断事』『尋陽江湖女因縁』『題未詳』を、建武五年（一三三八）二月五日の観本母三十三年忌には『為《弁》父母追善旨趣通用』『道瑜法橋開母盲目事』『為《弁》父母追善旨趣通用』を、暦応四年（一三四一）三月七日の六浦彦次郎入道妻二親遠忌には『遠忌追善事』『弥陀《ム》滅罪得生』『為《弁》父母追善旨趣通用』が使用されており、手厚い供養が行われていたことがわかる。また『悲母旨趣通用』の文中に「或於此処即引因縁不可用自下」と朱による加筆があり、以下は時によって因縁を引き用いない旨、記したものや、『法花経』の尾部八行前に「自下用否随時」、『地蔵別功徳』の文中「菩薩三時落涙事在別随時」、「袈裟功能并出家功事、可随時」とあるのみならず、『釈迦《ム》総別功徳』の奥書「暦応五年二月九日俊首座母儀五七日」に続いて「其取可有一疑下至不可為相違者略之」とあり、九十三行にもわたって省略する旨述べたものなどもある。

第八に生前の孝行より没後の追善を重視している。生前の孝行については、孝養報恩、知恩報恩、報恩謝徳、報謝追善、追福作善などが随所にある。「徳は七葉の水よりも深く、恩は九山の頂よりも高し」（『慈父四十九日表白』目録(111)）、「父恩は妙高八万の嶺よりも高く、母徳は滄溟三千の底よりも深く、徳の窮り恩の至り」（『遠《ム》忌旨趣』目録(124)、『悲母恩徳事通用』目録(145)）などと父母の恩徳について述べ、『孝子伝』をはじめ、孝行は衆徳の本とし、「善中の勝たる善は孝養の善に過ぎたるは無し」（『悲《ム》母旨趣通用』目録(142)）として孝行を非常に勧奨、強調している。しかし没後の追善については、現世の孝養よりも尊重され、没後における刹那の修善は百千万の孝行より勝れ、芥子ばかりの追福は七珍万宝を投ぐるより過ぐとして、修善追福を上品の孝養（『遠忌追善事』目録(139)）とし、水菽の孝行は現世一旦の事、後生菩提は永劫の大事（『悲母思子因縁諸句』目録(167)）としている。

第九にいかなる事情によるか不明であるが、少なくとも元応三年（一三二一）二月十五日から元亨二年（一三二二）三月五日まで、およそ一年間にわたり、鎌倉多宝寺において、涅槃会・春秋の彼岸会・盂蘭盆会・布薩会、さらには檀越の追善供養仏事を行っている。

第十に湛睿は泉州久米多寺・下総東禅寺・金沢称名寺を中心に、唱導活動を展開しているので、それぞれに多くの檀越がいた。

第十一に「はじめに」においても述べたが、資料中に使用されている用語や語句で、各種の『仏教辞典』や『仏教語大辞典』、及び『浄土宗大辞典』『禅学大辞典』『密教大辞典』など各宗の仏教辞典、さらには『大漢和辞典』『古語辞典』などにないものが少なからずある。また『論語』や白楽天の詩なども援用されているが、中国・唐澄観の『大方広仏華厳経疏』『大方広仏華厳経随疏演義鈔』、道宣の『四分律刪繁補闕行事鈔』、宋元照の『四分律行事鈔資持記』などに引用されている外典を援引している。これは鎌倉における名儒藤原仲範との交流、さらには入宋僧円種との道交などにより、湛睿は外典にも造詣が深かったことがわかる(81)。

以上、問題点を十一項目に要約して述べたが、第二・三・九など明らかでないものについては、今後の研究に俟たなければならない。

むすび

最初に「湛睿における唱導の系譜」として唱導の源流と展開について述べた。とりわけ鎌倉時代の唱導の動向については、澄憲─聖覚の安居院流、定円・定観・実玄の三井寺流以外に、弁暁・貞慶・明恵・円照一族などを中心とする南都の唱導＝南都流があり、これを断片的な資料により考察を加えた。また湛睿の行実や資料を通じて、釼阿や凝然から安居院流や南都流唱導をうけていることを究明すると同時に、湛睿の唱導資料二一九点および断簡など二十六点を列挙・翻刻し、あわせて問題の所在を明らかにした。

なお凝然著書紙背文書の閲覧を許された東大寺図書館当局、およびいろいろ御教示を頂いた新藤佐保里氏に深く御礼を申し上げます。

注

（1）永井義憲・清水宥聖編『安居院唱導集』上巻（貴重古典籍叢刊6）参照。

（2）審海・釼阿・湛睿・実真・什尊・栄真・英禅・玄一・玄澄・源阿・源忠・宏賢・性円・良真・心勢・清尊・盛禅・智照・隆尊・了禅、さらには東大寺弁暁・凝然などのものがあるが、なかでも『言泉集』『転法輪抄』『風光抄』『讃仏乗抄』などを手沢した釼阿と、湛睿・源忠・良真の関係資料が多い。

（3）拙著『金沢文庫資料の研究』四六九頁以下参照。〔願文　表白文関係〕一四一部として書名を列挙している。

（4）『駒沢大学仏教学部論集』第十六号所収。識語を有する資料について編年的に収録した。

（5）釈尊は四弁（法無礙弁・義無礙弁・辞無礙弁・楽説無礙弁）八音（極好音・柔軟音・和適音・尊慧音・不女音・不誤音・深遠音・不竭音）によって甚深微妙の説法をしたとされている。『沙石集』巻三（一）に「浄土ニ生レテ無生悪ノ位ニ登リ、三明六通ヲ具シ、四弁八音ヲ備ヘ、宿明智ヲ以テ、思所知識ヲ知リ、神境通ヲ以テ随類ノ身ヲ現ジ善巧方便ヲ以テ、心ヲ進メ、弁才智恵ヲ以テ法ヲ説キ」とある。また、瑩山紹瑾『伝光録』「第四十二章梁山和尚」に「四弁を具し、八音を具して、巧説きりのごとくおこり、口業海のごとくひるがへり、説法天地をおどろかして、華をふらし石を動ずとも」とある。また「十二分教」は釈尊における説法を、形式内容により十二種類に分類したものであるが、このうち

（3）伽陀（諷誦）（4）尼陀那（因縁）（8）阿波陀那（譬喩）は、後世、中国・日本における唱導に大きな影響を与えた。また『思益経』第二には釈尊が言説・随宜・方便・法門・大悲の五力をもって説法したと記している。

（6）『大日本仏教全書』一〇一・三五六・上参照。

（7）『梁高僧伝』巻第十三（『大正新修大蔵経』五〇・四一七・下）参照。

（8）同右。

（9）『大正新修大蔵経』五〇・四一五・下に「宣唱をもって業となす」とある。

（10）同右に「およそ要請あれば、皆貴賤均しく赴き、貧富揆を一にする」とある。

（11）『大正新修大蔵経』五〇・四一七・中に「貴賤に拘わらず、請あらば必ず行き、寒暑を避くるなし」とある。

（12）『大正新修大蔵経』五〇・四一五・下以下参照。

（13）『梁高僧伝』巻第十三（『大正新修大蔵経』五〇・四一七・下）参照。

（14）同右。

（15）『梁高僧伝』巻第十三（『大正新修大蔵経』五〇・四一八・上）参照。

（16）『大正新修大蔵経』五〇・四一七・下参照。

（17）『続高僧伝』巻第三十、「雑科声徳篇」第十の宝厳伝に「気調閑放言笑聚ㇾ人情存二導俗一時共曰二之説法師一也（中略）厳之制用随ㇾ状立ㇾ儀」とある。（『大正新修大蔵経』五〇・七〇五・中）。

（18）『大日本仏教全書』一〇一・三五四・下参照。なお後に「四家の徒は毗尼に薄しと雖も法事の一荘飾たらざることを得ず。故に我れ正伝の外、此に出だす」とあり、師錬もこの経師、声明、唱導、念仏の四家については高く評価していない。これは唱導の科を設けず「雑科声徳篇」に収めた『続高僧伝』以来の評価――仏教の流通や民衆教化には功があるが、卑俗のものとする――をうけているものと思われる。

（19）慶円の弟子。藤原章輔の子。治暦三年（一〇六七）六十二歳で没している。

（20）『二中歴』第十三「名人」の条にある賀縁の誤りか。

（21）澄憲は九男一女の子をもうけたが、九人の男子（真雲・海恵・聖覚・覚位・宗雲・理覚・恵聖・恵敏・覚真）はいずれも天台・真言宗の名僧となっている。

(22)『大日本仏教全書』一〇一・三五六・上参照。なおこの後に唱導は「変態百出し、身首を揺り、音韻を婉げ、言は偶儷を貴び、理は哀讃を主とす」るものであったとある。
(23)『国史大系・尊卑分脈』第二篇、四九二頁参照。また「此の一流は能説の正統なり」とある。
(24)『玉葉』治承二年(一一七八)七月六日条に「説法神なり、又妙なり」、寿永元年(一一八二)十二月廿八日条に「説法優美、衆人涙を拭う」、文治三年(一一八七)閏十二月五日条に「説法珍重、実に是れ当時の逸物なり。緇素の才芸未だ此の師の説法に如かず」とある。また『吉記』元暦二年(一一八五)五月十二日条に「澄憲法―説法富楼那に異ならず」とある。なお澄憲については拙稿「金沢文庫本『四十八願釈』について――とくに澄憲撰『四十八願釈』を中心として」(『坪井俊映博士頌寿記念仏教文化論攷』所収)参照。
(25)定円の伝記は『三井続灯記』(『大日本仏教全書』一一一・一一四上)にあるが、『太子曼荼羅講式』一巻(東大寺図書館蔵)などがわずかに知られるのみであるから、是非とも紹介したいが、長文のため、ここでは奥書のみにとどめ、本文は他の機会にゆずる。東大寺本の奥書には「建治元年秋八月新奉繡天寿国曼荼羅於洛東霊山寺釈迦堂談法華勝鬘等経日々讃嘆之面々礼拝之然間且酬願主禅尼請且慕太子聖霊徳注五段簡略之式結三尊値遇之縁楚忽之作魯愚弥迷者也同廿一日相当皇后御月忌於曼荼羅宝前始令行用之　天台法華宗法印権大僧都定円記　作者点云々　即如本写之了」とある。
(26)『安居院唱導集』上巻にある『転法輪鈔〈神祇上末〉二品准宮熊野御経供養』の尾(二七六頁下段)に「已上表白仏経釈依三井実玄已講誂被草之」とある。また「荷稲表白〈修明門院御熊野詣御下/向之次也実玄已講誂也〉」(二七七頁下段)とあり、三井寺流として定円とその弟子定観および実玄がわずかに知られる。
(27)『玉葉』建久二年(一一九一)閏十二月二十二日条に「聖覚已講説法優美」とあるが、『尊卑分脈』には「天下の大導師名人なり。能説の名才」とある。また『三長記』元久三年(一二〇六)四月十六日条に「説法富楼那の如し。万人落涙す」、『明月記』嘉禎元年(一二三五)二月二十一日条に『濁世の富楼那遂に遷化の期となるは実に是れ道の滅亡歟。悲しみて余りあり。今年六十九云々」とあり、定家は聖覚の死に対し、非常に悲歎していることがわかる。また、嘉禄三年(一二二七)七月二十五日、政子三年忌供養のため鎌倉に下向している。
(28)『続本朝往生伝』四一参照。
(29)『大日本仏教全書』一〇二・一七四下参照。

(30)『二中歴』は『掌中歴』と『懐中歴』を類聚した書で、平安末期の算博士三善為康の撰と伝えるが、実際には鎌倉末期の編十三巻、神代・人代・仏聖・大仏・乾象・坤儀・官職・医方など八十二目を立てた辞典で、漢字の研究書である。

(31)永井義憲氏『日本仏教文学』一九三頁参照。

(32)清水宥聖氏「安居院唱導集について」(『天台』No.5)参照。

(33)これは注(3)にも触れたが、拙著『金沢文庫資料の研究』において、湛睿関係典籍資料の「願文表白文」一四一部中に、他筆書写本の筆頭(四七一頁上段)に書名のみ掲げたものである。近来詳細な研究が進められ、安居院唱導資料であることが判明した。阿部美香氏「安居院唱導資料『上素帖』について」(『金沢文庫研究』第三二六号)参照。

(34)『大日本仏教全書』一〇三・七三〇上参照。

(35)『大日本仏教全書』一〇二・二〇四下参照。

(36)『称名寺聖教尊勝院弁暁説草　翻刻と解題』参照。

(37)『法相宗章疏目録』『因明大疏抄』『因明疏広文集』『法華玄賛文集』などの著書がある。なお弁説無類であったから八舌僧正と称された。

(38)『本朝世記』を著した藤原通憲の子。兄弟に澄憲などがある。東大寺復興慶讃の導師をつとめている。『三国通抄』を撰して門下を教導しているが、寺院運営にも優れていた。『本朝高僧伝』(大日本仏教全書』一〇二・二〇六上)参照。なお『三国通抄』は『三国伝灯記』のことである。

(39)貞慶には『唯識尋思抄』『唯識同学抄』『法相宗初心要略』『法相心要鈔』『注三十頌』『勧誘同法記』『観心為清浄円明事』『唯心念仏』『法華開示鈔』『勧学記』など法相関係の著書が多い。

(40)貞慶の弟子慈心房覚真(前参議藤原長房)が律宗の道場常喜院を興福寺内に建て、その経営のために所領もあわせ寄進している。貞慶は俊才二十名を選び、律学研究を推進している。なお『沙石集』巻三(五)参照。

(41)『玉葉』建久三年(一一九二)二月八日条に「貞慶已講来る。籠居すべし。云々。よってその事を尋ぬるため相招く所なり。申す旨の条々、仰す旨の種々、大略冥告により思い立つ所か。意趣もっと貴ぶべし(中略)これすなわち仏法滅するの相なり」とあり、兼実は貞慶の籠居に対し非常に悲歎していることがわかる。

(42)『大日本仏教全書』一〇二・二〇八下参照。

(43)田中久夫氏「明恵上人の講義の聞書にみえる譬喩」(『鎌倉仏教雑考』所収)参照。
(44)『円照上人行状』(『続々群書類従』第三史伝部四八二頁上)参照。
(45)『大日本仏教全書』一〇三・七八九・上参照。
(46)『続々群書類従』第三史伝部四七七・上参照。
(47)同右四八二・下参照。
(48)『大日本仏教全書』一〇三・七八九・上参照。なお聖守は梵唄もすぐれており、師鑁は「守梵唄に工なり。声調嘹幽として聴者悦可す」と述べている。
(49)『円照上人行状』に「照公仏法を秉持し、僧宗を摂御して、三学円備、二利具足、聖説規矩、違失あること無し。常に門徒に訓じて云く、身は仏戒に住し、口は仏語を作し、意は仏心に住す」とあり、また、「宗密禅師、禅源諸詮都序二巻を作る。照公これを翫び書夜研覈す。自から写してこれを持す」(原漢文)とある。(『続々群書類従』第三史伝部四八一頁下および四八二頁下)参照。
(50)拙稿『無二発心成仏論』(『南都仏教』第三十九号所収)参照。
(51)『円照上人行状』(『続々群書類従』第三史伝部四八二頁下)参照。
(52)同右四八二頁上参照。
(53)同右四八二頁下参照。
(54)同右四八七頁下参照。
(55)同右四八二頁下参照。
(56)拙著『金沢文庫資料の研究』四四三頁以下参照。
(57)『駒沢大学仏教学部論集』第十六号所収参照。
(58)『梵網戒本疏日珠鈔』巻五十の奥書に「華厳兼律金剛欣浄沙門三経学士凝然」とある。なお凝然の行実については新藤晋海氏『凝然大徳事績梗概』を参照されたい。
(59)『続々群書類従』第三史伝部五〇五頁下参照。
(60)同右。

(61)『大日本仏教全書』一〇三・七四〇上・下参照。

(62) 尊経閣文庫蔵。釼阿手沢本。巻第二につぎのような奥書がある。「本云于時徳治二季丁未五月七日於東大寺戒壇院撰、花厳宗沙門凝然春秋六十八（以下略）」巻第三・四・五・六・七・九にも奥書があるが省略する。

(63) 尊経閣文庫蔵。釼阿手沢本。尾に「已上口傳凝然公相伝也。仍可秘蔵之。但不問答相承之意頗不□一両不審後昆可明之明忍（花押）」とある。

(64) 拙著『金沢文庫資料の研究』三五八頁以下参照。

(65) その後発見された資料が東密関係を中心におよそ五十余部ある。

(66) 安居院唱導資料『讃仏乗鈔』十二冊には釼阿の手沢名はないが、釼阿の収書態度からみて釼阿手沢本の可能性がある。また英禅・劧珍手沢の『安居院僧都問答条々』があるが、あるいはこれも釼阿手沢本を転写したものかも知れない。

(67) 多賀宗隼氏「安居院僧都覚守について」（『金沢文庫研究』七九・八〇号）によると、覚守は徳治二年、応長元年、応長三年の三度鎌倉に下向している。

(68) 永井義憲・清水宥聖氏編『安居院唱導集』上巻四七五頁によれば「徳治二年には聖覚の曽孫の大納言僧都とよばれた覚守が六月と十月の二回にわたって鎌倉に下向しているが、これと無関係ではあるまいと思う。推測にすぎるかも知れないが、あるいは覚守の所持するこれらの唱導文献を書写したものがあり、それらを借用して短期間に分担書写したのではなかろうかとも考えられる」としているが、『轉法輪鈔表白八神社下』の尾に「于時徳治第二之天仲夏第十之候點松煙於閑窓降秋毫於綸餘者也　求法沙門法海爛死釼阿　一交了」、同じく『轉法輪鈔表白乳母養母祖母亡息亡室末』の尾に「徳治二年仲夏之天下旬之候以于品之本写之了　明忍」とあるから、これらによる限り間違いない。しかし覚守は注(67)のように、徳治二年（一三〇七）以外の応長元年（一三一一）・同三年にも鎌倉に下向しているばかりか、延慶元年（一三〇八）北条実時三十三回忌仏事の導師を勤めている。また覚守の兄憲基が徳治二年・三年には北条顕時の七年忌・八年忌の導師を勤めているから、この時期も無視することはできない。なお釼阿は嘉元二年（一三〇四）三月十七日、大和室生寺で忍空から『不動立印儀軌真言』を受け、また円海に愛染灌頂を受けるなどして、同五月二日に京都より下着しており、また同三年には上洛の記録があるから少なくとも二回は上洛しており、権大僧都澄憲坊に隣接する常在光院（金沢貞顕経営）や、太子堂白毫寺（速成就院とも称す）に止住していたから、その時期に写得したものも含まれていると思われる。

(69)『大正新修大蔵経』八四・八六五・中参照。

(70)『金沢文庫古文書』八七三号参照。

(71)識語のみ残存の場合は「識語断簡」とした。

(72)律宗寺院における年中行事については、奈良中宮寺の『霊鷲山年中行事』(長日勤行、毎月仏事、年中行事の三項からなる)と奈良法華寺の『法華滅罪寺年中行事』(毎日勤行事、長日供養事、昼夜不断勤行事、二時律部談義、年始正月勤行事、毎年勤行亡者忌日等事の六項からなる)が有名であるが、いずれも尼寺関係である。なお『法華滅罪寺年中行事』は、その大部分が亡者忌日の追善供養仏事で占められている。また北京律の流れをくむ鎌倉覚園寺の『覚園寺月課年課記』は覚園寺を再興し準開山ともいわれた五世朴艾思淳(一二七八—一三六三)が定めたものである。称名寺関係では『鏡心日記』があるが、これは年次未詳の八月・九月の一部分のみが残存している。(『金沢文庫古文書』六九八四号)

(73)『不動釈』『道安仕母事』『売三衣供父母事』などがある。

(74)『五部大乗経総尺』『女人障事可合提婆品』『臨終善悪相事』『普賢行願品総尺』『為二親表白通用』『為孫表白』『阿弥陀』『祖母十三年表白通用』『善知識備四種徳事』などがある。

(75)『文殊為法照授念仏事』『文殊化身為貧女事』『文殊在金剛窟講花厳経事』がある。

(76)『波羅奈国貧女売身事』『不動能延六月事』がある。なお『百因縁集』は愚勧住信撰『私聚百因縁集』とは異なる。

(77)『鎌倉市史』史料篇第二・七六頁以下参照。

(78)前年から法堂を新造するとともに、諸方でも追善供養を行っている。

(79)三月二十一日『題未詳』、二十六日『為祖父遠忌旨趣』『弥陀別功徳』、二十八日『題未詳』(曼荼羅供)を使用している。

(80)これは施主が多かったことを示すものである。

(81)拙著『金沢文庫資料の研究』一一四頁以下参照。

翻刻

凡例

一、翻字にあたっては削除・改訂などは原則として一切行わず、改行・空白なども原文通りにし、できるだけ資料を忠実に活字化することを基本とした。ただし、加筆挿入のため、一行を二行にしたものがわずかにある。

一、虫損・汚損などにより不明の個所は、その字数に応じて□□、または［　］をもって示した。

一、推敲・補訂を重ねたその経緯を示すため、見せ消ちは文字の左に「ミ」で示し、抹消・添付紙・貼紙・付箋・挿入紙などはその旨を記し、当該の所に入れた。なお、抹消箇所で解読不能の部分は■にした。また、私に推察した部分については（　）・（　か）を付し、傍注した。

一、表紙の欠失などにより、題名不詳のものは（仮題）とした。

一、落丁の場合は（前欠）（中欠）（後欠）と記し、折本装・袋綴装は頁毎に　」を付し、粘葉装の場合はそのうえ丁毎に　』を付した。

一、折本装・袋綴装の場合は一巻一帖とし、粘葉装の場合は一巻一冊とした。

一、漢字はすべて楷書体とし、古字・俗字・略字および異体字は通常の漢字に改め、また常用漢字を用いた。なお、わずかにある悉曇梵字は片仮名に改めた。

一、仮名および訓点などは原則として原文の表記どおりにしたが、古様の仮名は通常の仮名に、また「ヿ」は「コト」に、「ゞ」は「シテ」に改めた。

一、句読点・連続符・鉤点（〳〵）・庵点（〽）などは原文どおりにしたが、踊り字「ミ」は「々」にした。また朱墨の区別や、わずかにある声点や環点については印刷の都合で注記しなかったものもある。なお、わずかにある中央に付された返り点は印刷の都合で左側に統一した。

一、𦬇・𦬱・⿱艹乜⿱艹廾・炎炎・忄忄・女女・丸丸・耳耳などは、菩薩・菩提・煩悩・涅槃・懺悔・娑婆・究竟・声聞に改めた。

一、便宜的に表紙の左側に装丁・法量・資料番号を、右側に表紙・本文・識語・筆者（湛睿または他）を記した。

(A)仏事法会関係

(一) 仏・菩薩の讃歎に関するもの

(1)

讃歎仏徳事

睿之

（表紙・本文湛睿筆）

粘葉装　一七・〇×一二・一cm（三二三函四七号）

実欲成就セムト功徳悉地ヲ一可讃歎

仏徳事

(1)

十地論第三云供養者有三種一恭敬供養謂讃歎等顕仏功徳故二尊重供養謂礼拝等三奉施供養謂花香塗香末香幡蓋等文

行事抄下三引善生経云若人能以四天下宝供養如来一有人應以種々功徳一尊重讃歎是二福等クシテ無差別一文

資持記尺云賛歎能顕仏徳故勝宝供文

(2)

供《ム》養諸仏

睿之

（表紙湛睿筆、本文他筆）

粘葉装　一五・二×一一・八cm（四二三函二七〇号）

抑此ノ供養ストハ仏ヲ一以何物ヲ一イカニト
可供養ス一候ナルソ供養ノ功徳
可ソ感何ナル果報ヲ一
＼花厳経中ニ初地菩薩発十
種大願ヲ一供養諸仏願居
第　由此等願成就至第　」

八地ニ一感融三世間浄土ニ一普賢＼
大士有《イマ》ス十大願ヲ一亦有供養
諸仏ノ願ヲ一答ヘテ此等ノ願力ニ一往生
極楽世界ト云ヘリ一即彼文者
＼願我臨欲命終時尽除一切
諸障导面見彼仏阿ミタ
即得往生安楽刹我既
往生彼国已現前成就此
大願一切円満尽無余利楽
一切衆生界文
故知供養諸仏之功徳為往
生成仏之直因ト一云事
」　』

(3)

文《ム》殊

睿

（表紙湛睿筆、本文他筆）

粘葉装　一四・四×一一・三cm（四二三函三二八号）

(2)～(3)

次文殊大聖ノ別御功徳者
心地観経云文殊師利大智
尊三世諸仏以為母十方如
来初発心皆是文殊教化
力十方世界諸有情聞名
見身及光明普見随類」

諸化現皆成仏難思議可訓尺之
是即十方如来ノ最初発心
令生セ仏種一ヲ之義是レヲ以テ名諸
仏ノ母一ト三世ノ菩薩断惑証
理偏ニ由文殊ノ教化一約此ノ
辺一亦名諸仏ノ師一ト」
付其一者聊可有ヌ不審一候凡ソ
成等正覚ト申テ三世ノ諸仏
悲智ノ万行同ク円満シ十方ノ如
来内証外用共ニ平等ナル
御事共ニコソ候ニイカナレハ此ノ』
菩薩独超エ諸仏一ニ謂ハン能生
之悲母一トモ此ノ菩薩忝ナク勝レテ一切ノ
菩薩一被御仰レ教化引導之師
範一トハ候ナルソサレハ余ノ仏菩薩ハ
皆悉劣《ヲト》リ御文殊ノ智恵一ニハ歟
此条能々可キテ心得解《トク》一
此事ヲ得意候ニハ以人成法以法
成人可訓尺之人法ノ相成相即」

之法門ニ寄セテ可得之ヲ候
且依真言教ノ意ニ先此ノ金剛界ノ
九会万荼羅胎蔵界ノ十三
大院ト云ヘル何ッ是レ日用分
別□曰［　］見聞
知当念ノ顕現也所謂
我等衆生ノ九識ノ心王ハ即チ大自覚王ヲ
為始ト四方四仏ト顕ハレ等流分位ノ
六位ノ心所ハ亦塵数ノ諸尊
聖衆ト顕ハレ御然ヲ其ノ六位
五十一ノ心所ノ中ニ以恵ノ心
所有法ヲ即成文殊ノ
人体ニサレハ清涼大師
約文殊門以信成解々非
邪見因解起信々離無
明□解真□妙智□

（後欠）

(4)

（表紙・本文湛睿筆）

睿之

文殊尺
得名事　形像所乗持物事
諸仏師事
大乗教流転併由文殊力事

粘葉装　一四・二×一四・三㎝（三一四函一二一号）

（表紙裏）

或記云昔有テ人ニ造立スルコトアリ文殊ノ形像ヲ
時感夢云虚空中充満三世
十方諸仏ヲ当汝造立我等カ師ノ形
像ヲ不堪歓喜ニ来テ垂加護ニ也

次別功徳者天竺ニハ号万殊室
利此番（翻）シテ為ス妙吉祥ト妙者諸
仏知恵々々々者即般若也吉祥
者福徳荘厳也サレハ以福徳智
恵二種荘厳ヲ為此ノ菩薩ノ名体ト
加之此菩薩生ル南天竺ノ梵徳ハラ
門ノ家ニ誕生ノ時十種ノ奇瑞現ス
一ニハ自天降甘呂ヲ二自地涌伏蔵ヲ
等如此十種ノ吉祥事カ顕ハレ現シテ」
候シサテ名トハ吉祥ト見テ候
右ノ手ニ持ハ智恵ノ剱ヲ断シ諸ノ戯
論ヲ除悪業ノ稠林ヲ之義也左手
執ハ青蓮花ヲ是安住スル不染著
諸法三昧ニ之意ナルヘシ不染著ト申ハ
一ニ発菩提心ヲ後チ永ク離ル染著ヲ
以東方ハ是発心ノ方ナルヲ故青色ハ象レルニ
東方ニ依テ以テ青蓮花ヲ表シ
発菩提心ノ義ヲ候又蓮花ノ□（執か）トハ』
般若ノ梵夾ヲ心無所住故即見

実相ノ理ヲ能以常寂光ヲ遍ク照
法界ヲ尺セリ
首有コトハ五髻ヲ表ス如来ノ五智久ク已ニ
成就スルコトヲ以本願ノ因縁ヲ示シテ童真
法王子ノ形ヲ暫ク留嬰児行ノ位ニ
又所坐蓮花ハ是胎蔵ノ義故
大日即妙吉祥々々即大日也
所乗師子ハ表無畏徳ヲ顕師
子吼ノ用ヲ」
又此菩薩ニ有三世覚母ノ名号甚
深利益只可テ在ル心事ニ候
放鉢経ノ中○（尺尊自説テ）云今我得仏ヲ皆是
文殊師利之恩ナリ過去無央数ノ
諸仏モ皆是レ文殊之弟子ナリ当来
亦是其威報恩力所ナリ致譬ハ如
世間ノ小児有ルカ父母文殊諸仏
道中父母也」
或経ニハ文殊師利大聖尊三世諸
仏以為母十方如来初発心皆是

文殊教化力文
一仏之師範ナリトモ猶可貴カル
一仏之母儀ナリトモ尚可忝カル一況
三世ノ如来悉ク此ノ菩薩之弟子也無
非文殊ノ教誡教授ニ一十方諸仏
併此菩薩ヲ為覚母ト□悲ノ乳海無
非此ノ菩薩乳□。丶丶
因縁ニ或記云表紙ニアリ」
又文殊八字経云十方世界中有
仏無仏国ニヲイテ大乗心□演ルコトハ皆是文殊
菩薩文サレハ
大乗教ノ三国ニ流伝スルコト偏ニ依
大聖文殊ノ御方便力ニ一事テ候
〈先仏在世之時説教之砌多クハ作テ
発起衆ト一対吉問訊シテ被奉勧
仏ノ説教ヲ一候キ。如来入滅之後迦葉
優婆離等五百羅漢雖結集スト』
小乗ノ三蔵法師ヲ一大乗教法ヲハ未結
集セラレ一問タ無左右ニ可滅シ失スル一候シソ

ソレニ
大聖文殊転阿難尊者。丶丶
有一説ニハハラ門僧正ハ。達磨。
サレハ我等受生ヲ於後五百歳之
今ニ一飽テ嘗メ大乗ノ法味ヲ一遠ク霑ヒ
妙道ニ一植テ金剛ノ□□モ知リ得ルコト成仏ノ
直路ヲ一是誰□□併大聖」
天竺戒賢論師ハ仏法ノ棟梁
群生ノ依怙無カレ左右一智者聖人
御シテ然前生ニ為国王ト一悩民ヲ一
御シ罪障ニ依ルカ故身ニ受業病ヲ一
廿余年之間辛苦悩乱不
申及一候サテ不惜身命ヲ一祈
捨テンコトヲ捨此ノ身ヲ一于時夢中ニ
黄金文殊瑠璃観音白銀弥勒三人ノ
菩薩化現シテ示シテ論師ニ一言ク汝愚也設
雖捨。今生一世ノ肉身ヲ一業病不可尽一只
住仏法住持之思ニ一暫ク可留身命ヲ一」

其伝法之器劫後三年可
来テ入ル汝カ室ニ一云々論師止トヽメテ　捨身之
思ヲ一相待之処経三年ヲ一之後玄
奘三蔵渡天戒□(賢か)大王貴テ求
法之志ヲ二下勅ヲ一遣戒賢論師室ニ一
論師成悦一問訊慰喩ス戒賢
論師弟子覚賢三蔵以先年
夢ノ告ヲ二示玄奘一三蔵聞之ヲ一
思フニ師資ノ芳契至テ深コトヲ一歓喜
之涙難抑ヘ一春秋寒暑一十七
年伝法無残コト一其後玄奘帰
晨旦ニ一仏法再昌云々サレハ彼ノ
夢中黄金菩薩者即今ノ大聖ノ
素懐ト。又花厳高祖杜順。
又吾朝仏法。濫觴者菩提達磨由
勧日域仏法度来於思禅師ヲ一於
日。域之興法度人禅師降報於
暁ニ一」

又行基菩薩答テ聖武天皇勅願ニ一
廻シテ方計ヲ一造。立シ[redacted]三国。国無双
大伽藍ヲ一為鎮護国家之道場ト一
皇帝殊ニ致帰依ヲ一天平年中被
授大僧正ヲ一本朝大僧正之元初
也其後諸宗長者代々国師
非日珠月鏡ニ一不補セ之ニ一非レハ
青眼白足一無当之一

(以下白紙一丁)

(5)

（表紙・本文湛睿筆）

文殊名号功徳事

睿之

粘葉装　一四・〇×一三・七cm（三一四函九六号）

「此菩薩者三世諸仏之祖一切
菩薩之師也外ニハ現シ困人之
質ヲ一内ニハ示仏母之徳ヲ一
清涼山ニハ一万ノ菩薩ト相伴ヒ
普門国ニハ無量ノ眷属ニ囲繞セラル
凡ソ十方世界住行向地ノ菩薩」

『皆以文殊一為始覚転迷ノ師一ト
自界他方ノ梵尺諸天
悉依文殊ノ教化一ニ出離生死一ヲ者也
約文殊門因解起信等文。
付名号一ニ有翻釈不同一
文殊師利或云尸利香象尺也或
云曼殊室利　或云曼観
室利曳一ト不空所伝拝スル之一時或云敬
首一或云溥首或云濡首又云妙
徳又云妙吉祥一等云々
凡此菩薩者』
三世唱覚　十方現形
慈悲之雲眇々トシテ
普濃キ甘露之法雨
弘誓之海漫々トシテ
広ク浮済度之船筏ヲ一
無縁大悲ハ　無親一無疎
無作誓願ハ　無始無終
是故□若但聞名号一者除滅」

(5)

十二億劫生死之罪遍見形
像者百千万劫中不堕悪道云々
文殊般涅槃経云若有受持読誦
名号者不堕阿鼻極悪猛火
常生他方清浄土文
宝楼経云若称文殊利菩薩
名者功徳多於受持百千万
億諸仏名号文
又云若聞文殊師利名者是則
名面見諸仏文
善住意天子所問経云波旬白テ
世尊ニ言我寧聞トモ説億百千仏
如来名号而不用聞文殊師利
童子一名何以故以我聞此文
殊師利童子名字ヲ生大怖
畏ヲ驚恐跳カ故畏告故文
誠則名号ノ利益以言難
宣ヘ以意難量覚ヘ
昔仏在世ニ有リキ五百比丘其
中一百人毀謗シテ文殊高声ニ唱テ
云自今以後不見文殊ノ形
不聞文殊名不往文殊所
吐悪口ヲ了死後即入□(叫か)喚地獄
而文殊大聖ハ特導誹謗逆縁之
衆生ヲ為不失誓願故忽廻善巧
力ヲ将ツテ生兜率天受悦ノ快楽
何況

(6)

（表紙・本文湛睿筆）

文殊在金剛窟ニ講花厳経事
一万菩薩為助帝道化作大臣等事

睿之

粘葉装　一三・二×一三・六cm（三一六函二九号）

広清涼伝中云
僧無著者姓ハ董《トウ》氏温州永
嘉人也《ナリ》。又花厳ノ鈔ニ説ク無
著厥後常思テ霊異ヲ一日復
往テ金剛窟ニ観礼聖跡ヲ遇フ一
老人ニ命シテ入ル無著推シテ其レヲ先ツ
入ラシム老人即入ル遂不復タ出テ無著」
窟ノ前ヘニ佇立スレトモ都テ無シ所見忽ニ
観ル冠裳数人ヲ朱紫服色
儼トシテ至ル窟ノ前ヘニ相推テ而入ル無
著心ニ疑テ因テ詰シテ其ノ従者ニ曰此レ
何ン人ナンソカ也得ル入コト斯ノ窟ニ答テ云ク是
一万ノ菩薩助テ帝ヲ揚テ化ヲ諸処ニ
任ス官ニ歳久ク秩満テ却ヘテ帰ル此ノ』
窟ニ蓋シ大聖文殊師利菩薩見ニ
在テ窟中ニ講シ玉フ花厳経ヲ無著
聞已テ欣然トシテ随テ入ル行クコト三両歩ス石
窟狭小ニシテ不シテ容レ乃止ミヌ」

(7)

文殊為法照授念仏法事

善財年齢事

睿之

（表紙・本文湛睿筆）

粘葉装　一四・〇×一三・五cm（三一四函九四号）

泉涌寺文栄坊入唐之時逢悪風一高
麗ヘフキヨセラル時ニ彼国ノ僧語曰善財
童子ハ年齢十三歳許云々戒壇院
慈観（凝然）上人ニ語此事一
広清涼伝巻中云
尺ノ法照本南梁人ナリ未詳姓氏一ヲ。私曰

唐大暦五年（七七〇）四月六日夜詣仏光寺一ニ。遂至寺東
北ニ約スルコト一里ニシテ有一山一々下ニ有レ澗タニ々
北ニ有一石門一及ヒ見二ノ青衣ノ童子ノ
八九歳ナルヲ一顔貌端正ニシテ倚テ門一而
立リ一リヲハ称善財ト一ヲハ名難陀ト一相
見テ歓喜問信（ママ）シテ礼拝シテ法照一ヲ云ク何
故ニ多時ニ流浪シテ生死一ニ始テ来テ相見ル
遂ニ引テ入レ門ニ向テ北ニ行コト将ニ五里一ニナンナントス忽ニ
見一ノ金門楼一ヲ。漸至門前ニ方ニ見ルニ
有リ寺一。題シテ号一ヲ曰大聖竹林之寺一ト
。周円可《ハカ》リナリ二十里中ニ有一百二十
院一々中ニ皆有宝塔荘厳一
其地純ラ是黄金。法照入寺ニ至
講堂ノ内ニ見ル大聖一ヲ文殊ハ在西一ニ
普賢ハ在東一各処シテ師子之座一ニ
説クレ法ヲ次ニ其身及ヒ座高サ可リナリ百
尺一文殊ノ左右ノ菩薩万余普賢亦
有無数菩薩一前後囲繞ス法照至テ
二聖ノ前一ニ師子座下ニシテ稽首シ礼シ

已テ問テ二聖ニ一言ク末代ノ凡夫去コト聖ヲ一
時遥カニシテ智識転タ、劣ナリ垢障尤深シ
煩悩纏蓋アテ仏性無由顕現スルニ一仏法
浩瀚ナリ未審《イフカシ》修行スルヲカ於何法門ヲ一
最為シ其要ト一易ク得成仏スルコト一利楽セン群
生ヲ一唯願大聖為断疑網ヲ一時ニ
文殊師利告テ言ク汝以テセヨ念仏ヲ一」
今正ク是レ時ナリ諸修行門無過念
仏一供養シテ三宝ヲ一福慧双修セヨ
此之二門最モ為其要ト一所以者何
我於過去久遠劫中因観仏故
因念仏故因供養故今得一切種
智一是故一切諸法般若波羅密（ママ）
甚深禅定乃至諸仏皆従念仏」
而生故知念仏諸法之王汝等応
当ニ常ニ念シテ無上法王ヲ一令ム無休息スルコト一
法照又問当キニ云何念一文殊告言
此世界西有阿弥陀仏一彼仏願力
不可思議ナリ当ニ繋テレ念ヲ諦観彼

国ヲ一令無間断一命終之後決定
往生彼仏国中ニ一永不退転一速出』
三界一疾得成仏一説是語一已時
二大聖各舒金色手摩法照頂
而為ニ授クレ記一汝已念仏故不久証セン
無上正等菩提ヲ一若善男子善女人
願疾成仏者無過念仏則能
速証無上菩提尽此一報之身ヲ一定
超苦海ヲ一○法照蒙授記ヲ一已テ」
稽首作礼一又問未審今時未
来世一切同志念仏四衆不為名
利勇猛精進臨終定感仏来
迎接上品往生速離愛河否
文殊告言決定無疑除ク為ニシ名利ノ一
及不ルヲハ志心アラ一○忽然トシテ不見一良久
遅廻シテ悲喜不已○法照雖覩聖」
異ヲ一不敢妄ニ伝ヘ恐生疑謗一至
冬十二月ノ初一遂於於（ママ）花厳寺一入
念仏道場ニ一絶テレ粒ヲ邀《ケウ》-期シテ誓フ生レテ

浄土ニ得テ無生忍ヲ速超苦海救度
群品如是七日初夜正念仏スル時
忽ニ見ル一ノ梵僧ヲ至テ道場ノ内ニ告テ
法照ニ曰ク汝カ所ノ見ル者ノ台山ノ境界」
何レカ故ニ不ル説カ言コト訖テ而隠レヌ法照
心ニ疑テ此ノ僧ヲ亦未宣露翌《ヨク》日ノ
申ル時正ク念誦スル次ニ復タ見ル梵僧ヲ
年約スルニ八十ハカリナリ神色厳峻ナリ告テ法照
曰ク師ノ所ノ見ル者ノ台山境界何ソ
不ル依テ実ニ記録シテ普ク示シテ衆生ニ令シテ
所ヲ見聞スル発シ菩提心ヲ断シ悪ヲ修シテ善ヲ』
獲大利楽師何秘密不向
説カ照答テ曰ク実ニ無シ有コト心ニ秘密スルコト
斯ノ事ヲ恐ル人疑謗シテ堕センコトヲ於地獄ニ
所以ニ不説カ梵僧告テ云ク大聖文殊
見ニ在リ此ノ山ニ尚有リ人ノ謗スル豈ニ況ヤ汝カ
今所ノ見ル境界ヲヤ但令シテハ多ノ人ヲ見聞セ
之者発シテ菩提心ヲ来テ登テ此ノ山ニ滅シ
無量無辺之罪ヲ断悪修善シ」

称念シテ仏名ヲ得ン生スルコトヲ浄土ニ即是
利益ス無量無辺ノ衆生ヲ豈不大ナラ
哉何ソ慮《ハカ》テ疑謗ヲ秘シテ而不説カ法
照聞キ已テ答テ云ク謹テ依ラン所ニ敬ル
不敢テ秘密セ梵僧微笑シテ即隠レテ
不現セ法照方ニ依テ所ニ教具ニシテ前ノ
逢遇實録示ス衆ニ文」
双(巻)観経　云横截五悪趣々々自然閉
昇道無窮尽易往而無人文」

(8)

如意輪六臂事

睿

（表紙・本文湛睿筆）

折本装　一五・四×一二・七㎝（三一四函六七号）

右第一手思惟愍念
有情故第二持如意
宝能満一切願第三
持念珠為度傍生苦
左第一手按山成就無」
項動第二持蓮花

能浄諸非法第三手
持輪能転無上法六
臂広博体能遊於
六道以大悲方便断」
諸有情苦文」

(9)

不動能延六月事

睿之

（表紙・本文湛睿筆）

粘葉装　一五・一×一四・二cm（三一六函二八号）

(8)～(9)

百因縁集第廿三
比叡山西塔勝林阿闍梨ハ一向
専念ノ不動行者也或時キ通夜シテ大
宮ノ御宝前ニ一候ケルニ其夜ノ々半
許カリニ権現押開御戸ヲ一呼シ御ス八
王子ヲ一不久一物ノ具ノ音《ヲト》聞テ御参

候シニ大宮御対面アテ仰テ云安部
広　拯《ショウ》者乍日吉ノ氏人一奉軽
山王ヲ一奇怪也々々早可被失一
八王子謹承テ帰ヘリ御スヤ遅シト」
自八王子ノ峯一大（ママ）鏑《カフラ》ノ音水流ノ
上ヲ東ノ方ヘ鳴行浅猿トモ
云許リ無ウテ聞キ居テ候程ニ又
早尾持彼矢一即参大宮ニ一
申様ハ彼広　拯者奉軽山
王之堂実雖奇怪ナリト一昨日奉
供養不動明王ヲ一事候キ然ルニ不
動ニハ在能延六月之誓ヒ一我亦不
動尊之垂跡也為奉助山王ノ行化ヲ一
加廿一社ノ員《カス》ニ一済度衆生一既有本』
地ノ誓願一何無垂迹之哀憐一爾
者欲助彼ノ拯ヲ一今マ六月候寿命ヲ
許シ我レニ一御セリ其時大宮仰ニハ
尤所申一有其謂ハレ一我ハ存其旨其
矢ヲハ可遣八王子ノ方云々此勝林

闍梨於夢中ニ見聞此事一身モ
為堅覚メテノ後信心弥発テ帰依
不動尊一候
アノ負重キ担一ヲ昇坂一「　」
加護之慈悲一御事モ此闍梨ノ或　」
時所夢之事テ候　」

(10) 吉祥天女《弁草》（三一四函二九号）

※『称名寺聖教　尊勝院弁暁説草　翻刻と解題』（勉誠出版、二〇一三年）三四五頁参照。

(11)（表紙・本文湛睿筆）

睿之 知識徳 法句喩経 境界愛事 臨終時可避悪縁事

粘葉装　一五・五×一一・七㎝（三一四函六一号）

法句喩経云有清信ノ士一供
養三宝一初無厭極一時有
沙門一與-与《トモニ》親友タリ逮得神通一
生死已ニ尽ヌ時ニ清信ノ士得トモ
因疾病ニ医薬加治スルコト不能
得差一時婦在テ辺一悲哀　」

辛苦スラク共為夫婦ト一独リ受斯ノ
病一卿《ナムチ》設《モシ》無常我何所ニヤ依ラン
児女孤単何所恃怙一夫
聞テ悲慈スルヲ一応シテ時一即死ス魂神還テ
在婦ノ鼻中一化シテ作一虫一婦甚
啼哭シテ不能自止コト一時ニ道人往テ』
与婦一相見ルニ知聟《ヲコト》命過
鼻中作虫一故欲諫喩シテ令
損憂愁一婦見道人来ルヲ一
増益悲哀一奈《イカ》何《ン》和上夫聟《ヲトコ》
已死ヌ時婦洟涕スルニ鼻ノ虫
堕地一婦即慙愧シテ欲以テ脚ヲ一」
踏《フマム》一道人告曰止々莫殺一是レ
卿夫聟《ヲトコ》化シテ作此ノ虫ト一婦白
道人一我夫奉経一持テ戒一精
進難及一何縁寿尽堕
此ノ虫中一道人答曰用卿恩
愛悲哀呼嗟起恩愛」
心一用是一寿終即堕虫ノ中ニ一道

人為虫一説経一応生シ天上ニモ一在
諸仏ノ前一但生恩愛一堕此
虫中一亦可慙愧一虫聞其ノ言一
心開意解一便自剋責即時
寿終テ便得上生一」

(二) 経典の注釈に関するもの

⑿

中草
五部大乗経総尺

睿

（表紙湛睿筆、本文他筆）

粘葉装　一四・六×一三・八cm（三一四函三四号）

大方広仏花厳経
世間浄眼品第一任尺経
常ノ例一ニ可有大意尺名
入文料簡三門一先其大
意者教主者尊特相
海之身所説者円満頓」
大之法加シテ十恵十林一ニ説地
上住上之功徳一ヲ命シテ金剛
幢金剛蔵一ニ述フ次第不次
第之修行一ヲ一心法界ノ
月浮影於八会水一ニ三
無差別花開艶於七」
処○遍十方一三世該ヌ九世
菡若即悟法界玄門ヲ該レハ円満法輪七処
誠是海印三昧之所
現無尽陀羅尼之所
持也大意如此
第二尺題目一者大者当
体ヲ為名一ト包含ヲ為義一方
則徳用為名一ト軌範為」
義一広則体用合テ明ス周
遍ヲ為義一仏者覚照ヲ為名一ト
果満為義一ト花ハ譬フ万行ノ開
敷一ニ厳ハ喩万徳ノ荘厳一ニ経

即常義也世間浄眼者
如来出世三種世間光
潔照明名世間浄眼類
同為品最初為○第一故房《フサネテ》申
大方広仏花厳経世間浄
眼品第一今就六十巻卅
四品有七処八会七処者
人中三処寂滅道場普
光法堂給狐独薗重
閣講堂天上四処者忉利
夜魔兜率他化也八会
者普光法堂有二会
就此分三段者世間浄
眼品為序分盧舎那仏
以下為正宗流通者有
無不定也解尺非一准或
善財知識為流通或入法界
品末後偈為流通或経
不尽故無流通云如此

説非一准執師子国沙門
迦弥陀羅者是第三果人也
麟徳之初来儀振旦諸
僧見転読花厳経此是
問何経答曰是花厳経
迦弥陀羅曰不知此処
亦有此経典云事即合□(掌)
歓喜讃嘆曰若聞花厳経
題目字者決定不堕四
悪趣此大方広功徳難思
微妙也是即頓悟菩提之
要術円融無礙之法門也
昔于団国在沙門以水
霑掌(スか)将読花厳経其
水所霑《ウルヲリ》蟻字次彼縁
捨身忽生忉利天上
梵網経二巻
上巻明菩薩次位所謂十
発趣十長養十金剛十

（A）仏事法会関係

地仏性常住是也下
巻明菩薩戒ノ相貌一初説
十重ノ尸羅ヲ一次烈(列)四十八軽
戒一
大方等大集経
此経可有三門初大意者今
経者大乗生蘇之法歎」
大褒円之教也題目者
者大者兼ヌ多勝ノ義ヲ一方
者法也等ハ同也理等方等ニ
大集者大人ノ集ルカ故ニ或
約法門一ニ経云今得此処
大集法門云々』
陀羅尼自在王菩薩者
挙人ヲ一名品一ニ品者類別
第一数次也第三分文
者此経調巻不定也
卅巻為正一ト就此一ニ分文ヲ一者
第一巻ヲ為序分一ト自第二」

巻一至第五巻一ニ説大海等
五種陀羅尼ヲ一為正説一ト爾
時世尊以下為流通分一ト日
蔵月蔵両経者共此経部
類也故同写之経云若有記
生受持此経不過七仏大乗(か)
記ス又云虚空法界無」
辺際持此経者功徳無辺
亦■復如是文久遠劫□
加倫羅国在リ一人之悪迷
商客婬母一害ス父一已於一国
内一ニ依有ルニ五逆ノ聞一国挙各
加治罰ヲ一○商客矯為ニ遁カ国之
繫縛ヲ一出家成沙門一ト而於」
大道中一ニ得一■子一箱中
唯有大乗経一経中云此経ハ
能除百億劫生死ノ五逆
大罪ヲ一若有ハ受持読誦
者終ニ不堕三悪道一何以故

恒河沙諸仏所説故文沙』
弥得此経読誦大乗経
遂成教行自在之身□
奉見十方諸仏ヲ一
〽次玉玉(瓔珞)経二巻
元暁尺云六性六忍該ヌ八
会之広宗ヲ二三諦三観ハ
貫六百(万)之玄宗一是則今
経之大意也」
〽摩訶般若波羅蜜経大
意者啓クニハ玄章ヲ一以不住一為
始ト一帰ルニハ仏恵ニ一以無得ヲ一為
終ト一書写人ハ福過供養恒
沙ノ如来ヲ一誹謗者ハ罪重シ
殺害ヨリモ大千ノ諸仏ヲ一題目
者摩訶般若ハラ蜜者」
翻大智度ト一経者聖教
通名也序者由漸第一
諸品ヲ初也分文者結集

之家本ハ唯三品也什公ハ
依四意ニ開テ為九十品ト一
嘉祥ハ為二分ト一前六十品ニハ」
明実恵ヲ一無尽品ヨリ以
去ハ明方便恵ヲ一僧侃《カン》師
分三段ヲ一如是我聞ヨリ至一
切皆集ト云ニ一序分也仏告ク
舎利以下至属累品中ニ
常親近仏ト一正説分般
若ハラ蜜時ト云已下流通』
＼仁王般若経上下
上巻明内護行法一護仏
果十地ヲ一下巻明外護
方軌一護国土ノ人民ヲ一
〽法花経尺
少将因縁可具
〽大般涅槃経寿命品第一
可有三門一初大意者」
此経ハ以円寂ノ仏果ヲ一為宗ト一

以中道ノ妙理ヲ一為体ト一所述
者一切衆生悉有仏性之霊
旨所顕者如来常住無有
反易之妙門也第二題目
者大般涅槃経者一部通□
浄影大師以六義ヲ一□」
之一云々常広高深□
是也般涅槃者此翻入滅□
経者ハ常義寿命者此品
中明如来ノ常住ノ寿命ヲ一故ニ
為品名ト一品第一者類別第
故申ヽヽヽ
第三入文解尺者此経南
天北天之本不同也」
浄影大師付北方旧本
分五門差異ヲ初一品為所
説因縁○分ト一
従能施章一至妙法久住於
世ト一為開宗影徳分ト一従爾時

仏告一切大衆我之寿
命一等為菩薩修功徳分ト
陳如品以下為破邪（顕）□』
正分ト一昔西域有リ一ノ□□
手一放光ヲ一人怪之一問伝□
羅漢ニ一此人不知因縁ヲ一何故
手常放光而得通人後
生テ彼家ニ一見彼放光ヲ云善
哉波羅門告以テ手一触ル涅槃ノ尊
経ニ一以是因縁故能ク放光明
汝未来得テ成仏一名光明尊」
如来一又楊洲居士天性不信人也
涅槃経中文ニ聞常住ノ二字ヲ一人不
堕悪道ニ一云事不信之一毀云
設問トモ一部涅槃経ヲ一猶難免悪
道一何況纔聞二字ヲ一乎後時ニ
居士受小病ヲ一死ス心ノ上少煖字
葬送七日アリ醒云吾至閻魔
宮閻王呵責云汝謗深経

報在阿鼻大地獄（爾時）□□
憶念因果ヲ一白王云誹謗□□
道二已又聞常住ノ二字ヲ一何不□
悪趣ノ戸ヲ一時空ノ中ニ有光現□□
中説偈云若信若不信纔聞常
住字決定不堕悪即生不動国文
王歓喜放テ遷《カヘ》ス自説此ノ因縁ヲ一流
涙千行臨終シテ日殊住正念云我
依聞涅槃経常住ノ二字ヲ一今
令生不動国ニ一」

※これは『言泉集五部大乗経大般若経』の「五部大乗経」（『安居院唱導集』五〇頁以下）にあるが、出入りが多く、また後半は一部分を除き無い。

(13)

心阿無観

睿之

（表紙湛睿筆、本文他筆）

粘葉装　一五・六×一一・七cm（三一四函四九号）

次諸大乗
先般若心経ハ諸部般若之
要妙至極統《スヘ》収其ノ肝心ヲ一故
名為心経ト一只正宗ノミ有テ
無キコト序流通ノ一即此意也
文不トモ足一紙ニ一箇ニシテ而要也行」

纔十四ナレトモ約《マメヤカ》ニシテ而豊也サレハ
一遍モ受持則分段変易二
種生死忽ニ脱レ刹那モ観連（ママ）
則菩提涅槃二転之妙果
爰ニ到ル無有恐怖遠離一
切顚倒夢想究竟涅槃文」
過去聖霊頓証菩提御願
成就実ニ在此経ノ力一ニ
阿ミタ経者往生極楽之教行ハ
濁世末代之目足ナリ依之一今
経ノ中ニ明ニハ修因一ヲ一日七日
執持名号之勤メ実ニ易ク』
致コトハ証明一ヲ三千大千ニ諸仏広
長之舌タ遍ク覆ヘリ謗法闡
提廻心皆往ナレハ悪人既得
生一ル、コトヲ況善人一ニ哉末法万
年利物偏増ト云濁世劫末尚
益盛ナリ況於当時一ニ乎都テ
運心一之人必合眼於弥陀之」
満月輪一ニ懸望《ノソミ》一ヲ之輩独トシテモ
無シ不レハ結スハ趺ヲ於観音之宝
蓮台一是レ此ノ経大意也
無量義経者疾成菩提之
指南普賢観行者罪」
障懺悔之方軌共ニ教大
乗至極之淵底一ヲ同為衆
生出離之要道一」

(14)

心阿普観

睿之

（表紙湛睿筆、本文他筆）

粘葉装　一六・二×一二・〇cm（三一四函四八号）

次諸大乗経
先般若心経者一紙十四行
能詮ノ文句雖無シト幾一四処
十六会般若ノ主旨述テ有
余一実是非空非有中道　」
正観之最底得道得果
至極甚深之妙理十方
三世諸仏成道之悲母五
道三有衆生度苦之船筏
也
次阿ミタ経者勧テ一日七日
執持名号之勤一ヲ全ウセシム三輩
九品浄業正因之蓄一ヘヲ
既是我等カ（朱筆）「衆生横截五悪趣」易修易行
之大善也豈非尺尊「迦如来」済
「出世成道」生済度之本意哉
無量義経者疾成菩提之　』
規模普賢観経者罪
障懺悔之方軌観夫
菩提ヲ成スルコト速疾一ニ者衆罪如ク
露一ノ落チ業障如霜一消ユルカ
故ナリ罪障忽ニ令ルコト消滅一セ者
無相之恵照シ外一ニ一実之
理催内一ニ之故也是知二経
似レトモ異一ナルニ其ノ旨是レ一ナリ開結　」

（A）仏事法会関係

雖相替ルト一所詮全ク不異ナラ一\
共明シ衆生得脱之直要路ヲ一
同ク助一乗至極之旨帰ヲ一也

」

⒂

（表紙・本文湛睿筆）

法花総尺〈広総広／略別〉

睿之

折本装　一五・三×一一・五cm（三一四函一〇二号）

次妙法
将尺此経一雖略スト一以テ三門一消
尺スヘシ一部ヲ一初述大意ヲ一次ニ尺題
目一後ニ分章段一初大意者\
夫三\世諸仏已証ノ真理
一切衆生成仏ノ直路ナリ

(14)～(15)

＼尺尊モ以之一為シテ大事ノ因縁一ト」
出現玉於世一ニ我等モ以之一為シテ
菩提指南一ト可到彼岸一＼サレハ
＼初成正覚之昔如来ノ本
懐ナレハ雖須クシト務《イソヒテ》説玉フ此ノ法一ヲ
五濁増盛之比ナレハ機根障リ
重クシテ不能ハ輙ク信一《仏》乗一依之＼」
＼雖示種々道其実為仏乗シテ
＼廻シテ与物結縁之善巧一説
説玉フ窮子誘引之方便一
＼遂使＼誘引年シ積リ宣説
時至レヤハ＼会諸乗ノ小行一ヲ帰スルコト
広大ノ一乗一ニ宛如衆流之趣海一ニ
開テ衆聖ノ権巧一ヲ顕コト本地《有》幽微』
蓋似払ラテ宿霧《ム》一ヲ之望ニ山一ニ
＼三説授量之秀タル諸教一ニ
実是ニ難解也難入也
十喩称歎之超タル余経一ニ
抑又最上也最勝也

＼是以」
＼爰
＼薬王ハ焼《ヤ》イテ両臂一ヲ而供養シ
多宝ハ留テ全身一ヲ而証明ス
＼此経ノ玄深ナルコト勝《ア》ケテ不可称一
者歟以之一為大意」
＼以之一為大意
＼次題目者
妙法ノ二字ニハ備ヘ円融無礙《相即》ノ
三諦之理一ヲ
蓮花ノ両字ニハ含セリ二レ当体譬顕ス因果双
諭二種説一乗之義一ヲ」
経者貫穿綴緝序者次由述
品者格シテ類一ヲ相ヒ従フ
第一者挙ク数次ノ始一ヲ
故云妙———序品第一ト云フ
分《ワカタ》。章段一ヲ者』
序品ヲ為序分一ト従方便品

至分別功徳品ノ十九行偈ニ一
為正宗ト一自偈已後十一品
半ヲ為流通分ト一一経ノ三段
大旨如此
凡今経ハ者
談シ善悪不二ト一教《ヲシウル》二凡聖一如ト一故
女人モ併ラ遂ケ成仏ヲ一
悪人モ悉ク預カラン記別ニ一
三有ノ衆生四生ノ群類
皆是法身体遍ノ之妙法
抑又毘盧遮那之正体也
故ニ是故
釈迦薬師ノ居シ朗《ラウ》。然《ネン》ニ一
普賢文殊ノ住ル阿惟《ユイ》ニ一
我等衆生カ迷《マヨ》ヘルモ生死ニ一
地獄鬼《クキ》畜ノ沈《シツ》ムモ悪趣ニ一
高下無クシテ隔テ一迷悟平等也
是以
五扇提《タイ》羅カ放逸ナルモ不スレ替《カハラ》

不休《ク》。息《ソク》。大士ノ梵行ニ一
六群比丘カ懈怠ナルモ無隔ツルコト
常精進シテ勇猛ニ一
真妄物我挙一全同
衆生渾然済致ト
阿鼻依正ハ極《タレト》性自心所《モヨシ》
ヒルノ身上ハ凡下ノ一念ヲ不スハ超《コヘ》
尺給ヘルモ即此意也
況又
値仏挙手《コシュ》ノ善必ス詣《マウ》テ二大般涅槃ノ
都ニ
聚砂積《シヤク》土ノ○手スサミ遂《ツキ》ニ到タル正
等菩提ノ場ニハニ一
童子ノ遊ヒ小児ノ戯《タハ》レモ
皆同ク成シ二仏道ヲ一皆共ニ唱《トナ》ヘン正覚ヲ一
夢後ノ資糧《シリヤウ》眼前ノ恵
誠ニ此経ノ威力ニスキタル事ヤハ候ヘキ
仏経之讃嘆大旨如此
次逆修事

（添付紙）

総シテ夢後資糧眼前恵
業悉以妙法一ヲ為第一一ト
全無如クハ今経一ニ事テ候

（添付紙）

小比丘果照上

(16)

（表紙湛睿筆、本文他筆）

属累品 仏

睿之

粘葉装　一四・四×一三・七㎝（三一四函六〇号）

如来付属者仏以本迹二門ノ
妙ナル御法一リヲ普ク為未来悪世ノ
我等衆生一ノ付属シテ無量無
数ノ菩薩一ニ広ク令メ流演伝布セ
此閻浮提一ニラレ候
譬ヘハ一ノ福徳自在宝豊

（A）仏事法会関係

饒凡ソ一切ノ宝ニ飽キ満シタル人ノ」
候ハウスル其レカ慈悲スル眷属部
類ヲ之心深クシテ随其ノ物共ノ
願ヒニ分チ与ヘ財宝ヲ度ラムスル世ヲ
計リコトヲ教ヘ居テ候程ニ其人臨死
期ニ仰テ親類眷属ニ付属
所有ノ財宝ヲ倍々増広ナラシメ
不可紛失スノ之旨ヲ遺誡ゝゝゝ』
大聖尺尊モ又以如此＼如来是
一切衆生之大施主トテ仏付
普為諸衆生ノ誓作大施主ト
大慈大悲ノ御志シ懃ナルカ故無
量阿僧キヤ大劫之間勤苦
難行シテ富《トミ》七種ノ聖財ニ豊カニシテ万
善ノ宝蔵ニ趣キ宝菩提樹下ニ
坐シテ宝樹道場ニ成シ等正覚ヲ」
為一切衆生作○《恩徳》広大ノ慈父ト御
其後四十余年調機事《コト》
年ヘテ三乗権門ノ化儀已ニ極シ

剋《キサミ》耆闍崛山ト云一乗薫修ノ」
霊地ニシテ仏乗真実ノ金玉ヲ
如来蔵ノ内ヨリ運ヒ出シテ如思ヒノ
分チ与三乗五乗ノ親類眷
属ニ之程ニ却後三月我当」
般涅槃トテ一段ノ化縁薪キ
整テ八相ノ利益源ト乾シカハ帰シ
無余円寂ニ給ハンコトノ既ニ今ハ
近ウ成リンタシ間仏ケ滅後ノ
有様《サマ》歎キ思食様ハ阿僧祇
耶大劫ニ勤苦積行シテ集メ貯ヘシ
処ノ＼仏乗真実ノ崐山ノ玉」
空ク朽チ損シ生死雲雨《淤泥》ニ円融
実相麗水ノ金徒ラニ被奪ヒ取ラ
煩悩ノ怨賊ニ事実ニ如来ノ大
慈大悲本意相違シ衆生ノ出
離得度依怙空ウ成テ従冥
入冥ニ従深キ沈マン深ニ之許《ハカリ》カナシカルヘキ
○《事ヤハ候》依之仏今品ニ至テ申種智』

(16)

善功ノ御手ヲ摩《ナテ》若干《ソコハク》ノ菩薩ノ
実智ノ頂ヲ三度ヒマテ苦ニ付
属此経ヲ未来悪世ノ中ニ流
通開演セシメ玉シ候トヨ
サレハ仏是大慈大悲ノ施主亘テ
三世ニ抜済ノ叡慮浄ウ経又
難解難入ノ聖財遍十方出
離ノ勝用妙ヘナリ衆生既ニ預レリ
広大慈悲ノ恩沢ニ出離生死有何
難キコトカ[redacted]又値ヘリ速疾頓
成ノ教法ニ証大菩提誰カ疑之
是ソ如来付属ノ大ナル意テ候
次菩薩ノ領受ト申ハ諸菩薩聞仏ノ
＼如是慇懃ノ付属ヲ＼如世尊
勅○《当》当具奉行唯然世尊願
不有慮文押返之三度マテ
領受世尊ノ教勅ヲ
大集経云過去時有一師子王

名不壊身所住深山崛中ニ
常作是念我是一切獣中王ナリ
力能護一切ノ諸ノ獣時彼山
中有二獮猴為雄《イウ》雌《シ》《ヲスメス》生ウメリ
二ノ子ヲ時ニ彼獮猴向テ師子王ニ
作如是言王若能護一切獣
者我此二子暫委付汝ニ我
欲余行シテ求覓飲食ヲ時師子
王即許可ス獮猴留其二子
付彼ノ獣王即而去是時山中
有鷲王名利見彼師子王
睡眠間搏《ニキリ》取獮猴ノ二子嶮
処ニ而住セリ時師子王睡眠悟
已テ即向鷲王而作是言汝放
捨二子時鷲王言我飛行虚
空離汝境界心無怖畏若汝
欲護是二子為我応捨汝身
其時師子王説偈言我今為護
是二子捨身不惜如枯草若

我護身而妄語ニ云何得称」
如説行文説此偈ニ已テ即至
高キ処一ニ欲捨其身ヲ一爾時鷲
王又説偈ニ云若為他故捨身
命是人即受無上楽我今
施汝獼猴子願大法王莫自
害文説是偈ニ已テ以獼猴ノ子ヲ一
即与師子王一ニ云々師子受獼
猴ノ付属ヲ畜類尚受他ノ
付属一ヲカウコソ候ヘ■況於人倫」
乎凡夫既如是聖者豈師弟
之一諾有違約一スルコト乎
然則是思尺尊昔ノ三摩之付
属一ヲ広大ノ恩徳難忘一レ案菩薩
今ノ五濁ノ弘経一ヲ難思ノ利益
実ニ妙ナリサレハ上行無辺行
等ノ地涌千界ノ菩薩弥勒常」
精進等ノ霊山八万ノ大士
各承テ如来ノ教勅一ヲ我モ々《モト》

於娑婆世界一ニ流通妙経一ヲ不劣一ラ
不《シト》■負《マケ》ニ守護シ一乗一ヲ玉フ付
見一付テ聞一実ニ忝ウ事ハ不候一ヤ
存スル事テ候
サレハコソ候メレ天竺辰旦ハ不申
及ハ先ツ現ニ見我朝ノ有様《サマ》一ヲ』
候ニ五畿七道之間四海八埏
之内仏法ノ流布ト申ハ多一乗法花ノ
真文候トヨ就中叡岳ノ峯ノ
上ニハ三千衆徒継踵一スヲ薗城ノ
山ノ麓《フモト》ニ一宗碩学為《ナス》林一ヲ大法
東漸之水余波留メ潤ヒヲ一円融
速疾之花馨香残セリ匂ヲ一
是偏ニ地涌千界弘経之力」
霊山八万流通ノ大益コソ候メレ
爰我等宿善内催シ善友
外ニ助テ預○若干ノ菩薩聖衆ノ利生方便一難値一
難聞御ス一一乗円経ニ値ヒ奉テ
我モ人モ檀《ホシママ》ニ儲菩提資糧ヲ一飽マテ

種ツル成仏ノ妙因一ヲ之条能々
案シ連ツヽレハ併ラ今品ノ三摩」
付属是其根原ト覚ヘ候
サレハ濁世末代ノ我等ハ専ラ
可帰敬渇仰此品一ヲコソ候メレ」

(17)

（表紙・本文湛睿筆）

弁
普賢観経
劫後三月当般涅槃事
事理懺悔事

睿之

粘葉装　一二・四×一四・八㎝（三一四函八七号）

仏説観普賢菩薩行法経」
大意者八年説法花之儀式
霊山巻席一ヲ諸仏一大事之
因縁本懐已遂了後仏
出テヽ嵴闍崛山之洞一ヲ入毘沙
離国之境一ヱ辞王舎城之栖一

開大林精舎局一御之日三月
涅槃之告驚衆会之聞二六
根懺悔之訓励テ行者之心ヲ一」
以示シ滅後ノ要道一実境界
之旨帰ヲ一以令説未来之行
法六根懺悔之観門是其
大意也題目ハ仏ハ者果満
覚帰之称説ハ防非止悪之
談観者行者能観之智
普賢菩薩行法者所観之
境能所相兼境智共喚
故申仏説観普賢菩薩行法経ト一
又文判尺者経ノ初メ如是我聞』
ト云ヨリ而能得見諸障外事
至マテハ序分仏告阿難ト云ヨリ
是名修第五懺悔之文ニ至マテハ
正宗。仏告阿難於未来世下分
至経ノ終ニ一流通分付序分一
二如是下迄講堂ニ一是通序

告諸比丘下別序付通序
有六事一如是者所聞法我聞」
者能持人一時者聞持之時
仏者教主世尊毘沙離国者
所住之国大林精舎者総テ
衆会之所重閣講堂ハ別テ
説法之砌是通序六事也
以告諸比丘下ハ別序付之一
又二先ッ如来之教勅次ニハ
三大士請問如来教勅者
劫後三月当般涅槃也
□来不久当入涅槃ト説シカトモ□（爾か）
□ツトモ。然今正ク劫後三月ゝゝゝ
ソレニ衆会聞仏ノ此御詞ヲ」
皆各肝ヲサハカシ心ヲ無リキ不ルハ
驚サ一。仏ハ答不殺生戒曠劫（其故者）
長寿之因ニ一只無量阿僧
祇劫カネヲヨテノミ過御スルソト
ノミコソ誰モ思堅タル事テ候ニ
ケフ劫後三月当般涅槃

（17）

仏ノ言ッ実ニ嬰児ノ母ニ三月後ハ早隠失ナシトスルソト

如被ナムカ棄ヘ衆会悉聞啼シテ

非生ニ非死ヘ重閣講堂ノ

暁風無常之声染膚ヘニ

大林精舎ノ夕雲生滅之色

在キ眼ニ其時ノ衆会ノ心底

思ニ実サコソハ候ケメ菩薩声

聞人天大会アハテアキレテ

□涙底ニ呑悲ニ不能出詞

之間声聞衆中ニハ迦葉阿

難菩薩衆中ニハ弥勒大士此ノ

三人各被思食ニ様如来入

滅之悲ハ実ヲメイテモ叫テモ

有余満月ノ貌ニ隠ナシ之後

又再可ハコツ奉礼尊容ニアラメ

サレトモ過去ノ仏モ皆滅度

給ヒキ未来ノ仏又遂ニ可ヤハ

留ニ現在仏トテモイカヽハサノミモ

御生サンレハソレヲ今ハイヽ

ハセントスルニ付テモ仏ノ

不御ニ跡ノ一切ノ衆生是カ罪障

除リ仏道ニ成ノ有様是ヲコソ

返々猶可抑涙ニ閑テ悲ニアレトテ

此三大士各抑涙ニ閑テ悲ニ異

□同音ニ仏ニ申給

＼如来滅後云何衆生起菩提心

修行大乗方等経典ニ乃至□

□ □清浄当眼若断

□□能得尺見諸障外事

奉レル問ニ一心ヽ此仏滅後ノ一切衆生

皆父母ニ被ナン棄ヘミトリコノ

如シ云何ヵ発一念菩提之心ヲ修

行シ大乗方等経典ニ思惟スヘキ

三宝ノ境界ニ又云何不失三

大菩提之心ヲ又云何不離五欲ニ

不断煩悩ニ而モ得六根浄之

功徳ニ仏告阿難該聴之

（A）仏事法会関係

下ハ仏答此事給
一切衆生誦大乗者修大乗者
発大乗意者乃至若欲懺悔
滅諸罪者当懃読誦方
等経典思第一義云々我カ滅
度ナン後ノ諸弟子及一切衆生
若欲シ不退転無上菩提一又欲
令証得六根清浄功徳一先住
普賢観ニ一行普賢行一口ニハ
読誦大乗経典ヲ一心ニ思惟セムノミカハ
第一義諦ヲ一又付事理二門
之方軌一悔六情根之罪障
乃至修刹利居士之懺悔ヲ一
若如此スル一物ナラハ縦雖如来
滅後一罪障易ク滅一雖五濁
悪世ナリト仏道不可有妨一カウ
其滅罪懺悔ノ方軌次第
仏委説キ述給シ是ヲ正宗
説経ノ大概其中ニ先ツ

事ノ懺悔ト申候ハ普賢菩薩ヲ
奉請其ノ道場ノ本尊ト一荘
厳シ幡蓋ヲ一令弁備香花ヲ一
一心ニ抽誠ヲ一五体ヲ投地ニ一所犯ヲ
不隠サ一陳説シ悪業ヲ一々ニ
発露シテ或ハ泣礼拝十方ノ仏ヲ一
或読誦一乗経典ヲ一恥無始之
罪障ヲ一慎過現当之誤リヲ一
如此一事相之勤メ是名事懺悔ト一
理懺悔ハ設身口ニ不修行一
顕露ニ不作善事一心ヲ懸
実相之妙理一静思ヲ一非スルヤ
染浄縁起ヲ一一切ノ業障煩悩ハ
皆自妄顛倒一生無有自性一
無自性一之故ニ其体空シ其体
空故本不生也本不生ナレハ真
理云顕レ真理顕ヌレハ罪障
露モ不留一一切業障海。
一切業障海ト申ハ是衆生ノ

業障ヲ以譬ヘテ類スルハ大海一ニ
我等無始ヨリ所起シ積レル之業障
煩悩勢已満テ十方一広シテ無際一モ
迷又徹三世一ニ深シテ無底一モ故名
業障海一此業障海ト云物ハ
皆自妄想顛倒之源一起レリ
若欲懺悔一只思実相一ヲ若付
此普賢滅罪之軌一ニ備
事相二門之懺悔一ニ成ヌレハ
＼衆罪如霜露　諸ノ罪皆
如露霜一ノ恵日照セハ悉消
除ス故至心運テ誠一
譬ヘハ冬夜ノ漫々トシテ○
サレハ滅罪生善之道見仏
聞法之計只可住此普賢
観経懺悔之行一経王染ヌレハ
心一ニ懺悔之行忽ニ成ス懺悔若成ヌレハ
罪障露モ無留一罪障已尽ヌレハ

(17)

現世悉地必満現在若叶ヌレハ
後生善処又叶後生若
善処ナレハ功徳定備身一功徳
備ムヌレハ身一菩提妙果無疑一是ソ
則今ノ経所説ノ功徳普賢
行者ノ得益次第文々雖繁一
大概不過之
捧講演所生ノ功徳一先院聖
霊御出離生死証大菩提
廻向漸年旧タリ上品生之
蓮匂幾重薫修又日
深安楽土之月光已窮
者哉サレハ今ハ出離生死
之道何強祈之一浄土菩提
之助何労奉送一リ然而
孝養元ト深御心一ニ御遺誡文
不忘御一サ之故ニ毎年暮春
三月之天毎聖忌廻来一必
当伽藍之中幡蓋成荘一

（A）仏事法会関係

弥陀尊之前議決展莚
猶々奉羞《スヽメ》果地之内証ヲ一
弥仏果ノ増進ヲ祈リ思食」
是御志之至ル也御願之切ナル也又
至孝之深也報恩之極ル也冥
道幾許垂哀一聖霊幾許
奉悦一御候中ニモ今日ハ是正キ
御得道得果之道経日旁無トモ
疑一猶旧院之恨我等之悲
休令何日哉』

(18)

梵《ム》網経総尺 太賢 意

湛睿

（表紙湛睿筆、本文他筆）

粘葉装　一五・四×一四・〇cm（三四六函一三六号）

○名之涅槃真妄迷悟既
在己心一菩提涅槃何得外求一
是以○」
梵網経盧舎那仏説菩薩
心地法門品第十
将尺此経可有三門初大意者夫

(17)～(18)

衆生ノ真心無生ニシテ似タリ生ニ一無生之性寥《シツカ》ニシテ
為リ一心之海一ト似生之相流レテ成ル六
道之波一性相融シテ無礙ナリ真妄
何ソ有ラン隔一然則迷ノ故ニハ即真
而妄名ク之ヲ生死一ト悟ノ故ニハ即妄」
同真名之ヲ涅槃一ト真妄迷悟只在リ
己一ニ菩提涅槃何ソ求メン外ニ於是有テ諸ノ
有情一聞キ如是説一不畏其ノ中ノ所受
大苦一ヲ即発ス不可壊無礙ノ意楽一ヲ
依之一蓮花蔵界ニハ本師舎那《浄満》
懸テ日月一以テ照臨シ菩提樹下ニハ末《（ママ）》
主能仁開テ甘露一ヲ而済《スク》フ乏一ヲ』
三賢十聖内証ノ之行戒・無行トシテ
而不《ス》ト云コト尽一サ十重六八・外門ノ之戒・
無戒トシテ而不ト云コト備一ハラ是ノ故ニ恒沙ノ
戒品・円テ三聚一ヲ而統収シ塵
数ノ大行・具シテ六位一ヲ而該摂セリ
実ニ是レ五位《三世》ノ菩薩坐スル道場一ニ之
直路《本基》・抑亦三世《一切》ノ如来唱フル」

種覚一之良規者乎是即
大意也
次ニ尺題目一ヲ者梵網経トイハ者一部ノ
都名也盧舎等イハ者此ノ品ノ別
目也梵ハ者能浄ノ之義網ハ者摂
有情ノ義所謂ル今マ此ノ経ハ者乃至
有頂マテ生死ノ大海ニ拘持シテ有情一ヲ」
致寂滅之岸一ニ饒
益スルコトノ飢渇ノ類ヲ如ルカ世ノ網一ノ故
大梵天王持テ羅網幢一ヲ
供仏一ニ世尊因テ此一レ説玉フ法一ヲ又如シ梵
王ノ網孔ハ多ケレトモ而大綱是レ一一ナルカ法王ノ戒
法モ当シ知一ル亦爾リ雖モ塵沙ノ門一ナリト終ニ
帰ス一道一ニ万行一門ナリ所謂ル得ルナリ意一ヲ」
得テ意一ヲ而行スレハ皆称フ法性一ニ是ノ故ニ従テ喩一ニ
立名一ヲ矣経ハ謂ク契経貫持ヲ
為義一ト盧舎那此ニハ云光明遍
照一ト智照シ法界一ヲ身応スルカ大機一ニ故仏ハ
謂覚者有自覚々他況行窮満

有自覚々他況行窮満之
三義説ハ謂ク円音
巧ニ応シテ令機㆒生解㆒祈覚運生
悲智相ヒ導ヒク名ク之ヲ菩薩㆒ト唯識万徳
従此生長ス故ニ名ク心地㆒出苦之津入浄
也戸称ス之ヲ法門㆒ト文義類』
別ナリ故ニ名テ為品㆒ト第十ハ者数之次故
総云梵網経、、——
後入文判尺者凡ソ此ノ経者西域ノ
大本ニハ有リ十万頌六十一品㆒具ニ訳セハ
成ヘシ三百余巻㆒ト於中㆒ニ余ノ六十品ハ
留西㆒ニ未流㆒今ノ此ノ上下両巻ハ」
是彼第十心地法門品也是ノ
故但有テ正宗ノ一分㆒ノミ闕テ無シ序流
通ノ両段㆒且ク就テ此ノ一品㆒ニ総テ有二
門㆒一ニハ本師舎那ノ説経ニ従リ
爾時尺迦㆒至ルカ一心而行㆒ニ是レ也二ニハ
化仏尺迦ノ伝説経ニ従リ爾時
千花上仏㆒至ルカ七行品中説㆒ニ是レ」

也舎那ノ説ノ中ニ有五㆓一ニハ処衆二ニハ
驚覚三ニハ啓問四ニハ見仏五ニハ付
属化仏ノ伝説ノ中ニ有二㆓一ニハ報
恩二ニハ別化此ノ中ニ亦二初ニハ伝ヘ
上賢聖内門ノ行㆒ヲ後ニハ伝フ初
発心外門ノ戒㆒ヲ此ノ中ニ有二㆓
初ニハ説重戒㆒ヲ後ニハ誦ス軽戒㆒ヲ」
子段雖繁大概如此㆒
凡戒是遮悪治善之本源抜
苦与楽之基今世後世之
勝因万行万善之規模也
三悪八難之恐レ受レハ之㆒悉ク払ヒ
十号三明之位持ハ之㆒速ニ成ス』

(19)

（表紙湛睿筆、本文他筆）

花《弁》厳経総尺

睿之

粘葉装　一三・六×一三・五cm（三一四函一六号）

(18)〜(19)

大方広仏花厳経一部六十巻
＼大師尺此経一所ニ＼尺名来意宗
趣解文以四門一雖判尺シ玉フト一＼任講
経ノ常習ニ一暫以大意尺名章段
料簡ノ三門一可分別一＼初大意
者此経□集海会一之盛談

□山王一之極説＼盧舎那如来
成道第二七日ノ朝タ普賢文殊
□恵功徳林等ノ極□頓悟ノ
大菩薩衆ヲ集テ七処八会之
間ニ一＼顕シ一多相即十玄縁起之
□説十々無尽無障無礙之
法門ヲ一所謂一＼即多二而
無礙多即一二而円通＼摂九
世ヲ一入刹那舒一念一該永劫ヲ一
都万法唯心三無差別一事々
円融法性自□以之ヲ一為大意
＼題目者大方広仏花厳経
者是無尽修多羅総□世間
浄眼品者初品ノ別称也＼大ハ
以苞含一為義一方ハ以軌範一為功一
＼広ハ体極用周之名仏ハ果円
覚満之称花＼ハ開敷万行ヲ一之
喩厳ハ品々《シナ〳〵》ニスル万善ヲ一之飾サリ
経ハ聖教ノ都名貫穿綴為義ト一

\世間浄眼ト者器等ノ□(品か)種顕耀」
□時ニ光潔照明ナルコト譬如浄眼一」
法喩合シテ挙ルヲ以名世間浄眼一
品者義□(類か)同第一ハ数次之初
数総ト申大方―――
\入文判尺者此経ニハ総テ六ノ本御
一ニハ恒本二大本三上本四中本
五下本六略本初恒本ト申ハ」

(20)

覚賢翻経事　　湛睿之
玄智居士事
修徳禅師事
九瀧山尼事
花《弁》厳大意事
弥多羅女授善財ニ之法門事
書写事
積行菩薩不信受等事
都率天子事
今ノ施主過現熏修事

（表紙・本文湛睿筆）

粘葉装　一五・七×一六・一cm（三二四函一七号）

仏意ニコソ不叶一候ハメ無下ニ
不尺申一候ハゝゝゝ
\只述大旨一者無障無礙法界法門
是ヲ一部綱要トシタルコソ候メレ
法界法門ト申ハ森羅ノ万法一切
境界カ総《スヘテ》仏界ニ無ク隔一浄心ニ

(19)〜(20)

不シテ替一微塵トシテ無非○法門《仏境界》ニ
一刹那トシテ不見非ハ功徳ニ
雲台宝網モ同述妙《□法界》音ヲ毛 」
孔光明モ併転法門ヲ是コソ
候メレ法界カ皆法門ナルヲ
今経ノ第八会ノ時善財童子ノ
尋訪テ五十五ノ善知識ヲ窮五位ノ
円因ヲ給シニ其間善知識
トモノ所ヲ教授セシ是ソ皆法界
法門候観テモ大海ヲ顕ハシ悟リヲ
計テモ砂窮メショ法性ヲ彼ノ往テ弥
多羅童女ノ許普荘厳法門 』
証給シ有様ナトコソ誠ニイミシ
ウハ覚候ヘ善財弥多羅童
女ニ言シ様我求法之志候仏道
教給ヘ童女申様ウレシウモ
汝発菩提心ヲ求仏道給者カナ
我モ同厭生死ヲ欣仏道身ソ
但所悟非広唯知一法門

若其レヲ習ハントオホサハ暫居テ
此ノ宮殿楼閣ノ荘厳有様 」
花縵宝蓋等一々真性ヲ
観セヨト云シニ童子随教ヘニ合
掌ヲ一ニシテ心ヲ静ニ其ノ宝閣楼
観等ノ宮殿ノ造リ荘厳ノ体ヲ
見廻シケレハ一々ノ柱ノ内チ一々ノ
垂木ノ中《ナカ》若瓔珞ハリノ扉《トヒラ》
□宝幢幡蓋ノ荘リ上ニ大方
遍法界ノ一切諸仏ノ始行初心ノ
当初ヨリ始テ至ルマテノ涅槃泥洹 」
之時ニ諸ノ行《オコナヒト》々タル六度
四摂等ノ万行諸波羅蜜ノ行
儀法則カ悉並テ鼻ヲ顕現
見候ケルヲ或以国城妻子ヲ
施衆生ニ形式持三帰十善ヲ
専スル戒行ヲ姿或ト深山空
閑ヲ行フタル禅定ヲ体砕トモ頭
□髄脳ヲ忍ヒ堪タル有様

乃至瓔珞宮誕生樹下成道」
儀式利益衆生説法道儀
之粧ヲヒ＼塵許ノ雲一リ隠レナク
浄キ水ノ中ニ月ノ光ナトヲ如クニ
浮一ヘタランカ併象シテ浮テ見ヘ渡テ
候シソ＼妙喜世界ノ荘厳モ
如移掌ノ中一ニ安養浄土ノ
風儀モ似向眼ノ前一ニ＼只尺
尊一代儀式許サムソラ初発
心昔ヨリ今マテノ事ヲ一時ニ」
奉拝《ヲカ》一ミ随喜ノ心幾許ソ
＼何況賢劫ノ千仏ヲ為始一ト十方
三世一切諸仏ノ和光同塵修
因感果之有様表裏映
徹シテサマ〳〵顕現シタシヲ
善財童子○不起座一ヲ不動身一唯坐悉ク
奉見一実幾許目出ク候ケン
＼其刻《キハニ》善財童子随喜之涙」
□(操か)モアエス不セシ蒙童女之□(訓か)ヲ

前キ立一処ニ悟リシヲ般若ハラ蜜
普荘厳法門一ヲ是則法□
本一自リ法門ニシテ非情草木宮殿
楼閣モ無非仏事一ニ之故候トヨ
＼花縵宝(ママ)地香樹雲閣法界法
門無非仏事云々＼真妄物我
挙一全収云々＼菩薩応知自心
念々常有仏成正覚云々」
サレハ実シウタニモカウ悟リ法界
法門ノ之旨一ヲ弁ツル一三無差別ノ理一ヲ之
日、初発心時便成正覚具足恵
身不由他悟云々
＼纔廻シテ心一ヲ叶ヒ十信ノ満心一ニ登初
発心住一ニ之者無明雲霽レ中
道円顕ハレテ五位ノ円因備ハリ身一ニ
十身満果承趺《アナウラ》ヲ候トヨ＼初□(心か)
即極ト申大義即其候トヨ」
＼□レハ実ニモ自ハ非一円純熟ノ大
機一ニ一念ノ悟リ向此経一ニ無可モ披一

ヽヽヽヽ
＼積行菩薩モ曝ヽヽヽ
理ハリトコソ覚□（候か）＼其ニ取テハ疑ヲ候
若サルテハ争サハ具縛底下ノ
異生凡夫如モ形此経開巻
軸受持読誦之縁ヲハ奉ルヲ結
菩薩声聞猶以隔機ノ況我等衆』
生ヲ哉《ヤ》ト是カ不□候
＼ソレヲ香象大師尺様
宿有種性聞便信受若不爾者
多劫難入今時有人多不信者不
是為怪云々
＼久修梵行菩薩ナレトモ守リ権門仮説
之教ヲ前世ニ未ケルハ結縁セ一乗ニ龍門ニ
曝鰓ヲ隔知見具縛初心凡
夫ナレトモ古ヘ若運ヒ聴聞之功ヲモ」
＼□結縁之席ニモ者ハ某暫時ノ
値遇ヲ為金剛ノ種子ト今世ニ
信解シ之ヲ厚スル結縁之功ヲ

候トヨ＼如来滅後ニ成就四法ヲ
厚ク植善根ヲ之輩必奉逢
法花経○ヽヽヽ
実ニモサナヌト覚候＼兜率
天子前世ノ罪業有テ限沈タルニ奈
落之底舎那菩薩「　」」
ヨリ放足下光明「　」
昏ヲ之日天子忽ニ「　」
涅槃即生都率ニ十眼十耳□
功徳法門備ハテ身ニ現身ニ至十地
離垢定前ニ窮因位ヲ候ソ
如何ナレハサハカノ利益ハ有リト不審《ヲホロナル》
所ヲ尺候ニハ宿聞此法為本因
故云々」
サレハイカサマニモ聞経随□
根ノ種《タネ》ヲ納メツルカ第八頼耶心識ノ
蔵ニ当時ハ功徳シルウ色ニ顕
レネトモ勝利必無空コト成世々
利益大縁候トヨ

若＼サルテハ今《ケフ》大乗開講之
□一番此御□披テ花ノ紐ヲ一
励誠傾供養之⌈　⌋』
定一御ス先世御結縁厚カリ
ケリト云事先テ詞二顕レタル事コソ
候メレ＼サレハ所説義理明カニ
雖不浮御意之底一ニ値遇已ニ
及多生一御利益暗ニ顕レム事ハ
再不可疑一＼如彼服薬ヲ一人不トモ知合
薬ノ通塞ヲ一服ツレハ忽得ルカ験法界
法門耳遠クシテ文々句々慥ニ不トモ信解御一」
答今ノ書写供養御作善ニ一霊
応祈ラム条ハ有憑事ト覚候
＼一文一句モ触ツレハ耳ニ一利益只ナラハコソ
候ハメカ＼ヽリケル時ニ此経ヲハ天
衆地類モ殊ニ深ウシ聴聞之
望ヲ一龍神八部モ取リ別キ堅スルソ
擁護之思ヲ一
勒那三蔵得童子□事」

又覚賢三蔵於テ大花厳寺ニ一翻
訳此経一之時□人青衣童子
堂ノ前ノ池ヨリ出来テ毎日定レル
事テ研墨一清メ庭ヲ一随ヒ命ニ一
叶シソ役ニ一翻経事了シカハ＼帰池一
不リキ見一西天相伝云以此経典
久在龍宮慶此流通龍王
給仕云々」
此経ハ如来滅度之刻即納マテ龍
宮ニ一六百年マテ在弘マラレ候
ソレヲ依龍樹○菩薩弘経之力ニ一咸
伝天竺之境ニ一覚賢漢書ニ
始テ訳弘メシ際《キワ》龍王慶ムテ弘通ヲ一
来テ給仕スルソトサレハ此経ヲハ
天上ニモ龍宮ニモヽヽ
実ニモ争サ□□テ□候ハムソ
持此経ヲ一許ノ人ノ唐土天竺一』
古往今来感応空キカアラハコソ
候ハメ

玄智居士ト申セシ人ハ久誦此経一
功積之刻口ヨリ放光一照四十余
里一此居士九十二シテ終命之後
牙歯変舎利一ト神変遂及
百余粒ニ一
又定州修徳禅師ハ奉書此経一」
安置箱ノ中ニ一後開函之時経
巻放光照百廿里一
九瀧山尼ハ目覩毛端刹海
現身顕証ヲ一王氏ハ誦一偈文
立処ニ破リキ奈落鉄城ヲ一
凡如此不思議
（以下空白）」

(21)

（表紙・本文湛睿筆）

普賢行願品総尺

然公草
普賢十願釈

睿之

粘葉装　一五・六×一一・七㎝（三二四函八九号）

大方広仏花厳経入不思議
解脱境界普賢行願品
将釈此経一可有三門一初大
意者今此経■王者如来
成道最初頓説之典具本
第九入法界品之分也善」

財童子求テ知識ヲ㆒而遊ヒ百
城ニ㆒菩薩大士授テ法門ヲ㆒而
昇ラシム一極ニ㆒覚城之東発テ大
心ヲ㆒発足シ堅林之南修妙
行ヲ㆒昇進ス値テ文殊ニ㆒開キ
般若之門ヲ㆒随テ普賢ニ㆒入ル』
真如之都ニ㆒観音大士訓ル
大慈法門ヲ㆒之導シルヘ弥勒菩薩ハ
授大慈三昧㆒之主《アルシ》也入テ
宝楼閣ニ㆒証シ薩埵之自体ヲ㆒
授シテ一毛孔ニ㆒知諸仏之相
用ヲ㆒情塵ニ有リ経㆒智海無シ」
解㆒妄惑作ス故（か）ニ㆒重悪不
空ナラ㆒四句之火モ莫シ焼コト㆒万
法之門皆入ル一極唱《トナ》ヘ高シ
二乗絶ッ聴ヲ㆒諸仏心内之
衆生新文ニ作仏モ衆生
心中之諸仏念々証ス真ヲ㆒」
一□ノ法門海累□トモ而不

尽サ㆒一毫■善根空界
尽□而無窮リ㆒寔ニ乃罄《ツク》モ
諸仏之霊《レイ》府ヲ㆒抜キ玄根
之幽致ヲ㆒極万法之旨趣ヲ㆒
貫ル十門之幽致ヲ㆒亡者由テ」
此獲生浄成仏之益ヲ㆒施
主所以ニ弁ス除災与楽之
徳ヲ㆒是其大意也
次題目者大方広者是
所証之理仏花厳者是
能証心経者常法摂貫之』
義入者通ス能所ニ㆒也不思
議解脱境界者、是法界
之異名普賢行願者、是
能入之門也品者格類相
従之義也
第三入文解尺者ハ此普賢」
行願品者一品之全総
有四十巻㆒今此ノ一巻ハ当レリ

第四十《ニ》一此レ説法界体性
能入之門《ヲ》一此能入《ノ》門《ニ》即
有十種《ノ》円融無作《ノ》大願一
由此《ノ》十種《ノ》大願《ニ》一入彼不」
思議解脱境界極処《ニ》一故
今此《ノ》一軸分為三段一初《ハ》明
序分《ヲ》二一教欲成就此功徳
下是正宗分、為《シ》三爾時世尊
与諸聖者菩薩摩訶薩演
説如是不可思議解脱境」
界法門時下為流通分一科
段雖繁《ト》一大概如是《ノ》一』

(22)

円《ム》覚経

睿

（表紙湛睿筆、本文他筆）

粘葉装　一五・〇×一一・〇cm（三一四函一一号）

次円覚経凡《ソ》此《ノ》経《ノ》大《ナル》意《ハ》
末代末世大心衆生深信《シテ》自心
是円覚妙心《ナリ》霊知不昧《スト》一《カラ》
以之一為初悟本起之
因地《ト》一然後頓《ニ》悟生死煩悩之
本《ヨリ》空寂《ナリト》一速《ニ》顕《サシムル》菩提涅槃」

之性《シヤウ》究竟一セルヲ是カ此ノ経大
意テ候サレハ裴休ノ序ニ述此
旨候血気之属必有知一凡
有知者必同ス体一ヲ所謂真浄
明妙ニシテ虚徹霊通シ卓然トシテ而
独存者也トサレハ一切衆生　」
平等之本源故是曰心地一ト
十方諸仏一味之所証故亦
名菩提一自他凡聖《生仏依正》交徹
融摂故是謂法界一ト遍照法
界真実識知故是名円覚一ト
真実皆一心也一心外更無　』
他物一サレハ背之一ヲ時成凡一ト順
之時証聖一ヲ迷之一時生死長
遠ナリ悟之一時輪廻爰ニ止ム
離円覚一ヲ無六道一説クカ無始
幻無明皆従円覚出一ト故
捨円覚一ヲ無三乗一モ演ルカ亦摂　」
漸修一切群品一ト故是知

凡聖一如ヲ自性清浄但
有トモ迷悟一不隔分毫一ヲ若
一心ニ妄念不レハ生一得心境蕩
然一ナルコト性自無生ナリ是ヲ名正覚一ト　」
一切如来本地因地皆依円
照清浄覚相永断無
明方成仏道　」

(23)

（表紙湛睿筆、本文他筆）

睿之

円覚大意
十二章約三根略尺之

粘葉装　一五・二×二一・六cm（三一四函一二号）

提究竟之果ヲ然悟修之

理一異難明メ意実ニ相

符言而似反ハ是故普賢

挙テ三ノ問ニ進ミ退キ徴難セシカハ用
心ニ如来立四ノ門トヲ解ト令

無ラ相違ニ但依根ニ修証スルニ三根

不同カラ依之ニ普眼剛蔵弥

勒清浄恵之四章ハ明上根

修行法界円カニ影一故経云

始知衆生本来成仏生死

涅槃猶如昨夢トニ

由見ルニ生死涅槃如シト夢ノ即

称円覚ノ実性ニ同仏境ニ者

也次威徳ニ三観、弁音ニ廿

五輪、浄業、遣四相ニ普覚ハ

除ク四病ヲ並ニ対機漸誘

之義相ヲ是中根修証之観

行也最後一章明加行道

場下根ノ修行ヲ夫雖信解

今此ノ円覚経ハ諸経之了義

生仏之本源也如来自入テ常

寂光土ニ凡聖一ニシ源ヲ菩薩同ク

住ニ平等法会ニ因果斉ク

致ニ曼殊大士創ニ問ニシカハ本

起之因ニ薄伽至尊首即

真正一ナリト業障纏覆シテ観心
微弱ナリ須入道場一ニ自為制
勤一縁強ハク境勝レテ功用有功一
依之先経三七日一ヲ求哀懺
悔■■■業障漸除」
得心□□一然後立期限於
三種一兮長短令叶ハ機ノ心一ニ
積テ薫修(習)ヲ於三観一ニ兮証悟
令待時ノ到一ルヲ
一経ノ大旨十二章段大旨不可過此一レニ
抑此経王ハ三世如来之所守」
護一十方菩薩之所帰依釈尊為
一大事一出現シ玉フ但顕此円覚一為本意一
三蔵十二部一切ノ修多羅中
蓋詮ミミ○此経一為了義一ト（以）
経説奉持ノ益一云若有人一
以七宝ヲ一満テ、三千界一布施セムヨリハ』
不如一有人聞カムニハ此経ノ名字及
一句ノ義ヲ一若復有人聞テ此ノ経ノ
名ヲ一深ク信シテ不ハ疑一当知一是人
非於一仏二仏ノ所一ニ種タルニ諸ノ福恵一
過去ニ既ニ尽恒河沙ノ一切ノ
仏ノ所ニシテ種諸ノ善根ヲ一故」
今得聞此経教云々
然今新人施主ノ数十年ノ帰依
無交他事ヲ一一生涯ノ修行
専在此典一」
（以下白紙）」』

(24)

阿弥陀経讃歎不分三段但付尺意
浄土依正二報事

睿之

（表紙・本文湛睿筆）

粘葉装　一三・八×一三・四cm（三一四函一一九号）

次般若心経ハ諸仏ノ智母大蔵淵底
文ハ欠一紙一行纔十四　理顕真実
言包空有一　五蘊十二入十八界三科
悉ニ混尽浄虚融之理一ニ声聞縁覚
菩薩如来四乗併ラ生智度大道之
胎二一ヒモ経了一者定得正等菩提一須臾

執手一者必非薄福之人一況於
書写読誦之功徳乎況於解説
披講之勝利乎」
阿弥陀経者大意等料簡且証
之＼且此経中光明極楽浄土二報ノ
荘厳ヲ一後ニ勧タリ願往生ノ者ニ七日念仏ヲ一
○先依報○荘厳者四十八願荘厳之浄土＼以
畢竟○皆空ヲ一為大地ト一以無限善根ヲ一
為《ナセリ》荘厳ヲ一サレハ＼宝樹列ヌ光ヲ一
枝葉花菓互ニ輝テ乱転シ宮殿
並フ甍ヲ一金銀瑠璃交テ色ヲ一照耀」
＼光明大師讃セラン宝地（ママ）功徳ヲ一候ニ宝地（ママ）ノ
荘厳無比量一処々ノ光明照十方ヲ一
宝閣花台皆遍満雑色玲
瓏難可量ル一宝雲宝蓋臨究ニ一
覆ヒ聖衆飛遍シテ互ニ往来宝幢
幡蓋随風一転シ宝楽含輝ヲ一応
念ニ一廻ル云々　又云或以雑宝ヲ一為地一
瑠璃《ルリ》作道一或以ルリヲ一為地一白玉作』

道一或以紫金白銀ヲ為地一百宝作
道一乃至以千万宝ヲ為地一ト二三宝
作道一如是転タ相ヒ間雑シテ転シテ共合成
転シテ相照曜シ転シテ相顕発シテ光々色々
各々不同而無雑乱云々　経観水云一々
光明八万四千色アテ映セルコルリノ地ヲ一如億千
日二不可具ニ見云々
八功徳池之上ニハ横ヘ七宝ノ階道ヲ一晃
雁鴦鴬之鳥ハ迎テ六時ヲ一而和鳴ス」
皆是法蔵比丘ノ願力之所成ミタ如
来功徳之所致也
次正報者此有主ト聖衆トノ二種ノ荘厳
主荘厳者即阿ミタ如来也
身量広大ニシテ色相奇特八万四千ノ
相好ハ如貫ルカ秋ノ星ヲ一七百倶胝ノ光
明ハ似リ集ルニ朝陽ヲ一魏々トシテ□宮
殿之中ニ一堂々トシテ坐花台之上ニ一
加之四十一地菩薩聖衆ハ聚メ盛ナル劫ヲ一」
百千万億声聞縁覚□(多)稲麻ヨリモ

或遊ヒ宮殿ニ一或戯レ池辺ニ一有経
行スルモ宝階之上ニ一有遊戯スルモ宝樹
之間タニ一其外坐禅入定シテ身心
無ク動コト一説法集会シテ巧説自在ナリ
慈悲忍辱之情ケ互ニ薫弥ヨ親ク
愛語同事之行各施シテ無背クコト一
昨日ハ問訊シ観世音ニ一今日ハ恭敬大」
勢至ニ一朝ニハ親近無尽意ニ一夕ニハ
給仕除蓋障ニ一如是念々入普
賢ノ願海ニ一歩々ニ近如来ノ智地ニ一
宝林皆唱フ妙音ヲ一況於ミタ説
法之梵音ニ一哉宮殿皆有リ光明一
況於世尊無辺之光明ニ一
光明遍ク照ス毎物一如見鏡中ノ影ヲ一
法音充満ス毎拝一同シ聞クニ仏之音ヲ一』
浄土ノ荘厳如シ是ノ濁無凡夫意
□似乎
善導和尚定善義引清浄覚経ヲ一云百千万人
聞説クヲ浄土ノ法門ヲ一聞テ如不ルカ聞カ見テ如不見一

当知此等ハ一始テ従二三悪道一来罪障未
尽一為ニレ此レカ無信向耳仏言我説此人
未不得解脱也此経又云若人聞説
浄土法門ヲ一聞テ即悲喜交流身毛
為竪者当知此人過去已曽修習」
此法一令得重聞即生歓喜正念
修行必得生也文
以説七日念仏ヲ一勧浄土ノ業□浄
六方証誠ヲ一除ク末世ノ疑惑ヲ一
可委之
凡此経云○渡苦海ヲ一之浮嚢、到○彼岸一之
船筏也巻軸唯一ナリ面々ノ書写
無煩一行数不幾ナラ一日々ノ読誦
有便一故発心者必持此経ヲ一阿」
経者宣弘此経ヲ一（報恩謝徳）除災与薬之
行、道俗何不仰乎往生極楽
之業、貴賤誰不帰乎」
』

(三) 教義に関するもの

(25)

（表紙・本文湛睿筆）

法花経女人成仏事
女人障事 可合提婆品

睿之

折本装 一四・七×一二・五cm（三一四函四七号）

夫
女人ト申ハ百悪非機鱗○
五障三従ノ障重キ者ニテ

仏道ノ之修-行触テ事一有
煩ヒ一故ニ　他経ニハ但記男一
不記女ト尺シテ　爾前ノ経ニハ
悉ク被タル嫌一ラハ者ヲ取リ出シテ」
今ノ経ニハ故サラ為トシテ如説修行ノ之
正機一ト成仏ノ之器ニヒシト取リ
定メ候事実ニ妙経ノ功力
難思ノ利益殊ニ目出覚候
富楼那浄土云々薬師経云々」
女人ハ過多ク障深シテ一切ノ
処ニ被嫌一ラハ
◦道宣引経一ヲ云十方世界ニ
有二女人一処ニハ即有リ地獄候一
女人ノ身ハ諸経論ノ中ニ被嫌一
在々所々ニ被テ擯出一セラ」
非ハ二三途八難一ニ無シ下可キ趣一方上タ
非ハ二六趣四生一ニ無シ下可キ受形上ヲ
処ロ一　然則
富楼那尊者ノ成仏ノ国ニハ

云テ二無有諸女人一亦無諸」
悪道等ト一等シメテ二三悪道一
永ク削レリ二女人ノ跡一ヲ
◦天親菩薩ノ往生論ノ中ニハ
云テ二女人及根缺二乗
種不生一ト同二根缺敗種一ニ」
遠ク絶セリ二往生之望一ヲ云々
諸仏ノ浄土不可思寄一ル
◦此ノ日本国ノサモ貴ク無ナキ二止一コト
霊地霊験ノ砌ニモ皆悉ク
被ル嫌ラハ一云々
◦先ツ叡山ハ是レ伝教大師ノ建
立　桓武天皇ノ之御願也
大師自ラ結界シテ堺ヒ谷ヲ一局テ
峯ヲ一不ス入女人ノ形ヲ一一乗ノ
峯ネ高ク立テ五障之雲モ」
無シ二聳コト一一味之谷ニ深クシテ
三従之水無シ流コト一薬師モ
医王ノ霊像聞テ耳一ニ　不ス二

視眼ニ一大師結界ノ霊地
遠ク見テ近ク不二臨一ノソマ云々
」

(26)
（表紙湛睿筆、本文他筆）

睿之

法花
仏種従縁起事
驢首王転馬首事
閻浮那河ノ石成黄金事
秦郡東寺沙門誦法花事

粘葉装　一四・〇×一三・七㎝（三一四函九二号）

抄七上云十二因縁名仏性之一当体
浄故是法身性二能知名義成反依
故名報身性文
爾前権教ハ
凡ソ儒道尺ノ三宝ヲ申候ニ儒ハ五常ヲ
為宗一道ハ自然ヲ為宗一ト尺ハ因縁ヲ為宗一ト

候カ就中今妙経ハ説テ仏種従縁起一ト」
経云諸仏両足尊知法常無性仏種
従縁起是故説一乗トテ一切衆生身心
中斉備無性ノ一理一ヲ故若遇フ妙法之
因縁則無有一人不成仏一事テ候
起信疏云但以無住《(性)》為ルヲ性一随派分
岐逐迷悟一ニ而昇沈シ任因縁一ニ而
起滅文　可委之歟
此無性之仏種ハ不唯有人中天上
之善趣一○《備之》遍具足六趣四生ノ一切」
衆生ノ中身心ノ中○一《具足之》非唯在大身迦
楼羅王ノ三百三十六万里ナル身ノ中一ニ
蟭螟《セウメイチウ》虫ノ蚊《カ》ノ睫《マツケ》ニ巣《スク》食ヒテ産《ウ》ムナル七ノ子一ヲ
少キ虫ノ中ニモ此ノ無性ノ仏種ハ所備一タル
也然|レトモ而不値妙法之因縁一ニ○《則》常ニ投シテ苦
海一ニ不至ラ菩提一ニ若発心修行ノ之時
刻到来セハ仏種従縁一起テ成仏
得道有何《不有》疑事《事コツ》候メレサレハ成仏ノ』
遅速ハ専由因縁ノ具不具一ニ其
仏性ノ闕タルニハ非ヌ事テ候ソ
通種仏法因縁為宗トテ善悪
共由因縁一事《候》テアノ伽羅
虫ハ雖其身小一依風ノ済合一スルニ其
身成長大一ニ青蓮花ハ依テ月ノ光一ニ
開ケ白蓮花ハ依テ日ノ光一ニ開ク
孔雀ハ聞雷ノ声一ヲ孕ミ青雀ハ」
飲テ雄雀ノ涙一ヲ孕ム命々鳥ハ
見雄ノ舞一ヲ孕ミ人ハ聞法花経一ヲ
成仏道一ヲ不遇縁一ニ不成仏云々
仏在世有○《国王》名驢《ウサキムマ》首王一ト馬ノ頭ニシテ
身ハ人ナリ此王常ニ思念スラク何ニシテカ
我レ転此馬ノ頭一ヲ可成人頭一ト云々
詣仏所一白仏一言ク仏ハ医王ノ中ノ
大医王也願ハ転シテ此ノ馬ノ頭一ヲ成シ人
頭一ニ《御セ云々》仏教王一ニ曰王ノ頭可」
転一シツ汝行雪山一ニ取上味草一服セヨ
彼ハ転スル馬頭一ヲ薬也　国王蒙仏ノ勅
命一ヲ説テ昇テ彼ノ山一ニ取テ上味草一ヲ服スルニ

之ヲ未転馬頭ヲ薬似無キニ験国
王恨上テ仏ヲ思フ様仏依先世ノ無虚
妄戒ニ凡ツ所出ス言ハ悉是誠実ナリ
但至此ノ事ニ妄語也若是誑《アサムキ》
我給カ　仍重詣仏所ニ言サク云々
仏重告王曰ク諸法ハ依因縁合スルニ
成ス不因縁和合無其徳用サレハ
有レトモ取火ヲ玉不逢日ノ光不取
火有レトモ取水玉不逢月ノ光又
無取水雪山ノ草木ハ皆是薬也
○其中○可合○食上味ニ草アリ服シ当ハ彼草ニ
○時必転シテ馬頭ヲ成人頭ヲ云々　仍国
王又攀雪山ニ取テ此草服シ取テハ
彼ノ草ヲ服スルニ合スル上味草ニ草ヲ
服シ当テツル時忽ニ転シテ馬ノ頭ヲ成人
頭ト則王相具足面貌端正云々
サテ国王大ニ生シテ歓喜ヲ方ニ信シ仏ハ実
語ノ人テ御ケリト薬亦有ケリトテ験還宮ニ之後
詣仏所実ニ信解諸法ハ依因縁

合スルニ成シケリト即得初果云々
亦瞻部ノ北岸ハ近無熱地ニ有林
名瞻部林樹ト高サ廿四千里ナリ其
菓ミ甘美ナリ甚可愛楽シツ其林ノ中カラ
河ハ流レ出タリ名閻浮那河ト而瞻
部林ニ雨メフリ懸レハ此雨メ入レハ彼ノ河樹ニ
懸レル雨ナルカ故河底ノ石皆成金
色ト其光隠弊ス日月ノ光ヲ瞻
部林樹ニ懸ル雨ニ不レハ合セ全無其
河ノ石○無成シルコト黄金哉一切諸法ハ
皆因縁和合シテ成スル事テ候法花
一乗之仏種モ亦以可然云々
昔シ唐朝秦郡東寺ト申ス所ニ
有一ノ沙弥誦法花息利唯到
薬草喩品ノ靉靆ノ二字ニ随教ニ
忘失如是至于千反師即苦
責之曰汝誦一部ノ経ヲ豈作意不
憶此ノ二字ヲ乎　夜即夢一ノ僧
語之曰汝不応責此ノ沙弥先生ハ

寺側東村受女身ヲ二本所読一経
本虫湌其ノ靉靆ノ二字ヲ一彼ノ生ニ遂ニ
不読之一今生新受習故易忘一
耳其経見ニ在脱《モシ》不信者往可
験之一師明旦就彼村ニ一訪其
家ニシテ若有経二否ヤト一答云有法花
一部一師索メ取テ看ルニ薬草喩品ニ』
果失二字ヲ一家人悟云是大児亡
姉生存受持給也計亡之時得
一十七年果与沙弥年歯相応也

＼而今道俗貴賤互ニ為因縁ト一起
一乗ノ仏種ヲ一同結芳契ヲ一期可転
妙果御サン候ハムスル併可依今妙行
候」

（三面白紙）

※「秦郡東寺沙門誦法花事」は『鳳光抄』佚題十三の文中（『安居院唱導集』三八四頁以下）にあるが、多少出入りがある。

⑵⑺

臨終善悪相事群疑論
西方来迎地獄来迎事
睿之

（表紙湛睿筆、本文他筆）

粘葉装　一六・五×一三・二cm（三一四函一一三号）

郡（群）疑論第七巻云
問曰ク如観仏三昧海経説カ仏
告阿難一若有衆生一殺父一害
母一罵辱ム六親作レル是ノ罪一者ノハ命
終之時キ銅狗張《ハリ》口ヲ一化ス十八車ヲ一
状チ如金車一宝-蓋在上二一切ノ

火焔化シテ為ル玉女一罪人遥ニ見テ心
生シテ歓喜一我欲往中一風力解《(ママ)ト》ク └
時キ寒急ニシテ失声一ヲ寧ロ得テ好火一
在車上一坐シヌ燃《タキ》テ火一ヲ自爆《アフラ》レ作是
念一已テ即便命終シス揮《クヰ》-攉《クワク》《タチマチ》之間
已ニ坐ス金車一ニ顧《ミ》瞻《ミ》レハ玉女一ヲ皆提テ └
鉄斧《フ》ヲ折《サク》-截其身一ヲ文
＼又言復有衆生一犯シ四重禁ヲ虚ク
食シ信施一ヲ誹謗邪見ヲ以不識因
果一断テ学コトヲ般若一毀シ十方仏一偸 └
僧祇物一婬泆無道ニシテ逼-略シテ浄戒ノ
諸比丘尼姉妹親戚《チカシ》ヲ不知慚愧
毀辱所親一ヲ造レラレ衆ノ悪事一此人
罪報臨テ命終一風刀解《ト》ク身一偃《エ》
坐不定一如被一ルカ杖楚一ヲ其心荒-越
発癡狂想一ヲ見レハ己カ室宅男女
大少一ヲ一切皆是レ不浄□□《(之)(物)》屎
尿臭処盈流セリ于外一ニ爾時罪人 └
即作サク是語一ヲ云-何此ノ処ニ無クシテ好キ城

廓及好キ山林ノ使一シムル吾遊戯セ乃処セル
如此二不浄物ノ間ニ作是語一已ル獄
率羅刹以大鉄刃一ヲ撃ニ阿毘 └
地獄及諸ノ刀山一化作ス宝樹及
清涼ノ池一ヲ火焔ハ化シテ作リ金葉蓮
花ト一諸ノ鉄嘴ノ虫ハ化シテ為□《(鬼)》雁ト
地獄痛声ハ如詠-歌ノ音ノ一罪人 └
聞已テ如此一好処ニ吾レ当ニ遊フ中ニ一
念已テ尋《スナハチ》ノ時キニ坐火ノ蓮花ニ也
＼釈曰以四義一故ニ知非火車ニ一
以行二一以相二三以語一四以仏 └
此ノ四ノ義異ナリ火花ニ一以行者観
仏三昧経説ク罪人作《造》テ罪ヲ犯四
重禁一乃至既辱シテ所観不生
悔過ヲ不遇一善友ノ教ヘテ令ムル念仏一 └
故所見ノ花是レ地獄ノ相ナリ今此ノ
下品等ノ三人ハ雖復生《□マ》リ未タ造
罪一ヲ終ル時キ善知識二至テ心ヲ
念ス仏一ヲ以念仏一ヲ故ニ滅シテ多劫ノ罪一ヲ └

成ルヲ以勝功徳一ヲ感得スルナリ宝池ノ中ノ花ノ
来迎一ヲ豈同前花一ニ也二相者
彼経説ク風刀解テ身一ヲ優臥不定ナルコト
如彼楚揵一ヲ其心荒越シテ発ス狂癡」
想一見レハ己カ室宅男女大少一ヲ一
切皆是レ不浄之物ナリ屎尿臭
処盈流于外一ニ云々今此念仏ハ
身心安穏ニシテ悪想都テ滅シテ唯見」
聖衆一ヲ聞《カ》クニ有コトヲ異香一故不類一也
三語者彼経中説地獄痛声
如詠歌音一罪人聞已テ如此好処ニ
吾当遊中一ニ観経中、讃テ言
善男女汝称カ仏名一ヲ故諸罪消
滅スルヲ以我来迎汝一ヲ彼レハ是レ詠歌之
音、此レハ陳ス滅罪之語一ヲ二音既ニ
別ナリ故不同也」
四仏者彼経一切ノ火焔化シテ為玉
女一罪人遥見テ心ニ生シテ歓喜一ヲ我
欲往中一ニ坐シ金車一ニ已テ顧瞻《ミミ》レハ玉女一ヲ

皆提テ鉄斧一ヲ斬一截トイヘリ其身一ヲ観経」
言ヘル爾時彼仏即遣シテ化仏化観
世音大勢至二ヲ至シムト行者前一ニ以此
准歟
四義一雖蓮花来迎ハ不同一
観仏三味海経説一ニハ也」

(28)

（表紙・本文湛睿筆）

横截五悪趣

粘葉装　一五・五×一二・三cm（三三五函四四号）

双観（巻）経云宜各勤精進努
□（力）自求之必得超絶去往生安
□（楽）国横截五悪趣悪趣自然
閉昇道無窮尽易往而無人文

安楽集云若依此方修治断除
先断見惑離三途□□□□（因滅三途）
果後断修惑離人天□□□（因絶人）
天果此皆漸次断除不名横截
若得往生弥陀浄国娑婆五
□（道）一時頓断故名横截文

(29)

名号具衆徳

睿之

（表紙・本文湛睿筆）

粘葉装　一四・八×一三・七cm（三一四函一〇六号）

凡ソ一切ノ諸仏利益衆生皆以テ
説法神通光明名号之四事一
利益衆生ヲ其ノ中ニ亦非無
傍正一且弥陀如来ハ以光明
名号一宗ネトシテ○…………光明遍照十方世界等文
ソレト申ハ阿ミタ経○極楽世界ヘハ

不可以少善根○、、以執持名
号功徳ヲ一○付其者此ノ纔ナル六字
名号是名大善根一
往生拾因云問設使心専ナリトモ只
念仏名一未為大善一那得往生答
称讃浄土経云得聞如是無量
寿仏無量無辺不可思議功
徳名号等已上西方要決云諸
仏願行成此果名但能念
号具苞衆徳故成大善不
廃往生已上故知弥陀名号
之中即彼如来従初発心
乃至仏果所有一切万行万
徳皆悉具足無有缺減非唯
弥陀一仏功徳ノミ亦摂十方諸仏
功徳ヲモ一以一切如来不離阿字故
因此レニ一念仏ノ者ノハ諸仏所護念一
今此仏号ハ文字雖少一シト具足
衆徳ヲ一如々意珠形体雖小一シト雨

無量ノ財ヲ何況シテ四十二字ノ功徳

円融無礙ナリ一字各摂諸字

功徳ヲ阿弥陀名如シ是ト無量

不可思議功徳合成ス一称スレハ南

無阿弥陀仏ト即成広大ノ無

量善根ト如彼凡香僅カニ焼一

分ヲ衆香芬馥亦如大網少

牽一目ヲ諸目振動文

又云彼千手観音説ニトシテ円満タラニヲ

先ッ勧念ヲヨト本師弥陀ヲ普賢大士ハ

現行シテ禅師ノ道場ニ同ク教フヨト阿ミ

タ仏ヲ実知弥陀ノ名号ハ殆過

大陀羅尼之徳ニモ又勝法花三

昧之行ニモ故但称仏名ヲ直至道

場ニ況ヤ往生セムヤ浄土ニ豈ニ有留難

我等有何宿善ニ幸何値此

仏号ニ無上ノ功徳不ルニメ求ノ自得タリ浄

土之業便以為足

凡功徳善根者真善妙

有之法ニシテ体性広大ニ徳

用甚深ナル候其体性ト者

更ニ非外ニ可キ求ノ之法ニ即是

一切衆生色心之実性也

其実性者色之実性

（30）

功徳善根称性深広事

ム

睿

折本装仮綴　一二・八×一一・五cm（三一四函三五号）

（表紙湛睿筆、本文他筆）

是名法身一ト心之実性是
名智身一サレハ大乗起信
論ニ云即此法身是色体故
能現於色所謂従本已来
色心不二以色性即智ナルヲ一故
色体ノ無ヲ形一説テ名智身一以
智性即色一故説テ名法身遍
一切処可訓尺之是知衆生色
心之実性全是レ諸仏理智
之法身ナリト云事然此ノ生仏
一如之実性本ヨリ具無慳
貪ノ徳一ヲ■名檀波羅蜜一ト
具離染清浄ノ徳一ヲ■名
戒ハラ蜜一ト如是六度万
行功徳法門一切衆生ノ
身中ニ本来具足是名
無始法然之性徳一ト亦名
本覚久成之如来一即此
無始本覚之性功徳

アノ内薫蜜益ト申テ譬ヘハ如
灰《ハイ》ノ底ニ埋ツメル火ノ上ニハ雖不顕ハレ
見一其ノ火ノ熱性一自然トシテ
炙《アフリ》乾カシ湿タル者ノヲハ焼キ中燼スカ近ツク者上ノヲハ
我等衆生身ノ中心ノ底ニ
所ノ備ヘ具一スル本覚仏性為
悪業煩悩ノ一所迷《レル》ヒ覆一雖不
目ニ見ヘ心ニ知一レ本覚ノ智火其
熱性煖カニシテ内ニ薫シ蜜カニ益
故妄想心之水漸々被炙《アフリ》
乾一悪業之薪次第被
焼燼一厭生死一ヲ之心由此一方ニ
生欣菩提ヲ思在今一始テ萌
至テ此時一ニ或依知識之教一
歟若任聖教之勧一歟有
行檀施ヲ一之人一是レ即本有
檀徳全体修起セリ非今始テ
勤メ行スル之施一有持戒法一之
人是亦本有ノ戒徳全体

(30)

修起セリ非今始テ受ケ持ッ之戒一
如是二六度万行三学四等
皆悉此ノ定候　サレハ清涼
抄十八上
大師云因有二種一約本有
恒沙性徳信解行願等
無不具故二約修起謂依
本信徳而起信依本解
徳而起解心如起信云以知
法性無慳貪故随順修行
檀波羅蜜等故一々修起
皆帯本有可訓尺之
然此ノ六度万行功徳之体性
即是一切衆生ノ色心之実
性ナリケル故与彼六道四生ノ所
迷之真性本来平等ニシテ全
体一理故若有テ人二一念モ
生善心一ヲ一行ヲモ修習スル之一ヲ功徳
横及一切衆生一ニ無不○利益一ヲ（蒙）
之類一竪ニ亘テ三世劫海一ニ無
不○修行一ヲ之時一（励）若爾非下但我等
施密益
所ノ勤一之一善ノ如ク是一広大甚
深ナルノミニ上三世ノ菩薩ノ積ミ因行一ヲ十方ノ
如来ノ円ニシ御モ果徳一該羅スルコト法界一ヲ亦
以如是一カヽリケル故ニ我所修
之功徳法爾トシテ無漏スコト一切一ヲ人所
勤之善根亦自然トシテ資益
我等一ヲ彼此互ニ円融シ自他
同ク相摂スルコト譬如帝尺殿之珠
網ノ彼此影現シテ重々無尽ナルカ
サレハ如是一法門ヲハ花厳ノ十玄門
中別立一門一名因陀羅網
境界門一

以之ニ思之ニ縦雖微少之ニ
善ニ縦雖暫時之修行ニ其
数量本ヨリ等法界ニ其ノ利
益法爾トシテ及生界ニ故若有
人一願以此功徳普及於一切ト
廻向之ヲ祈念之ニ自本ニ等シキ
法界ニ称性之功徳ナレハ如廻向ニ
無利益不遍ニ故十廻向中
是名等法界廻向ニ候

（以下二面白紙）

---

(31)

三密相応深義

タンエイ（梵字）

（手沢名湛睿筆、表題・本文他筆）

折本装　一四・八×一二・八cm（三三三函四六号）

諸ノ顕教ノ源ハ遮詮ノ旨ヲ宣フ表詮ノ理体ヲハ
唯シ密教ニノミ説ケリ其ノ理体トニ云ハ謂ク　ア（梵字）字是也
事理倶密ノ体三密相応ノ正也ア（梵字）
字ノ体性ニ付テ相応ノ義ヲ思ヘキナリ
問三密相応ハ一宗ノ大綱タリ相応ノ理致
□義如何

□一教ノ旨趣ハ三密相応ノ義也密教
□肝タリ輙ク説難キ者也但シ行者ノ悉地ハ瑜
伽ノ深観ニ在リ徒ニ行業ヲ積ト云トモ現当ノ
益ヲ難シ得㆒掲焉ノ感応速疾ノ悉地ハ
三密相応ノ深観ニ在ルヘキ也其ノ三密ト云ハ
身語意也身語意ノ三業ニ秘密ノ深
義アリ彼ノ深義ニ付テ総別アルヘシ総ニ付テハ」
二アリ別ニ依ラハ万差也先ノ総ニ付テ云ハ、意ニ
理智ヲ備タリ理性ヲ法ニ顕セハア(梵字)種子トス智
徳ヲ法ニ顕セハバン(梵字)ヲ種子トセリ意密ノ称ヲ立ツル
源ハアバン(梵字)ヲ種トスルニ依テ也此ノ意密ノ上ニ体
相用アリ意密ノ性ハ体也後密ハ用トシ身密ハ
(相か)□也密ト云ハ此ノ義也其作用ノ語密ハ大
事真言也其ノ相分ノ身密ハ同キ印」
契是也此ノ総ノ三密ハ理智ノ義門也此ノ理
智ノ総摂ハ是教文ノ源底也若シ正流ヲ
相承セハ遮那ノ三密ニ同セム其意密ノ無辺ナルヲハ
アバン(梵字)ノ観誦ニ究ム其ノ語密ノ深奥ナルヲハ
大事ノ真言ニ開ク其ノ身密ノ深秘ナルヲハ

彼ノ印契ノ徳ニ住ス故遮那ノ三密ト今ニ
凡夫ノ三密ト若正流ヲ相伝セハ差別アルヘカラサル也
若シ其差別ナクハ即身成仏セサラムヤ道理ノ
推ス所ニ疑ヒ無者也」
問凡ツ自宗ノ意ハ理智本ヨリ一ツ也然ヲ理
智ノ種子ニアバン(梵字)ヲ各別ニ用ル事教理ニ
背クニ似タリ其ノ義如何
答アバン(梵字)ノ二字ニハ共ニ理智ノ徳アリ故ニ理智ノ種
子ニ何レヲモ一字ヲ用ル可キ也今マ二字ヲ用ル事ハ別ノ故ヘ
有ル者也謂ク仏界ノ本有ト衆生界ノ本有トニ」
如次㆒バンア(梵字)ノ字ヲ配当セシタル所也彼ノバン(梵字)字ニ
本ヨリ理性功能アルカ故ニ字体ノ本形ニア(梵字)字ノ
形有又ア(梵字)字ノ功能ニ智徳ヲ備ヘタルヲ以テノ故ニ
ア(梵字)字ノ本形ニバン(梵字)字ノ形チ有リバン(梵字)ハ智ヲ本トシテ
理性ヲ内ニ備ヘア(梵字)ハ理ヲ本トシテ智徳ヲ内ニ備タリ
本有ノ前後ハバン(梵字)字ヲ為本ト仏界
本有ノ智体ナルカ故也始覚ノバン(梵字)字ハア(梵字)字ノ
所生ナレトモ本有ノバン(梵字)字ヨリア(梵字)字ハ生スル所也」
二字互ニ相生スレトモ本有ノ義ハバン(梵字)字也本

有金剛界ノ経文已ニ分明也此事ハ大
事ノ中ニ委細ニ記録セリ因論生論ノ故ニ
粗令記者也
問差別門三密如何
答別尊ノ種子ニハ理智ノ功能アリ是則意
密也同キ明ハ語密也同キ印ハ身密也別相
如此一ヲ以テ万ヲ察シテ此ヲ可分別也凡ソ諸
尊ノ三密ハ一々ニ相応セシメ互ニ皆和融セシム
意密ノ法門ハ法曼荼羅平等ナルヘキカ故也
凡夫ノ三密ハ総門ニ依ルヘシ意密ノ義門又
平等ナルカ故也
問事理倶密ハ是レ自宗ノ所談也一切事法ニ
通シテ秘密ノ義アリヤ
答一切ノ事法ニハ秘密ノ義可有也凡ソ森
□（羅か）ノ万法ニ悉ク種子アルカ故也種子アルカ
□（故か）ニ三密相応ス々々々々ノ義ヲ事理倶密
トハ称スル也一切情非情ハア（梵字）字ヲ種子トス
是意密即体也ア（梵字）ハ五輪ノ塔ト成《ナル》是レ
三昧□身之即相分ノ法門也字ニハ音
声ノ徳ヲ備フ是レ語密即チ用也凡夫ノ
三密ノ義モ爰ニ又顕ル、者也理性ノ義門ニ
付テ三密ノ義如此ノ又智徳ニ付テ云ハ、■ヲ
身口意ニ観スレハ也金剛性ノ義門彼
此平等ナルカ故ニ自他ノ三密ノ義更ニ
差別ナキ也

夫以化度利生之方便ハ三世
□□（諸仏）之悲願降伏魔怨
［　］是ハ千手千眼殊ニ勝レ玉ヘリ

（四）密教修法に関するもの

（32）

□□（梵字）（ゴマ）表白

睿

（表紙・本文湛睿筆）

粘葉装　一五・〇×一一・二cm（三三六函三七号）

［　］濁悪不善之怨家一
［　］妬雠敵（対）之媒計一
［　］修扇底迦之行法一
［　］内外冥顕之障難一
［　］是以撰テ相応之時分一
［　］円形之爐壇一調テ
実相之供具一勤修千手
之妙法一＼方今此＼尊者怨＼
［　］伏之大士逆賊辟除
［　］也＼早制伏シテ違叛
［　］之悪友一引入シ大菩提
［　］速ニ施シテ普現色身之
［　］扇底迦之悉地
［　］或遭王難苦臨刑（値怨賊遶各執）
□□□（欲寿終）念彼観音力
□□（刀尋）段々壊（慈心）憑哉諍訟
経官処怖畏軍陣中
念彼観音力衆怨悉
□□（退散）＼彼枯樹無情一而

〔〕生花菓一況含識
〔〕何持神呪一無効験
〔　〕妬怨敵之作祟《タヽリ》《憎》ヲ 」
〔　　〕妄心ヲ一致擁護一
〔　〕悪人之窺短一忽ニ
〔　〕作帰依一伏願ハ
〔　〕者千手千眼
蓮花部中諸尊聖衆 』
□□シテ此ノ清浄無《唯》二《一》之御願一
〔〕彼ノ内外無辺之悉地一 」
（後の三行空白） 」
（一面白紙） 」
纔仰本誓一衆怨伏成
〔〕適念悲願一厄会転シテ
〔　〕憑哉昼夜常安
〔〕実是言無虚妄之
〔〕貴哉得寿百歳之文
〔　〕実不虚之金言哉 」

⑶

〔〕種子三麻耶尊形

睿之

（表紙・本文湛睿筆）

粘葉装　法量不詳（四二三函二三九号）

※開披不能

(34)

（表紙・本文・識語湛睿筆）

阿弥陀三昧法則

湛睿

粘葉装　一三・八×一三・三cm（三一四函一二三号）

御念仏開白供養法次第
先諸僧参集純色装束小袈裟
次供養法阿闍梨起座到仏前取香炉礼拝三度
次阿闍梨置香爐著礼盤
次前方便如常　　次打磬二度
次表白

敬白秘密教主三世常住浄妙法身摩訶
毘盧舎那如来金剛界会卅七尊九会
万荼羅諸尊聖衆并大悲胎蔵八
葉蓮台十三大会海会諸尊殊別
本尊聖者西方化主無量寿如来観
音勢至等蓮花部中諸大薩埵阿
弥陀経等八万十二顕密聖教総テハ浄
法界宮密厳国土帝網重々不可説
々々三宝慈悲願海而言夫以
仏法難遇コト一譬ハ如シ海底之曇花ノ一人
身稀ナリ得コト一猶類ス爪上之撮壌《サチシャウ》ニ一況〇雖得
人身ヲ一於生星家ニ一哉　爰禅定仙院
依曩劫之善種ニ一稟髪膚ヲ於刹利ニ一
恣現世之繁栄ヲ一忝名号於仙院ニ一
常歎曰　玄圃《ホ》之春花芳レハ則芳シ
恨ラハ隔コト七覚之匂ヲ一　碧洞之秋月
朗亦朗嫌ラクハ非ニ三明之光ニ一是以
不楽芝砌之居染衣抽簪ヲ一偏ニ
祈テ蓮台之果ヲ一念シ仏一帰法ニ一以就舎

那之教文ニ修シ西方之業ヲ以テ仰テ弥
陀之誓願ヲ凝ス南無之誠ヲ　抑
念仏三昧者　滅罪生善之径路
断惑証果之津梁ナリ　烏景数歩シ
自一日而至七日　黒葉塵尽ヌ」
除三障ヲ而生ス於三品　誠ニ
易修易シテ行功大ニ徳大ナル者哉　因茲
守テ本説ヲ以設七日之斉会ヲ　致シテ
沖懇ヲ以修三昧之密行ヲ以テ此功徳ヲ
廻向区ニ分タリ奉資先考法皇
亡妣三品并故上西門院第三ノ皇
子幽霊等ノ御菩提ニ　同ク出テ娑婆穢悪
之境ヲ共詣安養厳浄之国ニ」
矧亦禅定仙院　現ニハ則誇テ西
王母之遐齢ニ以久ク遊寿域ニ当ニハ又
並テ隋皇后之祥瑞ニ以必○託浄界ニ
利益不限並及サン無窮ニ　敬白
次神分祈願等随宝号打磬如常　次五悔
次勧請」

西方教主弥陀尊　蓮花部中諸サタ前後如常
護持仙院除不祥　滅罪生善成御願云々
次五大願　次普供養三力等　次打磬一度
調声人起座到仏前出四奉請
以下作法如常
次供養法　次献後供養合殺間供之
次後唄畢諸僧復座　次下座誦讃三段
次普供養三力祈願礼仏等」
次打磬一度　次廻向
次下座上﨟唱廻向方便
此間阿闍梨解界等
次打磬一度
次阿闍梨降礼盤取香鑪（ママ）礼拝復座
次諸僧退下
建久三年十一月九日殷富門院
於法金剛院東御堂御所ニ有
御出家事戒師法務権僧正」
覚成于時長者
唄師権大僧都印性

剃手今宮
委記在別
自今夜限七ヶ日被始了阿弥陀
三昧一
写本云
建長六年十一月四日於菩提院賜
御本書写了　能―在判
正応五年八月十一日於関東明
王院西谷書写了
　　　頼斉

（一丁分白紙）

(35)

菩提心論秘印 湛睿

（手沢名湛睿筆、標題・本文他筆）

折本装　一〇・六×一〇・六cm（三一六函三〇号）

菩提心論秘印臨終之時可用之
外縛ニシテ禅智共掌内ニ
入ヘシ
八葉ノ上ノ月輪ニ本尊与我
無二一体ニシテ座セリ
真言ア《ア》（梵字）

次内縛ニシテ如前二大指
掌内ニ入ヘシ
月輪ノ上ノ八葉ニ我与本
尊無二一体ニシテ座セリ
真言ア（梵字）」
三衣印
運花合掌シテ
ア（梵字）胎蔵界ノ五百尊
五怙ト成ル
次蓮合シテ二頭指ヲ
開テ」
ウン（梵字）金剛界ノ七十二尊
七怙ト成ル
次開敷蓮花ニシテ
バン（梵字）蘇悉地ノ三十七尊
九怙ト成ル
外縛ニシテ二中指立合テ」
今日《夜》初戒ヲ持トヲモヘ
真言

唵三昧耶サトハ」
穏形印ヲ常ニ可結
摩支天印真言也在口伝
結界印言
不動慈求呪印言
阿弥陀九品印言等云々」
懺悔文
南無帰命頂礼両部界会
諸尊西方極楽阿弥陀如
来観音勢至九品聖衆
慚愧懺悔六根罪障無
始已来身口意業入」
阿字門本来不生入
キリク（梵字）字門本来清浄云々
大師発願云
南無大師遍照金剛哀
愍加持往生極楽云々」

(36)

羊石（羯磨）会五仏明

（表紙・本文湛睿筆）

折本装　一二・九×九・〇cm（三一六函三四号）

羊石会

唵《大日》嚩曰羅駄覩鑁

唵《阿閦》悪乞蒭毘也吽

唵《宝生》羅怛曩三婆嚩怛

唵《観自在王》盧計温嚩羅羅惹

訖哩

唵《不空成就》阿目伽悉弟悪

（後欠）

(五) 写経関係のもの

(37)

如法経因縁（仮題）

（表紙欠、本文他筆）

折本装　一二・七×一一・七cm（三一四函六八号）

如法書写之御経自某
日至某日三七日毎
日三時沐浴《シ》毎時六
根懺悔《ス》其三七日加行
早帰一仏乗《ノ》真文已
写調三輪清浄之道」
儀述十種微妙之供
養然後奉納清浄《ノ》
霊地遠伝《ヘ》後仏之出
世《ニ》奉請大聖慈尊《ヲ》
即仰講経之導師
奉始今日願主所《ノ》訪《玉》」
聖霊《ヲ》至于一結諸徳
結縁貴賤《ニ》一人無漏
聞法悟道《セムト》発願要
誓《シ》起行立徳《スル》是《レカ》
今《ノ》如法経《ノ》異《ナル》他《ニ》妙
行候付其者凡此《ノ》」
修善根作悪事《ヲ》
有定業有不定業此
定不定之相経論中
広《ク》其《ノ》廃立候輒難述

尽其義事テハ候ヘトモ且
取テ要申大綱ヲ候者縦ヘハ
善ニマレ悪ニマレ凡ソ一切ノ作業ニ
加行根本後起之三時カ
有ル候先加行ト申ハ何事ニマレ
欲作其ノ業必ス先立テ自リ
思企ツル最初発心以来漸ク
下シ手ヲ運テ歩兼テ廻ス用意
方便是名加行如是加
行事終ヘテ其事業今正究
竟スル是ヲ名根本サテ事成《コトナリ》
入眼シテ後若発シテ深心
弥生増上ノ意楽歟若ハ顧テ
已前ヲ今更悔ヒ悲ムコトモ
候是名後起ノ念トハ候
付其者如ノ是三時倶ニ運ヒ
深重ノ志ヲ始終致精誠ヲ
是名決定業感果更
無疑若三時ノ中ニ縦ヒ一時

ニマレ生シテ惰漫等閑之心ヲ
作業不慇懃ナラ入無心《余念》《錯乱》
無記《無心》之位事儀有闕
如是所作名不定業
因業既ニ被転セ余縁ニ故感
果モ随テ不可決定サレハ
如是所縁名不定業ト
然今付テ如法写経之行儀
案軌持法則之次第ヲ
先其ノ加行之為体
調如法如説之軌則語
有縁無縁之法侶
点三七ヶ日之光陰ヲ
清六情七非之罪垢
一心敬礼詞中広摂
已今当之諸仏ヲ六根
懺悔之涙ノ底ニ永ク洗
身口意之衆罪加之
礼拝非常ノ礼拝観スルカ

能礼所礼性空寂ト一故
実相々応之礼拝也
懺悔モ非只ノ懺悔一照
一切衆罪性皆如一故無
明本空之懺悔也何
況一心即チ一切心ナルカ故
法界ノ衆生無不除カ罪
闇於自他平等之恵日ニ一
一礼即チ一切礼ナルカ故尽空ノ
諸仏争不浮御智光ヲ於
生仏一如之心水ニ一サレハ
如是一信解シテ不疑一如是修
行シテ無クハ謬一断惑ハ即
一断一切断不可有ル八万ノ
塵労一惑トシテモ所残一成仏
亦一成一切成何ツ可有四
生ノ含識一物トシテモ所漏上サレハ
一乗ノ妙旨円家ノ修行
殆可足此ノ行ニ一何更有

余ノ正行一哉ト覚ルコトテ候其
又争サル事モ無ウテハ候ヘキ
辰（樸揚摂尺第三）旦人師且ク就テ悪業ニ一尺
加行根本後起ノ三種ノ業
倶ニ能ク感スル果ヲ一之義一如出
仏血是致加行亦成逆
罪一能招果故可訓尺之
善悪反例其功可等一
候ヘハ今点二七日一修此ノ行
法一雖是方便加行一法
門幽玄利養殊勝定
可斉根本正行一
然今以如是一甚深ノ修行一
為加行ノ勤メト一更以如法如
説之写経一為根本ノ行ト一
㊀其ノ功徳之至リ感果之速ナラムコト
推シテ可量リ知ヌ一
其如説之写経者沐浴
潔斉シテ著新浄ノ衣一身容

心《儀》調和《安祥》入道場ノ内一ニ謹慎＼
三業一ヲ総《スヘ》テ止メ狂言綺語之
戯一ヲモ休息諸縁一ヲ永絶俗
念世情之慮以楞厳＼」
禅定之石ノ墨一ヲ和シ観照
般若之水一ニ執テ大智決《戻剋》
正之木ノ筆一ヲ書実相真
如之紙一ニ＼所写一ス者尺尊内
証法界等流之真文忝《併》
顕ハル凡夫之眼ノ前一ニ所詮《シメ》一ス者」
開示悟入四仏知見《開権真実顕本遠寿》之妙
理直《タヽ》ニチ指我等之胸ノ間一ヲ
＼是以妙ノ一字ノ交ル塵一ニ尚済悪
鬼悩乱一仏ノ一字加水一亦
預閻王ノ讃歎一＼況於六万
九千之文字一哉況於如法」
清浄之書写哉」

(38)

筒奉納表白（仮題）

粘葉装　一五・五×一一・五cm（三一四函一三五号）

（表紙欠、本文他筆）

筒奉納
先読縁起畢在別紙
爰信心――
＼悟リ一期在生之易コトヲ過一知テ
十王断罪之難コトヲ＼遁一恐テ蓄トシテ
眼前ニ於菩提之資糧一ヲ進テ」

（A）仏事法会関係

尋御スニ勝躅《チョク》於先賢之旧
跡ニ二＼不如一帰シテ尺尊已証之
妙典ニ一営ニハ如法写経之勝
業ヲ一思食依之崛シテ＼僧徒一
厳リ道場ヲ一加＼行修懺満
一七日ヲ一書写ノ妙典及両」
三部ニ一即＼是七分全得之
勝因也豈非三仏菩提之
資糧ニ一乎
＼付其者仏法所言一願行
具足シテ必有リト所治スル一教ヘテ候
＼願ト者行前行後等行者如所ノ誓願一」
運テ身口意ノ三業ヲ一行《ヲコナ》ヒ之ヲ一勤
之一
＼有願無行沈没苦海有行
無願亦無所熟文
＼依之今如法写経之大行事終ヘテ
納メ嚢ニ一付テ封ヲ一面々ニ立テ誓ヲ発シ
願ヲ御候ヘキテ□（候か）＼「　」」

＼以之思之一大施主ヲ奉テ始メ一聴＼
聞随喜之貴賤写経結
封之緇素慈＼尊成道之
朝ニハ誓願不空一カラ必蒙三
会之得益一妙法開演之砌ニハ」
行業有誠定テ悟コト一乗之
＼極理ヲ一更ニ不可疑一凡ソ
近ハ七世四恩之亡卒遠クハ
六親九族之幽霊＼面々ニ
出苦ヲ一各々ニ証楽＼乃至
＼沙数塵数之界同出四生」
之汨汾一有性無性之類倶
断万劫之愛纏ヲ一

（添付紙）

補闕分ニ尺迦
薬師
観音
六種廻向」

(39)

（表紙・本文・識語湛睿筆）

登加ム
卒都婆面写経事

睿之

粘葉装　一五・四×一一・六cm（三〇八函三四号）

抑此ノ書写御経ト申ハ筆＼ハ
染テ蒙恬カ筆ヲ一雖書之一
紙ハ調テ蔡倫之紙一非写ニ
之一＼刻二千余本卒都婆一
擬料紙ニ一自手書写之
御テ候ナル」

凡ソ＼卒都婆是大日如来ノ
分身満月世尊ノ垂跡也＼恵風
扇ク時ニハ早払暗瞑之霧一
法水灑ク処ニハ定テ濯《ス、ク》煩悩之塵一ヲ
＼造立一本一尚得造ル三千仏一ヲ」
之功徳ヲ一況刻数千余本ヲ一
豈不感無辺量之福聚一
哉＼加之此ノ卒都婆ノ面ノ上ニ
書写妙法之真文御一是則＼
泯合シテ多ノ功徳ヲ於一体一ニ廻《獲得》施シ諸ノ
福恵ヲ於一時一御利益定テ
莫太ナラン者歟
アノ＼世間ニ賤シク微少ナル物スラ』
一処ニ寄《ヨセ》集メヌレハ之ヲ一施其ノ力用一ヲ
尤モ強勝也所謂＼群毛沈メ船一ヲ
衆蚊《モン》成スト雷一ヲ申テ鳥ノ毛ハ至テ
軽トモカサ高ク積ヌレハ沈メ船一ヲ
蚊ノ声ハ極メテ幽ナレトモアマタヲ
寄合レハ如クニ雷電一聞ユ況＼ヤ」

＼卒都婆ニ有滅罪生善ノ
力用一有出離生死ノ力用一妙＼
経ニ有往生極楽《浄刹》ノ功徳一有
頓証菩提ノ功徳一是＼ヲ集メ収メ
一処一ニ和合シテ一味一ニ抜済幽」
霊ヲ一御徳用何許カ莫太ニ
候ラウト覚候サ＼レハ漉《ス》イテモ魚
網一何ニカ為《セン》非救生死ノ鱗一之
媒一調《ト、ノ》ヘテモ白麻《ハ》ヲ一無由一非萌ス善
苗ノ業ヲ之種一不＼如カ只常住」
法身ノ三摩耶形ノ上ニ
写皆成仏道《往生極楽》之真文《正業》一ヲ
＼トサマカウサマニモ訪ヒ聖霊ノ
御菩提ヲ一裏《ウラ》カラ面《ヲモテ》カラモ奉祈
亡魂ノ得脱一トコソ候ナレ
［　］四五土橋殿□写経［　］」

（六）布薩会に関するもの

（表紙・識語湛睿筆、本文他筆、紙背文書あり）

⑷⑽

正慶二年正月十五土―フ

＼僧云和合衆事
＼教理行果之四法事
＼仏具自覚等三義事

折本装　一五・五×一三・二㎝（三一　四函九三号）

凡仏法僧ノ三宝［　］

候ハネトモ先仏者天竺語
此云覚者一即自覚々他
覚行最満ノ三ノ義アリ
所謂自モ断煩悩一証大覚
令他転迷開悟一其自覚
々他並究竟円満玉ヘルカ故
云覚行最満一ト更委細ニ申
之二三身ノ功徳四智ノ菩提ナムト」
常所聞食一人皆御□□(名か)
事今更
次法ト申ハ此ニハ教理行果ノ
四ノ種候是ハ聊カ可申□□(聞か)」
先教ト者能詮文句□如
来一代之間所説置一御花厳
阿含等ノ大小権実今蔵
録ニ所載五千七千経論
道俗男女随機一乃至一巻二巻
受持
次理ト者此ノ教文ニ所説キ示一」

義理道理総テ一切衆生カ」
迷倒ノ凡夫ト□(謂か)ハ迷此ノ
義理ニ一不知一不覚一故語テ」
(後欠)

(41)

（標目欠、識語湛睿筆、本文他筆）

嘉暦四年正月十五　土橋布

住持三宝事（仮題）

粘葉装　一四・七×一三・五cm（三三六函六七号）

次住持三宝ト申ハ刻ミ木ニ図
絹ニ尺迦弥陀形像
記録シ貝葉ニ所載蔵録ニ五
千七千ノ経教
除鬚髪ヲ著セル袈裟ヲ五薀
仮合ノ凡夫僧是名住—

候ソ住持ト者
如来入滅之後末代悪世之
此比為我等帰依之境界ト作ナリ
衆生得度之良縁ト御スハ只
此ノ住持三宝ノミ難有ク貴コトテ
有ル候アノ金銀銅鉄ノ四ノ物カ
依時ニ随料謂ル、宝ト事カワ
其故ハ同相三宝ハ生仏不二之
本源所迷所悟之体性実ニ
幽玄ニ最モ深奥ナレハ求メ得テ之ヲ受
用セム之輩ハ別相猶指セル
非宝ニ況於住持ニ乎
サテ親逢生仏身生レテ如来
出世之時ニ親リ逢奉シ生身之仏ニ
菩薩声聞ハ泥木形像何必為宝ト
ソレカ迷ヒ下為生仏ノ本源ト同相三宝
徳用難カシ測リ生身ノ仏ニモ不奉
値ヒ生レタル五濁乱慢之時ニ我等
衆生ハ唯此住持ノ三宝ノミコソ為シテ信

敬帰依之境界ト作滅罪生
善之良縁ト事テ候之間』
但同相如明鏡ニ別相如本質
住持如影像ト文可委之
サレハ大集ノ月蔵分ニ説如来
滅後五々百歳ノ仏法盛
衰ヲ中ニ明第五ノ五百歳ノ之
有様ヲ云於我法中雖復
剃《ソリ》除キ鬚髪《ヒケカミ》ヲ身ニ著スト袈裟ヲ
毀破シテ禁戒行不如法ナラ○如是
破戒名字比丘ナリトモ若有施主」
供養護持是人猶得無
量阿僧祇大福徳聚ヲ何
以故譬如真金ヲ為無価宝
若無トキハ真金銀為無価乃至
無銅鉄鉛錫為無価宝
如是一切世間中仏宝無
価若無仏宝縁覚為無価」
乃至無羅漢聖衆凡夫浄
戒為無上若無浄戒汚戒
為無上宝法余九十五種ノ
異道最為第一応受テ世ノ
供以為福田ト文」

(42)

（表紙・本文・識語〈除異筆〉湛睿筆）

晋経第四十三ニ有十種仏所摂持十種法所摂持
仏《ム》法僧並名宝事

睿之

粘葉装　一五・五×一一・八cm（三〇八函三三号）

抑此ノ仏法僧ノ三宝トテ
仏ヲモ法ヲモ僧ヲモ並ニ総ヘテ
名宝《タカラ》一ト何ナル謂《イハレ》ソト云事ソ
宝性論中准世間ノ珍宝一以六ノ義一尺之
一ニハ希有ノ義
譬如世間珍宝一ノ貴賤孤露之」

輩求トモ而難□(得か)一宿福深
厚之類ハ積テ而余セリ蔵一サレハ
原《クエン》憲カ枢《トホソ》ニハ揚金荊《ケイ》玉《クヨク》非ス
分一ニ須達カ家ニハ綾羅綿繍
不乏一カラ其ノ定ニ仏法僧ノ三ノ
宝ハ薄福貧道之者ノハ多」
塵劫海之間ニモ名字猶
難聞一コト況ヤ輒ク奉得ム値遇
奉事シテ結コト出離ノ縁一ヲ哉
是以法花経ニハ説キ下是諸罪衆
生以悪業因縁過阿僧キ
劫不聞三宝名上ト梵網経ニ」
明十重違犯ノ過一ヲ云二劫三劫
不聞父母三宝名字ト並可訓一尺之
サレハ三業ノ霜モ積リ六情ノ塵リ
重《カサ》ナレル之輩ハ劫石ハ多ク磷ケトモ
不得聞コト仏法ノ名字一芥城ハ
屡尽レトモ不可値聖教ノ流」
布一ニハ然我等衆生億々

万劫ニ適受ルノミカ難受ケ一之人
界ノ生一ヲ生々曠劫《在々所生》希レニ聞ケリ
難聞一之三宝ノ御名一ヲ宿因
実ニ可貴ム一此身何賤カラン
既於希有難得ノ仏法僧ノ
三ノ宝一ラニ今生飽マテ結ヘリ縁一ヲ
思フニ来世ノ得脱一ヲ
第二ニ無垢義
世間金銀珠玉ノ清浄光
潔ニシテ不レル汚《ケカ》サレ塵垢一ニ之様ニ
三宝モ亦如是一離レテ四住五
住之患累一ヲ不汚悪業煩悩一ニ
之義也
第三ニ勢力義ト申ハ如キ世ノ水精
珠ノ一置ケハ濁レル水ノ中一ニ令水ヲ澄《ス》マシ
清カラ一三宝亦爾若有衆生一
心ニ念スレハ之一必澄シ貪瞋癡慢ノ
之濁《ニコリ》ヲ身ニ敬ハ之一ヲ定テ除ソク怨
敵魔縁之祟《タヽリ》一ヲ身語意之

黒業モ無不照仏日一ニ惑業
苦之塵染モ無不洗カレ法水一ニ
是即由ルカ三宝ニ有《マシマ》スニ勢力一故也
第四荘厳義者彼ノ如意宝
珠能ク雨ラシテ宝一ラヲ荘厳衆生一ヲ
或ハ又琢テ玉一ヲ為冠一ト候テ金為《シツ》レハ
服《キモノ》一ト形体《ケイテイ》モ妙ヘニ見ヘ容貌モ
勝レテ覚ユ三宝ノ飾テ行人ノ
身一ヲ成《ナサ》シムルコト無漏清浄ノ膚一ヘト亦
以可爾一
第五最勝ノ義三宝ノ於テ世
間一ニ尤モ殊勝ナルコト如二シ真宝ノ
万物中ニ勝一タルカ第六不変義
如下ク真金ノ以火焼錬スレトモ体相
都テ不ルカ変上仏法僧ノ境界不ルカ
為八風ノ一動転セラレ一故ニ名テ為宝一ト
備此ノ六ノ義一ヲ仏法僧ヲハ
並ニ総テ名ル宝一トハソト候
次七聖財

一ニハ信者
本業経云入三宝海以信為本。
花厳経云信為道元功徳母。
香象大師尺云正信之人不生八難文
二戒者　」
三恵者
四多聞
五施
正慶二年正月十五土―フ
暦応五年正月十五金―フ
（以下異筆）貞和四年正月　金
観応三年正月―十五金―　」

(43)

元亨二正十五多―フ　　睿之
仏《ム》法僧三宝事

（表紙・本文湛睿筆）

粘葉装　一五・〇×一三・八cm（三〇八函三二号）

仏法僧ノ三宝トテ是カ釈教利
物之大体衆生入道之総依テ
　四依賢聖製論必挙述帰敬言三国ネ能空人師
候之間非但学人之耳ヲ喧スルノミニ一至ルマテ
依賢聖制西天論師者挙述
田夫野叟嬰児童子ニ一無不
聞名字ヲ一無不スト云事口スサマ一

サレトモ委細ニ存知之ヲ一」
顕了ニ弁ヘ悟ルコトハサスカ《不輒事》
希ナル事テソ候ラウト覚候アノ
堅《サレハ》恵菩薩ノ究竟一乗宝性論一
部五巻専尺其義一以為論宗候
付其者三宝ト云ル候物ノヽスカタ
立栖《タヽスマイ》ヲ能々可知候ソレカ宗々
所談不一准一或立四種或立」
三種且依花厳宗ノ意ニ立同
相別相住持三種ノ三宝一○
仏ノ外無法僧一法外無仏僧一僧上具仏法一三宝一体不二平等
先同相三宝者○此又有三ノ
様一一以事就義門ト申ハ彼ノ
仏体ノ上覚照義辺名為
仏宝一ト仏徳軌則義辺一
名為法宝一ト違諍過尽名」
為僧宝一トトテ○
是ハ三義雖別一仏徳不殊故
名同相候○

法僧亦有三○
已上是当彼南山ノ理体三宝歟
次会事従理門ト申ハ即三宝相
雖別然同以真空妙理為性故
云同也ト尺シテ○仏以法為身清浄如虚空
涅槃経ニ能観三宝常住ニシテ」
同真諦一我性仏性無別ト
説ケル○是不存三相之別一全帰一味之理一
次理義融顕門ト申ハ心性真
如中離念ノ本覚ヲ名仏宝一ト即
此中ニ有恒沙性功徳一可軌用一故
名法宝一ト即此ノ恒沙徳冥和
不二ナルヲ名僧宝一《可訓尺之》是同南山ノ一体三宝歟」
依此門ノ意一従天修鬼獄之輩
至螻蟻蚊虻之類都テ有心一
ハタラク許リ一切衆生ノ見色一
聞声一ヲ之間霊知不ルハ昧一即是
仏宝本性清浄ニシテ煩悩妄染ニモ
不侵一サ始自引キ起ス信智一ヲ

終ニ作内証極智之境界一之義名法宝」
同真諦我性仏性無別ト
（五行余白）
依此門意二ニ□天修□□之」
輩至螻蟻
蚊虻之類見色聞声之旨霊
知不ルハ味ラ即是仏法ナリ本性清浄煩悩妄
染ニモ不スレ侵サレ一観智ノ境界ト
作テ引起信智一ヲ是法宝」
性相寂然トシテ冥符和合セル
無不憎ノ義一ニ如是二三宝ハ
本備我等心雖有三ノ義一無有別体一故
是名同相三宝一ト事テ候。
所詮一仏教中ニ顕宗密教
トテ窮メ仏意内証之淵底一ヲ尽スト」
衆生得悟之根源一申スハ只此ノ
同相三宝ノ義理ニ於テ探リ
贖コヲ一得ルニ妙一ヲ有高名一モ有不覚一モ
候サレハ学道之人帰仏

法一ニ之最光聞法之輩年始之礼ニモマツコハ此ノ同
相三宝ト云謂レヲ外ニ不求之一」
当《アタ》テ己レカ見聞覚知之当処一ニ
返シテ照シ之一ヲ退テ慮《オモム》ハカル之一時

（添付紙）

其体性不属セ因一ニモ不繋《ツナ》カレ縁一ニモ
其徳用不増仏界一ニモ不減
凡地一ニモ而能ク包テ生仏一ヲ不
違因縁一ニ之旨ニ於テ
聊得可キ通入一スル道一ヲ纔ニモ
有ラハ所窺ヒ望一ム然後発シテ
大菩提心ヲ方ニ開キ万行之
門一ヲ昇テ菩提之台《ウテナ》一ニ跨四徳
之楽一ニアル候サレハ圭
峰大師円覚抄尺因地

（以下、添付紙下）
聊カ得道スル道一ヲ纔ニモ有ラハ
所窺見一然後発シテ大菩提心一ヲ

方開キ万行之門一ヲ到ス□テ菩提ノ宝処一ニハ
有ル候トワ＼圭峰大師円覚」
抄尺因地法行之経文一頓教ノ
因地有三一ニハ了悟覚性二発
菩提心三修諸万行トテイカサマ
先ツ一番ニ悟リ得テ
生仏之本源一ヲ然後為到ラムカ此本
（以上、添付紙下）
源一方始テ発心修行ヲハセウ
スルソト云々○若未悟得此ノ本源一ヲ」
之前ノ発心修行ハ非実ノ
（添付紙）

> 菩提心一ニモ又如説ノ修行トハ
> イハレヌ事テ候ヘハ仏果菩提之
> 道殊作隔ニ以テ疎遠ナラムスルハ不候哉
> 即証大覚之

（以下、添付紙下）
菩提心一ニモ又如説ノ修行トハ
イハレヌ事モ候之旨仏果菩提
直因殊以疎遠ナラムスルハ候若□□
（以上、添付紙下）
サレハ圭山大師ハ欲＼運心修
行先須信解真正以為其
本解若不正所修一切皆」
邪縦使精勤徒為労
苫文可訓尺之
但＼此ノ等ノ法門ハ毎＼開
講演説之庭無不講尺之一
毎聞法結縁之度一無不
聴聞此ノ義一ヲ之間且＼ハ耳馴レ且ハ」
不珍一カラ之体ニハ
候ヘトモ開＼眼一ヲ見
之一ヲ触レテ膚一ヘニ知ラムトスル之一時ハ語＼ハ
猶以有滞一マシテ心ノ内暗サト
云事ハ蒙瓮《ホトキ》一ヲ向ヘル壁一ヨリモ
甚シキハ候ハスヤサレハ○
凡＼ハ此条カ黙シテ止ムマシキ」
事テ候上ハ我＼ハ癡鈍ナリトモ不

可憚一ル凡身ナリトモ不可卑下一相
構テモ励シ志ヲ一尽シテ力ヲ一可悟リ明ム此一
処テハ候
所詮者一切衆生寒ケレハ
重衣一願レハ求食一時キ誰カ重衣一誰求
食ヲ
次別相三宝ト申ハ二千余年之古
在世《出世》生身《成道》ノ仏具三十二相
備八十種好ヲ一無漏尊特之
功徳是名仏宝一始自花厳大」
経一終至マテノ涅槃遺教一一代半満
五教十宗之権実ノ教法名テ為
法宝ト一文殊弥勒等地前地上菩薩聖衆舎利弗目連等七賢
四聖ノ声聞衆僧是為僧宝ト一
是ヲ我モ人モ知仏ト一思法宝トモ一
事テ候」

(44)

年始説戒布薩説草断簡（仮題）

（表紙欠、本文・識語湛睿筆）

折本装　一三・三×一一・一㎝（三九九函二二一号）

（前欠）
切悪業ヲハ一修シ一切善根ヲハ度一
切衆生ヲ一ト誓フ心決定之位ニ
仏種従縁起之理ナレハ
○羯磨聖文加ヘテ力一彼ノ断
悪修善度生ノ万善功徳

（43）～（44）

□（退か）去諸仏ノ無辺ノ制□（法か）
露ュ塵リ無残スコト一如瀉
瓶水一悉ク流レ入テ□□之
心中一成スル功徳善□聚
之後ハ縦心ノ行相身ノ
振舞善悪無礙□□
雖雑ハリ隔ツト一於此ノ功徳善法一
刹那々々運々増長シテ
□一日一夜乃至□□若尽未来際只
随受者所期之時分一無有間断一其
戒法之量善法之聚全与
仏一無異一生仏同位ヲ一云即
今戒経ニ云衆生受□
仏戒即入諸仏位々同
□（大）覚位真是諸仏子前
是レカ実ニ悉モ貴モ□楽□
戒法不失之法門テハ有リ□（候か）
但此経文ヲ得
挙一ノ疑一候凡云仏云

□可申候ハ子トモ断惑証理事終ヘテ因行
□□果満○サレハ煩悩所知二
障繊毫モ不残ス一分段変
易生死永ク尽キ菩提涅槃ノ
二果羅　無隔テ内証
外用功徳悉円カナリ然今ノ
時ノ受者等位居シテ旧地一
身纏ハム愛網一三業全ク
不調ラ一一悪尚難伏一然レトモ
只如形一相似ノ発心是ハ□
為難キ有一之事ト一師許シテ授ク
之ヲ一我レ受ケ持ツテコソ候ヘサレハ
以此レ等分之戒徳ヲ一悉ク
同セン位ヲ於断証円満之如
来ニ一豈異以テ瓦礫ヲ一斉クスルニ
真金○縦ヘハ衆生受仏
戒即入諸仏位一正キ
如来金言ナレトモ是レカ一
且○又今世中多滞此影ニ一○謬テ○

但此事経論明ニ説諸師合《コソ》テ委細ニ
先タテ尺スル事テ候上ハ今更
不能申述一 └
三世諸仏仏々道同
如ク自ラ証一スルカ化他一ヲモ之習故
如自ラ已ニ断シテ一切悪一顕中スカ目
心本有ノ平等法身上制モ
衆生ヲモ断セヨト一切悪一ヲ如下自ラ
修シ満[ ]一切ノ功徳ヲ成(中)報 └
仏ノ菩提上制衆生ヲ遍修
一切善一広大ノ慈悲遍ク衆
生界一ニ度生ノ応用如
(添付紙)

得玉ヘルカ自在一ヲ制玉フ下教ヘテモ人一ヲ又尽シテ

(以下、添付紙下)
得玉ヘルカ自在一ヲ制衆生■
(以上、添付紙下)
■□ノ生利一ニ皆悉可シト中済度
於是宿善至テ厚ク機縁 └

令然之類聞ク此ノ制法ヲ深
信仏語故不憚○我身ハ是凡身
不顧我心亦癡鈍一ヲ
如仏ノ影悪修善度生シテ
究竟シ玉シカ三身ノ菩提一我モ亦
可シト爾一ル誓心決定之時一 └
師僧証明シ聖法加被
之際《キワ》ニ彼ノ未受已前
如偏法界未発心受戒一セ之前ニハ以悪心偏法界ニ故悪境モ亦偏法界ニ一
今欲進受翻前悪境
並起善心故戒発所□
遠偏法界可訓見之依之 └
八万四千ノ塵労毎塵
労一頓翻シ無始ノ悪習一ヲ悉
教テ断悪之無表是名摂律儀戒一ト
万行ノ善法毎善法一成
就スル必当ニ修習一ス之功徳ヲ今
現シ獲得スル是名摂善法戒
三界六道四聖九類凡ソ └

生《イキトシ》生ケル類□□皆悉
不殺一不淫一遍ク済度シテ之ヲ一
遂ニ可キ令ム窮メ仏道ヲ一＼大悲
大聖之行体　任運ニ無
作之功徳トシテ令成就決定一
是名繞益有情成ト■
即此大悲之徳円満号應身ノ仏一」
＼如是三種発心縁シテ法界ヲ一
無隔故所ノ発スル三聚浄
戒亦遍法界一ニ無遺リ一■
凡此三聚如是ノ次第一ノ正ク
是断智恩ノ三徳也三
徳亦如次一即是法報應
三身免＼三聚之徳三」
身＼展転相成シテ一無二
無別○＼三聚之因行本
□覚合塵故ノ法界悉
成リキ流転ノ妄境ト一仏性
内應シテ□心受戒ノ今」

背塵合覚故百境無
□戒発之所因ニ＼サレハ
祖師ハ尺シ未受ケ一已前ハ悪偏ス
法界ニ令下欲進ミ受ムト翻シテ前ノ悪
境ヲ一悉為中戒教ノ所因ト上
善生経ニハ衆生■無辺ナレハ」
戒モ無辺ナリ乃至□□■
海水尽○虚空界□無辺際
＼総テ仏智之境界無一第而非
戒法之所統一ニ我等之
所受ル一既尽○如是如来之制法一」
□□□テハ迷語ニ一縦ヒ雖隔ツト
□ヲ□雲泥ニ一何ソ於テハ戒
法更○可分位於生仏ヲ
然＼則非＼位発心□期
遥ルカ欣求スルノミニ当得之□□■
菩提ヲ一今断□□□セル一」
念ノ当□□□獲得□

竟果満ノ仏戒一。サレハ凡＼
戒□ト勝劣之趣旨□□□
□心ト畢竟ト無キ別一之□
□今何知　是以＼
＼梵網経ニハ説キ衆生受ヌレハ仏」
□□□入ルト諸仏ノ位一ト□□之
□ニハ述タリ新受戒ノ人守此
戒斉スト徳ヲ一＼梵網ハ。是三世□
故ラ諸仏常《道同》恒之金言
□論ハ。即可□無キ誤□□□
師之是断云□□＼」
聖論ハ定制□□□
師子吼ノ□ナリ
明テ一□□□所ハ一□
重非無明ノ□ニ■所□
得惜ノ□リモ難キ及ヒ一者乎
□□一非称之ヲ智者
戒者途仏法一之人身無」
□□受ク通一＼一戒ニ戒随

□所堪一受之一持之一＼菩提
□□定恵ノ依因ト我モ
可憑ミ思フ候
＼就□当テハ此□□ニ六□
言□　□」
祝言□□
事テ候何カ申出ハ□□
既翻無始悪縁一皆悉為
戒善ト一定知□□此戒ヲ一□
□一切ノ災難不祥削□
不可聞ク名ヲモ既ニ攬無□戒」
□無尽ノ□蔵一尽未来
際福智円満シテ可為永ク
不失セノ聖財一＼然後
■。同位ヲ於大覚一ニ忽為□□
□□□＼サレハ過タルノ克□」
二世悉皆成就偏□□
発心受戒ノ一善一者
＼面々深シ憑ミヲ作シテ決定ノ思ヲ一

＼五鉢戒随テ望ニ可受ケ持御候
＼八斎戒○　＼次五戒○
」

（裏表紙右端）
建武二―正月十五　土―　観音
康永四年正月十五　金―　処々旅略用之
貞和元年

(45)

（表紙・本文・識語湛睿筆）

聞法得益 心地観経智光長者因縁

睿

袋綴装　一五・〇×一一・五cm（三〇八函三七号）

心地観経第三報恩品下云爾時王舎
大城ノ東北八十由旬ニ有一ノ小国一
名増長福一ト於彼国中一有リ一ノ
長者一名テ曰智光一ト○遥ニ聞下尺
迦牟尼如来在シテ王舎城者
闍崛山一ニ為ニ濁悪世無量ノ衆
」

生ノ一宣中説大乗報恩之法ヲ上父
母及子并ニ諸ノ眷属ト為聴法一
故齎持供具ヲ一来詣仏所ニ一
○爾時仏告智光ニ一善哉々々
汝為法一故来至我所ニ一○若有
善男子善女人一発シ菩提心ヲ一」
為聞ムカ法要ヲ一挙足ヲ一下足一随其ノ
遠近所ノ践一之地一微塵数量
以是因縁一感得金輪転輪
聖王ヲ一々々報尽作欲天ノ王一欲
天報尽作梵天王ト一見仏聞法
速ニ証セム妙果一汝大長者及余」
衆等為於法ノ一故来至我所一
如是一経過八十由旬大地微塵一
一々ノ微塵能ク感人天輪王果
報一既聞法一已当来証得阿
耨多羅三藐三菩提文
　八十由旬者若倶舎意ナラハ十六里ヲ
為一由旬ト一八十由旬ハ八百六十」
里　若依智論ニ一有三品ノ由
旬一八十里六十里四十里
且依下品ノ由旬ニ一三千二百
里コソ候メレ」
暦応二年四月十五日金―フ」

（前欠）

爾時大王親見玉此事一始テ帰
仏信法一止メテ奉事スル天神ニ一之
態サヲ一忽ニ発シ菩提心ヲ一即従テ此ノウ
ハ塞ニ受仏ノ五戒御シカハ一＼自
宮中ノ男官女官至マテ 」

(46)

（表紙欠、本文他筆、識語湛睿筆）

布薩説草断簡（仮題）

粘葉装　一五・四×一一・三cm（三九九函二一六号）

率土ノ士農工宮(ママ)ニ一挙テ受ケ
持チ五戒一候剰ヘ＼大王崇重之
余リ尊敬シテ優婆塞ヲ一遂ニ仰
一朝之国師ト御シカハ一＼天下貴賤
帰敬竭仰シテ悉随ヒ止悪修
善之教ヘニ一率土ノ人民信
順依行シテ遍ク成持戒得道之
器ト一 」

一人ナレトモ有誠一受ヌレハ仏戒ヲ一由其ノ戒徳ニ一
＼非唯我身ノ免災難ヲ同仏身ニ一
＼上自一人二下至万民一 」

元徳三年八月十五日金―フ 」

建武五年正月十五日土―フ　康永二年正月十五日金―フ 』

(47)

（表紙・本文・識語湛睿筆）

微少結縁感広大
之妙果事
念仏名之功能事
舎利弗等不知機熟不事
唯空発願成解脱因事
解脱分善根之□□事
真善知識［　　］
世間有漏［　　］
入仏道之因縁事

睿之

粘葉装　一四・三×一四・四cm（三一四函四二号）

頌疏道麟記第五二之云
如仏在世時有ル一人誓多門首□（求）
度出家舎利弗等［（観見此人八）］万
劫ヨリ来未種解脱分ノ善□□出家ノ
因縁一故捨テ、而不度一セ其人歎恨シテ
求ルコトヲ度一不捨一後ニ仏来テ見度シテ令出
家一説法獲果一ヲ舎利弗等怪而
請問仏告彼一曰我昔過去於那伽
羅喝国一共此ノ国人一ト掃灑衢ス
厳諸ノ供具一ヲ欲請シテ定光如来一ヲ
供養シ奉時求度一人入城一売柴一ヲ
因知此事一ヲ遂即発願一我更
取柴一得銭一ヲ供養セン至彼ノ山中一遂
被虫ニ食《クヒ》ハ一臨欲命終一称セムトスルニ彼仏名
号一忘而不憶一乃云南無城中欲
所迎者一即名為種解脱分善一
雖昔起善一由時遠故舎利弗等而
不能知又不能知鷹所□□（遂鵠）前後二際
生多少等広如智論文
演義抄十七下云言一鍛金之子
等者明法品已引荘□（厳）経論説
大目連錯テ教弟子一ヲ□□□其ヲ
改観一得道一若涅槃□□高
貴徳王品乃是身子差機一経
云身子目連不名真ノ善知識一昔
於波羅奈国一舎利弗教二弟子一ヲ

一白骨観一数息観経歴多年㆒
各不得定㆒以是因縁㆒即生邪
見言無涅槃無漏之法㆒設其」
有者我応得之㆒何以故我能善
持所受戒故我於爾時見是
比丘生此邪見心喚舎利弗而訶
責之汝不善教云何乃為是二
弟子顚倒説法汝二弟子其性
各異一主浣衣一是金師々之
子応教数息浣衣□□（之子）応教
骨観以汝錯教令□（是）二人□（生）於悪
邪一我於爾時為是二人如応説法」
二人聞已得阿羅漢果是故我為一切
衆生真善知識非□□□（舎利弗）目犍
連也尺曰以此文㆒証明□□□（是二業）之
習非業因也文
涅槃経第二十六加本高貴徳王
品云雖有舎利弗目連」
嘉暦三年八月十五金―布

(48)

布薩説草断簡（仮題）

（表紙欠、本文他筆、識語湛睿筆）

粘葉装　一三・五×一三・〇cm（三九九函一九五号）

（前欠）

蛤天人以偈而答言
往昔為蛤身　於水中求食
聞仏説法声　命終生天上
仏為四衆㆒説法時蛤天人得須
陀洹果ヲ㆒含笑而生」
元亨元―十月晦日多―フサ」

(49)

（表紙〈除「勧」〉・本文・識語湛睿筆）

勧 建武□年〔　　〕土｜フ

聞ム法功能

睿

粘葉装　一五・五×一一・五cm（三一四函九七号）

月灯三昧経第三云若人為楽
福徳㆒故供養十力大悲者無
量無数億諸仏ヲ㆒時経《ヘシ》大海
諸沙数㆒更有余人㆒楽福
徳㆒者於此ノ勝義ニ㆒持一偈ヲ㆒於
彼劫尽悪世時㆒如是㆒福徳

」

最為勝㆒若有能ク聴一偈ヲ㆒者
是人便供一切仏㆒於此ノ末代
悪世ノ時㆒斯為最勝上供養文

』

瑜伽論四十八云若聞仏法ノ一四句
頌ヲ㆒歓喜勇躍セムハ勝㆘得㆗タラムヨリモ三千
大千世界充満其ノ中㆒大珍宝
聚㆖ヲ聞一句ノ法ヲ㆒是仏所説能ク引
正等覚ヲ㆒能ク浄菩薩ノ行ヲ㆒歓喜
勇躍セムハ勝得一切尺梵護世
転輪王等極尊貴位文

」

清涼大師大疏七上地第三尺シテ云人天王位終
是無常句偈教義法王為
果文
転輪聖王実雖七変千子
〔　　　　　〕
不可楽㆒□㆒尺王梵王亦雖
六欲四禅之栄運目出《メテタシト》㆒

」

分段《果報》無シ常ネ何ゾ可久ク保ツ
サレハ只纔聞キ一句ノ法ヲ苟クモ
聴受セム一偈ノ文其ノ功徳善
種永ク不朽チ失セ終ニ往生成
仏ノ慥ナル直因」
是以花厳経ニ説性起見聞ノ利
益ヲ若於如来ノ所ニ拝見スルニマレ形
像聴聞スルニマレ一句法都テ所種善根皆
悉不虚カラ功徳無クシテ尽コト終成
断煩悩ヲ之利剣ト必ス到万徳円
満之果地譬有人食少金』

（中欠）

暦応元年十一月十五日金―フサ」

(七) 年始説戒に関するもの

（表紙・本文・識語〈除異筆〉湛睿筆）

(50)

元弘四年正月十五土―布―
暦応二年正月十五金―フ
睿

年始説戒ム 元徳四年正月十五日 土―布―
除災与楽事
令法久住之功併由布薩事
住在仏家以戒為本事

粘葉装　一五・二×一一・四cm（三〇八函二号）

今月今日三春青陽之元首
世間出世何レモ事ノ始ニハ」

今月即今日ハ三長斎月ノ
中ニハ最初ノ孟春今日亦六ケ
斎日ノ中ニハ第三ノ望日以此月一
定メ万物発生之時節一ト以
此日一ヲ為セリ諸事吉祥之良辰一ト」
サレハ迎テハ此月一ヲ先可祈一天
下泰平四海静謐之計
得テハ此ノ日一ヲ専可シ営ム一紹隆
正法利益有情之勤メ
由是天神地祇由是添ヘテ威『
光一弥立テ護国撫民之誓一
仏法王法共ニ繁昌シテ久
旌《アラハサレ》真俗相依之徳一サル時ニ
於今月今日一ニ殊抽精誠一
僧徒ハ広ク作シテ仏事一ヲ祈令法」
久住之因縁一ヲ在家ハ偏ヘニ仰
法利一ヲ致聴聞随喜之帰
依一御ヘキテ候付其一レニ世間出
世雖道少シ異一所祈ル一所
望一ム其ノ趣キ可同一候其趣ト申ハ
除災与楽福智円満候」
□善悪憂喜過キ去シ方ハ
思テモ無由一歎テモ無コトテ益一候
古人詞《論語》ニ成《ナリ》シシ事ヲハ不ス説《ト》カ一遂《トケ》シシ事ヲハ
不ス諫《イサメ》一既ニ往《イムシ》ヲハ不咎《トカ》メ一ト申テ候
意ハ何事ニマレ已ニ成ヲハ再ヒ無
説クコト是非一ヲ又事ノ已ニ遂ケ竟ハリシ
ヲハ不可諫《イサメ》止《トヽム》一又事ノ已ニ過キ」
去リムシヲハ不可遂テ咎メ思一ヲトコソ候メレ
ケニモ過去ハ已滅ノ故空ナリ
飛鳥ノ跡難認一トモ申セハ
此ノ過キニシ両三年云疾疫云飢饉貴賤
僧俗之災殃田舎花洛之
騒《サウ》動近シテ親タリ見《ミ》聞クハ勿論『
遠クシテ伝承ルモウルサカシ事共□ハ
サナカラ昨ノ夜ノ夢ト成シ畢ハテ候
今年今月今日ヨリハ一天
併帰無為一万人悉ク楽シマン有

道一非但当時眼前ニ各施サムノミニ
舜日増耀清明一尭雲遍浄甘雨一
営耀ヲ一在家ハ家門長久ニシテ
御子孫繁昌シ僧徒ハ伽藍
安穏ニシテ修学ニ無ラムト退転一
誰モ〳〵憑シウ思食シ可思一事候
其除災与楽真俗ノ願望ハ
成弁之勤《就円満》メニハ
何事ト申セトモ不如《シカヌ》護
持シテ仏法ヲ一令シムルニハ流伝セ世間ニ一候
其故案立世アヒ曇論ヲ一
候若国崇メ仏法ヲ一行レハ善事ヲ一
則諸天善神就テ法味ニ一
守リ国土ヲ一喜テ興隆ヲ一利ス人天ヲ一
若人迷テ因果ニ一造レハ悪業ヲ一則
魔-王-軍ノ衆作シ勇ヲ一増シテ
力一悩乱シ人-倫ヲ一衰二-損国
土一トミエリ ○
サレハ欲令国土ヲ泰平ナラ一諸人ヲ

快楽ナラ一須ラク令久住仏法ヲ一於世間
奉ラン二添法楽ヲ於諸天善神ニ一
候付此一者
其令法久住之計コト仏天御
法楽之勤メ雖何ノ作善ナリト一
不可疎ナル一又雖何ノ法味ナリト一
雖可ト受ケ悦ヒ《御》一戒律ノ修行
勝利異他ニ一候中ニモ此ノ半月々々
毎月両度之布薩説戒ノ
功徳実ニ超タル他一事テ候
毎月両度ノ布薩テ《候》モ事亦
爾《者》正如ク令法久住之勤
令法久住之計此半月々々
毎月両度ノ布薩ニ可クモ過候ハス
其故ハ尺尊在世之昔優
婆離尊者ト《申》仏ノ御弟子
問《奉御》仏ニ一於三世ノ仏ノ正法住スル
世ニ一之久近一仏答言
清浄ノ比丘毎月両度行ウテ

布薩ヲ㆒説戒ノ法不退転セ㆒之程ハ
総テ我法随テ住スヘシ世ニ㆒非但我教法ノ
如ナルノミニ是㆒過現当来ノ三世仏法』
亦以如是㆒候是ハ十誦律ノ中ニ
説レテ候。但此事コソ不審候
顕密化制何レモ如来ノ正法ナレハ
何レノ修行カ無ラム令法久住之
徳㆒強チニ布薩説戒之一
行ノミ独リ備タリ此ノ徳ヲ㆒トハ仏ハイカニ」
被讃メ仰セ㆒候。但是カ尤謂タル
事テ候先布薩ト申ハ天竺ノ
語ハ此云浄住㆒ト々々トハキヨクスム
ト読ミ候其浄ク住ト申ハ凡ソ入テ尺門ニ㆒
成リ仏ノ御弟子㆒ト候ニハ
四部ノ弟子ト申テ在家ノ二衆《男女》ハ
受ケ五戒八戒ヲモ㆒授ランウハ塞ウハイ」
之名ヲ㆒出家五衆ハ持テ十戒具
戒㆒入ル㆓有願《沙弥》無願《比丘》之位ニ㆒サル時
若ハ男子若ハ女人必ス受テ戒法ヲ㆒之後

方名住ストモ仏家内㆒始テ入ケル四部ノ数㆒
之間若不ル受ケ戒ヲ㆒之程ハ不聴住スト
仏家ニ㆒不列《ツラナラヌ》四部ノ数㆒ニハ事テ候」
住在仏家㆒以戒為本住
在スルニハ仏家ニ㆒必以戒㆒可為本㆒ト
本業経ニ説クハ即是レ候。
然ルヲ縦雖受テ此ノ戒㆒住スト仏家ニ㆒
若三業ニ犯シ罪ヲ㆒四威儀ニ
有誤リ㆒之時罪業再ヒ穢スカ』
身心ヲ㆒故戒法随テ穢ケカラハシウ
戒法已ニ穢レナハ不可有ル清浄ニシテ
住スル仏家ニ㆒之義㆒依之㆒仏設ケ
善巧方便ヲ㆒毎月両度
令メテ説カ所ノ受タル之戒相㆒在家
出家四部弟子面々聴受之㆒」
為ル励シ心ヲ㆒慎ム身ヲ㆒之縁ト㆒故若
有ル罪㆒者ノハ慚愧懺悔シテ浄メ
所ノ犯ス之過ヲ㆒無キ罪㆒者ノハ黙然
信受シテ生スヘシ歓喜之思㆒如是各々

於テ所ノ受ケ持ツ一之戒法ニ一心暫クモ
無忘ル、コト一繋ケ念相続シテ防キ」
過ヲ一去ルカ非ヲ一故ニ身心倶ニ清浄ニシテ
方ニ住セヨト仏家ニ一被ル、定メ置カ一
之法式是レヲ名布薩ト一ハ候如是一
令シテルコト人ヲ一身心清浄ニシテ住セ仏家ニ一
併ラ由リ此ノ布薩説戒之功ニ一
候ケル故布薩ト云ヲハ此ニハ云フ」
浄住トハ一トコソ候メレ此事非
由即今戒経序
此事非但尺迦一仏ノ始テ立玉フノミニ此ノ
制法ヲ一過去無始之当初
仏界方ニ立セヨリ以来タ未来』
無終《窮》之行ク末マテ仏ケ出世
成道シテ説法利生シタマフ程ナラハ
何レモ皆為ノ二令シテムカ弟子ヲ一浄ク住セ
仏家ニ一故同ク制御此ノ布サノ法式ヲ一
候ナルサレハ乃至三世諸仏亦爾之」
十誦律ノ所説三世諸仏已

誦当誦今誦之今ノ梵網戒経
真文大小一同之金言更
可クモ疑一候ハス○以此一思之一候ニ
我等一結、黒白ノ諸輩」
今日今時ニ列テ今ノ道場一行ヒ
此ノ布薩ヲ一聴聞此ノ戒経御一
凡‐眼ノ所ハ見一只是尺迦ノ遺
法粟散辺土ニ偏ニ居スト今ノ
一道場ニ一思フトモ法理ノ所推一
仏智ノ所照一三世三劫ニ諸」
仏所制之布薩法全ウ混ハテ
帰シ一味ニ一面々各々ニ四部ノ弟子ノ
所ノ行一之説戒会場ニ悉ク融‐シテ
顕ハレ当処ニ我此道場如帝
珠○若爾今此道場ハ如帝網ノ
珠ノ一三世諸仏ノ布薩之法式影
現ス此ノ中ニ一我等ラカ身心亦
如珠影ノ一定テ現スラン彼ノ十』
方ノ賢聖説戒之会場ニ一

然則身ハ現ニ居トモ当処ニ心ハ既ニ
遊ヌ法界ニ遠近彼此不越ヘ
咫《シ》尺之間ヲ凡聖迷悟豈ニ
出テン当念之外ヲ是則」
毎月両度之布薩大意
如此修行結縁之功徳
諸仏同クシテ規ヲ三世ニ無キ改コト
妙行ナルカ故付古今常然之
法理ニ寄スル事ヲ於古今常
然之法理ニ時キ布薩説戒之」
幽微如ク是甚深広大ナリケル候トワ
○付其又実ニ布薩ノ妙行
雖有令人清浄ニ住セ仏家ニ之徳
何必シモ令仏法ヲ久ク住世ニ之功超ヘテ
余法ニ独リ秀タルラウ事ハ
尚モイフカシウ候」
其又尤謂タル候法不孤弘《ヒロ》マラ
必ス由テ人ニ弘ト申其弘ト申ハイカニ弘ルソ先ツ自ラ依行スレハ
之ヲ我カ三業之間ニ弘之ヲ

次テ令レハ教行セ人ニ他ノ身心ノ
之間ニ弘之如是展転シテ
乃至伝及ス法界衆生ニ是ヲ』
名ケ弘ムト仏法ヲ於世間ニ又名ク
令ムトモ正法ヲ久ク住セ世ニ。
然弘有二義一者自行
二伝化ト判スル清涼大
師ノ解尺即此意候」
然ルヲ若有人三業六情ヲモ不
慎マ十悪七非恣ニ犯カシナムニ
候テハ顕密化制聖道浄
土何レノ仏法ヲカ得依《エン》行スルコト
自既不行何ソ又タ及ハン他ニ

サレハ花厳経ニ菩薩若自不
修梵行令他浄修梵行無
有是処菩薩自退梵行令
他具足梵行無有是処可訓尺
説テ候」
自行化他若シ共ニ闕者

全ク不可有ル弘ムル法ヲ之義般若
論ニ法欲滅者修行滅故可訓尺
判シテ候ハ実ニ理ハリ不候哉
然今ノ布薩説戒ノ所設クル之本
意已前委細ニ如ク申述ヘ候カ
一心ニ念シテ戒法ヲ令メ順セ法性無
染之内徳ニ三業ニ禁テ過非
令ム浄メ凡愚有執ノ之
外塵ヲ持戒之平地由テ是
弥平ラキ禅定之屋宅由テ
是ニ方ニ立ス更挑テ智恵之
燈於其ノ中《ウチ》ニ忽ニ踏マム成仏之
台ヲ於趺ラノ下ニ是レカ併今ノ布
薩浄住之法力豈非ヤ
衆僧説戒之効験哉
自行既以テ如是化他亦随
可爾乃至展転シテ如是依行セハ
横ニ及シ十方ニ竪ニ伝ハテ三世ニ
令法久住利益衆生

（添付紙）

専由コト今法之力ニ更以不可疑

随テ清浄ノ比丘説戒ノ法不ルニ依セ
名仏法住ストモ世ニ乃至三世仏モ
亦爾リト仏ノ答玉シウハリ尊
者ニ仏語誠□□□可及□
□ニヤ候極レル理ハリハ不候哉
早ク世間ニ親リ見ルニ癒《イヤ》ス病ヲ
良薬多クハ草木ノ根茎枝
葉コソ候メレソレカ同シ草
木ナレトモ有リ備タルモ除ク熱ヲ之徳ヲ
有持《モ》テルモ治スル冷《ヒヘ》ヲ之能ヲ又
於テモ一本ノ木ニ菓ハ甘シテ
花ハ辛ク皮ハシフクシテ
菓ハ酢《ス》キモ候同シ草サ
一本《モト》ノ木ナレハ何条トハ候ヘキ。
其定ニ諸教ニ実ニ詮シ一理ヲ
仏法何レモ雖一源ナリト

（A）仏事法会関係

法花《ハ》誘《テ》小乗下劣之権執《ヲ》述《ルコト》唯一大事之因縁《ヲ》超《ヘ》他《ニ》花厳《ハ》対《シテ》大根上智之頓機《ニ》直《ニ》顕《スコト》法界円融之極理《ヲ》独《リ》秀《タリ》般若《ノ》皆空涅槃《ノ》常住是皆専《ニスルコト》一門《ニ》互勝《タル》余経《ニ》条《ハ》諸宗同《ク》」

許《スコトテ》候　サレハ今戒行之制法布薩之妙行令法久住之徳因《ノ》趣余経余論サレハ布薩説戒之定《レル》徳《トシテ》令法久住之益《ノ》」

過《ラム》他《ニ》亦以可爾何更疑之然今且《ハ》為《タリ》改年之初且《ハ》為《シテ》恒例之勤《メト》張令法久住之法莚《ヲ》致天長地久之□誠厳《テ》布薩説戒之会場開《ク》令法久住之法莚《エムヲ》所唱者諸悪莫作」

諸善奉行之妙偈所祈者天長地久興法度人之悉地定知諸天善報《ハ》嘗《テ》法味《ヲ》弥廻《ラシ》護国撫民之計」

鎮守霊祠《ハ》増《シテ》威光更《ニ》添《ヘ》伽藍興隆之力《ヲ》依《御サン》之住持之尺子《ハ》持戒得道之勤《メ》不懈《タラ》帰依之檀越《ハ》延寿増福之望《ミ》」

無《ラン》違《コト》是併十方衆僧清浄布薩之功能一味和合法力加持之所《ニテ》致《ス》可□候此条《ハ》只仰《テ》可取《御》信候凡《ソ》功徳法《ノ》内薫密益《シテ》施功用《ヲ》於物《ニ》之分斉《ハ》」

我等凡夫都《テ》目《ニモ》不見心《ニモ》不《サルカ》覚《ヘ》□□故雖歓□《ノ》心《モ》少《ク》増主《ノ》思《モ》薄《シト》既三□□益　心《ニモ》不《ネハ》被縁《セ》□《ト》有名無実《トモ》闕《タル》悟《リ》」

(50)

(添付紙)

□□付其一実ニ如来ノ金
言ナレハ誰可キテハ致疑ヲ一
候ヘトモ此ノ功徳
法ノ内薫密益スル処
我等凡夫ハ都テ目ニモ不
見一膚《心》ヘニモ不サル被触《縁》一者ナレハ
闕タル悟リ一之人前ヘニハ殆ト有名
無実トモ可キ思ヒヌ一事テ候
雖然一＼アノ内薫密益ト申テ

(以下異筆)

既＼云フ内薫密益ト一定知
陰徳必円満セン陰徳若
有ラハ実一陽報何ソ空
哉＼サレハ雑譬喩経ニ阿育王勝□□
彼ノ為メニ伏龍王一以テ名利ノ心《コヽロ》ヲ一
所ノ修一有漏浅近之功徳
尚以如是一況ヤ此ハ為降四魔一
凝ラシ清浄ノ志ヲ一所ノ勧ル一無相一
味之妙薬功徳定テ可広

大一＼然則毎月両度ノ布
薩説戒年々歳々ノ薫習
相ヒ積リヌ＼令法久住之因
縁随年ニ一弥重サネ天衆地類
之法楽随月ニ一幾許ソ
然則運ヒ歩ヲ於此ノ会場ニ一
合セ掌ヲ於此仏前一之輩ラハ
毎＼歩《ユミ》一感シ転輪王之福ヲ一
毎《コト》ニ手一テ授ケラレ無尽蔵之宝一
有憑《御サムコト》一無疑一事候ヘハ
＼道俗貴賤面々各々除災与楽
福智円満
不ス□□有齢一事テ候ヘハ弥イヨ〱
発シテ信心ヲ一各々ニ随テ堪ヘンニ一
可受ケ持御五八ノ戒ヲモ一
元弘四年正月十五土―フ
暦応二年正月十五金―フ
貞和二年正月十五金―フ
貞和四年正月十五金―私始

文和元年正月十五日金―」
(所在未詳別紙)
有候サレハ仏語既ニ誠諦ナリ
法理亦決定セリ敢テ無致スコト
疑一深生スヘシ信心一在家ノ衆ハ
随折ニ一致シテ随喜聴聞ヲ一
結御ヘシ捨俗入真之縁一増シテ
僧徒トシテハ放下シ万事一一味
同心ニ一可キテ勤メ行ヒ御候ソレカ如
当時一者或ハ□欲懈怠或ハ
寺外逃散《退出》○』
凡僧トシテ縦於余ノ修行ニ一雖
勇猛精進ナリト一於テ布薩説戒ニ一
軽シメ緩ハムスル人ヲハ冥衆ノ
誡メ異他一事和漢両朝ニ
先蹤多ウ候中ニ」
(紙背) 貞和二年正月十五日金―布

(51)

(表紙・本文湛睿筆)

法花開会之戒事
梵網頓大之戒事
睿之
年始説戒ム 元徳三年正月十五日 東禅寺用之
年三長斎月事　六斎日事
毘尼蔵仏法寿命事　在家出家二衆事
僧以戒為体事　弘法利生事
戒律□可為小乗事　大小邪正ハ由機事

粘葉装　一五・〇×一一・五cm（三一三函六二号）

今月即乾坤《陰□(陽)》改節ヲ一之
月也故貴賤面々読《(続)》ル延寿
増福之楽ニ一今日ハ亦持犯《戒珠》

紏《添》綱《光》之日□(也)故道俗《尺子》各々
励持《止》⌈　⌋然ルヲ＼
彼延⌈　⌋非自ヲノ到
必以持戒⌈　⌋此ノ持戒修善
之功豈ニ唐捐ナラン終ニ以菩提一為スヘシ果一
＼サレハ＼今月今日ノ説戒受戒
聴聞随喜之善根是カ＼現世ノ
安穏後生善処可キムテ為第一之
祈祷一候加之今《就中》経ノ中ニ年三
長斎月トハアノ閻魔王界ニ
有頗梨ノ明鏡一能ク瀉《ウツシ》-現スルカ
一切衆生ノ善悪業ノ影ヲ一故
是名業鏡一彼ノ＼業鏡一
年中十二ケ月次第ニ照四
天下一正月ハ＼照シ南州二二月ハ
照シ西州一三月ハ北州四月ハ東
州＼五月ニハ還テ又照シ此ノ南閻
浮提ヲ一如是一年中三反廻クリ照シ四州ヲ一
候ヘハ＼正五九ノ三ケ月ハ彼ノ業
鏡カ照此ノ南州一故此三ケ月中我等衆生カ
身ノ振舞口ノ言説意ニ所
思ヒ測ル一＼善事功徳ニマレ悪業
煩悩ニマレ不漏《スモラ》サ芥子許ヲモ一露ユ
塵リ無ク暗モリ一皆＼悉浮ヒ現レ彼
鏡ノ面ニ一候ナル間此ノ＼正五九ノ
三月ニハ凡ツ人トシテイカニモ清メテ三業一
止メ悪ヲモ一修一善一。
＼其外又一月中ニ六斎日トテ
龍樹ノ智論ニ引四天王経
八日廿三日天王天衆下テ
娑婆界ニ一記録セラレ衆生ノ所ノ造ル一
善悪ノ業ヲ一候ナル＼龍樹菩薩ノ智度論ニ
引テ四天王経一候ニハ八日廿三日ニハ
四天王ノ使者来下シ十四日
廿九日ニハ天王ノ太子下リ十五日晦日ニハ
多門持国増長広目四天王自ラ
下人間ニ一手ツカラ執テ筆ヲ一親リ記
録玉フ之一凡自業自得之理

ナレハ縦ヒ業鏡不トモ瀉サ一諸天
不トモ記セ一随テ善悪ノ業ニ感セムコト一苦
楽ノ果ヲ一聊カモ不可疑フ一之上ニ如是一
業鏡之影歴然トシテ不　」
乱善悪一冥衆《四大天王》之勘録
自手下シテ筆ヲ一令メ玉フ勘録セ之ヲ一
間苦楽ヲ不同軽重
相替ルトモ業因之所果
昇沈之受報決定シテ
殊更今月今日三業ニ所ノ作ス一　」
善事悪事軽重ヲ相ヒ替ハリ
遠近ノ有リトモ異ナルコト一業因之
所果一昇沈之受報返〳〵モ
決定シテ更ニ無キ疑一ソト申テ候
以之思之一候ニ今マ道場現座ノ
緇素《道俗男女》貴賤ノ各今月ハ是　』
年始也斉月也ト知食シ今
日ハ又斉日也布薩日也ト弁ヘ御
故先運御スニ歩ヲ於当伽藍一ニ

能至菩提之響キ早ク驚天耳ヲ一
次合玉フ掌ヲ於仏境界《三宝御前》一ニ定恵
相応之粧潜通仏意一遂則　」
聴聞シテ三際決定之戒相一受ケ
持二八摂俗之戒法ヲ飽テ薫
金剛ノ種子ヲ於第八頼耶之
心ノ底ニ一受ケ持テ五八接俗之
戒法ヲ一遠ク期御花王ノ仏果ヲ於
四徳涅槃之台ノ上ニ一如キ是一　」
行相此等ノ事儀サレハ彼ノ
業鏡ノ面ニ瀉シ留メ影ヲ一諸天ノ
筆ノ端シミ録シ置レテ之ヲ一候ハムハ未
来永劫之思出当得菩提之
決定シヌルコトハ勿論サルコトテ
先ツ指当テ現世安穏増長　」
福寿面々払フ災難ヲ於未然ニ一之
浄業各々開悉地於現生ニ一之祈
祷トナリ御サムスル候付其者
同シ功徳善根ナレトモ其ノ中ニ我今

（51）

所ノ求メ望ム一之事ト相応スル之要法カ
候ヲ行シテ此ノ法ヲ一祈ル之ヲ一時悉地モ立所ニ『
顕ハレ効験モ無キ双ヒ一候＼ソレニ
此ノ寿命長遠之祈祷ニハ
＼戒律ヲ我身ニモ受ケ持チ勧テモ
人一令依行一是レカ＼最上之
勤メ相応之要法テハ有ル候」
＼其故ハ毘尼母論ト申論ノ中ニ
説テ候『

（以下二行衍字か）
顕ハレ効験モ一無キ双候＼ソレニ此寿
命長遠之祈祷ニハ何事ヨリモ
善見論ニ毘尼蔵者仏法ノ寿命ナリ毘
尼蔵住スレハ仏法方ニ住スト＼毘尼蔵
ト申ハ律蔵候意＼ハ戒律若不行ナハレ
世ニ一者総シテ一切ノ仏法悉可滅亡一由
毘尼蔵弘ルニ国ニ一故余ノ仏法モ随テ」
久住世間ニ一＼譬ヘハ如下人ノ命チ
終レハ身ハ分随テ壊ス以命根存スルヲ一故

六根六情完具ニシテ久ク持上＼今此ノ
仏法当知ル一亦爾＼毘尼蔵者
仏法ノ寿命ナリ毘尼蔵住スレハ
仏法方ニ住ス『
寄テ下世間ノ有情類以命根ヲ一能ク持
五体身分ヲ一之譬ニ上仏法ノ中ニハ
以戒律ヲ一為寿命ト一之謂レヲハ可シト
測リ知ル一説タル論文候
＼付其一者此ノ論蔵ノ所説ハサコソ」
候ナレ＼但聊カ不審ニモ覚ヘ
又可有人ノ疑一候ソモ何《ナム》ノ所見ソ
其ノ疑ト申ハ仰ケル
＼イサ不知一＼真言花厳モヤ為
仏法ノ寿命一法花涅槃モヤ
為諸教ノ命根一＼況以般若」
経一既称ス三世ノ仏母ト一豈ニ亦非スヤ
諸教能生之智母ニ一然＼ルヲ今何《ナム》ノ
所見ソ将又有レハカ何ナル謂ハレ一強チニ以テ戒
法ヲ一独リ為仏法ノ寿命ト一ト云。

＼凡ソ此ノ事ヲ得意候直ニ就テ」
□（戒）体一ニ雖可シト□（有）ル□タル定恵ノ依
□一之義一モ然トモ列祖一同ニ此文ヲハ
□メ弘伝之人一被レテ尺候
意ハ＼法不孤弘一マラ必ス仮テ人一弘
ト申縦＼五千七千ノ一切ノ経論
満チ箱一ニ積トモ蔵一ニ若無下ラマシカハ自モ依
学シ之一ヲ他ニモ開演之一ヲ人上只＼』
徒ニ朽《ク》チ箱ノ底一ニ終《ハテ》ハ成テ虫ノ巣一ト
更不可有下弘世益物一ヲ之義上＼故知法之
弘マリ伝ハルコトハ専可仮テ人一ヲ弘一ルト云事。
＼然弘有二義一（演義抄一下）者自「（行二者）」
伝化可訓尺之
□其ノ弘伝ノ人ト申ハ（誰か）□「　」」
□（凡）仏ノ弟子ニ有四部「　」
□（只か）是開合不同其＼四部「　」□□（ウハ）
塞ウハヰ二衆是ヲ名在修人□
々々尼等ノ五衆是ヲ名出家一ト
＼共帰シテ三宝一ニ信シ四諦一ヲ行＼シテ仏

法道一期スルコトハ菩提一ヲ在家モ出家モ雖」
無シト所替一宗＼トシ専ニスル処カ

（添付紙）
聊カ不同ナル候＼其不同者＼先在家
ト申ハ＼貴賎品異ニ芸業
亦替レリ＼若弓馬ノ家ニ受身一ヲ之

聊カ不同ナル候。＼先在家ト申ハ
貴賎品異男女相□□□（其不同者）（芸業）
□（芸業亦）替若＼弓馬ノ家ニ受身一ヲ之
八欲フ扇ムト家ノ風一ヲ之故「　」
風教ハ自ラ成リ疎遠一ニ若「　」」
道チニ疲力一之輩ハ「　」
道ノ業一ヲ之程ニ仏道「　」
達《ケン》先途一ヲ＼乃至□□
之類ハ出仕交衆ニ無隙一マ顧
私一ヲ之族ラハ東作西収ニ多シ煩一
＼其中ニモ又宿善開発シテ不礙ヘラレ』

（添付紙）

此等ノ縁務一ニ自行増進シテ遂菩提ノ
素懐一ヲ之輩経論伝記之所説
異域本朝之間今モ古モ不論
貴賤一ヲ其レノミコソ世ニ多カル事テハ
候ヘトモケニハ遍ク依学シテ教文一ヲ広ク
通達シ義理一ニ開テ学場一ヲ集メ徒衆一流伝シ
経論ヲ於世間一ニ相続スル法命ヲ於像

此等縁務一自行増進遂菩提
素懐ヲ之計経論伝記中異域本朝之間今モ古モ
不論貴賤ヲ。其イミコソ世ニ多ク御せトモ
ケニハ遍ク依学シテ教文ヲ広ク
通達義理。○開学場預徒衆流伝経論ヲ
出世間ニ相続法義於像
末一ニ之一段ハ先規モタメシ少ク
当代モ例希ナル事候ソカシ
ソレニ此ノ出家ノ五衆ト申可□

（添付紙）

始申一ス候ハネトモ一ヒ出テ、恩愛ノ家一ヲ

永ク入無為ノ道一ニ已来遠カリ欲塵ノ
可汚心一ヲ之縁一ヲモ絶ッ俗網ノ可キ
縛身一ヲ之□一ヲモ依之一或有下
周旋シテ異域一ニ求メ師ヲ於三国一ニ各
忘ル、辛苦艱労一ヲ之人上モ或有下
建立シテ伽藍一ヲトメ居ヲ於一処一ニ互ニ
致切瑳琢磨一ヲ之類上機縁
不レハ一准一ナラ行フ状ハ雖相替一ル

始テ申一候ハネトモ一出思愛家一
永入無為ノ道一ニ已来欲塵無汚心一俗網無□身絶或有建
立伽藍一ヲト居於一処一互致
切磋琢磨一ヲ之人一或有闍
提都鄙一ニ求師於三国一ニ各忘
辛苦艱労一之人機縁不一准行状雖各別サテ所
所学一者共是レ経律論ノ之蔵一
教若読誦若書写所勤一ル
者同ク亦戒定恵之妙修若自行
若化他如是一行学之外更不ネハ交

他事一ヲ果タシテ又有テ其ノ甲斐一興
法利生之益面々不空一カラ事テ候ソカシ』
即西天付法ノ二十四祖辰旦
日域諸宗ノ高僧ノ御事ハ不
申ニ及一ハ乃至末代澆季之
当時マテモ弘闡シテ尺尊ノ遺教一ヲ
流伝スルト仏法ノ名字一ヲ申ハ先ツ
其身カ成出家之僧体一ト」
其上ニ成スルハ令法久住利益
衆生之大事一ヲハ不候一哉

（添付紙）

此条勿論ノ事コソ候メレ付此者
凡於出家ノ僧尼一ニ自リ辰旦一
禅教律ノ三ノ門徒相分
況ヤ如吾朝当世一ノ顕宗
密宗聖道浄土異類
千万面々意々《コヽロ〳〵》ナル有様
無申計一事テ候サレトモ
所詮縦ヘハ何レノ僧徒ニマレ抑

剃髪染テ衣此ノ異シテ在家一ニ
謂ニ出家ノ僧尼一ト其ノ僧尼

（添付紙）

何レカ不剃リ髪一染衣之類ヒ候

（添付紙）

皆悉剃髪染衣シテ借出家
之形一領徒衆一自モ勤メ
勧ムル他一事共候

（添付紙）

縦ヘハ何レノ僧ニマレ剃髪一著袈
裟謂ル、出家ノ僧尼ト異在家一
謂出家僧尼一其僧尼

（添付紙）

然僧ト者何ヲ為体一何為
相一ソト申

(51)

（添付紙）
付其者凡ソ此ノ出
家ノ僧尼ニ極テ如当時ノ者禅
教律ノ三ノ門徒相分シテ□
抑此異在家ニ謂出家ノ
僧尼ト其僧尼以何法ヲ為体ト以何法ヲ
為スル相ト
受持禁戒ヲ為体ト剃髪染衣スルヲ
為相可訓尺之如彼ノ水ハ以湿《ウルヲヘルヲ》為
体ト火ハ以熱ヲ為体ト風ハ動ヲ
為体ト地ハ堅ヲ為体ト等一切法カ
皆如是各其ノ体ト云物カ有ル候其定ニ
サレハ在家出家分テ位ヲ僧俗
論体ヲ之時抑僧トハ以何法為
体ト者即受持禁戒
是知僧ト云戒ト云只是名ト
体トノ不同例□ハ如下ニ云ヘルカ地水火
風ハ是名以堅湿煖動ヲ
為ストル体ト或又人法ノ不同トモ云ヘシ
約人ニ則名僧ト約法ニ則名クト

戒以之思之既云法不孤
弘ラ必仮人ヲ弘ムト明知亦可テ云フ
法不孤リ弘ラ必由戒ニ弘ルトモ候
即最前ニ取出申善見

（添付紙）
論文毘尼蔵者○
意ハ以戒法ヲ為シテ体相ト所ノ成立スル
之僧カ自モ行シ化シ他ヲモ開
演シテ仏法ヲ令メ流伝万代ニ
仏種相
続シテ令ルカ不ラ断セ故其功ヲ□ラ
帰スル戒法ニ之時キ以戒法ヲ名
仏法ノ寿命トトコソ候メレ

論ノ文毘尼蔵者○意ハ以戒法ヲ為体相
所成立之僧カ自モ行シ化シ他ヲモ流演仏法ヲ
令相続万代ニ故□功於戒法以戒法名仏法寿命
是以霊芝正ク尺此事ヲ

（添付紙）
サレハ霊芝正ク尺此事ヲ一」
剃染稟戒入道次第以至ルマテ下
僧中ノ受懺安恣結説治
諫師資上下行住坐臥
飲食衣服衆法別法上ニ此ノ諸ノ
事相仏法ノ記綱トシテ住持スルコト万代ニ一
功由於此一唯斯ノ律蔵委ク示」
規模ニシテ余蔵ハ非宗一故所ナリ
不弁一故善見云毘尼蔵ハ者
仏法寿命毘尼蔵住仏

（添付紙）
法方住文サル時ニ大小両乗
顕密二教弘メヨ何教ヲモ一行セヨ何法ヲモ一
イカサマ先ツ内ニ持テ戒法ヲ一外正タヽシクシテ
事儀ヲ一令其ノ身ヲ成サ□□（法器）一ト

法方便文大小両乗顕密二教行何法一弘何教一イカサマ
先内持戒法外正井儀一其身成法器一然後

為主為伴互明□□之時受懺
義浄三蔵内法伝一第云北天
是カ第一律儀之所宗戒家カシワサテ候
次ニ同梵行者互ニ為テ主伴一ト師
資《弟》相《導》摂之《置》儀《手》式自行化他
広ク作ス仏事ヲ一摂僧護法之規矩キク
ナムト是コソ□（実か）紹隆正法之指南
候ソ花厳経ニモ不説カ一法花経ニモ」
不顕一只偏ヘニ律蔵ヲモ不遺微細ヲ一具ニ
窮テハ奥義□サレハ南山大師戒徳難
思冠超衆象一為五乗之軌導一寔
三宝之舟航ナリ依教一建修一定恵之
功莫等一住持仏法ヲ一群籍於是
息唱一自大師在世一偏ヘニ弘斯典ヲ一
爰及四依一遺風無替一可訓尺之○
義浄三蔵内法伝一第云北天ト』
南海トノ之郡ハ純是小乗神州
赤縣之郷ハ意在大教一自
余諸処大小雑行ス考其

致也則律検不殊斉別
五篇進修四諦文
＼然ルヲ今時有一類之輩一ラ不尋ネ
習ハ経論一ヲモ不参学セ明師一ニモ

(添付紙)

＼我慢偏執之至歟名聞利
養之甚歟＼不顧己レカ愚
鈍一ナルコトヲ誑シテ無智ノ男女一ヲ
申合ヒ候ナル律是執相之
教戒ハ即小乗之法ト
＼抑此人ハ戒法トハ何ナル物ト
得意又大小乗トハ○
＼凡大小不同トソ諸聖教ノ中ニ明カニ判シテ候
＼或約セハ発心一偏為自身○専為利
他○

習経論一ヲモ不参学明師一ニモ
＼我慢偏執《之至歟》高於山名聞一
利益之甚歟深於海＼不顧己レカ

愚鈍《トン》ナルコトヲ誑シテ無智ノ男女一ヲ
□合テ候メレ律是執相之
＼或約ハ観行一ニ小乗ハ但破シテ我執一ヲ証人空一ヲ
菩薩ハ
＼或約諦縁度
＼或約四種涅槃
＼如是様々ノ廃立○未＼見及以テ戒律一
偏判小乗一トノ之教判一ヲ○

(添付紙)

＼但カヽル謗言ハ上古ニモ異朝ニモ
候ケルコソ候メレ＼アノ霊芝尊《標宗記》
者亦挙此事一反詰セラレテ候
貶《ソシ》リテ学律一為小乗一ト忽《イルカ》ニシテ持戒一ヲ
為セハ執相一○且戒ヲ必可クハ軽一シム汝何
登テ壇一而受ルヤ律必可ハ毀一汝
何削リ髪一染衣一是則軽ルハ戒一ヲ
全是自軽毀ルハ律一還テ成
自毀一ヲ妄情易習一ヒ正道難聞
抜俗一超群一万中無一文

此事非但人師破之一梵網
経中ニ仏親タリ
如師子身中虫自食師子肉
非外道天魔能破壊

当知ル法ニハ無ク大小一モ無シ邪正一モ
大小邪正ハ全是レ由機ニ一若以
小心ヲ一取ラハ之ヲ一万法悉成小乗ノ法一ト
何ゾ但戒律ノミナラン彼禅定智恵
六度四摂。
若以邪見ヲ一執之ヲ一縦ヒ雖真言
花厳法花涅槃等ノ甚
深ノ教法一。（涅槃経云外道之法亦是如来正法之余文）
天台於円教一起執一為蔵教一ト所ラン破云々
即チ是候ソ（ママ）梅尾上人（解脱門義）
蛇牛飲水一致シ毒薬之変一
愚智聞テ法一有邪正之異文
水以湿性ヲ一為体一湿性ハ一味故
非定テ清濁ニモ一非定テ毒薬ニモ一清
濁毒薬偏由物ノ縁ニ一諸法ハ以一
心ヲ一為体一一心ハ霊□故心性ハ平
等故非是レ大小ニモ一非是邪正一
大小邪正ハ併約機情一
是知賤律ヲ一為執相ト一忽戒一為
小乗一者只是レ己レカ迷情之分別
全非戒律之定テ小乗ナルニハ一（解脱門義）
鼻有レハ臭気一沈檀皆垢穢ス
心ニ有レハ情識一仏法悉不現文
情見若破法界円現（可訓尺之）
五戒十善亦円教摂（可訓尺之）
法花薬草喩品ニ仏対シテ迦
葉須菩提等ニ一定今為汝等
説最実事（可訓尺之）其ノ最実
事トハソモ何事ナラントカシ驚耳ヲ一
□シテ□ヲ一相ヒ待之処汝等所行。
意ハ彼迦葉等諸ノ声聞
昔於鹿野園ニ一以自利孤調ノ
小心ヲ一所受持一之五篇七聚ノ戒

行所修学一之四諦十二ノ観門
既以小心一ヲ受ケ之ヲ一行之一故即謂《オモ》ヒテ下」

(添付紙)

小乗ノ行纔カニ証ストノミ小乗ノ果ヲ上
於仏道一ニ作懸隔之思一故仏四
十余年之程漸々ニ教化シ誘引玉シ
故彼ノ自利狭少之情執已ニ蕩今
於霊山会上一開発大菩提心一ヲ之時
昔所受一之戒行所修一之禅定
智恵其小行之当体サナカラ』

小乗行纔カニ雖証小乗ノ
果一於仏道一ニ作懸隔之思仏ケ四十余年之程
漸々教化誘引玉ヒ故彼ノ自
利狭小之情執已ニ蕩今
於霊山会上一ニ開発大菩提心一之
時昔ノ所受之戒行所修之禅定文 小行之当体サナカラ
謂レテ今ノ一乗之大行一ト即為成ト
仏之直因一ト是ヲ名尺尊已証

之法門一ト亦名衆生成仏之直
道一故先ツ誡勅シテ今為汝等説
最実事トハ□ケニ候[　　]
既以小心一受ケ行スルスラ之一猶以如是一」
況ヤ初ヨリ以大心一ヲ受ケ持タル之戒
法豈ニ是レ小乗須ク知一五篇
七聚之戒法ハ本是一仏乗之
妙法四諦縁生之観行ハ
従ト来菩提ノ無生法忍ナリケルヲ
以小心一ヲ行イシ之一時ハ雖謂ルト小行一ト」
小心已ニ蕩ヌレハ本是尺尊己《唯一仏》
《乗》証之法門衆生成仏之直
道テ候ケルサレハ如是一説示ヲコソ
法花ノ勝タル余経一ニトモ云又諸仏
出世ノ本懐トモ申セ今為汝等
説最実事汝等所行是菩薩」
道《文》経文実ニ分明ナルハ不候哉
即今ノ律宗祖師南山等
所立正ク此ノ趣候但此等ハ

且ク法花涅槃ノ両経ニ為ニ従小入
大之機一ノ顕ハス開権顕実之
旨故会シ取テ小乗カ昔所ノ修セ』
之小行上ヲ即為今妙法一乗之菩薩
道一トハ但此小行ト申ハ不局戒法二ニ広ク通
三学八正七科ノ道品等一ニ
祖師《戒体章》尺ニ彼レハ教フ統収一此レハ局
一事一将此一ヲ入レハ彼一即彼ノ妙
行之中戒聖行也文」
此等ハ且依法花涅槃ノ宗一』
之小行一ヲ即為今ノ妙法一乗之
菩薩道一ト但此小行ト申ハ不局戒法一○
サレハ祖師《戒体章》モ彼教統収此局事将此入彼即彼［　］
若依ラハ花厳梵網等頓教大乗一則
説下テ金剛宝戒ハ是レ一切仏ノ本原一
切菩薩ノ本源○一切衆生皆有リ仏性一
一切ノ意識色心是レ情是レ心皆入ル」
仏性戒ノ中一乃至是レ一切衆生戒ノ
本原自性清浄上ト 更可訓読

如此ノ経文二一切衆生色心之実性
離レテ妄想戯論之染行一ヲ
本来自性清浄ナル是ヲ名ク戒ノ本
原一ト即指此ノ本原一ヲ亦名戒体一』
サレハ大智律師《戒体章》ノ尺セラル、モ経論所説
菩薩戒心性為体一ト是候○
以之一思之一法花ニ云諸法実相一ト云ヒ
四仏知見一ト涅槃経云常住仏性一トモ
云ルハ第一義空一ト只是於テ今ノ戒法一ニ
立種々実名一ヲ名テコソ候ヘ其体」
一物ニシテ更ニ無カリケル別法一テハ候トヤ
経論ノ所説大師ノ解尺文義共ニ明ナルコト大概如是一
サレハ戒法ノ甚深ナルコト不可得テ称一ス
縦ヒ暗トモ其ノ義理二ニ只仰テ可キテ取信一ヲ
候然今有テ不学無知之輩』
戒律ハ是小乗ナムトアサケリ申
候ナル智恵才覚之程モ秘密
実ニ不思議覚候アノ日光遍ク照セトモ盲者ハ
無見一ルコト天雷大ニ振ヘトモ聾

者ハ無聞一ト申セハサコソ候ラメ
＼サテコソ霊芝モ＼妄情易習一ヒ正道難シ」
聞一超ヘ俗一ニ抜群二ニ万中無一ト
然則今此ノ戒法非下但体性深
広ニシテ為中タルノミニ諸仏ノ本原衆生ノ
元来清浄之体上既ニ是レ仏法ノ寿命トシテ
令法久住之徳異他一ニ故暫時モ
□(運)信一帰依者除災□□(与楽か)之」
勝利ヲ招キ一戒ヲモ至誠
受ケ持ツ者開ク延寿増福之嘉運一ヲ
＼何況経ニハ正ク説キ戒是無上菩提ノ
本一ト人師ハ述フ一日斉戒勝金
蓮一ト＼サレハ＼往生成仏之資料
受持禁戒ヲ為スト正因一見タリ」
＼現世安穏後生善処＼云此一
云彼一不可不持一＼サレハ面々
発勇猛ノ信心一ヲ五戒ニ(ママ)斉戒
随堪一可持御之一ヲ候『

暦応三年正月十五日金―フ但シ然今時有一類之輩已下不用之、
観真
康永三年正月十五―金―布―
情見若破法界円現下不用之一総様略之後日可用之
(以下異筆)貞和六年正月十五日金―
延文二年写了』

（八）涅槃会に関するもの

(52)

陵母因縁

母思子之志深事

女心武事

睿之

（表紙・本文・識語湛睿筆）

粘葉装　一五・七×一一・七cm（三一四函一一二号）

漢ノ高祖与項羽《カウウ》一相戦
＼高祖ハ十万騎ノ兵ノヲ率シテ
霸《ハ》上ニ一構ヘ城ヲ一項羽ハ四十万
騎ノ勢ヲ引テ鴻門ニ一取陣ヲ一
＼高祖ニ有二人ノ臣下一一人ヲハ
名ク長良ト一心賢ク智明ニシテ
＼廻シ計ヲ於帷帳之中チニ一施ス
勝コトヲ於千里之外ニ一＼軍ノ
タハカリ物ノヲキテ総テ無
比ニ一者テ候キ＼今一人ヲハ云フ
焚《ハム》会一此ハ死生不知ノ兵
也懸ケ軍サノ前ヲ一破コト敵ノ陣ヲ一
無シ向フル面ヲ一之人一＼弓馬之勢ヒ
伝ヘ家ニ一勇《ヨウ》士之聞ヘ遍シ世ニ一
何レモ〱ユ、シカシ兵候
＼時ニ高祖兵ノ、中カテ言フルハ戦＼
已ニ及フ度々ニ一勝負可限ル
今度ニ一但シ＼項羽ハ多勢
也我ハ無勢也破ラム敵ノ陣ヲ一事
不可容易《タヤスカル》一各何カ、可キト計フ一云フ
＼爰
長良進出テ、申サク

＼戦場ニ決スルコト雌雄ヲ一不可依ル勢ノ
多少ニ一只以計ヲ一為先一然＼レトモ
＼彼ハ四十万騎ナリ此ハ纔カニ十万
騎也既＼ニ多少懸隔ナリ実ニ 」
大陣難シ破リ一然＼ルヲ王陵ト申
兵アリ計コト賢ク心武クシテ＼一人当
千ノ兵タル上ヘ随ヘタリ数千ノ兵
卒ヲ一彼＼タニモ参御方一者ナラハ
平ラケムコト逆徒ヲ一更無疑一早＼可キ 』
被召彼レヲ一之由ヲ申ス爰ニ
＼高祖尤可トテ然ル一悦テ遣サレシニ使一
王陵無左右一高祖ニ奉リヌ随一
＼項羽聞之ヲ一大ニ驚テ云ク高
祖ノ兵ハ雖少シ一皆ナ計リコト勝レ心武ケシ 」
＼其上王陵率シテ数千騎ノ
軍兵ヲ一既相随之上ハ今度
被コト破陣一無疑一此事、、、
＼爰項羽ノ方ニモ范増項伯
ナムト申ス兵ノ共ノ候ケルカ計ヒ 」

申様ハ彼＼ノ王陵カ母アリ
召籠テ彼レヲ一被レムニ召サ王陵ヲ一雖
武キ物ノ賦ナリト一母子恩愛之情ハ
サスカ難捨事テ候ヘハ定テ
可奉随君ニ一ト申尤＼可然一トテ 」
仍テ召取テ陵カ母ヲ一急キ使
者ヲ遣サレテ王陵カ許ヘ一云
我＼レ与高祖一戦コト已ニ送レリ数
年ヲ一然レトモ互ニ無テコソ勝負一罷
過ツル者ノヲ＼汝今引率シテ数千ノ 』
兵ヲ一奉付キ高祖ニ一我レ於今一者
被破陣一無疑一是レ非第一ノ
遺恨ニ一哉付其一者汝カ母在
此一若存孝行ヲ一早可シ来ル一
不ハ爾一忽可失汝カ母ノ命ヲ一云々 」
爰＼ニ母聞此事一若我子有トテ
翻《ヒルカ》ヘル心モコソ一食《クヒ》切テ指ヲ一書キ
消息ヲ一竊カニ遣王陵カ許ヘ一
状云＼忘親子恩愛之情一

戦場ニ捨ハ命一是レ武将ノ常ノ　」
習ヒ勇《ヨウ》士ノ定レル心ナリ＼我由テ在ルニ
此ニ返ス馬鼻ヲ者ナラハ＼後代ニ
留メ不覚ノ名ヲ傍《カタヘ》ノ部人ニ謂ハレム
有リト一二心一就中＼項羽ハ政コト
違天心ニ之故亡セムコト命ヲ在リ近キニ　」
高祖ハ所行ナヲ合ヘリ道ニ取コト世ヲ
無疑一＼相構テ運テ深キ志ヲ可
顕忠節ノ色ヲ＼我レ縦ヒ五体ヲ
被レ摧カ寸々ニ一身ヲ被トモ切ラ段々ニ
為トカ汝ヲ思ヘハ更不可為痛ト　』
＼若我レカクテ有レハ汝チ有レト
心弱ハキコトモコソ思フ故忽ニ捨ツル
命一也ト書キ留メテ即抜キ剣ヲ
臥シテ其ノ上ニ死シヌ。
＼王陵披状一見ルニ之ヲ目モ暗クレ　」
心迷テ＼只消息ヲ宛面ニ
悲涙湿《シホル》袂ヲ＼母ノ思子ヲ之
習ヒ自古一雖事旧一＼正ク亡身

失命一マテノ事実ニ
＼蒙求ニ陵母剣ニ臥ストモ候ハ　」
此候＼実ニ陵カ母之言不落
地ニ項羽終ニ負ケテ戦ニ亡シキ命一
サテ高祖打勝シ之日王陵
第一之忠臣トシテ宰相マテニ
成リシ云々　」
元徳二年二月十五日土橋用之
正慶二年二月十五日土―　康永二年二月十五金―　』

(前欠)

同心合力シテ新タニ⌈　⌋
彼ノ二尊ノ像二⌈　⌋
至シテ心ヲ一祈請スレハ必現シテ⌈　⌋
所求ル一感応不空二□□
常慜ミ玉トモ人遠ク慕テ如来ノ遺跡ヲ一⌋

(53)

(表紙欠、本文他筆、識語湛睿筆)

涅槃会表白断簡（仮題）

粘葉装　一五・一×一一・五cm（三九九函二〇三号）

巡礼西天処々ノ霊場ヲ一之内《ウチ》即
詣テ、北印度今ノ精舎ニ一多日逗留シテ
祈請所願ヲ一ストコソ⌈　⌋録ニハ
注《シル》シテ候メレ
以之思之ニ凡帰⌈　⌋
輩ハ憑《タノ》メ何仏ヲモ一⌈　⌋
帰シ尺尊ニ一奉テ崇⌈　⌋
其ノ上ノ事
ソレト申ハ結縁⌈　⌋
超玉ヘル諸仏ニ一故ヘテ有ル候⌈　⌋候⌈⌋
本師トノ一我等ヲ称尺子ト一上ヘハ其条
勿論コソ候メレ
元応三年辛酉二月十五日多宝寺用之
嘉暦四年二月十五日東禅寺

(九) 彼岸会に関するもの

（表紙〈除「勧」〉・本文・識語湛睿筆）

(54)

勧

正和六年丁巳二月彼岸久米多用之

湛睿

為《私》助我身一可求蓄聖財事

粘葉装　一四・〇×一四・〇㎝（三一四函五号）
時正七ヶ日不断光明真言無其ノ
違失一結願相当今日一ニ候年々
無退転一之勤行ナレハ人々積ミ御ス薫修(ママ)ヲ一之妙
業何事カ如之一レニ候ハフ
アノ辰旦国ニ夏ノ禹王ノ時九年ノ
洪水カ入テ候シ程ニ率土悉ク不
耕作一依之二天下失其ノ資糧一ヲ
万民殆及餓死一ニ思フニサコソ、、、、
ソレヨリ来タ賢ク有巧一ミ人ハ九年《キウ》ノ
蓄コトカ加様ニ九《ク》年ノ洪水ナントノ入テ
候ハム時モ衣食ノ不闕乏一セ之様ニ
支度シ計ヒ候以テ之ヲ為富メル者一ノトハ
候ナル渡ル世一ヲ之計コト助身之習実ニカウソ候ヘキ
＼但ソレカ押返シ案シ候ヘハアタニ
無墓一事ト覚候アラマ洪水ト
中物ハ過テハ九年一ニ不《マシキ》入一事歟又
其ノ所蓄一財宝ハ為水火ノ一不《マシキ》被ラル焚
漂一セ歟盗賊ノ為ニハ盗ミトラル
マシキ歟賢ハ反テ不如愚ナルニ＼
ト申モカウコソ候ラメサレハ世間ノ
財宝ハ縦雖満チ倉一ニ重ヌト箱一ニ其レ
実ハ非我身之宝一ニ但今此ノ年々
歳々積ミ薫修一ヲ御ス功徳施財ノミ

多生曠劫ニ不可窮尽一之宝一
豈唯為タルノミナラン九年ノ蓄ヘ一乎第八頼耶
蔵識積集スル上ハ為ニモ悪業煩悩ノ
水火不被焚漂セ一為ニモ天魔波旬ノ盗賊」
不可盗取一ラル サレハカヽラウ宝ヲ
積ミ持テラレ人ヲコソ賢ク巧ナル人トモ
名ケ富ヒ栄タル者ノトモ申ヘキテ候
＼アノ世間ノ言態《コトワサ》ニ財ヲハ身ノ
助ケト申スモ尤モサ謂ハレタル事テ候
＼凡ソ有待ノ依身ナレハ飢ヘ来ルニ
不勧メ食ヲ一寒来ルニ不ルノ重ネ衣ヲ一
者此ノ身命不可全一カル故金銀米
穀ハ為今生ノ身一助タルヘシ
但此ノ世財ハ今生許ノ身ヲコソ助」
候ヘ息キ絶ヘ眼閉ヌル後チ我モ
不覚ヘ一人ニモ不レヌ被知ラ一其身ヲハ
仏ナル宝ヲ以テ可助一候ナリ
＼妻子珍宝及王位臨命終時不随
者唯戒及施不放逸今世後世

為伴侶文 可訓尺之
都テ世間ノ作法高モ賤モ助ク妻子ヲ一
為思我身〇ヽヽ蓄ルモ財宝ヲ一為」
助此ノ身ヲ一候ソカシ既ニ金銀珠
玉ハ助クレハ今生ノ身ヲ一尤可求之一
可蓄之一功徳善根ハ助ク後
生ノ身ヲ一豈不求之一不蓄之ヲ一
＼サレハ聖教ノ中ニハ一期生ノ間所ノ
修スル一大小ノ善根ヲハ不漏サ一日記シテ之一
平生ニハ知テ功徳ノ多少ヲ一更ニ積ム薫
修ノ功ヲ一計コト、シ臨終ニハ見此修善ノ日
記ヲ一観テ怯弱ノ心ヲ一為テ今安住正念一』
有ルソト教ヘテ候尤モ巧ナル事ト覚候
サレハソレニ懈怠放逸ニシテ
了然当輪ノ中
ソレ我等衆生ノ謂ヲハ金銀
米穀ヲハ知テ是レ宝ナリト一苦シメ身ヲ一労シテ
心ヲ一雖求メ之ヲ一蓄フト之ヲ一懈怠放逸ニシテ
於テハ功徳善根ノ宝ニ一不知是宝ナリトモ一求メ蓄ハヘント云

心カ全エ不発候トヨ此ハイカサマ
賢キ人トハ申マシキ事有ル」
荘厳論
　依国王勅記財宝一時不記
世財ヲハ唯記造仏写経等善事一
　在別紙一」
元応三年辛酉二月彼岸多宝寺用之」

(55)

　　　　　　　　　　　　　　　睿
善《ム》知識火鬘護喜
　朋友追善
　菩薩利生強逼所生方便善巧事

（表紙・本文・識語湛睿筆）
粘葉装　一五・二×一一・五cm（三〇八函二〇号）

過去迦葉仏在世ニ有ハラ門一為王ノ太
史シ一国中第一ナリ有一人ノ子一名ク
火鬘ト一又有一リノ瓦師一名護
喜一瓦師トハカハラケツクリ候
此火鬘ト護喜ト幼少ノ時ヨリ
知音無双ノ朋友テ候ケル」

(54)～(55)

然此ノ護喜身雖瓦師ナリト一
心最モ純善ナリ於三宝境
界ニ一深ク致信《生》敬《心》一修行無倦一
其父母二人ナカラ倶ニ盲タリ敬養スルニ之ヲ一
忘辛苦ヲ一晨昏之礼不懈一
水菽之孝尽誠一』
カハラケナムト雖作一都テ不掘
地一唯取テ破タル墻チ崩《クツ》シタル岸
及鼠ノ掘レル壊《ツチクレ》ナムトヲ和用為
器一又若有買ニ来者之時ハ
＼以穀麦麻豆一置テ地一取《ト》ラシム器ヲ一
初《カツ》テ不争価一トテ 可訓尺之」
更不取金銀財帛ヲ一
唯取テ穀米ヲ一纔ニ其ノ日ノ食
物ニ相擬候也
爰迦葉仏ノ御ケル精舎ノアタリ
近《カク》不遠一之程テ候ケル間タ＼有時
護喜語火万ニ一言ケルハ迦葉」
仏ノ精舎近辺《キンヘン》不遠一イサヤ

同道シテ行テ奉見一＼火万カ
申ケル迦葉仏トカヤ如伝承ル一
者只是禿《カフロ》頭ナル人コソ有ムナン
指シテ有何道徳カ一見之一其《ソレ》何
益ソ護喜重テ言ケルハ仏世難
逢一正法難聞一我等適得」
仏道之人身一豈ニ非是レ幸ニ一哉ト
再三勧メ申セトモ一切《セイ》不ル用一之
間サラハソレ上ソコニ有河一
イサヤ行テ水浴(擦り消し)□□ト申
其条ハ尤可爾一トテ二人相』
伴テ詣河一澡浴ストテ護喜
挙右ノ手ヲ一遥カニ指シ示シテ言迦
葉仏ノ精舎去是一不遠一枉ケテ
暫時立チ寄テ奉拝見シ仏一
ト申セトモ猶以不承引之間
護喜念ヒケルハ＼悲哉我等」
多年ノ朋友ナリ定テ非一世之
芳縁ニ一哀哉邪見深ク居

懐ニ一教化引導難叶一所詮
於今二不如カ一非理ニ強逼セムニハト
思フテサテ捉《ト》ラヘテ火万カ袖一強《ツヨク》
引テ行カムトスレハ火万脱テ衣一捨テ、」
逃《ニゲ》走候ケルヲ護喜モ此段ニ
成サムスレハ今ハ我執テモコソ候ケメ
即火万カ頭《カシラ》ヲツカムテアラ、カニ引キ
将キテ行ムトシ候ケル時キ火万申ケルハ
凡当国ノ法トシテ捉人ノ頭一者ノハ
其過不軽カラ一必ス被行死罪ニ一」
此条汝即所存知スル一也今
何不憚其ノ重過一如是一捉我
頭一哉護喜無言実ニ其ノ
条非不存一但《タヽ》為令《ムカ》シテ汝ヲ一相ヒ構テモ
拝《ヲカマ》仏二不顧我身行ハムコトヲ死罪一
之上ハ何可憚其重過一』
爰火万スコシ心付テ既捨
命一強チニ勧メ申スハ定為我一
悪シキ事ニハ非ランサラハ其義

ナラハサラハ放我頭一我随汝一
行カムト申猶モ不審《オホ》クヤ思候
ケフ結《ユフ》テ頭一著衣一引キ将テ」
詣迦葉仏所一申ケルハ此ノ火万ハ
是幼少ノ時ヨリ至今ニ一知音
無双ノ朋友候然レトモ不信
三宝二不弁因果ヲ一ウタテアル
者テ候唯願世尊以慈悲方
便一開示引導シ玉ヘト」
爾時迦葉如来出広長ノ
舌一覆面一乃至御口ヨリ放光
明一普照三千大千界一日月
星宿モ隠而不現一其光
遂入頂上二又以神力一現陰
馬蔵ヲ一余人悉不見一唯火万」
独見邪見ノ心漸ク平ラキ具
拝見仏ノ三十二相一心増《マス〳〵》
喜調練シテ手ノ舞ヒ足ノ所
踏一不覚之程ノ事テ有シ候

然後迦葉如来為説妙法一
言凡修行成仏之道不如』
先知遇一改ニハ非一所謂菩薩断
功徳善根一ヲ之悪法ト者身不可
行一而行謂殺生偸盗邪
婬口ニ不可言而言謂妄語
綺語悪口舌意ニ不可念一
而念即貪瞋癡是為菩薩」
断功徳之悪行一＼爰火万
前テ礼仏足一白言我レ日来
謬テ誹謗仏一ヲ即是口不可
言一而言意一ニ起邪見一豈非
意不可念而念一唯願世尊
我今懺悔従今一已向《ユクスヘ》不復」
敢犯一以慈悲一受我懺悔一
如是一再三申ス迦葉如来
黙然許之＼カウシテ火万
護喜倶礼仏足一相共罷
還候ケルカ火万語護喜一

候ケルハ汝勧我一引導仏所一」
其志甚タ深ク其恩尤為
難報一但自今已後ニヲイテハ
我不喜見汝面一不喜聞
汝名一
爰護喜大驚テコハサレハ
何ニト云ヘル事ゾ更ニウツヽトモ』
不覚一抑其ノ過是何
火万申ケルハ其事也縦ヘハ我コソ宿
善薄クシテ于今不奉逢仏一深ク
汚サレテ塵境一不ルハ離居家一ヲ
是理ナレ汝ハ有宿既往因令テコソ
然一久従仏聞《キヽ》ケメ深法一ヲナトヤ」
ツレナク在家ニツナカレテ出家
遁世シテ不行仏道一ヲ哉此ノ条
大ニ不善ナリ仍テ自今一已去ハ我
不与《クミ》セ汝一ト思也
護喜カ答申事ノ哀レニ
＼汝所言実謂ハレタリ但我有父」

母一年甚々老タリ況又二人

倶目シキタリ我ヨリ外無

可敬養二之子無可懸ヶ情ヲ之

親眤一我若出家セハ父母便

飢ヘ死ナム依之一我不得出家

其心ノ疎ナルハ非ス

実此二人ノ所存之趣凡ツ人トシテ○、、、

火万申ケルハ被仰之処其ノ条実ニ非無

謂ハレ但於我一者今親ク聞仏ノ説ヲ

断功徳一ヲ之悪行一年来不

覚ヒ久ク在リシ俗家ニ之事甚タ

悔シク覚ユサレハ従今行末

再ヒ交世塵一之条堅ク思ヒ

切リタリサレハ我従此一還詣

仏所ニ偏ヘニ趣カムト出家修道ニ

思ヒ定メ侍ヘリ付テハ其如是一発

心求道誰人ノ所ノ教ヘ導ク

是併汝カ或誘ヘ或諫メ種々ニ

以折伏摂受之方便一ヲ

返々モ依レリ教化引導セシ芳恩一

其ノ恩其ノ志経劫ムヤトト申テ

捉手一抱頸一繞ルコト三市シテ

合掌一説偈一讃言

仁為我善友　法友無所貪

導我以正道　是友仏所誉
可訓尺
古経第十二

法友無所貪ト申ク花厳経説

并利養衆生之意楽

我於善悪人所不求利養

不徇名誉乃至一縷及

一愛言於無量劫行菩薩

道不生一念自求已安但

欲調伏一切衆生浄一切衆

生度一切衆生文

今護喜カ教化火万ヲ之意
楽

火万ハ説是偈一已テ還参仏所一候シ

凡此二人之為体一過去ニ何許

結ケリ芳眤異他ニ之因縁一

今生年月《トシツキ》為知音無キ双ヒ一
之朋友一喜モ憂ヘモ互ニ不残サ
心底一夜モ昼ルモ共ニ起キ臥ス
処一之有様テコソ候ケメニ法護ハ
孝養父母之志切ナリトテ再ヒ」
交古郷之塵《還恩愛家ニ》一火万ハ出家
修道之思深クシテ永ク入仏家《無為》之
門一候ケフ面々ノ心ノ中サスカ
日来ノ馴レナシミ名残カス〳〵ニ
難思一コソ候ケメ
サテ火鬘ハ即詣仏所一仏ケ」
知食シテ機根ノ已熟一速令メ出家
得度一授具足戒一玉シカハ
勇猛精進如払頭然二万行
万善急走急作セシカハ頓証
菩提之資糧悉備《因行速満》ハテ当来
成仏之記別無滞《即授》一ラレ候是ト申ハ」
併由シハ知識教導之力二ニ不候了
サレハ善知識者是大因縁
ト説ハ是候
菩提妙果不難成真善知
識実難遇可訓尺之』
凡ソ此因縁ハ興起行経下巻
之所説テ候ソレヲ経ニ総シテ結
会之一候ニ仏告舎利弗一ニ火
鬘ハ則我身是ナリ火万カ父者
今父王浄飲《(飯)》是ナリ護喜
頻《シキリ》ニ勧我レニ出家一則是作道」
善知識也我昔向護喜一ニ以
悪言一謗迦葉仏ハ是禿頭《トクツ》
沙門ナリ有何道法一カ由此ノ過故
我六年苦行之程日別
纔食一麻一米大豆小豆」
嘉暦四年二月廿日彼岸中日東禅寺」

(56)

文殊化身為貧女事
＼可合施行
＼仏菩薩同形於凡夫事
睿之

（表紙・本文・識語湛睿筆、合点朱筆）

粘葉装　一三・七×一三・五cm（三一四函九五号）
広清涼伝中云
大孚霊鷲寺。○大備フ斎会ヲ一
遐邇無クレ間《ヘタテ》聖凡混同ス世ニ伝フ昔
有テ貧女一遇テ斎ニ一赴ク集ニ一自シテ南一而
来ル淩テレ晨ヲ届《イタ》ル寺ニ一携ヘ抱リ二子ヲ一
一犬随ヘリ之ヲ一身無余資一剪テレ髪ヲ以テ施ス未タ遑アテ衆食セ一白シテ主僧ニ一言ク」
今欲ス先ツ食シテ遽《スミヤカニ》就ント他行ニ一僧亦許-
可シテ命シテ僮ニ与ヘシムレ饌ヲ一三倍シテ貽《ヲク》ル之ヲ一
意令シテムトナリ貧女ノ二子ヲ一倶ニ足ラ一女ノ曰犬ニ
亦当ニ与フ一僧勉-強シテ復タ与フ女ノ
曰ク我カ腹ニ有リレ子更ニ須ク分ツ食ヲ一
僧乃憤-然トシテ語テ曰ク汝求コト僧ノ食ヲ一
無コトレ厭フコト若シレ是在ハレ腹ニ未生レ一若-為《イカンソ》』
須シ食ヲ一叱シテ之ヲ一令ムレ去ラ貧女被テ
呵ヲ一即時ニ離テレ地ヲ倏《シク》然トシテ化ス身ヲ一
即チ文殊ノ像ナリ犬ハ為師子ト一児ハ即
善才及于闐王五色ノ雲気
靄《アイ》然トシテ徧ス空ニ一因テ唱テレ偈ヲ曰ク
＼苦瓠ハ連テレ根ニ苦シ　甜瓜ハ徹テレ蔕《ホソ》ニ甜シ
是レ我レ超タリ三界ヲ一　却テ被ル訶-師ニ嫌《キラ》ハ一」
＼菩薩説キ偈ヲ已テ遂ニ隠レテ不見在＼会ノ緇
素無不驚嘆一＼主僧恨テ不コトヲ識
真聖ヲ一欲ス以テレ刀ヲ割ントレ目ヲ衆人苦ニ
勉《ツト》メテ方ニ止ヌ＼爾ノ後貴賤等観テ

貧富無レ二ツ遂ニ以テ貧女ノ所レ施ス
之髪ヲ一於テ菩薩ノ乗テ雲ニ起ツ処ニ一
建テ、塔ヲ供養ス聖宋雍熙二一」
年ニ重テ加フ修飾ヲ一塔基ノ下層ニ
掘リ得タリ聖髪三五絡ヲ一髪如金色一
頃《シハラクアテ》復タ変スレ黒ニ視ルニ之ヲ不定ラ一
衆目咸ニ睹ル誠叵シ思議遂ニ還テ
於テ塔ノ下ニ一蔵《ヲサ》メ瘞《ウツ》ム即今花厳
寺ノ東南隅ノ塔是也文

雍熙二年者大宋第二主広孝皇帝
之年号即当和国華山院寛和
元年也」
元亨元年七月盆会多宝寺用之』

(57)

（表紙〈除手沢名〉・本文他筆、平沢名・識語湛睿筆）

祈テ地蔵ニ一癒癩病ヲ一事 真貴僧都因縁也

母悲子事

睿之

粘葉装　一三・七×一三・五cm（三〇八函二一号）

興福寺喜多院ノ真貴僧
正ハ伊賀国人也幼少時仏法
繁昌ノ霊地興福寺差《サシ》上ス
宿因令然ラ一喜多院空静《コウシヤウ》
僧都ノ弟子ト成ル心操尋常ニシテ
学問モ懃ニ候ケル間僧都モ哀レニ

（A）仏事法会関係

思テ殊ニ情ケヲ至ス＼此小童何ナル」
宿業ニヤ候メレ身ニ受癩病ヲ一
然間坊中ノ人々モ皆厭之ヲ一隣
坊ノ輩モ悉ク悲之ヲ一間タ幼稚心ノ底無ク限リ一心
憂ク覚ヘケレハ即行猿沢ノ池ニ一
投ケントシ身ヲ一候ケルニ＼古郷ヨリ付タリケル
従者ノ童悲ノ余リ泣〱申ケルハ
＼主従ノ契ハ今生一世ノ契ニ非ス』
生々世々ノ深キ好ミ也此童カ申
サンニ随テ枉テ今一度古郷ヘ
返リ縦雖見悪《ミニクキ》御貿一母御前ニ
今一度奉リ見ヘ一最後ノ御見参トモ
候テ後ニイカニモ成セ給ヘカシト
申ケレハ此＼児流涙云古郷
ヘハ錦ノハカマヲ著《キテコツ》返ルト云ニ」
此病ヲ帯シテ身ニ一行カンコト人ノ思ハン
事モハツカシ又母子ニ恩愛ノ中ニモ
争カウトム心無ラン只不如一捨ニハトテ
身ヲ一髪ヲ三ニ分テ一ヲハ春日ノ明神ニ
進ラス一ヲハ本国ノ氏神ニ進ラス一ヲハ
母ノ形見ニ進ラセヨトテヤカテ髪ヲ
切ラントセシ時此童取付テ」
ヲメキサケヒ流涙一悲ケレハ心
ヨハク成テ再随ヌ古郷ノ風ニ一
夜ノ内出本寺ヲ一趣伊賀国ヘ一今ハ
限ノ道ナレハ春日野景気《ケイキ》モ
難見捨一何ノ比返リ来ラント思フニ
暁ノ鐘ノ音モイト哀ニオホヘ
坊中ノ有様野外ノ鹿ノ音《ネ》名残
惜ク物哀シ＼論談ノ声々留」
耳ノ底ニ一傍輩人々カケロフ眼ノ前ニ一
＼三笠山ノ月影モ今夜許長目《ナカメ》ト
思ニ涙クモリテオホロニオホヘ
春日社ノ参詣モ只今許ノ歩ミト
思ニ悲ミ切也漸＼ク山モ遠カリ鐘ノ声モ
不聞一纔ニ伴フ物トテハヤモメ
烏スノウカレ子触レ打一随テ時一催シ』
哀ヲ一砕肝ヲ一コト云事無シ

泣〲行古郷ニ母ニ対面ス母見之
流涙《泣歎》無限争不悲乎挙声
大叫云我レ有カ何ル罪業唯一子ナルニ
令メタル受ケ如此ノ病ヲ汝何ナル不幸ニシテ
カヽル悪報ヲ得ルヤ
悲ノ余リ年来所持ノ地蔵菩薩ニ
向ヒ奉テ手ヲスリ挙声ヲ
泣〲申ケルハ我レ聞ク吾今慇
懃付属汝ハ尺尊ノ遺勅也
地蔵已領受之ヲ給ヒキ今世
後世能引導ハ地蔵ノ悲願也
我レ幾度ヒカ奉シ致帰依ヲ
願以慈悲ヲ助ヘ我子ノ病ヲ給ヘ
若定業有テ限難転シ者願ハ
我カ命ニ取リ替ヘ御セ我已ニ及衰
老ニ設雖存命スト不ス久彼ハ
盛年ノ質ナリ病若平癒セハ在ランコト
世ニ可久ル若今生ノ願望空クハ
後生ノ利益トテモ又タ不《イ》審《フカシ》若又二聖

引摂不叶者大聖ノ誓ヒ可シト虚妄ナル
責申ケレハ地蔵責メラレテ此ノ道理ニ
其夜ノ夢ニ告ク小児ニ云汝母ハ
我檀那也歎ク汝病ヲ事尤理也
我可助汝トテ以水ヲ洗給フト
思ケレハ病フ拭ヒ捨ル様失セ
候ヌ夢心地ニウレシサ無キ申量
間タ君ハ誰人ソト問フニ我ハ汝カ
母ノ本尊地蔵也常ニハ三笠山ニ
住セリ汝チ本寺ニ還テ三会ノ
橋ヲ渡リテ寺務十七年
齢七十二ト告給云々
夢覚テ後見其ノ身ヲ本ノ質《スカタ》
ヨリモイサキヨク遥ニ勝タリケル間
母子共悦テ即返本寺ヘ如思ノ遂ケ
修学之業ヲ別当寺務ニ成リ
三千貫主トシテ興法利生云々
真貴忠(仲)算守超平備トテ
四天王ニ列ヒ是併地蔵菩薩善

巧方便□

母《ノ》子《ヲ》悲《ム》事昔《ヨリ》如此」

元亨元八彼岸多―用之』

（十）仏名会に関するもの

(58)

（表紙・識語湛睿筆、本文他筆）

属《シテ》師部《ニ》入之　　睿之

化制《ノ》法門故也

化制二教以願為初事 建武三年 正月十五土

＼化教四種願事

＼制教以受体名願事

＼二教勝劣事　＼三聚戒事

折本装　一三・〇×一一・五㎝（三〇七函一号）

上述年始之事柄返

世間出世之最初了

就中万善万行雖品《ナ》

広一依一願之功力一悉
成シ等覚妙覚雖位
高シト一答ヘテ最初之発心ニ一」
速ニ登ル＼サル時ニ初発
趣向ノ誓願要期
是＼レカ弁スル大事ヲ一之初メテモアリ
感スル大果ヲ一之源ナレハ＼イマ
励シテモ心ヲ一発シ之一随テモ人ニ一学ヒ之一
空＼ク過ルコトカ不有マ候アノ＼合抱ハ」
成毫末ヨリ一大山ハ起微塵一
ト申テ。乃至千里之到
偏在初歩之功ニ一。
＼サレハ事ノ起《ヲコリ》物ノ、始メ
是レカ始終所落チ付一之
初兆テ候之程ニ何事ノ善シ悪シモ」
此ノ位テ定マリ顕ル、候＼其初
兆ト申ハ仏法テハ只此ノ最初ノ
発願要誓候＼之間ハ
＼付此ノ願ニ一総願別願以四

弘誓願ヲ一名総願二一切仏菩薩――――
以四十八願五百大願等一名別願一」
是＼レハ且ク置キ候＼其ノ不論セ総
別ヲ一凡ソ発スル願ヲ一之体大
有四ノ不同＼一行前ノ願。
二行後ノ願。＼有願無行沈没苦海
有行無願亦無所化＼三行願□
願カ即行此ノ願ノ外ニ別ニ無之一
＼花厳経ニ初テ入レル仏法ニ一之人
信心モ未深一位ヒモ最モ」
浅キ＼為此人一委ク説可修行ス一
之様ヲ一＼始従下在家ニシテ孝養父
母一覆育妻子ヲ一之時上乃至出
家受戒之後＼著シ衣ヲ一受
食ヲ一交リ衆一入ル房ニ一＼凡ソ見聞
覚知之境界行住坐臥」
威儀＼寄テ事ヲ於左右ニ一
運ヒ志ヲ於仏道ニ一＼触テ縁一発
願一毎物一立ル誓一＼総テ而言之

一百四十ノ願ヲ委細ニ説トテ之

候是レカ義理甚深法門此最之由。

其ノ在家時ノ願トハ中ハ孝養

父母当願衆生一切護養

永得大安ノ妻子集会

当願衆生令出愛獄無

慈慕心。若在伎楽当

願衆生悉得法楽見法

如幻。若上楼閣当之

昇仏法ノ堂得微妙法

次説出家時ノ願ヲ中

除剃鬚髪当願、、断除

煩悩究竟寂滅受著袈

裟当、、、捨離三毒心

得歓喜

□□帰依三宝ニ受五戒

□□戒晨嚼楊枝当

、、、得調伏牙ヲ噬諸煩悩ニ

左右便利当、、、蠲除

汚穢ニ無婬怒癡如是ノ若

昇高キ峯ニ時ハ当願昇テ雲道ニ

超出セムト三界ヲ下ラム当願卑

下シテ己レカ身ヲ入仏ノ深法ニ見吾

甲冑ヲ誓ヒ我ヲ服法鏡ニ得

無師ノ法ニ見テハ持テルヲ刀杖ヲ願遠

降伏シテ魔軍ヲ紹隆セムト此法ヲ

乃至今ノ時キ僧中ニ食堂ニシテハ

若得食時当、、、禅悦為

食法喜充満ト誦シ浴堂ニシテハ

沐浴身体当、、、身心無

垢内外倶浄ナント唱ヘ候皆

是レ今ノ百四十ノ願ノ随ニ□□

所詮ニ不限此ノ百四十ニ

総テ顕スニ理ハリヲ有ル便ニ

事ニ普ク発ス運ヒ心ヲ凝ス思

之誓ニ是名ヶ託事門法

之観門ト又ハ称スル歴縁

対境之修行一如是悉
迷フ物一不空ク過一触レテ類二
立ツ願ヲ一一々心相続ヌレハ薫習
成シテ徳一悉地無疑ヒ事テ候
間此ノ願ヤカテ即行テ此ノ願ノ外ニ
更不立別ノ行ヲ一候サレハ是ヲ
名行願ト一
凡云解行トモ一云願行トモ一其解
願ト申縦ヘハ雖刹那一頓ニ
開旨一得意ヲ一是名大解一未必
長時ニ可相続一者ニハアラ一謬テ
行起解絶トテ○
願トカモ又最初懸望ヲ起「　」
ソレカ行ト申ハ事行ニマレ現行ニマレ必ス念
々相続長時不捨一○、、
然初心始行難堪一○付見聞○
次自体《増翁因縁》無障礙無願ト凡円宗義ハ
此欣求楽「　」願体カ即以真如法界ヲ一為自
体故□一人不□□一不□生□□□仏□

雖一願該羅十方ヲ一無不「　」
徹遍三世二一無《無始無終》有障「　」
雖弐願一生仏一雖□□
真心全体講「　」之法旧来如此
□□初誓之要契
円覚経《弥勒章》説菩薩ノ大悲順
逆任縁一度生ヲ一之事
皆縁無始清浄願力《可訓尺之》
圭峯尺之云無始一者同
体大悲称性大願性本
具之非別新得但由
迷悟有発不発一□□《(即)》
差別一当《応》知仏果ノ万徳
本備タリト我等カ一念二一云事
サレハ先徳ノ尺ニ依大教二一
□ストハ諸仏ノ悲智法爾トシテ
我行也ト云ヘル尤難ウ有リ一
貴コトテ候此条不能ハ委ク了一所詮
若人於此教ニ一聊モ無ク疑フ心一

聞此義一少キ有テ領解一
□思一信仰シ懸テ望一欣求
是名称性ノ大願一ト又名
普賢自体ノ願一即今
自体無障礙願ト申是□
已上此等依化教経論意一所
教ヘ示一ス之起願三誓ノ大
偈是亦大切候誰モ専懸
□意一ニ深ク可有用心一

若依制教一者今律宗ノ意
於戒一ニ立法体行相之四
□(義)一其戒体者即□□□
三世ノ諸仏愛之願□
仏々道同所ノ制一玉フ塵沙ノ戒法
若今有テ人一欲シテ受ムト此ノ制《セイ》戒法ヲ一
在師僧ノ前一ニ立誓一ヲ要期スル
時キ以戒師唱ルヲ三帰等羊石(羯磨)ノ文一ヲ為
増上縁一ト因縁和合之法力ニ

□ル、カ激発故彼ノ無辺ノ制法
悉ク納リ

（添付紙）
入テ行者ノ身ノ中ニ

戒体又名初受ノ願体
為万行ノ依因一ト為菩提ノ根本一
是名戒体一又ハ名初学ノ□
法門一秀余教諸宗一候
其故者凡余ノ経論ニ所
明一縦誓ヒ証セムト菩提一ヲ縦願ヒモ
生ト浄土一其ノ浄土ト云菩提ト云
並契テ当得一ヲ遠ク期未
来一ヲ之間今ハ但於テ所□(求か)
之処一ニ心ニ起ス希望一ヲ是□
□願一ト之許リニ其ノ懸ケ望一要
期スル誓心決定之□
都テ無コソ所ノ得一ル之法体一ハ候メレ
然今戒律ノ宗ニ所明一ス我等面々
所受ケ持一ツ之願体ト申ハ遥可

異ナル一彼ノ経論ニ所教ル一定恵門ニハ
所謂納法在心名為戒体ト一
三世三劫仏々相ヒ続テ所伝ヘ
制玉一之聖法ヲ如其ノ所制ノ一断一」

(中欠)

体ト候是ハ望メテ後ノ随□
最初頓得之受体ヲ一
□(名か)願ト一候此事カ取テハ戒法ニ一」
実ニ勝レ定恵ノ法門一□
余教余宗一候其ノ深義
者縦雖下入テ自宗一致稽
古鑽仰ヲ一之学侶ナリト上□□
窮ムルコト源底一也ソレヲ今時
異学異宗ノ之輩ノ中」
不顧己レカ不学無シ知一過失偏
勝《マサ》レテ我慢偏執之情識ニ一
或ハ軽シメ戒ハ是レ小乗之法ト一
或嘲律ハ即有相之法ト一
如是一人々ハ全分不弁ヘ戒

定恵三学之体ヲモ一□□(不知)」
経律論三蔵之立棲《タ、スマヒ》ヲモ一
候是ハ荒言ニハ候ヘトモ若有御所存モ一不審ニモ
思食之人便宜之時□
心閑ニ可有談合一候」
但此等ノ深義
卒爾ニ難申述一若及
委細ノ講尺ニ一且ハ又可
事《コト》喧カル一候只大綱可
申一端候凡余経論ニ所」

(中欠)

謗法罪障深重之悪
人一忝生報法高妙之
浄刹一候ナル実ニ具苞
衆徳故成大善
唯弥陀一仏之名号ノ如是
備衆徳ヲ一ノミニ候ハス三世ノ」
諸仏皆成玉フ等正覚ヲ一事テ
候ヘハ前仏後仏此界他

（A）仏事法会関係

方悉ク以テカウ候サレハ以
名号ヲ一摂衆生ヲ一是亦為諸仏
通願一事
付其一此四種通願中
辺々所望ムル一各々異他一
之徳何レモ雖不疎ナラ一倩
案事情一神通放光但是其ノ仏ノ出世成
道シ玉ヘル当所機感之
利益将又彼在世一代之仏事ニシテ
敢《アヘ》テ不及像法末法
之遐代ニハ一他方世界之衆
生滅後無福之我等カ
不ス逢其ノ時ニ一無レハ預ルコト其
益ニ一不蒙光触ヲモ一未翻サ邪
見一尚是常没ノ凡夫トシテ
不知出離其ノ期一申□候
次説法開導是ハ所説
経論菩薩声聞三乗
賢聖ノ衆如親タリ聴聞スルカ一

結集シテ之ヲ一広ク伝他方
辺土ヘモ一遠ク及滅後末代一
候ヘトモ纔カニ但一仏化
境之内ノミニシテ不遍他仏ノ世
界一又遺法流伝但局正像末之三時ニ全不
至ラ後仏ノ出世ニハ一候
ソレニ此名号ノ功徳ハ横ニ遍
虚空法界ニ一有仏無仏之
国土無不遍ク聞一竪ニ尽ス
未来永劫一塵点劫海
之向後《ユクスヘ》マテモ無不久ク留一
極楽浄刹ハ雖去ルト十万億ノ
仏土ヲ一六字ノ名号遠伝ハテ
施利益ヲ於我国ニ一浄琉
璃世界ハ雖隔ツト恒河沙ノ国一
我之名号一経其耳
令除衆病於立所一今更
申モ似レトモ事新ニハ一□
始メテ海徳初際ノ如来二三

世三劫ノ諸仏善逝若＼無」
名号ノ功徳一我等如何シテカ
＼遍ク於テ仏境界一生一念ノ覚
悟一始テ於テ菩提ノ道一ニ結ヒ増
進ノ微縁ヲモ一候ヘキト○
＼付其一同シク仏ノ名号ナレハ何レモ功
徳ノ深広ナラムサコソ候ラメ
＼サレトモ何事ニモ遠近《コン》親《シム》疎《ソ》《トオヒチカヒシタシキウトシ》」
（一行抹消）
ト云事カ候ヘハ自界＼他方
現在入滅＼自界ニ今マ現ニ
在シテ世一ニ説法教化シ玉ハン仏ヲ
親タリ拝ミ之一奉ラムハ唱其ノ名号一
尤モ近ウ親シカルヘシ若＼ハ他
方世界ニ出世成道シ玉フ諸仏」
若ハ已ニ入滅シテ送塵点劫
海ヲ一之如来＼纔ニ伝ヘテ聞キ
之ヲ一等閑《サリニ》称念其ノ名一
同ク＼雖仏ノ名号一結＼縁モ

少シ物ノ遠ク功徳モ争可」
無カル疎ナルコト一ト覚候
然ルヲ＼花厳経（第三十三）総シテ説一
切諸仏ノ功徳ノ甚深ニ誓
願ノ不思議之《ナル》事ヲ一其ノ一
ケ条ニ説ク十種ノ功徳離
悪清浄ヲ一中ニ
＼不可説々々劫ノ中ニ滅度」

（添付紙）

> 然ルヲ○花厳経（第三十三）総シテ説ク一切諸
> 仏功徳誓願甚深○不思議之事一其ノ一ケ条ニ
> 説ク十種ノ功徳離悪清浄ヲ一
> 中云＼不可説々々劫中滅

諸仏若有衆生聞
其ノ名ヲ一者得ルコト大果報一如仏ノ
現在一離悪清浄一切諸仏
遠ク在不可説々々世界
中一生若有衆生二一心正念スレハ

（A）仏事法会関係

彼ノ諸如来即現在前離」
悪清浄可訓尺之カ、リケル間。
是偏帰名号功徳一。、、、
就中名号ニ備衆徳ヲ一中滅
罪ノ徳異他一事即如
弥陀ノ名号一纔ニ一ヒモ唱レハ之一
滅スト八十億劫生死ノ重罪一
候ヲ人師尺スルニハ此文一此ハ且ク」
約此ノ人ノ身中ニ今折節所有之
分ニ如是一説之一縦雖千万
億劫生死流転之重罪一
若有人二一心ニ称念セハ皆悉
可キテ滅ス一有ルソトコソ
此条全不可局ル弥陀一仏ニ一」
十方三世ノ諸仏名号
サレハ南山大師就テ大乗ニ一明玉フ
事理ノ懺悔ヲ一中尺ストシテ事ノ懺悔
之行体一万五千仏日ヒヽニ須
一偏ヲ一阿弥陀仏日ヒヽニ十万偏

霊芝尺此ノ文ニ云万五千等
略挙持名一以示功行一可訓尺之」
万善万行雖何レモ不疎ナラ一一心
不乱一専念易成一偏是
称名之一行ナル間懺悔
之行業依テ之一易立タチ一滅
罪之功能依テ之一異ナル他一候
サレハコソ候メレ事行ノ中ニ
読誦大乗礼拝讃歎」
等行体雖有リト若干《ソコソハク》一
万五千仏日須一偏」
不乱一専念易成一　サレハ称名之一行
懺悔滅罪之功能モ依之異他一
行難□如称名候
是以和国ノ風儀朝家ノ
定レル法トシテ毎迎ル一年欲
暮レナムト一之今月ヲ一必点三一ケ日
夜之光陰一令ル修セ懺悔行」
是名仏名会一口ニハ唱ヘ三千如

来之名号一ヲ身ニハ行五体投
地之礼拝一三業ニ尽誠一ヲ
六根浄ムルコト罪一ミヲ非但本尊
本□遍致此ノ勤一源由テ
公家仙洞専ラ崇メ御ニ此ノ法一ヲ└
都テ朝野遠近伝ヘ戒律一
専実《弘教法》行一ヲ之庭無不随ヒ行《ヲコナハ》一
候是即別テハ一年中所造之
業障総テハ多生曠劫ニ之
所犯《ヲカ》ス一迎此ノ歳末時節一ヲ
皆ナハ修スル懺悔ノ恵業一也其ノ勤メ└
非他一偏ニ但称念スル三千如
来ノ名号一慚愧発露シテ祈
六根罪障之消滅一ヲ凡
諸仏誓テ立玉コト宝号一偏
為ナリ令衆生ヲシテ称念一セ衆生ノ初テ
帰仏陀一忝唱ヘ奉テ御名一ヲ仰└
引摂一少児喚母一無
母不来テ哀一衆生唱南

無一仏必垂感応一
爰我等対三千仏之尊
像一異口同音ニ唱其ノ名号一
点シテ三ケ夜之光陰一ヲ毎年└
例事トシテ致此ノ懺悔一既□ヒ
不可説劫入滅之仏モ唱其ノ
名一者如現在一無シト異一又云フ
遠在他方之如来モ一心専
念スレハ必ス現シテ前一ニ示スト応一ヲ
当知三劫三千之如来加被└
不ス空一六根六情之罪障
消滅更ニ不有疑一ト存スルコトテ
候付其者懺悔受戒
今既ニ滅シテ罪障一浄身
器一ヲ此上《已作》受仏戒一
断未来之業□(因か)一ヲ└
如是三世相続進防悪
修善之道
サレハ五八戒随堪タルニ

（中欠）

建武四年十二月十五　土―布―

（紙背）

然則説戒受戒功徳旁
多礼仏懺悔作善非一一
捧法味ノ上分ヲ一厳冥道ノ威
光一鎮守霊祠之護ル伽
藍ヲ一弥増寂滅ノ楽ヲ於
本地之秋ノ月ニ一天衆地類
之致ス影向ヲ一傍添和光ノ
影ヲ於垂跡之朝日ニ一久
守我朝ヲ一速払刀疾飢
之三災一永育《常護》我民《寺永》遍
帰《興》仏法僧之三宝

└　　└

（59）

仏《ム》名会　嘉暦三年十二月十五日　土橋布サ

睿

（表紙湛睿筆、本文他筆）

折本装　一五・一×一一・五cm（三九九函三号）

尺尊出西天ニ住世纔八十〔　　〕
年遺法伝四海ニ遠ク〔　　〕
第三ノ辺土ニ八宗九宗〔　　〕
折ニ将来化教制教則テ
機ニ依□上為シテ一人ト忝ク
預十善之□ヲ　下□（至）ルマテ

└

万民誰不合一心之掌輩
候就中今ノ仏名会ニ於テハ
雖有リト異説且依日□(本)記ノ
一説ニ仁明天皇御宇承和□□(五年)
戊《ツチノヘ》午十二月十九日於「　」
被始メ行ナハ以降已ニ為「　」
累代之法会永ク為候「　」
不易之例事依之□(諸)□
諸宮帰仏之家無不□□行
本寺本山弘法ヲ之砌悉学ナリ
此法サレハ於テハ今ニ又奉唱仏
名ヲ之為体為声明道之」
大事ト云道儀云法則
呂律之曲甲乙之調《シラヘ》事
不緩《イルカセナラ》実ニ有聞キ、事□テ
候然レトモ不知上古ハ如当「　」
但有口業之称名ノミ闕タル「　」(五体投地か)
之礼拝ハ之由伝承「　」」
爰近比西大寺ノ興正「　」(菩薩極)

楽寺ノ忍性菩薩師資同心シテ触事ニ「　」
之修行御之処見玉フニ此「　」
之行儀ヲ但韻律ヲ為宗口ニ
唱ノミ仏ノ御名三業ニ尽滅
身不行セ礼拝ヲ之条背キ夜ル」
礼仏名経ヲ之本先□式違
其到礼三世千仏ト説ク之
経文ニモ所詮任セテ朝□(野)ノ
例事ニ非行ハムノミニ歳末ニ於此□
尽シテ面々ノ筋力ヲ須ク行ス「　」
相応之礼拝トテ被「　」」
後ハ朝野遠近ノ僧「　」
於テハ一門徒不及ハ余ノ法「　」
沙汰ニ只三業一心ニ忍ヒ疲「　」
五体ニ流ツ、汗セヲ励シテ声唱仏
名投身致ス礼拝是則
三業相応之修行罪障」
懺悔之恵業ナレハ除災与楽
之秘術無如此行無尽而不満自行化他

之成弁多勧此業ニ願而不滅ニ是以普賢□□

願以礼敬諸仏ニ立為第□

世親ノ五念門以身業□

列ニ標最初ニ乃至□

菩薩ノ敬礼シ四衆ヲ弥伽□

礼讃善財ノ等実ニ

重ニ賢善ヲ摧破スルニハ我慢ノ礼

拝之行超過余行ニ故ヘテ

有ル候凡一切衆生ノ無始

以来至今日ニ流転生死ニ

不主仏道ニ其ノ障難多シト

統ヘ要ニ取ニ略シテ有□ノ五候

一我慢障トテ由執実ニ有リト我□

心□不謙下ニ於他人起慢ニ於有徳ノ□□

無徳人心不調軽シメ□

間生死輪転之無□

偏由此ノ我慢障ノ事□□

二悪業障ト中是普□□

十悪五道等ノ衆罪

三　嫉妬他勝障。

四　謗正法障。

（後欠）

(60)

仏名会表白（仮題）

（表紙欠、本文他筆）

粘葉装　一五・四×一一・八cm（三一四函一二四号）

五楽三有障。
懺此ノ五ノ障一名五悔一候即以礼
拝行一除我慢障一以懺悔
行一悔悪業障以随喜行
以勧請行一。以廻向行。
此等ノ五ノ障リハ以□□慢為」

根本二三界受生皆由著
我。一切邪執皆由著我。
サレハ十悪五逆。謗正法障。
カヽル我慢障ヲ既以礼拝行一
除ク之一事テ候ヘハ懺悔滅罪之
修行ニハ実ニ何レノ行モ。
サレハ梵網経□到」
付其一此礼拝ニハ七種十種
重々ノ品カ候我慢礼トモ申ハ
縦ヒ五体ヲ投トモ地一若無敬仏一
信法之滅一但等閑之心ヲモテ礼スル是名之或不専
身業ノ礼拝ヲ口ニ交他言一是
名唱和礼一トハ此ノ二ハ反テ雖増スト過ヲハ」
都テ其益候ヘカラス次恭敬
礼トモ申ハ離垢恵経ニ付テ五体ヲ
著ケ地一一心敬礼令発総別ノ願一候
総願トモ申我今五輪ヲモテ於仏ニ
作スコト礼一為ナリト断シ於五道離レ於五
蓋一令シメムカ諸ノ衆生常ニ得安住シ』

五通一具足スルコト五眼一 身ニハ行礼拝一 心ニハ専観想一事
別願ト申ハ願我右膝ヲ一著地
之時令諸衆生得正覚道
乃至頭著地之時願令諸
衆生離憍慢心一悉得成就
無見頂相如是□□恭之」
是ハ随分ニ尽シテ誠一雖殊勝ト一而
猶存能礼所礼之差別一未
亡有所得之情識一故凡
夫小乗之分斉トシテ猶未
入大乗初門一候サテ
仏界衆生界本来空寂ナレハ」
能礼所礼亦不可得ナリ若
住此観一名無相礼一若又但礼
身内ノ法身ヲ二不向外一求一是
名内観礼一或住自他平
等之理ハリ二一起ツヽ同体ノ大悲一
我カ今マ作ス礼即是一切衆生皆悉」
亦作礼一我既離我慢障一

衆生皆同可離之一如是一観想シテ
致礼ヲ一是名大悲礼一
此外起用実相総摂無
尽。事繁候へハ。所詮迷モ悟モ
偏ニ是心ノ態ナレハ仏道ノ遠近修行ノ邪正。」
五体ヲ投コト地一実ニ雖是レ同一内心ノ
観智ニ由テ有ル二浅深一礼拝ノ功徳
亦有ル浅深一候サレハ非但三
業相応之妙行一是レカ大小
権実法門之総体故経
論ノ□明懺悔滅罪之修行一」
多勧礼拝行一候
付其一殊点歳末之今月ヲ一
定ムル懺悔之時節一者凡ソ世間ニ
現世ノ事ニマレ後生ノ望マレ人ノ心ニ
不ル叶一定ノ事ハ併罪障成スカ
妨ヲ一之所致一候間若罪業タニモ」
消ハヽ者ナラハ現当悉地総ヘテ
不可有ル不スト云事成就一サレハ雖年

之初メ仰セテ諸寺諸山ニ修正修二月
トテ被勤メ行ハセ是即懺悔ノ
行也歳暮之今迎今月
今日ヲ重令修セ礼仏懺悔之業 」
以之消滅一年中所犯積ム之
罪障ヲモ以之除ケト日厄月
厄非時中夭ヲモ被定メ置
之法会候間祈朝家ノ安
寧ヲ是為第一之妙行致檀那ノ
護持ヲ是為最上 』
之要法サレハ道俗一帰シテ
崇メ勤メ御スヘキハ只此ノ仏名ノ
法会テ有ル候
＼付其凡ソ此ノ末代悪世之此比
我等衆生之有様誰モく
此ノ罪業ト云煩悩ト云物イカニモ 」
シカルヘキ様ノ無之候
＼凡ソ高モ賤モ○之 不用 」

(十一) 千部経に関するもの

（表紙・識語湛睿筆、本文他筆）

(61)

恵進読誦法花延命事
可合逆修事
百部法花事
睿之

粘葉装　一三・七×一三・五cm（三三五函四二号）

震旦ノ揚州ニ高座寺ト申
寺ニ有僧名恵進此僧＼ 」
尺ノ恵心ハ揚州ノ高座寺ノ
住侶ナリ幻稚（ママ）ノ始ヨリ心ニ離レ

悪性ヲ身ニ修ス仏道ヲ遂ニ四
十ニシテ忽ニ悟無常ヲ出家読誦
法花ヲ之外更無他事然間所
労（添付紙）俄ニ発テ頻ニ更発シテ修行不ルニ量
為懈タラント爰恵進至シテ心ヲ」
発願スル様ヲ生老病死
身ナレハ受コト病ヲ非可キニ歎ク又
滅無常ノ所ナレハ帰ンコト死ニ非為ル
悪ト然而受コトハ人界之生ヲ
如遇ルカ盲亀之浮木ニ値コトハ
一乗之教ニ似開クルニ曇花之
霊蕚ノ今難ヲ受ケ々此ノ』
生ヲ難値遇ヘル此法ニ思出ニ
欲終ヘント百部之読誦ヲ願
雖定業ナリト十羅刹女垂レ
哀愍ヲ今度許除テ病
延命令遂百部之功ヲ給ヘト如此

祈請スルニ十羅刹女モ誠」
鑒テ信力ノ心ノ底ヲ忽ニ除
病ヲ複シテ本ニ誦シテ百部ヲ満シ願
念ヲ畢　其後又発シテ願ニ云
我レ願ハ依此ノ読誦之恵業ニ速生
安養世界ニ発此誓願留テヨ爾時空中ニ
有声告云（添付紙）汝願既成就シテ必ス得
往生云々仍其後無ク病無クシテ
恙持チ八十有余之寿算ヲ」
臨終無乱コト遂タリキ往生素
懐云々
以之思之旦主ノ善願必
成シテ聖霊ノ得脱無疑」
康永四―十一月三日町屋如来堂千部経』

悉達太子之得名事
当是時ニ微妙ノ宝花敷テ
大地ニ自然ノ音楽奏テ碧

(十二) 其の他

(62)

悉達太子之得名事（仮題）

粘葉装　一四・八×一〇・五cm（三四七函四六号）

（表紙欠、本文他筆）

天ニ朽木忽ニ栄枝条高
原遍ク生蓮花天下婦女
若有ルハ懐胎縦可キモ女子タル悉」
産男子地獄消洞然之炎
餓鬼ハ飽甘露之味畜生
免残容之苦修羅ハ止闘
戦之心人間八苦天上五
衰総而言之受苦者滅
難転之苦求楽者誇
自然之楽既《早ミ》如是当託」
生之時節遍示世界於吉
祥故名ムト悉達太子ト悉
達者天竺ノ語此云一切義
成就是即者一切衆生離苦」
得楽無所願而不満無
義利而不成故翻一切義
成就也』

(63)

造《ム》尺迦像 法愛因縁 三宝感応録依常慜遊歴記出之

為仏弟子必先可帰尺尊事可合之

睿之

（表紙・本文湛睿筆）

粘葉装　一五・二×一一・五cm（三一六函二一号）

北天竺僧伽補羅国《ト》中国《ニ》有一基
石《ノ》塔高《サ》二十□（余か）尺有一比丘
名法愛《アイ》《ト》結《テ》庵《イリ》《ヲ》於彼《ノ》石塔《ノ》側《ニ》
多年修道業《ヲ》即於塔《ノ》前殊
発大願《ヲ》欲造弥勒《ノ》像
時《ニ》外国《ヨリ》一人《ノ》客僧来《テ》 」
寄宿法愛《カ》草庵《ニ》終夜
談論真俗之事讃歎仏経
大義《ヲ》法愛聴受深生歓喜進《テ》互述所存之趣法愛
中様自法愛欲生兜率《ニ》故 』
殊発大願将□（造）弥勒像
於是客僧言若欲生兜率
応造尺迦《ノ》像弥勒《ハ》是
尺迦弟子《ナリ》三会得脱之人皆
是尺迦遺法之弟子也若力
能堪《ヘハ》須《ク》造二仏《ノ》像力若 」
不《ハ》及先造《ルヘシ》尺迦《ヲ》所以者何
今此三界《ハ》是尺尊《ノ》有《ナリ》仏《ケ》即
自説言唯我一人能為救護《ト》
公《キミ》是《レ》豈不思分哉《ト》法愛
亦申返《シノ》様《ハ》尺尊《ハ》入滅《シテ》已《ニ》
送多《ノ》星霜《ヲ》更□（無か）有未来
益物之徳弥勒《ハ》当来三 」
会之導師《ナリ》造立供養《セハ》
済度引□（摂か）無疑《ト》堅《ク》

執シテ不改如此一論談スル之程ニ至五更ノ暁ニ一
法愛頓カニ眠ケルカ無程一覚メ已テ悲
哽嗚咽シテ五体ヲ投地一○外国沙
門問フニ由緒一法愛答云我レ今夢」
見ラク其ノ身金色ニシテ長《タケ》一丈余
許ナル金人出来即責メテ我一言
汝是我弟子也蒙ルコト我カ教化
調伏一已テニ歴タリ塵点劫ヲ一機根
漸ク調ラハ当シニ〔　〕ヲ度ス汝ヲ一
何ソ云無シト未来益物之徳一哉
我実ニ不涅槃常住ニシテ離』
生滅一何ソ謬テ謂□（入）滅スト一今此ノ
三界ハ皆是我有ナリ其中ノ衆生ハ
悉是吾子也凡ソ草木叢
林地及虚空ノ一切衆生ノ所
日々所食一穀米等ニ至ルマテ」
皆是我カ身分之所変作也
汝乍愛用シ之ヲ一何ソ不知我恩一哉
又三世諸仏モ来テ助我カ化導

十方薩埵誰カ有不輔翼セ一
者一何汝独軽〔　〕不肯造
我像ニ一汝若不造我像一者遂」
不可生兜率天上ニ一既軽其ノ
師ヲ一故弥勒慈〔　　〕
又不可往生ス十方浄土ニ一〔　〕
菩薩皆助我一崇ム我一汝既ニ軽ムルカ我一故ト
如是一ノロ〱シク儲訶責ノ語ヲ一已テ
忽然トシテ隠テ不見玉ハ一ト如ク夢ニ所見ツルカ一」
具ニ述之一時外国沙門モ亦不知
所去一カキケツカ如クシテ不見一実ニ
不思議トモ不申及一事候
爰法愛彼ト云此ト云慙愧刻
責シテ深ク悔ヒ前非ヲ一〔　〕
資糧ヲ一忘テ奉〔　〕
二像新立精舎其ノ国ノ人民』

（後欠）

(64)

以舎利一為寺院本尊之供養事
／舎利安五輪塔事

睿之

（表紙湛睿筆、本文釼阿筆）

粘葉装　一四・七×一〇・八cm（三一四函四号）

是以開山尊儀大和尚位
励シ思慮ヲ一廻ラスニ志案ヲ一
所属シ辺鄙ニ一時及ヘリ尭季ニ一
且末世無福之時節ナリ
且ハ濁世乱慢之境ナリ」
法花所謂ル見六道衆生

貧窮無福恵者尤以
当レリ此時ニ一此御舎利ヲ以テ
案置シ玉ツテ当寺ニ一寺院ノ
朝宝トモ崇之ヲ一
未来ノ福田トモ仰キ之ヲ一
玉ツル物ナラハ
一称一礼之輩マテモ
皆以萌ヘシ滅罪生善之善苗ヲ一
低頭挙手之族マテモ」
悉以可除二災与楽之福祐ニ一
吾在生之間ニハ一生瞻仰之
本尊ト敬玉ツル之一
吾没後之後ニハ未来永
劫之所見ト仰ツル之一ツヘシト
思食「　」依テ
励《ヲコシ》シテ善巧方便雖思御誓願
瑩《宝嚢》顕ハシ五智五〇《南方宝アミ三摩耶形如意宝》（輪）塔婆之貌《ツホラ》
塔婆之内ニ深《カク》ノ口納「　」之一
道場之中ニ深ク秘《ヲサ》メ御之ヲ一」

限帰依則限ルト当寺一云トモ
済生利物ノ巨益ヲハ十方ニ施サシメ
玉ヘト
祈念不交他事ヲ一
発願只此御方便ナル者也」
是以
仰礼ハ五輪成身之三摩耶《宝乃摩尼之》身
尊儀在《散礼》生之慈《帰依》悲容貌
遮眼ニ一省只今
伏拝阿雪月光之遺身舎利」
幽儀往昔之供養行
儀浮心一如遇昔ニ一彼
一月浮万水ニ一月モ不下水不上一
虚谷通響一彼不来吾不行
因縁相反足シヌレハ」
感応以如斯一
若爾
空谷之応不スハ虚一
全身片身諸仏必降臨道場一随喜玉ヘシ

法莚ヲ一」
霊守知識一尊儀幽霊
心憶念シテ往因一発願影向シテ
会場一擁護遺弟ヲ一
セシメ玉ヘシ
法莚之旨趣　駄都之徳益」
存略一如斯　次光明真言
（後欠）

(65)

（表紙・本文湛睿筆）

睿之

百因縁中第三
波羅奈国貧女売身事

聞法事
如来証涅槃等文ハ可見涅槃
経第廿二ニ不同今草

粘葉装　一五・一×一一・五cm（三四六函一一三号）

抑十方世界之間ニモ聞コト経論」
聖教ヲ一尤希ナリ無量億劫中ニモ
値奉コト一諸仏悲願ニ甚タ難シサレハ
法花経ニハ説テ下過阿僧祇劫
不聞三宝名上ト更ニ喩フ下優」
曇之希レニ開上ルニ双観経（巻）ニハ

述テ下難中之難無過此難上ト
重テ更類ス下盲亀之値中フニ浮木上ニ
ソレト申ハアノ聞ク下塗レル毒一ヲ之鼓ノ音上ヲ
聞《キク》者ノハ即被レ毒一ヲ見ル下薬童
ト云者ノ形ヲ上見ル者《モノ》ハ忽ニ得ルカレ益上ヲ」
如クニ世尊ノ金言、聖教奥旨
須臾モ聞レ之一無不下除カ煩悩ノ毒箭上ヲ
如来ノ聖容刹那モ拝スレハ之一レヲ無下
不《ス》ト嗡悪業ノ病患上ヲサレハ
床ノ下ニ聞レ経一之犬ハ生レテ二舎衛
国ニ一開キ二無生之悟ヲ一林ノ中ニ聴」
法ヲ一之鳥リハ生テ二忉利天一ニ感二快
楽ノ身ヲ一カハカノ広大ノ利益
無双ノ効験有ルコトテ候ヘハ捨テ、モ
身ヲ一可レ求ク一替ヘテモ命ヲ一可レ聞ニ一事ハコトニ
不レ候之サテコソ候メレ阿私仙
人之仙ノ崛ニハ痩《ヤツ》レテ十善ノ玉体一
終ニ一ヘキ千歳之給仕ヲ一妙色大王ノ之
南庭ニハ裂キ二三人之全身一」

供万徳之尊容又薬王大士ハ
焼臂一捧二仏前一ニ法蔵比丘
焼指一供二養世尊一儒憧菩薩ハ
求メテ半偈一ヲ捨テ寿一ヲ最勝仙人ハ
欣テ一偈一ヲ破ル身一ヲ常啼ハ請《コヒ》
般若ヲ於東一ニ善財ハ求二メ知識ヲ』
於南一ニ等大聖ノ振舞古
人ノ先蹤皆以如是候ソカシ
サレハ尺尊勧メテ説キ玉フ二此ノ旨一ヲ仮使ヒ
一日ニ三度、捨二トモ恒沙数ノ身一ヲ不下ス能」
報下仏法一句ノ恩上ヲ云々

昔波羅奈国有二一人貧女一非
其ノ身賤シテ而衰タルノミニ形甚タ見悪《ミニクヽ》」
非家貧クシテ而無便一年闌ク
齢傾ケリ夏モ冬モ歎テ過コシ朝モ
夕モ愁テ送リ候廻メリ二家々一ヲ行《アルイテ》二
里々一ヲ求哀ミヲ一乞情一之外ニハ
更無下リキ支《サヽヘ》命一ヲ隠クス膚一ヲ之態上候トヨ」
爰此貧女カ思ケルハ吾レ先世ニ
不レ営功徳一不レ植善根一故
今ニ受《ウケ》下貧賤孤露《コロ》ノ拙キ果報上ヲ
今生若シ空過ナハ当来亦可《ヘシ》二
悲カル一痛哉《シキカナ》哀哉何為ン々々』
然ルヲ此身ハ無常也豈期ンヤ二永一
代乎設持トモ二千年ノ命一ヲ如
此ノ有様テハ可レヘキ有ル何ノ益一カハサレハ
不如カ吾レ売二此身一供養シ三宝一ニ
捨テ二今生ノ貧報一期ニハト当来ノ妙果一ヲ」
案シ得テ廻二処々一ニ尋二人々一ニ
自ラ可売身一ヲ之由ヲ申セトモ齢ヒ
過レキ盛リヲ一形チ極テ見悪キ之間ヲ
敢テ買ウト云人無カシ候
サレトモ無レ止ムコト国々郷々野
クレ山クレ廻リ行候之程ニ」
有ル山ノ麓ニ隣《トナリ》希ナル山里ヘ
罷テケシカル小屋ノ内ヘ案内シテ事ノ由ヲ一候ケレハ内ヨリ

如二ナル蜂‐チノ鳴一カ之音シテ申ケルハ喜コハシウモ
承玉ハル者ノ哉《カナ》態トモ尋‐ネ求メテ
売ヒタキ人一之処ニ可レ然一事也但」
吾‐身有レ病一経二タリ数十年一ヲ
医師ノ所レ説一食二セハ人ノ‐燸（媒）ナル肉一ラヲ
必ス可二シト除‐噫（ママ）一ス申セトモ此条難クシテ
得一思ナカラ送二ル数年一所詮
今ニ申二スハ買取ラムト一此‐料ナレハ汝』
被レ破レ身一被レムニ失命一可シャ堪忍一
哉有二ムナウ後悔一哉所詮任スヘシト汝カ
意一ト申 ＼此時貧女思‐様《ヤウ》ハ
＼毎人一厭二ヘトモ穢土一ヲ身ハサスカニ
難レク捨一誰《タレ》トテモ求レトモ菩提一ヲ命ハ」
必‐惜ム‐習ソカシソレニ今‐愍ナル
事ヲ云‐出シテ聞キヽ二如カヽル是事一ヲメルヨト
＼サレハトテ黙シテ止ナハ誰カハ買二
此‐身一ヲ進‐マムスレハ＼則有下失二身命一之
恐上レ退‐カムスレハ則有下背本意一之」
悲上千＼‐度《タビ》悔ミ百度《タビ》‐悲ム＼ケニモ

サコソハ候ケメ思‐遣ルニ哀レニ貴‐ク
覚ユル事テ候 ＼サテ又思返シ
候様ハ＼但シ憶ヒ生々ノ之前一キヲ推二スルニ
世々之間一ヲ＼定テ徒‐ラニ生シ徒‐ラニ死シテ」
未レリキ有下ラ為二メニ仏道一ノ捨中コトハ身命上ヲ顧下ルニ＼
今ノ身ノ有様上ヲ有テ而無二キ
有‐リ甲‐斐一之上ヘ＼不レ知ラ今日一トモ
不レル知明日一トモ之身命ヲ＼自三リ徒ニ棄二テム
野外二ニ不レ如一カ為メニ功徳一ノ投ケムハ』
ユヽシウ難レ有一リ得‐分テコソ有ラメト
思‐得テ此由ヲ＼家‐内ヘ申ケルハ
トモ〳〵如ク仰一ノ奉レ売一之後ハ不三スト
可レ有二其ノ‐痛一ミ申ス間タ家主悦テ
直《アタヒ》ノ銭与二フト三千一ヲ候」
＼アノ童（董）永ト申者カ為レ孝セムカレ母一ニ
売レシ身一是ハ十千ト候ハ十‐貫テ候
＼今貧‐女カ為下メニ供中養三宝上ヲ売二シハ
身一ヲ三千ト候是ハ纔カニ三貫テ候」

＼サテ貧女売レ身一取レ直ヲ一申セシニ
吾レニ賜二三日ノ暇ヲ一ヤカテ返参ラムト
＼家主有テレ情一許ス二三日ノ暇一
＼貧女喜テ彼国ニ無双ノ靈《レイ》
地大慈悲寺ト云寺ニ詣テ＼申入レ」
上座ノ長老ニ一跪テ下賢聖衆僧ノ
御前ニ上捧件捧ケ二件ノ直銭ヲ一
敬テ申《ノヘ》二供養ヲ一＼呪願説法既ニ
畢シカハ即立還テ下本ノ山里ヘ上
＼只如クナシ下屠《チヨ》所ノ羊ノ歩々ニ近《チカツキ》死地ニ一』
小水ノ魚ノ念々ニ至ルカ中命尽ニ上候トヨ
＼受ケレ直《アタヒヲ》ヲ一得テレ暇一出セシ時ノ喜シサ
計《カスヘ》レ息一待レ死ヲ一歩ミ入ル之今ノ悲シサ
思フニサコソ候ケメサテ＼遂ニ不ル可下
免上事ナレハ入レ彼ノ家ノ門ニ一家主」
持テ利刀一相待テル之有様宛カ
如シ下旃陀《夜刃》羅刹上抵抵《ネフ》テレ舌ヲ一兼テ
味《アチハエル》之事柄ラ不レ異ス鬼神ニ一
＼サレトモ此貧女本ヨリ存スル事ナレハ

任レ身一臥レ地ニ一＼家主手ニ持ナカラ」
レ刀ヲ一先問テ云ク汝抑《ソモ〳〵》為何事一受ルソ二
三日暇ヲ一貧女答ヘテ云以テ二身ノ直《アタヒヲ》ヲ一
為メト供二養奉仏ニ一＼重問様ハ仏トハ
何ナル者ナレハカ売リレ身一失ナテレ命一
奉ソトレ供養之ヲ一＼答云仏ト申ハヨヤ」
＼為下助救一切衆生ヲ上無量劫ノ
間ニ尽心ヲ一苦シメテレ身一難行苦行
シ玉ヘル依テ二＼其ノ功其ノ徳ニ一登リ下山ヨリ
高キ位ニ上得玉ヘリ下海ヨリ深キ悟リヲ上内ニハ＼
備ナヘ大慈大悲ヲ一外ニハ具足三十』
二相一＼一切有情ヲハ悉ク如クニ一子ノ一
思食シテ以二平等ノ哀ヲ一導キ二衆生ヲ一
御スト甲斐〳〵敷《シクコソ》申述候ケルニ
＼其時家主云其ノ説キ教御ナル
語ノ末ヘ理ハリノ趣キ若有ラハレ聞キヽ下」
知レル処上語リ伝ヨト申問＼貧女カ
(云)□吾レハ是レ無智ノ女人也争カ不レ知下
深キ意ヲハ上但昨日大慈悲寺ニ

奉三供二養衆僧ヲ一之時キ説法教
導シ玉シ中ニ如来証涅槃永」
断彼生死若有至心聴
常得無量楽ト云此ノ四句ノ偈ノ
文許ヲコソ聞キ持チテ侍ヘレトミ申ス
如是二一反誦スルヲ家主
聞クレニ之一意即明利ニシテ病苦」
立所ニ除スヘシ サテ捨テレ刀ヲ一合
掌家主貧女ニ一語シカハ二此由ヲ一重テ
誦二三反ヲ一誦セシ貧女モ聴
聞スル家主モ共ニ断シテ二八十八使ノ
見惑ヲ一開キ下三悪四趣ニ永不生一』

（後欠）

※董永については『言泉集亡父』「董永売身」があるが、内容は全く異なる。

⑹⑹

善導影像作化仏身少康伝
礼讃事

（表紙・本文湛睿筆）

粘葉装　一四・五×一二・三㎝（三〇八函四六号）

大宋伝第二十五云尺少康俗
姓ハ周縉雲仙都山人也母羅
氏因テ夢ニ一遊テ鼎湖峯ニ一得テ玉
女手ニ捧テ青蓮ヲ一授コトヲ一曰此ノ花吉
祥ナリ寄ス於汝カ所ニ一後生シ貴子ヲ一
切ニ当ニ保惜ス一及テ生ム康ヲ一之日ニ一青光」

満リ室一ニ香似タリ芙蕖一ニ迨テ綳褓
之年一ニ眼碧リニ唇朱シ歯得タリ仏之
一相一ヲ恒ニ端坐シテ含笑一時ニ郷中ノ
善キ相人也目《ミテ》之此ノ子一ヲ将相之
才アリ不ルコトハ語一ラ吾弗知一ラ也年甫メテ七（マヽ）
七歳ニシテ抱テ入霊山寺一ニ中テ仏生日一ニ
礼ス聖容一ヲ母問康一ニ曰識ルヤ否ヤ　』
忽ニ発シテ言一ヲ云フ尺迦牟尼仏一ト聞テ
皆怪ム之蓋シ生来不言語也
由是父母捨テ、其一ヲ出家セシム年十
有五ニシテ所誦一之経已ニ終テ五部一ヲ於
越州ノ嘉祥寺一ニ受戒一便就テ伊《コノ》
寺一ニ学ス毘尼一ヲ五夏之後ニ往テ
上元ノ龍興寺一ニ聴花厳経瑜　」
伽論一ヲ貞元ノ初ニ至テ于洛京ノ白
馬寺一ニ殿ニ見ル物ノ放ヲ光一ヲ遂ニ探リ
取テ為何レノ経法一トカ乃善導行スル
西方化導一ヲ文也康見テ歓喜シテ
呪シテ之曰我若与浄土一有ラハ縁一惟

此ノ軸文一斯ノ光再ヒ現セヨ所誓一纔カニ
終ルニ果シテ重テ閃爍《センシャク》タリ中ニ有テ化仏菩薩一　」
無シ算《カス》一ハ遂ニ之テ長安ノ善導ノ影
堂ノ内一ニ乞フ願ヲ見ルニ善導ノ真像一ヲ
化シテ為テ仏身一ト謂テ康一ニ曰汝依テ吾カ
施設一ニ利楽セハ衆生一ヲ同生安養一ニ
康如有所証　」

(67)講経結座廻向（三一四函三七号）

※『称名寺聖教　尊勝院弁暁説草　翻刻と解題』（勉誠出版、二〇一三年）三二〇頁参照。

(68)

ム
阿ミタ因縁

睿之

（表紙・本文湛睿筆）

粘葉装　一五・〇×一一・四cm（三四六函一五号）

弥陀如来ノ同体大悲雖周法界一ニ本
誓重願殊哀娑婆一ヲ＼非唯人天善趣
之機縁ノ可堪ヘテ発心修行一ニ趣ク止悪
○＼於無仏無法之国一利難化難度之
類一御其順逆之方便難思之善巧
実ニ言語道断候アノ執師子国ト申
」

凡諸仏菩薩ノ利生方便和光
同塵之利養何レモ雖不疎一
＼殊ニ弥陀如来ハ済度娑婆之
本願異他一御故交＼無仏世
界之塵一ニ誘難化之衆生
廻シ隠顕無方之計一ヲ誘テ難化之
衆生一ヲ導キ易往之浄土一
」

執師子国ト申ハ
彼国ノ西南ニ当タテ海上遥カニ
隔テ不知幾千里一漫々タル
」

（中欠）

見之一聞之二不トモ知所由一只任
彼等カ唱ルニ一此魚共ヲ名阿弥陀魚一ト
＼若有人一学テ唱レハ阿ミタ仏一ト
ヲキナル魚モ漸ク近キ岸一ニ頻ニ
唱テ不レハ止一殺セトモ之二不去ラ一即取テ
食スルニ気味甚タ妙ナリ但
若人久ク唱テ積メハ功二所捕《トリ》得一
」

之魚多亦肉ラノ味ヒ最上ナリ若少ク
唱ヘテ不レハ至誠一所得魚少ク其味亦辛
苦　事ノ不思議トハ申サシ
言語道断難思之境界候
＼カ、シ問島内ノ五百余家ノ男女」
老少＼且為魚ヲ多ク得ム一且為
肉ノ味ヲシテ功ナラシメムカ一＼行住坐臥
不問時節ヲ一唱南無アミタ仏一ト
日夜朝暮念々ニ不捨一以テ念
仏一為営一以称名為業ト一＼依テ之一只一島ノ事態
諸人ノ口スサミト成リレシ＼候サテカウテ」
罷過クル程ニ海人《アマウト》ノ中ニ有一人宿老一
最初ニ食此ノ阿ミタ魚ヲ一候ケル
者ノ生涯窮マテ命終シテ候ケルカ
経三月《ミツキ》九十日ヲ一之後乗紫雲ニ一
放光明ヲ一身相厳然トシテ来至
海浜一告諸人一』
（後欠）

⑹⑼

（表紙・本文湛睿筆）

睿之

悲母因縁
恵咲勧邪見母一令臨終正念事
臨終知識事　○《弥陀》念仏事
子勧母事

粘葉装　一五・八×一三・一㎝（三〇八函二八号）

弥天ノ道安法師ニ有三千人
弟子其中有恵咲比丘ト
云者一彼比丘之母儀
＼邪見放逸ニシテ不弁因果一
懈怠無慚ニシテ無信仏法ヲ一
＼只明テモ暮テモ自悪業一外」

無他ノ営モ一＼恵咲大ニ歎テ
常ニハ雖誘フト之一更無用一
＼然間此母受重病一送
数日ヲ一之程ニ＼針灸ニモ不叶
祈請ニモ不達セ一有限一業
病テ候ケレハ終ニ及薙
（後欠）
』

⑺⑽ 弁 二親後子悲深事（三一四函一一五号）

※『称名寺聖教　尊勝院弁暁説草　翻刻と解題』（勉誠出版、二〇一三年）三三五頁参照。

⑺⑴ 弁 善知識可大切事（三一四函五五号）

※『称名寺聖教　尊勝院弁暁説草　翻刻と解題』（勉誠出版、二〇一三年）三三〇頁参照。

⑺⑵（表紙・本文湛睿筆）

睿之
弥陀為《タメニ》我等カ因縁厚《アツキ》事
＼天竺ニ優婆塞事　＼妻為夫求往生良縁事
＼定不定業事
＼珊提嵐国事
＼胡馬越鳥事

粘葉装　一三・五×一三・二cm（三一四函一〇八号）

天竺ニ一人ノ優婆塞候ケリ一生涯
之間唯造悪業一ヲノミ不修善根一無
悪不造之行候然一期ノ運命尽テ
将《ナントセシ》ニ告テ生死ノ別ヲ一之時カヽル罪業
深重ノ者ナレハ忽ニ地獄ノ前相カ

現シテ猛火纏身ニ一辛苦悩乱ス
身中ノ苦痛無カ極一ユヱニ語妻
女ニ二云我罪業深重故既ニ現」
身ニ感セリ苦相ヲ一汝依有宿縁一結
夫婦ノ契ヲ一而我今苦痛難忍ヒ一
願ハ汝廻シテ何ナル方便ヲモ一可助我カ苦患ヲ一
挙声ヲ一叫フ問タ妻女聞此ノ言ヲ一
（払）仏ス愁歎ヲ一東西ニ馳走シテ請一人
僧ヲ一此事ヲ歎申云々其時ウハ塞
向僧ニ二云我一生涯ノ間タ無悪不造
不修一善二而ハ今臨最後ニ一現身ニ』
受地獄ノ報ヲ一熱悩非可堪ヘ忍フ一
願ハ尊者助我苦ヲ一申候問于時仰
答云凡ソ作業既ニ定テ当果ノ前相
□□シ候ヌレハ諸仏威力所不能転ス
申テ候ヌレハ況ヤ人力トシテハ争可
助一乎サレトモ従此一西方有
仏一号阿ミタ如来ト一此娑婆世界ニ
因縁厚クシテ能ク救定業ノ者ヲモ一

不捨十悪五逆ヲモ一大慈大悲ノ誓ヒ
勧ニ御候仏也若奉念彼仏ノ名
号ヲ一汝カ苦患決定シテ可免一云々于
時優婆塞依僧ノ教ニ二至誠ヲ一念
□□由只心徹到スルニ地獄ノ猛火
忽ニ消テ身心成軽安ニ一速遂往
生極楽之大事ヲ一云々
十地論云一受報定二一作業定此二
〔　〕定諸仏威力所不能転云々
〔　〕ノ五不思議ノ中ニ業力不思議云々
何ニ況ヤ赫日照セトモ青天ニ二而盲者
不見其光ヲ一仏日満法界一而無
縁二不蒙其化ヲ一トテ雖一子
平等ノ慈悲ナリト一於テハ無キ宿習一之仏
菩薩ニ二縦雖繫クト其ノ憑ヲ一満ルコト所願ヲ一
者難有一事テ候〔　〕何況ヤ消滅シ」
十悪五逆ヲモ一決定応受之罪障ヲ
抜済シ御ス事ハ不ス思寄コソ候ニ
弥陀如来ハ於此娑婆界ニ一宿縁殊

深ク於我等衆生ニ済度有ル便リ
御事テ候其ノ故ハ事新シク可クハ申候ハネトモ昔此娑婆世界ヲ
名珊提嵐国ト有転輪王名無
上念王ト□三千ノ太子ヲ有一梵
士□名宝海ト時有仏出世名』
宝蔵仏ト於是無上念王依宝
海梵士ノ教化ニ発阿耨菩提心ヲ云々
宝海梵士ハ今ノ尺迦大師是也無上
念王ハ今ノ弥陀如来是也然則国モ
非他国ニ昔ノ珊提嵐国今ノ娑婆ナルカ故
人モ非異人ニ昔ノ無上念王今ノ弥陀ナルカ故
我等衆生ハ悉是レ其ノ時ノ国民ナリ
既弥陀如来因位ノ昔於此界ニ始テ」
発菩提心済度セント我等ヲ勤行精進シ
給キ成等正覚之今奉憑彼大悲
誓願ヲ何願カ不成乎
胡ハ北国也故胡馬ハ嘶ユ北風ニ越ハ南
国也故越辺(鳥)ハ巣南枝ニ只此ノ定候
サレハミタ如来不忘珊提嵐国之
往事ヲ殊垂利益ヲ於此界ニ故縦
雖十悪五逆之決定応受ノ罪障ナリト」
来迎引摂シ御サン事不可有疑
是以テ＼処ハ不崇玉楼金殿ヲモ臨御スカ
茅屋茂林ヘモ故人ハ不貴王公卿《ケイ》
相ヲモ迎玉フカ田夫野人ヲモ故十念之功尚
以不虚カラ況ヤ造立形像乎称揚讃歎之功徳ニ於テヲヤ
彼ノ罪障深重ノ優婆塞
次観音勢至者」

(73)

（表紙湛睿筆、本文他筆）

⊓ ⊔法表白　私付息災

睿之

折本装　一四・〇×一〇・五cm（四二三函二三八号）

文白真言教主三世常住
⊓ ⊔法身摩カヒルサナ如来
両部界会諸尊聖衆殊ニハ本尊
⊓ ⊔本師尺迦ムニ如来羯磨
⊓ ⊔海会聖衆外金剛部護法
⊓ ⊔仏眼所照現不現者一切

⊓ ⊔
⊓ ⊔雖在人界ニ遥隔如
来在世一雖値仏法ニ一遠ク生辺
□□（地末）代ニ一剃頭染衣之形只
⊓ ⊔阿練若ニ一読誦経門
⊓ ⊔染思於世俗ノ事ニ一是以
⊓ ⊔功将動スレハ乱自己之法城一
⊓ ⊔衆時傷功徳之善苗
⊓ ⊔無由護積一妙菓豈可
⊓ ⊔ス一乎於是本尊《師》尺尊者
⊓ ⊔導師故誘フルニ以テス方便之
⊓ ⊔槃之慈父故授クルニ以真
⊓ ⊔之宝乗ヲ一弟子殊致
⊓ ⊔於恩徳之広大ナルニ本師
⊓ ⊔護念於知恩之微志ニ一
□□火宅之災障ヲ一偏ニ可憑此ノ
⊓ ⊔授センニ稚子ニ於真楽ヲ一豈
⊓ ⊔尊人乎是以択吉日
⊓ ⊔修尺迦之法眼一七ヶ

（A）仏事法会関係

□［日か］⌈　　⌋祈念之誠ヲ一所祈者
⌈　　⌋消除之巨益也願以テ本
⌈　　⌋慈力ヲ一除却シ給ヘ内外之
魔障ヲ一所望者増進仏道
之□乗也願由本師之護
□成就二利之大願
（後欠）

(74)

東大寺仙懐已講依法華功力開父母盲目事（仮題）

（表紙欠、本文他筆）

折本装　一三・三×一一・五cm（三三五函九九号）

大和国河井ノ森《モリ》ニ一人ノ
貧賤ニシテ渡世ヲ一者ノ候ケリ
ソレカ或時纔ニ為半銭ノ利一
入テ山ニ一析《コリ》薪一負ヒ背カニ荷ヒ肩タニ一
ナムトシテ帰家一之時最《イト》
苦シク覚之間路ノ頭□

」

(73)～(74)

本ニ下ロシテ薪一息《ヤスミ》居テ倩□
連《ツ、ケ、ルハ》我由テ前世ニ不ルニ植ヘ
功徳善根之種一今受貧
賤孤露之報一渡ル世ヲ一之計コト
難クシテ叶一纔カニ切テ薪ヲ一継ク命ヲ一
下賤之態ニ労ス身ヲ一今生
若如クシテ是一遂ヒ空ク走シリ過ル者ナラハ
来世弥サコソ悲カラスラメト
心閑ニ案シ廻スニ涙タ不関敢《セキアヘ》一
数剋悲《カナシミ》泣日既ニ傾カハ西山ニ一
サテシモ可キ留ル一処ナラネハ
負ヒ薪ヲ一築キ杖ヲ一漸ク趣ク家路一
之程ニ
最愛ノ男子ヲ一人持テ候ケル
ワレカ生タル貧賤ノ家ニ一者ナレトモ
美ク容顔端正ニシテ一生年
六歳ナリケルカ終日立テ門ニ一
父ヲ待チ居テ候ソレカ父ヲ
見付ルカ遅シトアレハ我カ父

歟ト喚テ鞭《ムチウテ》竹馬ニ一走シリ
来リ負タル薪ヲ一父カ袖ニ取リ付テ
最喜《イト》ヒ候ケルヲ父如何思ヒ
候ケフ築《ツイ》タル杖ヲ取リ直《ナヲ》シテ散々ニ
打張《ウチハリ》此ノ子ヲ一候母驚テ二吾カ子ノ
泣ク声ニ一走出テ見レハ父カ荒タル
気色シテ無ク情ケ一打擲スル
間母取リ障《サ》ヘテ申ケル様ハサレハ
汝ハ何《イカ》ニ物ニ狂《クル》ヘル歟汝入シ山ニ一之
朝ヨリ今日ハ常ヨリモ慕テ父ヲ一
慈汝立チ門ニ一慈テ汝ヲ一見送山ノ
終日慈《ヒネモス》テ汝ヲ一見送ル山ノ方ヲ一我レ
トカク名種《ナクサメテ》喚トモ無リキ入コトモ内ヘ一
然今適待チ得タル其ノ心ノ中ノ
悦ハシサ昵シサ何許リノ事テカハ有ルヘキ
日来ノ恩愛ト云当座ノ事
柄ト云汝モ不思《ス》ヒ知一哉《ヤ》ハ可有ル一
ソレニ有レハカ何過一今如是一無クハ情
打チサイナムソト申テ泣々

（A）仏事法会関係

取リ放テ候シ於是父カ申様
サレハトヨ非汝独カ子ニ一慈愍
之志シ誰レカハ可劣ル女ハ智浅クシテ
偏ヘニ悲テ当時ヲ一不知将来ヲ一男ハ」
悟リ深クシテ有テ遠キ慮《ヲモムハカリ》一不哀マ
眼前ヲ一我有テ深ク所思一打ツ之一
也凡ソ父ノ慈ミハ高ク自モ山一深シ
自リモ海一朝暮ニ守コト之一如眼睛ノ一
造次ニ翫之一似掌ノ玉ニ一彼
彼ノ推燥《ユツルカワ》ケルヲ一之誠全ウ不疲《ツカレ》三」
冬之霜ニモ一代ル命ヲ一之志シ殆《ホトン》ト可
被ル千万之兵《ツハモノヲモ》夏往キ
冬来レハ必ス思ヒ衣之厚薄ヲ一
朝去リ暮ヘ至レハ又問食之
寒温ヲ一下若村《カシヤクソン》ノ酒ヲモ不思ハ
独リ嘗メムト一上林苑菓《エンノコノミ》モ偏ニ為ニス」
我子ノ一サレハ幼稚無識ニシテ未タ
弁ヘ東西ヲ一有テカ何ノ悪気一忽ニ
可打チ張ル一但案シテ事ノ情ヲ一責テモ

念フ子ヲ一之至リ我身コソ宿
福薄クシテ為トモ下折《コ》リテ薪ヲ一渡ル世路ヲ一
樵夫ノ之身上此トノ子ノ為体《タラク》一」
容顔モ不悪カラ一心操モ不ネハ咄ナラ一
振舞ヲモ令習ハ尋常ニ一奉テ
挙《キヨ》シ可キ然一人之方ヘモ一将来
成ストモ人一存シテ人不馴レ近ケ
賤シキ我カ身ニハ一思フ故無クハ情一
打チ張也常ノ上ノ珠ハ以テ無ヲ」
瑕一為喜一吾子ノ心操是レ穏《ヲタヤカナリ》
誰レノ輩カ可悪《ニク》ム一籠ノ中ノ鶴ハ
以不ルヲ疲レ一為美《イミシト》一吾子ノ形体
不悪《アシ》カラ一何レノ人モ可愛シツ一何況ヤ其
父ノ本ヨリ慈《アハレ》ミ深キ争不哀マ
恩愛ノ之眤ヲ一トクトキ連《ツヽケテ》」
泣々申ス間タ母聞之一実ニ
理リナル間共ニ押涙ヲ一湿袖ヲ一
数刻シテ帰リ家ニ一入内ニ一候ヌ
サテ如是一養育シテ已ニ成ル九

（74）

歳ニ一之比本ヨリノ所存カウテ
可キ終《ハツ》一事ナラネハトテ東大寺ニ」
上司《カミツカサ》ト申ス所ニ無ク申付ルトモ誰人ニ一
只捨テ置テ僧坊ノ辺ニ一罷リ
帰候於是有テ一人ノ僧一見
付テ之一形体事柄不悪一カラ見ヘ
候之間取テ之ヲ一童部ニ召仕之一
此ノ小童宿習令然一不トモ仮」
人ノ勧メヲ一頻ニ近キ馴レ学窓《サウ》ニ一利
根聡敏ニシテ習ヒ倶舎ノ頌ヲ一誦経
論ノ要文一之間サテハトテ此ノ
僧深ク憐テ止メシシテ宮仕ヲ一今ハ偏ニ
勧メシニ学問ヲ一凡ソ聞一ヲ一悟十ヲ一
上性《セイ》無キ双ヒ一機用之仁ニテ」
候シ程ニ児共《チコトモ》ト同ク持テ成シテ
令ム稽古習学セ一遂使
剃髪一成シ法師ト一交ヘテ衆ニ一列ス
学場ニ一顕密ノ諸宗如向カ
鏡ニ一大小ノ経論似瑩玉ヲ一

成テ倶舎婆娑之碩徳ト一」
仰カレ花厳三論之明哲ト一
終ニ遂ケテ維摩之竪義ヲ一得
其ノ業《ケウヲ》一更ニ登三会之
講匠ニ一任已講ニ一仙懐《クワイ》已
講ト申テ南北二京ニ流名一施誉一名望《メイハウ》
無カシ双ヒ一之碩学○」
此人有ル時思出テ、往事ヲ一行キ向ヒ
河井ノ森《モリ》ニ一遍ク尋ネ問フニ之一毎ニ
人一無シ知レリト云者ノ一然間且ハ失
本意ヲ一且ハ哀レニ悲ク覚ヘテ不ス
弁ヘ東西ヲ一無ク為方一俳佪シ
日漸ク傾ク西山ニ一之程ナルニ古」
老一人出来レリ已講尚以
委ク尋ルニ之ヲ一古老申ケルハ
サ様ノ人先年ニハ此処ニ
見ヘ候但ソレカ夫婦倶ニ成テ
盲目ト一更無懸クル情ヲ一之人一
失渡ル世ヲ一之便一当時ハアノ」

遥カニ見ヘ候山里ニナムトコソ伝ヘ
承ハリ候ヘト申＼已講大ニ悦テ
侍《サフラヒ》中童子ナムトヲハ留メ置キ
山ノ麓《フモト》ニ一唯我身独リ随ヒ教ヘニ一分ケ
入テ尋入深山ニ一尋ルニ之一谷ノ底
巌ノ間《ハサマ》ニ有一ノ柴《シハ》ノ庵《イホリ》一秘カニ 」
立寄テ伺フニ之一有二人ノ盲目一
＼近付テ聞ケヘ物語ルヲ一無ク可モ疑フ一昔ノ
我カ親之声ナシ＼問タ已講
是ヲ我カ父母ニ御スト覚候ハ僻
事ニヤ候ト申時＼ニ此ノ二人ノ盲シキ
中様ハカウ仰ラル、ハ誰人 」
ニテ御爾時已講云＼我是仙懐已講幼
少之昔シ奉テ離レ一被捨テ置カ
東大寺ニ一今ハ申ス仙懐已
講一者也ト＼於是盲目ノ云
サル事コソ全ウ不覚ヘ候一ハ何カニ
申サム哉如ノ是一非人乞丐之 」
身トシテ争カ已講御房ナムト

奉申一子ヲハ可奉持一努力々々
可有一候ハスト不承引一
＼爾時已講慇ニ語リ上件ノ子細一
更取テ父カ手ヲ一引キ入レ我カ懐ノ中ニ一
昔以杖ヲ一被シ打タ一背カノ疵スヲ 」
令メ探之ヲ一語ル下我レ生年六歳ニシテ
奉打一タラ之往事ヲ上時キ＼父母
共ニ思出昔シノ事ヲ一都テ無キ所
諍フ一之間＼三人合額ヲ一数刻
感歎シ＼父母ハ悦テ一子ノ尽ス孝誠ヲ一
之志ノ忝コトヲ一流シ涙ヲ一已講ハ悲テ 」
責メラル窮餓ニ一之事ノ体ヲ一焦ス胸ヲ一
＼於是父母申様ハ＼我等由テ親
子ノ契リ不ルニ朽一得タリ再ヒ相ヒ逢コトヲ一
雖是レ悦ヒノ中ノ悦ナリト一両眼共ニ盲テ
不見我子ノ形ヲ一亦是レ憂ヘノ中ノ
憂ナリト悲ミ申＼ケニモ無極一 」
之理○然ルヲ＼此ノ已講ハ諸
宗窮ル賾《ヲキヨヲ》一之碩学ニ候ノミナラス

能読之持行者テ候
且為報父母之重恩ヲ一且
為仰ムカ冥衆之感応一終夜
奉読ミ法花経ヲ一五夜之
哀猿《アイエン》叫ケヒ月ニ一一声之山鳥
入雲一真山ノ奥ク実ニ物サヒシキニ○
暁ノ月懸《カヽ》リ梢ニ一松ノ嵐冴《サ》ヘテ嶺ニ一
読誦ノ声澄ミ亘タテ折節
柄《カラ》実ニ貴ク一二ノ巻モ過キ
三四ノ巻畢本自リ学
生ニテ深ク悟ル一乗ノ奥義ヲ一
之人テ候カハ彼ノ六根浄ノ人
依テ一乗ノ法力ニ一見ル三千界
内外ノ境界ヲ一等ノ之経文
銘シテ心府ニ一味《アチ》ハヒ義理ニ一至第
六巻ノ法師品ニ一殊ニ致シ信心ヲ一
偏ニ仰テ法力一祈請ス吾カ父母ノ
盲目一
父母所生眼　悉見三千界

内外弥《ケ》楼山　須弥及鉄囲ト
此ノ偈文クリカヘシ〳〵泣々数
反奉テ読一念珠ヲサラ〳〵ト
摺テ願法花経中去来
現在諸仏世尊平等大
会一乗妙典総テハ霊山
虚空二処三会発起影
向当機結縁一切大衆
殊別一乗守護十羅刹女早ク答テ我カ孝
養ノ志シ至テ深重ナルニ一立所ニ
平喩《令開》父母ノ盲目ヲ一父母ニハ
令見成《セイ》長之子ノ姿ヲ一弟子ニハ
令メ玉ヘト見セ二親両眼之明ナルコトヲ一
尽シ肝胆ヲ一致サハ祈請一感
応不空一両眼忽ニ開ケツヽ
親子互ニ得テ相見ルコト一思遂ケ候
生前ノ本望ヲ一是即孝
子抽懇切之考誠一経王
施速疾之利養雖末代

澆季一ナリト雖凡夫愚昧一
＼孝子トシテ抽ツレハ懇切之孝誠一」
経王施速疾之利養
凡ソ＼言モ以難述尽シ一
心モ絶思慮二之間＼親子三
人只合額ヲ一執手一悲泣流《リウ》
渧之外更無カシ他事一候
思遺候「　」候ケメ」
＼遂ニ相ヒ具シテ父母ヲ一帰ヘリ東大寺ニ一
尽シテ孝養之誠一致水菽
之勤一候実ニ＼
＼是知父ハ有テ遠キ慮《オモハカリ》一示始
終立身之道ヲ一母ハ深シテ目メレ
近《チカキ》哀ヲ一濃カニスト眼前撫育ノ」
情ケヲ一ト云事＼凡親ノ育ム
子ヲ一之志皆以如是一サレハ
子トシテ孝親ニ之儀亦後
可合即経ノ中ニ父ノ慈《アハレミ》母ノ

悲《カナシヒ》如山ノ一如海ノ一ト説クハ是テ候
＼サレハ子トシテ孝スル親ニ一之儀」
須ク尽シト力ヲ一致誠ヲ一ト内
典外典異口同音ニ
励シ勧ムルハ是候」
暦応四　三　七　金―瀬崎尼二親一周忌
貞和二年二月十七日　金―　引越孫四郎二親孝―』

(75)

金沢貞顕廻向表白（仮題）

粘葉装　一五・五×一一・六cm（三一四函一三二号）

（表紙欠、本文他筆）

廻向

抑称揚讃歎之恵業《ヲ》先奉
大聖尺尊之法楽
和光同塵結縁之月弥布《キ》（遍）
影《ヲ》於沙界《ニ》八相成道利物
之花久殊留《メン》匂《ヲ》於吾寺《ワカ》《ニ》」
次住持殊〻大法主　〻除〻病〻延〻命』

法体堅固寿《シュ》命長遠
破妄顕真悉地円満
次当寺大壇主正（ママ）作禅下
并《ヒニ》武州史（ママ）刺御子葉孫枝一門
一族
三宝冥助《シテ》現世当生之願
不空一天帰崇《シテ》官位福禄
之《ノ》望《ソミ》無滞重乞伽藍安穏紹
隆正法僧徒群集学行成弁
乃至有頂無間同《ク》浴《シ》
一味之法水闡提断善」
併到《ラン》三身之果地《ニ》
仰承乞〻隆〻神最後誕生尺迦善逝
伏乞降臨道場一切三宝
知覧《シテ》諸徳精誠《ヲ》納受唯一《ノ》
報恩《ヲ》　為補闕分

（異筆）
延文二」

（後欠）

(76)

明儒願文集

湛睿

（表紙・本文湛睿筆）

大和綴　三〇・三×二三・二cm（別置）

顕徳院一日一切経供養　氎《テフ》徒使久《チフシク》

蓋聞恵＼光遐《ハルカニ》六□怡春秋彰夜明之祥神夢早通丹青
入霄寐之信＼金人之飛華風礼白氎兮喜歓白馬之
淩葱雪仰金言兮敬視自爾大小半満之恢弘也教
源雖同南三北七之著聞也正路区別式稽《モテカンカヘ》奥理倩
尋賾旨＼起漢朝永平之年至唐室貞元之暦翻経三
蔵一百七十人従法界唯心之始曁《ヲヨフマテ》仏性常住之終権実ノ
諸教五千三百巻超彼遼海眇漫之浪伝此円機純熟
之州以降君臣翹《ア》信向之誠貴賤致崇重之礼寔知偏円
之諸法三界之依怙弟子忝承　祖父法皇之叡託雖
守聖人大宝之尊位琁璣不在陰陽難調＼幼昧未□□（識之）」
時無弁春氷之随歩庸室漸長之後唯思白雲□□（之伴）
心遂辞四海之家更脱万乗之屣《シ》＼襄《シヤウ》野地幽草鏁
馬之踶汾陽水静月随虚舟之棹＼握《トル》昭華以三五廻
遥隔上世三五之風化遯《ノカレテ》瓊《ケイ》籙以十四載初驚太始十四之

（76）

秋心暫抑繁慮閑思浮生念々皆妄想戯論之法一々非
出離解脱之因須帰仏陀以期妙果造次顚沛懸心於月
輪飛花落葉染思於空観建精舎及数区顕仏像
又幾許霊社霊寺遍結其縁念仏念僧偏為吾営就
中東大寺之複(ママ)旧基纏之営之盧舎那之瑩新容
以帰以依若非多生之宿因争殖希代之徳本抑弟子有限
□□(一日)光陰書一切経典之旨《シ》願今当　皇上君臨之初歌天
□□(下聖)治之徳保艾之代善根得時仍令鵬耆《ホウキ》鷹俊之侶旁　」
□□(写開)蓮貫華之文或出法相唯識之窓或排真言止観
□(之)扃一万五千之盛《ニ》集再看《ル》従地涌出之儀玉軸彩帙之相連只
任諸天応護之力各就累代御願之道場悉与《クミス》弟子懇篤之
願海待《テ》鶏唱以染鶏距且蒙開暁之益《ヲ》挑残灯以続法灯誰
貽無明之迷偸憶《ヲモ》速疾繕写之功已表円融頓極之義便《チ》
擺最勝四天王院新《ニ》設清浄一大法会択曜宿之相応抽供
養之精勤七比丘之整威儀也髣髴于西竺《サイチク》之七賢百羅漢之
刷領袖也奈何《イカン》于東晋之百僧唄讃沸天梵響《キヤウ》驚大千界之
聴(徳)金石動地法楽奏十二章之歌　国母仙院之装《カサル》翠帳即
是仏閣之脂粉也槐位棘卿之侍《ル》綺筵豈非禅林之光花□(哉)
加之特降　勅命准御斎会遣朝使而許得度叩《タヽキ》霜鐘之
資《シス》嗟嚫《ニ》雨露之霑木困《コム》忽浴《ヨク》肆青之仁恩賑恤之行檀□(施)《ヲ》
永得二世之伴侶慇懃之志調御唯《タヽ》照於戯陳世祖□□(写五)　」
十蔵也形美誉於四海之波隋文帝之崛(屈)二七僧也□(分)□□
於仙宮之月雖同帰敬之趣更非須臾之勤者歟天上人□(間)
未聞先規古往《キ》今来《テ》嘗無比類綷絶綿代例始《マル》茲内一代
教主必随喜斯《ノ》三宝界会同愍憐我志《ヲ》願得慈心□(三)
味除却千二百劫生死之罪根願生《テ》都史多天《ニ》遊化四十九重荘
厳之宮殿《ニ》啓白之旨情素《セイソ》無他重請《フ》玉洞之日月不傾恒転
法輪綺流《ヲキリウ》之風塵無　冒《ヲカスコト》鎮讃仏乗先分功徳奉資神
祇以兼《テ》但対《タンタイ》挙《ヲ》添威光以《ニ》開示悟入賁《ヲカサル》幽冥《ヲ》殊撃上分奉
祈中禁《ヲ》徳化　詢《トフラヒ》重華之日《ヲ》聖算争大椿《チン》之年《ヲ》国富民淳
皇歓是浴自遠及近帝載《テイタイコトヽヽニ》咸　照国母々儀両仙院玉芝《シ》
之霜永鮮　上皇々親諸《ママ》藩屏瓊《ハンヘイケイ》蕚之風鎮扇王侯得
□□□(相松竹)其節《ヲ》群官百寮亀鶴其齢亦父祖両帝松柏　」
□□(二陵)寄任四弘無辺之誓倶《トモニ》為三会下生之因開闢以来登遐
先霊依此余薫宜《ク》具《ソナフ》十号乃至六趣四生非識有情悉
出昏衢皆到覚岸又以貝葉之露点得附龍華之暁空
敬白

建暦元年三(四)月廿三日　　太上天皇御諱敬白

清書権大納言通光卿

同院御逆修

敬白

勤行逆修善根事

開白日

奉造立三尺皆金色釈迦如来像一体

奉模写色紙妙法蓮華経一部八巻

無量義経一巻

観普賢経一巻

阿弥陀経一巻

般若心経一巻

奉模写素紙妙法蓮華経六部四十八巻

是ヨリ三枚前原本ニ不合
宜敷識者問ベシ

無量義経六巻

観普賢経六巻

第二七日

奉造立一尺五寸皆金色阿弥陀如来像一体

奉模写色紙妙法蓮花経一部八巻

無量義経一巻

観普賢経一巻

」

阿弥陀経一巻

般若心経一巻

第三七日

奉造立

奉模写妙法蓮華経

無量義経

観普賢経

阿弥陀経

般若心経

第四七日

奉造立一尺五寸彩色地蔵菩薩一体

奉模写色紙妙法蓮花経一部八巻

無量義経一巻

観普賢経一巻

阿弥陀経一巻

般若心経一巻

第五七日

奉造立一尺五寸皆金色弥勒菩薩像一体

奉模写色紙妙法蓮花経一部八巻

無量義経一巻
観普◦経賢一巻
阿弥陀経一巻」
般若心経一巻

第六七日
奉造立一尺五寸皆金色阿弥陀如来像一体
奉模写色紙妙法蓮華経一部八巻
無量義経一巻
観普賢経一巻
阿弥陀経一巻
般若心経一巻

結願日
奉造立周三尺皆金色薬師如来像一体
奉模写色紙妙法蓮花経一部八巻
無量義経一巻
観普賢経一巻
阿弥陀経一巻
般若心経一巻」
此外奉図絵阿弥陀如来勒弥（ママ）菩薩等像各七鋪毎

日一体相替開眼奉模写素紙妙法蓮華経十四部
百二十巻無量義観普賢阿弥陀般若心等経各十四巻
毎日同以供養矣
右仏像経典甄銖如斯蓋聞」五百僧那之船浮沈於六到
岸之浪三千帝珠之網弛張於十法界之虚釈尊之化道
無彊円乗之沖微難測者歟弟子謬以庸昧受不如図金
牛玉馬瑞器未呈調露承雲楽懸易紊守連山之前典
遁四海之重載以降毎至」玄圃台煙霞之春望風
花帰根碧蘿洞管弦之秋宴月桂沈嶺終始之
理莫不慨然須挙一心以断余念然猶二帝専厚孝順
之礼多年不改尊崇之儀天下之事綷秘決元極之野
身後之謀亦厭有為之郷」雖唐高祖之遜位猶□□□（聴万機）」
之諮詢而梁武帝之委身剰疲三宝之給侍□□□（夫普広）
菩薩白仏言若四輩男女能解法戒知身如幻未終之□（内）
逆修三七請召衆僧転読尊経得福多否仏言其福無
量随心所願獲其果実仍任斯大灌頂之文令修悉
具足之道始自仲夏之壬午迄于初伏之第三前後相幷
三七ヶ日」月輪並容十四十五之蘿穀甚薄華文連帙無二無
三之金蓮斯芳加之」六根懺悔之声晨夕悦耳二壇

護摩之教秘密整儀願念至深福不可量于内排郁
芳里擯俗之仙居移広普山説法之儀式江左之碩徳
六七賢薜蘿刷襟朝右之群才二八相環珮鳴響魚唄
入雲而宛転喜諸天之助発露蟬枝触風而凄涼知五月之
似商秋法筵之趣善哉々々彼寛平天永保延平治之趾温
古知新造仏写経散花燭香之営慇懃周備倩見四代」
之規模皆為一人之父祖楽聖道誇寿域芝岫風静讃仏
乗転法輪蓮台露鮮所謂現受無比楽後生清浄刹是也
弟子何宿福令読此善仙算已過百年三分之一矣保其二
而長修菩提之行有望亦懸安養都率之二焉於其一者先
任来迎之誓伏乞諸尊哀愍吾志千秋之終必開順次生之悟
十号之内宜誇正遍知之果凡厥苦海沈浮之群萌善根随
喜之緇素願成仏道令衆亦爾敬白

建保三年五月廿四日

清書中宮見大夫教宗卿

同結願

原夫顕密之起内義遠矣文珠化周則穆王留像於終南
山之雲金智来唐土明皇訪教於師子国之月遠乃自彼
震旦迄及本朝斑鳩太子之挑法灯也中興於欽明之後
青龍和尚之湛遺流也東澌（漸）於大円之初猗矣一教被于万
代者歟伏惟受寄託於祖父上皇初我奉于王者大□（業）龍」
□（河）之図亀洛之年天覡不臻浴日之波懸河之□（浦）皇□（蟬）
無及遠尋唐謝之塵早挹汾心之水於是二代万機
之諮詢猶如莅民間金子玉孫之昌盛不可卹我後瑩
運云是物累未断然間四騶難繫二鼠相侵（異文）不異
高祖之観世間雖知乾闥婆城之一喩毎顧弟子之生
法未只歓南閻浮州之三勝競其石尤可厭離苦大
受此立風争不陶染梵風是以先顧身上之罪障続思眼
前之福恵登尊極之始在幼沖之内剪鯨鯢兮四海
清掃欃搶兮一天静親政以降憂国之中非不嘉夏禹
泣事之心非不納魏徴兼聴之諫然而常有黄砂麗
刑之者定有赤石未達之者縦雖存愷悌君子為民
父母之恩義恐不叶其中衆生悉是吾子之慈悲剣亦
魚龍爵馬之玩踰厥而成歯草羽毛之賒任直而貢如」
此之類自然之罪彼大昊伏羲氏者応穀大士之変身
也教漁猟兮利民大宗文皇帝者観音大士之同体也
誅凶暴兮治世権化之人尚以爾皇王之道不可忽之故也
弟子懺悔志切菩提望深聞治承南軍之侵寺塔悲

興福東大之為灰燼不惜施捨共終剞劂／盧舎那仏之十六丈
焉再複天平之旧製白河先帝之九重塔矣亦悦雲搆之
新成択形勝之地建四天王院毎羽猟之庭排一僧伽藍／多
宝塔十三万二千基遂供養於先年一切経五千三百余巻終
書写於半日是皆希代之大善根也豈非多生之良福
田哉其外之勤不能備悉向後之営不可懈倦今此七分全
得之白業者一代教主之金言也太上皇之修此善宇多
白河鳥羽後白河院而已／四代之中遵祖父仙院在俗之嘉
躅五月之季始弟子懇府元弐之精勤仏像経典懺悔護
摩鄭重之趣陳説先―復有蘭俗不択処檀施□□（不嫌）人」
（至）□于伏走莫不欣躍林鐘漸闌之時枝幹相応□□（之日）当
恵業終頭之期整真言印手之儀仍奉書写金泥胎蔵
金剛両界種子曼陀羅一舗奉書写金字妙法蓮華
経一部八巻無量義観普賢阿弥陀般若心等経各
一巻奉模写素紙妙法蓮花経廿部百六十巻開結経阿弥
陀経般若心経各廿巻崛（屈）前権僧正法印大和尚位成宝
為大阿闍梨耶／薜蘿之侶二十口之唄讃声々槐棘之官
十六族之威儀様々暫移芝砌之仙陬有並華帳於斎
筵蓋是／明帝而陰皇后聴聖僧所説之法如来告大長者
以悲母見在々富者歟抑四九三十六洞之薫三七二十一日之
間／大梵天王四鶴之翅徘徊末去釈提桓因千鳥之蹄躑躅
忘帰／始自天照大神矣祖宗社稷之霊皆降臨匪啻地涌菩
薩焉証明法花之尊悉来集日々随喜我善願各々浪受」
此法味加之胎蔵界之五百余尊金剛界之三十七尊今日相加
給恰合力然則仏界護持神通加被之恩失以余力現世安
穏後生善処之望爰以満足／八千歳之春風秋風椿齢長
生之終内第四天之内院外院梅怛利耶之遊処／暫並端
厳之座待新花於龍臥之樹遂備下生之場伴迦葉於
鶏足之山其程往来安楽国尋常瞻礼阿弥陀仏凡厥功徳」
無辺利益不限敬白

建保三年六月十四日

院庁

請諷誦事

三宝衆僧御布施麻布　端

右奉　仰俾卜五六月之間作三七日之善蓋准追福所
令逆修也所図者九会十三会之曼荼羅所写者一」
乗無二乗之法華経四整秘密之軌儀運供養至誠
捨白越而施月容之尊先金商而揚秋分之声高

驚十方之聖衆守祈二世之欣求者奉　御所請如件敬白
　建保三年六月　日　別当正二位行権大納言藤原朝臣師経
菅大府御逆修
弟子正三位行大蔵卿兼式部大輔菅原朝臣為長敬白
勤修　三七箇日逆修善根事
開白日
奉図絵月輪釈迦如来像一面
奉摺写色紙妙法蓮華経一部八巻
無量義観普賢阿弥陀般若心等経各一巻
第二七日
奉図絵月輪普賢菩薩像一面」
奉摺写色紙妙法、、、一部八巻
無量義観、、阿、、般、、等経各一巻
第三七日
奉図絵月輪不動明王像一面
奉摺(写脱)色紙妙法蓮花経一部八巻
無量義観、、阿、、般、、等経各一巻
第四七日
奉図絵月輪薬師如来像一面
奉摺(写脱)色紙妙法蓮花経一部八巻
無量義観、、阿、、般、、等経各一巻
第五七日
奉図絵月輪地蔵菩薩像一面
奉摺(写脱)色紙妙法蓮華経一部八巻
無量義観、、阿、、般、、等経各一巻
結願日」
奉図絵月輪阿弥陀如来三尊像一面
奉摺写素紙妙法蓮花経一部八巻
無量義観普賢阿弥陀般若心等経各一巻
以開白日宛初七日以結願宛七々日
此外
奉図絵阿弥陀如来像五十体
奉書写色紙阿弥陀経五十巻
日々相分之各々可供養
右仏像経典甄録如斯夫/扁鵲者古来之善医也
治万病兮無治老之良薬世雄者我等之化主也随
諸(顔歟)根兮説随縁之法文/紅顔早去秋永有芙蓉之
易破黒葉(桑歟)何為朝日無霜露之不消只須先平西」

之頽《景歟》置廻出離之秘策歟弟子＼四歳之春在祖母懐
中兮誦李嶠百詠九歳之夏出慈父之膝下兮謁
李部三品是入学道之権輿接文場之濫觴也世＼論
誤授神童之名恐継江夏之先識人日可為大儒之器
定慣田秋之九遷幼心信此言苦学不暫懈常憶不
可泥門塵必可捨地芥遂乃挙鶴灯献鳳策載獬
冠釵爵級経二省輔兮遷内史紆四品班兮居□□(主人)
代我父之去為其君之師孝明聖明之世桓栄桓郁
之例而已＼三代皇上侍読之臣橘贈納言以来只四人
三品員外大卿之職菅贈相国以下纔三人何幸而福
継希代之趾此事可謂過分之栄矧乎吾道之宗也
一門之長也＼五子継業眼前誰見五儒之連襟一人□□(随我)
老後猶有四人之代杖身之光花不在茲乎時＼求尚書之官」
□(嫌)中絶兮不被庸老疲諫議之望依下愚兮欲
黙止雖似遺恨倶是妄念也於戯宿素衰落□(甚)
自鄭玄之有失誤老皓画図越于唐白之耻容姿当
世備○位《官歟》之月卿雲客為先自我者未全見同内争文□(才)
之故老名儒皆先于我兮不一残可憐天宝之遺
民者可憐霜鬢之愚老歟＼今須懸所仕之車帰妙

法車之教亦須変所嗜之道営成仏道之因□(于)
今老仕人定咲矣然而非魚者不可知魚楽非我者不
可知我心所以志乍在仏土身未出俗塵者菅氏之
祖苗裔之孫去年殆行家事老身幸叶廟意青＼松
翠柏之心玄漢離知朝雲暮雨之鑑蒼茫難測＼雖百年
雖千年神若惜我者何不保縦今日縦明日神若捨
我者誰可拘不顧冥慮非可自専至于後生菩提
可為先神汲引然則外殊謁敬神之誠内欲積帰
仏之功仍憑七分全獲之金言修三七箇日之白善仏
則図月輪兮懸一堂之雲構経亦破文草兮漉数
部之白麻諸子各守我願命中陰可讃此仏経殊□(択)
吉曜於萌黄之月敬委趣於開白之日臣有一善先
獻■擎此上分奉資　今上陛下膺　皇化於軒
唐同民悦於凾夏　太上天皇移嵩唱於射山契河
清於汾水避博陸兮好謙之尊閤代通三兮摂
政之相門誇世之艾寧同年於椿寿重請＼北院二品
大王者官途之挙世途之恩歴劫難報吉水前大僧
正者知人之心過人之故重我異他于朝于夕慈之慕
之昔之戒行定証其果今之廻向還有其恐後□(法)

性寺禅閤後京極尊閤恩優容之恩為立身□□（之始）」
故八条左相府自七歳之齢献百家之説匪□□□（菅文事）
兼訪政典先霊之恃弟子々々之仰先霊異于常
人敢無忌内以此一善之力謝彼五人之恩蓋祈烏
瑟代雀環也寤思寐思之中懇者先考先妣之後
生也未離生死否争知罪福哉只願諸尊必夢
双親故翰林主人長貞者弟子長男也先我兮
去三旬余之齢可惜失汝以来七月半之望永絶老
父縦惜顔子之短命如来必示指南於浄方此外亡
息皆赴善趣雖一宵結契之友赴九夜帰生之
人皆預余薫各証三明弟子今年七十余六之齢年々
重畳而可帰百毎日八億四千之念日々消除而何有
残臨終正念往生極楽是則我願也此善朋心之妻」
子二世成熟此会結縁之貴賤一念真空凡厥一切
衆生平等利益敬白

天福元年十一月廿一日正三位行大蔵卿兼式部大輔菅朝臣

為長敬白

夫西有弥陀善逝成仏道之国下界凡夫易往生
之国是也東有釈迦如来転法輪之場上宮太子
所経始之場是也対彼九品浄土之東門立此四天王
寺之西門宝塔金堂之当彼中心也救世観世
音之意阿誰為非念仏衆生之集斯前頭也三藐
三菩提之直路起自此観海日之浸浪則不信十万
億刹之僻遠恩直風之無塵亦不異四十八願之荘厳
舎利之現神変也烏纏之仏牙不可覃聖霊之留真」
容也鶴禁（林）之生身尚如在寔是耶諸大八洲《オホヤスクニ》可□（謂）
第一寺何况太子聖霊者蓋真人也五百身□□（臨行）
之際自南衡来吾国廿九年化導之縁在東□（儲）
摂万機入三昧定兮斑鳩之宮暫閟七日七夜之
夢覚後凌万里余兮青龍之車忽帰一乗一巻
之経持来緯之希夷猶雖多存課于翰墨不可
記有弟子殊凝清浄一心和南之誠有啓此豊聡《トヨサト》
八耳《ヤツミヽノ》太子之前君王輔佐者家之玄蹤也自古賢
及今愚九伝仏法興隆者身之素意也自小年至
大位未忘毎伺十七條之憲法知為政要雖催三百心
於至愚難協聖言臣道縦疎缺仏道得円満終竟
以妙典摺書尊像造図連々相営孜々不怠其中
六千余巻之一切経渡宋本而伝持八万余基之多宝」

(76)

塔致慇懃而造立千日之講千部之経朝々聞法歳々累徳暨于功成身退心静暇多崛(屈)秋露子之名徳談天台宗之法文加之最勝金剛院者曽祖禅定相国之草創也令増広管領之近郭得建立輪奐之仏殿宜彫刻五丈之釈尊奉安置一宇之高構而毘(毖)蒭之功未果立木之営猶遅太子奉請三世諸仏十方賢聖誓曰吾入滅之後建大寺塔造大仏像之者是非他身可謂我身倩推此本誓定憐我大願必加鑑護可除妨礙抑随正像末之世有教行証之益正像早過行証亦衰澆季之俗厥欲何為但雖臨末法万年余経悉滅之期非無弥陀一教利物偏増之憑吾等深信金言之誠諦一向宜懸素望於安養然則専帰阿弥陀之教須想書読持之力手欲写十万□□不可叶縦雖保□(百)」廿年難終功仍先擘一巻於爪掌専染楚筆雖隔□(千)里之面目慭寄宋朝彫新板兮摺写甚連付帰舟兮運送無程彼朝縦有張伯英之苗裔咲非臨池之墨訬当内已得弥陀樹之華文歓軼照隣之壁(璧)輝欲謂之宸旦之模範字々皆弟子之筆跡也欲謂之弟子之筆跡文々宸旦之模範也倭漢相和

古今未聞涓《エラフ》消玄英初四之日瀝丹実無弐之露詣六百余歳之伽藍成七十余口之僧林禅歎先礼如来之舎利有財袍有供具有伎楽有歌詠読整法会之道儀有香煙有花雨有梵唄有鐘磬出了一品夫人之棘懇被加衆僧各別之檀施又天心与善忽降紫泥之命霜科宥刑聊解黄沙之憂昨日一万灯者准后之明信也可咲須弥灯光之孤黙今朝十万巻者弟子之精勤也庶幾善導巻数之一同也于時右丞」相左納言貴戚懿親月卿雲客予参済々随喜懇々猗哉善根暗増光華抑亦国母先院者長女也家替相府者宰臣也先父母兮不接此筵々々之遺恨只在之隔生死兮雖赴他界々々々結縁定喜之於戯推古上嗣之猗政也輔老而如尭年之舜焉当今外祖之摂政也代幼而亜周日之旦矣雖君臣異品雖凡聖殊貫今生同負玉扆之先規順次必陪坐金台之末籍　昔華陽宰相詣阿育大王之塔得菩提記兮謂勝力薩埵今□(栄)愚老相詣聖徳太子之寺講弥陀教兮幼観音薩埵彼受立大戒而瞻礼仏舎利此儲一大会而供養□(仏)」

(A) 仏事法会関係

舎利億劫難遇之善縁也二世相応之良福也□(凡)
厥舎衛之九億知不知利益不限世界之三千色匪
色済度無辺敬白
嘉禎三年九月　日　弟子従一位藤原朝臣　敬白

(77)

孝子伝（仮題）

（表紙欠、本文湛睿筆）

粘葉装　一五・〇×一二・〇cm（金沢文庫収集資料）

郭巨《キヨ》者河内人也時年荒□(夫)
妻昼夜勤作《シテ》以供養母一其婦
忽然生一男子一便共議言今養
此児則瘵母供事仍掘地《ヲ》埋□(之)
忽得金釜一々上題云黄金一釜天
賜郭巨一於是遂致富貴転《ウタヽ》孝《シテ》

烝々タリ賛曰孝子郭巨純孝至真ナリ
夫妻同心一殺子養親一天賜黄釜遂感
明神一善哉孝子富貴栄シム身」

河内人丁蘭者至孝也幼失母一
年至十五一旦暮(思慕)不已一乃剋母形為
母一而供養之一如事生母一不異一蘭婦
不孝一失焼木母カ面一蘭即夜□(夢)
木母曰汝婦焼吾面一蘭即苔(笞)□(打)《シモト》
其婦一然後遣之一有隣人一借斧
蘭即啓木母一々々顔色不悦一即不
借之一隣人嗔恨而去伺蘭不在一
以刀一斫木母一臂ヲ一流血満地一蘭還
見之一悲号叫慟即往割隣人
頭一以祭母ニ一官不問罪一加禄位ヲ一其身」
賛曰丁蘭至孝少喪親追慕無
及一立木母人一朝夕供養過於事親一
身没名存万世惟真

淮《□(ワ)イ》南人祭順《サイスユン》ハ至孝也養母烝々タリ
母詣婚家一酔酒血吐順恐中毒
伏地嘗之一啓母一曰非毒一是冷□
時遭年荒一順採桑椹一赤黒□(二)』
籃逢赤眉賊々問何故分別
桑椹二種順答曰黒者飴《クヽメム》母一赤
者自供賊還放之一賜宍十斤
其母既没順常在墓辺一有一
白虎張口向順一来順則申臂
採《サクルニ》之得一横骨。虎去後常得
鹿一来報之一所謂孝ハ感於天一禽
獣依徳一也」

姜《キヤウ》諱(詩)者広漢人也事母一至孝母
好飲江水一々々去宅六十里便其
妻常ニ汲ニ行テ負水一供之一母又嗜
魚ノ膾《ナマス》一ヲ夫妻恒ニ求覓メ供給之精
誠有感一天乃令其舎ヲ忽□□(生涌)
泉一味如江水一毎旦一輙出双鯉」

魚一常供其母之膳一也為《ツイテ》江陽一
死ス民為立祠一也

楊威者会稽人也少シテ喪ス父一共ニ母一
入テ山一採ル薪ヲ一忽ニ為虎一所ル逼一遂
抱テ母ヲ一而啼ク虎則去ヌ孝□其
心一也」

欧尚《ヲウシヤウ》者至孝也父没シテ居テ喪《モ》一在リ
廬ニ一郷人遂《(ママ)》虎一々急ニ投ル尚カ廬
内一尚以衣一覆之一郷人執戟欲
入廬一尚曰虎是悪獣当共殺
煎ル一尚実不見一君可他《ホカニ》尋ヌ一□
後ニ得出コトヲ一日夕ニ将テ死鹿ヲ一□
報ス因此乃得タリ大富ルコトヲ一也』

朱百羊者至孝也家貧母以冬日ニ
衣常無絮一百羊身亦無之共同
孔顗為《タリ》友一天時ニ大寒シ同往ク顗カ家ニ一
顗設酒酔留一之宿以臥具度之
眠覚除去謂顗曰綿絮定煖レトモ
因懐母寒一涙涕悲慟也

楚人老莱者至孝也年九十ニシテ猶
父母在リ常作シテ嬰児家戯ヲ一以悦シム
親ノ心ヲ一著斑蘭之衣ヲ一坐《ノリヲル》下竹ノ馬ニ一
為父母一上テ堂ニ取テ漿水ヲ一失脚シテ倒
地ニ一方ニ嬰児啼《ナキヲシテ》以悦シム父母之懐ヲ一敬
礼曰父母在トキハ言不《ス》称セ老ヲ一衣□
純素ナラ一此之謂也賛曰老莱ノ□
孝ナリ奉事ス二親一晨昏定メ省《ハフキ》供謹
弥懃ナリ戯レ倒親ノ前ニ一為嬰児ノ□
高道兼備ヘテ天下称セリ仁ト一』

※郭巨・丁蘭・祭順・姜詩については『言泉集』「孝養因縁」(『安居院唱導集』一二六頁以下)にあるが、いずれも出入りが多い。

(B)仏事法会と追善供養（逆修も含む）に使用したもの

(一) 布薩と逆修に使用したもの

（表紙欠、本文他筆、識語湛睿筆）

(78)

弥陀来迎（仮題）

粘葉装　一五・〇×一〇・五cm（三九九函二〇四号）

（前欠）

依極楽一憑□　□弥陀□
来率シテ無数ノ菩薩ヲ一期ノ終リ終焉

夕ヘ不簡草ノ菴一柴《シハ》ノアミトノ前ニ
手ラ自ラ来テ行者ヲ迎ヘ御ス忝キ□
願也○今此ノ来迎ト者ハ□
弥陀一仏ニ超一世二不共ノ願也尺
迦ノ五百ノ大願ニモ来迎ノ願ハ不説
宝生尊ノ廿四ノ願ニモ来迎ノ誓
無シ只弥陀一仏ノ願ニ限レリ是以
経云我建超世願必至無
上道此願不満足誓不成正覚
但シ来迎ニ有ル二何ノ奇摸《ホ》カ一善悪ノ
生ヲ受ル身ハ業力ノ所為也劣
界ハ思ノ所引也ト了テ引業ト云
物カ六趣ノ生ヲハ引ヒテ行ク也
上至世尊無能遮抑以業
勢力最強生故ト云テ十力
威猛ノ仏モ尚ヲ此ノ引業ノ力ラノ引テ
行ヲハ不留メ給一ハ此《コ》ニ有レハ業一彼コニ
受ク生一ヲ■受ルニ人天一修羅ノ生一ヲ
会人天来テ無迎一コト只有レハ業一人ニモ

生レ天ニモ生ナリ＼アノ炎石
鉄団ト申テ鉄ノ円《マロ》ナル中ヲ破テ見ルニ
有リ虫一磐石ノ中ノ通《カヨヒタル》道モ穴モ無
蛇有テ栖ム事ノ候也此＼ハ何ニシテ
入リヲルソト云ニ＼此石ノ中鉄□ 」
可生ル一引業カ引《ヒ》ク也＼業力□
留ニモ不被留メラレ一引生足早シテ障ニ
不被障一故也
＼然者三種ノ浄業力強シ十念ノ 』
成就モ功積ラハ＼弥陀不トモ来リ迎ヘ
可シ遂往生ヲ一来迎有何ノ勝コトカ一
乎故＼第十八ノ念仏往生ノ願ノ
外ニ此願カ無シト詮一覚候此ヲ＼人
師ノ尺スルニ有多《アマタ》ノ故一＼惑業ノ 」
障コト往生ヲ一有債《サイ》主ノ譬ヒ一＼然而
此等ヲハ暫ラク置ク取テ要ヲ一云ニ＼所詮ル一
遂往生ノ望ヲ一事依臨終儀式ニ一候
＼或十悪五逆ゝゝゝ＼或運心功積リ
念仏年久トモ臨終ニ執心ヲ残シテ 」

成往生ノ妨一人ノ臨終ノ時ニハ三種ノ
愛心カ起リテ往生ヲ障也＼三種愛
心者自体愛境界愛住所
愛也＼自体愛者亦身ヲ愛シテ
此ノ身ノ難捨一也＼一期ノ間タ愛此ノ 」
身一事＼或向鏡ニ一○形ヲ一調《ツクロヒ》テ
色ヲ一荘ル身ヲ一○《或》少ノ疵有レハ医家
問テ是ヲ療ス○＼而ニ此身ヲ捨テ、六《八》残
心王独リ冥路ニ趣ク時身ヲ惜ム事
尤可然歟＼住所愛者ハ 』
アヤシノ所ナレトモ居馴《キ》レ栖ミ馴ヌレハ
実ニ難捨一也現ニモ其ハサル事候
＼アノ野ノ末山ノ中カ遠国ノ終《ハテ》海
辺ナムトニ希ニ人ノ○居候コソハスコウ《立寄テヨソニ見ルニコソ》
ツレ〳〵ケテ何《イカ》ニトシテ彼コニハ栖ミケル 」
ルヲ居タルソナムトヨソニハ覚候
ソカシサ＼レトモ久ク栖ミナレテ執シ習ヒ
愛シ習タリケル故ニ難捨一事候
＼人師尺之一云愛是諸煩悩

是多過別立故婆娑云復」
次愛令界別地別復別
愛能増長一切煩悩愛有愛
所《文》如此執シ愛シ習ツレハ白地ノ
行《アルキ》ニタニモヲホツカナウ他行ノ間《マ》モ
無《ナ》キ支度計《ハカリコト》　事ヤ有ル覧ナムト」
覚候何況最後臨終ノ夕ヘ又
再ヒ不可帰来一永ク捨テ、去ナムスト思ニ
弥執心ノ留テ往生ノ障ト成候也
次境界愛申ハ於所依ノ境
界ニ一心ヲ留候アノ愛スル水ヲ一』
者《モノ》ハ成テ魚ト一秋ノ波ヲク、リ
愛スル花一者《モノ》ハ成テ蝶ト一春ノ野ニ戯ル
只アサヒヤカニ泉ノ水ヲ結ヒ花ノ
色ヲ愛スルタニモ執心ト成テ生死ニ
留事ニテ候何況絶鐘愛ヲ一」
之男女モアリ契ル階(偕)老ヲ一之夫
婦モアリ年来仕ヒ馴タル所徒昵《ムツ》ヒ
近ケル親類ニ合眼ヲ一聞コト音ヲ一只今

許ソト思ニ心ノ留モ理《コトハリ》也如此
三愛ヲ起テ往生望ミ難叶一候之処」
為除此三障ヲ一来迎願ヲハ起御
也サレハ阿弥陀仏酬テ来迎ノ願ニ一臨
終ノ窓ニ来リ臨ミ御白毫ノ光照シ
頂ヲ一紫魔ノ粧ヒ耀目《メ》ヲ一四悉
旦之風擾ニ冷シテ栴檀香之」
匂室ニ薫《カホ》テ聖衆ノ来迎ニ
目ヲ移シテ恩愛ノ境界ニ心不留《トマラ》一
聞仏ノ説法ヲ一故妻子恋暮(慕)不入
耳ニ一○此条マコトニサコソ候ラメ花ノ
下ノ一旦之遊ヒ尚依美景ニ一』
忘ル帰コトヲ事(ママ)ヲ一十善ノ皇居ニ近テ
竜顔ノマナシリニモ懸リ勅命ノ
芳シキ旨ヲモ蒙ツレハ万事ハ皆忘ル、
事也何況栴檀香之匂ヒ
室ニ薫シテ舟菓ノ辱(唇)ニ開テ咲ヲ一」
善哉若男子随順シテ如来ノ教一
永ク離テ穢悪ノ土ヲ一往生安楽国ト

（B）仏事法会と追善供養（逆修も含む）に使用したもの

勧御サムニ恩愛ノ執心モ何ノ隙ニカ
可起リ候一然ハ来迎引摂臨終現前ノ願
願中ノ至要也故　」
経云以見我身障語障礙文
即此意也　故来迎ノ願ハ
四十八願ノ肝要行者第一之所
望也願中ニハ来迎願勝タリ
奉ラハニ図聖容ヲ一来迎ノ御姿ヲ　」
可奉顕候
嘉暦元―十二月卅日東禅寺フサ用之
同三年八月七日金―為六浦一能入道逆修　』

(二) 布薩と逆修・追善に使用したもの

（表紙・本文・識語湛睿筆）

(79)

演義抄十七下　同十三下

法花功能

仏道之近遠偏由逢此経

不逢事法師品

粘葉装　一五・〇×一二・三㎝（三〇八函一〇号）

抑今経王者道場所得之妙
法随自滅諦之金言也
六万九千字毎字一詮ニシ皆成仏
道之理ヲ一廿八品文毎文一説ニク滅罪　」

生善之旨ヲ一生死ノ海ニハ為リ船筏ト一
涅槃ノ山ニハ為車乗ト一煩悩ノ病ニハ薬也無
明之家ニハ灯也一文一句モ必ス為
金剛ノ種子ト一十地仏地モ定テ此経ヲ」
為指南都テ八万法蔵之上首
十二分教之要枢只在今ノ妙典ニ
者也是故非スハ一円純熟ノ大機ニ一者
無近此経ニ一非レハ積行深位ノサタニ一者
無達スル此ノ教ニ一若人近ハ之レニ一者知リ妄
想之漸ク薄ヲ一若又悟ナラハ之ヲ一菩提之』
已ニ近ヌルコトヲ可存候

(78)〜(79)

法師品云多有人在家出家行セム
菩薩道ヲ一若不能ハ得ルコト見聞シ読
誦シ書持供養スルコト是ノ法花経ヲ一者
当知一是ノ人ハ未善ク行菩薩之道ヲ」
若有得ハ聞コト是ノ経典一者乃能ク善
行菩薩之道一其有衆生一求仏
道一者若見若聞是ノ法花経ヲ一

聞已信解受持者当知是ノ人
得近阿耨タラ三藐三菩提」
委可訓尺之
次下更以譬ヲ一説之
譬如有人渇乏須水一於彼ノ
高原ニ一穿鑿シテ求之一猶見ハ乾
土一知ルヘシ水ノ尚遠コトヲ一施コト功ヲ二不已一転見
湿土ヲ一遂ニ漸ク至ラハ泥ニ一其ノ心決定」
知水必近委可訓尺
更ニ是レヲ合法ニ一候
菩薩亦復如是若未聞一未解一
未タ能ハ修習スルコト是ノ法花経ヲ一当知
スハ
是人去ルコト阿耨タラ三藐三菩提ヲ一』
尚遠若得聞解思惟修
習一スルコト必知ルヘシ得ト近コト阿耨タラ三藐
三菩提二所以者何一切菩薩ノ阿耨
タラ三藐三菩提ハ皆属此ノ経ニ一
此経開方便門ヲ一示真実経一
委可訓尺之」

(B) 仏事法会と追善供養(逆修も含む)に使用したもの

演義抄十七下云開方便有二義二一於
一仏乗ニ一分別シテ説三ト一名テ之一為開一
即初施権一故信解品
末云随テ諸ノ衆生ノ宿世ノ善根一
○於一乗道ニ一随テ宜一説三ト一等
是也二者開者開除開 」
発故第四経云此経開方
便門永真実相斯即説
三為方便名之為開文

同十三下云昔不言三是レ方便一
故方便ノ門閉今ハ云三乗是レ方 」
便故方便門開、々ルトキハ則見
実ヲ一故彼経云此経開方
便門示真実相一故方便
門ハ如蓮之花一真実相ハ者如
花之蓮ノ一此ノ花ハ不有一而已
有レハ則花実双テ含此経ハ 』
不説一而已説則権実双テ

弁文
已上取意可解説之
是知菩提ノ道ニ近ツクト遠サカルトハ
此経ニ逢フト不ルト逢ハ一也不逢
者終ニ不可得菩提ヲ一逢者ノハ 」
必可成仏道一若有聞法者
無一不成仏トモ説キ須臾
聞此即得究竟阿耨菩提トモ
述タル実ニサ謂タルコト候 」

暦応元―十二月十四日金―□□六七日引上 」
同四三七金―ミナトノ入道逆修
康永二年五月十六日金―右馬五郎妻四十九日
同三年八月十五金―布―中井禅尼逆修 」

(裏表紙左肩)

三余

(80)

識語断簡（仮題）

（表紙・本文欠、識語〈除異筆〉湛睿筆）

粘葉装　一五・三×一二・二㎝（三九九函二〇七号）

元亨三年四月九日松谷浄俊房五七日
同四五晦日於称名ウヌマ新―第三年
正中二年十二月十五日角禅尼悲母七年
同三年五月十六日山岸殿二七日
嘉暦元年五月廿三日大夫入道殿御逆修
同八月十日東禅寺六七日
同三年九月廿九日海岸寺賀嶋入道一周忌円□房
元弘三年九月廿九日東鼻和五郎一周忌
暦応二年二月十一日金―瀬崎良信三七日
同五年四月十五金―フ為荷（ママ）稲殿悲母三十三廻
康永二―十二月三―尼如蓮逆修
同三年五月一日新善光寺一如長老四十九日
延（異筆）文元年五月廿二日室木女姓（ママ）逆修

(三) 布薩と追善に使用したもの

(81)

（表紙欠、本文他筆、識語〈除異筆〉湛睿筆）

廻向説草断簡（仮題）

粘葉装　一三・二×八・八cm（三九九函二一三号）

不有疑一トコソ覚候

暦応四年八月八金―ミナト［　］

同五―三―九―金―善阿弥悲母十三年

康永元―十二月廿日俊首座悲母一周忌

同三―七月廿三金―六浦道空妻母三年

貞和二―八月十五金―フ自瑜已下ハ不用

（以下異筆）

至徳三八二蔵アミ後家第三年用之

明徳二十廿九了本上人悲母三十三年」

」

（前欠）

折《ヲリ》一ニ無絶一サレハ〳〵施主ノ

報恩謝徳既ニ尽シ誠一御

聖霊ノ離業得道定テ

(四) 布薩・彼岸会と追善に使用したもの

(82)

識語断簡（仮題）

（表紙・本文欠、識語〈除異筆〉湛睿筆）

粘葉装　一四・六×一二・一cm（三九九函二一〇号）

元亨元年八月彼岸多—用之
同十二月六日夜多—方丈栢間父十三年
正中元年後正月十六日田中殿為美作父十三年
(建武三—)延元々年八月十五土—フ—輪如房為乳母
建武四年六月七日三谷永興寺用之

暦応五年四月十五金—フ—為荷稲(マヽ)殿悲母三十三年
(付箋異筆)明徳二八廿一蔵阿弥三十三年引上修之正忌明年十二月

㈤ 涅槃会と追善に使用したもの

（表紙欠、本文他筆、識語湛睿筆）

⑻

釈迦恩徳事（仮題）

粘葉装　一五・一×一三・二㎝（三九九函一九四号）

（前欠）
《セルカ》故一\《ヒ》承《ルニ》尊言《ヲ》一無不
遵《ヒ》行《セ》一サレ\ハ加《ヘ》教訓《ヲ》一垂《御スニ》
提《テイ》撕《ヲ》一有《リ》力《モ》一有《リ》勇《ミモ》一
然《ルヲ》\此《ノ》娑婆界《ノ》作法我等

衆生《カ》有様不\弁《ヘ》今世後
世之義理《ヲモ》一不随《ハ》折伏摂
受之方便《ニモ》一\非但《タ、》不順《セ》其《ノ》
教化《ノ》置手《ニ》一抑又
還《テ》致誹謗軽賤一\教誡
不力及《ハ》一引導失《フ》便《リヲ》一事
共《テ》候《ソカシ》\何況処《ヲ云ヘハ》\
如朽《タル》城廓《ノ》一\又四面《ニ》生老病
死之猛火熾然《タリ》内
外貪瞋癡慢之虎狼《モ》
充満《セリ》\又我等《カ》有様《ヲ》
顧《ルニ》\求不得苦悩《スカ》身心一故
心《ニ》無《クシテ》隙一無崇《ル》仏陀《ヲ》一之誠《モ》一
怨憎会苦、害《スルカ》恵命《ヲ》一故有
怠《ヲコタル》修断《ニ》一之過《アヤマリ》一\此条《ハ》大方
不力及一之作法候○然間
\過去《ノ》法蔵仏《ノ》所《ニシテ》幾許《ノ》菩薩
発菩提《ノ》大願《ヲ》一御《シ》中《ニ》\一千四《ノ》
菩薩《ハ》皆捨《テ》、娑婆穢悪之利生一

同シク於テ十方ノ浄土ニ得菩提ヲモ
導キ利セムト衆生ヲ誓ヒ御此則
娑婆世界ノ弘法度人《利生》カ難叶ヒ
我等衆生カ難キ教化調伏シ』
凝観念皆是尺尊慈悲ノ
御冥ニ加被護念御シカ故漸次ニ増
進シテ乃至今日出世成道シテ由ルカ
現身説法シ玉フニ故修行得果シ
会三入一シケルソト領解シツル候
此条ハ不局ラ彼ノ陳如等ニ為我
等衆生亦如コソ是廻善巧方」
便御サレ候ラムト存スルコトテ候
倩《サレハ》案此事檮昧ノ愚ナル意ニモ
渇仰頗ル催シ悲喜相ヒ半ナル
事テ候然則三毒十悪ノ
盛ナル時モ尺尊定テ随逐シテ我等ニ
徴《コラ》シメ悪ヲ勧メ善ヲ玉ラウ若適モ趣ク三
学六度之修行ニ折《ヲリ》ハ尺尊」
何許随喜シテ殊ニ廻ラシ増進

仏道ノ方便ヲ御ラフ世尊於長
夜○此条実ニ銘シテ心府ニ忝フ
貴ク覚ヘ候サルニ付テハ
恩徳広大之至リ超過セル余仏ニ
之条置テ不論《ヌ》セ事ハ不御乎
何況ヤ今マ指当テ目ニ顕ハナル」
事候ソカシアノ持ツモ一戒ヲ全ク
非弥陀ノ之所制ニ専ラ受ク尺尊
之禁戒ヲ修スルモ微少善ヲ亦不学ハ
薬師之教ヲ正ク依レリ尺尊之勧ニ
厭穢土ヲ欣浄土偏ニ是尺尊之
教ヘ也求メ西方ヲ望ム上天《都率》豈ニ
非尺尊之勧メニ乎加之祈ル』
王家之安泰《寧》ヲ是レ仏法之力ナリ其ノ
仏法者併是本師之遺法也
増ス神明之法楽ヲ亦仏法之力ナリ
其ノ仏法者偏亦尺尊《牟尼》之教行
也サレハ云世間ト云出世ト云神
明ト云王法《家》ト皆是本師尊《尺》

（B）仏事法会と追善供養（逆修も含む）に使用したもの

尊広大恩徳之所致一也」
誰人謂《ハン》不然一乎＼世尊大恩
以希有事憐愍教化利益
我等無量億劫誰能報
者＼可訓尺之是《モ》迦葉迦旃延等《ノ》
四大声聞於《テ》霊山会上《ニ》一聞
法悟道《シテ》仏恩《ノ》至《テ》忝《コトヲ》
被申《サ》感歎一之詞《テ》候」
サレハ尺尊御恩徳広大之至
今更申挙《ルモ》中〳〵《ニ》候＼我《モ》人《モ》
付世間一（出脱）付世間一終日《ヒネモス》蒙此《ノ》広
大之恩徳《ヲ》一誰《カ》不存報謝之誠候
＼其報謝《ト申サムスルハ》止《メ》一悪一修一善一
是《レカ》随順仏語名供養仏文
仍＼」
元亨四―八月九日中田太郎左衛門悲母七年
嘉暦四―二月十五　東禅寺　暦応四年十月廿日三谷
康永三年二月十五金―
同四年九月十二日瀬崎寺千了尼供養』

（六）彼岸会と追善に使用したもの

（表紙・本文・識語湛睿筆）

（84）

睿之

示郭因縁

□□尺（不動）

請免死罪事

聖之加護事

一称名号事

粘葉装　一四・〇×一四・〇cm（三〇八函一三号）

大唐有悪俗名示郭《シクワク》一《ト》盗殺二
罪昼夜作之一＼粒盗犯猶五百
生□牛《ト》一刹那怨害無量生
□□＼何況長時殺盗一乎＼爰
□□偸《カニ》入人《ノ》蔵《ニ》一々主捕之一欲

切頸二示郭無所遁一故申テ頸一待
\其時乗レル馬ニ一俗カ遥打チ鞭挙ケ
□次テ手二云暫可待我到仍相\」
□彼\ノ俗下リ馬ヨリ一静坐セリ其ノ形如貴
□一非直タ也人一即示曰\我有為ニ救ハムカ一父
母ノ苦ヲ一欲スル助ムト死罪六人之死ヲ一大願上
五人已助畢今只一人ナリ而今値ヘリ
□□難遁之大犯人一願ハ免許シテ此ノ俗ノ死罪ヲ
□成就我願一\勇士等云自業
自得之道全不可免大犯之誡メ
天之□□也何況未知汝是レ慈
悲発願之人若示郭之親』
類歟若同犯同類之輩歟
誰信□□乎\俗曰実ニ今所疑一
更無所遁一然而我願無コト娯一仏天
定テ知見玉ラン但被封セ此ノ疑ニ一不助
示郭一者前已助五人一之功空失セン
若尚不審ナラハ者所詮我身代ラン示郭ニ一
忽切我頸一易殺示郭云々\□是諸人

云フ□不可殺無キ過一之人ヲ一只投財宝ヲ一」
可買ヒ留ム示郭一\俗即悦テ所ノ乗レル一
馬鞍并所著キル一内外ノ衣裳所
持一釼刀皆以与之ヲ一\其時勇士
重申シハ猶無現証一汝出セト切指之
証一云々俗泣々出三ノ指ヲ一大国之習ハ大
事之証ニハ切其指ヲ一之故也仍許之畢
\爰示郭憂ヒ余于身ニ無置クニ于
心ヲ一処□問俗人ニ一申ス君ハ誰人ナレハカ
来テ助我ヲ一乎\俗答云汝不知哉
或即久遠成正覚之□□」
毘盧舎那之所変大聖不動明
王也ト\汝毘婆戸仏□中ニ
□人身一[　　]間タニ一ヒ称我名ヲ一自爾
以降\我由生々加護之誓一[redacted]
九十一劫之間須臾モ不離汝一引
入滅罪生善之道ニ一廻除災与楽之
計一故今亦見汝値苦ニ一我自浄
満世界一来テ助汝苦ヲ一\方便解脱

(B) 仏事法会と追善供養(逆修も含む)に使用したもの

之馬第一義諦之鞍大智恵之
釼忍辱之衣皆成汝カ身命之直
物此上者汝若尚造悪業ヲ㆒及死
罪ニ㆒者我全不知之ヲ㆒如是㆒告畢
登テ天ニ㆒去ルヲ見レハ即大聖不動明
王テ御示郭見之㆒随喜涙難
禁㆒仍改メ日比之悪行ヲ㆒出家シテ成
沙門形ト㆒永帰シテ明王之徳ニ㆒終成
菩提ヲ㆒見聞之□類亦帰明王㆒
之譬⌈　⌋□□(文宗)治皇帝第三年己酉大《タイ》(太)
和《クワ》年中ノ事テ候シ即当日本国
淳和天皇御宇云々
⌈　⌋第廾二⌈⌋
即出テ所□歎⌈　⌋
(二面白紙)
元亨元年八月彼岸多―用之
同三九一源蔵人大夫妻初七日
正中二年二月廿日金―田中殿初七日

(85)

⌈　⌋日□□(彼岸)多―用之

不動明王智証大師伝文

睿

(表紙・本文・識語湛睿筆)

粘葉装　一四・八×一一・五cm(三一三函七〇号)

智証大師ハ文徳天皇御宇
仁寿三年八月九日大唐ノ
商人欽良暉カ船ニ便船セムシテ
為求法㆒趣大唐国之時渡
海之間東風急扇テ舟
走ルコト如鳥飛㆒然十三日ノ申

刻許ニ北風俄ニ起テ十四日
辰時ニ舟漂湯(蕩)シテ著流球
国一流球ト申ハ海中啖人一之
之国譬ヘハ鬼海カ島ナント申』
鬼カ島コソ候メレ其時ニ成ヌレハ
責メテノ事ニハ四方無風一不知
趣カム方ヲ一剰サヘハ遥見レハ数十
人ノ異類異形物ヲソロシ
気ナル物出来○《船中》諸人悉」
喪身ヲ一失ハレム命ヲ一事悲ミ入テ
候之処大師合掌閉目ヲ一
念不動明王ヲ一仰クコト大悲本
誓ヲ一刹那須臾之許ナルニ」
金色軍兵《不動明王》露《アラハレ》立テリ舳《トモ》ノ
上ニ一時ニ船中数十人悉皆
見之一作奇特之思一程コソ候ヘ
俄カニ巽風忽発飛帆ヲ一」
指シテ乾ニ走行之程ニ十五日午
時ニハ大唐ノ嶺南道福州ト申

国ヘ無相違ニ無恙著キムタリト
申テ候
康永□(三)年十二月八日　金―良信七廻引上』

⑻

悲母因縁

睿之

（表紙・本文・識語湛睿筆）

粘葉装　一四・五×一一・五cm（三一四函一号）

（表紙裏）

⌊其孫子一○無《雖》孝行
⌊追善之間事ヲ深恨
　空罷過候
⌊ル事候

⌊道俗之有《身》御返之習ナル
昔有一人愚俗渡造悪積于身一ニ
業障難《愚俗渡》遁之故生涯
□限一命終之後即堕
（地獄）□□候ケル歟在生之間不レハ修一善一
⌈　⌊罪業ヲ二之道モ一沈苦ニ二
⌈　⌊行候シサテ思之
□□預ムコトヲ遺跡之追福ヲ一
□待テトモ《遺跡有好意諸道望シ》七月半盂蘭之日ヲ一
無可キ然二之子息二不照《行》冥途
之幽闇ヲモ一無レハ便リ宜キ之親
昵一無送旅天之資糧ヲ一
＼爰有一人ノ孫二所憑一トテハ
□シヤト望テ其ノ追孝ヲ一相
□□五両日ヲ一之処ニ
⌈　⌊セル之気色一却
⌈　⌊早《ハヤ》十五日
⌈　⌊許ニ罷リ成リムタシニ

□孫カ折節仮寝《ウタヽネシテ》
候ケルニ詠一首ノ和歌ヲ告示シテ
親《ヲヤ》カ親《ヲヤ》親ニテアラハ
トヒテマシ子《コ》カ子《コ》ハ
子ニテアラヌナリケリ
実ニ銘シテ心府ニ悲フ恨ミノ至リ
□萠ケル者ノ哉ト聞ヘ候ソカシ
御仏共ハ悉可異之所謂
□□□○聖霊平日之昔
「　」僧ヲ為本体ト諸
「　」諸善奉行深ク
「　」乎又今ノ大施
□(主)「　」以知恩報恩為
□□懐ト挙枝帰招ニ汲
□尋源之思不等閑
依之迎七ケ廻之遠忌ヲ
厳重ニ展広御仏事之梵
今即
席ヲ慇懃ニ祈祖父聖
被催候
「　」今有悦御思
(霊)□成等正覚ト御云彼云此

「　」冥途ノ幽闇無不照
「　」資糧有何貪
「　」霊御覧此等之
「　」歓喜涙幾許ソ
□シウモ我八十有余之齢マテ
一期生界間
朝夕宗ト所欣思者只是後
世菩提ノ資糧ソカシ在生本懐
臨終正念有憑
無違コト○没後今ニ至ルマデ大施主
等メテタウモカウ報恩慇ニ不
忘御サレハ実是非一世恩
愛之孫子生々世々ノ善知
識也ケリ人ノ孫子世ニ多トモ未必
如此我レ賢モカハカリ孫子ヲ娑婆ニ
奉テ待後世ノ訪叶ヌル心ニ事ヨト候歓
喜悦与シ玉ハ不御――
元亨二　三月五日彼岸多―用之
同　三九十五タウラニテ為禅日房祖父

（七）千部会と追善に使用したもの

(87)

（表紙〈除別筆〉・識語湛睿筆、本文他筆、合点朱筆）

正和四年久米多千部会用之　　睿之
尋陽江湖女因縁
　可合聴聞功徳也
　妙法花経聴聞事
（別筆）法花ノ功力

粘葉装　一三・六×一三・六cm（三一四函五三号）

尋陽江湖辺有一ノ老女一（朱）＼性
躭魚肉一ニ不識因果一ヲ買スナトテ　魚
鱗一ヲ取其ノ利一ヲ以テ存活□
外ハ亦無他ノ業一（朱）＼如シテ是一（朱）＼空ク
送リ花ノ春一ヲ迎テ月ノ秋一ヲ（朱）＼一生徒ニ
暮レ運命忽ニ尽テ至リヌ閻魔
庁庭一ニ爾時ニ（朱）＼大王問曰汝受
（朱）＼難受二之人身一ヲ遇難値二之仏法一
修セシト何ナル善根一ヲカ御尋ノ候ケルニ
（朱墨重書）＼此女憶スルニ生涯一ヲ○不修指タル善根一ヲ
（偏ニ雖犯殺生業道一）
更ニ無修スルコト一善一ヲ
問只黙然トシテ無言一フコト（朱墨重書）＼其時
（朱）＼大王重テ問テ云ハク汝○全無善□
（生仏法流布之国久逢）
遺教
弘演之時ニ一争可無□

（添付紙）

（朱）＼此女憶スルニ生涯一ヲ偏ニ雖犯殺者
生業道一更ニ無修スルコト一善一ヲ
之間　（朱）＼共黙然トシテ都テ
無申述之間一（朱）＼時ニ大王
重テ問テ言ハク汝既生仏法
流布之国一久ク逢遺教
弘演之時一ニ争可無□
少ノ結縁ト進テ強ニ

(87)

\サテ此ノ女憶念スルニ生涯ヲ一昔住
人間一○為求ンカ魚肉ノ利ヲ一出テタシ市ヘ一』
之時\大雲頓《ニワカ》ニ興テ暴雨
忽ニ下リ水満テ江湖《カウコ》一ニ不能往
候〻〻シ間\半日許湖ノ辺□
堂ヘ立寄テ○折節キ、聞講スルヲ法花経一ヲ
\案シ得テ此事ヲ一即閻王ニ奏シ
有ル聞法ノ功徳一之由一ヲ
処ニ王讃
\若有聞法者無一不レ成仏□」
(朱)\聞法ノ善根実ニ以テ最上也最勝也
(朱)\五十展転随喜之福尚以過
十年之修福一ニ況ヤ親リ見聞
乎直随喜之一ヲ須放還ス汝ヲ於人間一ニ(朱)\但汝カ所
造一罪業ニ依テ必可受ク苦□ヲ(受)□(苦)
所ヲハ能ク見ルヤ否ヤ(朱)\未見申ケル将此女人
間タ\閻王召一人ノ冥官ヲ一相伴一」
遣海辺ヘ一(朱)\即往テ見ルニ之ヲ一有百千
捕魚之人一(朱)\皆以鉄ノ縄ヲ一繋其ノ

頸ニ一杈械枷鏁ヲモテ纒絡□
身ヲ一サテ(朱)\従空中一下シテ大火輪ヲ一
置罪人ノ頂ヲ一候ヘハ火輪入テ身ニ一
刹那ニ焼尽シ暫時ニ死出スルコト三十
余遍(朱)\其時罪人各叫喚曰」
\悲哉吾等昔恣ニ殺シテ生命ヲ一今
受クト此ノ大苦ヲ一(朱)\如此唱ヘ已テ悶絶テ
僻ル地ニ一(朱)\時ニ衆多ノ獄卒手ニ持
利刀ヲ一割《サキ》身肉ヲ一破テ骨髄ヲ一取テ食
散ス之ヲ一(朱)\食散之ヲ一了テ還テ吐ケハ骨肉ヲ一
如本一活候(朱)\加様ニ罪人受苦
処所無量無辺ニシテ不可称計一(朱)\於是一』
冥官告テ女ニ一告言ハ(朱)\汝当往テ彼ノ
所ニ一作テカ何ナル業ヲ一可下問受ク中如是一
苦上ヲハ(朱)\此ノ女恐レテ問ヒ候ハヌ間
サテ(朱)\冥官自ミラ問云汝等造何罪
業一云々(朱)\罪人共答曰吾等愚癡
常ニ殺魚亀ヲ一以自存活ス以是
因縁ヲ一故受苦ヲ一如斯一云々(朱)\加様

（B）　仏事法会と追善供養(逆修も含む)に使用したもの

次第巡見候(朱)ニ　又有致獄卒ノ徒ニ□
候(ケルヲ)ニ問其ノ故ニ候テ彼ニ申
(朱)ニ尋陽江湖ノ辺ニ有一老女彼
依聞クニ法花経ヲ○免可カリツル堕ツ之地獄　故ニ
苦ヲ是以空手而坐ス(朱)是時
左女挙声ニ唱南無妙法
蓮花経ト候(ケルニ)(朱)聞ク此ノ語ヲ無　不思議之事
量ノ罪人忽然トシテ不見ニサテ
(朱)ニ冥官并ニ老女還リ来テ奏申
事ノ由ヲ於炎王ニ(朱)王日吾誤々々

（添付紙）
彼罪人等皆聞汝之唱フル妙法
首題ニ滅罪ヲ生セリ天ニ汝早

遣汝ヲ令見受苦ノ人ヲ□等
聞妙法ニ罪滅シテ生天ニ汝早ク
還テ人間ニ事ノ因縁ヲ披露シテ
令信因果道理ニ云々(朱)老女即蘇
生シテ対テ江ノ頭ニ人ニ説此ノ事ニ

凡此経者(朱)ニ旨趣至テ甚深也
述○一乗至極之真理ヲ故
説教至テ最尊也顕如来深固
秘蔵ノ故(朱場重書)化導尤モ希奇也八歳　コ
竜女五逆ノ調達成仏道ヲ故
得益尤モ広大也邪見ノ厳王敗種ノ
二乗預ルカ利益ニ故功ノ秀一ハ□ニ
徳ノ超タル諸経ニ之故ハ—

（挿入紙・表面）
不リキ(ラ)悟ニ昨日今日ノ歎
万人皆傷□況ャ一門男女ノ悲歎
隣里於哀動ス況孝子恩愛ノ近慈

（挿入紙・裏面）
凡此経ノ勝利ノ掲焉ナルコト不可勝計
繊聞首題名字ヲ者尚以離苦得楽ス

何況大施主抽無二無三ノ精誠ヲ一
修御ス頓写開題ノ恵業ヲ一慈父聖霊ノ
頓証菩提更以不可疑
釈阿ミ四十九日用之」

(朱)\サレハ (朱)\薬王ハ焼テ身ヲ一展ヘ千二百
歳ノ之供養ヲ一観音ハ分形ヲ一
施三十三身之利益ヲ一(朱)\実ニ
序正流通三段奇特非一ニ一
正像末之三時勝事是多
\依之今信心———」
元亨四五晦日於称—ウヌマ新—第三年
建武二年二月廿五日土—夭亡人々第三年』
(裏表紙左肩)
二半余

(C)追善供養（逆修も含む）に使用したもの

(一) 逆修のみに使用したもの

(88)

（表紙〈除「修善部」〉・本文・識語湛睿筆）

睿之

鶏《ム》頭供養仏僧
夫婦同心修善根事
信心有誠感応不空事
貧者修善

（異筆）
修善部

粘葉装　一四・六×一一・五cm（三〇八函一八号）

（表紙裏）

付此一者夫婦同心シテ修御善根一
其ノ志有テ誠一感応不空カラ一
勝利立所ニ顕ハレ候先蹤
多候中ニ
」
経律異相第四十一引羅閲城人民請仏経
尺尊在世ノ時羅閲城ノ人
民、随テ其ノ種族ニ若ハ刹利
居士、若ハ毘舎首陀、依リ種ニ
随ヒ品ニ挙《コソ》テ請シ仏ヲ供養シ僧ヲ
候時ニ諸ノ婆羅門ノ
一類カ四方ヨリ集リツトフテ評
議シケルハ一天挙テ帰依シ三宝ニ
四海誰《タレ》カ不ル供養仏僧ヲ之
輩アル我等カ一党何亦（默）
不爾（得レ止コトヲ）須ク各人別百文ノ
銭ヲ出シテ弁備シ供物ヲ奉ヘシト
請仏ト僧トヲト申
」
爰鶏頭婆羅門ト申者ノハ日来ヨリ
供仏施僧之志ハ雖レ不トレ踈《ス》ニ百
味五果之蓄ヘ無キカ絹塵モ故
」

(88)

＼思ナカラ過シ日ヲ一黙シテ罷リ‐過之処」
今聞クニ二此ノ評議ヲ一弥‐悲ム有テレ志ノミ一無コトノ
力一之上ヘ諸人申‐様ハ汝既ニ無
所蓄一百文ノ銭‐定テ可難カルレ出一
ト申間凡＼肝‐胆如クレ屠カ一身肉《ニク》
似レ割一云＼当座ノ恥辱ト一云来
世ノ結縁一ト不ル一方《カタ》ナラ一之悲ミサコソ」
候ケメ＼サテ急キ還テレ家一婦ニ
歎ク二此ノ事ヲ一婦カ‐教ヘ申ケルハ
＼汝入テ二羅閲城一逢テ二人々ニ一借
用スル之一歟若シハ又其シモ不《ス》ハレ叶一
須ク至下弗賖蜜多羅長者ノ
舎ニ上言《ノタマハムスル》様ハ＼銭百文借シ」
賜ヘ七日ノ内ニ当二返‐納一ス若不
レ能ハレ還コト一我等夫‐婦二人
永ク為テ二奴婢ト一可ニ償‐贖《ツクノヒアカフ》一
鶏頭如ク婦カ教ヘノ一先ツ入テ城中ニ一
遍ク求ルニ之一都《スヘテ》無レ所レ得一○之間終ニ至テ下弗‐賖
密多羅長者ノ舎ニ上具ニ陳スルニ二』

志之趣一長者垂レテレ哀一即
貸《カシテ》金銭百文ヲ○候＼鶏頭貸‐カリ
得テ不《ス》下覚ヘ足ノ之所レ践上歓喜
余リ身一ニ急キ詣シテ○彼婆羅門衆ノ中ニ一
已求得タリ銭ヲ一願クハ聴シ玉ヘレ交ルコトヲ下我ヲ於衆ノ
中ニ上ト申＼彼衆言我等已ニ
弁‐備飲食ヲ一供《クウ》‐具悉ク‐調《ト、ノヘ》‐訖」
此外○更無ケレハ所用一不レトレ須汝カ‐銭ト一申
＼爰鶏頭意‐ニ謂ハク凡ソ人《ヒトハ》者以
仁育ヲ一為レ心ト一以テ二芳情ヲ一為志ト一縦＼
未見今見之輩ナリトモ同キヲ門ヲ一
為スト云ヘリレ友ト一況ヤ合スルヲレ目ヲ一
交レ語ハヲ一之族ラトシテ並ヘテ肩ヲ一訪ハムニ道ヲ一」
加ヘテレ力ヲ一被助ケ一之事コソ難カラメ棄テ、
身ヲ一奔走之志ヲ空シクセラル条
遺恨之至リ何事如カン之ニ一＼但此事
黙シテ不可止一トテ即夫婦二人急キ
参テ仏ノ所一彼ノハラ門ノ衆ノ評定之」
次第、我等尽シテレ志ヲ致ス奔走ヲ一之

(C) 追善供養(逆修も含む)に使用したもの

事○《由来》柄委々細々ニ具サニ白ス如来ニ
爾時世尊知メシテ二機根ノ已ニ熟一即
請シテ仏及僧ヲ急テ可キレ陳フ供養ヲ之由
教ヘ御ス鶏頭カ本望只此事ニコソ
候ヲ仏ケ先立テ進テ教勅玉フ
上ヘハトカク不ス申ニ及ヤカテ』
還テ本宅ニ欲スレトモレ営ント供物ヲ自
本ト貧窮無福ニシテ無キカ所畜(ママ)
故○《今》取レ時ニ無シ薪モ無饌《ソナフ》所
マシテ可キレ請シ居《スヘ奉》仏僧ヲ堂舎モ
無シ用意イカハセムト仰天スル
処ニ忉利天ノ天主、尺提桓」
因、語テ毘沙門天王ニ言汝助ヨ
此ノハラ門ヲト即受テ天主ノ教
勅ヲ毘沙門天自隠シ其ノ形ヲ
化シテ作リ人ノ身ト更ニ勅シテ五百ノ羅
刹ニ遣ハシテ梅檀林中ニ令取リ
荷シテ牛頭梅檀ヲ為レ薪ト有ル」
竹園ノ中ニ化作スト云ヘリ鉄厨ヲ々々ストト申ハ

営ミ粥《シユク》飯ヲ可調供物処コソ
候メレサテ○《即》以牛頭栴檀ヲ為シ薪ト
於テ此ノ鉄厨中ニ五一毘沙門天
下知成敗シテ五百ノ羅刹等」
面々取々《トリ〳〵》ニ或以テ自然ノ粳米
温《ウン》煮シテ作粥飯《ハム》或尽ニ山
海ノ珍饌ヲ調味シテ為菜汁ト
云牛頭栴檀ノ薪香《カホリ》ト
云熟食甘味ノ苟《ヒトフ》凡ソ
十二由旬之内チ異香薫』
馥セシカハ四方遠近之貴賤
無シ不ト云コト驚歎ソレノミニ候ハス
尺提桓因亦語テ毘湿《シウ》波伽《キヤ》
摩天子ニ言シハ仏及ヒ僧可坐シ玉フ
之所ノ無キ用意汝相ヒ計ヘト之」
彼天子受此語即従忉
利天如壮士ノ屈伸スルカ臂ヲ之
頃タノ至リ竹園ノ中ニ於テ鉄厨ノ
側ハラニ忽ニ化作シ仏殿講堂ヲ悉ク

以七宝一成セリ＼其七宝ト云ヘルモ
更非二人間ニ所有《アラユル》之類一ヒニハ
皆是天上勝妙ノ之宝ナリ又
於二テ此ノ七宝所成ノ講堂ノ中一ニ化
作ス千二百五十人之座席一ヲ
並ニ厳二リ玉ノ台一ヲ一々ニ敷《シ》ケリ錦ノ
シトネヲ＼此等ノ次第当時《ソノトキ》
有様ニ思ヒ遣リ候ニ鶏頭夫婦
二人ノ物共ハ只揣拱ト手ヲ
コマヌイテ徒ニ外《ヨソ》ニ立テ見聞スル
体ニソ候ケフト
爾時摩竭提国ノ頻毘娑婆
羅王問群臣一言ルハ
＼世間ニ異香頻ニ粉馥シ
珍饌ノ妙ヘナル匂ヒ甚シウ香カホルハ
ソモ是レ何事ソト御尋
＼群臣答言是レ鶏頭ハラ門カ
於鉄厨中一ニ以牛頭栴檀一ヲ
為薪一ト為仏及僧一経営スル

供物一ヲ之香候
大王作シテ奇異之思一ヲ急キ詣御
仏所ニ○其道チスカラ睿二覧シ御ニ事ノ
之次第一ヲ＼従昔一已来曾テ無キ
此ノ講堂加＼之以七宝一所成一
○此七宝之為体一於人間一未見一
之処也雖尋御スト群臣一各々
言我等全不スト存知
サテ弥ヨ〱行幸ヲハヤメテ詣
仏所一増ス〱深クシテ疑情一一々問世尊一
＼仏言○其事也有鶏頭ハラ門一ト云モノ彼夫
婦供養三宝一ヲ之志深クシテ
放身捨命之尽スルカ誠一故
諸天善神同心合力シテ如是
所二化作一スル也当＼知一非ス二但鶏頭一
信心有ラハレ誠一誰モ皆ナ可爾一ト○
＼大王承リ御スニ此事一随喜之涙難
抑湿シ袂一ヲ信敬ノ思ヒ満胸一
更又思食御当来末世ノ

(C) 追善供養(逆修も含む)に使用したもの

衆生悪業之所果ス一福ー少ナク
寿チ一短シ如是一為信心清浄者ノ一
所ノ現スル一天上勝妙ノ七宝名字
猶不リキ二得聞一況彼ノ所ノ厳《カサリ》
成スル一講堂争得ン見ルコトヲ一」
我今蒙仏恩一親見ル如是一
事一豈非希《ケ》有難思之幸ニ一
哉ト＼爾時世尊告玉ハク二鶏頭ニ一
汝請ラン仏僧ヲ一時キ共ニ可レ請王ヲモ一
＼毘沙門天王○（鶏頭ニ教ヘ玉ハク）明日ノ清旦
鶏頭ハラ門令ニシテ沐浴潔」
斉シテ著セ妙ナル衣裳ヲ一手ニ執香炉ヲ一
詣如来ノ所一頭面作礼ヲ一飲食
已ニ弁○（候ヌ）願ハ垂レテ降臨ヲ一受玉ヘト我カ供
養ヲ一請コトモ大王ヲ一亦如是一
爾時仏与衆僧一倶ニ赴講堂ニ一
次第ニ坐列シ大王厳《カサリ》駕ヲ一」
群臣囲繞シテ臨幸シ御ス鶏頭カ所ニ一
＼甘飲食味面々ニ受之一

菓菜羹《カウ》飯心々ニ進《ス、》之＼然則
＼鶏頭過テ分ニ一陳フ供養一○（飽テ）植ノミカ
善種ヲ於三宝之福田一
如来随テ応一説玉フ妙法一○（定）期下シキ覚果ヲ』
於四徳之霊台上ニ＼実以○
＼凡ッ夫婦同心トカ申ナカラ殊ニ
依（良室）妻○（室）ノ教ヘニ一夫コモ一味ニ尽力ヲ一
奔波セシ作善ナルカ故＼冥衆ノ感
応立所ニ顕ハレ現当ノ所願
速ニ円満シ候ケル＼返々○以之思之」
＼○（今）信心施主二＼人同シ志ヲ一一味ニ
合テ力一勤＼ニ展テ供仏施僧之
斎莚ヲ一偏ニ祈当得菩提之
悉地一定＼知ヌ諸天善神モ同
心合力（御）殊更ニ仏法僧宝モ」
証明護念シ玉ナレハ檀主ノ
祈願無違コト一現当ノ勝利
不《シ》空ラ一ト」
貞和二年三月晦日金―平岡入道逆修

此御本ハ□□(貞慶か)本ヨリ於南
都一相伝之一今ハ一具ニ可添師
草ニ一也
七余
』

(89)

（表紙・本文・識語湛睿筆）

ム阿弥陀因縁 鸚鵡鳥
＼随称念積功即仏増法楽事
睿之

粘葉装　一五・〇×一一・五cm（三〇八函一七号）

此仏ノ本誓至テ深ク重願
不シテ空一＼於テ難化難度之衆
生一廻シ不可説不可量之方便一
＼摂化引導シテ現生即身ニ
○令《視タリ》往詣セ極楽浄土ニ一
＼安息国ト申ハ天竺ニ取トテモ以テノ
外カ辺土《鄙》之境候＼依之一＼国ニ
」

(C) 追善供養(逆修も含む)に使用したもの

無レハ教法流転一スルコト人希ナリ聞コト
三宝ノ名字一既ニ無下レハ教フル止悪修
善ノ道一ヲ之知識上モ如何シテ趣ク厭穢
欣浄ノ門一ニ之輩モ候へキ
都ヘテ一国悉ク迷因果之道一ニ
貴賤共ニ失出離之縁一ヲ
ソレニ有時キ鸚鵡ト云鳥不知
所ヲ来一ル忽然トシテ飛ヒ来テ候シ
其色黄金ニシテ青白交ハリ飾レリ
能ク作人ノ語一ヲトテ凡ソ此ノ鳥ハ
ヨロツ人ノ口チマネヲスル鳥テ候
間

(以下四行空白)

依之一今ノアウ鵡モ如人ノ語一物ヲ
申候ケル間上自一人二下至万
民一挙コソンテ至愛之一ヲ但ソレカ
身ハタクマシク肥ヘ満テ候ヘトモ
気力以外弱ウカヒナク候ケル
サテ有人問汝以テカ何物一為スルソト食一ト

鳥答云我無別ノ食物一但聞ク
阿弥陀仏ト唱一フルヲ以之一為食一若
有得ルコト聞一則身モ肥ヘ力モ強以
身肥ヘ力強一ヲ故縦有下トモ数百人ヲ
乗セテ我カ両ノ翅一飛ヒカケルコト千里上ヲ更
不可有危フム思一ヒ所詮若欲ハ養我一ヲ
只可唱阿ミタ仏ノ御名一ト申間
諸人作奇異ノ想一ヲ且ハ至愛之
至○アミタ仏トハ不知何事一貴賤上下如雲ノ一集リツトテ
競テ唱アミタ仏ト一鳥リ大ニ得
力ヲ一飛騰虚空ニ一走リ廻テ四
方ニ一還リ下テ住ス地ニ一告諸人ニ一言
汝等見富豊《ミタウトミユタカニシテ》安楽無キ極リ一
之処ヤ一思食ス諸人尤トモサ様ノ
処コソ見ウモ欣ネカハシキ事ナレト申ス
鳥即展テ両ノ翅一乗セ諸人一欲スルニ
立タント一而力猶ヲ少コシ弱クシテ不能輙ク
飛コト一仍勧テ諸人ヲ一頻ニ令メ念仏一
已ハテ力ラ既ニツキンタリトテ即

飛ヒ騰《アカ》リ虚空ニ一直ニ指シテ西方ヲ一
雲井遥カニ去候○残留ル一王其ノ所ノ
臣貴賤眼前ニ見之一但拍テ\
手ヲ一合スルノミ眼一敢テ不能出スニ
是非之語ヲ一仰キ天一慕テ跡一無」
不流サ随喜之涙一サテ異口同\
音ニ申ケル是即阿ミタ仏ケ為
導ムカ辺土雑類之衆生ヲ一大慈
大悲之余リ化作シ鳥ノ身ヲ一以善巧
方便ヲ一勧我等ニ於念仏ヲ一於中一\
機縁純熟セル者最前ニ預」
引摂ニ一豈ニ非ヤ現身○已ニ往生スルニ浄土ニ一哉
○縦雖有リト遅速一ハ我等又遂\
往詣ヲ一以之思之更不可疑一トテ即於\
彼ノ鳥ノ在処一忽立伽藍ヲ一号
鸚鵡寺ト一毎六斎日一修念\
仏三昧ヲ一自爾已来安息国』
人識テ有仏法一信シ因果ノ理ヲ一修シテ
浄土ノ行一遂クル往生ヲ一者ノ多シトコソ

三宝感応録引外国記
凡諸仏菩薩ノ利生方便和光同\
塵シテ令メ玉コト結縁繋属セ一者皆
是レ漸々ニ廻シ済度ノ方便ヲ一遠ク
期スル開悟得脱ヲ一之許カリコソ候へ」
ソレニ今サハカリ三宝ノ名字\
絶テル聞キ、ヲ一無仏世界之衆生ノ
都テ不修セ一毫ノ善ヲモ一之類ヲ
非但廻シテ難思之方便与善\
結縁セシメ玉ノミニ一不改父母所生之
凡夫ヲ一即身ニ直ニ引導報仏身\
報土無漏ノ浄土ニ一御条ニ実」
摂生増上縁ノ超ヘ余ニ一他力維本《ホン》
思ノ独リ秀玉ヘリトハ忝モ憑シウモ願
覚ルコトテ候」

暦応三九月二日金―為瀬崎善阿ミ逆修

(左肩)

三半□』

(C) 追善供養(逆修も含む)に使用したもの

(90)

(表紙・本文・識語湛睿筆)

法《弁加ム》花経

此経摂尽諸教事

睿之

三増之内

折本装　一四・二×一一・〇cm（三〇七函三九号）

抑今経王者会万善一
今(令)帰セ一理ニ之要法摂シテ三
乗ヲ令ムル趣カ一道ニ之秘典也
是以教主尺尊成道已後
回四十余年之間昼夜
朝暮対シテ劣機ニ所ノ説キ玉フ」
漸頓半満大小権実一□
説キト所ノ説御一経律論三蔵法門
皆悉此ノ経ノ八軸ノ中ニ無キ不
摂メ尽サ候是カ先ツ第一ユ、シウ
殊-勝ニ難有一事候サレハ
一偈一句モ皆同尽シ大小
権実之肝心ヲ一字一文
悉窮ム八万聖教之淵底一
教トシテ無不収ラ此ノ経ニ之教ハ
法トシテ無不顕ハ今経ニ之法ハ
都テ一切諸経之奥蔵」
八万十二之心府只此ノ法
花経ニハ御付此一者聊可
有リヌ疑一候抑ソレハ何レハサハ
有ルト不審ニ候ヲソレヲ
先且自宗ノ意以テ五教十
宗ヲ分別スル一代東漸ノ諸教ヲ
之時第五ノ円教ニ開ク同別
二門一聊有分別一事テハ」

候ヘトモイカサマ以法花ヲ一判スルニハ者勿論候
円教一。ソレニ円教ノ義理
分斉ヲ尺候ニハ教海宏深
包含シテ無シ外一色空交映シテ
徳用重々ナリ語レハ其ノ横
収一全ク収メ五教ヲ一及至(乃)人天
総無不包ネ一方顕深広□
サレハ[redacted]彼小乗
教ニ所ノ説一五戒十善四諦
十二因縁三乗教ニ所明一ス
六度四摂事理性相於
此円教中一一法トシテモ無所残一
一義トシテ無キコト不コト摂セ一譬如シト世間
所有《アラユル》諸河ノ水ノ悉入リ収ルカ於
海ニ被尺成一候。付其□
所説法門既彼此全同
何ソ諸教ヲハ云浅シト一円教ヲ
云深シトモ乎覚ヘ候ヲ凡ソ五戒
十善六度四摂等雖名

言ハ通スト諸教ニ其ノ義理
遥ニ超諸教一円教ノ意ハ諸
法皆事々融通シ十々。無尽ナルカ
故。清涼大師以譬ヲ一被尺 徳用重々ニシテ無挙一不全摂一即
此等ノ趣一候其猶百川不
摂大海ヲ一々ハ必摂百川一雖
摂百川一同一鹹味故随一滴
迥カニ異ナリ百川一前之四教
不摂於円一々ハ必摂四ヲ一雖摂
於四ヲ一円以貫ス之一故十善五戒
亦円教ノ摂ナリ尚非三四一況
初二耶 可訓尺之
サレハ諸教ノ中ニハ各述トモ一辺之
法相ヲ一未尽深広之法義ヲ一
又所説之義理彼此隔
歴シテ不明[redacted]一多円融之玄
旨ヲ一是以法花已前ノ諸大
乗経ノ中ニ或ハ有レトモ談スルコト空真
如一未明サ不空恒沙ノ性徳

(C) 追善供養(逆修も含む)に使用したもの

円満之真如一ヲ或説トモ七識
八識一不説九識十識二一(々か)□』
説トモ五眼六通一不述十眼
十通皆是纔挙随
一機之惑見一二纔二述■一分
之法相一未述ヘ尺尊出世之
本懐一ヲ争カ顕サン円摂貫通
之実理一然ヲ四十余年之」
間漸ク陶練シ機根一七十
二歳之今開顕出世本
懐一当テ于此時一二開方便門
示真実之相《尺之可訓》摂随他
意施設之諸教一ヲ帰随自
意直顕之一乗一二四度□」
会○《般若》之御法モ皆収マリ平等大□(慧か)
之教一二沙羅双樹泥洹□(之)
遺訓モ又混《ヒタ、》リ開示悟入之
詞一二乃至阿■含密跡大
集宝積梵網瓔珞深密

楞伽総ヘテ一代ノ諸教凡ソ」
一教トシテモ無シ不ルハ摂マラ此ノ経二即
説ク如来一切所有之法一トク正
此意コソ候メレ
誤マテ非但尺迦一代之教法ノミ
三世十方一切諸仏所説ノ法
門悉ク総テ摂之一尺云々』

(添付紙)

非但是領　嘉祥大師尺

(三行分空白)

然《既》則《如是》非但尺迦一代之経教ノミニ一
総十方三世諸仏所説之御法」
此等ヲ一字不落一二一文不誤一
皆悉法花八軸中収メ籠
申《タリト》セハ何《カ》許《ハカリ》目出キ事ヤハ
候サレハ於テ此ノ法花経一二若
有人一書写供養ヲモ述ヘ
受持読誦ヲモ致サン是」

縦雖一文一句一自然トシテ得

八万聖教随順修行之功

不ルニ計ラ一成リ下十方諸仏所説ノ

法門信受奉行之因

縁ト上候ハムスルコソ候メレ

今信心施主

康永四年六月廿八日金―引越孫四郎妻逆修

（左肩）

四半

「　」　『

(91)

（表紙・本文・識語湛睿筆）

登
不動

睿

粘葉装　一五・四×一二・〇cm（三〇八函四号）

不動明王別功徳者

凡ソ大日如来被テ催サ同体ノ大悲一ニ

入リ生死ノ大海一ニ廻シテ善巧方便一

利益シ玉フニ善悪ノ衆生一ヲ随

其ノ所応一ニ現二種ノ身一ヲ玉フ一者

正法輪身二者教令輪身

「

（C）追善供養（逆修も含む）に使用したもの

為善ノ衆生一現玉フ柔和善順
之身ヲ一此則正法輪身謂普
賢文殊《転法輪菩薩》等是也為悪ノ衆生一
示降魔忿怒之姿是ヲ名教
令輪身ト一即今ノ不動明王等
是也其ニ取テハ』
凡此ノ明王体相甚深ニシテ本
誓悲願難思ナリ無相ニシテ現ス
相ヲ其相遍シ法界ニ一非声ナレトモ
有リ声エ一其ノ声ェ満ツ塵刹ニ一
即青黒童子之形ハ悪魔
降伏之相ナリ是故体相亘ル四曼ニ一」
字ト印ト与形像一力用兼タリ両部一
理ト智ト与四身一
五輪成身ノ朝ニハ慈訓日
新タニ四摂自在ノ暮ニハ自性雲モ晴タリ
雖十地月明ナリト忍辱ノ心ニ一懃ロニ現ス」
十九相観ノ体一大定智悲ノ貌ハ
暫ク示シ降魔ノ相ヲ一寂静無動ノ

粧ヒ仮ニ現玉フ青黒ノ像ヲ一為領
顚倒ノ衆生ヲ一顕シ表裏暴怒ノ
相一為伏邪見ノ魔縁ヲ一施ス内
外無方ノ用ヲ一開閉スルハ左右之眼ヲ一
専ラ示シ遮悪持善ノ徳一出現スルハ」
上下之牙一亦顕ス上求下化ノ
相一七莎ノ頂ニ戴キ八葉ノ紅蓮ヲ一
一弁《三昧》ノ肩ニ覆三昧《一弁》黄髪一右ノ
手ニハ握テ智恵ノ利剱ヲ一剪《キリ》四魔ノ
悪賊一左ノ手ニハ捧ケテ三昧索一縛ス』
五住ノ邪類一大智ノ徳ノ故ニハ出シ
大火炎ヲ一大定ノ徳ノ故ニハ坐ス大
磐石ニ一カン（梵字）字ノ仰月《カウ》ハ横タヘ三昧耶
之水波ヲ一マン（梵字）字ノ円黙ハ竪タリ陀
羅尼之標幟ヲ一四身四印集メ
風輪之一檀ニ一五部五智成ス」
妙因之五性一体相○《既》難思也
利益○《亦》無辺也是故能延ノ
六月ハ伏シ吒吉尼ノ伺求ヲ一洛

又ノ七日ハ転ス不思議ノ定業ヲ
持神呪ノ者生々蒙加護
求両願ノ者立処ニ満願望」
毎日若誦一百八遍伴長
時而如シ影ノ如法ニ若読三十
万遍ヲ現尊容而通ス言ヲ
或致シ千度触犯ヲ或帯スル四儀
軽慢ヲ此等ノ破戒猶不捨玉ハ
何況持戒帰依ノ者ヲヤ三界隔」
令之威勢ハ悪魔々民皆預
化ニ四等無縁之慈悲ハ誹謗
帰依斉ク蒙ル益ヲ
奪迅忿怒相安坐大磐石
方便垂一髪表示第一義』
五濁濫漫ノ世ナレハ魔縁難
禁三障極重ノ身ナレハ道心易
退是故魔縁作シテ障最後ノ
正念易乱道心不レハ熟浄土ノ

業因難殖若不ハ仰明王ノ
本誓ヲ末法我等何退ケン最
後ノ魔障ヲ若不ハ憑大聖ノ
威勢ヲ底下ノ異生何遂ケン往生
本意ヲ抑弟子等」
静テ心ヲ思ニ一期ヲ如日月○《如シ》走スルカ折テ指ヲ
算ウレハ余命ヲ電光非喩旦暮
難知終焉在近忽」
至リ其期正当其時平生ニ
不レハ殖ヘ善苗悪趣ノ苦果定テ
感セム百八魔王ハ競テ奪ヒ魂
魄八万鬼魅ハ挙テ伺ウ精気
念仏ノ功疎ナレハ不在《イマサ》来迎ノ聖
衆モ禅定力少ケレハ三昧不可
現前然則」
現ノ死苦責メ身ヲ当ノ本有
見眼《コニ》最後ニ顕一期ノ恥ヲ中
有ニ蒙ラム十王ノ迫ヲ悲哉依
一旦ノ名利ニ焼《モヘ》八万由旬ノ炎ニ

（C）追善供養（逆修も含む）に使用したもの

酬テ三業ノ所犯ニ一受ケムコト百千万』
端ノ苦一堕チト候ナハ再ヒ難ク浮コト一入ト
候ヌレハ亦無カルヘシ出ルコトサレハ我等
急事何事カ如之一唯万事
倶捨テ宜ク以テ存ス道ヲ一者歟
ソレニ付テ可クハ祈最後ノ正念一
須ク仰ク明王ノ利益ヲ一非但寿」
尽ノ刹那ニ除テ障礙ヲ一達スルノミニ生前ノ
本望一生々ニ垂加護ヲ一処々ニ
致擁護一故一十二之諸天
朝ニ守リ夕ニ守ル二四八之童子
隠テモ来リ顕テモ来ル云主ト云伴一ト暫
不相離一故真俗ノ願望更」
無障礙留難一二利ノ修
行悉ク成就円満スルテ有候云々
不動明王ノ別ノ功徳」
正慶元—十一月十一日東禅—総逆修』

（表紙・本文・識語湛睿筆）

(92)

善知識備四種徳事

可合聞法等侶之修善

睿之

折本装　一四・〇×一三・〇cm（三一四函五六号）

○善知識備四種ノ徳ヲ一候
四種者所謂ル
外護　同行　教授　実際
先ツ外護者　雑阿含経云
善知識者　如貞《テイ》良ノ妻一ノ
此即外護ノ義也　可委之

＼善知識者如宗親ノ財一
此同行義也
＼善知識者如商主ノ導カ一
此即教授義也
＼善知識者如子ノ臥父懐ニ一
此即実際義也
○而諸大法主四人互ニ具足シテ一行
更ニ無闕コト一此中ニ一人坐禅シテト《トキハ》□
居於樹下ニ一之露ニ余人乞
求シテ訪食於聚落之塵ニ一
一人沈病痾者　余人求湯
薬ヲ一甘苦任願一医療尽
力ヲ一　為ニ外護知識ト一故
如貞良妻ノ一
○同行如宗親財者
三衣一鉢之資相互不悋《ヲシマシ》之一
蔬食飲水之儲徳共ニ以着ス
之一如宗親財ノ一互ニ用者憚
○善知識者如商主ノ導カ者

＼教ニ菩提宝所於安養一
求功徳珍財於浄刹ニ一
教授ノ儀如商主ノ一　○今ノ行
又不異彼ニ一
○善知識者如子ノ臥父ノ懐一者
此事実目出度候
二親共ニ思トモ子ヲ一母ノ悲猶以テ勝タリ
故ニ知識互ニ相助如臥カ母ノ懐ニ一
コソ候ヘキニ　如臥父懐ニ事
如何其故ハ母ハ思子ヲ一雖苦ナリト一
救《スク》フニ之一無力一　虎狼野干
盗賊悪害　女人之力更
無助之ヲ一父悲之ヲ一苦ナル上ニ救之一
堪力ニ　＼怨賊自外一囲《カコ》ミ
悪獣従内一侵トモ＼或振鉞制敵ヲ一
＼或引弓ヲ一却獣ヲ一即衆難一
助一子ヲ一父力尤堪タリ今善知
識互守其身一如思父ノ懐ノ子ヲ一
若値トキハ二煩悩ノ悪縁ニ一如眼精ノ一

(C) 追善供養(逆修も含む)に使用したもの

守之一不令堕落一若致天
魔ノ障礙ヲ如守衛門之不令
怨害一各々ニ護所行ヲ面々却
衆難ヲ其志宛如父懐子ヲ一
今生非為知識同行一ノミニモ来世
又伴浄刹ニ並仏前ニ如妙音
花徒問誶
訪今日事於弥陀宝刹
同薬王薬上芳縁　悟解脱
因以妙法開悟一　七宝橋
津ニハ同崛膝ヲ満月尊
容共——
必顧娑婆之旧事ヲ
定成安養之新処御歎
(白紙一面)
間　大王怪俄行幸成
重テ被召シ問ハ由緒ヲ一(事之)　罽羅(○(ママ))
申様ハ背テ勅宣ニ一申子細ヲ一事ハ
王直ニ乍ラ被孕マセ一サノミ似王ニハ

詔-命一ヲ深《フ》キ意楽《イケフ》候　其故(○)
者　適生二レ人ノ形一ト希ニ遇仏ノ法《ノリ》一ニ之
時　争(○)営ミ眼前ノ勝福一ヲ
貯ヘムト没後ノ資糧一ヲ明テモ暮テモ思居テ
候ツレトモ身元ヨリ生貧家一ニ堂
塔起立飯食沙門之事善
有テ志一ノミ無シ力一○念誦読知(性亦稟癡鈍)
坐禅修行之理観モ愚
(添付紙)
[闇ニシテ]
難叶一ヒサレハ如クシテ是一徒ニ
馳セ生涯一ヲ空ク沈マハ苦海一ニ誰
哀ミ之一誰助ケム之一ト悲ミ歎ク
思之余リ我等進メ一ノ計一コトヲ
夫妻共ニ売此ノ身一ヲ
(半面切断裏面白紙)
取其ノ直一之
七日之暇一ヲ以件直□
併カラ廻向菩薩一ニ日来相営之一ヲ

随テ調出一ニ適今日遂其願
候　サレハ我身ノ暇ト申モ只
今日許也自明日一初テ仕テ二
主人一ニ須臾片時ノ退出モ不
□任意又直物ノ用意モ無之
○日々遂斉会ヲ此外更無者以何一重テ調

(添付紙)

可任意一ニ又此外更無直物ノ用□(意か)
若今日不遂(ママ)斉会者以何一重調

出セン之一ヲ然君ハ万国ノ正税有
瓊《ケイ》林一ニ何月何日ナリトモ任テ二叡慮一ニ
行ヒ御サムニ有何煩カ一依之一強
辞レ申シ勅命一ヲ候ツル也ト具ニ
事由ヲ奏申ニ　大王聞食之一ヲ
竜顔ニ浮ヘ御涙一ヲ修善志切ナル
事ヲ返々叡感候ケリ
汝真ノ賢者ナリ真ノ善人也
以不堅ノ身一ヲ易《カヘ》堅キ身一ニ
以不堅ノ財一ヲ易堅キ財一ラニ
於朕カ願一ニ者早避《サリ》汝一ニ畢トテ
勅願ノ御布施ノ用途并
大王夫人ノ衣服瓔珞等併
賜テ之一ヲ遂ケ願一ヲ令行会一ヲ畢
大王同ク傾テ十善ノ頭一ヲ与ミシ此ノ善一ニ
御ス法会既ニ巻シカハ莚一ヲ罽羅忽ニ
被テ行《ヲコナハ》賞一ニ給十ノ聚洛一ヲ
其後翌日ニ返シテ身ノ直一ヲ
早ク成二無双ノ長者一ト

嘉暦三年八月七日金―為六浦一能入道逆修
暦応四年三月五日金―瀬崎ミナトノ入道逆修

（C）追善供養（逆修も含む）に使用したもの

(93)

逆修
法事万荼羅供表白

睿

（表紙・本文湛睿筆）

粘葉装　一五・三×一一・二cm（三一四函一〇四号）

今信心大施主殿下抽一＼
心ニ於丹誠一運三業ニ於自善ヲ一
＼修七分全得之勝因ヲ一祈二求
両願之成弁《御》一之因供養＼
両部界会之諸尊ヲ一摺書《転読》
一乗妙法之真文一〃更倍《マス〳〵》　祈　」

現当安寧一御《御》願アリ其
旨趣如何者夫
＼四智法身之月照法界而
遍ク耀シ三密加持之水湛テ
頓器ニ而独潔シ＼当知　』
仏教源一ナレトモ最深秘奥ナルハ
是総持之教　法性体同ケレトモ
利益速疾ナルハ即瑜伽之尊ナリ
＼若不ハ帰此法ニ争テ速ニ証セン大覚一
＼依之護持候　」
＼対大悲台蔵一面《マノアタリ》　供養
塵《シュ》数ノ諸仏一開普賢心
殿一親《シタシ》ク礼拝自性ノ眷属一
＼一尊一会皆具シ四種万荼之　」
体相一一花一香悉為三世
常住之供養一請シテ不現而
現之聖衆ヲ致不受而受
之供養実是真実之
善根広大之福恵也若爾　」

大施主殿下依諸尊之加
持ニ滅シ無始ノ宿罪耀《カシテ》四智
之円光ニ破《照》シテ有涯ノ迷闇ヲ
越ヘ僧祇行願ヲ於一念ニ証シ
遮那ノ身密於即生ニ《御サン》』
葭《カフ》莩之《御》親属鎮ヘニ増桃
（李）季之栄ヘヲ家門之老少
皆却《シリソケン》　雲霧之靉《アイ》ヲ乃至
刀山釼樹変作テ宝林ト
鬼獄化シテ生浄土ニ鑊湯」
熱河即作香池迷徒
尽《コトく》　出《クイテ》穢界ヲ　旨趣存略
大概如是
次願文
（以下空白）」

(94)

文殊別功徳（仮題）

（表紙欠、本文他筆、識語湛睿筆）

粘葉装　一六・〇×一三・〇cm（三九九函二〇六号）

（前欠）
次大聖文殊別御功徳凡ソ過去
聖霊自平生之古至終焉之
今ニ偏持妙法ヲ転読積功ヲ
専帰普賢信敬運誠サレハ
寄事於文殊別功徳因ニ三聖

(C) 追善供養(逆修も含む)に使用したもの

「円融之法門ヲ一端申述テ今日
一座ノ講論ニ可備候
高祖清涼大師為綿州ノ刺史
陸長源カ一被授ケ示二三聖円融
義」

嘉暦元年五月廿九日大夫入道殿御逆修

「＼心云作仏無一心非仏心塵
＼凡聖同源　不信自身　果満無一塵非仏国
□持《自恣》記妄情外驚無始慣習不自
□旦一故已速已文
□□自信已性　＼円経題名」

(95)

識語断簡（仮題）

粘葉装　一五・二×一一・三㎝（三九九函二〇九号）

（表紙・本文欠、識語湛睿筆）

（尾）

元弘三年十二月廿八日土―御夕―逆修

（二）逆修と諸追善に使用したもの

（表紙・本文湛睿筆）

⑼⑹

法《ム》花経
是諸経之王事

睿之

粘葉装　一五・五×一二・〇cm（三一四函一一八号）

正ク到シ之刻ミ四海八埏ノ之
中チ更無破法不信之憚一」
二処三会之間快ク説御皆
成仏道之旨一実ニ是二乗
作仏之宣説独リ秀テ諸教ニ一
三周声聞之授記偏ニ局レリ今ノ
経ニ一於教理行果ニ開会
得ルコト自在ヲ一何レノ教カ如此ノ経ニ一」
故○名キ此経ヲ諸経中ノ王ト一即薬王品
又如帝釈天王於三十三
天中王此経亦復如是諸
経中王可訓尺之王者尊主ノ
義自在ノ義也凡ソ三界
六道人中天上実ニ』

（挿入紙）

其中ノ王者タラン許リ云果
報ト云権勢ト尊シ忝シ
目出キ事ヤ候」

（94）〜（96）

一経三段存略如此凡今ノ
妙典ハ四十余年調機事
終ヘ三乗権門ノ化儀已テニ
窮テ円機純熟シ説時

(C) 追善供養(逆修も含む)に使用したもの

一経三段存略如此一凡今経典
者於テ一代半満之教門ニ開会
得自在ヲ一故表スルニ以テセリ王ヲ一即
説是諸経之王ト一候正此意ヲ
候三界六道《人事天上》乃至禽獣而
影マテモ其中ノ王者タル許ヲ」
云果報ト一云権勢ト一目出タキ
事ヤハ候外ニ可モ尋一候ハス指当テ
人間界吾朝ノ国主聖朝一
申モ忝シ左右ニヤ及候
一天ノ君ミ十善ノ主ト御セハ百
官万乗随ヒ其ノ目引《マヒキ》ニ一一天」

(添付紙)

> 四海無返コト倫言(ママ)一或懸望ヲ於
> 官職ニ一之輩ラ或ハ犯過ヲ於其ノ身ニ一

(以下、添付紙下)

四海無返コト倫言ヲ一以■懸ク望ヲ
於官職ニ一之輩或犯《ヲカセル》過ヲ異身

(以上、添付紙下)

之類ヒ雲客卿相モ不能救フコト之ヲ一
后妣採女モ不力及一事ノ候ハムスル
ソレヲ若直ニ達シ事ヲ於帝□ニ一」
親タリ被テ下サ詔命ヲ一哀ミ之ヲ一助
之一御サムニハイカナル○重過《重罪》ナリトモ
無ク不ト云コト兎一イカ程ノ○高官《高位》ナリトモ
不ト云ス授レ一事ヤハ候其ノ定ニ
法花已前四十余年ノ半
満ノ諸教ハ○《譬ヘハ》三公百官ノ○《定》コソ候メレ』
断善無性之重キ過チハ業力
難遁レ一トテ三界ノ牢獄ニ捨テ
畢ハテ○《定性》敗種ノ之二乗ヲハ述テ永
不成仏ト一令ム沈マ無為ノ深坑ニ一
縦依テ菩提大道ニ一懸ル望ヲ於転
依妙果ニ一之菩薩モ権教」
権果無実事故ト判スルカ
故ニ円融無礙真実満
果ヲハ未能ハ授ルコト之ヲ一ソレニ

至テ被説
○今経ニ之時ニ開方便門示真実
教\方便ノ門ヲ開テ真実ノ
教ヲ顕ス故於テ人法ニ得自在ヲ一」
正\直捨方便但○説無上道（添付紙）可訓尺之 \調達カ依テ
破法輪ノ罪ニ禁獄セラルモ無間大之
城ニ獄門忽ニ開ケテ与ヘ首楞
厳之法味ニ（添付紙）小乗ノ 依テ敗種ノ
業カウ一永滅ト被シモ下サ一逢テ平等」
大会之除目ニ○遂速初住無生之
登天ヲ二\乗ニ並テ肩ヲ一求メシ門前ノ
虚設ヲ之権乗ノ菩薩聞\テ一因一
果之妙法ヲ一趣ク円満具円足之
直道ニ一是\等○併爾前ノ諸教ニハ
不能救コト一不ス シテ力及ハ一罷過キンシ』
事共テ候シヲ至今ノ法花
経ニ一指\シテハ権教ヲ一無所憚ル一是ヲ
廃権立実シ於テハ権理ニ一無
所隠ク一ス即チ開権顕実シ玉フ○（朱）
\於テ行ト与果一会為会帰

亦復如是既\於テ機法ニ一
倶ニ得自在ヲ一教理行（果）□」
開会更ニ無所残一\サレハ
説\レシ此経ヲ一之後無一衆生トシテ而不
成仏一者ノ一交此ノ会ニ一之類ヒ誰カハ
有シ一人トシテ不ルハ預ラ記別ニ一者一仏\モ
依之一悦ヒ我願既満衆望亦
足ト一迦葉モ依テ之ニ一感歎セシ無上
宝聚不求自得ト一\サレハ経ニ」
（添付紙）

述\諸仏○一大事ノ因縁トモ一説ケル
諸経中王トモ一実ニ宜ナル哉ト
覚ユル事テ候
（二行アキ）
受持読誦

（以下、添付紙下）
事告テ候シヲ聖旨法花経ヲ
転法ニ得テ自在ヲ一カ、ル大益ヲ
授ラレシ事テ候リカシ\諸経ノ中ノ王ト

(C) 追善供養(逆修も含む)に使用したもの

説タル
(以上、添付紙下)
カ、リケル故ニ書写《受持読誦》解説之人ハ
得益超ヘ於諸教一ニ受持読誦《開題演説》」
之輩効験顕于一生一須＼
臾聞之即得究竟阿耨菩提文
感応ノ速疾ナルコト不可廻踵一
＼於刹那頃発菩提心得不退
転文成仏ノ頓速ナルコト無如クハ今ノ
経一ニ然今護持大施主、、、、』
＼展書写開題《読誦》之梵莚一ヲ所仰
者。円融無礙《経王》之法力也凝ス恭
敬供養之誠心一ヲ所望一ム者聖《自》
霊《身》即得菩提之巨益也既法
理深奥也祈願慇重也檀主
廻向有リ誠一亡魂ノ得脱無疑一」
サレハ神力品ニ説ケリ於我滅度
後応受持此経一トニ一千余
年之末ヘ当テ末法ノ此ノ時一ニ書《読》

写《誦》開題シ《御》豈ニ非滅後受
持之類一ニ乎述ヘタリ是人於仏道
決定無有疑一ト過去聖霊《信心施主》ノ」
往生成仏《滅罪証覚》定テ不有疑一ト
覚候＼然則昔ノ龍女ハ海底之
鱗也依妙法之功一已ニ唱ヘキ正覚
於南方一ニ今聖霊《施主》ハ人間ノ善人
也答法花読誦之力一ニ盍遂往《頓》
生《証》於西方《凡身》一彼ハ破テ二戒ノ浮嚢一ヲ」
(添付紙)

沈海底二一中劫《八千才》尚依一乗力一ニ
開初住無生ヲ於眼前一ニ此ハ酬テ
五《持》戒修因一ニ生レテ人間一ニ七十余

(以下、添付紙下)
沈海底一ニ八千年《一中劫》尚依テ一乗
力一ニ開初住無生ヲ於眼前一ニ此
酬五《持》戒修因一ニ受《生》人間一ニ五十一
(以上、添付紙下)
年盍ソラム依テ大善ノ功一ニ証シ《御》菩

提ヲ於身後ニ＼然則過去幽（信心施）
霊（主六情）五障雲晴レテ四智之月』
輪朗カニ照シ三従（五蓋）霞消ヘテ三明
之曦光除暗ミヲ御サムコト併
（自下用否随時）＼サレハ如是ノ是諸経之王トテ於人
法ニ得ルコト自在ヲ勝タル諸経ニ故結縁ニ
不云厚薄ヲ人ニ不簡善悪ヲ
イカナル極重悪人ノ無モ他ノ方ニ若」
於今ノ経王ニ一句一偈結フ微少ノ
縁ヲ之者ナラハ離苦得道不及
左右ニ事テ有ル候
因縁在別紙」

(97)

(表紙・本文・識語〈除異筆〉湛睿筆)

法ム花
迷悟賢愚一性平等事
薬草喩品文
睿之

粘葉装　一四・五×一一・〇cm（三一三函七四号）

抑今経王者長ニ養性
浄ノ蓮花ヲ於生死砂磧《シヤセキ》之
曠野ニ照ニ耀ス菩提ノ覚月ヲ於
無明黒闇之長夜ニ
一性平等三諦相即
法理ノ深奥不可得テ称ス」

(C) 追善供養(逆修も含む)に使用したもの

然則真妄物我挙一全
収故ニ地獄天宮皆是《無非》
密厳浄利《花蔵》一心仏衆生渾《コン》然
斉致ナレハ舎那尺迦悉ク収レリ我等』
○[redacted]□今ノ経中顕此理一述此旨一故
薬草喩品我観ルニ一切ヲ普ク
皆平等ニシテ無有ルコト彼此愛
憎之心乃至貴賤上下持
戒毀戒威儀具足及
不具足正見邪見利根」
鈍根等ク雨法□而無有コト疲
倦ト説テ仏智ノ所照
善悪不二邪正一如ナレハ《法本如クノ是》
四大所成五蘊和合セル
三有ノ衆生四生ノ群類《欲色無色》《胎卵湿化》」
皆是法身遍之体
併又万徳凝然之相ナリ
仏意ハ平等ニシテ無隔ルコト彼此ノ

之差別ヲ妙法一味ナリ豈ニ
弁《存セン》善悪之不同ヲ然則
貴賤上下一体ナレハ飛行」
聖王ノ四州ニ自在ナルモ○思ヘハ其
体是一ナリ不弁持戒毀戒《田夫野客カ三農ニ尽スモ力ヲ》
無二ナレハ六群比丘カ放逸ナルモ
優婆利尊者ノ持律モ』
□其性不思
不レハ論利根鈍根ヲ舎利弗
尊者ノ智恵《第一》○周利盤特
愚癡《最鈍》ト全ウ非別体ニ不レハ
分タ正見邪見一数論勝論」
邪見モ正趣菩薩ノ正見ト敵テ
無シ所替ル都テ一色一香モ《見色》□
三非ル中道法性之色ト形チ《無ク》
森羅万象本是レ実相
常住之法門ナリケルヲ」
我等衆生根本無明所
翳《クラマ》一念迷倒セショリ以来自ラ

受ケテ沈淪一ヲ不能覚悟スルコト
＼自他ノ有情逢遇《アヒアフ》□ヒニハ
堅ク執シ我人ノ差別一ヲ善悪」
違順毎ニハ見聞スル一深ク迷《マト》イ
平等ノ実性一ニ＼自爾以来
＼三細六麁○《流転》風猛シク吹テ
五意六染生死之波《ナミ》無
佐《タス》一クルコト＼本覚遍照之真智
「　」之底ハ「　」』
□之妙理埋妄境之□
依之＼一味之妙法分テ随ヒ六
塵差別之巷一ニ四徳之霊
明混テ成《ナ》二リ八識攀縁之
庭一ト迷テ＼已ニ起シ惑一向テ他□」
遠順毎ニハ見聞スル深ク迷《マト》フ
平等ノ実性ニ　□シ「　」
本無□横従虚□空
花ノ開落豈ニ有実

（添付紙）

業一我＼モ迷ヒ人モ沈テ□
廻無絶一ルコト過去ニモ不勤一メ今
生モ不励一出離解脱不知
其ノ期一ヲ
然＼レトモ若苟クモ聞テ一句之

」

妙法一纔生一念之信心一者
＼迷本無因横（ママ）従空起
空花ノ開落堂ニ有ラン実一コト
資生業等皆頂正法
善悪邪正渾ー融セムスルハ実相一味一

」

（添付紙）

不候哉サレ＼ハ大乗起信論ニ
一＼切凡夫声聞縁覚菩薩諸仏
無有増減一非前際ヨリ生一非後際ニ
滅一畢竟常恒ニシテ従本一已来
性自ラ満足ス一切功徳ヲ一可訓尺之

』

（C）追善供養（逆修も含む）に使用したもの

不候サレハ菩薩胎《處》経
法性如大海不説有是非
凡夫堅聖人平等無高下
唯在心垢滅取証如反掌
是知《○訓見之》菩提不可外ニ求一善悪《歴縁》
邪《対境》正之当念法身勿レ謂フコト
始テ証スト一念無自性之即体ナリ
若約シテハ其ノ法位ニ是ヲ名本覚
久成之薩埵ト纔ニ悟レハ此ノ」
義《妙》理一即号新成妙覚之
如来ト始本不二ニシテ平等一
味ナル是ヲ名為《ヨテ》究竟覚ト
然今経中ニ法譬《ホツヒ》因縁之
三周■同ク悟《サ》シメテ此ノ理《リ》ヲ授ケ二」
乗作仏之記別ヲ
如来寿量之一品正ク約シテ此ノ
義ニ顕ハス尺尊久成之実本一
本跡二門之大旨更ニ非他ニ

妙法一部之要枢只此ノ事」
候
元徳二年十一月二日称―為顕助僧正百ヶ日武州修之
正慶元―八月廿六日若宮小路大夫入道殿逆修
同十二月廿四日土―鼻和五郎百日引上
建武四　五月廿六日大殿為サ、入道五旬
暦応元―十一月二日浄光明寺仙公（四代如仙房高慧）百日
同五年四月六日金―俊首座宿所為悲母百日
康永三年四月十三日金―瀬崎源三入道妻五七日
（以下異筆）
観応元年六月十八日如来堂
延文元七廿一日常範三七日
至徳三年六月廿日浜名殿第三年
同四年三月十七日軽部□年々忌用之』

(98)

(表紙・本文・識語〈除異筆〉湛睿筆)

睿

弥《ム》陀別功徳
来迎願事

粘葉装　一五・三×一一・九cm（三一四函一一〇号）

総功徳者　法報応三身是也
所証之真理是ヲ名法身一
能証之大智是名報身一
応物之化用是名応身一
三身総功徳存略如此
」

次弥陀如来別御功徳者
＼四十八願荘厳スル浄土ヲ一只
帰ス来迎之一願ニ一十二光仏
徳用各別ナレトモ不過キ摂取
不捨之大旨ニ一ハ＼実ニ来迎
引摂之誓約卓礫《タクラク》セル万善ニ一
」
最要之御願テ候
＼其願文云設我得仏一十方ノ
衆生発シテ大菩提心一修シ諸ノ功徳一
至シテ心一発シ願一欲セム生我国一臨テ
命終時一ニ仮令不与大衆一囲
＼繞シテ現セ其ノ人ノ前一ニ者不取正覚一文
」
意ハ若有人一発シテ厭ヒ穢土ヲ一欣フ
浄土ヲ一之心ヲ一＼称念スルニマレ仏ノ名号ヲ一
修スルニマレ自余ノ功徳ヲ○＼只至シテ心ヲ一欲セム
万行倶廻皆得往ナレハ
生セムト極楽ニ一其人臨命終ノ時ニ一
＼弥陀善逝《セイ》放テ光ヲ一照摂シ之ヲ一
与恒沙ノ聖衆一諸共ニ来迎
引摂玉トコソ候メレ＼此条実ニ
」

(C) 追善供養(逆修も含む)に使用したもの

自何事難有憑シウ覚ル
事候
(添付紙)
サレハ草庵ニ観想ニ念セハ

心ヲ弥陀之月輪浮ヘ影ヲ
蓬戸《ホウコ》ニ念仏《読誦》積メハ功菩薩□(聖か)
衆和ク光リヲ如是修練シテ不 」
撓《タワ》ヌ不緩《タユ》マ故瞑ク目ヲ之夕ヘ終ル
命ヲ之刻ミ弥陀善逝速疾
出テ○《彼》極楽無為之境ヲ与諸聖
衆親リ来臨婆婆穢悪
之砌ニ与諸ノ聖衆共ニ来リ臨テ此ノ
婆婆穢悪之砌ニ迎ヘ取テ罪悪 」
生死之凡夫ヲ送リ付ケ玉無漏
清浄之宝刹ニカハカリニ
大切ノ要事ヤハ候ヘキ
(添付紙)
但付之可有一ノ疑候凡ソ一切衆生死シテ此レニ 生スルコト彼ニ自業自得ノ理ナレハ併ラ由ル□(業か)□□

酬因感果之道チ法爾必
然之理ナリサレハ若造レハ悪業 』
則感生ヲ於三途八難之苦
域ニ若修スレハ功徳ヲ則招ク報ヲ於人
中天上之善処ニ是但業
力之令自ラ然ラ也何《ナンソ》有ラン他人ノ
之来リ迎コト哉往生浄土之
儀亦以可爾浄業正因○《若》 」
純熟セハ往生極楽不可疑
何必シモ聖衆モ労シク垂レ来
迎ヲ弥陀モ別シテ立玉フ一願ヲ哉
ト云不審候
ソレカ三界内ノ死此生彼□
苦楽雖品《シナ》異ナリト皆是輪 」
廻之境故ニ任業力ニ独弁スルニ
果ヲ○《実》不可有其ノ妨ケ歟但浄土往
生之儀大ニ○《可》異此レト其故ハ
人臨テ命終ノ時ニ水火風ノ三大
断チ末魔ヲ寿煖識ノ三法離ル

身体ヲ凡ソ平生ノ時タニモ」
凝シ不叶之観念ヲ安穏ノ
時タニモ猶発コト拙キ智解ヲ
極テ以テ可キ難カル有事候何況
生涯爰窮シテ終焉時到之尅ミ
有死苦病苦之旁《カタ〳〵》ニ責ル
憑一念十念之纔ナル力ヲ横ニ超ヘテ
四流ヲ速ニ生コト浄刹甚以不可
容易ミナサル事候ヘキ加之』
翻シテ無妨迷倒早ク断テ娑婆
五道之流転ヲ開テ本有ノ知
見将ニ《セン》生セムト安養之宝刹ニ
之時五住地之煩悩ハ重々ニ築《ツイ》テ
楯《タテ》ヲ塞キ出離之門ヲ第六天
之魔王ハ様々《サマ〳〵》ニ現シテ形妨」
往生之道候若此ノ時此ノ折
無クハ仏菩薩ノ加被護念必可ヘシ
失ナフ一大事ノ因縁ヲ依之
弥陀別シテ立テ、一願ヲ聖衆ト共ニ

垂玉フ来迎ヲ彼五増上縁ノ中ニ
云ヒ護念増上トモ云フ摂生増」
上縁トモ尤有謂事テ候
サレハ臨終之枕ノ上ニ瞑《ヒサク》目ヲ之
床ノ辺リニハ弥陀如来共ニ諸ノ
聖衆ト百福荘厳之粧ヒ
耀キ眼ニ三十二相之体《スカタ》驚シテ
目《メ》ヲ異香薫シ室ニ音楽」
聴シ天ニ観音ハ捧ケテ宝
蓮ノ台ヲ乗セ往生ノ人勢
至ハ申テ黄金ノ御手《ミテ》ヲ摩給フ
行者之頂普賢大士ハ
唱ヘ微妙ノ法音ヲ法自在
尊ハ調《シラヘン》不思議ノ曲ヲ行者』
見○聞此等ノ事ヲ五住自体
等ノ愛ノ中曽テ無起候
念仏念法念僧ノ之思ヒ自然トシテ
生シ自体境界住所之憂心モ
都テ無レハ起コト五住地之煩悩モ不能

（C）追善供養（逆修も含む）に使用したもの

成スコト崇《タヽリ》ヲ一第六天之魔王モ」
無シ可クモ影差《カケサ》ス一然則○《此》草
菴ニ瞑《ヒサク》目ヲ一之刻ミ彼ノ蓮
台ニ結フ跏ヲ一之程ト也即随テ仏ノ
後ニ一念之間ニ過キ十万億刹
之雲路ヲ一乗シテ宝蓮ニ一須臾
之程ニ到《御》サハ三輩九品之浄国ニ一」
海会ノ菩薩ハ歓喜讃歎シ諸
天聖衆ハ前後囲繞シテ
簫笛箜篌ハ演ヘ不
生不滅之深義ヲ一琵琶鐃
銅鈸調フ非空非有之曲韻ヲ一
見レハ此ノ菩薩ヲ一柔和忍辱ノ衣モ」
翻《ヒルカヘ》袂《御》ヲ於第一義天ノ之空ニ一
礼レハ彼ノ聖衆ヲ一戒定恵解之
香送ル二匂ヲ於三解脱門之風ニ一
諸尊之光リ照ハ我身ヲ一無始ノ
業障即時ニ消滅シ浄
業之匂ヒ薫スレハ室内ニ一恒沙ノ」

宿善刹那ニ開発当于此
時ニ一輪廻ノ之故郷モ遥ニ見《ミ》之ヲ
外《ヨソ》ニ一不退之浄刹ヲ鎮ニ為ス
我栖一○《サレハ》十万億土不可思フ遠シト一
乗スレハ弥陀ノ願力ニ一即チ須臾之
間也卅二相不可思フ闕タリト一
見我身ヲ一已ニ成《ナ》ル黄金ノ膚ヘト一
既到ヌ大乗善根之堺ニ一悪趣
之門忽ニ閉ツ終ニ開ナハ諸法無
生之悟リヲ一輪廻之道《ミチ》永ク」
絶ヘン是知弥陀モ六八弘願
中ニ所期スル長時ノ之起行果」

（添付紙）

過去聖霊一生所修ノ願念モ
深ク憑《御》ス来迎引接之誓ヲ一
信心施主追福作善ノ旨趣モ
偏ヘニ在リ聖霊引導之望ミニ一
釈阿ミ四十九日用之

極菩提、所望ノ者還来穢国
済度有情ナリ是知弥陀モ
六八弘願ノ中ニハ正以来迎引摂ヲ
為ストハ詮要之誓ト御ラレ我等カ
一心専念之志亦タ以テ摂取不捨ヲ
為ヘシ第一之望トサレハ
トニモ　カクニモ　来迎引摂之
御願要中最要ト覚候
過去聖霊ノ臨終正念往生《弥陀如来荘厳浄土引導》
浄利《衆生》之祈念モ併凝思ヲ《弘誓専留志》
於此ノ願ニ信心施主ノ追福
作善之旨趣亦懸望ヲ於
此ノ誓ニ候仍殊更ニ就テ当願ニ
　奉致讃歎候
施主ノ現世当生、二世ノ悉地
一事無ク違コト成就円満之条
深可憑敷被思食候
嘉暦二年二月五日大御堂テ弾正太郎入道父十三年

同　三月廿四日海岸寺大夫入道殿御息第七年
同　十一月十一日海―為賀島入道道顕房修之
正慶二年三月廿六日称名寺為恵日三十三年
民部少輔殿修之
元弘三年十月十五日土―御局逆修
建武二年九月十九日中江入道四十九日
暦応三年八月廿五日六浦為道空妻父七年
同五―三月九日金―善アミ悲母十三年
康永二年三月廿八日千秋坊主四十九日
同　四年二月十四日金―瀬崎尼逆修
(以下異筆)
貞和四年二月□　□
観応元年六月ミナト
観応二年十□　□尼□如来堂
観応三―□　□阿ミ□
文和五　瀬崎尼逆修

(99)

(表紙・本文・識語湛睿筆)

不《ム》動

睿

粘葉装　一五・四×一一・八cm（三〇八函七号）

(表紙裏)

三世諸仏之大定智悲一切衆生之
無価駄婆也サレハ三法具足シテ（此大智大悲）
此大定大智大悲是法身
」

(添付紙)

不動明王者是レ三世諸仏□(之か)大定
智悲一切衆生之無価駄婆也即
此大定大智大悲ノ三法ヲ集テ為一体ト一荘厳シ御ス其ノ□(身)一

(以下、添付紙下)

不動明王者是三世諸仏[redacted]
薩埵ノ大定智悲三法集為一
体ト荘厳シ玉ヘリ其身ヲサレハ三法□

(以上、添付紙下)

○足無有闕減（三法）一三法相即シテ無コト
有ルコト一異一譬ハ如摩醯首羅
天ノ面上ノ三目一ノ又似タリ伊字ノ三点ニ一
所謂大定ノ徳故住シ不動法
門ニ一大智ノ徳故入ル火生三昧ニ一
大悲ノ徳故示御降魔威怒ノ相一
□実相法身ノ妙理無キヲ有ルコト□(動か)
転一故住シ金剛不壊之磐石ニ一
表スルカ智恵ノ火災焼クコトヲ一切衆
」

生ノ煩悩ノ薪ヲ一故現ス迦楼羅炎ヲ一
為調難化難度ノ品々《シナ〱》之機ヲ一故
大慈大悲之余リ現玉フ種々暴
悪之形一今此三法又是法
身般若解脱之三徳又法
報応化之三身功徳也是知
諸仏菩薩所有功徳雖深広ニシテ
無シト辺量一統ヘ要ヲ一取ニ詮ヲ一不出
此ノ大定智悲之三法一然今
集メ摂《ヲサメテ》以成ス明王一尊之
法門一明知此ノ尊ハ雖モ二一体ナリト一摂シ
諸尊ヲ一出普門一ヨリ応御万機ニ一弘誓
甚深也神力自在也内証外
用不可得テ称ス一然則
語其ノ実本ヲ一者大日如来ノ教
令輪身也已ニ成ス正覚ヲ於花台ニ一
令依本誓悲願ニ一権リニ現此身
尋其ノ住処ヲ一者但住ス一切衆生ノ
心想ノ中ニ一無ク去モ一無ク来モ一三世常

住也住也既云但住衆生
一念心中一ト定テ知ヌ不可有ル処トシテ
而不ル随逐シ玉ハ之処一既ニ云フ一持
之後生々加護一ト何ソ有ラン時トシテ
而不ル擁護玉ハ之時キ一サレハ

(添付紙)

或独リ行ク曠野ニ一者ノ

恐レシカハ無コトヲ伴侶
明王現其ノ身ヲ一自ラ称ス無価
駄娑一此云奴婢或海中ニシテ逢フシ悪風ニ一
之人致シカハ南無之帰依ヲ一忽ニ
顕ハシテ金色ノ身ヲ一救御キ羅刹之難ヲ一
霊験多ウ古今ニ一勝利顕眼
前ニ一
是以不動使者陀羅尼秘密
法云至心ヲ一誦練スレハ不動使
者即自ラ現シテ身ヲ一令メ見エ玉行人ニ一
見已レハ即得テ如来ノ三昧ヲ一与諸ノ
菩薩一常ニ得生スルコト一処ニ一乃至種々ノ

（C） 追善供養（逆修も含む）に使用したもの

所求人間ノ衆事皆得成」
就スルコト一若行者世習未タシテ断一雖
千度《チタヒ》触犯スト一使者皆許シテ其ノ
懺悔ヲ一即不捨離一意取
明王ノ内証外用実ニ甚深ニシテ
本誓悲願最モ難思ナリ」

元徳四年三月廿八日土—故坊主七年
正慶元年七月廿一日若宮小路殿為顕助僧正第三年
暦応二年十一月十七日金—為阿公（称名寺二代釼阿）一周忌
同四六三金—松富尼逆修　同十一月五日土—逆
康永三年七月卅日金—ツルハス尼初七日』

(100)

（表紙・本文・識語〈除異筆〉湛睿筆）

湛睿
不動釈
名不動明王事
労常住金剛事
知之

粘葉装　一五・一×一二・四㎝（三一三函六八号）

不動明王者
大日如来之化身
久成正覚之古仏
忝クモ依于本願ニ一権ニ現此身ヲ一
弘誓甚深ニシテ神力自在ナリ 凡大日如来
悲願徳行不可勝計一」

○現シテ二種ノ身ヲ一入テ生死海ニ一度ス
諸衆生（凡大日如来） 一者正法輪身
二者教令輪身也 正法輪
身者慈悲柔軟形○（謂）転法
輪菩薩是也 教令輪身者
悪魔降伏ノ相○（謂）不動明王是也
或ハ示シ慈悲ノ相ヲ一或現忿怒
形ヲ一○（是則住シテ）住善悪二種ノ法門ニ一
度ス違順二類ノ衆生ヲ一○（然今）此明王
者
教令輪身ノ形チ悪魔降伏ノ相
也以極大慈悲ノ心ヲ一現極大
忿怒ノ之形ヲ一化シ暴悪ノ類ヲ一伏ス
違背ノ者遠ク導テ菩提ニ必
得シメ玉フ仏果ヲ○（先尺其名者）梵号ハ不動
密号ハ常住金剛也
云不動トハ無動ト云常住ト
○名異ニシテ身同為五濁八（文言雖異其義是同）

（添付紙）

得シメ玉フ仏果ヲ一悲願深重ニシテ
徳用無方ニ御付其者先
尺其名者梵号ハ不動
密号ハ常住金剛云不動ト一
云常住ト一文言聊雖異ニ一其
義全是同且不動者為五濁

八○苦ニ一不被動セ一為三毒四倒ニ一不被
動セ一為モ悪魔鬼類ト一不被動セ一為モ
非人怨敵ノ一不被動セ一也
水火ノ毒薬モ不能動スルコト一
炎禍妖孽《エウケキ》モ亦無シ動コト一
依如是等義ニ奉名不動ト一
候無動ト申モ又以可爾ニ厭魅
呪咀更ニ以テ無動スコト一刀釼鉾
楯亦無動一○（都テ）不能天魔伺コト
便リヲ一外道求トモ短ヲ一安住シテ不コト
動一猶如妙高山ニ一依之又

(C) 追善供養(逆修も含む)に使用したもの

奉名無動尊一トモ次密号ニ
常住金剛ト候ハ」
(二行分切除)
常ニ住シ三世二ニ常住シテ十方二ニ現種々ノ
形ヲ一化彼《ヒ》々ノ生ヲ一或ハ常ニ住シテ炯燃
猛火之中二ニ扇キ清涼之風ヲ一
或常ニ住シテ飢饉渇苦之中二ニ与
禅悦之食」
常ニ住シテハ愚痴闇類之中一
授ケ智恵之光ヲ一
常住シテハ闘諍残害之中一
施ス安隠之喜ヒヲ一
常住人間五濁之世一
抜キ生老病死之苦ヲ一』
常住天上五衰之時二ニ
与フ無漏寂静之楽ヲ一
常住ニシテ不動ナリ依之二ニ名ケ常住
金剛一トモ号ス不動明王一トモ
次尺其形相者」

○有七莎髻一七菩提分ノ花
頂上ニ鎮ニ鮮也ナリ
○左肩ニ垂一弁髪ヲ一一子慈悲ノ月キ
恒朗也
額ヒニ有リ三重ノ皺文一形如水波一此即チ」
六道生死ノ苦海煩悩ノ猛風
暴ク吹テ悪業ノ浪高ク動スル時キ
以慈悲ノ船筏ヲ一浮ヘ生死大海一
乗セテ沈溺ノ○生ヲ一渡ス涅槃ノ岸二ニ■
衆
表示スル此等意一候サテ」
右眼ヲ開テ口《クチハ》閉是レ表
是レ閉九界ノ悪道ヲ一開クヲ一乗之
左
実理
玄門ヲ一示ス
垂レ右脣ヲ一翻ヘリ左脣一是ハ大
悲之記別ニ破コトヲ四魔ノ軍衆ヲ一」
二世之教令身
(一面白紙)」
閉左ノ一目一開コトハ右ノ一目一是掩ヒテ
凡界之悪道ヲ一顕仏界之

実理一ヲ右ノ脣ヒル垂レ下シ左ノ
脣ル翻出コト是則住大悲本
誓一ニ催三世之怨敵一ヲ入テ
威徳法門一ニ破四摩之軍衆一ヲ
緘閉其ノ口ヲ者表滅スルコトヲ衆生ノ
戯論之語業一ヲ
(半面切断裏面白紙)
顕ハス四□ノ脣ニ顕二ノ牙歯ハ是
現ス鬼一王ノ形一ヲ定恵ノ二法世ニ
住シテ利益シ衆生一ヲ制伏スル悪魔一ヲ
相也左ノ手ニ取羂索一ヲ右ノ手ニ
握キルハ利釼一ヲ殺害カヒシ煩悩之怨賊一ヲ
纒縛スル悪□之魔縁一ヲ表示也
其色青黒ナルハ降伏一切ノ魔縁一ヲ
相也
其形童子ナルハ給仕スル一切ノ行者一ニ
■姿也　位ハ磐石ノ上一ニ
(中欠)
発誓弘経ノ願堅固ニシテ無ニ□コトヲ

住一人仕一ニシ○火炎背一ヲ智火ノ恵一灯朗ニシテ
衆生ノ○迷闇ヲ除クコトヲ顕ハス
凡ソ智恵ノ火焼コト煩悩ノ薪一ヲ
如トシ金翅鳥ノ食ルカ毒竜子一ヲ依
明王ノ加護一ニ衆生ノ菩提心不ルコト
傾動一○如妙高山ノ故ニ坐シテ磐石一ニ
為ナリ令衆生ニ知之一ヲ覧是ノ背
火ノ光リ赫奕トシテ煩悩ノ黒闇悉ク消
滅ス故ニ住シテ火生三昧一ニ与ヘシ三世
衆生ノ一□候
今暫ク隠シテ相好端厳之色身一ヲ
仮ニ即現ス暴悪忿怒之威儀一ヲ
(添付紙)内ニ尚有
外ニ雖モ現スト○伏魔王ノ之体一ヲ
具スル慈悲一ヲ之思一ヒ然則
雖忿怒之形一ナリト誰カ畏レム
鎮ニ垂ル一子之慈悲一ヲ
雖柔和之相一ナリト難シ馳(馴)レ常ニ

(C)追善供養(逆修も含む)に使用したもの

破ス三世之怨敵ヲ
為テハ倶利迦羅明王ト 』
興シテ大智ノ雲ヲ灑キ甘呂(ママ)之法雨
為テハ矜《コム》伽羅勢多伽ト
発テ奉仕ノ誓ヲ随《カウ》行者之心念ニ
有文云現童子ノ形ヲ身卑シク肥
満シ上ミ承仏勅ヲ下モ化シテ衆生ヲ 」
給仕シ行人ニ摂スト雑類ノ者ヲ云々
為ニハ六道ノ衆生ノ救ヒ流転ノ苦ヲ為ニハ
三界ノ有情ヲ助ク輪廻ノ悲ヲ一ヒ持テハ
秘密呪《ミチ》生々ニ而モ加護シ千度ヒ
雖触犯スト猶ヲ不捨《ス》離シ玉ハ之ヲ 」
現種々ノ身ヲ化ス品々《シナぐ》ノ機ヲ
上根ノ眼ノ前ニハ現シ大聖忿怒之形
下根ノ機ノ前ニハ　和ラク桂明蘭友之
姿[redacted]有文云
雖トモ有リモ三千大千界ニ一切ノ諸ノ
魔類遍満スルコト 」
一切諸魔充遍シ満スト《コト》若得ツレハ

明王聞テ労ヲ失シテ慢心滅慢心ヲ
○証《速》スルコト大菩提ヲ無有コト疑取意
又云
闡提断善ノ極悪ノ人 』
流転シテ生死ニ無キモ出期
一ヒ聞ケハ大聖不動尊ヲ
皆成スト仏道ヲ難シ思議シ文可訓尺之
是以于見《ミル》降伏忿怒ノ身ヲ者ノハ
速ニ発スコシ具究竟深固之菩提心ヲ 」
聞ク大聖不動ノ名ヲ人ヲ
頓ニ除ク難断重障ノ惑業ヲ
或懸念ヒヲ於明王ニ者ノハ
自備ヘ万行之善根ヲ
若寄心ヲ於大聖ニ人トハ 」
定テ具ス三身之妙果ヲ
加之何事ヨリモ憑敷ク忝ウ御事ハ
此明王ハ別ノ所住不御《ス》サ只行者ノ
心中第八頼耶《ヤ》蔵ノ内坐シ御候

＼大聖明王　無其所住居居」
但住衆生　妄想心中文
＼沈炯燃猛火之底一二事
随(堕)レトモ阿鼻那落之間一二
一聞明王ノ本誓一○纔唱二般若菩薩名一ヲ
如影ノ随二形一ニ
世々生々相-離-不
、、、、』
＼金剛頂経ニハ以テ吽字一ヲ為トシ毘ル遮
那ノ種子一ト以テ于阿字一ヲ為ス金剛
サタ種子一ト依之二一字相代テ
互ニ為テ主伴一ト利益ス衆生一ヲ忿
怒ハ則不動明王、自性輪」
身ハ般若菩薩是也
此等ハ真言教ノ意テ候

(異筆)永仁五年乙酉三月廿六日午時了」
(一面白紙)」
元亨三九一源蔵人大夫妻初七日
正中二二廿金―田中殿初七日
正慶元八廿六日若宮小路大夫入道殿逆修
康永四―十月十五日金―引越右馬四郎妻逆修除形相不用之

(左肩)
七余』

(101)

（表紙・本文・識語湛睿筆）

弁
釈迦仏　化身尺　但付尺迦仏
三身中化身最勝事
娑婆衆生之有様事
睿之

粘葉装　一三・七×一三・八cm（三一三函四二号）

\化身者随類応同之形和光
同塵之姿降\神ヲ於母胎ニ示
生ヲ於中天一隠光ヲ於双樹ニ一
残御悲ヲ於跋提ニ一是候
\此三身ノ如来何《イツレモ》仏果ノ始
中終ノ功徳法門乃至最初発心

已来所修ノ色心理智万善
万行一毛端ノ善根マテモ不残之ヲ一」
該摂シテ利シ衆生ヲ一憐ミ我等ヲ一御事ハ
皆以○サテコソ御セハ\閑観之日ハ
法身モメテタシ報身モ忝シ
三身即一之故ニ何レノ身カハ
劣玉ハン\皆憑ムニ勝利顕ハレ
感応必然タル事テコソハ候へ
\サテハ候へトモ猶\指当テ利
益ノケ近ウ恩徳ノ甚深ニ』
御事ハ先取テハ此尺迦仏ニ一
化身利益ノ尊ニ御候
\化身ノ利益ト申ハ無定マリ一任所
化ノ機宜ニ一様々無尽ニハ候へトモ
\先殊ニハ此ノ縮メテ相海尊特
之粧ヲ一忽成テ丈六卑少之形一
\尤第一義空之都ヲ五濁乱
慢ノ此土ニ出世シ玉タル事」
\是カ実ニ超過シ三世十方ノ諸

仏善逝一ニ御タル難思最上之
大悲不可説不可思議之誓
願ニテハ御候千度口ニ讃メ
百度心ニ畏テモ猶以不行《ユカ》
不顕一者只此穢土ニ成道シ
娑婆ニ出世御タルウレシメテタサ候トヨ
サレハ於今日一者先ツ五百大
願毎願一憑シク覚ヘ名号神
通ノ功徳トリ〳〵ニメテタウ不思
議ニハ御セトモ暫ソレヲハ置テ
只独リ出此土一ニ玉ヘル尺尊功
徳ノ大悲広大ノ忝サ此趣キ
許ヲ申述候ヘシ尺尊ノ功徳ノ
大旨、詮ハ又是ニ寵ナムスル候
実ニ是ハ誰モ閑カニ可思食候ヘキ
事候此ノ衆生無辺誓願度ノ
御誓仏トシテ何ノ仏カ不備一御
皆利益洽十方法界一ニ済度
被一切衆生一ニ事テ候ヘハ所ハ

不云辺地下賤一ヲ人ハ不択
有罪無罪一ヲ不捨一不漏一悉皆
令メムトコソ利益安楽一ナラ仏ハ面々ニ思
食事テ候ヘトモ於此娑婆世界一
者責テ罪障煩悩深重輿
盛ニシテサコソ不浄泥濁ノ境
也ト乍モ申一無悪不造一都テ無
並一モ無カリケル類一ヒモ故独其諸仏
善逝広大無遮ノ大悲門之境
界ニモエカ、ヌ所テ娑婆ハ候ソ
実ニ仏菩薩ノ慈悲利生ト申モ
皆サスカニ及程ノ事候
此娑婆ノ有様者都テ手モ力モ
尽ハテタル事コソ候メレ所ノ風
俗人ノ振舞煩悩ノコワサ罪
業之至リ心ハセ心ノヲキテ即
○身《我等》ノ上テ是ヲ計リ思候ニ始メ入母
胎一ニ受クル生ヲ一名色六処之位ヨリ
終ハ眼閉テ息留マル至マテ最後

(C) 追善供養(逆修も含む)に使用したもの

獲麟之行ニ＼凡三業四威
儀五体六情人ノ一期□□
思ト所思振舞トスル、、＼何レカ非
十悪四重之基何レカ地獄鬼畜
之業因ニ不ト備云事候＼念々
中処作皆是三塗業大聖金
言ニ事切タル事候＼アノ沃燋石ト申
○アケクレ《石ノ大海ノ底ニ候ナルカ》漫々眇々タル若干クノ海
水ヲ含ミ失ヒ定メテ消滅セ刹那モ」
如無カ降フル時＼衆生沃燋之門ノ間
無尽期取テ五欲ノ海水ヲ一時トテモ
無ク休コト躭著シ味ヒ居タル候トヨ
＼此身ノ程心ノ程思ヘハ実ニウタテウ
ウトマシキ事ハ不候哉＼天衆
地類モ悪ミ之諸仏聖衆モ是ヲ
ウトミ棄《御》極タル理リ候＼サレハ
＼刪提嵐ノ国之古ヘ尺迦仏宝《我本尊尺尊》』
海梵志トイハレ候シ時＼無諍
念王并一千王子ト相共ニ詣宝

蔵仏ノ御許ニ各発成仏大願」
御シ候＼其一千余人ノ太子ヲ為始ト
八万四千ノ諸ノ小王乃至九万
二千億ノ衆生等皆＼為新発意
菩薩ト当成仏ノ国土ヲ定ラレ候シ
＼ソレニ其ノ千余人ノ太子モ八万四千ノ」
小王モ九万二千億ノ衆生モ誰カハ
独トシテ於娑婆ニ成ムト仏ト願スル人候シ
＼併此国ヲハ教化叶マシトウトムテ
皆清浄勝妙ノ他方浄土ニコソ
我々モト正覚ヲ取ムコトヲハ期《御》シ
事テ候ヘ＼ソレニ宝海梵志
只独悲テ此事ヲ倩思イシ様ハ
＼我来世ニ若仏可ナラハ成ル於テ
娑婆穢悪ノ土ニ成《ナ》ラン仏ト＼サレハ」
一切ノ菩薩皆捨ツルナラハ此ノ土ヲ娑婆衆生ハ
サハイツカ欲浮出テムト生死ノ苦海ヲ
＼三世ノ仏ニウトマレタル衆生ヲ憐ハコソ
大悲ノ深重ナルテモアリ十悪五逆ノ

無キ比一悪人共ヲ救取ハコソ又慈悲
本誓ノ本懐満テモ有ラメサレハ
於我一者更人ヲハ不可知一詮ハ
仏ニハ成モセヨ不成テモアレ娑婆
悪業ノ衆生ニカラカイ合テ諍ヒ」
勝負ヲ一切フトト事ヲ一云テ無左右五百
大願ヲ此処ニ立テ深ク娑婆ノ
成道ヲ期シ御シ候トヨソレニ
三大僧祇ノ難行漸クニ積ミ
住行向地階位次第ニ歴ヘ
過テ大悲不懈一本誓無誤一
遂ニ悲連河ニ苦行シ浄飯王
宮ニ誕生シテ放慈悲之光一却
長夜之暗ヲ一以甘露之薬一』
開智恵之眼一ケフハ娑婆教
主我等カ能化ト被仰一給ハ不
候哉サレハ誓願ノ抜群一ニ
利生越ヘ人玉ヘル事ハ只以之可
思一候譬ハ世間ニ人ノ幻(幼)キ子アテ無

云ニ甲斐一アヤマチ取リムツイテ
落河一ニモ入淵一ニモ事アリ其父是レハ
見付ツル時子ト共ニ飛入リトリ
ツヽキ同ク落チ助ケレトモ之ヲ」
救ハムトモセメ人ノ祖ト云物ヤハ候
縦立岸ノ上一ニ悲ミ見テ若子ト
共ニハ不入一不レトモ落一事ハ有レトモ閑ニ
以他ノ方便一又有ル助救之事一モ候
サレトモソレハ命ヲイクル所ハ
彼レ此レ同シ恩徳テ候カ猶無
左右一見テ落一ヲヤカテツヽイテ
入ルハ慈悲之志今一重ノ事テ
候ソカシ大師尺尊ノ此土ニ出世シ」
志《御》只此定候トヨ尺尊ハ我
等カ父也衆生ハ仏ノ御子也
妄想癡暗ノ幻(幼)ナキ姿不ルニ図一ラ
沈溺スル五道生死ノ海一ニ之剋ミ見
棄テ之一候ヘキカ我レ菩提ノ岸ノ上ニ心
閑ニシテ立チ涅槃ノ陸地ニウシロメカス□

（C）追善供養（逆修も含む）に使用したもの

覚テ有ム＼無シ左右一生死海之底ハ
衆生ト共ニ沈ミ落テサテコソ□
身ノ堪ヘ力ノ及程ハイカニモ〱」
救出メト思食メイシ所カ実ニ無
行《ユクヘ》量一我等カ実ノ父テ御ケリト
＼吾中衆生○実ニモ是ハ無
矯飾一事候＼薬師モ余所ニコソ
憐ミ弥陀モ極楽ヨリコソ導玉ヘ
＼如尺迦仏一ノ共ニ生死ノ淤泥ニ
ヲリヒタリ同ク三有ノ火宅ニ咽
悲御事ヤハ候メカシ只＼唯我一
人能為救護ト越昔一ニモ絶タル』
今一ニモ不可説不可思議ノ大恩徳
慈悲ハ我大師尺尊独リノミ候トヨ
＼唯我一人○只我レ独ト言タル詞ノ
思ツヽケ候ヘハ実ニスコウ哀ニ
涙モ難禁候　＼尺尊ノ為我等一
恩徳広大之至大悲深重之
条ハ爰テ已ニ窮《ワレタル》（ママ）候＼サレハ
娑婆ノ衆生トシテ有テ心一ハタラク許ノ
輩　捨テモ命一報クキ之一投テモ身一」
一向ニ可奉謝一事テコソ候ヘ
就中今ノ御本尊ハ」
（一丁分白紙）」
元亨四正廿三谷殿蓮信房用之
同六月晦日金―顕御母逆―用之
嘉暦三年十月六日金―大夫入道殿母儀用之
元徳元年十月八日谷殿二七日
元弘三年十月十八日土―総逆修』

(三) 初七日のみに使用したもの

（表紙・本文〈除異筆〉・識語湛睿筆）

(102)

不動讃歎

正法教令之二身事
浄菩提心即名不動尊事
慈恵僧正即成不動事

睿之

粘葉装　一三・八×一三・八cm（三一四函八五号）

(101)～(102)

夫大聖不動明王者四大明王之
上首八大童子之主君也久遠之
正覚不知其ノ始メヲ一利生ノ之本誓《セイ》
誰カ極ト二其ノ終ヲ一無尽之智恵同ク二於
大虚ニ一帝網之功徳遍セリ二於法界ニ一
内証之心殿ニハ号シ遍照如来ト一外
現ノ之身土ニハ称ス二降伏ノ使者ト一云内
証ト一云ヒ外現ト一同一法身之体相也
云大日ト一云明王ト一不二一身之異名
」

（添付紙）

凡ソ衆生ニ有二種ノ心一謂善悪ノ
二心也悪心ハ違ス仏ノ教ニ一善心ハ順ス
仏ノ教ニ一然秘密教ノ意ハ仏化玉フ此等ノ衆
生ヲ一用フ二種ノ身ヲ一所謂正法輪身ト教
令輪身ト也正法輪身者即順スル教

（以下、添付紙下）

凡ソ秘密教ノ意者衆生ニ有二
種ノ心一善心悪心也悪ハ違シ仏ノ教ニ一善ハ
順ス仏化ニ一依之仏化スルニ衆生ヲ一亦用
二身ヲ一所謂正法輪身ト教令輪
身ト也正法輪身トイハ即順スル方便□（之か）

（以上、添付紙下）

』

（C）追善供養（逆修も含む）に使用したもの

衆生ノ有テ信恵念定随トキハ如来ノ教
化ニ一即チ仏ケ現シ二相好端厳ノ身ヲ一□（三）
十二相八十種好具足シテ荘厳ヲ一以＼
伽陵頻之声ヲ一令メ開カ所化ノ之悟ヲ一
依テ師子孔之説ニ一令メ玉フ断セ二衆会ノ之疑ヲ一
＼教令輪身ハ即違《ヰスル》方便ニ一之衆□（生）
＼煩悩ノ雲モ厚ク罪業ノ霧《キリ》深レハ」
＼必ス背キ二仏教ニ一定テ違ス如来ニ一無シテ＼
一念之信心ニ不仰カ二仏ノ所説ヲモ一＼有テ
多生之悪業ノミ不悟ラ二法ノ正道ヲモ一＼依之
＼故サラ隠シテ慈悲柔和之尊容ヲ一現ニ
示玉フ二調伏威怒ノ之形像ヲ一＼即今ノ大
聖不動明王者是レ大日如来ノ
教令輪身也
＼案スルニ底里三昧耶経□説ヲ□』
薄伽梵大日世尊□修ル真言ヲ
者ノ一説ク除障ノ之因《イン》云々＼而ニ一切障
法無量無辺ナリ以テ要ヲ一言之一但従リ
心一生ス是則《心者》煩悩悪業也＼若能ク欲三

対二治此ノ障ヲ一者ノハ可依ル浄菩提心ノ
力ニ一＼此菩提心ノ顕ル、色相ニ一是ヲ名ク不
動明王ト一サレハ＼大日如来ノ因位ノ」
当初為メニ我等衆生ノ二発シ一念ノ菩提心ヲ一
御コト今至テ大日覚王ノ位○《時》彼ノ最初一
念ノ菩提心○《即》成リ降魔ノ明王ト一御《マシマス》コソ
候ナレ＼倩ラ以此次第ヲ一思ヒ解トキ
候ヘハ我等薄地底下ノ凡夫ノ
身《ミ》テ候ヘトモ若《モシ》発サ二一念ノ菩提○《心一》時
即可《ヘ》キ顕ニ不動明王ト一コソ候メレ」
只是菩提心ノ一名王□コソ□
事トハ不可思事テ候＼花厳
経説テ菩薩最初発心ノ相ヲ一云＼菩薩於二
生死最初発心ノ時ニ一一向求コト菩提ヲ一
堅固ニシテ不可動ス一彼ノ一念功徳深‐
広ニシテ無シ涯際一如来分別シテ説□窮ムトモ
劫ノ不ストコト能尽《文》一顕教意ニテモ」
自リ無始生死一以来タ為メニ二悪業煩悩ノ
魔障ノ一被テ二乱動一輪廻セル生死ニ一

常没凡人トハ云ハレ候ヲ於是
或値善友ニ一或ハ聞テ二大教ヲ一忽ニ開下顕ス
凡聖同スル源ニ一本有ノ大菩提心ヲ上此
菩提心ト者心仏衆生三無差別□
指シテ二此処ヲ一即名ク菩提心体ト一縦ヒ雖トモ』
天魔波旬ナリト一皆是菩提心□□（思か）□
一徳也終ヒニ菩提心ノ外ニハ一物モ不可
得《ウ》故為何《ナム》ノ被動セ一誰カ来テ動セン之
サレハ於此心一被レ説カレ二堅固不可
動トハ一候是則秘密教中ノ不
動明○王ニテ御スヘキ候
見大日経息障品ノ文候ヘハ即」
此意テ候ト覚候
金剛手菩薩請問シテ毘盧舎那如来ニ一
以偈ヲ一問シ給フ様ハ云何道場
時キ浄除諸ノ障者ヲ一修真言ノ
行人ニ無ラン三能ク為コト二悩害ヲ一如来答
云ハク障者息生コト随順スレハナリ昔ノ慳
恪ニ一為除彼因ヲ一故ニ念ヘシ此菩提心ヲ一」

善除ク妄分別ノ従心忍□次ヒ□
行者　諸過ヲ一常当意ニ思
惟スヘシ不動摩訶一而結二彼ノ密印ヲ一
能ク除諸ノ障礙ヲ一阿字為我体一
心体阿字門

慈恵僧正成不動事

慈恵大師碑文云」
一観変身忿怒成焔三光暑
化本迹在天一頭ニ有七莎髻一表
七等覚支ヲ一頂ニ垂一弁髪二示一子
愛念ヲ一右手執智恵之釼一左手
拳ル慈悲之索ヲ一後《ウシロ》ニ成炎々タル
之火焔一煩悩ノ薪無残コト一下敷ケリ
瑟々タル之盤石ヲ一菩提ノ不動セ一』
之謂也
（以下異筆）
若爾尊霊
五陰雲晴《ハレテ》若爾ハ尊霊 心月之円明更朗ニ
三妄酔《エイ》覚メテ大日之威光赤火焚《ハム》

(C) 追善供養(逆修も含む)に使用したもの

乃至
三界月断シ三妄一
六道等ク証シ六大一
五趣悉ク開キ五智一」
四悪併庄《カサラン》四万ヲ一
乃至法界平等
利益　敬白
(異筆・右肩)
暦応四―七―廿三日金―定月後家初七』

(103)

称名寺二代長老釼阿初七日表白(仮題)

(表紙欠、本文・識語他筆)

折本装　一四・八×一四・四㎝(三九九函三二号)

(前欠)
寒蝉鳴兮和他化
天之法音ニ一
灯燭光リ鮮カナリ」
残螢《星日之影》飛テ兮助ク二半満
月之荘厳ヲ一

道儀自然ニシテ
　感応揚焉ナル者歟
然則先師聖霊
法界宮ノ之中ニハ
弥《イヨ〳〵》増シ法喜禅悦之味ヲ
大悲門ノ之前ヘニハ
　鎮ニ添ム利生方便之粧一ヲ
必ス鑒テ今日報恩之懇念一ヲ
定テ成セシメ未来値遇之大願一ヲ
当寺法主護持大和尚《徳》
　法体堅固
　恵命長遠
五相窓前ニハ
　月耀千秋之光ヲ
四曼苑間ニハ
　花薫万春之芍
凡
為ス群会一ヲ之同門
袷《カレ》モ恰《コレ》モ開曼荼之覚蘂《スイ》一ヲ
列会場一ニ之尊卑
　皆ナ悉ク翫ム無価ノ之戒珠一ヲ
蘿崛霧《キリ》晴テ
桑門風静カニ
寺ハ継キ三会一ニ
山ハ呼ム万歳ヲ
乃至法界平等利益
　　敬白
　次神分　祈願
暦応元―十一月廿三日金―初七日唯用初修（称名寺二代釼阿）

(四) 三七日のみに使用したもの

(104)

称名寺二代長老釼阿三七日表白案（仮題）

粘葉装　一四・五×一一・二cm（三九九函二一七号）

（表紙欠、本文・識語他筆）

三世諸仏以為母シテ○諸師以テ文殊㆒為
諸仏悲母㆒シテ十方如来初
発心皆是文殊教信力シテ亦
文殊為師範㆒ト
然則雖一仏之母儀㆒ナリト猶可
忝㆒カル況ヤ十方ノ諸仏同ク以此ノ菩薩㆒
為覚母㆒ト大悲ノ乳海無非■文
殊ノ乳房㆒ニ雖一仏之師範㆒ナリト
豈ニ可疎㆒カナル況ヤ三世ノ如来悉ク此ノ
菩薩之弟子也無非文殊ノ教化㆒ニ
サレハ文殊師大智尊三世諸仏
以母、、、、皆是文殊教化
力ト説ケル即以之㆒可為大聖
文殊之別御功徳㆒
暦応元―十二月二日金―長老三七日（称名寺二代釼阿）

（前欠）
尊之勤万善㆒ヲ豈非
覚母引導之所及㆒哉
カヽリケル故文殊師大智尊

(105)

（表紙欠、本文・識語他筆）

浄光明寺三代長老道空三七日表白（仮題）

粘葉装　一四・七×一一・〇cm（三九九函二一八号）

（前欠）

異他一思食スト被察申
候然則益スル我ヲ一者ノハ雖人
皆師徳一何如先師之相兼玉ニ
恩愛之情ヲ一同スル祖ヲ一者ノハ雖
誰亦親類一豈及聖霊
之昵近《引導》菩提之道一ニ是知
六親中以聖霊之親一ミヲ為
第一ノ親一ミト四恩中以先師之
恩ヲ一為最上之恩　嗚呼
徳水溢水汲《身》溟海一何謝
恩山戴首傾テモ須弥一難
報一只須諸ノ仏法難思之
徳一以奉酬幽儀広大之恩
思食依之大聖文殊者

（以下空白）

正慶二年潤二月八日良日房為浄光明寺長老（三代性仙房道空）三七日修之

（左肩）

二半

（C）追善供養(逆修も含む)に使用したもの

(五) 五七日のみに使用したもの

（表紙・本文・識語湛睿筆）

(106)

悲母表白通用

睿之

粘葉装　一五・〇×一二・〇cm（三一四函一三七号）

（表紙裏）

三礼　如来　　開眼　□□（神分）

表白

夫有頂之上無間之底、皆是

必滅無常之堺ナリ、六凡之報

四聖之果、無非コト生死有為之身ニ

〳〵愛過去　運命忽ニ尽テ

受ヶ生ヲ於極楽（浄邦）寿算云コ□□

告別ヲ於娑婆御シ以降且ニモ

恋ヒ暮ニモ恋レトモ慈悲ノ御（貴者か）ニモ

永ク無見上ニツルコト寐テモ□□窅テモ□□（悲か）

柔和ノ御音ヲハ再ヒ無聞クコト□□恋慕（悲か）

悲歎之愁ハ逐時一弥切ニ愛□□

□之悲ハ随日ニ倍深シ倩惟

四恩ハ共ニ恩ナレトモ父母ノ恩ハ殊ニ重ク（更甚）

二親ハ同ク親ナレトモ悲母ノ徳ハ甚深（更甚）

十月宿ニ胎内ニ之間苦シメ三十八転之

心行ヲ三年遊膝ノ上ニ之程費

百八十石之乳汁ヲ其恩ハ山尤モ（モ）

高シ迷慮八万之頂不可及ツ其ノ（徳か）

□ー海至テ深シ蒼溟三千之底モ

非可キニ比ラフ是以尺尊極□窮テ

来タシ尚報九旬ノ安居ヲ報摩耶之

恩ニ目連漏尽之□シ又見タル

七月ノ盂蘭一ヲ□青提之苦ニ一宜

報恩之志大聖猶如此一追福修

善之営ミ凡夫何ゾ可緩一仍」

(添付紙)

迎五七日之忌辰一ヲ祈八正道之

増進一御所修一塔婆供養之

善根相下ヒ同ク尺尊ノ報セシ摩耶ノ恩ヲ一

(以下、添付紙下)

迎七々日之忌辰一ヲ祈三々品之

往生一御者処也所修一スル遮梨持讃仏転

香経之功徳相同尺尊ノ報セシ摩耶ノ恩ヲ

(以下、添付紙下)

之志上ニ所営供仏施僧之恵業

不異ラ目連済シ悲母ノ苦ヲ一之恩一ニ凡夫

賢聖雖人品異一報恩之儀惟

同シ正法末法雖時替一謝徳之

功何空嗚呼報恩ハ今生之」

懇志也只祈三明ヲ於両足尊ノ前一ニ

親子ハ曠劫之宿因也遥期再

会ヲ於七覚樹下一ニ候御願旨趣」

取要如此　妙□」

暦応四―八月廿一日　定月後家五七日

康永元―八月廿八日金―』

(107)

私
悲母五七日表白付地蔵檀施一ニ

睿之

（表紙・本文他筆、手沢名湛睿筆）

粘葉装　一三・七×一三・七cm（三三五函一一四号）

「先三礼若法用　次開眼　次神分　次表白
敬白云々先至高ハ迷盧未足
比スルニ高下於母親之恩山一ニ尤深キハ蒼
溟誰能方《タクラフ》　浅深於悲母之徳海一ニ
是以\尺尊成道四十五年、大教
併勧孝養報恩之道一ヲ孔丘出
世七十三年、寵綱偏明身体髪
膚之理一ヲ誠是天地\ニハ為経《タテ》一陰陽ニハ
為緯《ヌキ》一儒\尺為之一立孝道一ヲ鬼神
為之一設擁護一ヲ伏惟過去、、、、
\柔和稟性一ニ婉順在シキ\情過去殖宿
福一ヲ今生受仏道之依身一ヲ曩劫ニ
持戒善一ヲ現在ニ為如来之弟子一然間
\尋ネ憍曇之先蹤学ナテ耶輸之昔ノ跡一ヲ
\落花髪一ヲ兮受木叉一ヲ改女身一ヲ兮為《ナス》
法器一ト\染汚洗テ心一ニ戒光照身一ヲ
慈悲育人一徳沢調物一ヲ何況
何況\見閑庭ニ於花一ヲ之春朝ニハ
慰心ヲ於浄刹之紫台一ニ観ル禅
庵ニ於月一之状夕ニハ懸思ヲ於弥陀之
白毫一ニ\称名誦経功積テ年久ク
散花焼香一勤而無懈ルコト一\齢及六
旬一ニ望ミ期九品一ヲ\真俗任心一ニ内外無リキ乏一
爰有待難駐無常易臻
者孟夏之天同下旬之候

朝霧俄纒身《ニ》一夕風忽侵《ショリ》質《ヲ》一
以来舌《ノ》＼上《ニ》味乖《テ》上林□(苑)是冷《シフ》
眼前《ニ》患来《テ》下若《カ》酒無勇《ミ》一＼訪《トモ》
之《ヲ》医家《ニ》一湯薬之方術不及一祷《カトモ》之
冥道《ニ》一鏡谷之感応如《シ》空《キカ》一
遂《ニ》則《チ》去月上旬第六之夕
＼病根萠《シテ》不《ルニ》幾一命葉破《レテ》忽《ニ》落《ツ》
＼打手以悲歎《ス》屠肝《ヲ》一以周章
＼似夢非夢《ニ》一妄想之心易迷一
欲留不留《ラ》一恋慕之涙難抑
＼千万行之悲涙尚盛《ルニ》五七日之忌
辰云来　爰信心大法主《施主》等
以曩劫之厚《キ》縁《ヲ》一受母子之恩情《ヲ》一
酬多生之深《キ》契《ヲ》一為慈愍之息男一
五体無恙一正是任悲母之覆護《ニ》一
＼□世遂望一豈非由《ルニ》母親之掬育《ニ》一乎
□(恩か)波尤深《ク》徳嶺至《テ》深《シ》　而今
値終天之永別《ニ》一争耐涙川之難《キニ》留《メ》一
於是生＼者必滅《ハ》本《ヨリ》所覚悟《スル》一

会者定離《ハ》始《テ》不可驚一但
必然之理《ナレトモ》而尚難忍者別離之
悲□□之習《ナレトモ》而尚難堪一者生滅
之営《ナリ》　嗚呼　＼恨至刺《サス》
肝《ヲ》一如呑《ルカ》霜刃《シム》於胸《ノ》裏《チニ》一
悲極浮涙一似博《スルニ》銀漢於眼前《ニ》一
＼夕《ニ》銷《キヘ》朝《ニ》銷之理幾度銷《テカ》
有《ン》慰一時《キ》千《ヒ》拭《ヒ》百《ヒ》拭《フ》之涙
但《シ》慕情悲歎者生死之旧習弥成輪廻之紲知恩報徳者菩提之新《ナル》勤《メ》正其自他増進之基也
幾度拭《テ》有乾《ク》日○不如一改《テ》
別人《ニ》一之悲《ヲ》一為《センニハ》　祈《ル》仏一之営《ミヲ》一
仍奉造立地蔵菩薩之尊容
奉勤修檀施沐浴之勤行
以之資彼御菩提《ヲ》一以之祈其得脱《ヲ御ス》一
方今仏像則六道能化之導
師導《御セ》聖霊《ヲ》於三有之衢《ニ》一
檀施亦九品託生之修因《妙業》送
聖霊於七宝之国《ニ》一＼修因既
尽此界一証果盍結《ハ》彼《ノ》国《ニ》一

(C) 追善供養(逆修も含む)に使用したもの

于時林蝉○《嗚兮》声々混ス送韻
於泗浜之磬ニ一草花○《開兮》色々
添濃艶於海岸之香ニ一 」
作善得テ折リヲ一自然トシテ催感ヲ一
聖霊頓証有憑一無疑
若爾過去、、、
離二十五有之旧居ヲ一生十万億土之新刹ニ一
＼五障之雲晴女身ニ一三明之月同仏位ニ一
＼昔目連之報青提也設蘭盆ヲ一兮
救一劫之苦難ヲ一今法主之訪悲
母ヲ一也営福恵ヲ一兮祈九品之楽果ヲ一
＼彼既ニ有リ生-於天上ノ之勝益一此盍 」
成セ順-次往-生ノ之報恩ヲ一＼凡聖雖殊
旨趣惟同者歟　＼任功帰之故、、、
＼法体ヲ比シテ金石ニ一興隆仏法期シ億劫ヲ一
恵命ヲ彰シテ芥城ニ一利益衆至来際ニ一
＼貴賤臨会場ニ一也各勧上求下化之発心ヲ一
男女ノ聞法音ヲ一也同預ラン現世当来之与楽ニ一
＼関東泰平　諸人快楽　天下静謐

国土安寧　乃至法界平等利益　打
○《次掲経題》次諷誦　次地蔵尺　次経尺　次□取　打 』

(以下、別断簡か)

其外奉書写梵網経十重四
十八心阿等経一巻
幽儀之止悪進善因之増進シ
聖衆之来迎引摂為之感応セン

依之起立五輪法界之制□一致
□於承離悪□之巨益ニ一渇仰一
乗妙法之真文□□於即往安
楽之金言一厭離穢土欣求浄
土ハ聖霊平日之素懐起立
塔婆修行妙法ハ孝子没後之追
善　可謂一彼此契当シ函蓋相
応セリト　聖霊ノ証大菩提勝利何ソ疑ハン
其ノ外或ハ諸尊ノ秘法累テ座一積ミ功ヲ一
或ハ持誦シ弥陀経一称念御スカ同キ宝号
作善者慇懃也得益豈唐 」

捐乎　于時

若爾過去―照サレテ于五輪五智之
金覚一見晴ラシ於廿五有之迷闇駕
一乗一性之白牛一ニ速到三輩九
品之覚住一自非引摂結縁之
誓再莫■来テ于娑婆一ニ自非聞
事利物之行一ニ更勿臨二于凡□一
孝子縦在娑婆一ニ尚残ストモ風樹之恨一
聖霊必進菩提一ヲ
化功帰本故信心、、、除災与楽
福寿増長二世悉地成就円満
久遊寿城争松鶴蓮亀
之齢一鎮趨福庭一ニ誇陶朱
陳粈《チンニウ》之富一ニ

(六) 七七日のみに使用したもの

（表紙・本文〈除異筆〉・識語湛睿筆）

(108)

追善表白通用

折本装　一四・五×一一・八cm（三〇八函一六号）

夫仙菊モ必スモ衰フ経コト象
外之霜一ヲ不久一天樹モ
自枯ヌ去コト人間之栄一尤
速ナリ実ニ生滅之転変

（C）追善供養（逆修も含む）に使用したもの

天子モ猶無遁一行信之」
下界之凡身乎伏\惟
「　」
（添付紙）

先人\受難受一之人身一
六十余年顧之一如春

（以下、添付紙下）
先人難\受難受之
人身六十余年顧之一如春
（以上、添付紙下）
夜ノ夢ノ値難値一之仏教ニ
歳月幾許思之一宿習ノ令」
然也\遂ニ辞有為之霞一
忽入無為之雲一御以来
折\指ヲ算光陰一四十余
日為夢一為幻一抑面一思
花ノ貌一万行ノ悲涙如河ノ如
海一\恩容何去ヌル対漢月』

各断腸聴音絶ヘテ\無答一
聞嶺嵐一独リ摧心一雖修』
（後欠）
（巻末異筆）
抑新写御経ツス開題可拝
南無、、、
次発願
至心発願　新写妙典　□□功徳
仏名
南無帰命」
康永三年九月十四日金―ツルハス尼四十九日」

(109)

（表紙・本文湛睿筆）

睿之

元徳三年六月十一日為故
若宮顕弁僧正大夫入道殿
於西御門御坊被修之

○俗為僧施主段

兄弟事
真言師事　致天下御祈祷事
毎度効験事

粘葉装　一四・二×一一・二cm（三〇八函四七号）

仏経讃歎
捧《テ》此《ノ》事理《ノ》作善種々之恵
業《ヲ》一祈彼《ノ》聖霊《ノ》覚果
位々之増進一行願早《ク》円満《シテ》
妙果速《ニ》究竟《シ御セトナリ》
抑生者必滅者娑婆之定《レル》」

習《ヒ》仏界尚湿沙羅之熛（煙）一
会者定離者有為之常《ノ》
理人倫争免荼毘之炎一
是以仲由《カ》別《イフ》○大姉《ニ》一不忍《ヒ》眼
除一《ムコトヲ》武帝《ノ》後《奉御》皇后《ニ》一
深悲独《リ》留■昆弟之
儀不軽《尤重シ》一恋慕之至《リ》何
軽《ラン》　伏惟過去前大僧正顕弁大和尚位
曩劫之積善徳馥《ク》今世
之行業匂《ヒ》鮮《ナリ》縦無《ウトモ》夢後
追修之御作善一何疑覚前
菩提之大悟一故何者　往因
令然一雖○長東関累武之
嘉門《ニ》一宿善尤忝《ウシテ》早《ク》入
西乾調御之直道《ニ》一以来
両部之曼荼懸《ケ》理智之
鏡《ヲ》一於胸《ノ》間《ニ》一諸尊之瑜
伽握解行之玉《ヲ》於掌内《ニ》一
就中真言行人功用甚

（C）追善供養（逆修も含む）に使用したもの

深ナリ三密平等六大無礙
\現世ニ証スル歓喜ヲ一之要法即
身ニ昇ル仏位ニ一之秘術ナリ○然則\観一阿
之不生一生死百六十心悉ク」
蕩ケ得ツレハ五智之バン（梵字）水ヲ一三妄
六塵無残一\三僧祇劫多
倶胝劫一念ニ超越シ三
　四種法身即身ニ証得ス
蓋是真言教之大旨也
\然過去聖霊久\結ヒ彼』
秘印ヲ一誦ヒ密言ヲ一久行シテ其
瑜伽一凝観行一御
\六十七年之行業久積五
相成身之窓一ニ六時不退之
御勤早旧三密瑜伽之壇一」
\護摩ノ⿰火雲（煙）ノ底ニハ煩悩之薪永
尽キ観念ノ風ノ前ニハ妄執
之霧無留一コト\定知三\十
七尊満胸一ニ垂加被一四十

二賢摩頂一キヲ致玉ケフ擁護一
依之大将副将仰テ□思食」
我国《クニ》ノ之塹城一自門他門
推シテ充僧家之枢揵一ニ然間
\朝ニ大事モ出キ国ニ災殃モ
来《キタレハ》\最前承ハリ修法之厳
命ヲ一毎度顕希代之法験
御\其条始テ今更可○始申候ハス」
\或ハ天変地夭ノ御慎或ハ
祈雨止雨御祈若\藩王
大守ノ御不預若天下泰
平之御祈請事ソ\替リ篇ソ
異ナレトモ旁ニ承ハリ悉ク行
御シ、ニ\時トシテ何時カ不満御』
願一之時　事トシテ何事カ不
成悉地ヲ一之事\毎度法験
掲焉ニシテ毎度勝利顕然タリキ
サレハ預不次之勧賞ニ一事モアリ
蒙御丁寧之御感ヲ一事モアリ」

何況寺院《本寺》霊社之重職
無職トシテ不任一僧家崇班
之綱位無位トシテ不究一
皆是法之抽賞道之厚
禄ナレハ万人○《同》鳴感賀之 」
舌一天悉作随喜之思一
依之一入御門室一之人不簡
緇素ヲ一快誇無涯之寵恩ニ
預御吹嘘一之輩不云老
少ヲ一恣ニ遂真俗之先途《地望》一 」
倩案此等次第ヲ一皆是一切
衆生利益安楽之計抑
又五畿七道攘災招福之
基ナレハ一々ニ叶諸仏善逝
之悲願ニ一返々モ順シ諸天冥
衆之知見ニ御キ一サレハ 』
瑜伽観行ノ窓ノ前ニハ百千万
劫之塵労経テ日ヲ一自払ヲヒ
行業薫修ノ室ノ中ニハ往生

浄刹之業因累テ年ヲ一久
定リヌ是知縦雖示縁謝
即滅之相於自界之塵ニ一 」
豈不耀機興即生之益
於他土之月ニ一当須知報恩
謝徳之定レル儀ナレハ宜尽
追福修善之誠一可謂《ヲモフ》一讃
仏講経之新ナル勤メ只是添フルナルヘシ 」
内証果地之悟一
爰護持大法主殿下
往昔ノ戒善薫修之苞
有テ余一今世ノ高貴御栄《栄運徳行之》
運《誉》無窮一仁儀礼智ハ 」
天命之所授一稟之ヲ性ニ一
帰仏敬神ハ宿因之所催一
備之心ニ一為メニハ君ノ一為　股肱《ココウ》トノ一久ク扶
花夷之繁務ヲ一為家ノ一為
棟梁ト一遍ク恵ミ《御》葭莩之親族ヲ一 』

(C) 追善供養(逆修も含む)に使用したもの

サレハ重代之芳跡モ弥栄ヘ
家門之繁昌モ倍勝レテ
副徳ヲ於曩祖ニ顕名ヲ於
後世御ソレト申ハ頻ニ有
三宝冥顕之加護敢ヘテ
無一事トシテ不祥之成祟タヽリヲ」
故コソ候メレ就中慈順
恭孝《クキョウカウ》為其心六親九族育遠ヲモ育ム
近ヲモ柔和質直為其思
一門他家哀親哀疎御其心叶ヘリ天
心ニ天宜ク与其ノ思達ス神慮
神盉恵御定知家門不」
傾栄運無窮
何況骨肉分形之契依曠
劫之宿縁兄弟連枝之
昵非一生之浅キ因サレハ
顔氏カ詞ニ幼也父母左ニ提
右ニ掔《ヒサク》前襟ヲ後裙学則」
連業遊則共方如形之

与影似声之与響愛
先人之遺体惜己身之
分気非兄弟何念哉
然今聖霊ト与大施主御事
中ニ其恐候ヘトモ』
然レトモ人情不必同総
物儀亦不等雖受同
気前世ノ本縁各別ナルコト
アリ雖長一室今生意
楽区ニ分タルコトモアリ所以
調達阿難ハ兄弟也一人ハ為仏」
怨敵也一人ハ為仏常随也
吉祥黒耳ハ姉妹也吉祥ハ
至ル処ニ為大ナル利益黒耳ハ
向処ニ為大ナル衰損此事
実ニ無定此儀須依宿
縁歟　然今聖霊御事」
共本重昆弟之儀互久通
連枝之好愛与敬無変

（109）

教与訓是厚不啻昵《ウシ》《御》己
身之分気《ヲ》未曾《テ》見交
情之弛黙《タユミモクスルヲ》　其御志与《トモニ》
年《ト》弥深《ウ》其《ノ》御情逐日《ヲ》
倍切然間無常迅速之
理忽顕生死永別之期
早到《シカハ》厭南浮之塵移
西刹之台往昔《ノ》善縁
不《トモ》知如知前世《ノ》宿契
不《トモ》見如見　然《ル》間無常
迅速之理忽顕生死永
別之期早到厭南浮之
塵移西刹之台以来
遺弟《貴賤》之含悲惨《サン》焉《トシテ》裂《サキ》
胆《キモヲ》道俗之慕《奉》別《レヲ》黯
然《トシテ》消魂常思《メシキ》百年
無恙久誇《ラムト》恩山之陰《ニ》
豈図《トナリ》一朝告別永
徳　云々　彼会者定離

之習《ハ》実雖■旧此心
事相違之恨今更新《ナル》□(習)
歟昔陳門《カ》悲智者之
○《トソウ》者眼前一旦之別
也再《ヒ》遂《ケン》向顔可有其期
今施主《ノ》慕《奉御》聖霊之遺徳
重遂《ケンコト》再会方期《セン》何日《ヲカ》
彼尚惜《ミキ》暫時之離憂《ヲ》
悲歎今盍《沈》悲《マ》長夜之永《キ》
別胡雁飛《テ》空《ニ》既■
有《リ》連《ヌル》翅《ヲ》於前後之雛《ヒナニ》
人倫有情《ケ》争不顧礼《ヲ》
於兄弟之儀《ニ》思食　然則
忍往事《ヲ》於灯下《ニ》悲涙弥
難押　催《シテ》旧情於枕上
愁腸倍難休　慈悲御質
者立面影《ニ》無奉忘柔
和御音者留耳底《ニ》思出《テノミ》多
哀傷之至無物于取喩《思食》

（C）追善供養（逆修も含む）に使用したもの

依之二泣抑流水不帰之
悲一苦ロニ祈蓮台結趺添
厳ヲ之縁一所企一既真実」
不祈定成就御サン
若爾過去幽儀永断妄苦
□受真楽住不退転速証
菩提
振大智降伏之威一早却ケ
十軍四魔之障難ヲ一開
法界円融之悟リヲ一速証御シテ
三身《理智》四徳之覚位一済生」
慜物之本《両部万荼》誓不誤ラ一最初
結縁之引接無レトナリ忘ル、コト一
化功帰本故護持
積善之家ニハ余慶必来リ
報恩之道ニハ感応不ルヲモ空一』
護持、、、久嘗不老不死
之妙薬一寿福斉保チ鎮
預如海如山之朝恩二ニ子孫

遥カニ伝御サン有頂無間
法界塵刹遍灑一味平
之面一悉翫○三無差別之月」
仰承乞旧来本成尺迦善
逝伏承乞演暢実相
妙法経王仏力法力合力一
檀主御願令成就円満一
為補闕分　尺迦
供養浄タラニ
廻向無上大菩提」

（剥離した添付紙）
然今五旬ノ中陰残纔残
一日ヲ二万端愁涙今更
潤双袖一是以殊披一座
之梵席慇抽無二之匪
石営讃仏講経之恵
業一祈出苦証楽之妙果一」

※『金沢文庫古文書』仏事篇（上）二四三頁以下収録。

(110)

（表紙・本文湛睿筆）

睿之

祖母表白

弥陀　法花 読誦書写 四要品

大内孫太郎殿祖母四十九日

折本装　一六・一×一三・八cm（三三六函七六号）

夫
庵遮女カ之悟幻化也
遂帰ル二夕ノ空ニ一
華色尼ノ之昇シ証果也
永散キ二春風ニ一
南瞻不定ノ之里
賢愚未脱一
北芒必滅之境
凡聖豈留ン哉
伏惟過去祖母禅定
比丘尼聖霊
帰シテ仏法ニ一兮多年
厭フ下界ヲ於春花ノ辞スルヲ二梢ヲ一
凝シテ観想ヲ一兮幾日
欣フ三西刹ヲ於夜月ノ傾クニ二峰ニ一
遂使
玄冬之初節
黄鐘ノ之下旬
蜀山之石屢動テ
瀑《ホウ》泉ノ之波不返一
尋生死ヲ於何処一
不知人中天上間
訪苦楽ヲ於誰家一
不弁六趣四生中一
万端ノ之悲情未休一
五旬ノ之忌辰云ニ満

(C) 追善供養(逆修も含む)に使用したもの

是以
講讃コト弥陀如来一ヲ一鋪
　　蓮眼将ニ開
転読コト妙法経典一ヲ数部」
　　露点是新ナリ
此外
　刻駄都ノ面書ス法花ノ文ヲ
便於テ方便安楽ノ之四品者
所点弟子魯愚ノ之一筆一也」
或有二五旬三時ノ之勤修一
或有光明薬師ノ之行法一
　云彼云此丹精丹悃而已
然則過去聖霊
弘誓海ノ上ニ」
　三従ノ之波無返一コト
妙覚山ノ間ニ
　五障ノ之雲早晴レ
乃至法界平等利益
　敬白」

(III)

(手沢名・添付紙湛睿筆、表紙・本文他筆)

睿之 捨仮入真事 （弥陀　法花） 慈父四十九日表白 鎌倉名越ノ越州式部 殿四十九日貞応三年 後七月二日 福貴之仁事 一門九族皆栄分事 妻子眷属之悲歎事

粘葉装　一五・三×一二・一cm（三一四函四一号）

夫月出日隠蓋是陰陽之
常習也実結テ花萎ム又則栄
衰之定道也是以其身久栄
其命遂窮豈非人間之習
乎其子多長其親必没抑
又世上之儀也不可驚不可怪一

然而慈父之恩至深ケレハ内典外典」
讃之厳親之徳尤高レハ凡夫
上人共報之一如高柴泣血之
涙童永売身之志一者雖非
菩提之訪一是表世俗之孝○誠一如尺
尊担浄飯ノ棺ヲ浄蔵改厳王ノ
行一既是大聖之報恩宜為孝
行之軌範者歟　伏惟先考

（添付紙・湛睿筆）

然ルヲ慈父尊儀朱夏之
初受痛ヲ沈席ニ至素秋
之末ニ告別早世一自爾
以来』

京兆尹外奥州旧吏者宿生ニ修
善或今生ノ勝報一往世ニ持戒一恣人
間之栄分一一家悉烈昇進一九
族併誇光花一其門戸挙テ為
陶朱一其家僕悉ク為伊敦一身
雖在東土之雲一娯不索中花」
之風一然間四大難調一風痾
相覆一生有限必滅時至留形
骸於東国之塵一移魂魄於西
刹之雲一以来哀楽如夢旧
室忽過嬪婦之恨一栄古相変
男女悉溺扁孤之涙是以雖
去ル人ハ一人一懐悲ヲ之類ヒ是レ多シ雖告ルコト」
別ヲ一時一残恨一之日漸ク積男子ハ恋
庭訓之風一女子ハ哭撫養之窓一」
老眷属流老流一盛僮僕摧
盛肝一爰孝子殿下宿世ニ深メ
契ヲ人間ニ結父子之儀一多生厚クシテ
縁ヲ今世ニ禀遺体之分ヲ生育
者慈愛シテ長其ノ身ヲ訓導者琢磨シテ
為其器一身継箕箒之業
心稟勇力之性此即先人」

（添付紙）

為其器一身既入難入一之尺門一」

(C) 追善供養(逆修も含む)に使用したもの

心能信難信一之仏教一＼是即先人

慈恵之所及豈非先考遺
徳之所致一乎故＼徳深七葉之
水一恩高九山之頂一＼而今水萩
之孝未幾一恩愛之質永隠
＼拭涙一訴天一眇々タル暮雲無答
呑悲一仰空一団々タル暁月不語
＼六道四生趣何所一祈三宝一々々
未示一シ玉ハ胎卵湿化成何形一訴
諸天一々々未告一ケ玉ハ空思父子之
旧愛一生々腸難休一徒忍
生育之古徳一連々涙無乾一
＼然間＼星漢頻転シテ日景属シハ〳〵移』

(添付紙)

冥々路過《コシ》方弥遠
□□ノ忌不残一不幾一ナラ

七々ノ忌所残一不幾一ナラ殊ニ」

励報恩謝徳之志一＼弥廻
生死解脱之計一讃歎弥
陀如来之聖容一書写光
明真言之真文一＼弥陀ニ
有来迎引接之誓一必訪
中陰之羇旅一神呪有
滅罪証覚之徳一早送上
品上生之蓮台一＼此外営
種々ノ善根一祈娑婆得果一
＼云彼一云此一皆成自孝子
無二之誠一所祈所思
定可為慈父頓証之便」

冥々路弥遠七々景云《ココ》ニ迫仍＼
為生死解脱之訪為報恩謝徳
之志造立弥陀如来三尺之聖
容一ヲ摺写妙法蓮花一部之真文一
仏有来迎引接之誓一必訪中陰
之羇《キ》旅一経有直至道場之言早」

遂上品之蓮台一ニ鳴呼六十
余年之恩徳久而如無程一四十」
九日之別離短而如千秋一設彼
追善有限一七々斎会欲巻席一
弥陀引接無私一三々宝蓮必
承趺　然則分段旧里再不結
父子恩愛之契一ヲ安養浄刹定得
為見仏聞法之友一旧意無違一新
縁旁薫弥蓮台添テ飾一更」
瓔珞増御セ光一ト也乃至法界平
等利益

願文　経題　諷誦等』

※文中にある「高柴泣血之涙」「童永売身之志」は『言泉集亡父』（『安居院唱導集』一一五頁）参照。

（七）百ヶ日のみに使用したもの

（表紙欠、本文他筆、識語湛睿筆）

(112)

次浦殿百ケ日表白（仮題）

粘葉装　一四・四×一一・四cm（三九九函一九九号）

（前欠）

肝心ナルコソ候メレ其故ハ現
世名利之事ニマレ後生菩提
之望マレ自行化他世間出

（C）追善供養（逆修も含む）に使用したもの

世所求ル二之不叶ス一所祈二之」
不成一併罪障煩悩ノ成祟一」
之所為テ候ヘハ」
（以下空白二面）
元弘三年八月卅日土―為次浦殿百日」

（八）一周忌のみに使用したもの（表紙欠、本文他筆、識語湛睿筆）

（113）

蒲里山中江尼一廻表白（仮題）

折本装　一四・〇×六・四㎝（三九九函二一一号別紙）

（前欠）
乗皆入一乗二跡（迹）門十四ノ品
通シテ明此ノ旨一候サテ至
女人作仏之○妙義者偏ニ提」

婆ノ一品ニ説之一候間勝諸
品一ニ肝心之要品候
＼サレハ悲母聖霊頓証菩提
□作善当品ノ御転（読か）□
＼殊以

（以下空白二面）

康永四年九月十七日蒲一中江尼一廻

」

」

(114)

先師（審海）一周忌表白（仮題）

（表紙欠、本文他筆）

粘葉装　一四・五×一一・一cm（三一四函一二九号）

（前欠）

若爾過去先師之＼永断
妄-苦恒-受真-楽・住-不退
転・証-無上覚・
■＼振テ大智降伏ノ之威一ヲ
早ク■却ケ十軍四魔之障

(C) 追善供養(逆修も含む)に使用したもの

難ヲ一開キ法界円寂之悟リヲ一」
速証御シテ二三身四徳之仏位一
＼済生慇功之本誓不誤マラ一
最初結縁之引接無レトナリ忘玉コト一
＼化功帰本故今日諸大法主
弁ニ老若ノ遺弟等
＼坐禅ノ窓ト風静ニシテ戒法之」
珠マ増光一密行ノ床カ塵
収テ供仏之花ナ色鮮ナラン
＼殊ニハ伽藍安穏ニシテ鎮ニ鳴ラシ
恒転法輪之論鼓ヲ一僧徒
和合シテ常ニ挑広作仏事之
恵灯ヲ一」
＼当寺○《大》檀那御一門九族
家門風繁昌シテ烏ヲ兎ト之
景ケ久ク廻リ官《運》禄増ス〱加ワテ
亀鶴之戯《アソヒ》永ク穏《ヲタ》ヤカナラン
＼総テ東海夷海ニ風波』
(中欠)

○《憑》仏法紹隆之大檀越一ト
檀主ハ以テ先師ヲ一唯一ニ執シ
今世後世《持戒梵行》之善知識《大法将》一ト
思食シハ不候哉＼然今
先師不図一告ラ玉ヒヌレハ生死永別
之悲ヲ一檀主モ定テ心中相違ノ」
○《御》恨不等閑ナラヌ一＼御事ニ候ラムト
被察申候○＼依之迎一周
之今日ヲ一彼レ此レ合セ僧俗
一味之力ヲ一忍先師之旧徳一
面々ニ尽御シテ三業相応之志一」
凡ソ報恩之至芳志之忝
＼福恵兼ネ修シ顕密並フ座ヲ一
＼然則所営者＼
サレハ慇懃之御志ハ＼自帰寂
之其刻一至遺跡《忌陰》之今一触＼
事一随折一忝キ
＼遺弟等凡ク忝ウ思候へ」
＼其外当寺大檀主殿下

（114）

師檀結テ契二三十余年朝夕ノ
御音信無絶コト一護持仰御コト
徳ヲ一百千万旦《二六時中》帰依ノ御信心
不懈一カウノミ御シカハ
先師ハ仰テ檀主ヲ一無ク二心《弐》一奉』
（中欠）
是カ我カ目前ヘニ如思一取リ作シ
営ム定ニ候程没後ノ追善ナレトモ
七分全得ト申スカ如ク功徳サナカラ
得之一事テ候間即冥途
第一之訪ニハ果亡者ノ意願ヲ一
以之一目出タキ訪レハシタル候
是知今日御作善ハ」
非但祈過去聖霊之出苦証
楽兼又資越州尊儀之増進
仏道一娑婆再会ハ永ク不ス望御一
○待《互》玉ヘシ■花池宝閣之夕月ツ一□□
芳契ハ更無レ欣偏仰共仰
楽音樹下之風御一」

（後二面白紙）」』

(C) 追善供養(逆修も含む)に使用したもの

(115)

某父九回忌供養表白断簡（仮題）

（表紙欠、本文他筆）

粘葉装　一六・〇×一一・八cm（三一四函一二五号）

（前欠）

自然之情也不レトモ思一更思ハル
＼欲比其恩於山一ニ其恩尚
高山一ヨリモ欲類其徳於海一
其徳又深海一ヨリモ＼日夜朝
暮触物之恵一ミ是多春

秋寒暑随期之志幾許
如シテ是一＼過去年コソ一モ過昨日一モ之
心習ヒニ期シ百年一期シテ千秋一
過コシ御処ニ＼不ルニ計一＼値テ生死
之永キ別レニ一沈離憂之切ナル
悲ニ御ス＼徳沢既深シ涙河
豈浅乎＼仰天以恋遺
徳一則千行之涙難禁一
叩地一以動故情一亦九廻之
腸易断一＼如夢一如幻一聖
霊柔和之昔面影非有
非無一孝子悲歎之今御心
中＼嗚呼暮林＼ニ散スル花ハ
猶契紅艶於来春之霞一ニ
重山ニ隠ル、月モ亦待清光於
明夜之空一＼花月ハ縦ヒ有トモ
重テ期之心一窀穸ハ永ク無
再会之憑一＼悲哉生死之
別レ哀哉分段之習＼然則

（115）

非無生之朝ニ一温顔再不可拝一非浄刹之夕ニ一幽儀重テ値遇哉於今者只須止メテ悲心ヲ一祈リ覚路ヲ一反テ哀吟一資スヘシト証果ヲ一思食是故養報且抽懇志来五月廿日雖其ノ周忌之期一タリト今月今時由修善有便一故孝養報○恩抽テ、懇志ヲ一称揚讃歎展ヘ梵席ヲ御一仏陀必導キ亡魂ヲ一聖霊定テ至菩提一御セトナリ御願之□コト存略在斯一

次一人大法主○摺写一乗妙典一別シテ摺一紙諷誦又被祈申事○

然則彼モ此モ御願尤モ慇懃ナリ左右《トニモカウニモ》冥衆定テ哀納シ玉ラン是以大梵天王之下梵莚一随喜之涙滋三銖之袂一尺提桓因之成証明一讃歎之声響スラン六天之雲ヲ一本師尺尊モ含咲一悦玉ヘリ誓度娑婆之願満足シヌルコトヲ金剛駄都モ開眼一歓喜玉ラン深重ノ御願能叶タリト仏意ニ一凡ソ思フニ冥道之感賀ヲ一聖霊之御願成熟何疑ハン御願旨趣○

若爾過去聖霊滅罪生善離苦得楽送資糧於三界之迷衢ニ一早導于二転之覚路ニ一添恵業於五智之霊光一弥耀於十仏之宝殿一伽藍基堅クシテ遥継竜花下生之朝ニ一法輪恒転シテ久及鶏足出定之夕ニ一別シテハ東関塵収マリ辺夷風穏ナラン天文地理克ク調テ国ニハ無刀兵飢賊之煩ヒ一

（C）追善供養（逆修も含む）に使用したもの

四荒八極《キョク》静謐ニシテ人ハ誇ラン
無為有道之徳政ニ二乃至
有頂無間同ク扇キ離業得
道之梵風闡提断善
併到皆成仏道之果地
仰承乞本尊界会尺迦
善逝伏乞秘密神呪光明
真言等仏■法■合テ力ヲ一一々
御願令成就円満
補闕分ニ尺カムニ宝号丁
供養浄タラニ一切誦丁
証無上大菩提打

」

』

（九）三年忌のみに使用したもの

（表紙〈除「親」〉・本文湛睿筆）

(116)

親 第三年 為父母表白　通用私草 睿之

折本装　一三・二×一〇・四cm（三一九函五号）

○潔一心之御意一跪三宝
之御前一迎先考妣第三之忌
辰励鄭重無二之追善御
其志一　者

生死路隔ル逝テ而無再帰之魂」
廟堂地乾キヌ豈有不朽之貌一
是以難離者恩与愛也未
謝而何レカ去ル難奇者身与
名也未立而早埋レヌ有為之
転反無常之悲歎実是難
遁者歟　伏惟過去、、」
依往昔之宿縁ニ受人界善
趣之生一酬前世之芳因一ニ
未《嘉》仏《門》法《栄》流《曜》布之国《家》御ス修
行積功ヲ一解脱有期一乎
然而哀楽相反盛衰不シテ常一ラ
去嘉元第三之暦初夏下旬之候」
有待有限一無常無シテ情一
忽辞自写之旧居一ヲ早移
他郷之新都一御ス当此時
陪徒《妾》悲恩之思空于手ヲ
於手《水》菽之勤一孝子《侍臣》慕
徳之志焦于胸於風樹之」

恨一ミ年改三ヶ年其悲未改
日重一千日其恨弥重
毎預人間之栄分一欲其
報恩○《之》有限一毎顧生涯之
歓娯一恨其謝徳之不終一
就中茫々苦海○《也》波ニ浮フ者尤」
希ナリ冥々生死○《也》野ニ迷者蓋多
然則過去幽儀　欲色無色
三界之中為人中為天上
胎卵湿化四生之間為浄土為
穢○《土》無レハ身通一而行テ不伴ナハ一無レハ
天眼一照無見ル一伏シテ歎地一而只
倍スナラ悲慨ヲ一而已仰テ祈天ニ一而」
弥添フナラ楚痛一而已　於是
仏言以其男女追勝福有
大金光照冥途光中演
説深妙法開悟父母令発意ニ
是以拭涙ヲ一祈リ仏ニ一含テ悲ヲ一謝ス法ニ一
念々ニ祈リ聖霊之菩提ヲ一時々ニ願

（C）追善供養（逆修も含む）に使用したもの

亡魂之得脱一ヲ」

（後欠）

※嘉元三年四月廿三日に誅殺された北条時村の供養表白と推定される。

(117)（表紙・本文湛睿筆）

悲母表白　通用　簡略

弥陀　法花

睿之

粘葉装　一五・八×一一・七㎝（三一四函七六号）

（添付紙）

方今南部州大日本国信心施主

迎悲母聖霊第三廻之忌辰一ヲ

頓写シテ一乗妙経一演讃仏講経梵莚

調理趣三昧密行一祈成等正覚ノ妙果一

其志之趣何者　夫

」

処（夫）分テリ六道ヲ一何処カ非有為
之郷一形受四生一何形カ離レム
無常之難ヲ一是以隠レ巌《イハホ》ニ一入シ
海ニ一之倫モ魂遂ニ従ヒ中陰之
雲ニ一求薬一昇仙一之人モ形」
悉ク交東岱之燻（煙）当知
死ノ一事自古一無免者一然ルヲ
猶別テ而尤難忍者十月懐
胎之恩後而殊易迷者
二親生育之徳　是故』

（添付紙）

抑□□寺御経奉ヘシ拝首題一
南無妙法
次発願

（添付紙）

其御涙未乾
三廻忌之臻

尺尊猶報ス摩耶之恩ヲ一九旬
之安居儲ケ忉利天ニ一目連
強ニ救亡母之苦一七月之盂
蘭訪餓鬼城一況凡夫具縛
之輩乎況異生底下之」
類乎　方今過去、、
去月（正中第二）蕤賓之天中旬第□（蕤賓中旬）
之候有為ノ空ニ雲惨《イタンテ》　夕陽
之姿忽隠レ無常ノ室ニ風扇テ
朝露之命永消（御）自爾以来」
拭千行之涙一泣ク営ミ七々（料々）
之善（抑）一懐万端之悲一共ニ訪
冥々之路　然間　白駒之
難留一両月（一千日）ノ影既ニ改マレヌ□（姮）
娥之易移一五旬（第三廻）忌云臻」

（添付紙）

□□四生何処ソ無神通一不見去所一
天上人間誰家ソ無慧眼一不知苦楽ヲモ一
只思母子之旧愛ヲ一寸々ノ腸難休メ一

(C) 追善供養(逆修も含む)に使用したもの

徒恋生育之古ノ徳一連々タル涙無乾一
方今
捧テ供於三宝衆訪之田ニ祈益於九品浄刹之辺ニ
仏則一乗□□大士仰慈悲引接之誓約
経又無二無三之真文憑直至道場之金言一ヲ

＼六道之間生玉ラム何処一ニカ焦トモ
肝一無知コト一四生之中受玉ラン何
形一ヲカ拭トモ涙一無見一＼空自リハ
摧恋慕之情《ココロ》一ヲ不如訪ムニハ
菩提之道一《思食》　依之　屈＼
苾蒭一而讃歎大悲利生
之形像一唱蓮偈一而奉
祈悲母聖霊之菩提一＼仏則
他力《安養補処》難思之導師《大士》仰ク引接
四十八願《十万億刹》之月一経文直
□《(至か)》道場之宝車憑済
度於上中下品之台一ニ
＼難忘一者乳海撫育之昔

」　』

恩□《(愛)》カ傷《イタ》マシメシ別離ヲ於一心之
□□所訪者解脱無上之
□□只抽信力於三宝
前＼然則○同《過去幽儀》＼クシテ蹤ヲ於娑竭□《(羅か)》
之古一朗ニシ三明ヲ於南無垢
之空一ニ等シテ悟リヲ於井提希之
□払五障於西安養之
□於戯娑婆ノ旧室ニ
縦ヒ千万億之悲歎残トモ□
浄土ノ新台ニハ必ス三十二
妙相備玉ヘ君一　＼事趣雖□
□□如斯

」　」　』

（表紙・本文他筆）

(118)

表白
＼慈父　＼朋友

折本装　一二・八×一一・七cm（三一六函二七号）

爰慈父尊儀早世一御
三ヶ廻浄土穢土之栖
生所未弁一本明禅
公帰寂二一千日仏界生
界之間感果何在一ツハ＼
為尊親一昊天罔極之
└

萩恩難報二一為朋友一
同乗親厚之芳志（なぞり書き）
争忘然今生＼死道
異ナレハ問フニ其安不（ママ）ヲ一無
便一存亡所隔ヌレハ散
此墳（憤）如何難＼忘者
恩愛庭訓之詞猶残
耳底ニ難遇者切瑳
琢磨之顔浮テ如在眼ノ前一
＼宿一樹ノ景ニ之輩ヲ皆是
前世多生之芳縁汲
同井之流一之人豈非
曠劫繫属之良友哉
＼況於身体髪膚之恩
愛一哉況於膠漆談
水之芳情一哉＼再観
何時只期闇夜之夢
面会何日ツ偏ニ契ルノミ覚悟
之暁一＼万旦之愁法未休
└　└　└

(C) 追善供養(逆修も含む)に使用したもの

三廻之忌景已到依之
比丘尼大法主為祈御二人
亡魂之菩提一昔修供
仏施僧之福善一同
営読経誦呪之恵」
業一開題演説シ称揚
讃歎□□玉因擺密
壇一兮調理趣三昧之軌
則一飾曼荼一兮致
十七サタ之供養
然則所転読者皆成」
仏道之妙文直《タヽチ》ニ開智見ヲ
於凡胸ノ中ニ一所唱誦者
光明楞厳之秘呪頓ニ
成悉地ヲ於刹那ノ間ニ一法花
懺法百座消滅六根之
罪障ヲ一供仏施僧」
一日調百味之珍饌ヲ一
然《シカウシテ》開題演説シ称

揚讃歎セシメ玉因《ナミ》擺
密壇ヲ一兮刷ヒ理趣三昧
之軌則ヲ一飾テ曼荼ヲ一兮
修十七サタ之秘法ヲ一」
彼モ此モ作善慇懃也顕モ
密モ功徳甚深也懇志
不浅一祈願盍成一若爾
過去二人尊霊本覚
之月縦未晴一梵風
扇テ而巻余翳ヲ一自性之」
蓮縦未開一甘露霑
而薫妙花ニ一凡厥
三界九居四禅八定
同脂(ママ)一仏乗之車ニ一共進
三菩提之道ニ一乃至法界
○」

(119)

（表紙・本文他筆）

熊野山詣ノ祈請
往生浄土ノ望事
二人施主同心合力事
追《ム》善旨趣　建武三年八月晦日 為御局第三年
女人其身清潔事

折本装　一三・〇×一一・五cm（三三五函一〇三号）

仏経讃歎
抑御廻向之趣者二人ノ女大
施主或ミ為報感収養ノ恩ヲ
或由忝シ御スニ叔《テツ》好ミヲ供仏
施僧之営ミ励身力ヲ
念誦読経之勤メ尽」
精誠合力一シテ志○令属
■布薩之会場共述廻
向之旨趣御聖霊
伏惟過去、、、答五戒之」
勝業ニ感人界善趣之
生蒙仏神之加護円
現当二世之望御信心
水澄テ偏ニ帰三宝願海
正見花鮮ニシテ終期九品
覚蓮思其一生之有」
様聞彼多年之行業
非但現世ノ勤修ノミニ定是
宿生善人其故者壮年
之古始学之比歟早
有夢ノ告修善染思ニ
御以来身雖女身之形」
心会丈夫之気自絶テ
染汚之縁ヲ性《ヒトヘナリ》慎妄

(C) 追善供養(逆修も含む)に使用したもの

想之偽㆒在家㆓不傾
家ノ栄㆒心只遊浄界㆓仕
君㆓不望君ノ恩㆒只拝セムトナリ
弥陀㆒遂観三界之苦㆒
早厭五障之姿㆒落雲
鬢㆒而入道㆒永絶《断》綺羅脂
粉之営㆒訪花色㆒而
慕道㆒堅守三帰五戒
之誡㆒以来不著色㆒
不著容㆒煩悩妄染之思
日々薄不願名㆓不願利㆒
輪廻生死之因漸々遠
三界無常之所ナレハ不望
天上ノ花下受快楽《月前得自在》㆒衆
苦充満之境ナレハ不志サ、得
自在《受快楽》㆒所祈者九品往生《人間花下ニ》也
任解脱於浄刹之風㆒
所期者十号尊位也仰
円明於中道之月㆒其御

志之至事顕眼前㆓外ヨソテ
奉見㆒候シニ誰モ忝ク貴ウ
候シソカシ一年《ヒト、セ》世間大ニ
転変朝野盛ニ動
乱セシ其年ノ中冬
熊野参詣之御事柄
実ニ発心求道ノ不ル緩㆒之
御志モ顕色㆓勇猛精
進ノ異他㆓之程モ見外
闘乱之折節ナレハ路次之
賊難甚《定》ク可有ル恐㆒極寒
之最中ナシカハ老病之御身
争可無■恙㆒何況ヤ
今快《コ、ロヨク》可階策申ス㆒之供奉ノ人ノ
奉相副㆒事モ無ク行末モ可
憑敷カル㆒縁者境界ノ御スト
被テモ思食㆒無カシコソ候メレサレトモ
之始㆒偏仰権現㆒憑奉往

生浄土之験《シルヘ》ト御一上ヘハ賊難
之恐怖任《サモアラハアレ》他路次之艱
難不買《カスナラ》案ノ内不顧老体一不
痛病気一只先志ヲ一次命ヲ一
一筋思立テ有シ御進発一事ハ
不候一哉サレハ是許《カク》御事ナシカハ
ナシカハ御大願相違候ヘキ
権現遥カニ知見シテ納受殊ニ
掲焉ニコソ候ケメ上道下向聊モ
無違失一多年ノ宿願速ニ
果シ遂シ御サレハ是ハ誰人
教訓ソ何ナル知識ノ奉勧一
当知多生勤修之宿善
内ニ薫シテ出離生死知苦断集之志
自催シ仏陀神明之護念外ニ助テ
欣求菩提之望有誠一故
熊野権現道眼明カニ鑒御シテ
加神力ヲ於行者ノ■信力ニ一添

内薫ニ於神明ノ外薫ヲ一以
今世ヲ一為穢土之縁一以後生
為《セシメムトノ》浄土一之縁一故ヘ候歟不顧
万難一令企参詣ヲ一其ノ年
寒《シハス》月京著年籠リ参
詣御山ニ一明年ノ中春上旬五日
下著上下之間タ一事無煩
多年宿望成就御
以之思之一厭離穢土之祈
請モ不空一カラ往生浄刹之大
願無疑御事コソ一候メレ
サレハ御下向之後本ヨリ御病
体之上路次之窮屈御
彼レ此レ相合セ四大違反ノ
心地匪直《タヽナラ》一五体不預ニシテ起
居有煩以来逐ヒ日ヲ一重テ
月ヲ一有トモ増一無ク減一触レ事一随テ折一
少安多危然レトモ此条
先規事テ候聖霊定思食合候歟然間今病相
本カラ所存一也将又所祈

(C) 追善供養(逆修も含む)に使用したもの

請スル也トテ抛万事一専ラ一心ヲ一
偏眼ニハ守弥陀尊像一手ニハ
合定恵ノ掌一口ニハ唱万
徳ノ名号一心期九品ノ引接一

(挿入紙)

少安多危此条有
先規事テ候聖霊定被思食合一候歟然間今病相
本ヨリ所存也将又所祈
請也トテ抛万事一専一心ヲ一
眼ニハ守弥陀ノ尊像一手ニハ
合定恵双《爪》掌
口ニハ唱万徳名号一心期九品引□(摂)

三業六情併靡往□
一門ニ一心専念シテ更不交
他事一遂建元(ママ)々年九月
一日臨終○正念《平安ニシテ》祈願無乱
最後念仏本望無
違嗚呼五十九年人間ノ
栄耀一夕ノ夢メ猶非喩一

数十余廻値遇ノ芳縁
片時ノ程ニ方ニ絶ヘヌ
後生善処ハ実ニ雖喜聖
衆来迎之無疑一旦ノ別
離誰不悲生者必滅之難
遁一然則生滅ノ理リ既ニ■
必然唯抜(拭)涙ヲ於先後之
闇一別離ノ道亦非驚ヘキニ空ク
銷魂於不定之天一ニ是則
凡愚之常習
(以下空白)

(120)

（表紙〈除「尼」〉・本文・識語湛睿筆）

尼

施主段悲母付老

老者別離之殊悲事

睿之

粘葉装　一三・五×一三・六cm（三一三函八一号）

生者必滅会者定離ハ
八十有余ノ御別可惜一不候
常ノ理トコソ覚ヘ候カ当身ニ
恩愛ノ別ト云物カ力モ不及一世
々多生ノ余執ニテ忘シ理ヲモ一
悲キ習ニテ有候　＼日々夜々

互ニ拝シ温顔ヲ一　時々刻々
共ニ述心緒ヲ一＼八十余年ノ老タル
別レハ人ノ若ヨリモ惜シク
生者必滅ノ定レル理モ我独リ忘タリ
＼年去リ月累ナルニ付テモ兼テ忍老ノ別ヲ一
雨降風荒《ハゲシキニ》　付テモ先懸テコソ意ヲ一
思ヒ奉リ御候《ケウニ》
＼今告別レヲ一七ケ廻非夢一非
幻ニ一者無見其姿ヲ一
隔生ヲ一二千余日造木一画トモ
絵ニ一争カ今ハ聞ン其声ヲ一
哀哉慈悲ノ姿ハ随日一弥遠シ
猶忍者恋慕之思ヒ
悲哉恩愛ノ顔ハ累日ヲ一永隔レトモ
又《更》新者懐旧之悲
須生死ノ家ニハ親トモ《不並枕》不生一子トモ《不重衣》不生一
浄刹ノ砌ニハ交袖ヲ一並肩ヲ一《列交膝》
一生遂別ル、恨挙恨ヲ一
訴六八教主《導能化》之誓願ニ一

(C) 追善供養(逆修も含む)に使用したもの

千歳永逝ノ悲ミ翻シテ悲ヲ
責《祈》一乗妙経《九品託生》之功力《勝利》ヲ者也」

暦応二年十一月廿七日金―六浦ツルハス入道第三年』

(121)

親

為《私》悲母《父》第三年旨趣■■

睿之

（表紙〈除「親」〉・本文・識語湛睿筆）

粘葉装　一四・五×一二・七cm（三一九函三号）

御願旨趣者先妣聖霊出離［　］
大□□御廻向ノ外他事ヤハ候へ［　］
凡ソ孝子トシテ為亡親ノ致シテ追修ヲ□□
報恩謝徳ヲ候中ニ忌陰ノ七々儀ハ小
祥大祥トテ百ケ日一周忌ナントヽ申候テ
何トモ其ノ慕《シタ》ヒ徳ヲ思フ恩ヲ日ハ可テハ

□申候ネトモ未受第三年御□
「　　」□ヘキ事テ
「　」□ハ聖霊□
「　」面影モマチカキ程　ナ「　」クツ　□
尚ヲ瑩ニイマスカ如シ百ケ日周
□又連続セル御仏事ナレハ修善
日□費ヤシテ恋慕ノ悲歎ヲモ
「　」便リモナル事テ候然ルニ
今「　」三年ハ過キニシ方「　」
往事渺茫トシテ都ヘテ「　」
行末ハ又幾千年「　」
□□ノ期トモ可テ憑候「　」
就中奉為ノ先妣ノ追孝ハ今「　」
御修善カ悲ク哀レニ覚ヘテ「　」
殊更ニ誡被中事テ候
アノ論語ニ第九巻陽貨宰我ト申シ孔子ノ
「　」□(孔)子云三年之□(喪)
(期已久矣君子)□□□□□□三年不トキハ為セ礼
々必壊三年不キハ為セ楽ヲ々必崩

旧‐穀既ニ没《ツキテ》新‐穀既ニ升《トルキテ》鑽
燧《スイ》ヲ改ム火ヲ期《キ》可《キナラク》已ミ矣文意「　」一
生中ニ鑽ルコトハ火ヲ歴四季ニ各「　」
□(謂)春ハ取楡《ユ》柳ノ火ヲ夏ハ「　」
秋ハ柞《サク》楢《イウ》冬ハ□檀《ワイ》「　」
一年ノ喪ニシテ三年マテノ「　」
久カルヘシト尋申時ニ「　」
又云
子曰食夫稲《クラヒカノイネ》ヲ也衣夫錦《キルカノニシキ》也□□(於女)
安《シルヤ》乎曰安シ之○女安《曰》クハ則為セヨ之
夫レ君子之居ルコト喪ニ食ラヘトモ旨《ムマキ》ヲ不甘《アマカラ》
聞トモ楽ヲ不《ス》楽ハ居処不安故不為
也今女□(安)クハ□(則)為之宰我出
子曰予カ之不仁也子生レテ三年ニシテ然テ
後免於父母之懐《フトコロ》ヲ夫レ三年之喪
天下之通喪ナリ也自天子達庶人ニ已上
意ハ

(以下空白)

（122）

下総東禅寺住持三年忌表白（仮題）

（表紙欠、本文他筆）

粘葉装　一五・五×一一・七㎝（三一四函一三三号）

（前欠）
東禅寺
増高仏道之眉御ラムト
ソレニ取テハ祭宗廟黍稷
之神ヲ一随廟ノ遠近ニ一或有月
々ニ祭コトモ之一或ハ有節セチ々ニ祭之一

○毎《ソレニ》祭度二不必受一但致シテ精
誠ヲ一如在之礼尽誠ヲ一之時内尺
之若事不得止一コト報賽之
儀等閑《ナオサリナル》　之時不受一ト候
ケニモサコソ候ラメ黍稷非
馨シキニ一明徳惟《コレ》馨ハシトテ
神明ハ享テ徳ヲ二而不享物一
ト申セハ此条無疑二事コソ
候メレ然今作善之体非但
明徳ノ馨一ノミニ黍稷亦馨
ケレハ三宝諸天定テ含随喜
証○《明》之咲一先師聖霊何許
開キ増進仏道之眉御ラムト
被察申一事テ候
其ニ取テハ
付テモ報恩之慇懃コノ迎恩所之忌
日ヲ一臨ム其ノ遺跡ニ一之時無何一コト拭
恋古ヲ一之涙二不《ス》シテ覚ヘ一動懐
旧之思ヲ一案《条》ハナヘテ定レル

習テ候ソカシ　サレハ今当寺ノ
諸徳大衆ノ御事ハ不申及候
其外御来臨候道俗貴賤ノ
御キ先師在生之古或有
係立之音信自他無絶之
御方一或逢遇時之芳談
付真俗一尽思一之人モ御
乃至遠聞近見テ兮帰徳之輩
久馴始昵テ通ス好一之類ヒ
誰モ迎今日ヲ一臨此砌一之時
サスカ視聴之所触一イカニモ被
思食出一
其故ハ幽儀生前之当初
数十余年之程転シ正法之
輪ヲ於当寺一植ヘ功徳之種ヲ於此
処一玉シカハ道場之飾レル花一也即
是聖霊久ク薫セシ戒香ヲ一之花
也仏像之迎タル月ヲ一豈非先
師常ニ添ヘシ威光ヲ一之月ニ一哉依之

諸徳之列会場ニ一今猶相同
于古ヘニ一先師之登法座
禅容永去テ不見玉ハ一○有為ノ
転変雖始テ不可驚一無常ノ
眼前ナルコト当時ニ一目立《メタヽシク》　覚ルハ
不御了
毓財ト申シ、人ハ賢才道徳
相兼テイミシカシ人候サレハ
楽天得此人ヲ一為文友一或寄
詞林之花ニ一通好ヲ一或伝ヘテ義天
之月ニ一述ヘ思ヲ一ナムトシテ互ニ深ウシテ名ナ
染《シミ》ヲ一久ク遂年《トシ》月一之程ニ毓
財不ルニ図一他界　楽天ノ悲歎
サコソ候ケメ随折一通セシ音信一
之儀已ニ絶ヘ終《ハテシ》　間触テハ事一
恋古人一之涙難禁一サテ
思之余リ遥カニ経両年一之後チ
臨彼旧宅ニ一見遺跡ノ有
様ヲ一給ケルニ春ノ風ハ解キ池ノ凍リヲ一

(C) 追善供養（逆修も含む）に使用したもの

窓ノ梅ハ開テ軒《ノキハ》葉ニ一＼主ハ無レトモ」
花ハ無ク物思ヘル色モ一怨ミハ結ホヲレタレトモ
水ハ快《ココロヨク》澄メリ＼玉簾錦帳
不替ハラ昔一花軒月窓不シカトモ
異ナラ古ニ一只出テ、迎ヘシ賓客ヲ一
家主《イハルシ》許リハ無クシテ＼春ノ風モ早《ハヤ》
両タヒ廻リニケリト思ハレタルニ＼悲ミノ余リ泣々」
染筆一題一首詩一
＼欲入中渡門一渡シテ満巾一庭花無
主《ヌシ》一両廻ノ春ル軒窓簾幕《ケンサウレンハク》
皆依旧ニ一只是レ房ノ前ニ欠一人一　云々
＼譬ヘハ旧友早セシ世一往其ノ跡ニ一
見ルニ之一＼欲スレハ臨ムト中門一涙満テ』
袖ニ一難禁一庭ノ花モ失主一
徒累月キ日ヲ一＼軒ノ有様
窓ノ気色何レモ不ネトモ替昔一
＼只出《入ルヲ》テ、迎ヘ還《出》ルヲ送シ其ノ家ノ
主ノ一人欠ヌルヨト被書悲ノ
深キ由ヲ一候　＼此条誰モ当リ時ニ一」

臨処ニ一争テ思食合セラレテハ
候ハムソト覚
実ニ＼先師聖霊　円寂之
後＼慕徳一之心ハ未タトモ移一月キ
日ハ早ク移リ昔ノ姿ハ不トモ再
帰一告終一其年又来レリ」
＼庭草含緑ノ色ヲ一恩容ハ更
不見玉ハ一軒ノ嵐ハ音信《ヲトツルレトモ》　徳音ハ
永不聞一＼観念ノ床モ如昔ノ一
講経ノ席モ不面替《ヲモカリセ》一＼所欠
者只数十余年之旧キ主
難忍一者是百千万劫之永キ別」
＼不ケルハ物ノ思ハ一者連峰ノ松不忍
古一者閑庭ノ草
＼軒窓簾幕皆依旧一只
是房前ニ欠《カク》一人一ト
楽天ノ被詠候ケフサコソ
心細候ケメト被察申一
然則彼送レル二ケ年ヲ一之悲也』

此迎第三廻ヲ一之恨也年月
即異ナレトモ慕別之悲是同
彼ハ世俗一旦ノ朋友之情ケ尚
以テ悲ミ不浅カラ一此ハ無上菩提真
善知識之別レ実ニ争テカ等閑ナラン
サレハ恨多ハ故郷ノ春ル今モ
昔モ悲ミ多シ憑ミ少キハ分段ノ
契リ只須祈菩提ノ暁ヲ一
依之満山《寺》諸徳大小遺弟面々
謝昔ノ恩徳ヲ一各々《ヲノ〳〵》祈今得脱一
崛シテ諸寺諸山之群衲ヲ一致供
養帰依之誠一限三日三夜
之光陰ヲ一積《ツマシム》神呪持念之功一
非但先立数十余日作善之
莫太ナルノミニ一今又世間有息千万端
修福之難キコト測リ一何況擺
当寺ノ仏閣一兮飾道場一向テ
常住ノ尊像ニ一兮延梵席一
所讃歎一者弥陀等覚妙覚
之聖容同ク有誓度娑婆之
本願一幽儀ノ出苦証楽何不
叶一所勤修者顕密理事之
諸善共有疾成仏道之誠文一
先師ノ頓証菩提更無疑。
凡ソ年々歳々修善鄭重也
面々各々報恩慇勤也
実是開悟得道第一之善
根抑又知恩謝徳無双之
恵業ナリ三世諸仏モ必随喜シ
十方ノ大士モ定テ納受シ玉ハン上界
天人ハ分雲一讃歎未曾有
之孝行一下界竜神凌波一
歓喜不思議之作善冥衆
○既《感賀》不空一幽儀得脱豈有
疑　若爾先師聖霊

(後欠)

(十) 七年忌のみに使用したもの

（表紙・本文・識語湛睿筆）

(123)

＼商迦首菩薩之問答事
＼出家形事

地蔵別功徳

＼一切衆生中三人残留成地獄栖守事
地蔵観音

睿之

粘葉装　一四・八×一一・五cm（三〇八函八号）

次地蔵菩薩別功徳者此菩薩ハ自薄
地発心之初ニ至等覚円満之今一
＼偏ニ志シ済度ヲ於無仏世界一ニ
専ラ垂玉フ化導ヲ於罪苦ノ衆生一ニ

＼諸仏ノ大悲ハ恩厚重シト苦者ニト云
＼為我等一カ徳ノ広大ナル何レノ菩薩カ
如此尊一ニサレハ』
地蔵菩薩慈悲利生実ニ
忝フ尤モ貴事テ候アノ
＼無間地獄ノ一切受苦ノ衆
生ヲ○＼廻方便一ヲ引導抜済シ（諸仏菩薩同心ニ合テ力ヲ一）
振テ神力一ヲ令抜苦与楽一セ」
給候ニ猶三人留リ残テ永
成地獄栖守《スモリト》一ト候
其ノ三人ト申ハ極悪ノ闡提ト
大悲観音ト化度ノ地蔵ト
＼候縦ヘハ及ヒ力ノ一廻計一之程ノ」
衆生ヲハ令抜キ苦一ヲ与楽一ヲ候ニ
アノ神力モ難叶一慈悲モ
力ラ尽キ畢テヌル極悪不善ノ
一闡提無仏性ノ○（衆生）衆生独リ留テ悲ミ
居テ無間獄ノ中候ナル間観音」

（123）

地蔵ノ二菩薩ハ不立離此ノ
極悪ノ衆生ノ辺ヲ一恒ニ共鎮
如影ノ一付副《ソウテ》共ニ居無間獄ニ一
非唯火血刀ノ摧《クタクノミ》身肉ヲ一
悲テ受苦衆生ノ有様ヲ一屠
肝胆一御候ナルトヨカ、リケル
故極悪ノ衆生ハ依テ自業自得
之理リニ一鎮居地獄《沈無間》ニ一地蔵観
音ノ二菩薩ハ答大慈大悲之
誓ヒニ一共沈《居》悪趣ニ一之間二人
残リ留テ永成地獄ノ栖守ト一
申コソ候メレ

菩薩二時ニ落涙事在別随時

有経中商迦首菩薩ト申菩薩ノ
奉問仏ニ一御シハ地蔵菩薩以
何因縁一常遊ヒ六道ニ一殊ニ
住シテ悪趣ニ一不居セ清浄ノ仏土一
不受諸仏ノ嘉会一モ哉ト
仏答テ言シハ汝善問此事一

我当説之一此菩薩ハ過去遠
劫之昔早断シテ煩悩所知ノ二障一
速登リ等覚無垢之位ニ一
仰レテ三世諸仏ノ智父母ト一
為タリ一切菩薩ノ智蔵一然レトモ
慈悲染心ニ一利生銘肝ニ一
御ス故殊現沙門ノ形ヲ一常斿
遊六道一別著解脱幢
相之眼ヲ一鎮施利益一　云々
重説偈ニ一云地蔵菩薩真大
士具足度多ノ諸ノ有情ヲ一示
現沙門妙色相一来到稽首
大導師文可訓之

付其者何必殊示出家ノ
相ヲ一現沙門ノ形ヲ一申スニ
大概言之一有其表示一候
其表示ト申ハ凡ソ此菩薩ハ除テ
地前地前煩悩之「上限シ」鬢髪一○
内秘シテ大宗智悲之徳一外顕

(C) 追善供養(逆修も含む)に使用したもの

出家沙門之形一四十二賢聖
之壮厳ハ著袈裟ヲ一以表
之一怖魔破煩悩之勢力ハ現シテ 」
僧形ヲ一以示之二アノ四分律
中ニ第一持テ戒ヲ二不シテ毀犯セ一比丘ノ
威儀自端厳ナレハ怨家之人
不能近コト一若不如法ナラ一即被訶一文
袈裟功能并出家功事
可随時 』
サレハ地蔵菩薩○由現シテ僧形一著玉フニ
袈裟ヲ一獄卒阿傍カ訶責スルモ
罪人一冥官冥衆奉見之一
怖レ畏テ跪ツキ冥官冥衆ノ
治罰スルモ闡提ヲ一帰徳ニ一奉赦《ユルシ》 」
此菩薩ニ一候ナル其ト申ハ功宝剃
髪功宝《染衣》之形カ功徳善法之
聚ナリケル故イカナル怨敵《アタ》
ナレトモサスカ不能加コト害ヲ一悪
魔悪趣ナレトモイカニモ措処ヲ一 』

事テ候
然則為導強剛難化之輩一
殊示出家苾蒭之僧形
為伏悪魔鬼卒之類一別
顕持戒端厳之威儀一
其外垂右手一持宝幢ヲ一 」
表引キ上セテ四悪趣ノ衆生ヲ一降下伏
外道摩鬼ノ憍慢ヲ上挙左
手ヲ一捧宝珠一者示下度シテ人
天善趣ノ有情一与中無為無漏
珍宝上サレハ剃髪染衣シテ
現スルヨリ沙門之形ヲ一至マテ左右 」
御手ノ所持物一併是悲願
深重之至利生方便之
忝サヲ表示シ顕現玉フ者
也 」
嘉暦二年五月晦日金—掃部左衛門七年 』

(124)

(手沢名・識語湛睿筆、標題・標目・本文他筆)

在家女人交僧衆書写事

遠《ム》忌旨趣賀島妻悲母七年 嘉暦二年三月五日海岸寺

悲母恩徳事付薬王品文

孝子報恩之志切事

為如法経ノ為檀那一ト事自交僧衆写経事

自交僧衆一手写経事

睿

粘葉装　一五・五×一二・〇cm(三一四函一四号)

仏経讃歎大略如此一旨趣無他

偏奉為メナリ先妣聖霊出離生死

証大菩提一サレハ唯仰証明於三

宝之眸一ニ勿待啓白於短慮オ之

吻一早応孝子ノ御祈念一ニ聖

霊速カニ進覚路一御スヘシ」

抑悲母之寵徳深重之至リ

可キハ始申一候ハネトモ今被書写

供養玉フ一妙経ノ中以喩一明玉トシテ一

乗深奥之旨一ヲ薬王品ニハ有

十喩ノ称歎一諸余ノ品亦挙種々ノ

喩一ヘヲ且薬王品ニ如帝尺於三十

三天中王一タルカ此経亦爾諸経中

王タリ乃至如渡一リニ得船一ヲ如民得

王一ヲ如子ノ得タルカ母一ト云ヘリ今就

此文一聊有可思之処一其故ハ

父恩ハ高ク妙高八万之嶺一ヨリモ

母徳ハ深シ滄溟三千之底一

徳ノ窮リ恩ノ至レル二親是レ斉シ

然今○在別紙」

サレハ先妣聖霊芳恩之至

亦以可爾一爰女大施主

知恩報恩之志自然トシテ備心一ニ

孝養父母之勤メ受性一不倦一」

(C) 追善供養(逆修も含む)に使用したもの

依之悲母在生之古ハ水菽之
孝行無懈聖霊没後之
今ハ蓮台之覚蘂添厳《御》
凡ソ孝養報恩之道追福
修善之営ミ有心之人皆勤」

之於今雖不可驚大施主
今御作善之体慇懃之至リ
実ニ異他御事ト覚候故何者
凡ソ世人之心短キ習ヒ恩所去
世之後縦ヘハ近ハ四十九日之
営ミ遠ハ○周三廻之訪ヒ是許ヲコソ」

存シ美《イミシキ》孝行ト為シタル難有報
恩ト事テ候へ此事纔カニ営ミ
ヌル後ニハ多クハ少ク名残少ク
思出ルコト猶希ナル事ハ不御了
何況唱神呪写経巻之
勤メ偏ニ費他人ノ力ヲ』
難行苦行シテ苦シメ○尽以筋
力千万人カ中ニ一人《自身》尚難有

事候然ルヲ今護持女大施主
蒙恩ヲ知其ノ恩ノ深コトヲ戴徳ヲ弁
其ノ徳ノ重コトヲ依之悲母去世之
後年序久廻トモ懐旧」

恋慕之御意歴日猶難抑
寒暑稍積トモ報恩謝徳
之志触折リニ弥切ナリ所謂
彼七々四十九中陰之為善
百朝一周三廻之追福何レモ〳〵
抽孝誠励懇篤御ノミカハ」

今《将》迎七廻《第三廻》之遠忌重テ尽《先》シ
一心《無二心》之勤労選取テ法門ノ中ニ
深奥ナルノ之一乗妙典ヲ思企功
徳ノ中ニ第一タルノ之如法写経ヲ飽テ
投浄財ヲ厳普賢懺悔之
道場自交僧衆致難行」

苦行之発露孝行之志
誠心之至冥衆之知見モ○新《定テ》ニ
聖霊之得脱モ無コソ疑候ラメ

凡ソ今年ハ相当リ伽藍発起
之願主大尼ノ御一周忌ニ即又
為《タル》願主養君《母》之七年ノ遠 』
忌之間追福修善旁ニ為
当寺ノ経営ト雖可シト遂ケラル此ノ
如法写経ヲ因縁輙不調
大願頗難果シ之処ニ今女
大施主同又当リ御先妣七廻之
遠忌ニ候程ニ悦テ与僧衆 」
知識之作善ニ忽為如法書写
之檀那総被写サ数部ノ妙典
中ニ別シテ主一部ノ御経ヲ擬シ我母
即往安楽之資糧ニト思食
又但非為檀那ト総成玉フノミニ今大
善ヲ自○入浄場交僧衆ニ手ツカラ致シテ 」
南無ヲ写経王御云彼云此
浄心信敬之至無類トニモ
カウニモ聖霊得度之条
有ル憑○御事ハ不御了

アノ依人ノ事異トヤ実ニサル
事テ候ソレニ今大施主 」
女人御身也難行苦行争可
容易在家御事也家業ト云
奉公ト云倶可怱劇サレトモ
志至テ切ナル時ハ公私不能成
障報恩有トキハ誠修善無不
成就抛万事参籠当伽 』
藍ニ繫一心書写御此妙典
サレハ三七ケ日之加行難満已満
一乗書写之正行難終ヘ亦終ヌ
是偏施主ノ孝誠行有誠
之所致也抑又非冥衆ノ護
念無カ暗《クモリ》之令ルニ然哉以此等ノ 」
功徳併奉為ニト聖霊廻向祈
念御セハ臨池入木之筆ノ端ニハ
六万九千ノ諸仏列光悉顕ハレ
懸針垂露ノ之金ノ点ハ先妣
聖霊紫磨之膚添テ潤ヲ

(C) 追善供養(逆修も含む)に使用したもの

＼滅罪証覚無疑往生成仏一有ル憑一 」
御事聞御《トコソ覚候へ》
(添付紙)
＼即アノ第三年并七廻
(添付紙下)
即アノ第三年
御追善トコソ覚候へソレモ
如法写経如今一ノ手ラ自ラ尽
誠一勤行《御事》実＼ニ知恩報
恩不尽一之御志、追福修善
不飽一之御営重＼テモ〳〵如是 」
抽精誠一《御事テ》候
＼アノ弥天ソ道安○《法師》我レト手ラ致
悲母ニ＼於給仕一事聊被思食
候　羅什三蔵上足ノ弟子
＼是以女大施主＼娑婆百年之
孝行ハ雖懐クト風樹之恨ミヲ一
安養九品之覚蘂ハ飽テ
《添》蓮台之厳一《思食シテ》＼自投
浄財一不求メ他費一手カラ致 』

発露一更忘タリ身ノ苦ミヲ一実＼ニ 」
第一難有一之御勤メ甚深難解
之報恩＼不異弥天仕母ニ一之
《古ノ》○志一ニモ相契スル聖人勧孝ヲ一之
本意ニモ御事トコソ覚候
サレハ○《過去聖霊》効原ノ屍モ依テ之一放チ
光一黄城ノ魂モ依之一含テ 」
咲一＼上輩下輩ハ有トモ不審一
往生極楽無疑殆一御事候
＼但不尽者恩愛別離之涙
有余者懐旧恋慕之悲ナリ
＼憂ハ隔トモ年一不旧一歎ハ遠
月一弥新ナリ就中 」
(以下空白) 』

(125)

（表紙・本文湛睿筆）

為ム御母旨趣 嘉暦二年六月十一日金 伊賀御母七年

睿之

粘葉装　一五・〇×一一・三cm（三〇八函六号）

仏経讃歎大概如是
云供養二云道儀一皆出無二之
懇篤一ヨリ云報謝二云追善一悉
凝一心之丹誠一御セハ仏法ノ
勝利ハ顕ハル自信力一聖霊
得脱更不可疑一伏惟過去、、」

依宿世ノ戒行二ニ受人間善
趣之生一酬多生芳徳一
感シ玉ヘリ嘉門権豪権之報一ヲ
五妙之境界無不満タ目一ニ
一身之栄幸無不悦シメ心一
就中柔和受性二ニ向テハ人一」
施スニ以テシ仁愛ノ詞一慈悲在イマス
心ニ一逢友一以憐愍之情一ケヲ
加之聖霊平日之古ヘヨリ久
奉養壇主ノ貴体一施主
御幼弱之当初ヨリ鎮懐ナツキ玉テ
聖霊之仁愛ニ一朝ニモ夕ニモ」
無離咫尺ヲ一之儀一夜モ昼モ
無隔一念二之思一給仕既年
久倍従亦日積レリ依之養
育之恩等シク二親ニ一慈愛之徳
超タリ六親一其恩難謝一其徳
難酬思食然間○
去元亨之初暦林鐘之今日
無常ノ室ニ」

(C) 追善供養(逆修も含む)に使用したもの

風扇テ朝露之命忽ニ消ヘ
有為ノ空ニ雲惨テ夕陽之
姿永隠以来朝過キ夕ヘ去テ
光陰已ニ二千日年積リ日累テ
春秋又七ヶ廻景気ハ頻ニ
雖改一独不移一者恋《恩》古之思」
時世ハ早雖変一猶相同者
忍昔《徳》一之涙　養育扶持之
恩容ハ歴年一弥遠カレトモ朝ニ
馴レ夕ニ馴レシ貌セハ難忘一慈愛
顧眄之芳キ志シハ随日一更隔トモ
柔和ノ懃ナレ同ク留耳二ニ送生」
送劫一再不可見昔ノ姿一何ノ
春何ノ秋カ重テ聞食古ヘノ音ヲ一
彼ノ欽明用明ノ聖代モ成雲一
成テ霞一無跡一無形《カタモ》一延喜天
暦ノ賢王モ消露一消テ霜一
残シ名一ノミ残セリ聞ノミ云後ル丶ト云前一
答テ我微善二ニ早出テ五障』

泥水一ヲ願ハ幽儀受我追
福一必移九品ノ蓮台一御セトナリ
然後護持丶丶延寿○《増》福所求
随ヒ思一ニ現世当生所願任セン
意二ニ乃至以此善一及泥梨二ニ」
紅蓮ノ氷リ解ケ焦熱ノ煙リ
消ヘン以此善一及鬼畜一飽
甘露之味一ニ値恵日之光一ニ
六道能化之誓○《約》不シテ空ラ一無ク留ル
悪趣二ニ之闡提一一乗皆成
之○《実》語不シテ誤マラ一無ラン残火宅二ニ之」
無性
仰承乞地蔵菩薩伏乞妙法
経王仏力法力合テ力ヲ一施主
御願成就円満セシメ玉ヘ」

※『金沢文庫古文書』仏事篇(上)二三八頁収録。

（前欠）

凡ソ報スルコト授法教導之徳ヲ一
誰不存之一酬フルコト知識誘引
之恩ヲ一世以営之一サレトモ
為《ナスコトノ》而非難一ニハ能ク為《スルコトノ》是レ難キ
ソト申今遺弟ノ報スル師徳ヲ一

(126)

某七回忌表白（仮題）

（表紙欠、本文他筆、傍注湛睿筆）

粘葉装　一五・〇×一一・四cm（三一四函一二六号）

慇懃之至尤為難有一」
就中一人檀主御聖霊在
生之当初自施主壮年之
古ヘ一互通シテ心緒ヲ一共深芳情ヲ一
御シカハ朝見《アサマミヘ》夕見ヘテハ常ニ談世
俗之易コトヲ移一昨モ謁シ今謁シテハ
鎮ヘニ語菩提之難成一然シ間タ
雖有時トシテ而黙祷タル之時ハ一」
定テ無ケル日トシテ而空タ過コス之日ハ一
歟如是一芳情徳音随折一
顕誠一崇敬帰依触事一
凝信一御故結二世之芳契ヲ一
期百年之値遇ヲ一処ニ」
今逢テ生死之永別ニ一悲ミ
心事之相違ヲ一依之自彼ノ
中陰五旬之古ヘ一至此ノ遠
忌七廻之今歎レ聖霊』
円寂歎一身歎忍ニハ
恋徳則歎一身ノ歎キト報』

(C) 追善供養(逆修も含む)に使用したもの

恩ヲ則営一身ノ営御依之

恋慕之思ハ相同シク遺弟ノ忍フ

恩ヲ之思ニ追修之営ハ遥ニ過タリ

遺弟ノ尽力ヲ之誠一モ是併

聞法結縁之古ノ恩念々無

忘ルコト知恩報謝之今悲

連々抽誠御ステ候依之

（以下余白）

（127）

某七回忌表白（仮題）

（表紙欠、本文他筆、傍注湛睿筆）

粘葉装　一五・〇×一一・〇cm（三二四函一二七号）

（前欠）

富モ賤モ皆去ヌ或ハ焼キ或ハ

埋ムル賢モ愚モ悉ク失ヌ其ノ家

々ノ思ヒ何レカ浅一其ノ人々ノ歎キ

何レカ不深カラ准彼思此一亦復

可爾

凡ソ生ケル人ハ日々近ツキ死セル人ハ

日々《ニ》遠《トテ》
(五行空白)　」
然《ルヲ》今《ノ》御願《ハ》歳去《リ》歳来《レトモ》
生前奉公之志無思食忘《ル、コト》
日累月累《ナレトモ》夢後菩提《九品託生》
之資糧不絶《ス》送之《御訪》依之
今迎七ケ廻之遠忌《ヲ》殊《各》
修種《彼》々《々》善根恋無二唯一　」
之芳徳専祈《共》如々《ノ》得果
然則讃仏讃経尽《シテ》誠展《御》
梵席《ヲ》仏経必加《ヘン》冥助《ヲ》出
苦証楽励《シテ》志《ヲ》致《ス》廻向《ヲ》
聖霊定《テ》垂《レ玉ハン》納受
六道能化《ハ》忝引聖霊《ノ》御　』
手《ヲ》忽《テ》遷《奉》浄土蓮台《ニ》
妙法経王《ハ》親為幽儀《ノ》前導《一乗》
忽《ニ》示成仏《ノ》直路《御サムコト》
更以不可疑サレハ聖霊迎
今日《ヲ》当此時《ニ》定《テ》受法味《ヲ》

必《ス》進《ミ》仏道《ニ御ラン》歓喜《ノ》涙　」
幾許　喜哉我《レ》一期生涯
之間蒙雨露之恩五妙之
楽《ミ》無《ク》闕《コト》誇《リキ》人中《ノ》勝報《ニ》
憑哉朝《サ》夕《フ》所欣思者只
後世菩提《ノ》御訪《ソカシ》其《ノ》本懐
無違《コト》至《ルマテ》没後去世之　」
今《ニ》メテタウモ　カウ追福慇《ニ》
不忘《御》実是非今生一
世之主君《ニハ》可知曠劫多
生之善知識《ニ》御ケリト合掌
一《ニシテ》心歓喜悦与《シ》満銘肝《ニ》
余《テ》身悲喜交流《シ》御サンスルハ　」
不御了　然則　所讃者等覚
無垢満月之光宜《ク》照長夜
冥々《ノ》闇《ヲ》所講《スル》者常住妙
法心蓮之蕚《サ》定《テ》開
朗然如々《ノ》悟《リヲ》願《ハ》聖霊　』
(後欠)

(十一) 十三年忌のみに使用したもの

(128)

(表紙・本文他筆)

睿之

祖母十三年
表白通用為養父

粘葉装　一四・五×二一・五cm(三二三函七一号)

「　」秋日
常在之光雖円一
沙羅林ノ春煙
無余之色空尽ヌ
況於凡夫二誰免浮生一
是以
遁跡ヲ於白雲ノ上一ニ之聖
空ク消有涯之露一ト
隠形ヲ於青巌ノ中一ニ之輩
遂随無常之風
□上
「　」之定レル習ヒ
「　　」
「　」祖母聖霊者
酬往世之戒善一ニ忝受人
身一依過去ノ修行一飽修
妙法ヲ一一乗読誦ノ薫
修ハ往昔縁厚シ出離生
死更無疑一
四十八□転読前代ニモ
(中欠)
日光昇テ又沈ミ月影満テ猶
闕ヌ有為無常ノ郷物皆如是一

＼如夢而十三年光隠匆来
如幻而四千余日星霜早　」
移恋《シタウトモ》　今ハ不可休二一息更
不進一故悉又不可解ス一
干戈永逝《ユク》カ故ニ
押恩愛之涙《思》一抽ニハ孝養誠
不□□　」
(後欠)

(129)
(表紙〈除「通要部」〉・本文湛睿筆)

睿之
＼光目□(女)致○亡母十三年之孝
＼行事
＼光目之母是弥陀如来事
孝養報恩人之徳行事
通要部
通用
十三年旨趣

袋綴装　一四・三×一一・五cm（三二三函五八号）

「　」
抑至十三年ノ作善ニ一者ハ明ニ経論
聖教ニ説タル事モ候ハス＼但シ地蔵
(本)大願経ニコソ＼蓮花目仏ノ世ニ光
目女人ト申シ者別レテ母親一ニ歎余リ
値テ得道ノ上人一ニ奉ルニ問母生所一ヲ上人

(C) 追善供養(逆修も含む)に使用したもの

入定一落リト地獄ニ一御覧シテ受苦ヲ一
次第具ニ語《カタ》リ二光目女ニ一御ス処ニ
聞テ之一悲ノ余リ憑何方便ヲ二可防彼
苦ヲ一申ス上人答云非仏力一者不可
叶フ一早ク顕ハシテ蓮花目仏ノ像ヲ二可□(拝か)之一
也被仰一シカハ光目女敬ヒ彼ノ仏像ヲ一
致シテ誠一備ヘ香花ヲ一凝シテ信ヲ一称念
仏ヲ一夢内仏像放光ヲ一出音ヲ一汝
我形ハアラハス功徳ニ一ヨテ汝母タル免
地蔵菩薩一不久当生汝子ト一其子
生テ三日ト云ハムニ出音一物ヲ可ト云一被
仰一夢醒メテ後弥祈祷ル処ニ
懐任(妊)ホトナクシテ月満チ時至テ赤
子出生託生ス如夢ノ一三日ト云ニ出
音一告テ物ノ云フ我是汝昔ノ母也
落地獄ニ一雖受苦ヲ一汝顕テ蓮花
目仏之形像ヲ一訪後世ヲ一故ニ生タリ汝子ト一
但シ悪業受苦正ニ今十三年ト
云ハムニ死シテ又可落地獄ニ一光目女

問之一歎云昔ハ成母ト一養我ヲ一
今生子ト一養ル我ニ一再生テ汝子ト一
悦トモ死シテ帰悪道ニ一事深キ怨リ不
如一今ヨリ後ハ重テ成ラムトモ親子ト一
不可契ル偏ニ祈ラムニハ仏道ヲ一発大
誓願ヲ一之様ハ月モ入リ日モ不出一
闇ミ深暁明昇(ママ)出カコトク前仏
隠レ後仏ハ未出御ム一時廻シテ大神
通方便□ヲ一導二一仏□(利)益衆生ヲ一
此願別シテ仏意ニカナハ、我終
不落チ地獄ニ一生セ浄土ニ一給ヘト□願
シカハ仏像面ヲウコカシテ告光
目女ニ一云ク汝発願叶仏意一別ニ
汝カ母免悪趣報ヲ一当ニ生レ無
憂国ニ一授御シ偏彼母積テ
菩薩ノ行ヲ一登妙覚位ニ一成テミタ如来ト一
被仰極楽教主ト一給フ無憂国
者極楽ノ異名也光目女ハ又以孝
養功徳ヲ一積《ツミ》菩薩ノ行ヲ一成地蔵菩薩ト一

被仰無仏世界ノ教主ト一哀玉フ二仏
中間ノ衆生ヲ一然仏ハ因位ノ本誓ヲ
ワスレ給ハヌ故アミタ如来因位也
昔成光目女母ト一経十三年ヲ一」
□後又可帰□□光目女
苦《ネムコロ》ニ訪母ノ後生ヲ一故ニ免テ悪趣
之報ヲ一成リアミタ如来ト一給フ今日
信心大施主相当テ慈父聖
霊ノ十三年ニ一ミタ如来三尊ノ聖
容ヲ図像供可シ御スカ故ニミタノ
三尊殊ニ更悦ヒ此善ヲ一慈父
聖霊ヲ極楽浄土ニ来迎シテ説」
法聴聞シテ奉成妙覚果満如
来ト一御スラム又亡父聖霊者何
許カ此ノ追善ヲ御覧シテ肝ニ銘シテ
悦シク覚髄ニトヲテス、シク思
召スラム」

※『言泉集忌日帳三帖之二』「以光目因縁為十三年事」が、『安居院唱導集』上巻一五四頁以下にあるが、内容は同じなるも、文言は全く異なる。

(130)

法《ム》花懺法

睿之

(表紙・本文・識語湛睿筆)

粘葉装　一二・六×一一・五cm(三〇七函四〇号)

次法花懺法
アノ世間浅近ノ名聞利益
之望ニマレ又出世深奥ノ
仏法修行之勤メニマレ作シ
障礙ヲハ一致ス留難ヲ一之魔
障ト申ハ全非ス自外一来リ
」

侵スニ一偏是自ラ我レト所ノ造リ
積ム一無始ノ悪業無漏スコト
一塵ヲモ一深ク薫習セルカ心ノ底ニ一
念々得折一事々作祟《タタリ》ヲ一候
故此業障カ
○彼《サレハ》魔王魔民ノ自外一
来テ悩ス人ヲ一全彼レ独リノ
非ス所行ニ一其ノ人ノ内心ニ薫
習シ所備ル一之業障ヲ為シ便ト一
内外合テ力一方作障礙一
事候○(朱)此条更ニ私ノ今案ニ
非スアノ四魔トテ煩悩魔
五蘊魔死魔天魔可訓尺之
」

此ノ四カ中ニ悪業煩悩ヲ[redacted]
為シ内因ト一天魔波旬ヲ為《シテ》外
縁ト一即感此ノ生死有漏ノ
果報ヲ一是ヲ名五蘊魔ト一
期ノ果報尽ル是ヲ名死魔ト一
(朱)○カヽリケル間凡ソ為《シテハ》修行ノ人ト一
」

必先懺悔シ罪障ヲ除滅シテ
悪業ヲ然シテ後チ世俗勝義
之悉地ヲハ可成就候。
付其者今法花懺法ト申ハ
即妙法修行之要枢
開示悟入之初門是以」
払テ六根之塵労ヲ先契六
根浄之位ニ瑩テ一心之明鏡ヲ
終ニ証一仏乗之理ニ実是
滅罪生善第一之妙行也
豈非悉地円満無双之
要法哉功徳深広」
勝利掲焉
康永二年二月廿五日瀬崎寺為彼檀那十三年』

(131)

（表紙・本文・識語湛睿筆）

睿之

余念間雑事
観念称名作想之三機事

口称心念
念仏三昧事
三業相応事
動舌念仏事
引満二業事

粘葉装　一四・八×一三・六cm（三一四函三六号）

観念法門云言三昧者即是念仏
行人心口称念更無雑想念
々住心声々相続心眼即開
得見彼仏了然而現即名為
定亦名三昧正見仏時亦見
聖衆及諸荘厳故名見仏」

浄土三昧増上縁文
往生拾因云第七一心称念阿弥
仏ヲ一三業相応故必得往生スルコト一法
花玄ニ云口業ニ称ハ名ヲ一必具三業ヲ一
発ハ声ヲ一口業、動舌ヲ一身業、経意一』
々業、身業ニハ礼拝スルハ具身意ノ二
業ヲ一意業ニ存念スルハ唯意業也已上近
代ノ行者念仏名ヲ一時雖動舌ヲ一
而不発声ヲ一或執念珠ヲ一只《タヽ》計数
遍ヲ一故心余縁シテ不能専念一散
乱甚多シ豈得成就スルコト一発声ヲ一」
不断一称念スレハ仏号ヲ一三業相応シテ
専念自発ス故観経ニ説至シテ心ヲ一
称名令声ヲ不ラ絶一問設ヒ不ストモ発サ
声ヲ一而動ハ口舌ヲ一豈非スヤ口業ニ一汝
不学法相一此問ヲ所致也動彼ノ
舌根ヲ一即身表業ナリ今語表業ハ
謂言声也是故新訳ニハ改メテ曰語」

■業ト一然名句文身依声仮立
若動舌ヲ一称名豈不依身一若爾
何故秘蔵記云蓮花念誦者
誦スル音聞於自耳ニ一金剛念誦
者小シキ動舌端一云々答顕密二行
各有其ノ理一名句文身依語声ニ一
者此約顕ニ一示若論隠密ニ一亦」
可通舌ニ一若不爾一者動舌ノ念誦
豈不ヤ称名一而ルヲ今ハ但勧三業之行ヲ一
是故不取動口ノ称名ヲ一縦不ストモ卜メ
居ヲ於山林ニ一暗クセ跡ヲ於煙霞ニ一或ハ
徒然ナランハ日或ハ寂然タル夜向テ西ニ一合セ掌ヲ一
澄スマシテ声ヲ一称念セハ随テ数遍之積ルニ一
専念漸以発セム閑窓ニ暮ニハ日一澄』
心ヲ八功徳池ニ一空キ床暁夜ヲ一係念ヲ
満月ノ尊容ニ一付花ノ色月ノ光一
観弥陀之相好ヲ一寄風ノ音鳥ノ
声ニ一思浄土之楽音一行之一可知一
不能具記一若得専念一将知往

生又問三業中意業ヲ為引一ト身
口ヲ為満一今勧浄土ヲ何非ルヤ引業ニ
答豈不前尺一為成専念ヲ今
勧ムト三業相応ノ口業ヲ設雖一念ナリト
専念若発セハ引業即成シテ必得
往生一設雖万遍ナリト専念不発セ引
業未熟ニ不得往生一何況三業
相応口業ハ倶ニ感浄土ノ引満二
果ヲ乎文

又云第一一心ニ称念阿弥陀仏広大
善根故必得往生。問凡夫行
者心如野馬ノ専念仏名ヲ何得
無間一答誰言初心行者全不スト
雑起余念ヲ導和尚ノ云若貪
瞋等ノ煩悩来リ間ハ随犯一随懺
不隔念一隔時一隔日一常使清
浄一亦名無間修上已又為散乱ノ

人ノ観法難キカ成一大聖悲憐勧
称名行一称名易故相続自
念昼夜不休一豈ニ非無間一乎
又不簡身ノ浄不浄ヲ不論心ノ
専不専一称名不ハ絶サ必得往生一
運心日久引接何疑又恒
所作是レ定業故依之一但念仏
者往生浄土其ノ証非一文

又云因第十云若有修観念者不可
勧余行ヲ一妨観念故如彼尋
禅師之誡也若不能観念者
更相開■暁為称南無阿ミ
タ仏々々々々々々一ト声々相次使
成十念ヲ若不堪称名ニ者只作
往生之思ヲ心是作業之主受
生之本也心王若西逝《ユ》カハ業従
亦随之如雲随カ竜ニ如民順王ニ
故安楽集引法鼓経二云若人

（C）追善供養（逆修も含む）に使用したもの

臨終時不能観念一但知彼ノ
方ニ有ト仏一作往生ノ意ヲ一亦得往生上已
故知臨終永息衆事ヲ一唯一
心ニ作往生之想一文

建武五―十月十八日金―松富十三年

「
』

（132）

道安仕母事

睿之

（手沢名・本文一部湛睿筆、標題・本文大部分他筆）

粘葉装　一三・五×一三・七㎝（三〇八函一二一号）

尺ノ弥天道安ト申ハ宗水遍
流東夏《天下》一徳風遠ク扇
西天《大国》一弥天トハ天ニハヒコルト
読ミ候唐土一天諸宗学帰名徳受法門
天竺ニノ異郷
向テ震旦一ニ唱テ南方東方護

法菩薩一ト（以上湛睿筆）」
釈ノ弥天ノ道安ト申人
候キ智行徳至テ誠無
止一ンコト上人云而有一人ノ老母
＼片時モ不離二レ傍一ヲ
昼夜ニ致孝行一ヲ
＼夜ノ衾ヲモ手カラ覆ヒ」
昼ノ饍《ソナヘヲモ》自備フ
＼行クル時ニハ懸テ肩一ニ扶之一
坐スル時ニハ親シミ見ヘテ従フ心一ニ
＼九夏三伏之暑月「扇クニ（湛睿筆）母一ヲ無暇《イトマ》二」
玄冬素雪之寒朝ニモ温ムルニ母一無隙《ヒマ》一
＼凡』
＼論談説法ノ莚ニモ無思ヒ忘一コト
坐禅経行ノ床ニモ更無懈時一
＼不憚人目一ヲモ不顧世□
＼結句ハ見苦《ミクル》シク片輪《カタハラ》痛タキ
程ニ候ケル間＼弟子同宿
集テ談議シ候様ヲ」

我等師道安ハ
＼戒行高備ハリ才幹過超世ニ
＼国ノ重宝也世ノ明灯也
＼道俗誰不帰一貴賤誰不□
サレハ
＼命シ人一ニ誂テ人一被レムニ致サ孝行一」
何ソ可愚一カナル＼何況数輩ノ
門弟ノ中ニ何レニモ被レ仰セ付一ケ
タラウニ聊モヨモ疎ナラン
＼我等ニ置御心一ニ歟又我等カ
志ノ不懇一コロ歟カ
＼奉仕師長ハ如来ノ遺誡ナレハ」
代テ師一ニ仕ヘ奉ラン母一尤所願一也
我等カ優ニ可ヲ仕一閣《サシテイ》テ
師ノ軽々ナル程ノ振舞ヒ
＼進テハ恥チ二仏陀ノ照覧
＼退テハ恨三道安之置コトヲ心一ヲ
仍』
＼為散此ノ不審一ヲ面々進テ二

(C) 追善供養(逆修も含む)に使用したもの

道安ノ前ニ一尋ニ二此ノ子細ヲ一
＼時ニ道安流シテ涙一答候□
＼汝等誡ム二我ヲ一尤有其ノ謂一
＼但人ニハ必有盛《モリト》云物モ一
有乳母《チノモノト云物モ》一＼而我レハ生テ二人間ニ一」
来シヨリ只悲母ノ懐ニシテ長スル
サレハ
＼夏ノ熱ニモ我身熱ケレハトテ
人ニヤ抱セ御シ
冬ノ寒ニモ我身寒ケレハトテ
人ニヤ預セ玉シ」
夜トテモ打解テマトロム事無ク
昼トテモ又心安シキ時キ無シ
○苦《其身ヲ》シメ労《其心ヲ》ハシメシ様

(添付紙)

苦＼シメ其身ヲ一労ハシメシ其心ヲ事柄思□シク

＼楚竹モ難記一恒沙モ非譬ヘニ
＼併ラ自手コソ被テ二養育セ一今ハ

同ク四海ノ浪ヲ畳テ仏道修
行ノ方‐軌心ヲ恣ニシテ」
今度知マテモ二出離之道ヲ一
偏莫下不《ス》ト云老母ノ重恩ニ一
事上サレハ
＼設ヒ手ニ寒谷ノ水ヲ結ヒ尽トモ
猶有余リ一哉不可報ス
其ノ恩ノ一分ヲモ一』
設肩ニ暮山ノ薪ヲ荷ヒ来トモ
又可悲一哉不可酬フ其徳ノ
絹塵ヲモ一
＼何為ニ安シテ我身ヲ一片時モ可惜
他ノ力ヲ一乎ト泣々答玉候シニ
＼誡ムル之一門弟等モ共ニ拭《シホテ》」
三衣ノ袂ヲ一依理ニ一退散シ候キ
＼夫道安ハ
＼尺門之者老也
仏法之棟梁也
＼彼レ猶捨テ恥ヲ一忘レテ憚リヲ一手カラ仕フ母ニ一

＼我等《ハ》」
＼智行全《ク》闕《テ》威儀倶《ニ》無《シ》
何《ツ》惜《ミ》身《ヲ》一顧《テ》我《ヲ》一悲母《ノ》
孝行《ヲ》疎《ニセン》誰《モ》須《ク》(以下湛睿筆)
是以今護持大、、
深致《シテ》知恩報恩之誠一
専《ハラ》廻《スヘシ》悲母得脱之計一」
元亨四年四月晦日大仏妙□(本)房悲母十三年』

(133)

悲母十三回忌表白（仮題）

（表紙欠、本文他筆、識語湛睿筆）

折本装　一四・一×一〇・四cm（三九九函二一四号）

（前欠）

常《ニ》励精勤《御》一加之悲母
生前之古《ヘハ》致愛敬
慇《ニ》励水菽之孝《ヲ》一幽儀
夢後之今《ハ》弥添蓮台
之飾一何＼況相＼当一十三□(年か)」

(C) 追善供養(逆修も含む)に使用したもの

之遠忌一ニ殊ニ開一塵ノ
梵席一ヲ憶一想《ヲモイヤテ》九品託生之
花報一弥祈三身ノ果地一ヲ
＼実是二世ノ孝行一事無
残一随即入道一遺法護持」
之真ノ□□在家□□
＼仏天定テ照覧知恩報恩
第一善人《孝子》一聖霊何仰
受悦追修追慕無二
之御志《御ラン》一」
＼若爾過去聖霊＼縦無始
旧業尚相残テ雖逗留
六趣之衢一ニ既今日作善
尤慇懃一蓋引導九品
之台ニ○＼昔《何況》後泰《(ママ)》ノ忠公ノ之」
没身一ヲ也遥待一十三年之
追善一ヲ終ニ免苦患一ヲ今悲
母聖霊之早世一ヲ也亦答
今日遠忌之報恩一定《弥》進

菩提一ニ＼唯須早ク出五信二死」
之迷闇一速翫三身万徳」
之覚月一ヲ《御セトナリ》」
然則過去、、、」
暦応五年三—九　金—善アミ悲母十三年』

剋々無時＼トシテ而大悲ノ不及一ハ之時一」
無処ト而利益ノ不至一之処一
＼其中殊為誡ムカ一我等カ住着シテ
生死ニ一不ル進仏○道一之放逸ヲ一
自示深ク悲ミ流転ヲ一急テ求菩提一
之化相ヲ一候　即此ノ依白（マヽ）

因縁」

康永二年二月廿五日瀬崎寺為彼檀那十三年」

康永二年二月廿五日瀬崎寺為彼檀那十三年』

（134）

某十三回忌表白（仮題）

（表紙欠、本文他筆、識語湛睿筆）

粘葉装　一五・二×一一・七㎝（三九九函二一五号）

（前欠）

従塵點劫一之已来念々
無懈ルコト一八相成道之利物尽サム
未来際ヲ一之向後《ユクスヘマテ》　更々不
可廃一横＼ニハ異類同類塵
々刹々竪ニハ九世十世時々

(十二) 三十三年忌のみに使用したもの

(表紙・本文湛睿筆)

(135)

檀主歎徳事

為《ム》祖父遠忌旨趣 正慶二年三月廿六日 為恵日民部少輔殿 修之

武臣政道等事　賢息相続事

禅定修行事

真俗相兼事

睿之

粘葉装　一五・三×一一・八cm (三一四函六号)

仏経讃歎存略如此一功徳甚深ト云

御願ノ心素ト云三業清浄之水

必通シ八功徳之池ニ一一乗開題之

風定テ扇七重樹之梢ニ一返々モ

聖霊追阿耨菩提之道ヲ一

穴賢幽儀開妙法白蓮之

悟《御セトナリ》

凡過去聖霊御事

倩承ハルニ生前之徳行一覧《巍々如山如岳》

万見《更思》没後之御追孝一済

々トシテ如雲ノ如霞一以之思之

現当《菩提行願》悉地円満無疑ヒ一

証大菩提《薩埵行願 頓証常楽》決定シテ有リ憑一

然則《伏惟》過去越州祖父禅定

尊儀累代武略之貴

族一朝輔翼之良佐

悟一、伏惟廉直稟□□

廉直稟性一仁育萌心ニ一

累葉貴族一朝良佐

五常六芸明ニシテ之レニ一不異只

望之古一五才四義長之一レニ
相似張良之簡一久列シテ」
幕府《ハクフ》ノ之近侍一ニ予参シ兎
園之月一ニ遂ニ歩テ崇班之
吏途一ニ寓直《クチョクス》　玉藩之花一ナニ
サレハ栄耀モ重職モ相ヒ備ハリ
名誉モ人望モ無闕一其上
賢息相兼テ将府ニ□□シ』
面々歩栄路一ヲ各々極政道一
御世争称其賢徳一人遍
仰其威風一家門御繁昌
大略希比類者歟加之
身雖常東関大王之政
務一心深仰西来祖師之宗」
旨即寂而散之故万機之
諮詢無懈一即散而寂之故
一心之妙観無障一以心一自
伝心一誰可弁其ノ趣向一見
月一尚忘月一更無■語ルコト

彼ノ指端一功夫■日積モリ」
信心年累レリ其外□(内か)外
之教義同ク運思ヲ於聖人
之道一禅律之僧徒○遍致帰依
於賢慮之底一如此久保テ
五十余年之上寿一旁蓄
百千万端之資糧一御シキ凡居スル福貴一キニ」
之人未必有仏道ノ望一兼之一
幽儀ノ御事ナリ叶現在一之人未
必有後生ノ勲一メ兼之一聖霊ニ御
実ニ戒急乗急相備レル之□人
今世後世倶ニ得玉ハン之賢主手本
也既超仏越祖尚□所ニ』
難出苦証楽更不可疑一
遂則辞南浮五欲之栄
名一ヲ移西方四徳之蓮座一土九品以来
暑ニ往キ寒来ル恩顔隠兮
三十三廻花開葉落亡
魂之兮一万余日哀楽」

(C) 追善供養(逆修も含む)に使用したもの

悲如夢雖知分段之常
理一迷乱失方一誰堪別離
之今ノ悲爰護持大施主
戸部侍郎殿下出韜略
武備之家一ヨリ継忠宜憲
政之跡一累葉帯風一」
繁花匂鮮依之採用
衆輩早交一方之
公務一ニ徳行超徳行一
超兄弟一称一流之家督一
凡祖父孫子之儀不軽
君子抱孫之志異他一」
既受聖霊之貴種一
忝為幽儀之孫子聞
香一討根一誰竦《争》祖父之
報恩一ヲ哉汲流一尋源一何
忘祖父之徳海哉何況
採用秀テ、衆輩一ニ早ク交』
一方之公務一ニ才度超兄

弟一忝備一流之家督一ニ
雖是施主嘉運之所致《開》一豈
非聖霊道徳之余慶一寵恩
既深シ報謝宜抽一思食
依之迎三十三廻之遠忌」
尽無二無三之孝誠一営
讃○《仏》講経之恵業一祈幽儀
正覚之直路一所仰者弥
陀迎接之尊像也兆
憑於接取不捨之誓一所
講者妙法白蓮之真文也」
寄望於■■■皆成仏
道之悦此外為責降魔
成覚之頓証一殊修聖無
動尊之行法一捧六種供
具重二十一座一云此一云彼
皆成レリ施主無二之御誠一ヨリ」
所思所祈定為聖霊開
悟之便一出離生死証大

菩提更不可疑然〔何況〕則過去聖
霊倩案御在生之□□
■永断妄故恒受真楽
住不退転証無上覚』
振大智降伏之威一早却ケ
十軍四魔之障難一開妙法
円融之悟一速証三身四徳之
仏位一功徳帰本一故大施主
殿下家門繁昌シテ烏ヲ
兎《ト》ノ之景ケ久廻リ運禄』
増ス加ヘテ亀鶴之遊ヒ永
穏《ヲタヤカナラン》　総テ東海ニ風
波不乱天下ニ煙塵無
起人ハ誇無為有道之
徳政一国無刀疾飢之患』
難一乃至沙数塵数之
界同出四生之汨《イツ》紛一ヲ
有性無性之類倶断

万劫之愛纏
仰承乞九品能化ミタ善逝
伏乞一乗妙典甚深妙法経王』
仏力法力合力一御願如御
願成就円満
補闕分』

(C) 追善供養(逆修も含む)に使用したもの

(136)

悲母因縁 大納言禅師

睿

(表紙・本文・識語湛睿筆)

折本装　一四・八×一一・八cm（三〇八函三号）

凡ソ悲母ノ思フ子二育ミ当時ヲモ一
鑑行末ヲモ一之志ノ共甚深ク
又為其子ト二励ス孝ヲ一助現世ヲモ一
訪後生ヲモ一之勤メノ慇懃ナル其ノ
先蹤三国之間充チ満テ候
」
中ニ我朝洛陽ニ有通光

大納言ト云人候正室ハサテ
御坐ケレトモ不慮之外有ル
女性ニ触テ縁ニ一結契一無ク何一
送リ月キ日ヲ一経ル年序ヲ一之程ニ
」
若君ヲ一人被儲一大納言
被コト鐘愛セ一無限一漸ク送ル
星霜一之程ニ此若君已ニ
被成五歳ニ一之時。不慮父ノ大納
言身ニ受重病一被成万
死一生ニ一雖加医療一無
」
少減モ一雖憑法験ヲ一無感応一
運成ヌレハ定業ニ一仏天モ難ク助一
遂則無墓一成ラレ候シ
爰此ノ若君、大納言最愛
之子ニテ御セハ庄薗財宝
等ヲモ奉譲リ与ヘ一タウコウ
」
思食ケメトモサムカ落胤ノ
少ナキ子ナル上ヘ成人ノ立テル代ニ一
幼身之御子息御シカハ

偏於遺領○等一偏ニ被譲
其ノ方ヘ一此ノ若君ニハ無仮歩
之計一ヒモ然此ノ母ノ女房ハ └
○自本一独身孤露之仁今又奉
奉別大納言一之間更ニ無
憑方一随送ルニ月キ日一渡世
之計コト失術ヲ一無ニハ問ヒ訪フ人一
慕別一之悲ミ弥深然レトモ
難黙止一事ナル間為大納言一 └
従中陰七々日一至一周忌
第三年一追福追善不修
懈一孝養報恩尽志御一
其間モ奉養育シ若君ヲ一
之志無シ二心一思遣ルニサコソ
候ケメ唯一ツ著タルアコメ └
裳《コ》袴《ハカマ》ヲ売《ウリ》去ケ鏡ミ手箱
マテモ放之一修大納言ノ追善一
致此若君ノ扶持一雖然
此等ハ皆有限一之物ナレハ今ハ

其ノ貯ヘ尽キ畢テ、今只付ケル
身一物トテハ首ヘノ上ヘノ髪ハカリ └
即切テ之一カツラニヒネリ
易テ物ニ一被養此若君一
是亦無程一尽ヌル上ヘハ更
失方角一之体ナリ然間
冬ノ夜長シテ難明一付テモ此一
慕大納言之別一悲ミ深 └
春日遅クシテ難暮一付其レニ一
忍幽儀之昔一可絶入一
消肝一何レノ年カ待幽儀之
還リ来ラムコトヲ一消魂一暗然タリ
誰家ニカ期聖霊之再会一
打手一悲歎ス如是思連 └
如是一思連《ヒツヽケテ》非唯我身ノ
失便一此子ノ難キニ養一付テモ
慕大納言ノ別レヲ一之悲ニ
今ノ様ニ覚ヘテ明シ暮シ候
或ル時思ヒ廻ラシケル様ハ抑モ此

(C) 追善供養(逆修も含む)に使用したもの

子ヲ我カ身ニカ、ケ《へ》惜ミ持テハ
定テ如霜露ノ一乍二人一共ニ
消ヘ失ムコト無疑一甚タ以無
由一覚ユ然＼今受難受○《之》人
身一値難値之仏法一此＼
度ヒ若不運歩於菩提
之道一ニ何生当ニ宿ス身ヲ
法性之城《ミヤコ》一ニ＼縦雖今生ヨリ受
拙報ヲ一当来亦空返ムコト
三途一豈非生々世々ノ
遺恨一乎サレ＼ハ只捨テ、此子一
我身独リニ成《ナ》テ修＼致念仏
修善之勤メヲ一遂往生浄
刹之望一＼助我身一訪ヘシ
無キ人ヲモ一又此子縦雖
捨タリトモ一若有冥加一何不
成智者聖人トモ一昔モ今モ
捨子ノ中ニモ才智ノ人モ出来

高位ノ僧綱モ有ルソカシ
＼サレハ此子ヲ捨テ置ク道ノ頭一
者ナラハ若有心一之人ハ定テ見テ
之可垂哀一ト泣々思ヒ
計ラウナリ＼猶ヲモ悲ノ余リ此七歳ノ
若君ノ小袖ノ妻《ツマ》ニ一首ノ
歌ヲ書付テ五条ノ橋ヘ相
具シテ夜ル行キ候其歌ノ
言ハニ

　身ニマサル物ノナカリケリ　ミトリ
　子ハヤルカタモナク悲ケレトモ

実唯一人産得テ如掌ノ
内ノ玉一我行ク末ノ財トコソ
深ク憑ミ思候ケルニ忽ニ迷ヒ入リ
別レノ道ニ一候ケウ母ノ心サコソ候ケメ
遂＼ニ則無キ知ル人一橋ノ上ヘニ空ク
誘ヘ置キ此ノ若君ヲ一即立チ還
ケレハ少＼キ子慕母ヲ一之習ナレハ
取リ付テ絹ノ妻《ツマ》ニ一我モ共ニ返ラムト

挙声一呼ヒ泣ク母見之一眼モ
闇《クレ》肝モ消ケレトモ無ク程一ヤカテ
還リ来ラウスルソト誘ヘ置テ心強ク
立別レ候
サテ若君ハ独リ留テ其ノ夜ハ
橋ノ上ニ泣々明ス夜一ヲ其ノ有様
サコソ候ケメ然其ノ次キノ日
不思議ニ○《因縁令然》三井寺ノ僧徒
両三人行キ過ケルカ橋ノ上一ヲ見付テ
此ノ少児一ヤ此ノ少児ハナヘテノ
捨子トモ不見一ヘ形貌事柄モ
不尋常《ヨノツネ》一ナラ糸惜シキ者ノ哉ト
申テ立チ寄テ尋ネ問フニ事ノ由一
無ク何意一モ打チ咲《ワラ》ウテ明テ答
事ノ次第一無レトモ指シテ申述一其ノ
為体《タラク》二面々糸惜ク哀レミ各ノ
抱キ付テ見レハ其ノ小袖ノ妻一マヲ
身ニマサル物ナカリケリ
ミトリ子ハヤル方モナク悲シ

ケレトモト云歌ヲ書
ト云歌《ウタ》ヲ書キ付タリケル見之一
サレハコソ普通ノ捨子
ニテハ無カリケリトテ弥ヨ〱
哀レニ覚ヘテ面々流涙一ヲ
即乗頸《クヒニ》一載頭《荷肩 ニナヒカタニ》三井
寺ヘ具シテ行キ慇ニ致養
育一ヲ候シソレカ心藻モ隠便ニ
器量モ抜群ニ候之間同法共《トモ》
一ニシテ心一ヲ教ヘ手習一ヲモ勧メ学問一
諸人合セテ志一ヲカシツキ候
サル程ニ此ノ少児十四五歳ニモ
罷成候ナニト無ク此間馴レ
眠ムシ僧徒ノ常ネハ見テ美花一「行基」(朱)
不ルハ念本尊一不修之甚ナリ
ナムトロスミ候ケルヲ触耳一ニ
留意候ケル歟学問之隙ニハ
志賀《カラサキ》野原ニ遊ヒ出テ

(C) 追善供養(逆修も含む)に使用したもの

＼取テ千草《クサノ》花ヲ散シ之澄シテ
一心ヲ供養三宝唱ヘ候ケルハ
＼十方所有勝妙花普散十
方諸国土是以供養尺迦
尊○出生無量宝蓮花」
其花色相皆殊妙是以
供養大乗経ナムト常ハ＼
寄事ヲ於遊散出志賀
野散花是散シ花澄シ
心ヲ如是唱ヘテ供養三宝
＼五歳ニシテ死ニ別レシ訪ヒ父ノ」
菩提ヲ七歳ニシテ生キテ離レシ祈リ
母ノ行末《ユクスヘ》ヲ候＼サスカ十四五
歳ナムトハマタ幼ナキ齢ニコソ候ニ
難有カリケル少児之作法
候＼サテ習ヒ読ミ法花経ヲモ
暗ラニ誦持之十五歳ト申」
剃髪染衣名ヲハ申ス大納言
禅師ト＼其後十八歳之時

師匠ニ乞暇ヲ不能留ルニ之ヲ
即立チ出テ、三井ノ房ヲ交リ＼
山林ニ行シテ頭陀此《コ、》彼シコ参
霊仏ニ籠テ霊社ニ＼只祈ル」
事トテハ願ハ仏陀モ神明モ
垂レ哀ミヲ加ヘテ力ヲ今生ノ中ニ有テ
一度令玉ヘト行キ逢ハ我カ母ニ＼更ニ
無二心偏ニ祈申此ノ事ヲノミ
＼サル程ニ此ノ禅師ノ母心強《ツヨ》ク
捨一子ヲ雖立別渡世之計」
弥無ク便成リ行クニ付テモ
＼死テ別レシ大納言ノ事ヲモ歎キ
又捨置シ若君ノ行末《ユクヘ》モ悲ヲ
覚ヘテ夜ルモ＼昼ルモ只独リ
泣テ暗ラシ悲テ明ス＼如是涙タノ
雨メ無晴ル、間泣キ悲ム故ニヤ」
両眼共ニ暗ラク成リムシ上ヘハ＼総ヘテ
失ヒ方角無シ可キ趣ク方モ
＼サレトモ兎角タトル〳〵参リ

(136)

津国天王寺ニ一籠モリ居テ西門ノ
側ラニ一唱念仏ヲ一願往生ヲ一
送ル星霜ヲ一之事柄今ハ偏ニ
非人乞凶《カイ》之分テ罷過候シ
＼爰大納言禅師此《コヽ》彼《シコ》
遊行シテ無ク不ヌ至ラ一之曲《クマモ》
巡礼之程ニ不ルニ測一参天
王寺一此モ○籠西門ニ一読誦
法花経一＼亦始自如是我門一
終至作礼而去ニ一一部八巻
二十八品具ニ悉ク読之一畢《ハテヽ》
閉目ヲ一澄心一廻向シケル詞
＼仰願ハ十方三世諸仏善逝
西方教主弥陀如来大慈
大悲観音勢至伏乞
平等大会一乗妙典
＼知見シテ弟子カ丹誠一証明シ心中
祈念ヲ一＼五歳ニシテ助ケ死シテ別レシ

父ノ菩提ヲ一七歳ニシテ令
知生テ別レシ母ノ在所ヲ一玉ヘト
＼返々モ祈請シテ五体投ケ地一
恭敬礼拝スルコト経七ケ
日候シ＼爰悲母盲目ノ尼
公密ニ居局《ツホネ》ノ内ニ一数日之
間聴聞シテ之ヲ一兎角斟酌
シケレトモ＼余リニ疑ハシク覚ケレハ
進ミ寄テ尋事ノ次第ヲ一
露ユ塵リ不違一之間相互ニ
親ソ子ソト知リ候シ其ノ時心中
思遣ルニサコソ候ケメ
＼母ハ盲目之身ナレハ悲不ルコトヲ見
子ノ形《スカタヲ》一子ハ咽テ涙ニ一歎ク母ニ
不見ヘ一互ェ＼取手一合額一
只泣ヨリ外ノ事無カシ候
＼爰禅師於テハ父ノ後世菩提ニ一
且ク置之ヲ一候○先於悲母ノ今生
再会ニ一者祈念不空一所

(C) 追善供養(逆修も含む)に使用したもの

願成就候ヌル間心中悦
喜無申計一即引母ノ手一」
立還三井寺一ニ\弥仰キ三
宝威光一ヲ殊（憑）○一乗法力一
\読経之妙行（更）○無止一コト悲母之
孝行不懈一
\此経即為閻浮提人病
之良薬病即消滅不」
老不死可訓尺之
サレハ正直之金言■無クハ
\偽一ハリ我母ノ眼コ明カニ令玉ヘ成一サ
\我レ既ニ孝養之志有誠一者
\一乗妙法何不助一御十羅
刹女争可捨一玉\唯願」
垂レ加護一令テ冥助一\令愈
我母ノ病眼一ヲ玉ヘト\数珠ヲ
サラ〳〵ト摺テ泣々祈念
候シカハ\母ノ眼忽ニ成テ明一カニ
即見子ノ形一タヲ始テ開

「　」候サレ\ハ」
云妙法之威徳一ト云孝子之
孝情一ト\眼前ニ顕速疾之
効験一候間○熊野大道之（彼西門ト申ハ）
頭ニテハ候\上下往復之貴賤
拍手一称美シ寺中出入
之僧俗「　」感歎」
\思遣ルニ「　」候ケメ実ニ
難有一カリケル事候
\凡ソ人親ノ思子一ヲ之道トニモ
カウニモ依テ其志之深重一ナルニ
感応不空一母モ子モ\二世
悉地倶ニ円満候○然則」
\昔亜将禅師孝養之志
至テ深悲母眼前ノ勝利既如
是一今信心施主ノ追福之勤メ
尽誠一幽儀ノ後生菩提何ソ
有疑一ト覚ルコトテ候」
(一紙挿入裏面白紙)」

彼大納言禅師孝養之
志至テ深。悲母眼前勝利既ニ如
是。今信心施主追福之勤メ有誠。幽儀菩提
増進何有疑
今信心施主
康永四年十二月□□—上椙大御母三十□(三)廻
(左肩)
十半」

(137)

(手沢名・識語湛睿筆、標題・標目・本文他筆)

睿

如意観音《ム文》

得名事　六臂事

粘葉装　一三・〇×一一・五cm（三五〇函一八号）

次別御功徳者先於得
名一者此菩薩同体ノ大悲異
他一随テ意一悉ク令メ成弁セ■
所願御事一譬ヘハ如ク如意宝珠一
随意雨珍宝一仍得
此名一候付此者如意ト申」

（C）追善供養（逆修も含む）に使用したもの

誰カ意ソ宗家ノ解尺ノ中ニ尺
此ノ宝珠ノ名義ヲ二云如意
有二義一如能化意平
等救故二如所化意求
皆得故可訓尺之准此一思之
今観世音菩薩大悲誓願」
遍衆生○非界一下唯我カ任セテ
大悲ノ願意ニ一平等ニ化玉ノミニ物ヲ上
亦令下所化ノ衆生ヲ一面々
如ク意ニ願楽スル一皆悉成
弁セ御上是以テ能化ノ■観音ノ
之所誓御一所化■衆生之所願フ一並ニ』
如意ノ一円満故名奉如意輪
観音トハ一コソ候メレサレハ
立テ、名ヲ一示物ニ御一大悲ノ願意
如是一内証外用ノ徳行
広大ナルコトヲ以テ此二可量リ知一」
次別御功徳凡此大聖
観自在菩薩者一切如来
浄妙法身之体三世
諸仏大悲法門之主也
四十一地之瓔珞露ユ垂レテ
無垢摩尼之珠離々タリ」
四十二重ノ之無明雲モ
晴レテ妙覚水精之月キ
明々タリ尋レハ本誓ノ証入ヲ一者
摩尼蓮花ノ両部謂ヘハ
自性月輪者金剛胎
蔵ノ諸尊是以三世」
諸仏之慈悲ノ水ハ皆
入リ于大聖如意輪之
願海ニ一一切菩薩之智恵ノ
光リハ悉ク出タリ自リ持宝
金剛之覚月ヨリ一何況
加之大悲闡提之本誓ハ』
遥ニ超ヘ一切ノ菩提薩埵ニ一
捨大慈悲之弘願ハ剰ヘ
○勝諸余ノ観自在尊ニ一居シテハ

彼ノ三々品一ニ一生補処之
大士、遊テハ此ノ五々有一ニ六道
能化之薩埵始自仏界一」
終リ至ルマテ那落一現シテ一々ノ色身一
済度シ之一上自リ有頂一下
及マテ無間一ニ発シテ種々ノ音声一ヲ
教化玉フ之《依之》○感応品々《シナ〳〵》ナレハ
顕ハシ形ヲ於三十三之月一ニ
機縁区々ナレハ播《ホトコス》声ヲ於」
十九之風一何況首ニ戴ニハ
本仏一ヲ即表妙観察智
之諸法断疑《果徳》一其ノ身ニ具ヘルハ
六臂一忝ク主六大法身
之即身成仏一凡此ノ如意
輪観音ノ本誓悲願ノ」
超過シ諸尊一ニ御トカ所詮以
此ノ六臂ノ御手一ヲ悉被表示
之一ヲ候其表示者秘密
之深旨雖難シト顕露一ニ

（朱）右第一
思惟御手者表シテ大悲抜
苦之徳一ヲ顕シ総念衆生』
之意一廻シテ方便巧智一ヲ察シ玉
難度ノ衆生一ヲ之相也
（朱）同第二
宝珠手者大悲与欲
之相財施満足之徳也
欲得大福徳一者ノハ須シク■
奉念シ此ノ御手一ヲ」
（朱）同第三
念珠手者表定恵相応
之徳一ヲ也謂ク以テ恵ノ糸一ヲ貫キ
定ノ珠一ヲ瑩テ百八三昧之
明珠一除キ八万四千之癡
暗一常ニ得安隠一ナルコトヲ住無
畏一相也」
按山手者大定寂静
（朱）左第一
之徳下化衆生之相也

(C) 追善供養(逆修も含む)に使用したもの

謂＼按シテ真如之黄地一ヲ不
被動セ八風一ニ押法性之
金山一ヲ不被レ傾ケ三毒一ニ
即＼得テ長遠ノ寿命一ヲ」
又備フルハ強盛ノ色力一此御手
徳用也
（朱）同第二
次蓮花手者内証覚
悟之心蓮花、自性清
浄之三摩耶也念＼スル之一ヲ
者ノ不染煩悩ノ泥一ニ触之一ニ』
者ノハ能ク浄諸ノ非法一蒙
衆人ノ愛敬一得ル無礙ノ
弁説一ヲ之徳相也
（朱）同第三
次持輪手者如既大智
之輪宝、威怒降伏之
金剛、遍＼照牟尼之」
一字金輪摧魔怨敵

之三摩耶形也依＼之若
念此ノ御手一者ノニハ即転シテ無上ノ
法輪一ヲ令得一切種智一ヲ
除テ内外ノ障難一ヲ令成
三世ノ悉地一実＼大聖」
如意輪観音万徳円満スル
中且ク六臂御手ノ所ノ表示一スル大
悲本誓之趣キ大概如此一
然＼則広＼博六臂之形
普ク化六道ノ生一ヲ普現
三昧之力ラ鎮ヘニ度ス三有ノ海一ヲ」
況＼又＼所坐一者上求菩提之
山岳万行万善之林茂《シケク》
所湛ル一者下化衆生之池
水、大慈大悲之浪ミ潔シ
讃歎存略大概＼総ヘテ内
証甚深ニ外用広大ナリ讃』
歎存略大概如此」

貞和二年七月六日極楽寺為照音上三十三廻

四半

」

(138)

(十三) 遠忌のみに使用したもの

（表紙・本文・識語湛睿筆）

睿之

子＼祈仏一知親生所事
依子＼追善一親ノ生極楽ニ事
由＼致親孝養一其子亦生極楽事
為悲母親通二
弥＼陀念仏功能事
妙運《ウム》比丘尼因縁

粘葉装　一五・〇×一二・六cm（三〇八函一号）

唐土ノ并洲ト申ス所ニ
一人女人候キ○＼天性柔
ソレ早別二一親ニ孤露ニ渡世一ニ
和ニシテ慈悲在リ心一ニ＼父母
現存之間モ孝養ノ心本

(C) 追善供養(逆修も含む)に使用したもの

ヨリ深シテ父母ノ事ヨリ
外カ無シ又営ナムコト色養之勤メノサル程ニ
少シテ後レテ父母ニ如思ヒ不コトヲ
尽サ孝○行ノ志ヲ歎ク恋慕悲
歎之涙タ時トシテ無ク休コト報
恩追孝之思ヒ日トシテ無懈タリ
況ヤ顧ミ案スルニ父母在生之昔
スヘテノ在俗之習ナレハ被妨世務
不シテ■作リ御指タル功徳サレハ奉□
□定テ堕玉ラメト悪趣ニコソ思ニ付テ
悲ノ思ヒ無シ不徹肝ニサレハ
不知ラ洞然猛火ニ焦シ
膚《ハタヘ》ヲ刀山剱樹ニ被テモヤ貫
身ヲ在ラム倩思ニ此ノ事ヲ

(添付紙)

食不安カラ不如祈リ仏祈

□(思)

□(天か)知親ノ生所ヲ案得テ悲ノ余

生年十七歳ニシテ推切《ヲシキテ》
翠《スイ》髪之長《タケ》ナルヲ為テ尼ト住
武徳寺ニ法名ヲ云妙運《ウム》ト
供ヘ花ヲ焼キ香ヲ朝暮ニ□(祈か)
父母之菩提ヲ念シ仏ヲ誦経

(添付紙)

□親ノ生所ヲ案得テ

○寤寐祈ル考妣之生所ヲ三十
年之程《ホト》身心不倦《ウマ》二六時中
之間祈念無懈
然ニ或ル夜《ヨ》閑ニ案シ連テ父母
之旧儀ヲ深ク祈キ念シテ
□(聖)霊之生所ヲ忍ヒ子□
□晩キ方タ夢ニ見ル様ハ昔
我カ母《ハヽ》衣装鮮《イサキヨク》清シテ目□(前か)
来レリ存日ニ相ヒ見ルカ如ニシテ
少モ無シ差コト日来恋ヒ□
□レハ互ニ泣キ互ニ歎ク沙

□白母一ニ様ハ我奉テ別一レ□
(恋か)□慕ノ之悲ヒ一刹那□□
寝《ネ》テモ悲ミ痞《サ》メテモ思フ千万行
之悲涙雖モ紅ナヒ也一ト未見一
未聞一十三年ノ星霜已ニ
過タリ然今○奉《忽》ルニ見《ミ》恩顔一ヲ

(添付紙)

如昔ノ儀不審為悪趣一
(善)□趣トヤ承生処ヲ何レノ処一トトカキク
□懇ロニ尋申母流シテ涙一答曰

(以下、添付紙下)
□如昔ノ儀不審《イフカシ》
□所何ノ処一ト為悪趣為
善趣ト申母流シテ涙ヲ答曰
(以上、添付紙下)
我モ別テ汝一ニ入ショリ黄泉一ニ
之後チ恋ク思事幾許
然モ冥途隔タツ境一ヲ苦□

無レハ休一ムコト無シ来テ告一コト我在生之
間女人ノ身トシテ不知因果一
罪福ニモ愚ナリキ纒テ世路一ヲ
営ナミシ家業一ヲ之間所犯一罪
多ク所造ノ悪非ス一一ニ八大地
獄中《ウチ》堕タリ衆合地獄ノ中一ニ
或ハ投レテ刀《ツルキノ》嶽一ニ流コト血一如□
或ハ煎ラレテ鉄ノ釜一ニ骨髄皆
(爛)□レヌ或時ニハ鉄丸入テ喉一ニ
焼シテ肝一ヲ通《トオ》リ或ハ熱□□
入テ腹一ニ煎胸一涌《ワ》キカヘル□□
集リ雑ワテ無時トシテ脱ル事
然トモ汝○発孝養報恩之心一ヲ出家シテ念弥陀(善)□
(逝)□ヲ慇ニ訪フ我後生一ヲ雖□
弥陀引摂一ヲ免テ地獄之
苦ヲ受ケ浄土之生一ヲ捨
熱鉄釜一ヲ昇リ黄金
台一ニ遁テ刀山ノ釼《ヤイハ》一ヲ戯ル宝
樹ノ花一ニ是偏ニ汝カ孝□

(C) 追善供養(逆修も含む)に使用したもの

報恩之力念仏薫(習)修之
故ナリ依之ニ一今即感テ汝カ心ヲ一来テ
説ク本縁ヲ一也自今已後」
汝チ莫心苦思給一
□□安養ノ之有様《サマ》以口ヲ一
輙ク不可説ク一以詞ヲ一不可述
之ヲ一比丘○尼聞之一悲喜□□
集テ云ク今ハサテハ心安キ御
事ニコソ候ナレ年来之所」
礙已ニ以テ満足シヌ我身
設雖仏道遠シト一母之菩提
進御セハ悦ヒ不可過ク一□
抑又我父ハ何処ニ[ ]
□ヤ之不ヤ爰ニ母答云ク汝
チカ父亦不久得タリ生コトヲ天上ニ一』
楽ミ尽テ当ニ生シテ極楽ニ一□
与我一同ク会シテ一所ニ斉ク共ニ
可受楽シミヲ一ト云妙運重□
母ニ問テ云ク父母ノ御事ハ□

思ノ一所願成就シヌ我身ノ
後生何レノ処ニカ可生一願為」
知之一給ヘト母答云汝又
不久一可生浄土ニ一依汝□
○我等二親既ニ往生極楽ニ一汝
出離豈ニ作疑ヲ一乎□□
□□ニ一同ク可成ス仏道ヲ一
妙運聞此事ヲ一歓喜ノ」
涙幾許リ此上又作疑一
聞様ハ○浄土ノ御質《スカタコソ》　ユ
今知聖見一者聊モ不替其古ニ一但シ
カシク候ヘ極楽ノ人ハ卅二
相ヲ具シ身ニ一八十随好
ヲ備給トコゾ承ハレ其
□形ヲ奉見一候ハヤト」
□□思テ未タ聞返事ヲ一
夢悟了其後弥ヨ起シ
信心ヲ一深ク念ス弥陀ヲ一終焉之
時キ住シテ正念ニ一預テ弥陀之来
迎ニ一遂ク極楽ノ往生ヲ一了』

以之一思之都テ孝行有誠之時
感応不空一之条古今雖殊一ト
皆以如ナルヘシ是一依之○今営テ造□□
経広大之恵業無二無三一ヲ慇ニ祈二考妣
早除五口速証等聖霊之菩提一ヲ之頓証
速到楽邦御給候
□　□比丘尼之抽応棘□
□　□忽出ツ三途八難苦
域一ヲ今護持檀主之凝匪石ヲ也
亡魂乗シテ法力一ニ蓋ソ遂ケ二九品三輩
之往詣一ヲ仏経返々モ添力一ヲ
祈念一々ニ無レトナリ違玉コト
廻向
暦応四年十二月二日金―ミナト入道二親遠忌
四半 」

(139)

親　　　　　　　　睿

遠忌追善事
四君事　人盛衰事　以世ノ勤一ヲ事
没後追善事　逆修可発ス
遠忌事

（表紙〈除「親」〉・識語湛睿筆、本文他筆）

折本装　一二・五×一一・二cm（三〇八函一二号）

アノ震旦ニ四君トテ孟嘗
君、信陵君、平原君、春
申君トテ此等ハ並ニ皆富
貴栄耀之仁同ク共ニ顧
三千人ノ客一ヲ娯楽快楽
セシ富有之輩候客者 」

（C）追善供養（逆修も含む）に使用したもの

何事ニテモ長一芸ニ一或ハ＼

（添付紙）

文道ニマレ或ハ武道ニマレ若＼ハ詩歌
管絃之遊ヒコト若ハ懸針□（垂）
露之芸ナムト＼面々施其ノ能ヲ一
令＼人ノ耳目ヲモ悦ハ一令ムル我心ヲモ逍
遥者候＼且如春申君カ一者余ニ

文道ニマレ或ハ武道ニマレ面々
施其ノ芸ヲ一令○悦人耳目ヲモ一
我心ヲモ令逍遥者候
且如春申君カ一者余リニ
富有ナリシ間三千人ニ皆令」
著玉ノ履ヲ一○又＼如石季倫
者金谷園ト云園ヲ作テ
四季色々ノ花ナ万人所々ニ
令悦目ヲ一＼管弦歌舞
之戯レ夜ルモ昼ルモ無絶一
餅菓飲酒之饍《ソナヘ》出テモ」

入テモ飽キ満＼現世ノ楽ミ目ノ
前ノ栄ヘサハカムノ物カハ候シ
＼ソレカ　サ程ナシ輩ナレト
身死シ命チ終ヘテ跡ニハ無一
人トシテ問訪フ者一＼花鳥宴
遊之砌モ魂去之日ハ成」
虎ノ臥シ処一ト＼墓ノ側ニハ月キ
纔カニ照シテ訪ヒ喪一モヲ苑ノ間ニハ
花独リ泣テ惜ム残ヲ一＼忍昔ヲ一之□（者か）
誰カハ有シ悲ム今一之輩全無カ□
＼増シテ仏事之訪ヒ追善
之勤メ＼夢ニモ思ヒ寄ル之」
人ヤハ候シ＼乃至我朝家之
大臣諸卿権門勢
家＼多皆カウノミコソ聞
候ヘ生＼テハユヽシト見ヘシ人
アレトモ失ヌル跡ハ只如夢メ
幻一ノ＼官位福禄栄花」
重職是ハ自本一只眼ノ

瞬ロク程ノ事ナレハ身冷ヘ
魂去之後ハ万事昔ニ
無不コト引キ替ヘ一賓客不レハ
来ラ一草イツシカ塞門ヲ一
開戸不レハ閉一犬馬自《ヲノツカラ》」
諍フ蹄ヲ一昔ハ遊覧[redacted]
倍興一之砌ナレトモ今《イマハ》成催涙
之地一ト古ヘハ花鳥悦目一之
莚ナレトモ今《ケフハ》空ク為添悲ヲ一
之栖一○其《面々》旧室之心細
申セハ実ニ涙クマシウ」
往事渺茫トシテ都テ似夢一
旧友零落シテ半帰泉
旧ルキ詩ノ語ハ常ハ心ニ浮テ
悲ウ
サレハ付其者後世不被
問ハ一追善不ル得一之輩ハ」
皆魂去テ沈ミ泥梨之釜一
悪業引テ至ル鉄城之

扉一候サレハ此ノ時此ノ折
訪ヒ冥途嶮難之道ヲモ
助奈落受苦之悲一是コソ
実ニ導父母ヲ一之本体」
孝スル二親ニ一之情テハ候ウスレ
アノ現世水菽之孝養
トテモ不ハ事疎一候ヘトモ猶
比フル此ノ没後ノ報謝ニ一之時者
実ニ非事ノ貧ニ一唯々無キ
跡ノ之訪、隠レテ後ノ之報恩、」
是ノミコソ実ニ雖刹那ノ
修善ナリト一已ニ勝レ百千万年
之孝行ニモ一雖芥子許ハカリノ
追福ナリト一過タル投ルニモ七珍万
宝ヲ一事テ候ヘサレハ
父母隠去之後致ス訪ヲ一」
是ヲ為上品孝養ト一尤理トコソ
存候ヘ過タル之ニ一報恩ト云
物、何事カハ又モ候ヘキ

(C) 追善供養(逆修も含む)に使用したもの

然＼ルヲレ此ノ付其一者此ノ人ノ
心短ク口惜カリケル習ヒ是ヲ
長ラヘテ思フ様ニモ問ハヌ候」
近＼ウハ中陰四十九日遠クハ
一周忌第三廻＼此等許
ヲコソ　イミシキ孝養
報恩トハ存シテ候へ纔＼
営ミ過此等之忌陰一後ハ
思レ出寄語タリ出ス事猶難シ」
況ヤ於積善修福之営ニ一
哉然＼今聖霊去世一
之後十有余年雖＼
春秋多ク積一月忌遠
忌之訪無絶一雖年序
久ク廻一ルト追修追善之営」
尽誠一御セハ＼過去聖霊ノ
宿善開発玉フル之程モ於テ
此コヽニ一顕ハレ信心施主ノ報恩
謝徳之孝行モ在今ニ一足タリ

付＼此一者アノ人ニハ生テ慶ヒ
死テ幸ヒト云二ノ事ノ候然＼」
過去聖霊＼生前ニハ難
受一難キ逢一人身聖教
受之ヲ一逢是ニ一
両縁具二ノ慶ヒ具ニ備ハリ
没後ニハ信心孝子ノ追福
追善預上品ノ孝養御一
豈非第一ノ幸哉就中
是又第一之御幸也」
彼中陰七々之修善、其後
連々之報恩今更不申及一
然＼ルヲ至ルマテ一十三廻三十三年
遠忌之今一御＼子孫長久ニシテ
遺跡無恙一動勲ニ＼修供仏
施僧之二善ヲ一以テ祈頓証」
菩提之妙果一サレハ聖霊
送リ得此ノ資糧ヲ一増○進彼ノ
仏道一御スルハ豈非幸中之
幸哉　サレ＼ハ生テ慶ヒ死シテ
幸ト世間ノ諺ニ申合タルハ

是候サレハ聖霊アノ弥陀ノ
四十八願中第十三徹見十方
願ニ設我得仏国土清
浄皆悉照見十方一切
無量無数不可思議
諸仏世界猶如明鏡覩
見面像若不爾者不取
正覚文
此ノ願ノ意者極楽浄土地
上虚空一々ノ荘厳皆悉
明徹シテ如明ナル鏡ノ依之ニ十方
世界ノ世間出世万像之影
皆悉瀉浮ヒ候ナル定知
今日作善之体無一事
所残一施主ノ参詣シテ伽藍ニ
合御掌ヲ之有様僧徒ノ列テ
会場ニ交袖ヲ之次第皆
悉七珍宝樹ノ影ノ下ニ顕ハル
八功徳池ノ波ノ上ノ浮テ弥陀ノ

照覧ニモ□(頑か)ハリ聖衆ノ□□ニモ
□霊一幽霊若往生極
楽一御サハ弥陀善逝○聖菩薩
衆諸共ニ知見証明此等ノ
次第一憑哉忝哉現
当二□(世か)□(成)就憑一之本
意於今一満足シヌルコト返々
奉悦一御ラウトコソ覚候へ
就中梵網経中仏ケ
親タリ説言当父母死亡
之日一ニ必請シテ法師一講セシメヨ経
律論ヲ一若如ストハ此一則亡者
必生シテ十方浄土一受勝妙快
楽一云々今既迎此ノ日ヲ一修
此ノ善一利益決定シテ更不
可疑一然則弥陀六八之
船飛ヌ帆一速ニ渡生死長
遠之苦海ヲ一妙法無所不至一乗之
車推轅ヲ一ナカヘ直ニ至阿耨

(C) 追善供養(逆修も含む)に使用したもの

菩提之道場一＼恩愛者
娑婆ノ苦ノ妄執努力
無留心ヲ於閻浮之古
郷ニ恋慕者生死ノ
仮リノ情ケ穴賢不残思ヲ
於分段之旧里ニ祈念＼」
至テ深ク廻向実ニ慇ナリ
若爾過去、、」
暦応四　三七金―六浦彦次郎入道妻二親遠忌
六半」

※刹那の修善は、百千万年の孝行より勝れ、芥子許りの追福は、七珍万宝を投るにも勝るとあって、現世水菽の孝養より、没後の訪いが上品の孝養としている。

(十四) 月忌のみに使用したもの

(表紙湛睿筆、本文他筆)

(140)

睿之

ム中御所月忌日表白元亨元年七月廿日多宝寺用之

万タラ供

粘葉装　一五・八×一二・四cm(三一四函六二号)

次開眼　重テ被開眼讃歎玉ヘリ一
理智二界曼荼ノ聖容

夫大覚世尊之証仏果也」
尚示縁謝即滅之相一ヲ尸
棄大梵之誇深禅也終ニ
値退没変異之恨一ニ無
常ハ諸行之通相也生滅ハ
万法之大帰也是以楊妃」
者下天之天女也告別於人
間之塵一ニ王母者上仙之仙女
也隠跡於孤山之雲一就中
壮年ニシテ帰死者如開園一之花』
早落一非老一隔生一者似タリ出
山一ヲ之月陰クル、ニ雲一誠知有待
之質無常之命誰免生死
永別之恨乎　伏惟大夫人
聖霊殿下中書親王之賢《累葉親王息》」
女東平《当今大》親王之母后タリ也
辺城竹園之間ニハ蘭薫
契久顔花容飾之姿

桑楡未斜一謂其尊貴一ヲ
則栄花ニ添栄花一ヲ思其」
婉順《心情》一
温清一則柔和加柔和一ヲ
都テ四徳六行無不備一天《美》
下《誉》眉目無不彰一然有待
有限一無常無遁故自界
之縁忽ニ尽テ他方之駕暗ラニ」
催シ花ノ姿タ随秋風一ニ早萎ミ、
露ノ命短シテ暁ノ夢一ヨリモ空隠御シヨリ
以来タ月重ナリ歳積テ一十五
年如昨日一如今日一此ニ死シ彼ニ
生六趣四生為下界一為上界一』
実知不免者無常変
滅之理上仙尚無遁一易
迷者因果報応之道下愚
争得弁一ルコト
是以当テ光沈之今夕一ヲ耀」

(C) 追善供養(逆修も含む)に使用したもの

密厳界会之月一驚テ花萎
之忌辰二扇光明心殿之風一
＼以之照先公之幽闇一以之払
尊霊之業塵一ヲ然則
＼所備者三密随方之供具」
更凝五相成身之秘観一ヲ
所供者両部理智之万茶
仰テ祈六大法身之覚果一ヲ
＼豈非即身即証之直道一二
猶又頓悟頓入之正路ナリ
＼若爾過去大夫人聖霊殿下」
＼早出無明之闇宅一遊四徳
之覚殿二速離有漏之迷
津一ヲ坐五智之本宮一
＼化功帰本故大王殿下
兎園《ミミ》藩《ハン》城霧収頻聞
黄河一滴之浪一ヲ兎《ト》園風』
□再観《ミツナハシ》　東海三変之塵一ヲ
□ン＼乃至＼法界周遍之

群類悉帰ア（梵字）字ノ宝宮一ニ
四生六道之含識斉ク灑バン（梵字）
□（字）ノ□水＼事為恒例一不能委啓」
（巻末三面白紙）

(十五) 多種類の追善に使用したもの

(識語のみのものも含む)

(141)

(表紙・本文・識語〈除異筆〉湛睿筆)

慈《ム》父旨趣初 通用

睿

折本装　一二・七×一二・〇cm（三〇八函五六号）

仏経讃嘆大概如此抑
云供養ト云道儀ト皆出テ
無二之懇篤ヨリ云報謝ト
云追善ト悉凝シ一心之丹

誠ヲ御セハ仏法之勝利ハ本ト
顕レ於信力ヨリ聖霊ノ御得
脱更ニ不可疑抑
報而可報者慈父之
恩也謝而可謝者先考
之徳也是以刑渠《キヨ》ハ悲テ
慈父之老衰ヲ仰カハ蒼天ヲ
冥滅成テ暗ニ白髪黒ク
変シ重花、歎テ厳親
之盲冥ヲ拭カハ紅涙ヲ
至孝有テ験双眼開ケテ
明ナリ是知今護持○女大、、、
定テ思食メス
慈父尊儀縦○首戴トモ霜
雪ヲ今マ猶在シ御サハ昼夜ニ
拝マシ其ノ慈顔ヲ縦面ニ
畳トモ彼ノ文ヲ世ニ久存御サハ朝
夕ニ承マシ彼ノ厳訓ニ随テ□
尽シ晨昏水菽之孝ヲ

(C) 追善供養(逆修も含む)に使用したもの

任セテ身一ニ致サン拝跪問訊之
勤一父子ハ天性ナレハ此条
争不爾一然而分段生
死之郷ハ老少倶ニ難侍一ミ
無常迅速之国ハ貴賎
都テ無遁一コト是以北欝
単越一千歳之栄《サカヘ》終ニ改メ生一ヲ
於六天之中《ウチ》一ニ非想天人
万劫之楽ヒ還テ催二ス悲ヲ於無
間之底一ニ況南浮之百歳
十人ニ無一人一モ北芒之終ノ別《ワカレ》
貴モ賎モ無相ヒ替一ルコト依之
先考聖霊一期之運
已ニ窮テ九泉之路ニ告別一
以来人中天上之堺受生
為セン在トヤ誰家一ニカ安養兜率
之間タ感果未弁何ノ
処一ニカヤ若知ラマシカハ託生之砌一ヲ
須ク往テ問奉寒温一ヲ若見《ミル》ナラハ
」

所受之苦一盍ソ代テ息奉ラ
苦患一既ニ無レハ後世ニ通□
人二不能問フニ其ノ安不一ヲ
如何シテカ弁彼ノ昇沈一ヲ如何カ歎
此不審一何況過一年《両月》一モ
過《一日》二年一随過一別レハ漸
遠カリ思ヒ来《コシ》方一ヲ思フ行末一ヲ
付思一恨ハ弥切ナリ但以レハ
」

(添付紙)

恋慕之涙双流トモ不可洗聖

(以下、添付紙下)
恋慕之涙不可洗聖
(以上、添付紙上)
霊之塵労一ヲハ哀慟之
炎ヲ鎮ニ燃トモ不可照ス幽儀之
迷途一不如一叩テ蒲牢《ホロウ》之
逸韻一訴ニハ蓮台之仏陀一ニ
思食依之一迎七廻《五七日三十三ケ》之遠忌
」

殊添《ソヘ》二浄土瓔珞之飾一
抽無二之孝誠一倍ス耀
究竟摩尼之光一然今
」

（挿入紙）
但正忌ハ雖当明年ニ引上テ時正
今日営御ス然此ノ二八月昼夜等
分之時節　天地相会陰陽和合セム
故若此時此折修善根一営仏事
者ナラハ現世安穏之計無事
不成当得菩提之望無願不満一
依之遂三十三廻之遠忌一殊
添浄土瓔珞之飾
抽唯一無二之孝誠倍耀
究竟摩尼之光

仏陀授手早導中有
之旅魂一幽儀早得導《シルヘヲ》
速遂上品之託生

（添付紙）
所讃歎者六道能化之六八願生之聖
容来迎引摂之誓約
是レ深シ所頓書写者一乗妙

法之真文皆成仏道之
実語無謬一
仏経必授手ヲ一早導ヒキ中
有之旅魂ヲ一幽儀定テ得
導《シルヘヲ》一速ニ遂《トケ御セ》二上品之託生ヲ一
追修報恩尤懃ナリ
感応道交何ソ疑ハン
」

（異筆）
暦応二年三月□□（十七）金―守□　□父七年
」
延文五十一廿九日助太郎入道父百ヶ日
」

※文中の「刑渠」は『言泉集亡父』（『安居院唱導集』一一五頁）参照。

(142)

(表紙・本文〈除異筆添付紙〉・識語湛睿筆)

睿之

孝養之□(勤)諸仏[　　](喜之か)事

悲母旨趣　通用

広挙聖人為例

懐胎等之辛苦事

粘葉装　一五・五×一一・六cm(三〇八函五号)

於御廻向之旨趣者作善更ニ
無他意一偏是悲母尊儀出
苦証楽之奉為也厥ノ夫レ
於孝養之勤メ報恩之善ニ一
者内教ニモ殊ニ讃メ之ヲ一外典ニモ」
専ハラ勧メタリ之ヲ一於三宝ノ帰依、知生育之恩ヲ一

一乗講讃謝乳哺之徳ニ一一者尺尊モ随喜
之ヲ二天衆モ感動シ玉フ之一非但
尺迦一仏ノミ喜ヒ御スニ之一十方ノ諸仏モ
喜ヒ之ヲ一○非但娑婆一界ノミ貴ムニ之一」
塵数ノ世界モ悉ク貴ム之ヲ一
依之浄光荘厳国ノ浄
花宿王智如来ハ故コトサラ以テ
妙音菩薩ヲ一為使ト一令メテ詣セ霊山
会上ニ一大聖尺尊ニ奉ラレシ問ヒ種々ノ
事ヲ一之内先ッ此娑婆世界之」
衆生於テ父母ニ一有リヤ孝養ノ之心一
於テ沙門ニ一致スヤ恭敬之誠ヲ一ト
是ヲ為殊ナル大事ト一宗ムネト問訊
此ノ条ヲ一」
然則善中ノ勝タル善、無
過タルハ孝養之善ニ一勤メノ中ノ
専ナル勤メ只在ル報恩之勤メニ一
故也宿王智仏之御問訊
誠ナルカナ覚ル事テ哉此詞但以現世之付其者若」

(添付紙)

孝ハ是レ一旦之情也

(以下、添付紙下)
〔孝ハ一旦之情也〕現世之孝ハ世〔是〕経ニ説ケリ非スト
(以上、添付紙下)
真実之報○〔恩〕一後生之訪ヒハ
即累劫之貯〔資糧〕也仏ケ讃玉ヘリ第
一ノ勤一ナリト就中於悲母ノ恩ニ者
報謝殊ニ可懇一ナル其故ハ先
聖後賢之所勤一自〔因下果上〕行化他更無弐所謂
地蔵菩薩ハ因位之昔葬モシテ悲
(添付紙・異筆)

就中為親一為子一非但一世二之
仮リノ契一 至徳元年八月十五日能阿母二七日

母一ヲ為救其ノ苦一ヲ請シテ羅漢
僧ヲ展ノヘ供養一ヲ尺迦如来ハ
又在世之古ヘ後《ヲクレテ》摩耶一ニ為

報彼ノ恩一ヲ登テ忉利天一ニ差ス丶メ玉キ
法味ヲ加之月光童子ハ徳
護長者之子息也深ウ悲ミ
半死半生之母ノ恩一ヲ須陀
那比丘ハ尽無生智之聖者
也殊ニ愁フ悲母懐胎之苦患一ヲ
行基菩薩ハ大聖文殊ノ化
身也当テ母儀ノ一周忌一ニ乳
房酬《フサノムクヒ》今日ソ我カ為《スル》今日
不ハ為セ何ヲカハ可キ為一ト悲ミ役《エム》ノ
優婆塞ハ法勇菩薩〔喜〕■■〔垂迹〕也
為報阿《ア》嬢ノ恩徳一ヲ難行
苦行シテ積ミ功一累ネ徳一終ニ立ミ玉フ
千基ノ石塔一ヲ是レ偏ヘニ恩ノ
勝レ他一ニ徳ノ超ルカ彼一ニ故也是知
菩提サタ之因位ノ修行専ラ
以孝行一ヲ為本一ト妙覚朗
然之果地ノ利物豈ニ非報
恩ヲ為《スルニムネト》宗一哉是偏ヘニ恩ノ

(C) 追善供養(逆修も含む)に使用したもの

勝レ他一ニ徳ノ超余一ニ故也＼是以。

(行間朱書)
或於此処一即引因縁一不可用自下

＼付其一者悲母之恩徳ノ勝他一ニ」
超余之条始テ可申一候ハネトモ
先顕ハニ候＼受身体髪膚ヲ於
父母一ニ宿シヨリ生熟二蔵ノ中間一ニ
以来以＼母ノ胎内一ヲ為棲一スミカト
以母ノ血肉一ヲ為敷物一依＼之一悲」
母ノ辛苦悩不可勝計一
＼七日ニ一転シテ経卅八転之程一ヲ
二六時中、行住坐臥ニ受諸ノ
苦一シミヲ＼飲食違例一ニ睡眠減
少シ成テ＼死生不定之身一ト懐ク」
半死半生之悲一ミヲ計リ＼日一付
計テ月一数心ヲ於少水之魚一ニ
非存一セルニモ非亡一セルニモ懸ク思ヲ於屠所
之羊一サテ誕生月満テ
子遂出胎内之刻ミ母ノ苦』

患譬ルニ之一以百千万釼一ルキヲ
如切割其身一然レトモ子
若誕生ヌル之後ハ母先見之
慶ノ思余身一之故已前ノ
苦ミノ事ハ忘レハテ只タ、」
如貧人得宝一手ノ舞ヒ
足ノ踏《フミ》更ニ忘タリ外見之嘲一
＼サレハ経ノ中ニハ如是一志之至テ
深ク情之甚タ切ナルコトヲ説クトシテ
＼我若住世於一切説悲母恩
不能尽」

元亨四四晦日大仏妙本悲母十三年
同　八月九日中田太郎左衛門悲母第七年
正慶二年三月五日海岸寺鹿島後家悲母十三年
建武三年八月廿三日土―為原四郎母儀四十九日
暦応四年十二月九日金―為文仙房悲母七廻
同　五年四月六日金―俊首座宿所為悲母百ヶ日
康永三―十二―廿日蒲―中江尼百ヶ日」

(143)

（表紙〈除「親」〉・本文・識語〈除異筆〉湛睿筆）

親

三《弁》品孝養事

父母追善旨趣　通用

粘葉装一三・四×一二・七㎝（三三五函三四号）

仏経＼

御廻向旨趣一ハ先孝

先孝二人ノ尊儀ヲ為本体□

々□テ□志十五人之亡魂同ク

出離生死証大菩提ノ御為⌈　⌋

＼早応シテ施主ノ御祈⌈　⌋

遠可進□以⌈　⌋

■■■■

＼其□中説数⌈　⌋

下ノ三品□ニハ以⌈　⌋

所有財宝一為ニ□父⌈　⌋

孝養也捨テ、我身ノ□目⌈　⌋

□□親ニ一是ハ中品ノ孝養文

父母去世ヲ一後修シテ善根ヲ一訪生処ヲ

是時上品孝養□＼又父母ノ

若《ワカキ》時致孝行ヲ一是ヲハ為下品

孝ト一老ノ後之孝養是為中品ノ

孝ト一没後致訪ヲ一是為上品ノ孝ト一

＼□可様ニ立ルコト一三品ヲ一雖種々《シナ〳〵》ナリト

⌈　⌋去ヌル跡ニ訪ヒ後世ヲ一助

菩提ヲ是カ第一殊勝之孝養

ニテハ有コソ候メレ⌈　⌋

尤謂レテ二人⌈＼　⌋

所従眷属⌈　⌋

一家境界前後随従シテ堂＼

(C) 追善供養(逆修も含む)に使用したもの

上如花ノ一門前成市ヲ一＼一□□
従カヘ万人ヲ一仮染ノ出仕ニモ「　　」
□□タトレモ＼眼一閉チ魂已ニ去ル□
□ヌレハ＼所従眷属モ永ク音信絶ヘ
宮殿楼閣モ再不宿影一＼只
冥々長夜之扃《トホソ》ニ尽涙中
有縁難□境ニ□テサスラフ　』
＼雖生孝鐘愛之子孫此時ニ
成レハ力モ不及一雖近習旧
智之僕妾一取此道一随ハ、コソ
候メレ＼況ヤ報ヒ前世之罪障一ニ
不得旧室ノ追善ヲ一之輩ノ
＼已ニ蒙テ琰魔断罪ヲ□□
重ノ鉄城一泣テ□(獄か)卒ノ呵□
臥ヌルト三熱ノ大地一ニ云□ハ左右《トコウ》ノ　」
沙汰ヤハ候□トモ州トモ敢
無力一悔テモ悲テモ猶□□
事□不候哉
＼サレハカヽル訪ヒ冥途□難

之扃一若ハ助奈落受苦
悲一＼是カ実ニ孝父母一ニ
之本体□訪二親之　」
至孝　可有□＼現世
存生之間孝養報恩
之勤＼縦投テ三千界之
宝一雖孝之一若摧頭
目髄脳ヲ一雖報ウト＼□□□
令ムル悦父母之意一孝養
之至雖不等閑一比＼　」
没後報謝一之時ハ猶非
物員一只無キ跡之訪ヒ
隠レテ後之報恩＼雖刹那
修善一ナリト已ニ勝百年之孝一ニ
雖芥子許之追福一過タル
千歳之給仕一ニモ事テハ候ヘ
＼サレハ父母陰去之後追　』
善修行之訪ハ是ヲ為上品
孝養一実ニ是至レル理リト

覚候へ」

(異筆)明徳二八卅日能阿ミ一周忌引上用之女子三人設之」

建武五年二月五日土一観本母三十三年

暦応四三廿金一六浦孫次郎入道妻二親遠忌

(144)

(表紙・本文湛睿筆)

為父旨趣　建武二年九月十九日

中江入道四十九日

暦応四―七月晦　蒲里山

(中江)同入道七廻

亡者為阿弥陀仏之持者事

折本装　一三・〇×一二・〇cm（三一六函五号）

仏経

抑作善廻向之趣非

他一偏祈先考菩提之

増進ヲ一追修報恩之志

是慇ナリ何無三宝諸天

之冥助祈願既尽御」

(C) 追善供養(逆修も含む)に使用したもの

誠仏天必合テ力一／聖霊
得脱更不可疑
伏惟過去先考聖—
／往因是レ貴シ忝ク受人間
善趣之依身一ヲ宿福深
厚ニシテ剰ヘ逢仏法流布之」
時代依／之外雖交ルト俗
塵一ニ信心ノ水ツ無ク濁一ルコト内ニハ偏ニ
帰シテ仏道一ニ正見花《ハナ》是レ鮮ナリ／依之
／以三宝帰依之営一ヲ為
家ノ営一以テ諸善奉行之
勤一ヲ為身ノ勤一／加之往昔植」
福善一ヲ故七珍之宝○〔飽〕伝
于家一ニ今世ニ感勝報一
故功徳之種ネ亦萠于心一ニ
／仏法ハ帰スルニ不嫌《エラハ》聖道浄土一ヲ
僧徒ハ供スルニ無隔ルコト禅客
律侶一ヲ／此起テ伽藍一ヲ永ク擬」
令法久住之浄刹一ニ或

構テ道場一ヲ久ク凝サシム常修
梵行之精勤一／依是
〔南都北嶺〕学戒修禅経行之僧徒
多ク馴《ナツキ》施主ノ慈悲一ニ旧住《クチウ》
他来浄穢之比丘半ハ、憑ム」
聖霊之帰依一ヲ／実是レ篤《トク》
信○〔第一之〕檀越也豈ニ非仏法外
護之知識一ニ哉／但以レハ
／仏道ハ唯一ニシテ雖無シト親疎一法
利ノ遅速ハ専ハラ在リ機縁一ニ
／爰過去○〔先考〕聖霊／繫属ノ令ル然一」
結縁異ニシテ他一ニ／自稚
童壮年之昔一至暮
齢衰老之今一ニ／弥陀ノ
願海深ク所帰也専念住《チウ》
想シテ不撓《ウツラ》一安養ノ往詣ハ偏ヘニ
所期一也至心信楽シテ無弐一」
／依之／夙夜ニ不懈ラ一口ニハ唱テ
万徳之名号一ヲ語黙ニ不失セ一

心ニハ祈リ九品之託生一ヲ毎年
○歳々三百六十日念仏之○功積シテ幾
積シ毎日念々八億四千ノ恩
欣求之志無撓《タユムコト》一向テ人ニ談
世事一ヲ之時モ執持名号之声
猶稠《キヒシク》臨テ眠一休閑室ニ之
刻ニハ一念十臨終正念之勤メ倍新
如是一年往キ年来テ功積リ徳
積テ七十七（六）年久ク施《ホトコシ》シ栄
運ヲ於娑婆人間之月ニ上
品上生剰ヘ期御覚果ヲ於
安養浄刹之蓮ニ実
是曠劫宿善之所催一
豈敢テ今生一世ノ之欣楽ナランヤ
可謂未曾有之大善人
不可説之功徳者ニ御出離生
死之恵業於テ是ニ満タリ
往生浄土之素懐何
不遂《トケ》御一然間生老病

死者娑婆之常ノ習無
常転変者閻浮之
定マレル習ナレハ爰先考尊儀

(添付紙)

老病相兼テ四五年《三ケ月》起居 不輙ラ身心倶ニ疲レテ 数千日《百日》寝《ネヤ》膳《シン》乖例ニ

此四五年以来老病
相兼テ起居不輙カラ身心
倶ニ疲テ寝膳乖例一
然レトモ悟リ必滅ハ不ス可免一
知テ老タル身ハ不ス可惜一不
仰伊王除病之誓ヲハ一
偏帰弥陀如来之願ニ
遂使今歳《コトシノ》之歴中秋
之初一期之運早ク極テ
露命遂ニ消ヘ九品之迎ヘ
時至テ蓮台忽ニ傾ク

(C) 追善供養(逆修も含む)に使用したもの

(添付紙)
爰ニ＼自爾以来双＼眼忽閉ツ
何レノ日カ再ヒ見慈悲之貌ヲ一
一息不返一何時カ重テ聞柔
和之声一就＼木ニ就水一ニ之
魂指《サ》シテ冥途ヲ一長ク逝《ユキ》《サル》啓手ヲ一
啓ク足一之形埋テ夜台一ニ
空帰＼男女貴賤皆含ム
悲ヲ一尤深《フカキハ》　者孝子恋
慕之新キ涙タ親戚大
小悉押涙惜ム別一難
忘一スレ者多年撫育之旧
恩是＼則雖＼去ル人ハ是レ一
人一懐悲一之類是レ多シ雖
告別一一時残恨ミヲ一之日漸ク
積申ニ＼○ニ付不次有憐一事テ候へ□
＼当座ノ御導師入見参一ニ既
及可廿余年一ニ候歟＼随折一
預リ徳音一ニ触事一ニ蒙芳

志＼其中殊難ク有一奉見一
忝モ覚へテ常ニハ奉思出一
難忘一相存候ハ＼去比於称
名寺ニ一毎年為例事一定テ
営御薬湯一事候
＼自裏テ糧一寄宿シ寺中ノ
辺坊一我レト施シテ身ヲ一調へ薪一
下シテ手一燃火一ナムトシテ＼慇懃
述供養事＼僧徒作湧
浴之一時大ニ含悦ノ色一
僧○徒依障リニ一懈怠之時深ク
示無念之粧御一事柄
＼遠クシテ伝へ聞之輩甚タ致
随喜一近クシテ見聞之者無不
感歎一是＼ハ猶シ総相ノ事ニ候
就中別イテ取此ノ身一蒙深
重ノ芳恩一事候＼土橋東禅
寺ノ々領相違ニ依テ＼多年
織《クム》訴論一ニ事候キ＼然愚身

住持之刻○倩案之候ニ此事無益候
不如一求メ内縁ヲ廻シテ秘計ヲ一
以和談ヲ一令落居一ニハト相
存候然レトモ無キ可然一之因縁一
由或時御物語之次歎申
候之処ニ聖霊此条尤可
爾ルサラムニ取テハ聊カモ不可存
等閑一速可致同心合
力一トテ様々ニ被レテ廻サ慇
懃ノ御方便一無程一如本一
寺領安堵セシメ候依之愚僧
住持○今年纔十ケ年其間本尊ノ
修復僧坊ノ造営乃至
奉迎ヘ取リ五千余軸ノ一切経ヲ一
如是一取テハ身一随分之興隆
励シテ微力一果ス大願一是併
由テ聖霊御同心合力之
芳恩一ニ寺領如本一令安
堵之所致一候サレハ此等

御恩徳生々世々其
因縁不シテ朽一在々処々
興隆仏法之大善知識ト
人ヲモ奉憑一我レモ奉成一値
遇結縁ハ不候哉
何況今日ノ孝子信心ノ女
大施主五百生死之縁
深シテ結ヒ親子之契リヲ一三
年摩頂之志勤(懃)ニシテ蒙
養育之恩ヲ一受クルハ身体
髪膚ヲ一者天然《父母》之厚ツキ徳也
如シ戴天踏ムカ地ヲ一偏一愛
撫育者厳親之殊ナル恩也
故寤慕寐思嗚呼
良人カ許シテ値遇ヲ一備フ室家ニ一
即是先人之余慶也
数子尽シテ孝情一施ス母徳ヲ一
豈非遺恩之所致一哉
○依之一孝養ノ御志《ココロサシ》○是深ク

（C）追善供養（逆修も含む）に使用したもの

報恩ノ御営ナミ亦懃付テ＼雨メ
降《フリ》風セ荒シキニ一先ツハ忍ヒ老体ノ
哀御タルコトヲ一付テモ年去リ月キ累ナルニ一
兼テ悲シム別レノ路ノ近クコトヲ一（添付紙）［六十］七十余
歳老タル御質憑シク人ノ若カリシ
生者必滅ノ定レル理ハリ我レ独」
忘レタリト思食シ＼志シテ百年ノ
孝行ヲ一期シ一生ノ随逐ヲ一
御処ニ＼告別二両《十二》ケ月
非夢一非幻二者不可奉
見其ノ姿一隔テ、生二四十九日《三百六十余》
争カ今ハ得聞《エン》コトヲ其ノ声一
＼哀哉慈悲ノ姿ハ逐テ」
時ヲ一弥遠カル猶忍ル、ハ者恋慕
之思傷哉恩愛貌セハ
随テ日《ヒ》ニ一永隔レトモ又祈者懐
旧之悲ミ＼只須ラク生死ノ家ニハ
親《ヲヤ》トモ不生一子トモ不生一菩提ノ

台ニハ交ヘ袖ヲ一並ヘムト肩一」
＼一生遂ニ隔ナル恨ミ挙テ恨ヲ一
訴六八教主之誓願ニ一
千歳永ク逝《ユク》悲ミ翻シテ悲ヲ一
責御一乗妙経之功力ヲ一
＼然則＼弥陀善逝烏瑟
白毫放テ光ヲ一導キ亡魂」
於西方浄浄（刹）之台ニ一妙
法経王金字玉軸
共ニ耀テ示玉ヘ覚路ヲ於中有
黒闇之衢ニ一＼哭慈父一
我カ思ヒ非仏一者誰哀ン逝《サ》ル冥
途ニ一人ノ魂ヒ非経一者無訪一」
＼冀不蒙ラ冥官冥衆
之呵責ヲ一早ク得預コトヲ観
音勢至之引接ニ御セト一
＼祈念至テ尽御誠ヲ一得益
定テ不空一ト覚ナルコトテ候
＼此外金剛梵網神呪真」

言顕密化制読誦
唱念善根積テ如山一功徳
湛テ似タリ海ニ一所勤ムル既ニ懃ナリ
所祈ノル一蓋ソ成ラン一若爾施主ノ
知恩報恩悉地定テ満テ
聖霊ノ往生極楽本望
必達《御サン》
但以不尽一者ノハ恩愛別
離之涙隔月《年》一無乾一
有ルハ余一者懐旧恋慕
之悲遂日ヲ一弥盛ナリ七
十七年ノ之春○《秋》猶恨短コトヲ一
衰老衰邁之形猶
冀候ヘ然ルヲ尊儀去リ○《此》世ヲ一霊
魂趣冥路ニ一之後光陰
如馳一居諸頻遷テ一別之
刻ミ欲思昨日ト一五《七》旬《廻》之
忌已満此ノ座ニ一春ノ夢メ一ヒ
醒テ暁眠ノ似驚一総テ

生者必滅者閻浮ノ常ノ理
賢モ愚モ不レ免一会者
定離者娑婆ノ定レル法ナレハ
老モ若モ終ニ去欽明用明ノ
聖主モ成リ雲ト一成テ霞ト一
無跡モ一延喜天歴（ママ）ノ賢
王モ消ヘ露ト一消テ霜ト一残セリ
名ノミ一云後ルト一云前ツト一親モ疎モ
皆去ヌ或焼或埋貴モ
賎モ悉ク失ヌ其家々ノ
思何レカ可浅カル一其ノ人々ノ歎キ
何レカ不深
就中近年俄ニ有非常
之逆乱一於テハ今ニ一已ニ及希
代之災難一朝野遠
近戦フ血流レテ汚シ原野一
貴賎老若餓ヘ死ス
骸ネ横タハテ満巷衢ニ一或有
親子告ク別レヲ一悲ム前後不

(C) 追善供養(逆修も含む)に使用したもの

定ヲ之人モ或有夫婦
慕フ残憂フル単己無
頼ヲ之者ノ凡処々ノ合戦
連々ノ闘乱人之悲ミ民之
憂ヘ死亡損亡殺罪《サン》
流罪断物ノ命ヲ奪人ノ財
或有為官軍ノ被奪財
宝ヲ之輩或有為凶賊ノ
被穿庫蔵ヲ之類賤ハ
付賤ニ弥失継命ヲ之
便リヲ富メルハ付富今更空クス
渡世ヲ之計面々悲ミ無コトヲ
可キ懸ク情ヲ之人ノ各々憂
無コトヲ可潜ス身ヲ之処ノサレハ
非但在家浪籠之
男女ノ如ナルノミ是出家修道之
僧尼大旨ハ皆此式候
サレハ欣求菩提之知識
可求外ニ候ハス厭離穢

土之発心正可励者此
時コソ候メレ然則昨モ去リ
今モ去ル故ヘニ古キ人ハ少ナウ
成リ親キモ死シ疎モ死スル程ニ
世ハ皆新シウノミ成候
如是危命《アタナル》チ無墓世ナレハ
有ルモ非有無キモ非無
世上ノ仮リノ夢メ何ヲカ歎キ
何ヲカ悲マン後レ前ツ不同コソ
候ヘ誰モ〳〵非ネハ可キ留リ終ツ之
生死ニ我モ人モ当此ノ時
滅芥子許之罪ヲモ植テ
一毛端之善根遁炎
王之責メ助後世之怖レヲ
計リコト能々可有支度用
意候依之孝子女大施
主今寄事ヲ於知恩報
恩之孝行ニ懃ニ修讃
仏讃経之恵業

作善色々ニ慇懃ナリ廻
向一々ニ成就
○然則過去慈父聖―
出離生死証○（大）菩提

(添付紙)

然則
出離生死証大菩提
九品ノ台ナハ者聖霊ノ古ヘノ本
望也必ス可坐シ御金剛宝蓮ニ一
一仏乗者施主今修善也早可
進ミ円頓直道一等覚山ノ上ニハ

九品教者古本望也如可坐金剛宝蓮
一乗授手一速導十三有之
一仏乗施主今修善也
迷衢一万善合力一早昇
九品之蓮台一ニ等覚山ノ上
無明之雲尽ク晴レ菩提道ノ
中ニハ真如之月弥朗ナラン
積善ノ家ニハ余慶ノ花ナ開ケ
報恩ノ門ニハ遺徳ノ有ヲモテ匂一

信心女大施寿(ママ)算契テ
万春一ヲ大椿再ヒ改マリ果
報期シテ千秋一徳水十ヒ
清マン子孫繁昌シテ翫栄
花之匂一家門泰平テ
総テハ殿中諸人上下
男女子々孫々皆誇リ
快楽一鍼井沙界三
途八難在々処々遍ク
預利益
仰承、、

（C）追善供養（逆修も含む）に使用したもの

(145)

（表紙・本文・識語湛睿筆）

悲《ム》母恩徳事　通用

悲母思子之志切事

薬王品如子得母之経文事

尺尊宿摩耶胎内事

凡夫二親恩徳授量事

睿

粘葉装　一五・三×一二・五cm（三〇八函一五号）

仏経

抑御廻向之旨趣者先妣聖霊

滅罪生善離業得道速出生

死頓証菩提ト祈請無二タ心一

廻向只此ノ一事候

凡ソ悲母恩徳之至リ今更

不能説テ申一ニ世以所知食

也人皆令メ玉フ存一者也自託

胎結生之古二ヘ至出胎長大《成身》

之今一哀之一養之一其志幾許

焦ス叢《クサムラ》ヲ一三伏ノ夏ハ扇テ枕一ヲ

思ヒ我子ノ涼一コトヲ破ル竹一ヲ

素雪ノ冬ハ温メテ床一ヲ欣フ

我子ノ温一コトヲ綾羅錦繍モ

出来レハ為ニト我子一ノ畜ヘ黄

金珠玉モ求メ得ヌレハ残ス無ラン

跡ノ形見一ト日夜朝暮ニハ

思フ何事ヲカ一全ウ不思我身ミノ

事ヲハ一三宝仏神ニハ祈ル何

事ヲカ一只祈我子ノ幸一ヲ

福禄劣レハ人二ニ不顧宿業一ヲハ

歎キ今生一ヲ官位下レハ傍輩一ニ

不計涯分一ヲハ嘲朝家一都テ

貪欲ノ水深ク湛ヘ瞋恚ノ焔ヲ

弥盛《ニシテ》生死《ニ》留執一《ヲ》菩提《ニ》
成《スコト》隔一《是》○併《ラ》由二《ル》思《フニ》子一《ヲ》故也
此経《ノ》薬王品《ニ》挙《テ》種々《ノ》
喩一《ヲ》歎《スル》妙経《ノ》功一《ヲ》中《ニ》
如《シ》清涼《ノ》池一《ノ》能《ク》満《ツ》一切諸《ノ》
渇乏者一《ノ》如《ク》寒《キ》者《ノ》得《タルカ》火一《ヲ》如《ク》
裸者得《タル》衣一《ヲ》乃至如《ク》民《ノ》得
王一《ヲ》如《シ》子《ノ》得母《ト云ヘリ》付此経文
退《テ》案事《ノ》情一《ヲ》父恩《ハ》高《ク》
迷盧八万之嶺一《ヨリモ》母徳《ハ》
深《シ》滄溟三千之底一爾者
同《ク》以《テ》可《シ》譬《フ》妙法之功用一《ニ》
何必《シモ》取《テ》母一《ノミヲ》不挙父一
況孝経《ニ》君《ハ》尊《貴》不親一母
親不貴一尊親二兼《タルハ》只是父恩
以之思之一尤以《テ》父《ノ》徳一可譬
此《ノ》経一《ニ》今何不爾一哉《ト云》疑《ヒ》
可有一歟　然《ルニ》仏意難《ク》測《リ》一
凡心難《ケレトモ》思一重《テ》案《ルニ》此《ノ》事一《ヲ》

尺尊《ハ》定《テ》母《ノ》恩勝《タリト》
思食《ス》故《ニ》殊《ニ》挙《テ》母《ノ》徳一《ヲ》妙
経《ノ》超《テ》諸教一《ニ》目出《キ》事《ヲ》
顕《ハシ》御《スナルヘシ》所以者何
凡夫之習《ハ》必《ス》受《ケ》父《ノ》種胤一《ヲ》
宿《テ》母《ノ》胎内一《ニ》識支結生《スト》
雖《トモ》尺尊宿摩耶《ノ》胎内一《ニ》
御事《ハ》全非受《ケ玉ニ》父浄飯之
種胤一《ヲ》浄居天子定《テ》其《ノ》
母儀一《ヲ》摩耶夫人《ニ》令《メテ》持《タ》斉戒一
○《先浄其身髪ヲ然後》菩薩乗六牙《ノ》白象一《ニ》自《ミツカラ》入《玉フ》右
脇一《ヨリ》光明○《照シテ》百倶胝界一《ヲ》大地
動六種一《ニ》胎内○《構テ》縦広正等
三百由旬之宮殿一《ヲ》令菩薩《ヲシテ》処《セ》
其《ノ》内一《ニ》昼夜常恒《ニ》為十方
世界《ノ》諸大菩薩四生八部一《ノ》演
説甚深《ノ》妙法一《ヲ》之上《ヘハ》既是
後身《ノ》菩薩《ノ》自在《ノ》生《ナリ》何仮《カラン》
父《ノ》種胤一《ヲ》哉明知浄飯大

(C) 追善供養(逆修も含む)に使用したもの

王ノ太子ト云ヘルハ只是像《カタトレル》
凡夫ニ一之許也実ニハ非下ニハ
十善ノ種胤ヲ一＼但宿ルト二摩耶
胎内ニ二云事更不可亘余義ニ一
＼是知＼託生一時之苦モ無コトハ
雖異ト凡夫ニ一胎内十月之
恩ニ至テハ尺尊モ同ク蒙リ御
事ナレハ＼二親ノ恩ヲ比《タクラヘ》計ルニ
母ノ徳ハ遥カニ勝タリト＼尺尊ハ
思食ケル故殊ニ取母ヲ一為《シ》テ譬ト一
顕ハシ経王ノ徳ヲ一御ケリト覚ユル
事テ候＼況ヤ又就テ凡夫ノ
二親ニ一○《委ク》校量スルニモ恩ノ軽重ヲ一
＼父ハ只与ルノミ其ノ身体ヲ一母ハ
長《ソタツ》三十八転之身分ヲ一
父ハ無乳養ノ儀一母ハ費
一百八十石之乳汁ヲ一
＼父不畜ヘ凶悪ノ子一母ハ愍テ
不棄之ヲ一父ハ不愛無益ノ
子ヲ一母ハ猶愛念之一既＼
付テスラ不孝不義之子ニ一尚以
如此一況於テ善男善女之
孝子ニ一慈愛何疎ナラン
＼是知母ノ恩母ノ徳ハ遥ニ勝レ
遥カニ深シト云事＼サレハ過去

(添付紙)

聖霊忝クシテ二今日ノ諸大施主ヲ一
奉リ哀ミ育《御》一御志之至亦
以可爾一＼是以自彼ノ中陰四
十九七々之古ヘ二至此ノ一周《三ケ》
広○《宮一日頓写之》転経写経之大善一＼展
一座之梵席一仰三宝之冥
助《御》＼所讃歎者弥陀善逝
之聖容也偶憑摂取不
捨之誓ヲ一所書写スル者究竟大
乗之真文也深ク望ム果極
菩提之業一＼此外妙経転
読積テ部数一添《増》薫ヲ一神呪ノ

持念累ネテ反数一ヲ尽□一ヲ

(貼紙)

供仏施僧出離之資糧也

施＼主□孝行□□□
聖霊御菩提定□□
覚候＼付其者信心諸大
施主等凡受クル身体髪
膚ヲ於父母一ニ之理ナレハ其ノ
賢息孫子トシテ尽＼孝情一
励報謝一ヲ之条有ラム心之
輩誰トテモ争カ存シ等閑一ヲ
候へキ然レトモ人情区々一シテ
機縁種々ナリ＼或有経ニハ
歌ヘトモ不至サ心一ヲ或ハ有
理リヲハ存スレトモ不身ニ勤一メ
然＼信心諸大施主等
聖＼霊在生之□(古か)ハ晨
昏之礼無ク絶コト水菽

之報不懈一御幽儀帰
寂之今ハ追恋之思ヒ
是レ深ク菩提之訪ヒ尤モ懃ナリ
其＼事柄聊被思食一
古人⊓ ⊔□一ニ候アノ
尺⊓ ⊔申ハ
智＼⊓ ⊔天下一ニ
徳風遥ニ扇大国一ニハ
弥＼天ト申天下ニハヒコル
天竺之南無東方
護法菩薩ト礼之候

(以下、添付紙下)
聖霊哀ミ施主一ヲ思食シ

(貼紙)

御志之忝亦以可爾是＼以□
信四大倩思食凡ソ親ノ■
恵ハ子ヲ之恵一ニ何レノ恵ミカ

（C）追善供養（逆修も含む）に使用したもの

（以下、貼紙下）

御志之忝サ亦以可爾所謂当座御導師不知案内候ヘトモ定テ御幼稚之古ヘハ撫翠髪□ヘニ数成人之日ヲ依長大」

（以上、貼紙下）

之後ハ終日廻ラル立身之計凡ソ施主ノ御祖父光禄大（三品殿）夫（下）奉ラレシヨリ授糸竹ノ曲ヲ於中書親王ニ以来累代被抽テ忠勤ヲ於竹園大王ニ之故ヘニ施主亦□（御）奉士ヲ於吏部」

尚書ニ囲ム間悲母尊儀（貼紙）殊励当時之面目勝御サンコトヲ人深欣ヒ御シキ向後《ユクスヘ》之光栄超ヘムコトヲ世依之獲テハ錦キノ繍ヌムモノヲ全ラ為メト我身ノ不用求ハ濃ナル味ヒヲ専ラ為ト施主被レキ捧ケ都テ触テ折顕慈愛之色如物施眷』

顧之志ヲ御シカハ費シ心ヲ深スルコト念ヲ大略ハ無《ナク》不《ス》ト云事奉為《ナラ》施主ノ恵ミケル歟サレハ親ノ恵ム子ヲ之恵ミ何レノ恵ミカ有シ不ルコト蒙ラ其ノ御身ニ然レトモ子ノ孝スル親ニ之孝、其ノ」

孝未終ヘ我身ニ思食メス是以専抽テ、知恩報謝之誠慇廻悲母得脱之計（御）自彼中陰七々○（日）之古至此ノ遠忌十三廻之今ニ（三ケ廻之）時々ノ祈願念々ノ廻向善根至テ清浄也功徳至テ莫」

（貼紙）

太也然則

（以上、添付紙下）

太也亡魂○（御）菩提頓証定テ無疑」

暦応五年四月十五日金―フ―為稲荷殿悲母三十三廻

康永三年十二月八日金―浜名母七廻

同四年九月十七日蒲里山中江尼一周忌

上相ニ』

(146)

（表紙・本文・識語湛睿筆）

悲母　思子因縁

亀念子之譬事
須陀那比丘事

睿之

粘葉装　一六・〇×一三・〇cm（三一四函七三号）

凡悲母恩徳之至リハ人皆
所令存一セ世挙無不弁一ヘ
サレハ可クハ始テ申一ス候ハネトモ
」
聖教ノ中ニ説一譬一ヲ云
亀ハ上リ陸《クカニ》一生《ウ》ムテ子一ヲ覆ヒ沙一去テ

(C) 追善供養(逆修も含む)に使用したもの

之後ハ敢テ不知ラ行方一ヲサレトモ
昼夜ニ思フ子一ヲ其ノ思ヒ無シ怠一ヲコタルコト
依此ノ念力一ニ故其ノ子得生長一スルコト
其母若亡ヌレハ者子不得生長 」
人子依母ノ愛念力一ニ得生
成一スルコトヲ又以如此一ト云ヘリ
以之思フニ之一世間ニ雖有下リト不ル蒙
母ノ養育○扶持《衣食》一ヲ之輩上是併
以母《ハヽ》護念ノ力一ヲ故無相違一
生長スルコソ候メレ 』
如来ノ御弟子ニ昔シ須陀那
比丘ト云人 断惑証果ノ後
以神通一ヲ見ルニ過去ノ事一ヲ我レ
久遠劫之当初為○女人身一ト孕ムテ子一ヲ而受ケキ重
病一其病入膏広《カウクワウ》(肓)一ニ命既
繫糸髪一ニ爾時女人悲云 」
生者必滅之理貴賤不ル免一
之習ナレハ受テ生一ヲ帰死一ニ非恨一ニ
非悲一ミニ但我レ懐-任(マヽ)セリ子一ヲ安

隠ニ不《ス》ハ産生一セ親子共ニ死ナム
事此ノ悲ミ至テ深ク此ノ思ヒ尤モ切也
然ルヲ我レニ有一ツノ所望一此ノ事
努力々々不可差《タカフ》一其所望 」
者我命終ノ後ハ不破此ノ身一ヲ
慥カニ置クヘシ塚ノ中一ニ為メノ愛念スルカ胎内ノ
子一ヲ故也ト如此一遺言シテ取リ終一リヲ
候ヌ サテ遺跡ノ所従等
送ル終一リヲ日如ク約束一ノ致其ノ沙
汰候了サル程ニ此ノ女人思子一ヲ 」
念力至テ深故雖息キ絶ヘ眼
閉一ツト於テ塚内一ニ七ケ年ノ間タ
身体少シモ無破一ル、コト遂ニ産
生シ腹《ハラ》ノ中ノ子一ヲ出シテ乳汁一養之一
啼《ナク》声ヘ聞外一カニ之間人穿テ
塚一ヲ取出之一 云々 サレハ 』
未見形一ヲ胎内ノ子ナレトモ母ノ
思子一ヲ之志不疎一ナラ息キ絶ヘ
眼閉之後マテモ依テ母ノ念力一ニ

其ノ子ノ生長スルコト如此一
何況安隠ニ生長シ之ヲ一多年
養育セン之ヲ一子息ヲ或ハ現前ニ」
並ヘ居《スヘ》テ見ルニマレ之ヲ一或ハ没後ニ留メ置テ
思ハン之ヲ一其ノ悲母ノ志シト云物ノハ
今一際可切ナル一有ル候
サレハ過去聖霊哀レミ施主一
思食シ、御志之忝サ亦以可
同カル一是以護持」

(添付紙)

幽儀御閉眼之後忌中《喪家》○之間
転経念仏之勤メ作善修
福之営ミ○連々《念々無倦》不懈御一之上ヘ
今日当五七日之忌辰
讃歎シ五輪之塔婆ヲ一
供養御一寺之僧衆ヲ一
併是孝子慇懃之謝徳

慇《専》ミ抽テ、知恩報恩之誠ヲ一専廻ト

悲母得脱之計一自彼ノ中陰五
七之古ヘ一至此ノ遠忌十三廻之今ニ一
時々ノ祈願念々廻向併是孝子
慇懃之謝徳尽御セハ誠ヲ一定知ヌ
先妣尊儀之御得脱無カルヘシ疑一」
正中二年二月十七日金沢松富悲母七廻用之
康永元年八月廿八日金―六浦道空妻母五七日』

(C) 追善供養（逆修も含む）に使用したもの

(147)

（表紙・本文・識語〈除異筆〉湛睿筆）

道瑜法橋開母盲目事

母志事

薬王品事

睿

粘葉装　一三・五×一三・七cm（三一四函六五号）

（表紙裏）

母《ハワ》ノ思子一ヲ之志ノ懇切ナルコト又子ノ
致スコトノ孝一ヲ有誠一コトノ之時ハ眼前ニ顕二ハス
効験一ヲ之先蹤ニハ」
中比叡山ニ道瑜法橋ト云人候キ

一心三観之奥旨、懸二ケ鏡ヲ於胸ノ
間一ニ十界十如之極理瑩二ク玉ヲ於心ノ中一ニ
無キ左右一明匠、無止一コト碩徳候
生国ハ幡（播）磨国ナリケルカ襁褓《カウホ》ノ
中ニシテ父ニハ後レテ只母ニ被養一長ヒトハル
然此ノ母無キ限一貧者ニテ有シ候
ムクラノ門荒テ顔淵《カンエン》カ巷タニ」
同シクハニフノ小屋疎ニシテ原
憲カ室ニ似タリ サレハ幼キミトリ
子ヲ養テ乏キ世ヲ渡ケン寡女カ
心ノ中サコソハタヘ〳〵シク候ケメ
而ルニ此ノ小童《児》カヽル賤キ家ニ
生タル人トモ不覚一ヘ心操モカシ
コク容顔モ勝タシ間タ或時
此母カ思候ケル様ハ我レカク
貧キ身ニ此ノ小童《児》ヲ羽含マン
事モ心苦シカクテハ又人ニ成リ
立タン事モ不可有一イカニモ
シテ山寺ニ登セテ学問ヲ」

セサセテ其身ヲモ長ナシ我カ」
後生ヲモ被訪一ハヤト思ケレトモ
身一ノ朝夕ヲタニモスキワヒタル
有様《サマ》ナレハイカニシテ可出立一
之様モナカリケル間乍思一空ク
月キ日ヲ送ケル候サテ此ノ母
思余リ我身ヲ売テ彼ノ替ノ
物ヲ以テ出立《タヽセ》テ隣家ニ候ケル
人ヲ相語テ比睿山ヘ登セムトス○
其時母カクトキ申候ケルハ」
母子恩愛ノ情ケ今ニ不《サ》ル始メ一習ヒ
ナレトモ我レ悲ム汝ヲ一志異ニ他ニ一
一日片時モ離テハ汝ニ一可トモ有ル一
不《ス》覚一サレトモカヽル貧キ身ニ
カヽヘ養ハン事モ心苦シカクテハ
又人ニモ不○可成リ立一ツサレハ我
身ヲ売テ汝ヲ出立セテ令ルソ登山一」
相構テ学問能々シテ無比一ヒ
智者学生ト云ハレテ其身ヲモ

立テ我カ後生ヲモ可訪ヒ給一フ今一
日登山ノ後ハ所従《シウ》ナケハヲトツレ
奉ル事モ不可叶一又女ノ通フ
所ナラネハ自ラ行テモ難問一ヒ
其上今日ヨリハ人ニ可随一フ身』
ナレハ可任意一ニ身ニモ不可有ル一
サレハ再ヒ奉相見一事モ容
易《タヤス》カルマシト云テ伏シ丸テ泣《ナキ》カ
ナシムサレトモ彼ノ小児ハ聊モ
思ヒ入タル気色モ候ハサリケル間
母怨《ウラミ》々申候ケルハ我身ヲ売テ
汝ヲ出立ル思ヒオホロケノ志ニ
非ス幼キ心ナリトモ争カ是ヲ
哀レト不思一ヘキトウチクトキ」
申ケレトモケニモト思タル
気色モ不見一ヘ怱《イソキ》隣家ノ人ニ
伴テ登山シケル候サテ
送ノ物ノ山ノ房ニ送リ置テ欲帰一ラムト
之処ニ此ノ小児カ地ニタフレ涙ヲ

（C）追善供養（逆修も含む）に使用したもの

流ス間タ此ノ送ノ物中様ハ
＼出旧里ヲ一給ツル時コソイカニモ
悲ミ給ヘカリツルニ思ヒ入タル姿モ
不見ヘ給一＼ナニシニ今ハ泣キ悲ミ給ソト
申ニ小児云我嬰咳《エイカイ》＼ノ
古ヘ離レ父ニ一只母一人ヲ憑テ
年月ヲカサヌ＼朝サ夕フ恩愛ノ
膝ノ上ニ羽含レテ夜ル昼ル慈悲ノ
懐ノ中ヲ無去ルコト一＼忽ニ出鐘愛《ショウアイ》ノ
之昵《シタシ》キ家ヲ一遥ニ登深山之高嶺一ニ
＼一旦ノ別離、争可不悲一＼就中
母ノ売身ヲ一我ヲ出テ立テシ志幼キ
心ニモ争可不思ヒ知一＼サレトモ女＼
人ノ習ハ賢キ様テ愚ナル習ナレハ
我レ＼母ノ悲給ト同サマニ泣キ
悲ハ心弱ク我ヲ留給ナハハテハ
人ノ所従眷属ト成テ＼我身モ
人ニ不可成立一＼サレハ思ヒ忍テ歎ノ
色ヲ一不《シ》ト奉見一申テ＼咽ヒ涙ケルニ

」
」
』

此男モ聞之一共ニ泣キ悲ム＼サテ本
国ヘ帰テ母ニ此ノ子細ヲ語ル聞ケシ之ヲ一
母ノ心サコソハ悲候ケメ其後
＼此小児カタヘノ児同法ニ交《マシハテ》
（添付紙）

無遊ヒ戯ル一、コト只明テモ暮テモ学シ 経論ヲ一寤テモ寐テモ誦要文ヲ一

（以下、添付紙下）
遊ヒ戯ル、事無ク只明暮テモ
学経論
要文ヲ誦シ倶舎ノ頌ヲ読ム
（以上、添付紙下）
＼学窓ニ蛍ヲ拾フ夏ノ天ニモ栖ミ
ナレシ里ハ忍シク杜門ニ雪ヲ
聚ムル冬ノ夜モ母ノ有様ノミソ
心苦ク候ケル
＼カクテ年ヲ送ル間母ハ随主ノ命一ニ
夜昼ル宮仕テ候ケルニモ此ノ小児ノ
ユクヘ片時モ不被忘一人目ヲツヽムト

」
」

シケレトモ常ハ涙ニ沈テノミ候ケルカ
余リニ物ヲ思ヒ泣キ悲メハ眼ノ闇ラク成ル
習ノ候ナル間タ此母両眼共ニ
盲《シキテ》カヽル片輪《カタワ》人トニ成《ナ》リ候ニケレハ
仕ヘ仕ヘケル人ノ家ヲモ被レテ出一サ
命《イノチ》ノ可継一様モナカリケルマヽニ
道ノ頭リニアヤシノ菰《コモ》ナレトモ物ヲ
引キマハシテ　ユキヽノ人ノ情ケヲ
得テ無甲斐一命許ヲ助ク
或時睿山ニ有ケル下僧ノ事ノ縁
アテ幡(播)州ヘ下テ候ケルカ無何
此ノ目盲タル乞食ノ前ニ休テ物語ヲ
シ候ケル程ニ汝ハサテモ子ナント云フ
物ハ無云々
此女我子ノ事ヲ具ニ語ル下僧
聞テ此事一ヲ申様フ我カ隣ノ坊ニコソ
カヽル人ハ御セ事ノサマ年ノ程
更不違一早《ハヤ》ク此子細ヲ可《ヘ》シ奉語一
トテ去リ候ヌ

山ニ登テ急キ此ノ旨ヲ語リシニ山僧
心憂ク悲フ覚テ只持経本尊
許ヲ身ニ副ヘテ急キ幡(播)州ヘ下ルニ
下僧カ申カ如ク道ノ頭ニ物ヲ乞フ
女《老》アリ眼モクレ魂迷テサショリテ
見ルニ有シニモ有ラス衰《ヲトロヘ》タル姿ナレトモ
サスカサヤラント覚ケレハ子ハ我
母ナリト雖知一ルト母ハ盲タレハ
子トト云事ヲ不知《シ》ラ一只此僧ノ声ヲ
挙テ泣キ悲ムヲ聞付テコソ若シ我子ニヤ
アラントテ母モ涙ニ咽ヒ数刻ニ
及マテ互ニ詞モ不出一泣悲フ
此僧涙ヲ拭テ申云ク何ナル
ユヘアテカヽル身ト成給ヘル
母ノ云《イハク》母子恩愛ノ情ケハ此ノ世ノ一ノ事ニ
非スニホハ子ヲ惜テ蒼海ノ
浪ニ沈ミキヽスハ子ヲ覆テ野
火ノ炎《ホノヲ》ニ身ヲコカス子ヲ思道ハ
畜類猶如此一何況人倫乎

（C）追善供養（逆修も含む）に使用したもの

＼就中我汝ヲ思フ志シ取ル二喩《タトヘ》ヲ一
無物一汝ヲ睿山ニ登セテ後ハ明ケ』
暮レ恋慕ノ涙乾時ナシ
九夏三伏ノアツキソラニハ長キ
日ノ徒然イカヽスラムト覚ヘ
玄冬素雪ノ寒《カン》天○夜ニハ衣手
ウスクテイカヽスラント思遣ル
トニカクニ落涙無隙一シテ＼ハテハ
目シヰテ月日ノ光ヲタニモ不
見一仕シ人ニモ被棄一テカヽル」
乞匃《カイ》ノ身ト成タレハ何ナル淵
セニモ沈マハヤト思シカトモ今
一度汝ヲ相見ン事ヲ思テカヽル
アヤシキ草ノイホニハカナキ
露ノ身ヲ宿セリ＼日比ハ汝ヲ
恋ト思テ再ヒ其ノ面ヲ見ンコトヲ
望キ今ハ目シヰテ纔ニ其
声ヲ雖聞一不ト見其貌ヲ一」
云テ泣悲ム＼サテ此憎悲ノ

余リ泣々誦ス法花経ヲ一
薬王品ニ至テ
此経即為閻浮提人病之
良薬若人有病得聞
是経病即消滅不老不死
誦シ畢テ南無法花経中諸仏
菩薩○八大竜王十羅刹女願ハ」
我母ノ両眼忽ニ開テ再ヒ令見
我姿ヲ一給ヘト念珠ヲステ祈
請ヲセシカハ天童○忽来テ押ヲスト
目ヲ一思程ニ両眼即開ケキ
＼道ノ頭ナリケレハ行キノ人
是ヲ見テ無不含衣《随喜感歎》ヲ一＼此事
展転シテ語リ伝フル程ニ普《アマネ》ク』
風聞ス仍御門マテ達シテ睿聞ニ一
＼且ハ感シ孝行之志ヲ一且ハ貴テ
法花ノ功能ヲ一忽ニ＼授ク二紫賜《シシ》
之班《ハン》ヲ一世間ノ支縁《シエン》モ如思シテ
如本意一母ニ孝スト申テ＼法花

功能孝行ノ徳実ニ目出事候
然則昔ノ法橋道瑜ハ悲ミ現存母
儀之病苦ヲ誦シテ法花ヲ祈請セシカハ
盲《シキ》タル眼再ヒ開ケヌ今ノ信心孝子
哭《コク》シテ過去先妣之永別ニ修シテ一乗ヲ廻
向シ御ス得益何ソ空シカラシヤ乎
若爾先妣幽儀依ル今ノ追修ニ故ニ
無明ノ翳膜《エイマク》忽ニ去尽テ種智之明
眼早開ケ改メテ凡界麁賤之
色質ヲ成御セ仏界殊持之妙
体《タイ》ヲ竜女之成道如ク不ルカ簡ハ
三堅之妄《マウ》苦垢覚相之
記別同カランニ不ルニ隔ニ多劫之業
障ヲ然後信心大、、

元亨二　三月五日経師谷鹿島妻母用之
建武五年正月五日土―観本母三十三年
康永二―七月廿七日金―六浦道空妻母一周忌
(異筆)貞和三年金ミナト入道妻ノ母儀為

(148)

（表紙〈除「通」〉・本文・識語湛睿筆）

通　睿之

恩愛紲難断事
勾章因縁
幼少群息男女眷属○等事
恋慕悲歎則進修有誠事

粘葉装　一五・三×一二・〇cm（三一九函七号）

凡ソ此ノ恩愛ノ紲ナ生死ノ妄執ト申
物カアノ漢土ニ会稽ト申所ニ勾章ト云
人候キ其人遠所ヨリ罷過之
途中ニ東野トテ渺々タル野原ノ候ニ
行キ懸テ日モ暮マタ路モ遥ナルニ

(C) 追善供養(逆修も含む)に使用したもの

日ハ已テニ暮ヌ東西忘却シテ候
ケルニ幽カニ野ノ中ニ火ヲ燃ス所カ
見ヘシ間タ有リト人里一悦テ早ヤメ
駒《コマヲ》一打寄テ見レハ有リ小屋一
借ルニ宿一トヲ少シハ難渋スル体ナシカトモ
懃ニ借リ申シ、程ニ無子細一寄
宿セシメシ候サル程ニ此家ノ内ヲ
見ケルニ但有ル一リノ若キ女一之外更
無余人一アヤシト思フ処ニ夜及テ
深更一隣ナル家ヨリ又若キ女
出来テ諸共ニ終レ夜引琴ヲ一其

(添付紙)

以テ物哀ナル音ヲ一歌云

(以下、添付紙下)
哀ナル音○ヲ以テ歌云
(以上、添付紙下)
連綿タル葛《カツ》《カツラ》上ノ藤一ハ綏《クミ》復一ハ組《クム》
汝欲知我カ姓ヲ一姓陳名河東《阿登》

不思懸一歌ヲウタイケル候可訓尺之
勾章不弁子細ヲ一只秋ノ景気
野部ノ有様ヲ歌カト思テ聞キ、
トカムル事モ無テ夜暁候又夜モ
アケシカハ○暇ナムイヒ入レテ宿トヲ出テ、○キト立帰テ見ルニ
無家モ一不見人一モ但古キ墓ト
覚ユル所ノミ候之間コハ何ナリケル事ソト
且ハ怪シク且ハ忌《イマハシク》存シテ東
郭ト云所ニ至テ急テ入ヌ人里一ニ
サテ肆中ニ老タル女ノ候ケルニ
コシ方ノ野原ヲ指シテカヽル不思
議ノ事コソ有ツレト語リ候ケレハ此ノ
老女ノ申様姓陳名河東《阿登》ト云ハ
ウハカ娘《ムスメ》此ノ一両年カ前キニ後レテ
○候シヲアノ野ニ送テトシテ墓ヲ一埋置テ候ソ
其ノ墓所ニ殿ノ、宿リ給ヒケルニコソ
候ナレサレハ但件ソ歌ハ秋ノ景気ノ歌ニモ
非ス野原ノ有様ヲ詠スルニモ○■■ヨモ候ハシ
此ノ娘テ候物ニ有幼《イトケナキ》子一有壮夫《サカンナルヲトコ》一

（148）

有老タル母一非無キニ年来ノ所従眷
属一此等カ事ヲ思置ケル恩愛ノ
妄念カ成テ生死ノ紲一ナト葛上ニ藤ノ
纒《マトヒ》合タル様ニ難解一生死ノ難離レ一
事ヲ守ル墓ヲ一魄神カ歌ケルニコソ
候メレト申テ流涙一湿袖一之間諸
共ニ勾章モ、、、魄《タマシヒノ》
サレハ墓所ニ魄ノ留ト云事無疑一
事コソ候メレ以之思之幽霊モ設ヒ
往来シ極楽ニ御ストモ一一念ノ妄執ヤ
尚留御ラウト覚候良人ニモ奉御セハ別レ一
宿縁ノ浅事モ恨メシウ幼ナ子ノ被シカハ
振棄一恩愛ノ契モ悲シカルヘシ況又」
老タル親ニモ先立玉ヌ憑水萩於
誰人一ニカ別ル男女眷属一ニモ年来
奉公難忘《ワスレ》一思彼一思ニ此一愛結ノ
葛上ニ妄想ノ藤結合テ生死ノ
紲断チ難クコソ思食候ケメト覚候ソ
サレハ去リ別レ御シ御心中アハレ

名残ヲ慕フ心モ申御ケウ覚候」

（添付紙）

然ル今施主御事両三祇ノ程ナシカハ幻(幼)稚

又男女両三輩ノ孝子半ハ幼稚
無識ニシテ不知生死無常之道ヲモ
不悟ラ分段輪〇《廻》之習一ヲモ不弁ヘ往ク
冥途ヘ一人ハ永不帰ラ一之習アリトモ一不測ハカラ
渡ル三途河ヲ一人ハ無トモ再ヒ会コト一或ハ尋テ母
儀ノ膝一慕《シタ》ヒ眷顧ノ志ヲ一或ハ恋テ乳房ノ情一
忍恩愛ノ懐ヲ一此等次第ヲ御覧」
セラレ候良人《後室禅尼》ノ御心中只我
身一ノ御悲トコソ被思食候ラメ
誠ニ家ニハ棄置テ男女眷属一ヲ
伴テ誰独去リ跡ニハ残シ留ム幼少ノ
子息ヲ一憑誰一立身一立テモ泣キ居テモ
泣キ孝子恋父之声未休一出テモ忍
入テモ忍フ群息慕別ヲ一之涙未』
乾一都テ此悲歎之至無物于取ルニ

(C) 追善供養(逆修も含む)に使用したもの

喩一其間事柄難申尽事候
＼左方ハ思トテモ無甲斐一悲トテモ無○《其》詮
事テハ候ヘトモ疵＼深レハ痛深シナムト
《申ス》定ニ＼ケニハ恩愛之勝ルレハ余ニ一恋
慕モ亦異ナリ他ニ一恋慕之志懇切ナレハ
追修之営モ有誠一＼若追修致誠ヲ一」
聖霊得脱無疑一候トヨサル○《ナラハ》可悲歎一」
可恋慕云々○《可泣血一可啼哭一》アノ煩悩即菩提生死即
涅槃ナムト申法門モ先ハ依此等ノ義ニ一
建立シタル事モ候コソ候メレ栂尾上人
被奉慕尺尊ヲ一候云々勧癡愛恋慕候
＼依之今信心大施主依旧好《恩徳》難キニ忘一
恋慕又無休一悲慕之御志不ハ《ネ》等閑ナラ一」
祈菩提一御事誠慇懃也豈疎ナラムヤ
＼サレハ＼自作教他之功徳ト云理
事福恵之善根ト云＼彼モ花
相也此モ慇懃也房《フサネテ》　廻向シ聖
霊得脱ト一御サハ出離生死頓証
菩提有何疑乎若爾者

五障三従ハ」
元亨四　五　晦日　称―　ウヌマ新―門第三年
元弘三年八月十一日土―為孫六殿百日後家修之』

(149)

（表紙・本文・識語湛睿筆）

嘉暦□（三）年五月二日海岸□（寺）山本殿□□忌

ム
尺迦総別功徳

＼本跡（迹）二門為総功徳事

＼法花々厳所説之二門不同事

＼普賢文殊事

睿之

粘葉装　一六・二×一一・七cm（三一三函四〇号）

次尺迦如来別御功徳者」

（添付紙）

凡本師尺尊者久遠実成

（以下、添付紙下）

仏ニ総別御功徳御〇久遠実成（凡本師尺尊者）

（以上、添付紙下）

之如来無始無終之古仏也

＼其理甚深故補処ノ智力モ

迷ヒ之ニ其ノ旨秘奥故権小ノ教

門ハ隠セリ之ヲ＼然付説此ノ義ヲ総」

有二門〇若久近対論則以久（所謂）

成ヲ為実本ト以近成ヲ為権跡（迹）ト

即妙経中云一切世間ノ天人及ヒ

阿修羅皆謂ヘラク今尺迦牟尼仏出

釈氏宮ヲ去コト伽耶城ヲ不シテ遠カラ坐モテ於」

道場ニ得玉ヘリト阿耨〇菩提ヲ然我レ実ニ

成仏シテヨリ已来無量無辺百千

万億那由他劫之（可訓尺）

＼既廃シテ近成ヲ以遠成ヲ説玉リ我

実成仏ト明ニ知ヌ〇以テ久成ヲ為実（以近成ヲ為権跡（迹）ト）」

本ト云事

＼若依花厳経ニ久（成）〇近（成）〇倶ニ為権

跡（迹）ト非古非今〇（是）為実本ト

＼其故ハ法界本ト亡スル時分ヲ人法

（C）　追善供養（逆修も含む）に使用したもの

共是法爾ナリ○是故論シ三世之久
近ヲ存スルハ時劫之長短ヲ並是
属ス無明ノ辺域ニ全不預カラ法
性ノ実徳ニハ何於テ舎那十仏之
自境界ニ論セン簡テ近成ニ存スルヲ遠
成ヲ之虚相ニ哉是以兜率
傷讃品ニ説下諸仏得コト菩提ヲ実ニ
不繋長短劫数之日時上ニ
法界品明セリ久成近成並是
機見ナリト〻若論其竪ニ則
十身本有ニシテ却テ絶チ始終古
今之相一若論其ノ横一則
真妄物我挙ルニ一ヲ全収ム心仏
衆○渾然トシテ斉致ス如是ニ談之一
日ハ非但尺尊ノ非古非今之仏テ御ノミニ
地獄鬼畜罪苦ノ衆生モ本是
遮那遍照之覚王声聞
縁覚ノ自調狭劣ナルモ皆亦海
印三昧之実徳ナリ是以経ニハ

説如来ノ身中ニ悉見ルト一切衆生
発シ菩提心ヲ修菩薩ノ行ヲ成ス等正覚上ヲ
乃至■見ルコトモ一切衆生寂滅浄
繁亦後如是尺之
宗家尺此ノ文ニ若円教即一切
衆生並悉旧来発心亦
竟修行亦竟成仏亦竟
更無祈成シテ具足スルコト如
此経文文尺之ケニモ即経ニ。
其ニ取テハ○若真妄斉シク致ス
生仏全収スルナラハ別シテ無キ可度ス生ヲ
之仏ニ更無シ可受ク化ノ之衆生ニ
生仏既ニ無ナリ豈ニ不堕悪趣空ニ
況ヤ三世ニ如来出世シテ十方ニ
教化シ衆生ヲ尺尊出テ娑婆ニ仰カレ
我等カ本師ト御ヘルニハ即成
虚妄ヲ一ニ亦可シ無益ナルト云
疑定ヒテ可有ル候間ヲ先立
○通此伏難ヲ亦○両経竟趣

聊カ相替ヘキ見ヘテ即シテ上ニ
所挙申一処ノ円経ノ次下文ニ
如是等覚一切無性無尽
智自然智一切如来無極」
大悲度脱衆生
文意ハ舎那正ク開ク始覚ノ円智ヲ一
時キ始覚還テ同スルカ本覚ノ真心ニ一故
以所同之本覚既ニ生仏一如ナルヲ一
能同之始覚亦徹遍セリ衆生
界ニ一是故以此一智ヲ一印持之ヲ一」
不可云無悟一
時地獄鬼畜○皆悉備光
明遍照之大智ヲ一草木石
水誰カ謂ハン無シト心一併○亦得タリ始覚事成
之菩提ヲ一依之如来成正覚
之身中ニ普ク現一切衆生之
成正覚ヲ一○是ヲ名至極究竟之」
教化衆生ト○然ルヲ若於テ衆生
円教即一切衆生並悉旧来
[redacted]少分トシテモ存シ流転迷倒
之虚相ヲモ一片時トシテモ立ツハ断迷

開悟之義門ヲ一○者ナラハ皆是無明
翳眼ノ之所見ル一生死ノ夢ノ
中ノ之所作ナルヘシ如是一所談ハ全ウ』
不窮メ衆生界之実体一何ソ為
教化誘引之至極ト一哉サレハ
情見若破法界円現一切衆
生無不成仏一文可訓是カ○円経
教化衆生之実義
不共之所説テ有ル候
一成一切成之深義専可由此」
等之奥旨ニ一候如是得意一候
ヌレハ前ノ疑モ自ラ晴レヌル候
カヽルノ時ニ真妄斉致ヲ一生仏全収
是レカ至極[redacted]自他衆生[redacted]
[redacted]自身修行成仏之実義○大悲教
化衆生之至極テハ有ル有ル候
如是得意故」
若妙経意尺尊実ニ五百
塵点之当初雖唱フト妙覚之
成道ヲ一大悲利他之行願未満御一

(C) 追善供養(逆修も含む)に使用したもの

故世＼々番々○更唱正覚ヲ一未来
永々勲ニ度御衆生一サレハ寿量
品我＼本行菩薩道所成寿命」
今猶未尽一復倍上数一文可訓之
案＼法花論意ヲ一報＼仏妙覚之
成道ハ一当《ソノ》レ初《カミ》既ニ雖究竟円満スト一
大○悲利物之菩薩ノ道ハ今猶未尽一
＼以衆生界不ルヲ可尽一故五百塵
点ハ数尚有限一所成寿命ニ』
於テハ尽ストモ未来際ヲ一更ニ不可
有限リ辺リ一故云ト復倍上数ト一
云へリサ＼レハ衆＼生界漫々トシテ
不可尽一故尺尊ノ誓度娑婆之
御願モ随テ亦不可尽一此＼ノ尽
衆生界之大願ノ不ル尽キ一之処ヲ」
今猶未尽ト云ヘリ実ニ忝フ
貴ウ覚ユル事テ候如是一得意之時前ノ
＼疑ヒ本ヨリ相違テ候ハス
サレハ今且依此ノ一経ノ意一ニ尺

尊ノ大悲方便忝フ御我等一ニ之趣
一端可申述之一候即見譬喩
品ノ文一候へハ＼今此三界皆是」
大唐ニ安居県ト申所ニ一人ノ
少女アリ雖＼幼シト一能ク知事情一
意ニ有悟リ一常ニ観生死無常一
遅々タル＼見テモ」
今猶未尽ト云ルコソ候メレ
＼如是得意一之時ハ前ノ疑ヒ本ヨリ
相違ニテ候ハス　付＼其一者
＼凡此ノ本跡(迹)二門之大義ハ○非但尺迦一仏ノミ一諸仏
等同之功徳也＼サレハ妙経中ニハ
＼我等未来世一切所尊敬坐』
於道場時説寿亦如是ト宣テ
此文ハ有子細事テハ○如経文者
諸＼仏出世成道玉ヒテハ必可シト説ク
本門寿量ヲ一見タリ又＼円満経
中ニハ説＼テ諸仏得菩提実不
繫於日ト一諸仏ノ菩提ハ並ニ非

古非今之正覚ナリト明セリ＼以之」
思之一本跡(迹)二門之功徳尤
可為諸仏総ノ功徳一ト
＼次尺尊別ノ御功徳者＼娑婆世界
能化導師我等衆生大恩ノ
竟界ナリサレハ尺尊恩徳深テ
我等々々ノ結縁厚シ尺尊ニ
＼是以妙経中ニハ＼今此三界皆是」
不可為相違一然＼則我本師尺尊
＼若談非古非今之仏一ト則与トキニ
一切衆生一ト旧来成道之如
来也若談五百塵■点劫」
遠成之仏一ト則全ウ非今日
始成正覚世々番々説法益
物之如来＼其義甚深ニシテ
尚非等覚智之境界ニ一豈
是我等情識之所知ナラン
＼功徳ノ広大利益ノ無辺之条
推可量知事候』

尺尊讃歎存略
＼次於普賢文殊二菩薩一ニ者
即此本師尺尊理智功
徳一分為普賢文殊二聖
法門一ト
＼先理者衆生在纏之位為所
迷一諸仏覚悟之位為所悟」
総此所迷所悟莫二唯一
之真理是名普賢一
＼次智者最初発心之信心
究竟妙覚之大智＼約位一信
証雖異一智体元来無
別即此信証無別之真
智是名文殊一」
＼理智既相即ス二聖必不二ナリ
＼即此相即不二之義ハ遂
成前本師善逝之総体
＼是知讃歎中尊一仏之功
徳ヲ自摂脇士二聖之法門」

(C) 追善供養（逆修も含む）に使用したもの

元徳三年六月十一日為故若宮顕弁僧正
大夫入道殿於西御門坊裡修之
暦応五年二月九日俊首座母儀五七日其取可有一願分
至不可為相違者略之　康永三年七月廿一日於浄光明寺亦略之
』

(150)

（表紙・本文・識語湛睿筆）

文保元年二月十八日長滝（か）用之　　睿之

私
尺迦
一代得度之機前後皆由
往昔因縁事

粘葉装　一四・〇×一四・〇㎝（三一四函四三号）

ソレ□テ尺尊同体ノ大悲ハ
雖不択ハ縁無縁ヲ衆生
得益ノ遠近ハケニハ結
縁ノ厚薄ニ可依ニコソ候メレ
サレハアノ初転法輪

大聖尺尊始自伽耶之成道」
終至双林之入滅一其ノ始中
終○一代五十ヶ年之間教化引導シ御シ菩薩声聞三
乗ノ衆ハ不申及一人中天上地
獄鬼畜乃至螻蟻蚊虻等
マテモ或聞声ヲ一開悟一或触
光ニ一免苦一心ニ念シ色ヲ一見奉ルマテモ」
様々サマ〲ノ善巧方便
何レモ〲利益莫太ニ巨益
不空一事テ候シ＼ソレニ初転法
輪度阿若憍陳如最後説
法度須跋陀羅畢
＼ソレハイカナル由来因縁ソト、、、
智度論中
過去久遠之昔此ノ閻浮提』
有大樹林一＼無量百千ノ鳥
獣以此ノ林一為栖一宿シ身一ヨロツ
一切ノ螻蟻蚊虻以此樹ヲ一為依怙一
年来《トシコロ》以来過来《スキコシ》ノ程ニ野火《ヤクハ》

来焼トテ俄カニ野火《ノヒ》カ出来テ
三方ヨリ同時ニ焼此林一候ソ
＼猛火天ニハヒコリ火炎林ニ
ミチ〲テタ、＼ヘヨウヘクモ」
ナカシ間《キワニ》〻此ノ＼禽獣鳥類等
アハテヒソメキ仕リ逃ケ出之
程ニ三方ヨリ火責メ候　マハ
一方ヲ志シテ逃行候之程《処》〻
此ノ一方ト申ハ又オヒタ、シキ
大河白浪如大山一張《ミナキ》リ下河ニ
候シソ其ノ時禽獣虫蟻等
逃炎ノ之前恐深淵ニ沈テ没」
爰ニ大身ノ鹿ト申ハイカ程大
大ナル鹿ノ候ケルカ思フ様
候鹿□カ（候か）□ケフ□獣ノ中
即以テ前ヘ脚ヲ一跨向ヘノ岸ヲ一以 後脚《シリ》ハ踏此方ノ岸
背為橋此ノ＼無□無数若干《ソコハク》ト云
数《スモ》不知一又禽獣等ヲ向ノ」

(C) 追善供養(逆修も含む)に使用したもの

岸《ヘ》不云大小二一々《ニ》是《ヲ》渡《ツル》
義＼難《カシ》有《テ》事候《ヲ》＼ソレカ
少々《ノ》事《コソ》候サスカサハカリ
若干《ソコハク》《ノ》禽獣等《カ》大小
踏ノ、シテ過候シ程《ニ》サノミハ
イカニトコラヘ候ヘキ即＼皮《モ》
闌《タヽ》《レ》破《フレ》肉《ラモ》悉《ク》尽《テ》可《クモ》叶
無《レトモ》大慈大悲之至不惜』
〇《捨》身命一堪忍之■一処《ニ》最後
兎《カ》□　□臨《テ》□渡之《ヲ》一候
〇《時キ此鹿》気力悉《ク》尽《キ》畢《テ》、候シカトモ
一身《ノ》勢力《ヲ》出《シテ》堪《ヘ》忍《テ》
渡《シ》之一畢《ハツルヤ》　ヲレト《己レハ》〇背《カノ》
骨折《レテ》河《ニ》落入《テ》
死候〇此＼大身鹿《ト申ハ》
尺迦如来＼最初《ノ》渡」
候《ケル》者《ト申》憍陳如　最後
渡《リ》候《ケル》兎ト申候ソ須
跋陀羅候＼所謂若干《ノ》

禽獣等《ト》者一代五十《ケ》
年之間教化引導《シ御シ》処
、、、
以之思之候奉□過去聖」
霊一」
(一面白紙)」
元亨元―十二月十四日多―諏方殿
□□□《(元亨四)》正廿二谷殿蓮信房』

（150）〜（151）

法花第五勧持品云復有学無学八千
人得受記者従座而起合掌向
仏作是誓言世尊我等示当
於他国土広説此経所以者何
是娑婆国中人多弊悪懐
増上慢功徳浅薄瞋濁諂曲

粘葉装　一二・三×一四・四㎝（三〇八函一一号）

（表紙・本文・識語湛睿筆）

（151）

弁
尺迦讃歎
穢土利生事　仏徳殊妙事
穢土衆生○事 之有様
罪人向地獄之有様事
諸仏捨此土事

睿之

心不実故 文

凡此ノ尺迦牟尼如来者
乃往過去ノ時於当初始発
菩提心ヲ之時於宝蔵如
来御許ニ立五百大願 御
其願ノ大旨ハ我ハ未来賢劫
中カ濁世末代之比娑婆世
界ニ成道シテ十方三世ノ諸仏ニ
ウトミ捨ラレタル悪業甚
重之輩ハ邪見放逸ノ衆
生ヲシテ若ハ人中天上ニマレ若ハ三
途八難ニモ併摂引摂シテ
之ヲ一悉令メ至三乗ノ菩提ニ乃
至化縁已ニ尽テ滅度シナン
後ニ我ハ留メ舎利ヲ或ハ流布シテ
教法ヲ猶令メン極出離得度
之因縁ニ若此ノ一々願一モ
不果シナクハ遂ッ者永不取正覚ヲ一

(C) 追善供養(逆修も含む)に使用したもの

誓給シソ＼ソレニ誓願
潜ニ通シ本懐方ニ了テ＼唱テ
成道ヲ於摩訶陀国宝菩提
場ニ引摂シ御無量無辺ノ強剛
難化ノ衆生ヲ＼在世ノ利生マレ
滅後ノ得益マレ皆無非無
量衆生ノ要枢ニ＼縦歴ヘ劫ヲ
」
送テ生ヲ宣悦トシ一分ノ功能
願行輒ク非可奉顕故＼只
大旨為シテ娑婆世界ノ能化ト為我
等衆生利生慇ニ御ス趣
許ヲ＼如形可申述候
先何事ヨリモ＼此大師尺尊
娑婆世界ニ成道シ給タル事ノ
実ニ忝ウイミシウ覚候ソ
」
仏ト云ハ＼始テ可申候ハネトモ
酬三大僧劫ノ＼修因ニ昇リ玉フ
究竟転依之覚位ニ之日
自行化他之行＼願円満シ

内証外用之功徳相備テ＼四八
妙相皆自リ清浄慈門ノ
功徳成シ八十随好併自
慈悲十力無畏起給タリケル
一々ノ＼相好一トシテ無不催サ者
」
感涙ヲ＼烏瑟高ク顕テ晴
天翠濃ヤカニ白毫右ニ旋テ
秋ノ月キ光満リ＼青蓮ノ眼丹
菓ノ脣迦＼淩(ママ)頻ノ声師子
孔ノ胸＼仙鹿王ノ膊キ千福輪
之趺如此八万四千ノ相好
纒ヒ紫摩金ノ身ヲ無量度
数光明如集ルカ億千ノ日
月ヲ＼カヽル目出キ功徳所
』
成ノ色身ヲハ早ウ穢キ穢
土ニハ可キ出世シ給フ様モ無キ
事ヲ＼サレハ奇シノ凡夫タニモ
果報賢ウ身柄《カラ》清毛ニ
成ヌル人ハ＼居処皆鮮ニ衡《カウ》

門蓬屋ニ影無差一コト朱
楼紫殿金玉尽シ美一ヲ銀
帳翠簾荘厳悦シムル目一ヲ
トシテ勝地一ヲ択テ名家一ヲ宿トス
身一事テ候ソカシ是則任先
世イ善業一ニ其ノ果報令然
之故也凡夫異生ノ修因
感果ノ道ソラ猶以如此一
何況ヤ大聖尺尊ノ答テ
曠劫多生ノ万行諸ハラ蜜一ニ
所ノ感得一依身不シテ仮ラ浄
土ノ厳浄一タルヲ穢土ノ境ニハ
無キ可モ住給一事ソ就中此
娑婆世界ハ取テモ穢土一ニ殊ニ濁
悪甚重之穢土也朽宅
之煙鎮ニ満チ愛水之浪
常冷シテ憍慢ノ憧ノ上ニハ善
根之器易返一瞋恚ノ火ノ
中ニハ功徳之薪成灰一日々

夜々所営一者皆是流転ノ
之基念々歩々所思者
更非滅罪生善之計一高ハ
付高一ニ被テ引名利一ニ犯罪障一ヲ
賤ハ随賤一ニ趁テ世路一ニ結悪
業一ヲ若レカ憑若ヲ罪障
造リ々テ現世一ニコソ眼ニ見ヌ様ナレトモ
悪業積リ々テ後生只ニヤハ
有トスル因果ノ道理必然也
ケレハ臨終之刻ミ必ス善果
顕現候ソカシサレハ此ノ
衆生ノ心許返々モ無墓一
愚ナル物ハ候ハヌソ縦可シト
持ツ千秋万歳一ヲ思ソラ寿
命有限者非可キニ不ル悲一後
生ノ事一ヲ何況近代作法
能ク持ツ人ト見ルソ六十
即過去聖霊一、、、
七十之齢只水上ノ泡風ノ
前灯実ニ夢幻ノ境

(C) 追善供養(逆修も含む)に使用したもの

ソカシソ＼レニ面アタリ当時」
見聞シ人ノ振舞世ノ有様ヲ一
候ニ露許モカウハ不シテ存一
偏ニ我々所ノ執著染テ心一
万年竟ル身一廻ス計リコトヲ一之間
＼炎干ノ夏ノ天ニ拭テ汗ヲ一東西シ
冴寒ノ冬ノ日ニ踏氷ヲ一奔営ス
＼云昨一思今一之程ニ○

(添付紙)

楽天ノ詞ハニ＼戦馬ハ春放帰ス農牛
冬歇息《ヤス》ム何ソ独リ徊《モト》ムル名ヲ一人終身一役必
力ヲ一此理ヲ知ルコトハ甚易ケレトモ此ノ道ヲ行モノハ甚難

コハ何事ヲシ○何況ヤ
更病一臥床八日○此
時ニ成ヌレハ又父母兄弟之
助モ＼サルマ、ニハ魂独
アクカレテ向フ冥々タル三悪
道ニ一時ハ冬旧室ニ留居テ

泣悲トモ独トシテ無相随者一」
＼只身ニ副ヘル者トテハ獄卒ノ
荒キ姿許邪見降伏之
瞼《マナシリ》未古ヨリ不見習一ハ刑
罸呵責之気色少モ
無眼可モ合一ス＼サリナカラモ」
遂非可遁一之道一遂ニ詣
付琰魔庁一ニ冥官冥衆
並居テ我モ々モト沙汰スル罪
福ノ軽重ヲ一時ニ更々在生
之間我身ニ露許モシタル
事無ケレハ＼浄頗梨鏡ニモ
功徳之影不浮一ハ倶生神之
札ニモ無注スル善根ヲ一之文一』
＼欲助ムト一不叶一欲救ムト一無力シテ一
遂随テ罪ニ一向ヒ地獄ニ一候ソ
＼更之冥途黄壌之境任
心一可行一道ニモアラネハ琰
魔率被提一非我一行之

間漸迄熱鉄城ニ見猛火
之勢ヲ先眼暗魂摧聞叫
喚之響ヲ更耳驚心迷
況ヤ向地獄之境ニ至刀山ノ
麓獄率受取テ任テ法ニ熱
刺鉄丸之苦旁々也
歎テ仰ケハ天ニ千丈之熛(煙)塞
眼ヲ悲テ倒地ニ万里之焔
纏身ヲ四方呼喚スレトモ一
人トシテ
捨命ヲ替ラント語シ知音モ
我命ノ有シ程之詞也
替《カヘテ》身ニ助ト契シ得意モ
我身ノ生タル間ノ約束也
ケリ多百瑜善那洞然
猛火之中ニハ朝ニ談夕談
之人モ不見ヘ八万由旬阿鼻
大城之底ニハ夜ル親ミ昼親ミ
之輩モ不来ラ只我独

答苦患ニ悲トモ〳〵無益
是ソ一〇《切》衆生ノ生滅ノ定レル
次第造業感果必然ノ
道理ヨ悪因悪果造リ堅タレハ
誰モ〳〵非可免ル道ニ仏陀
悲願縦賢ト云トモ引接引力モ
無キ有様也カヽリケル時ニ此
娑婆世界我等衆生ヲハ十方
三世ノ諸仏サタ併皆ウトミ
捨テヽ独トシテ出世成道シテ
親シク引接利益セント云
事ノ露許モ御サリケル候
トヨ薬師浄王ノ起玉フモ一
聞我名之誓願ヲ浄瑠璃世
界之熛(煙)霞境ヒ遥カニ弥
陀後光之十念往生ト誓ヘルモ
安養浄土之風儀事
隔レリ非此ノ東方四方ノ教王ノミニモ
十方諸仏皆以如此併五

(C) 追善供養(逆修も含む)に使用したもの

濁之境トウトミ捨テ刹那
須臾モ無キ差スヘウモ影ヲ一無術
境テ候ツソレニ大師尺尊ノ
独リ一切仏菩薩ニハ押チカヘテ
泣々憐ミ娑婆ノ衆生ヲ一悲ムテ悪
業甚重ナルヲ一＼始行初心之当初
欣求解脱之古ヘ偏為此世
界一我レ成テ仏ト一如何ニモ〱相構テ
導キ助ムト一一心ニ無他事一思食シカハ
＼曠劫多生難行苦行シテ積功
累徳開ケシ刻ミ無左右一娑婆
世界南閻浮提摩訶陀国
菩提樹下ニ退魔ヲ一唱ヘテ覚不
厭五濁ヲモ一不棄十悪ヲモ一
＼ヒタフルニ下立《ヲリ》テ施無量
難思ノ利益一給ハ不候乎
サレハ十方三世ノ仏ハ皆或ハ
余界或ハ浄土ニコソ出世
給メレ＼如何ナレハ大師尺尊ハ

取リ別キ五濁極増穢悪充
満ノ娑婆世界ニハ出給タルソト
　意菩薩ノ奉問一給シニハ仏
答之以本願故因位本
願殊キサイテ此世界ニハ出タル
也トヨ＼一向清浄土モ無益一
欲救濁世ヲ一故衆宝荘厳ノ
境モ不好シカラ一本願在娑婆ニ一故ニト
コソ候ナレ＼サレハ倩案之ニ一ツ、
ケ御ニカハカリ一切諸仏ノ
皆思離《ハナチ》ウトミ捨給ヘル
悪業甚重我見熾盛
娑婆世界ニ尺尊独リ力行
志シ深ク契リ苦ロニシテ＼出世成道シ
引接化導シ給事ノ○《実》為ニハ我
等衆生ノ一殊ニ恩徳広大大
悲至極ノ無上独尊ト覚候
ソカシ＼サレハ檀特山中ニ忍ヒ六
年苦行之飢寒ヲ一菩提樹

下退《ケシモ》万億魔軍之障礙《ヲ》皆是為娑婆世界《ノ》也況思遣往昔苦行《ヲ》何《ノ》行《カ》非為娑婆《ノ》併為此界《ノ》行《シ》為我等《ノ》修行給《シソカシ》先行檀ハラ蜜《ヲ》時為《シテハ》サタ王子《ト》為《ニ》餓虎《ノ》施身《ヲ》雪山童子《トシテハ》為半偈《ノ》捨命《ヲ》須太拏太子《トシテハ》為父母《ノ》屠肉《ヲ》忍辱仙人《トシテハ》施慈悲《ヲ》割肝《ヲ》或敷髪於淤泥《ニ》供養燃灯仏《ヲ》或翹足於七日《ノ》讃嘆弗沙仏《ヲ》如此難行苦行総以詞《ノ》非可宣説《ノ》サレハ智積菩薩説尺尊因行之親三千大千世界乃至無有如芥子許非是菩薩捨身命処云々

可訓之

難行苦行為《ツ》何《ノ》併是為我等衆生《ノ》也総云因行《ノ》云果徳《ノ》無非為娑婆《ノ》之一代○教主也誰不預尺尊之恩徳《ノ》三界之慈父也何人有漏《ルコト》引接之内《ニ》今此三界○

(添付紙)

諸仏所証平等是一若以行願来収非無因縁《トテ》○
今於霊山会上《ニ》尺尊説法花《ヲ》時《モ》サレハ
○、、、

三界六道《ハ》皆我有也一切衆生《ハ》皆我子也施慈悲《ヲ》救衆苦《ヲ》垂《テ》憐愍《ヲ》致加護《トヨ》凡以世間《ノ》有様《ノ》思候《ニ》慈悲《ノ》至深《キハ》無過祖《ノ》思《フニ》子《ノ》ソレニ尺尊《ノ》説共申衆生悉是吾子《ト》六道四生独《モ》不漏《サ》併我子也《ト》哀《ミ》羽

(C) 追善供養(逆修も含む)に使用したもの

クミ給ヘハ＼力許リ忝ク憑カル
ヘキ事ヤハ候＼サレハ誰ナリトモ
生《ムマレ》 娑婆世界一ニ三有ノ間ニ
懐《ハラマレ》ナム 衆生ハ付テモ悦一ニ付モ憂一
先尺尊ニ啓白シ可テ訴申一
候ソ是ヲ指置テ余ノ仏
菩薩ニ申シ是ヲ帰敬シ被」
成ムハ謂《イハレ》サルヘキ事コソ候メレ
三宝利生ハ何レモ同事ト
乍申一又非無繋属結縁ノ
差別一同懸ケ憑ヲ一仕ラムニ取テハ
尤尋由来ヲ一其上ノ事テ候ヘキヲ
＼カウ申トテモ偏ニ不奉崇
余仏菩薩一トハ不候一＼娑婆衆生ハ
宗ト奉仰尺尊ヲ一其上ニ余ノ
仏菩薩ヲハ可帰依一候＼大法主
上綱今日《ケフ》相擬御逆修」
第五七日一ニ白畳ノ上ニ顕形
像一丹府之底抽テ御誠一

且＼ハ令啓白セ御願之趣ヲモ一
且ハ令ト成就二世御願一ヲ申乞
祈念御コソ候メレ若＼サルテハ
大師尺尊モ又＼我利益衆生之
誓ヒ済度娑婆之本意＼此時
已ニ相叶ヌト受悦テ現世当
生御願如御願一令円満獲
得一給事不有疑一トソ覚候」
臨終見仏花台聖須臾即入宝池会蓮花大衆皆歓喜即以天衣随壱着
般舟讃云菩薩声聞将見仏
礼仏一拝得無生弥陀告言
諸仏子極楽ハ何カシ如ナリヤ 彼ノ娑婆一
新往他生倶欲報合掌悲
咽不能言得免娑婆長
劫苦今日見仏尺迦恩文

元亨三年三月八日大仏大竹殿用之
正中二年二月廿七日田中殿二七日
同　三年五月十五日山岸殿二七日』

(152)

（表紙・本文・識語〈除異筆〉湛睿筆）

睿之

弥ム陀滅罪得生

弥陀本誓本為娑婆我等事

諸仏大悲於苦者ニ殊哀事　\娑婆衆生事

定業難転事

三輩九品事

粘葉装　一五・五×一一・五cm（三一四函一〇七号）

\総功徳者　法報応三身是也

\所証之真理是ヲ名法身

\能証之大智是名報身

\応物之化用是名応身

三身総功徳存略如此

次ニ

└

別シテ奉讃歎弥陀如来ノ功徳一者

\安養九品之能化ノ尊娑婆

五道之引導ノ主也

\宿縁本ト厚ク此土ニ故穢悪利

生之誓レ約異コトニ他ニ悲願偏ニ

被シム我等ニ故不有■極重○最下之　悪人 最下

悪人ヲ為スト先一　\凡此ノ《ヲヨソ》娑婆世界ハ

苦■楽交雑ノ之処トシテ\任テ

善悪ノ業ニ受ル生ヲ之衆生モ

アリ発三乗ノ心ヲ各求ル彼ノ菩提一

之類モアリ\如是ノ交雑セル中ニハ

縦ヘハ何レノ仏菩薩ニモ御若シ娑婆ノ

利益衆生ヲ思食之日ハ尤モ

誰モ〳〵○教ニ化引導シ悪業深重之

衆生ヲ玉ハンコソ大悲誓願之

忝キテモ有リ又為我等ノ大切ノ

要事テモ候ハンスレ\即善導

和尚サハ○是ヲ被尺一候ソカシ

\然諸仏ノ大悲ハ於苦者ニ心偏ヘニ

└　└　└

(C) 追善供養(逆修も含む)に使用したもの

愍念ス常没ノ衆生ヲ一是以勧テ帰シメ玉フ
浄土ニ一亦如キヲハ溺水ニ一之人ノ一急ニ須
偏ヘニ救フ一岸上之者ノヲハ何ソ用キテ済コトヲ一
為セム文訓尺之
此尺尤モサ謂タルコトテ候但シ　」
凡□ハ諸仏菩薩大悲本誓之
忝《カタシケナ》サ実皆カウコソ思食シ企テ
ラレ候ラメトモ此ノ娑婆世界之作
法我等衆生之有様穢悪
充満之堺ヒ諂曲不実ヲ為宗ネト一
処ノ風ナレハ受ル生ヲ於其ノ中ニ一之
程ノ衆生ノ習ヒ心ニ所ノ思ヒ計カル一之　」
企タテ身ニ所ノ振舞一之態却テ
皆是悪趣沈淪之業因
無非浄土菩提之妨ケニ一サレハ
生死長夜之深キ闇ミ不見
何可《イツ》シトモ晴一恩愛繋縛之纉《キツナ》
何《イカ》ニトシテ可トモ断之ヲ一不覚一候　』
アノ五逆■謗法ト申ハ若向大

慈大悲ノ父母一揮テ利釼ヲ一加害ヲ一
於テ恩徳広大之世尊ニ一投ケテ盤
石ヲ一損足《ミアシヲ》一乃至善悪ノ因果
悉クニ撥無シ之一如来ノ教法却テ
不信受セ之ヲ一等ノ如キハ実ニ　」
罪業ノ之至リ更ニ難ク転シ一無間之
獄 ○苦定テ難遁一事テ候サレハ
経中説神呪（十一面神呪心経）ノ滅罪之功能ヲ一述ヘ
唯除決定悪業応熟一ト
論蔵中挙（十地論第一摂論）テ作業受報ノ二種ノ
定業ヲ一判スル諸仏威力所不能転一ト　」
事テ候へハ■任セ文相ニ一如ク字面ノ一
者ナラハ此ノ決定業ニ於テハ
神呪モ除テ不得救コト一仏力モ
黙シテ不力ラ及ハ一之作法テ尋レ常
ナヘテハ皆以カウ候ヲ
唯此ノ弥陀ノ本願ノミコソ謗法
闡提廻心皆往トテ五逆モ
謗法モ廻シテ心ヲ一念仏スル者ノナラハ　」

罪障悉滅シテ皆得シメウソト往生スルコト一
誓ヒ御事テ候へ
サレハ拝ミ観経ノ三輩九品之
説相一候ニ上輩ノ三品ハ過大之
機トテ読誦大乗解第一義
発菩提心、中輩ノ三品ノ過小之』
機是亦非ス但修-行ノ甚深
殊勝一○無《更》レハ罪障ノ可キ作妨ヲ一者ノ
遂ケムコト往生一不及左右ニ一中輩ノ
三品ハ過小之機、雖本機ハ是レ
小乗狭劣之類一修行諸戒
不造五逆無衆過患文五戒」
八戒沙弥比丘《々々尼等ノ》之諸戒面々
受ケ持チ之ヲ一油鉢無キ傾コト一之上ハ
何ナル罪業カ候へキ○廻《即》此等ノ
戒善ヲ一直ニ為正因○往《正業》生極楽一
都テ相違候ハス剰へ○善男子《来迎之仏ノ讃歎ノ詞ニ》
如汝善人随順三世諸仏ノ」
教へニ一故我来迎汝《(可)□訓尺之》戒是

菩提涅槃之根本六度万行《諸善功徳》
之依因ナリ汝等具ニ受ケテ具ニ持
正ク是レ随順セル三世諸仏ノ教へニ一
功徳善人ナリ是ノ故我レ来テ迎
汝ヲ一ト来迎ノ仏ケ称美讃歎シ玉フ」
上ハ左右《トモカウモ》申ニヤ及ヒ候
サレハ此ノ上中六品之輩ラハ
云機根ト二云修行ト一弥陀往生
極楽ツユチリ無其ノ煩ヒ一事テ
候へハ弥陀如来ノ大悲誓願、
サシモ心苦シク可思食一候ウス』
然下輩ノ三品ハ過悪之機トテ
経中ニ或説キ如此愚人多造
衆悪無有慚愧一或述タリ毀犯
五戒八戒具足戒盗僧祇物
不浄説法ト一乃至下品下生ニハ
五逆十悪ノ具諸ノ不善ヲ一○応堕シテ」
地獄ニ一経歴シ多劫ヲ一受ルコト苦ヲ無窮ト
説テ候サレハ如是一○罪《無悪不造》業甚重

（C）追善供養（逆修も含む）に使用したもの

之衆生如ナラハ已前ニ挙ケ申ス経論ノ
所説ノ一＼業因定テ難除キ一感
果努《ユメ〳〵》力不遁一コソ候メレ
＼其上大集経ニ四重五逆ヲハ我レ
能救トモ之一盗僧物ヲ一者ノヲハ＼我不能
救コトー尺尊モ仰ラレ切テ候ニ＼下品」
中生ノ機ヲハ＼偸僧祇物ヲ一盗
現前僧物ヲ一不浄説法無有慚
愧ト説テ候
＼寺ノ常住物ニマレ○現前分得ス一僧物ニマレ
総ヘテ盗ム僧ノ物ヲ一＼罪業之至（可）」
自四重五逆一猶遥カニ深重ニ
候ナル間四送五送ヲ＼サレハ尺
尊モ四重五逆ヲハ○
＼カヽル罪業ハ一業スラ○（猶）感果無キ
窮マリ一事テ候○（増シテ）既云多造衆悪一トモ云』
具諸不善一実ニ＼経歴多劫
受苦無窮ト同キ経文ノ下

説テ候理カナト覚候
＼ソレニ弥陀如来法蔵比丘ト御
古ヘ独リ悲テ此ノ事ヲ一倩思食様
＼凡ソ娑婆世界之作法トシテ○（此処）受生ヲ一」
衆生之身無悪不造罪業
深重之条ハ勿論也＼ソレヲ
悉ク任テ業理ニ一ウトミ捨テハ娑
穢土ノ衆生サハ　イツ　イカニトシテ
欲浮ヒ出テムト生死ノ苦海ヲハ一■
＼如是一悪趣沈淪之衆生ヲ憐ミ」
育マムコソ大悲ノ深重ナルテモ有リ
十悪五逆ノ無比ヒ一之悪人ヲ救ヒ
取レハコソ又本誓重願ノ不
虚カラ一有ラメ＼サレハ不可知人ヲハ一
於我一所詮常没常流転シテ＼
□□無ラン出離ノ縁一之衆生ノ為メニ」
四十八願何レモ雖肝要一於念
仏門別発一願文■特ニ立第十
八ノ願ヲ以テ為願■王ト＼五逆十悪

不捨之ヲ決定応受ノ業トモ一念十念不
嫌ラハ之ヲ○《善根》微少ナリトモ専救フヲ罪苦之
衆生ヲ独為我カ本誓重

(添付紙)

仏ノ門ニ別シテ発一願《文》特ニ立テ、第十八ノ
願ヲ以テ為ス願王ト五逆十悪是ヲ
不捨テ決定応受ノ業ナレトモ一念十念
是ヲ不嫌ラハ微少ノ善根ナリトモ専救フヲ
罪苦ノ衆生ヲ独為スト我カ本誓重』

願ト誓《御》其後三大僧祇《百劫》
之難行苦行漸クニ積ミ功ヲ
五十二位之仏道階級次第ニ歴ヘ
過《スキ》テ大悲不懈本誓無誤リ
十小劫之昔已ニ成玉シヨリ正覚ヲ以来

(添付紙)

□□□□

慈光殊ニ照念仏之」

衆生ヲ忝動カシテ□(妙か)覚高貴之粧ヒヲ■

○《親》臨ミ穢悪充満之堺ニ与トモニ諸ノ聖
衆ト来迎引摂シ玉フ依之下
輩三品之類ヒ遇悪造罪ノ
之族四重五逆ノ無不○《具》犯サ謗
法闡提○《実》雖難救弥陀如来ノ
大願業力ヲ為増上縁ト万善
功徳之名号ヲ一ヒモ触レ耳ニ唱ルニ口ニ
罪障悉ク消滅シテ無不預カラ来」
迎引摂ニサレハ経ノ中ニ説キ称スルカ仏
名ヲ故ニ除クト五千億劫生死之罪ヲ
又説南□《説クヲ》アミタ仏ノ十力功徳光明
神力ヲ故除トモ八十億劫生死之罪
乃至如是於テ念ノ中ニ滅スルカ無量ノ
重罪業障ヲ故○《遣ハシテ》観音勢至
化仏菩薩及ヒ金蓮花ヲ各随ヒ其ノ
機縁ニ任セテ彼ノ行業ニ摂取シテ」
不捨玉ハ同ク引導シテ極楽世界ニ令メ玉フ快
楽不退ナリ是カ弥陀如来ノ殊ナル
大願、為メニ衆生ノ大切要事テハアル候』

(C) 追善供養(逆修も含む)に使用したもの

＼サレハ濁世末代之此比罪業
深重之衆生、自リハ非ス弥陀ノ本
願強増上縁ノ力ニ一切キテ生死之
搆一可入菩提之道ニ様ノ無キ候　」
＼若論《玄義分》セハ衆生ノ垢障ヲ実ニ難欣趣一
正由テ託シテ仏願ニ一以テ作スニ強縁一致使
五乗ヲ斉ク入一 文　」
爾者乗リ弥陀如来ノ大願ニ一
過去聖霊往生極楽無疑者歟　」
嘉暦三年十月十四日海岸寺了願尼百ケ日
元徳元―十月廿五日金―為谷殿臨時山岸殿修之
同二年三月九日荒見永福寺用之
正慶元年七月八日千秋長老四十九日檀那方悉聴聞
暦応四 三 七金―六浦彦次郎入道妻二親遠忌
康永三 五 廿三海巌寺―祖母七年
(異筆)貞和四年　平次母　』

(153)

(表紙・本文〈除異筆〉・識語湛睿筆)

弥陀讃歎簡略

睿之

粘葉装　一二・五×一一・五cm（三〇八函九号）

次弥陀如来
抑此ノ弥陀善逝者経道＼
滅尽ノ之辺土澆季
＼利物偏増ノ之名称異ナリ他ニ一
＼是以鷲嶺ニ日已ニ隠テ正
法像法之秋早ク過キテ竜花ニ
」

月未タシテ出一増一減之暁キ猶
遥ナリ茫々タル苦海之波ニ船師
去テ兮不渡タ人一漫々タル長夜
之闇ミ仏日没シテ而不照サ我一
如是一退テハ○已漏レ尺尊ノ化導ニ進テハ
未及ハ慈尊ノ出世ニ在二仏ノ」
中間ニ可憑一者只○是弥陀摂
取之光明生テ五濁悪世ニ
可欣フ者偏此ノ安養易往之
浄刹也所以何者六八ノ願
海、深広ニシテ済度不嫌ハ於
重罪之愚輩ヲ十六観門』
玄カニ開ケ証入ルコト無隔コト於具縛
之凡鄙ヲ是故尺迦一代
之教ニ専ハラ讃メテ而○令帰セ此ノ尊ニ
普賢十願之文ミ偏ニ指シテ
而○令欣ハ彼ノ国ヲ実知弥陀
超世之悲願蓋是レ末代」
無双之出要ナリト云事

是以過去聖霊」
(一面空白)』
(添付紙・異筆)
爰大法主久懸憑於浄土之蓮台ニ
深期シ御ス引接於終焉之夕ニ
悲願至深重　誓約何有疑一乎
弥陀讃嘆取要如此
次法花」
康永三年九月十四日金―ツルハス尼四十九日
同四年五月廿二日金―泉谷殿慈父十三廻
同九月十七九日蒲里山中江尼一廻』

(154)

(表紙・本文他筆、奥書湛睿等)
弘安四年閏七月クルミノ谷用之
弘安四年閏七月十一日比丘尼用之
六年二月十八日於講堂用之

弁極楽荘厳事

阿弥陀

三字三諦事　弁州罪人事

折本装　一三・九×一〇・〇cm（三〇八函一四号）

阿弥陀者
天台大師ハ念阿弥陀仏、即
是一切仏云々
妙楽大師ハ諸教所讃多
在弥陀願以西方而為一准文
願ニ

阿字、空観之心底ニハ見惑
思惑ノ之煩悩、無ク残コト三界、三
有ノ之果報、永ク絶ヌ
弥字、仮観ノ之風ノ底ニハ恒沙ノ
塵労、払ハレテ反易、生死ノ之霧リ
自ラ散テ出仮、利生ノ月、無陰ルコト
陀字、中観ノ之月前ニハ無明、
任地ノ之闇ミ自ラ晴レテ万法、円融ノ
之光リ是レ朗ナリ
カヽル具シ殊勝功徳ヲ備最
上ノ用力ヲ御シタリケル時ニ十悪
五逆ノ罪人、命終ノ時、火車相、
忽ニ現レ、牛頭、馬頭、已ニ来テ
罪人ヲトラムトスル時、依テ善知
識ノ教ニ南無阿弥陀仏ト一声、
十声、唱レハ十悪五逆ノ重罪、
忽ニ滅シテ地獄相隠テ観音ノ蓮
台ニ結テ趺ヲ往生スル極楽浄土ニ程、
目出事哉候ヘキ

付之被思合事候
唐ニ有リ一ノ悪人不信因果ヲ不信
仏法ヲ行住坐臥ニ犯シ悪業ヲ念々、
歩々ニ積ム罪障ヲノミ(朱・墨)山野ニ矢ヲ
ツマヨテ、終日ニ駈《カ》リ蹄ヲ(朱)紅海ニ
垂レテ釣ヲ終夜スカラ採ル鱗如ク此ノ
(朱)以テ殺生偸盗ヲ為シ其ノ所作ト
(朱)以テ放逸無慚為ス其ノ本懐ト
(朱)寤寐ニ所ハ念仮名、世俗ノ事、
(朱)昼夜ニ所ハ営ム生死、輪廻ノ業、
(朱)念仏転経ノ勤《ツトメ》ハ一分モ無修《シュスル》コト
(朱)礼仏、施僧ノ善《センハ》一事モ無シ営コト
終ニ■請《ウケ》テ重病ヲ命、将ニ絶ムト
時地獄ノ前相、見《ミ》テ現ルヲ眼ノ前ニ向
妻子眷属ニ申ス様ハ
地獄ノ相、明ニ既ニ現セリ或ハ年
来、所ノ殺セ禽獣、鳥類、併ラ
来テ責メ我ヲ或ハ既ニ称シテ
炎王ノ使ト有リ制《ソヘ》ル我ニ之者(朱)火

車、相現シ獄卒間見ユ
(一面白紙)
汝等、此ヲ見ヤト問フニ妻子、眷
属、答フ更ニ不見其ノ時、此ノ悪
人○様ハ是併申我邪見不信ニシテ○由ルコト年来
不信仏法ノ之理ヲ○依之慚愧、怖畏シテ
忽テ差イテ専使ヲ近憐(隣)ノ寺へ人ヲ
ヤテ僧ヲ一人、請テ泣《ナク》〳〵申ス
様ハ我、命終ノ時ニ至テ地獄ノ相、既ニ
現ス火車、眼ニ遮リ呵責、
耳ニ聞ュイカ可仕候一代
聖教ノ中ニ若シ我レ程ノ破戒無
慙ニシテ多年造悪ノ者命終ノ時ニ
臨ムテ○如是地獄ノ前相、現タルカ免レテ
生ル、天上浄土ニ方法ナムト被
説事ヤ候ト伺ヒ候シニ比
丘、忽テ答申ス様ハ仏説ニ此ノ
事、見タリ即観無量寿経
中ニ五逆、十悪ノ輩臨命

(C) 追善供養(逆修も含む)に使用したもの

終時、遇テ二善知識ニ一称二念シ弥-陀ノ名号ヲ一令《メテ》シテ声ヲ不サラ絶ヘ一具二足シ十念ヲ一称ス二南無仏ト一称-念スルカ」

仏名ヲ一故於二念々中一除クノミ二八十億刧生死之罪一。○《サレハ》阿弥陀如来ノ名号ヲ十度称念セヨ定テ免二泥-梨ノ苦患ヲ一往-生スヘシ極楽世界ニ一是則、金口ノ誠-言-也」

敢テ不三可二成一疑ヲ一専シテ二心ヲ一知テ専ヨト二之ヲ一教ヘ御シ時此悪人、大ニ悦テ我レマノアタリ見ル二地獄ノ前相一少シモ無三違コト二仏説ニ一以二之一思ヘハ又仏、唱二十念ヲ一往-生スト極楽ニ一説キ」

給ヘル其レ定テ誠説、ヨモ不ト二空カラ一

申テ深ク致シキ二信心ヲ一(朱)〽時ニ一人香-(朱墨)呂ヲモテ授テ二病人ニ一燃テ二香ヲ一可キ三供-□ス西方ノ阿弥陀如来ニ一之由教フ病者、此ノ時申サク我レ今ニ」

経ヘテ二少時ヲ一可三在二鑪鑊《ロクワク》ノ中ニ一鑪鑊トハ者カナヘナリ○欲三只今ニ猛火纏ラムト二五体ニ一何ソ用ム二別ノ香-呂ヲ一只左手ニ香ヲヒネリ〻テ乍ルヘシト二眼ハ向西方ニ一至テ二心ヲ一暫ク念二仏ヲ一十」

念未ルニ二満タ一七八返ナムトヤ念シ候ケム眼ヲ見アケテ祈、咲テ申サク不思議ノ事コソ候ヘ地獄ノ前相、既ニ隠レテ浄土ノ音-楽、漸ク聞ユ炎王ノ使モ早ク」

退ソキ地獄ノ迎モ既ニ去ヌ如二此一
南無阿弥陀仏〻〻〻〻〻〻ト二反唱之一三尊来迎事〻〻〻〻
云畢テ○命終ニキ我者、十声弥陀ノ名号ヲトナフル勤ハ雖二暫-時須-臾ノ勤メト一〻〻功徳実ニ殊-勝、莫-大ノ功徳ト成コソ候ナレ」

如此一罪人臨命終時ニ一宿善、相ヒ催テ遇テ二善知識ニ一十ヒ称-念レハ弥陀名号ヲ一者、於テ念々ノ中ニ一

除二キ八十億劫生死之罪一ヲ（朱墨）＼火レ
車反二シ轅《ナカヘ》一ヲ（朱）＼蓮台受二テ趺一ヲ＼阿」
鼻大城ノ苦患ヲハヨソニ見テ
＼安養浄刹ノ蓮台ニ宿シテ‐コソ
往二生スル浄土一ニ許リ目出タキ
事ヤハ候此＼ハ即非二他事一ニ
弥陀ノ願力ノ難レ思ナルカ故也」
抑＼モ過去聖霊一＼生造悪人
アラス五逆十悪モ造不御一
厭＼穢土一ヲ欣浄土一ヲ日久シ＼最レ
後臨終時ハ面向西方一ニ手ニ
結印契一ヲ十念慥ニ唱御シカハ」
往生極楽無疑一コソ覚候ヘ
（四行空白）」
宝樹列七珍宝池湛八功
誠是美妙処也何況水
鳥樹林之唱法一ヲ妓楽歌詠之
曲悉催菩提一者也転妙法一ヲ
是以宝樹和風ニ暁調トヽノヘ」

常楽我浄琴一宝池揚
波一暮ニハ打無二無三之鼓一
皃雁鴛鴦ハ更ハル軒
念処近（か）早之曲一孔雀鸚鵡ハ
＼声々聞ク念仏念僧一ヲ頼」
七重宝樹七宝池皆共無レ
量雑宝百千種香ヲシテ
合成シ彼香ヲ聞スル人天
菩薩聖衆皆悉ク得無生徳
忍一ヲ」
正中二年三月廿六日田中殿用之」

(155)

(表紙・本文・識語湛睿筆)

不動尺《総別功徳》
三身事
正法教令二身事
不動明王無有住処等事
睿之

粘葉装　一五・〇×一四・〇cm（三一三函六七号）

大聖不動明王ハ功能《本誓□□》出自リ密
教体用広ク亘レリ顕宗一ニサレハ
○輙《其義深奥》非可申述一然トモ＼御作善丁
寧也争テカ如モ形一申顕サテモ
候ヘキ
＼○《凡》此明王ハ毘盧舎那如来之正体《所変》

周遍法界之色身也而＼ルニ化度
利生之思切ニシテ示大勢威猛青黒ノ
之形一ヲ《御ス》＼付之二三身功徳《御ヘシ》
法身ハ大定徳故住金剛盤
石一ニ以実相法身妙理無有
動転一故住金剛不壊盤石一ニ
表法身不定不ル動転一セ之事一ヲ也
＼報身者大智徳故現迦楼羅炎一ヲ
仍表以智恵ノ火炎一ヲ焼煩悩ノ薪一ヲ之
事一ヲ也＼応身者大悲ノ徳故現青
黒忿怒之形一＼其故者凡ッ大聖
大悲□重冂　凵ハ＼居常寂竟□
中ニ唯仏与仏之＼境界雖寂静
安楽一被レテ牽カ無□ノ慈悲無作ノ大願一ニ
出《玉》利益衆生之門一＼生々加護之誓
無嫌コト一持○《神》呪■之人一ヲ不捨因門之
願、現当ノ両益無違コト我等カ望一ニ
＼サレハ智恵之鉞■四摂之索表＼
定恵二法ヲ於左右ノ御手一ニ顕シ慈悲ノ両

徳於忿怒ノ眦一シリニ御ス
(添付紙)

大日如来神変加持ノ所変ヲ申スニ有二
種ノ身二正法輪身教令輪身是也

(以下添付紙下)
大日如来神変加持ノ所変ヲ申スニ有二種ノ身一
正法輪身教令輪身是也
(以上添付紙下)
正法輪身者文殊普賢等ノ柔
和忍辱之形チ大慈大悲之質タ也
教令輪身者不動降三世等ノ赤目
忿怒之身悪魔降伏之粧也
為下以テ耎語ヲ一勧メ教ルニ之ヲ一不ル信伏セ一衆生上ノ
ハシタナウ示現シテ可畏恐怖之形ヲ一折
伏シ［　　］之衆生ヲ一［　　］
毘盧舎那［(如来か)　］告明王ニ一云フ汝速
現種々青黒之形ヲ一鎮ヘシ生死
轟動之処ニ一為三障四魔ノ一不被
動乱セ一為十纏五蓋ノ一不シテ被妨ケ一利
益シテ一切衆生ヲ一修行得果ニ令無障
礙云々依之ニ一大聖明王示シテ如是一
之種々之姿ヲ一護リ育クミ我等御ス一
青黒忿怒之怖《ヲソロ》シキ形モ現スルナレハ□
□□□(体か)之大悲ヨリ一最モナツカシク［　　］
□□肥満ノ醜《ミニク》キ粧ヒ之顕ナレハ自法□
一理二更ウトマシカラス仍テ教説スルニ
剛強難化之輩一都テ不憚礙
労ヲ一誘引シ玉フニ邪見放逸之類□一不スト
被調伏セ一云事ヤハ候サレハ於テハ■
悪魔降伏之力ニ一此ノ尊独リ得処ヲ一臨
終正念之誓ヒ全無異ナルコト弥陀之願
念ニ凡ソ六十万億恒沙ノ仏ハ
本顕テ［　　］勅ヲ一成正覚一十方
三世ノ持呪之輩ハ悉依テ大聖
加護ニ一全フスル世出世之事業ヲ一事テ候
見我身者発菩提心聞我名者断悪
修善聞我説者得大智知我心者

（C）追善供養（逆修も含む）に使用したもの

（添付紙）
即身成仏可訓尺之
＼就中此明王ニハ＼不動明王無有
住処但住衆生一念心中可訓尺之
実ニ忝ウモ賢ウモ存スル事テ候
サレハ大聖明王別無其ノ所居一
但鎮ニ住我等衆生見色一、聞
声一ヲ念々ノ心性ノ中一ニ。
＼凡諸仏菩薩皆有所居国土一
別有所坐蓮台一所謂
＼薬師ハ浄瑠璃世界弥陀ハ極楽
浄土文殊ハ金色世界普賢ハ
浄妙国土

（以下、添付紙下）
即身成仏云々
＼就中是ノ大聖不動明王ハ別無其ノ
所居一但住衆生ノ心性ノ之中一ニ文
＼凡ソ諸仏菩薩皆有所居ノ国土一別有所坐蓮台

＼薬師ハ浄瑠璃世界弥陀ハ極楽浄土
（一行抹消）
乃至観音ノ補陀落山地蔵ノ迦
羅陀山如＼是浄土穢土ヲ不同ニ
自界他方ヲ有異コト一何モ＼〳〵所居ノ
依界ヲ無不摂持一チ御サ＼ソレニ
此明王ノミ別シテ無其住所一但住一切
衆生ノ胸ノ中一ニ暫クモ不相離一レ玉ハ
（以上、添付紙下）
＼成現世当生之永キ友ト一二＼一生界
之程ハ払四魔三障之災難一ヲ
世間出世無ク相違一令成就セ一臨終
終焉之夕ニハ如本望一ノ引導シ二三輩
九品之台一ニ給ハン許カリ大切ノ事ヤハ候
＼於是信心―仮逆修作善一ヲ仰明
王ノ悲願一ヲ御本ヨリ住御胸中ノ心性一ニ
給ヘル明王ナレハ弥ヨ〳〵内勧増進仏
仏之心一ヲ外ニ退悪縁魔界之障
奉令決定セ順次往生之宿望一御ンスル

事ニ候メレ」

嘉暦三年五月十五日金―地―□□人初七日

暦応五年四月九日金―為六浦ツルハス尼子」

(位置未詳添付紙)

爰大法主造立明王尊像ヲ一調
開眼讃嘆ノ義ヲ一憑御ス現当二世之
永導師ト一明王争テカ忘生□
加護ノ誓ヲ二不動明王無有往処
但住衆生妄想心中文自今
已ニ住法主ノ心中ニ一御ス上ハ現世当
生済度有憑御事候
(紙背)嘉慶二年十一月四日寥本上人逆修用之

(156)

(表紙・識語湛睿筆、本文他筆)

嘉暦二年十□□□□□(一月十一日)海―賀島□　睿
(暦)歴応元―十二月十六日金―長老法事(称名寺二代釼阿)

真言宗大意
両界事
理趣会事

粘葉装　一五・五×一一・六cm（三〇八函一九号）

(表紙裏添付紙)

先理趣三昧者大日覚
王之淵符遍照法帝
之肝心也法義ノ甚深
不可得講一大意已上ハ通諸触事而真等ノ義之由委分別之後」

凡真言教者所談スルコト者触

(C) 追善供養(逆修も含む)に使用したもの

事而真之極致ヲ一遥ニ超余
教一所窮ム者是心即仏之
奥旨ヲ一遠ク絶テリ心地ヲ一＼是以大日
経疏云＼一切衆生色心実相
従本際来常是毘盧舎那 」
平等智身非是得菩提強
空諸法使(ママ)成法界也文
文意
是知一切衆生色心法爾ニシテ本
無内外一実際平等ニシテ不
属一多ニ一■既＼我等凡愚 』
五尺ノ形骸九識ノ心王、従本
以来舎那ノ智身ナレハ＼迷悟尚一ニス
致ヲ一理智何ソ分タン岐一＼然レトモ大日
如来出テ玉フ加持門ニ一之時＼唯一実
相ヲ開テ為ス二門ト一胎金両部依テ
此一而立所謂＼色法ヲ為門ト一引 」
入衆生ヲ一是謂胎蔵ト一＼故直
於衆生身中ノ八分ノ肉段ニ一即

観シテ九識ノ心王ヲ一以為八葉九尊一
更開心数ノ別相ヲ一則総成四重
十三大院一＼是即従色法ノ実
際一建立セリ三部四重ノ円壇一＼故知 」
当界ノ成仏ハ以テ六大中ノ先五大一
為本ト一明五輪成身ヲ一者也
＼次心法ヲ為門一化誘衆生一是
謂金剛一＼即彼ノ台蔵ノ八葉
中台ニ所観スル一九識ノ心王如次
転得シテ五六七八九ト一成五ケノ 」
月輪ヲ一是名五解脱輪一＼於中
観五智ノ諸尊ヲ一更顕心□(法)
功徳一則成五部三十七尊ヲ一
故先徳尺《バン》(梵字)云言ヘハ中台ノ総体
則心王仏部ノ遍照、論スレハ辺
葉ノ別相ヲ一則心数四部ノ諸尊文 』
＼然転得スルニ五智ノ月輪ヲ一次第
経五相一如是一五相ハ心法ノ転
深転妙之相也＼故知当界ノ

成仏ハ以テ六大ノ中ノ第六ノ識大ヲ一
為面ト経テ月輪ノ五相ヲ終成シテ」
仏体ニ於中方ニ開ク三十七尊ノ
功徳ヲ是謂フ金剛ノ諸尊ト
是知台ハ自色法ヲ開キ金ハ自
心法ヲ開ク又台ハ五輪成身也
金ハ五相成身也総而云之ヲ
時ハ六大無礙ニシテ体性平等ナリ
一切衆生色心ノ実相、法爾ニ」
□論空性則
如是ニ□□之ヲ顕得ニ則ヒルサナ
平等智身也実是色心
不二之極致、生仏平等之
源底若約法ニ、則名不二摩
訶衍ニ若約人ニ則謂不二大日ト
一宗大綱大略如是」
嘉暦三年四月十一日荒見長老五七日
元徳元年十一月八日金―谷殿法事
同　四年四月十五日金―大夫入道殿息女同姫殿法事』

(157)

為僧旨趣　元徳二年八月十二日為顕助僧正於若宮小路愛宕局修之　同十一月二日為彼百ケ日於称―武州修之

（表紙湛睿筆、本文他筆）

粘葉装　一五・五×一一・三cm（三〇八函三六号）

仏経讃歎○
抑○作善廻向祈念之趣○非他偏ヘニ奉為
亡魂菩提之増進ノ追修報恩
之御志是レ慇ナリ何無三宝諸
天之冥助ニ祈願既尽御誠ニ
仏天必合玉ハン力ニ聖霊御得脱」

（C）追善供養（逆修も含む）に使用したもの

更不可疑㆒＼何況聖霊御事ハ
＼曩劫之積善功高ク今世之
行業徳深ケレハ＼縦無トモ夢後
追修之御作善定開覚前菩提
之大悟㆒（御）＼故何者（何疑）
＼往因令然㆒雖長御スト東関累武ノ」
之嘉門㆒宿善尤忝クシテ早趣玉シ
西乾調御之大道㆒ニ以来＼帰仏㆒ニ
信スル法ヲ㆒之心深クシテ学○（道）求法之営ミ
集メ雪ヲ㆒恐レテ果ヲ㆒慎ム因ヲ㆒之思厚クシテ
止悪修善之勤メ攅キル火ヲ㆒
＼所謂幻日之昔ハ両部之』
伝法従智界㆒及理界㆒ニ諸尊
之深義窮メ大法ヲモ㆒尽秘法ヲモ㆒
＼三十八（六）年之行業久積ミ五相
成身之窓㆒ニ六時不退之御勤メ
早旧タリ三密瑜伽ノ壇㆒ニ＼依之
＼護摩壇ノ底ニハ煩悩ノ薪キ永ク尽キ」
観念ノ風ノ前ニハ妄想ノ霧リ

無留㆒＼定知卅七尊満テ胸㆒ニ垂レ
加被ヲ㆒四十二賢摩頂ヲ㆒奉玉ケフ擁
護＼自行已ニ成シヌレハ化他随テ成ス
＼内証円備御セハ外用又無不
備ハラ㆒是以十＼善ノ君王ハ賞スルニ
以テシ温官重職ヲ㆒一門ノ緇衆ハ」
仰テ為蜜（ママ）家ノ法将㆒＼是故
或ハ＼天変地夭之御慎或
祈雨止雨之御祈＼若禁
裏仙院之御護持若竹
園大王之御祈禱＼四海
静謐万民与楽＼事ソ替ハリ」
篇シテ異ナレトモ旁是ヲ承ハリ
行御シハ親疎悉鳴感
賀之舌ヲ㆒遠近皆無不
候随喜之思皆是一切衆生
利益安楽之計リコト五幾（畿）七道』
攘災招福之基ナリキ○（是）故＼親疎
悉鳴感賀之舌ヲ㆒遠近皆

無シ不作随喜之思一ヲサレハ一々ニ
叶ヒ諸仏善逝之悲願一ニ能々
順セル諸天聖衆之冥慮御事ナレハ
瑜伽観行之窓ノ前ニハ百千万劫
之塵労経テ日一ヲ自払ヒ行業
薫修之室《ムロ》ノ中ニハ密厳花蔵之
業因積年一ヲ早定マリ御シハ不候了
是即真俗二諦相依建立之
法将トシテ現当二世悉地円満之
御事ナリキ然間分段之境ヒ来
而無留者ノ生死之習存而無
常ナル者一ノ去シ初秋之朝ノ霧不ルニ図一
示シ縁謝即滅《有為無常》之兆《瑞》一其ノ暮月
之夜ノ風無端告ケキ縁謝即滅
之期一ヲ○《愛》先寂滅《円寂》一ニ一日平安ニシテ無
痛一ミ及瞑目一片時寂然トシテ取終一御
定知還テ五智本有之都一ニ遊ヒ
九尊性蓮之台一ナニ依仏眼
仏母之加持一開キ理界智界

之頓証一玉ランサレハ追善修
修福縦踈ナリトモ超凡入聖
何疑然レトモ弥添ヘ果地
内証之厳一更為奉○《増》自性
霊知之光一凝恋慕悲
歎之懇志一営慇懃丁
寧之大善一御セハ聖霊生
前之行業ト云施主没後
之追福ト云彼レ此レ感応
道交シテ恵日耀光一法音
成雷一煩悩ノ山モ可ク崩頽一
悪業ノ海モ可シ乾一キヌサレハ
聖霊ノ御菩提誰カ敢テ致サン
疑一尤有憑一御事ハ不候哉
(朱)
但以過去聖霊御在生《年歯》纔ニ
三十八年思後営一猶遥
徳行○《既》千万端計ルニ利益一未ス
久カルヘシ依之一仰出世徳之人ハ
悦法水弥添コトヲ潤於広沢之

(C) 追善供養(逆修も含む)に使用したもの

流ヲ一預世俗ノ恩一ヲ之輩ハ憶
徳花広ク及コトヲ匂ヲ於万《松門》戸之枢《風》」
年歯僅ニ三十八《六》思フニ後営一
猶遥ナリ徳行《ケウ》既千万
端計《ハカルニ》利益尤大ナルヘシ依之
伝法《門徒》ノ学侶ハ悦ヒ法水広《弥》
添コトヲ潤ヲ於広沢之流一レニ眷顧ノ」
緇素ハ慮徳花広ク薫匂ヲ於
一門之風一外人尚以謳歌ス
門人誰不感賀一何況厳
親殿《下》○慈眼《カン》無暗一御覧之
観《御サムニ》恩愛ノ御意ノ中ニ定テ
凝帰依ノ思一今世モ後世モ」
深ク奉ツル憑ミ一御事ニヤ御《ケウト》
乍恐レ一察申候
就中一人女大施主因縁旁
(朱)
萌ス故慕フ芳徳一ヲ之御志不浅
奉《瞻望》公有便《由》一故仰宏恩一ヲ之儀
亦慇《深》依之致殊勤一之時ハ先」

以テス柔和之貌一承ハル恩言一之時
必顕ハシ芳情之色一《御シカハ》偏仰
芳《明徳》志更無キ他念一御事ニコソ候
(添付紙)

然今無常頻ニ責メテ生死
忽ニ到シコト万事乖キ天度一ニ
諸人失本意一御事共モハ不候哉」
然間或含テ心事相違之恨一ヲ
忍ヒ旧徳一或呑テ老少不定之
悲一ヲ拭新涙一○《依之》灯下思閑之
夕ハ語テ往事一ヲ痛シメ心一ヲ枕ノ上ニ夢
覚ムルノ之暁キハ思テ向後《ユクスエヲ》一焦肝一サレハ」
恋慕触事一易起一思出随折一
是レ多トキハ即今此ノ御事《候メレ》コソ

(以下添付紙下)
然今無常頻ニ責生死忽到
諸人失本意一ヲ万事○乗天度ニ御
違セシ御事共モハ不候哉然間

或呑老少不定ノ悲ヲ慕芳徳
(以上添付紙下)
或含心事相違之恨忍宏恩
或呑老少不足之悲一ヲ払（旧徳）新涙一
無情哉無常之殺鬼何不
侵道徳之仁ニ痛哉有
為之怨賊何　聖財之主
功之娑婆界ノ濁□一ニ
此恨此悲無物可取例一趣
生得却一■（更不可）有休ムコト思但此■
（但）○生死妄執之基キ豈敢出
離得度之便ナラン不如扇テ梵
風一永ク払ヒ五住之塵（雲）一酌
法水一弥添ニハト功徳地之流一思食
依之■致知恩謝徳之梵席（誠心）
修讃仏講経之恵業（御）
仏則大慈大悲之尊構十二
大願荘厳之浄土一経又無二
無三之教（為）○後五百才遠霑

之妙道一然則聖霊乗彼ノ仏ノ
願一ニ必遂ケ九品上生之望一依
此ノ経ノ力一速ニ悟一実中道之理一
積善之家ニハ余慶必来リ
報恩之道ニハ感応不ルヲモテ空カラ一
護持女大施主
久嘗不老不死之妙薬ヲ一
寿福齊保テ鎮預如海如山
之恩賞一子孫遥伝（御サン）
乃至五幾（繊）七道千戸万民安穏
泰平尽空法界六道四生
平等利益

(158)

睿

僧供養
三宝一体事
西天亡女之入寺法事

（表紙・本文・識語湛睿筆）

粘葉装　一二・二×一一・六cm（三一四函五八号）

凡仏法僧ノ三宝ト申是ハ其体本一ニシテ
更無有ルコト隔一サレハ帰仏ニ敬僧一
之人専悟テ此ノ旨一深可凝信

（添付紙）

心ヲ一候サレハ南山大師明下天竺ノ貴
賤男女参ル祇洹精舎ヘ一時ノ観

念用心之行儀ヲ上中

（以下、添付紙下）
心一ト云事○天竺ノ俗人士女入寺法トテ貴賤男女参ル
祇洹精舎一之時明其○観念用心一
候ニハ
（以上、添付紙下）
事抄下三僧像致敬篇
南山大師明俗人士女入寺法■
依祇洹ノ旧法ニ述ル中国ノ士民
之行儀ヲ中云礼拝仏法僧ヲ一
者ノハ常ニ念スヘシ体唯是レ一ナリト一何トナレハ者覚
法満足シ自覚リ覚ムルヲ他一名仏ト一所
覚之道ヲ名法ト一学仏道ヲ一者名
僧ト一則一体無別一矣自下注尺始テ
学フ時名僧ト一終ニ満足名仏一僧
時ハ未免諸過ヲ一仏時一切悪尽キ
一切善満也（朱）今我未タレハ出家学
道セ一名俗人一廻セハ俗ヲ一即是道ノ器ナリ
如此一深ク思ニ我亦有リト道分一云何
軽侮セム宜ク至シ心ヲ一帰依シテ自作

出家ノ因縁一者是名囲繞シテ
念スル仏法僧ヲ一之大意ト一矣上已
資持云初念三宝一仏僧ハ能
覚、因果雖異一所覚道同
故云一体ト一道トイハ即諸仏ノ果源衆」
生ノ心本ナリ極メ証ヲ名仏ト一始テ学ヲ名僧一
僧現学シテ法ヲ一終ニ至仏果一若此一
待僧一豈ニ容軽侮一注中初教
念僧一則三宝備矣今下（朱）＼
次令念シテ己一与僧一不殊一尚当ニ
尊フ己ヲ一豈敢テ慢人一上已」
＼今日信心ヽヽ」

暦応二　八　十八　金―六浦道空妻父三十三年
薄物羅因縁用之
同四　六　八　金―ミナト入道二親三十三年
康永二―七月三日　金―　六浦道空子百ケ日
同三年十一月十五日　金―　故長老七廻仏事東殿（称名寺二代釼阿）』

(159)

弁
反旧色紙因縁

睿之

（表紙・本文・識語湛睿筆）

粘葉装　一三・二×一三・六cm（三一四函七〇号）

今此ノ御経ハ故先師御手跡ヲ
為御料紙ト一
反旧《ホンク》色紙之経ハ清和ノ御時ニ
始テ。反世俗ヲ一帰出世ニ一是カ
イミシキ事テ候
清和ノ天皇早世ヲ一之後

(C) 追善供養(逆修も含む)に使用したもの

西三条ノ皇后ト申ハ清
和ノ后《キサキ》奉後天皇一ニ之後」
責テ悲ノ之至リ朝夕《アサユフ》書
置御シ神筆ノ御文トモヲ
色紙ニスイテ大乗経ヲ
被書写供養一候橘贈《タソウ》
納言広相《ヒロミ》書其ノ御願文ヲ一
載一句ヲ一御シ
同心ノ契リ変シ蓮花ノ偈ニ一
匪石ノ詞入鑁《ハン》字ノ門ニ一』
同心ノ契リ顕レシ色ニ一御手跡
併ラ成リ妙法ノ蓮偈ト一入レキ
真如ノ妙門ニ一トコソ候ナレ
是ハ以世俗之惧(誤)一ヲ帰スル真
実之道ニ一心候
\実ニモ世間ノ書札ト申物ハ
\或注朝暮世路之事ヲモ一」
若述花月遊宴之情ヲモ一
\皆是生死之迷ヘル習ヒ未
為出離之中立一然\ルヲ今、
翻シテ之ヲ一為ツルカ如来真実之
妙典ト一変\シテ煩悩一帰シ菩提ニ一
捨生死一得涅槃ヲ一慥ナル
勝因也ケル候トヨ」
\大法主《施殿下》禅室由之一\以先
師《人聖霊》上綱之御手跡ヲ一為仏語
滅諦之妙文ト一\煙霞《カ》花《クワ》鳥
之詞変シテ為シ花《クヱ》池宝閣之
因ト一\誑言綺語之誤翻為
転正法輪之縁トコソ候ナレ
サレハ当相即真之奥旨」
顕十眼ノ前ニ一一乗妙
典之深義。《只》可足此ノ事ニ一
候\廻此功徳一資亡魂
菩提御サン利益必可
速カナル一候
(末丁右余白)正中二年三月十日田中殿
(末丁左余白)同四月九日極楽寺用之』

(160)

（表紙・本文前半他筆、本文後半湛睿筆）

＼幷四十九日大小＼一周忌事

＼十三年マテ受中有生一事

粘葉装折本挿入　一二・八×一一・三cm（三一六函一七号）

十三年間在中陰身一事
楚聖《ソセイ》王ニ有リ一ノ娘メ一司馬《シハ》
嫁ク之二司馬依宣一ニ行他
国一三十日許ニ返来ル其ノ
妻死ス司馬扣テ、墓ヲ一泣ク
妻魂如本一化人二不違

昔ニ一毎月ノ死日ノ夜来ル
毎年閉眼之日竟-夜
語ル又十二月晦ニモ如此一又
盂蘭盆日ナムトニモ来ル十二年ハ
〻於中有ノ習ヒ一紀ト云一人ノ
□□沙汰スル日也十三年閉
眼ノ〇日ノ後ハ不来一也
〇又浄影大師存生時鵜ト
云フ鳥ヲ飼ヒ給フ入滅之後
時々其忌日コトニ来ル其
後中絶シテ不来一門弟怪之一
処十三年之忌日ニ来ケリ云々
＼四十九日間有中有一事
地蔵発心因縁経云七々冥
途ノ中陰身ハ専ラ求ム三父母ノ
会ト二情アル親一ニ福業此時仍ヲ（ママ）
未定一更看ミル三男女造二何ル
因ヲ一文
大小一周忌事

（C）追善供養（逆修も含む）に使用したもの

法花経云年紀大小文
鏡《法相宗文》随抄云小一周忌ト者如
常十二月ヲ云也大ノ一周
忌ト者十三年ヲ云也取意」

（添付紙・湛睿筆）

サレハ○《任彼冥衆知見ニ争此広大》聖霊縦出離生死
往生極楽《者以》決定シテ不ン有ラ
疑トコソ就中コノ遠
忌ノ御作善ハ雖同没後ノ

（添付紙・湛睿筆）

追善ニ冥衆ノ感賀モ
勝余ニ聖霊ノ得益モ
可掲焉候其故者」

追善彼ノ中陰七々ノ報
恩百朝周忌折々ノ仏事
《或》○被催眼前別離之○《周匝》哀』

哉傷若ハ先人ノ面影猶新ニシヲ
懐旧之思□□□

（裏書「韓非子巻第十五纛楯」）

各ノ是ヲ取営ミ面々致

（添付紙）

可掲焉候其故者彼ノ
中陰七々ノ報恩百朝
周忌折々ノ仏事ナムトハ或
被催眼前別離之周匝
哀傷ニ若ハ先人ノ面影猶
新ニシテ懐旧之思来リ□□

（裏面）

於是
過去法縁ノ令然ラ今世
信敬尤深依之仰余
□ノ悲願ヲ堅現《冥顕》当ノ

計略ニ候然レトモ年序モ
多積モリ涼燠遠ク隔

（160）

候ヌレハ公ケ私クシ打チヒソメキ
出テモ入テモ交ハリ繁ク成ル
候ヌレハ哀傷ノ心モ不深カラ
マヽニハ」
恋慕ノ思モサノミヤハ
候へキナレハ哀傷之心モ不
深一サルマヽニハ追福作善モ
随又懈怠ノミ有ル候
然今ノ御事別レハ雖実旧一
（裏書） 難一第三十二八 楚人事
恋徳之思無休一年雖
○遠隔一報恩之志無懈一
依之一今迎二親聖霊
三十三廻之遠忌ヲ一儲ケ」
今日一座慇懃重
盈之斎会一抽知恩
謝徳之丹誠一営滅罪」
証覚之白業一仏天
之証明倍以定テ新タニ幽儀
之得脱モ無クシテ疑一ト」

（添付紙）

生善之白業一仏天
証明モ倍以慇懃ニ幽儀
之得脱モ弥以テ決定御ヌル」

遠忌事

然今信心施主別雖
旧一恋慕之○思無休一年
隔一追善之勤メ不懈一御
依之彼当第三廻ノ忌
辰之古已励一心無二
之報恩此迎十三年
光陰之今殊尽三業」
清浄之精誠御是即
報恩謝徳之志随年一ニ
弥深追善修福之勤メ
触折一慇懃サレハ仏天ノ
随喜証明モ定テ新タニ

(C) 追善供養(逆修も含む)に使用したもの

聖霊ノ増進仏道モ無
疑一ト覚
次以此数多善根之
余薫遍資二十人
之亡魂一廻向必ス無相違一
巨益定可感通一
」

※「遠忌事」以下紙背「戒雲書状」断簡(金沢文庫古文書未収)

□五連送給候
候事も御いたわ
　も思食候て
　畏入候いれ
明春にハ人々
申入候尚々此
度候へとも其思
返々御芳志之
以皆可有御被
　白
三日　戒雲(花押)

(161)

魚母念持子因縁（仮題）

（表紙欠、本文〈尾部〉・識語湛睿筆、本文前部他筆）

粘葉装　一三・六×一三・二cm（三九九函一九七号）

（前欠）

被其母カ念力ニ一或ハ波ニ洗レテ
栖モ改リ或ハ流レ絶ヘテ水モ乾
時ニ遇ヘトモ不シテ朽チ損セ一生長シ
候ナルサテ若此ノ魚ノ母漁父カ
釣ヲモ含ミ予暑カ網ニモ懸テ
失命ヲ一候ヌレハ其子カ一モ
不生長一候
曇鸞法師ハ引此譬ヲ一

（一面空白）

元亨元年十二月三日梅谷為甲斐亡室
暦応二年六月廿三日金—瀬崎善阿ミ悲母
康永二—七月廿七日金—六浦道空妻母一周忌
（異筆）文和五年正月十九日六浦蔵アミ母儀十三年

(C) 追善供養(逆修も含む)に使用したもの

(162)

(表紙・本文欠、識語湛睿筆)

識語断簡（仮題）

粘葉装　一三・六×九・四cm（三九九函一九八号）

(尾)

康永四年九月十五日蒲里山中江尼一周忌

(異筆)康応二年四月五日了本上人母儀三十三年

(163)

(表紙・本文欠、識語湛睿筆)

識語断簡（仮題）

粘葉装　一五・〇×一一・五cm（三九九函二〇〇号）

(尾)

嘉暦三年五月二日海巌(岸)寺用之

元徳二年九月三日金—顕助僧正六七日野島御母修之

正慶元—十一月十八東禅—鼻和五郎四十九日

元弘三年九月五日土—為井土山入道百日

暦応元—十一月廿七金—六浦ツルハス入道一周忌

同四三七金―
康永元―六月廿四海―長老四十九日
同元―十月十五日金

(164)

（表紙・本文欠、識語湛睿筆）

識語断簡（仮題）

粘葉装　一五・七×一一・七cm（三九九函二〇二号）

（尾）
元亨元年四月廿三日金沢称名寺御老用之
同廿四日経師谷用之
同六月二日多宝寺小御堂法花堂ノ人
同二年正月廿七多方丈長崎下野息女
同三三月廿九日称名寺覚浄房十三年用之

(C) 追善供養(逆修も含む)に使用したもの

同卯月廿一日松谷静俊房四十九日
同九月十五日為夕浦祖父
正中三年三月五日用禅尼子息十三年
嘉暦元―七月廿日土橋戒円房ニ用之
暦応二年六月廿三日金―瀬崎善阿ミ悲母
(異筆)文和二年五月如来堂

(165)

識語断簡（仮題）

（表紙・本文欠、識語湛睿筆）

粘葉装　一・八×一五・四cm（三九九函二一九号）

（尾）

正慶二年三月廿一日金―為恵三十三年御勤修之
建武五―五―廿四日千秋長老七回

(十六) 不明の追善に使用したもの

(表紙〈除異筆〉・本文(尾部)・識語湛睿筆、本文前部他筆)

(166)

種(か)　　睿之
僧子致為父母一修善
根一可合之
(異筆)売三衣供父母事

粘葉装　一三・一×一四・五cm(三〇八函一三号)

売三衣欲供養仏勧
令供養父母事
観経疏第二善導又父母者
世間福田之極也仏者是出
世福田之極也然モ仏在世ノ時
遇ヒ-値フ時年ノ飢倹《キケムナルニ》一人皆餓
死白骨縦-横ナリ諸比丘等ラ
乞食ルニ難二得一於時一世尊待比
丘等ノ去一ルヲ後ニ独自入二城一乞食シ給
従旦一至中一門々喚-乞無与へ奉ル
食者ノ一仏還空クシテ鉢ヲ一而帰明《アクル》日又
去テ又不二得一後日復去、又不得一
忽有二一比丘一道ニ逢二見仏一顔色
異二常一似三有二飢-相一即問仏一言、
世尊今已ニ食-竟ヌヤ也
仏言我経三日一以-来タ乞食
不得一匙《カヒ》一我今飢-虚ニシテ無三力二
能共汝一語ニ比丘聞二仏語一已、
悲-涙不レ能自-勝一即自念言、
仏是レ無上ノ福田、衆生覆
護ナリ我此三衣売-却《サケテ》買-取
一-鉢飯ヲ一奉上於仏今正是-
時也作是念一已即買-得一鉢

(C) 追善供養(逆修も含む)に使用したもの

飯ヲ一急《イソ》キ将テ上《タテマツ》ル仏一々知テ而故ラニ問言
比丘、時年飢倹、人皆餓死、
汝今何処得テ此一鉢純-色
飯ヲ一来、比丘如前一具白世尊
＼仏言三衣者即-是三世
諸仏ノ幢相ナリ此衣因縁極テ
尊ク極重ク極恩ナリ汝今易《アキナヒ》
得此-飯一与ニ我一者、大領二汝カ好 」
心ヲ一我不消二此飯一也比丘重白
言仏是三界福田、聖中極
尚言不消一者除二仏一已外ハ誰
能消也＼仏言比丘一汝有父母一也
不ヤ答言有、汝将供養父母一
去レ＼比丘言、仏尚云不消一我父
母豈能消也＼仏言、得消一何
以故父母能生汝身一於汝一 」
有二大重恩一為ニレ此一得消、仏
又問二比丘一汝父母有信スルレ仏心一
不、比丘言、都無二信-心一仏言

今有ナム二信心一、見汝与飯一大
歓喜一因此一即発二信心一先-
教受シメヨ二三帰依一即能消此
食一也時比丘既ニ受二仏教一愍
仰而去、以二此義一故、大須 』
養父母一仏尚自収二恩一孝
養父母一何況凡夫而不
孝養一

(以下湛睿筆)
増一阿含経云孝順供養父母功徳
果報与一生補処菩薩功徳一等文
心地観経第三云若人至心供養仏
復有精之修孝養如是二人福無異
三世受報亦無窮文 」
元亨元年四月十六日多宝寺用之 』

※『言泉集亡父』「売三衣供仏々勧供父母」(『安居院唱導集』一一八頁以下)にあるが、出入が多い。

実ニ此事伝承ルモ哀レニ悲
事テ候＼サレハ如是一蒙深
重之哀恋一不知此理
之輩ハ不申及一＼サテモ弁
是非一之類争緩報讃
之心乎 └

(167)

（表紙〈除「臣」〉・本文湛睿筆）

臣

悲母思子因縁諸句

睿

粘葉装　一二・五×一一・八cm（三〇八函六〇号）

総ヘテ凡ミ為人ノ親一ト思フ子二之習ヒ死シテ＼
告ルニハ別一ヲ悲ミ其ノ行末一ヘヲ生テ立チ
離ル、時ハ苦シウスル今ノ安否ヲ＼古モ
今モ皆以テ如是一＼サレハ過
去聖霊等哀ミ今ノ施主
等一ヲ御ス御志之忝サモ亦復可同一 └
＼又為其ノ子一ト孝スル親一ニ之習ヒ
＼水菽之孝行ハ現世一旦
之事ナレハトテモカウモ御スヘシ
後生菩提ハ永劫ノ■■大事ナレハ
訪テモ而可キ訪一其ノ志之至又
合ミ同○彼ノ僧都ノ勤メ行シ
但古ヘハ○一人孝子双テ資ク二親ノ
菩提一今ハ二人ノ施主各訪一人ノ
恩所一＼古今雖異一孝行
是レ同考妣ノ得益何ソ有
所替一然則＼慈父告テ別一ヲ
三ケ廻、憶ヘハ芳徳之馥 └

（C） 追善供養（逆修も含む）に使用したもの

春ハ重ナレトモ如昨ノ一悲母
去玉テ世ヲ一三十余年、願生
育之忝カシコトヲ年ハ積ルモ仮
令一実ニ＼憐愍覆護
之各ノ、御志隔テ生ヲ一経トモ劫ヲ一
誰モ争テカ忘御サレ＼依之」
撰ムテ■諸経中ニ最モ○勝タル之妙法
経王ヲ一致シ万行ノ中ニ踔躒セル

（添付紙）

一日頓

之如法書写ヲ一以テ＼

（添付紙）

死シテ＼

擬シ九品
浄利之生因ニ一■以テ祈御二親
聖霊之往路一＼祈念無ク
違一勝利忽顕レ御セトナリ」
（紙背）観音三十五条三月十二日」

（添付紙）

所替一然則悲母告別一
十三廻憶メスニ芳徳之馥コトヲ
年ハ積トモ如昨ノ一慈父
去玉テ世一七ケ廻顧レハ生育
之忝カシコトヲ一春ハ重ナレトモ似

(168)

（表紙〈除「親」〉・本文湛睿筆）

親　　　睿之

ム追善可通父母鹿島妻之母儀

一身具三品孝事

母子居別所ニ不逢終焉事

粘葉装　一四・五×一三・六cm（三一九函六六号）

先述三品孝養了」

ソレニ今ノ女大施主御事

粗伝承候ニ三品孝養

倶ニ備ハリ候ヌル歟ト覚候

其故者女人之定レハ御習トシテ

幼稚之時ハ従御親ニ之法ナレハ

○思其物ニ定テ随逐奉事シ御ケフ是即」

可云下品ノ孝ト次ニ従御官人ニ

之後○自中比ニ之以来近年之今ニ至ルテハ

奉加扶持ヲ於母親ニ

抽テ孝行ヲ於一心ニ御セハ正是

当レリ中品ノ孝養ニ更ニ至没

後之今ニ如是ニ開キ讃仏講

経之梵席ニ祈リ悲母聖霊

■■往生成仏ト御豈非上

品之至孝ニ乎サレハ施主

御身ニハ一身ニ勤メ三品之孝

行ニ母親ノ御方ニハ一生ニ儲受ケ

二世之資糧御シテ母子共ニ

希代之幸人現当同ク成

悉地ヲ御ヌル歟トコソ覚候ヘ」

（一行分切除）

立ツル事テ候

但御恨ノ一ツ相残ラウト察

申事ノ候ハ凡ソ生死之別ハ

普通ナヘテノ事ナレトモ

（C）追善供養（逆修も含む）に使用したもの

今ノ御悲ミハ可異常篇一ニハ
其ノ故ハ此十余年之間」
母儀《過去聖霊》ハ属スル事ノ因縁一ニ預テ
住シ京都《鎮西》一施主《御シキ》ハ従
良人《御セハ》一今正住《スミ》柳営一ニ
御候ソカシサレハ\境既隔山川一ヲ
依之一罷晨昏之礼一年《寒暑》又
送レリ○数歳《多歳月ヲ》依之聖霊ノ温
顔モホノカニ覚ユ是故ニ」
音信ハ雖無隙一○勤《拝》ハサスカ
絶ヘテ久シ書札ハサコソ
互ニ通ハシ御ケメトモケニハ思フ
許リハ述ヘラレネハ\ヨロツハ只
不審《イフセサ》ノミテ累年《月》一逐日一
御シハ不候了サレハイカニシテモ
○《我モ人モ》互ニ奉見一ヘ奉見一事ヲノミコソ』
出語一被仰一廻思一案シ
御ケメニ今生ノ向顔ノ絶ヘテ久
ノミカ剰ヘハ昇他郷之雲一ニ

御スル由聞キ成シ奉御ケフ
○《大施主ノ》其時御心中御悲歎之至被
察中事候
又悲母聖霊《過去》モ其ノ貴体ノ安穏ニ」
平生無為之時ハサコソ御心
強《ツヨサニ》御ケメトモ《事ヲ事トモ不トモ思食一サ》ケニハ\四大違
反シテ沈病床一《御》之刻ミ若報
命将尽一ナムト終焉之夕ナムトハ
大施主御事イカ許恋ウモ
忍ウモ無為方一御事ニ候ケフ
\境既隔万里一風ノ便リモ」
輒ク難通一命○逼《又》ヌレハ旦暮一ニ
期スルニ再会一ヲ無キ日一其折
其時ノ心細サ実ニ無コソ遣ル
方一御ケメ 但生死之別ハ歎トモ不可有其甲斐一菩提之実ハ修シテ可祈之一依之
是ニイミシウ被思食一
アノ浄飯大王」
（以下白紙一面）」

(169)

（表紙・本文湛睿筆）

悲歎事 通用

神人ハ不堕悪趣事

睿之

粘葉装　一五・〇×一四・一cm（三一四函七一号）

五家床頭夢驚則厳容浮
眼ニ一涙易落二一点灯下夜静
則遺訓留耳憂難休
三十余年恩愛之情ヶ只限取
終リヲ一之夕ニ百千万端慈念之志已テニ
畢《ヲヘヌ》告シ別レヲ一之時ニ南隣聞シカトモ後ルトハ親ニ而

都テ不思ハ身ノ上ノ事一トハ北隣ニ見トモ喪《モストハ》父ヲ一
只ヨソニシテ訪人ノ思ノ切ナルコトヲ一生者
必滅是一向記之道理聞シカトモ其説ヲ一不リキ
思ハ昨日今日一トハ会者定離ハ又
娑婆界之常習知レトモ此理ヲ一不悟
其歳其月一何況ヤ自東一来
西望之人誰有似聖霊之人一
親于我ニ一昵于我レニ一之輩何無斉シキ
幽儀之類ヒ一再親何時ソ只期闇
夜ノ夢ヲノミ一音信何世ソ深憑ム覚悟ノ
暁ヲ許リナリ適ノ御行□(ミ)モオホツカナリキ
今ハ離レテ三ケ月白地ノ物詣テモ
慕《シタハシ》カリキ今ハ別テ七々日只祈
十万億土ノ西ヘトノミ一望一仏浄土ノ値
遇一常思ヒキ万春列袖ヲ一翫南
苑之花ヲ一豈図キャ九野ニ尋
迷北芒之露一悲哉家閑ニシテ
失主一但秋月漏ノミヤ板間《マヲ》一之影
痛哉扃閉無人一纔カニ夕嵐ノ吹ノミヤ

（C）追善供養（逆修も含む）に使用したもの

木末ヲ一音《ヲト》ツルラン　凡ソ」
＼多年之間馴恩ニ一之客数日之室
蒙情ヲ一之人以＼蓮台野ノ其夜ノ
送リヲ一為結句之宮仕ト一備最後
之報恩一帰家ニ一泣恩ニ一望砌ニ一□
慕徳ヲ一＼連枝一両輩只所訪
者先亡ノ往事也旧労両三許
又所談者聖霊ノ恩恤也見＼テモ
幽儀年第之人ヲ一思出サレ聖霊ノ齢
盛リニ御シ物ヲト一見テモ幽儀ト同年ナル」
之人ヲ一カヽル人モ有リケリト悲ミ深シ
＼トニモカウニモ屠肝一摧魂一ヨリ外ハ
無他事一御悲歎ヽヽヽ
＼加之聖霊赴キ御ス冥途野台ニ一其ノ苦
楽昇沈実《マト》ニ不審《イフカシウ》　罪福軽重
誠ニ難知。ヽヽ
深邃幽遠無有灯明去所懸
遠而無伴侶ヽヽヽ
欲往前路無資糧ヽヽヽ」

就中殊ニ悲シウ候事ハ人ノ最後ノ三」
種相事ヽヽヽ
聖霊モ境界愛事
顕基中納言事　助綱事
聖霊モ
此条コソ悲テモ可悲一事テハ候へ
生死無常之里（理）ナレハ恩愛別離之
歎ハ不及力ラ一事イハ後生菩提
ノミコソ髪筋ニモ取リスカテ引モ』
上《アカレカヤト》可思食一之処ニ依此事ニ一
留妄執於南浮之里ニ一難遂
速証於西刹之台ニ一此コソ無
術事テ候へサレトモ成仏一者心
也心性即仏。ヽヽヽ是心作仏
是心是仏。ヽヽ
就中受性ヲ於大明神氏人一之人
堕ツト悪道ニ一云事ハ如何ニモ有マシキ
候ヨ凡ソ神明ト申ハ法性真如」
寂閑カニシテ智光円満之月雖円一方

（169）

便化物ノ門開テ随縁利生之
匂惟芳　和光同塵ハ結縁之
初メ聖霊七十余年久馴
叢祠ノ露ノ下ニ一八相成道ハ利物之
終リ幽儀四八妙相何

只法身大士ノ形ヲ隠顕シ御シタルテ
コソ候ヘヽヽヽ
就中深叶神慮ニ一鎮預冥感ニ一」
加社司ニサホトニ成リ上御シカハ
能々大明神ノ御哀ミヽヽヽ
サルテハ設向焦熱大焦熱之
炎一設被閉紅蓮大紅蓮之
氷一大明神付副御サハ当座御
導師ナトモ
況為其氏人一其心質直ナル人往生
浄土更不可疑之一ヽヽヽ
其上五旬之程面々励心力一営」
修善一剰当四十九日ニ一一日之内

被書写妙法
雖阿鼻之炎一可消一雖紅蓮之
氷一可解一況ャ』
（以下空白）

(170)
(手沢名湛睿筆、標題・標目・本文他筆)
睿之
忌日表白 通用
阿弥陀三昧
粘葉装　一五・五×一一・六cm（三一四函二八号）

今信心大施主為毎年恒
例之御勤修底(裡)露報恩
之恵業善願趣何者
夫四生悉ク滅百年誰保
＼尋レハ尊卑於新旧《古今》一皆消
北芒之露一訪親疎於遠
近一多昇東岱之煙一
＼爰遺徳雖深一報之一者
是希レナリ微善雖修一専之一者
亦難＼然大施主為年々
之精勤一ト奉賁聖霊之
覚路一□(一か)座之薫風
何無仏道之増進一方今
＼所展一者弥陀三昧之斉席
也遥伝法音於摩尼殿之
風一所修者瑜伽上乗之密
行也将顕仏身於本尊
観之月二一＼印一明之功能
加持之力素《モトヨリ》大ナリ頓悟頓
修之利益祈念之功豈ニ
空ラン＼然則聖霊＼九品ノ
蓮開テ先添飾ヲ於安養
西土之露二四万《七覚》花鮮カニシテ
終移サン方ヲ於遮那中□風

化＼功帰本之故施主［　　］
満願望於二世之門一廻施
無辺之故群類併及
済度於四生之衢一懇＼
丹之趣啓白如斯　敬白

」

(171)

（表紙・本文湛睿筆）

睿

ム遠忌表白 通用

如法経　弥陀　地蔵

施主自手写経事

粘葉装　一五・五×一二・〇cm（三一四函一五号）

今南瞻部州大日本国信心
女大施主相当悲母聖霊七＼十
三ケ廻之忌辰二為賁成《祈奉》等
正覚三菩提之妙果一ヲ＼飾普賢サタ
之道場一懺六根之罪障一調如法
清浄之儀式一写一部之妙典湛＼両眼二

(C) 追善供養(逆修も含む)に使用したもの

於悲涙ヲ申十種ニ於供養ヲ旨《御》趣何者

(添付紙)

> 凡一倍人譲受功徳為其深之奥義

夫牛漢ノ雲ノ下誰免生者
必滅之悲馬台ノ国ノ中誠ニ
沈会者定離之愁然而
当時ニ難禁恩愛別離之
涙来身ニ弥催スハ生死無
常之悲爰過去悲母禅定
比丘尼去シ元庚申《享辛酉》今月今日
永辞娑婆ノ旧宅更移シキ安
養ノ新刹ニ自爾以降夜台
覆テ隔ツ年晨昏之礼久
絶ヘ音容別レテ累ヌ日ヲ水菽
之孝永忘タリ朝ニ愁ヘ夕ニ
愁フ徒ニ湛フ涙泉ヲ於眼中ニ
起テ悲臥悲フ只焼憂火於
胸ノ間ニ千万端之思未休

七ケ廻之忌早到レリ仍テ抑
○《懐旧》恋慕ノ涙ヲ営○《讃仏写経之》善《御》者
也仏則等覚妙覚之尊

(添付紙)

> 十三廻之忌早到六道之間
> 赴《在》何道《堺》未告苦楽於輪
> 廻之衢四生中受何生《形》

或九品之導師或六道之
教主経是無二無三之典
或自筆之書写或教他之
為善　就中於今ノ写経ニ者

(添付紙)

> 無弁昇沈於分段之郷
> 訪而可訪者生死解脱之
> 訪而可訪者依之致誠
> 謀　祈而可祈者頓証菩提
> 之道依之致誠供無
> 仏世界之導師仰抜苦

於二十五有之間一抑涙
写一乗妙法之真文一期
往詣於三輩九品之台一
就中於今御写経者

殊傾浄財一慇厳シテ浄場ヲ一
三七日夜一心精進シテ適」
与《クミシテ》有縁之尼師ト一修六根懺
悔ノ行法ヲ一自尽シテ無二一之筋
力ヲ一住四安楽ノ方軌ニ一手カラ
写一乗妙典一偏祈先妣菩提一
御然則流紅涙ヲ一添硯ノ水ニ一
為離レテ生死之愛河一達セムカ安養」
之宝池也滴《シタテ、》血誠一代《カハタリ》石ノ
墨ニ一為乗シテ白牛之宝車ニ一
出テシメムカ摂宅之煙炎也加之
日々夜々凝ス一切業障皆
従妄生之念一所懺一者亡魂
無始之罪障念々作々運」

我心自空罪福無主之観ヲ一
所祈者聖霊有縁之浄利菩提
彼如説修行既報祈願既
鄭重也悉地何唐捐哉
若爾過去
白牛ノ車ノ差脂一速出輪」
廻之郷《サトニ》一紫摩ノ台得迎一
早遊浄利之界ニ一孝子之
恨無ク止一縦惨拝トモ白楊之風一
尊霊之願不空一必坐青
蓮之露一善所及三界普
利
（以下空白）」

(172)

乳母表白

睿之

(表紙・本文湛睿筆)

粘葉装　一九・一×一三・二cm (三一四函六六号)

方今信心女大施主殿下《等》各
抽一心之誠一同専三業之志一
営テ讃仏講経之恵業ヲ一
展供養恭敬之梵莚
御事アリ
」
夫分段生死之境本是非
常楽之国一有為無常之＼
身何則遁五滅之難一＼是故
胎＼卵湿化異ナル魂ヒ遂不守
芭蕉之質一三界六道区ナル
形チ永無留ルコト泡沫之郷一
」
既＼居此ノ無常之国一何驚
必滅之苦一＼然而心ハ為恩ノ一所
使一悲ハ以理一難慰《ナクサメ》一＼今失
恩愛之人一争堪別離之
悲ミニ一＼伏惟過去幽儀
＼養育恩厚シ久蒙ル摩頂《懐持》
」
於膝上ニ一仁愛心懃ナリ幾
施シ慈愍ヲ於眼中ニ一＼在襁褓ノ
中一之昔能調我寒温之
節ヲ一在乳嗅ノ歯ニ一之時キ不
違我起居之情一＼却テ＼慈
愛之徳等二親ニ一養育
」
之恩超六親一＼然去元亨
第三之歴狭(夾)鐘下旬之今

日無常之室ニ風扇テ朝
露之命忽消ヘ有為之空ニ
雲惨テ夕陽之姿永隠
自爾以来双眼閉不□」
何日カ再見恩愛之貌一一
息留テ不反一何時重聞柔
和之音一生死別離之悲
既如此一後世輪廻之苦又
何為《イカヽセン》依之写一乗妙法之
真文一ヲ期シ済度ヲ於頓証菩提」
之道一ニ■《仰》十二浄願之医
王一ヲ祈リ抜苦於六趣四生
之間一ニ御者也然則仏是
像法転時之導師也先ツ救
三悪四趣之苦患一経又
直至道場之宝車也遂』
送菩提涅槃之彼岸御トナリ
嗚呼難忘者甘露養
育之昔恩実ニ悲再会之
永隔一コトヲ不謁者随逐陪
従之古ヘノ志深ク恨値遇之
都絶一唯願伊王薄伽」
照我血誠一伏乞一乗妙法
導彼亡魂一善根不限
利益遍及旨趣取要一
大略如此」

(173)

僧為壇越(ママ)
○法事表白

睿之

(表紙・本文湛睿筆)

粘葉装　一四・五×一一・〇cm（三一四函五七号）

敬白○而言夫
万法森羅タリ実ニ非浅識之
所測諸乗流布ス便是深
智之所ナリ一知ル一其中秘密
教之命《トホ》ク啓閉《ケイヘイ》不容易《タヤスカラ》一
最上乗之軌誘引其《クイイウインソレ》為

難一但信心至テ篤《アツケレハ》感応
暗《ソラ》ニ通スル者歟伏惟過去丶丶丶
宿福深幸ニシテ生テ来積善
之家ニ一善縁純熟シテ早入真
実ノ道ニ一依之信心水澄テ
専帰三宝境界ニ一正見花
鮮ニシテ偏待九品ノ覚蓮ヲ一
念仏読経持戒修善二六
時中無懈一供養塔像飯食
沙門九十余廻不廃一万
行成林六度湛海功徳ハ
与年一共ニ積善根ハ与齢一
同蘭然間去季秋之天
下旬之候正念正知無苦無
悩ニシテ十念成就三尊来迎玉ヒキ
方今告別一而両三月
時移事変ス含悲而千万且
恋恩一慕徳一往事皆非ナリ
何時重テ拝温顔一新愁難

(173)

禁一終‐日唯流暗涙一但
古人ノ言ヘルコトアリ古ヘノ人今無シ今ノ
人何ツ久カラムト然則有頂天ノ八
万劫モ畢《ハテハ》有退路之期一無　」
漏地ノ六神通モ終ニ帰円寂之
室一是知不可○(悲)先キ立ツ人ヲ一只可
悲ム有為無常之国一不可恨ム
不ル留ラ一人ヲ一偏ニ可恨生死別
離之域ヒヲ一聖霊御遷化又
以可爾　爰護持大法主　」
酬ヒ多生之厚キ縁一ニ以宿世
之深キ契一師壇(檀)之好異ニ他一
真俗之語ヒ勝(超)余ニ玉ヘリ一依之
芳情然間聖霊忝深シ
帰依之志一法主又振護
持之徳一芳情徳音随　』
折一顕誠一崇敬尊重触
事凝信相同天后之賞
賢首国師ヲ一不異善妙カ之

帰義湘大師ニ一芳昵既濃ナリ
離憂何踈而今五旬ノ
中陰纔残五日ヲ一万端愁涙　」
弥潤双袖《シウ》一是以披一座
之法莚ヲ一抽無二之匪石ヲ一
備三密随方之倶供具
供両部理智之万タニ一
荘厳シテ秘密瑜伽之壇場
供養シ両部曼陀之聖衆一　」
頓写シテ妙法甚深之真文一
開演セシム唯一仏乗之奥義一
顕密共最勝也功徳豈
唐捐哉然則過去ゝゝゝ
五障雲忽晴六大○(本)有之
覚月光リ朗ニ三有泥早　」
澄テ一乗実相ノ之心蓮
匂鮮ナラン凡ソ顕密之功
力甚深ナリ法主御願円満
乃至法界平等利益　』

（C）追善供養（逆修も含む）に使用したもの

(174)

廻向 付法花書写普賢

睿之

（表紙・本文湛睿筆）

粘葉装　一四・〇×一三・七㎝（三一四函二五号）

抑擎今日所修恵業一奉
賁《カサリ》過去尊霊覚位方今
注写開示悟入之教典《真文》一
偏資八万四千之妙相一
唯一乗之花文
芝池《シチ》之筆テ絶シレ勢ヲ」

四七品之金軸
荊岫《ケイシウ》ノ之玉瑩《ミカ》ク耀ヲ一者也
若爾過去聖霊
七重樹ノ下ニハ
先聞七覚分之法音ヲ一
千葉蓮ノ間ニハ』
終ニ備千輻輪之妙相
嗟呼　朝ニ思夕ニ悲《思》ム
懐旧之涙タ未乾一
独明《昨モ悲》シ独暮《今モ悲》ス
慕古ヲ一之腸幾廻
闔浮蓬《ヨモキ》ノ下ニハ雖遺《ノコスト》生死之恨ヲ一」
安養ノ蓮ノ上ニハ必期再覲之喜一
観者　紅燭《コウショクカヽ》ノ挑クル九枝ヲ一
光破五住無明之暗一
香煙ノ聳ヒク一爐ヲ一
匂任無数仏土之風一
綷コト已鄭重也福豈唐捐乎」
化功帰已故大施主禅定尼

現ニハ蒙十種願王《三世覚母》之護持一
仏愁(朱)六八雲ヲ於禅室《嘉門》ノ外ニ一
当ニハ預テ三尊引摂之来迎ニ一
照覚月ヲ於浄刹間ニ一
＼生涯寿福無傾コト一身復菩提必ス証」
禅波恒ニ証テ
心月宜宿唯識唯心之胸ニ
覚花方開テ
定香正薫瓔珞宝衣之袂
遐算久保《タモ》テ
還テ編《サミ》シ西王母之古』
鶴齢長稟テ
方ニ同東方朔之昔ニ一
方ニ
＼世々消露ト一亡魂
早出二十五有之故郷
生々昇煙ト一之幽霊」
倶遊一仏浄土之新都ニ一
重乞過去ゝゝ

一妄夢醒メテ
忽開三諦《重》即是《法界》之悟
四相願息テ
速還一心不生之源」
乃至
六趣有情
皆離五道生死之苦域
四生含識
併帰三藐菩提之楽郊ニ一
仰冀ゝゝゝ」

(挿入紙)

凡数日之作善万端之経営
＼同心合力之老少、真俗
之願望面々ニ成就シ供給
奔波之貴賤現当ノ利
益各々不空一」

(C) 追善供養(逆修も含む)に使用したもの

(挿入紙)
総テハ四海静謐シテ風波
不乱二一天泰平ニシテ煙塵
無起　乃至
」

(挿入紙)
別テハ伽藍安穏ニシテ頻リト
鳴転妙法輪之論鼓一
僧徒和合シテ久挑
広作仏事之恵灯一ヲ
」

(175)
(表紙・本文湛睿筆)
睿之
弁
弥陀念仏功能
清河邪見女人事
阿輸沙国不信婆羅門事

粘葉装　一五・七×一一・六cm(三一四函一〇九号)

ソレニ付テハカウ弥陀念仏ノ
功徳是ハ実ニ功徳万善ノ
之最底滅罪生善之勝
因往生極楽之教行濁
世末代之目足ナリ凡ソ罪障
深重ノ無悪不造之我等《衆生》カ
」

(174)～(175)

為ニハ出離得度不及左右一ニ
行業コソ候メレ
始＼テ可クハ申候ハネトモ＼一念弥
陀仏即滅無量罪ト」
人＼ト心ニ欣ヒ浄土一ヲ期シテ菩提一ヲ
一度《ヒトタビ》モ行念仏一ヲ纔ニモ奉唱
名号一ヲ之日無＼始世来ノカタ
多生広劫之生死忘（妄か）想
煩悩業障　是＼カ応シテ語一ニ忽ニ尽キ」
随舌一ニ悉ク亡ト云ヘハ実ニ無左
右一事ハ不候哉
＼アヤマテ但聞一仏二菩薩名
除無量劫生死之罪トテ已レト
心ニ念シ口ニ唱ルマテニモ不及一」
只人ノ傍《ソバ》テ奉唱南無阿
ミタ仏一ト之許ヲ聞クニ念々ニ
消滅スト八十億劫之罪一ヲ説ク
事テ候メレハ＼マシテ心ニ懸九品
之蓮台一ヲ口ニ奉ル唱ヘ三字之」

名号一ヲ者ノナラハ実ニ罪障ノ
消ヘ煩悩ノ除カランコトソレハ聊モ
疑ヒ有ルマシキ事コソ候メレ
唐土ニ清河ト申ス所ニ偏ヘニ帰シテ」
神道一ニ宗ネトスル邪見一ヲ女人有リキ
＼三宝ノ境界ヲハ払ヒ耳ノ余所一ニ
不《シト》聞名一ヲタニモ立タル者ノ、候ケルカ
＼不慮ニ近付テ念仏者ノ辺一リニ
件ノ女人耳ニ聞キ、阿弥陀之名号一ヲ
＼其後此ノ女人頓《ニハカニ》死テ詣《マウテヌ》」
琰魔之庁庭一ニ冥官冥官
各ノ定メテ邪見第一ノ罪人一ナリト無
左右一件ノ女人ヲ欲ス遣二サント地獄一ニ
＼于時琰魔王ノ言フシハ若シ聞ク」
阿ミタノ名号一ヲ之人ハ定テ再ヒ
無堕ルコト三悪道一ニ然ルヲ此女人
於閻浮提一ニ聞キ、弥陀ノ名号一ヲ
既ニ是往生浄土之器也サレハ

（C）追善供養（逆修も含む）に使用したもの

無量之邪見悪業モ此ノ聞名ノ」
功徳ニ依テ尽ク消ヘ畢《ハテヌ》早ク免《ユルシテ》
可還人間ヘ努力々々不可
疎ナル言フ女人蘇テ後チ語タル此ノ
由ヲ聞ク者ノ皆無不流涙ヲ
イミシカシ事候トヨ』
其レノミナラス阿輸沙国ノ不信ノ
婆羅門カ堕タシ（ママ）鉄湯地獄ニ
時件ノハラ門有リケフ何ナル宿因カ
不ルニ覚ヘ只無ウ何《ナムト》奉唱南無
阿ミタ仏ト依此ノ称名ノ声ヘニ」
地獄変シテ忽ニ成清涼ノ池ト
聞《キ、》シ此ノ念仏ノ声ヲ之罪人併
免レテ苦患ヲ諂フツ（ママ）浄土ニ
爾時琰魔王随喜シ之ヲ揚テ声誦シ御シ偈ニハ不候了此ノ」
若人造多罪　応堕地獄中
纔聞弥陀名　猛火為清涼

カ丶リケル時ニ　但聞一仏二菩薩名
除無量劫生死之罪
我ハ心モ不起ラ信モ無ケレトモ只人ノ」
傍《ソハテ》奉ルヲ唱阿ミタ仏ト聞クニ
サハカノ利益ノ顕ハレ効験ノ立所ニ
候ナレハマシテ澄心ヲ於蓮台
之月ニ懸ケテ思ヲ於西土浄刹之
蓮ニ運テ誠ヲ憑ミ誓ヲ動シテ舌ヲ』
奉唱名号之日実ニ一念
ナリトモ十念ナリトモ罪障之不
除カラ功徳之不ト満タ云事ヤハ候ヘキ
云一念弥陀仏即滅無量罪ト
誓フ乃至十念皆《即》得往生トモサレハ」
大ニ謂タル事テ候トヨサル時ニマハ
極楽ヘ参ラウ不参《シ》シ丶モテイテハ
只我心カラ候ソ念仏ハ滅罪ノ
治方　功徳ノ最底ナリト云事
不知之ヲ日コソ実ニ不及力モ」
事テハ候ハメ一念十念勤ムルニ

(175)〜(176)

之ニ成ヌレハ弁ヘ悟ヌル罪障必ス
消滅スト之上一ヘハ不シテ修行セ空ク
生涯ヲ明シ暗サムハ実ニ入リ宝ノ山ニ
空シテ手ヲ帰ル候サレハ可営ル者
サレハ只此ノ一段ニハ不候了

ソレニ過去聖霊

（以下空白）

---

(176)

占

（表紙〈除「占」〉・本文湛睿筆）

弁
冥衆感賀作善事為仁和寺
三帖内
付悲テ弟子離別シ其師ノ発心ノ事
聖霊納受追善ニ致歓喜事

粘葉装　一三・五×一三・九cm（三二八函一四七号）

□

サレハ大梵天王ノ成証明ヲ随
喜之涙滋三鉢之袂一尺堤
桓因之下レル斉莚ニ讃歎之声
響四禅之雲　弥陀善逝モ
含咲テ一悦給ヘリ誓度娑婆之
願満足タルコトヲ観音勢至モ

（C）追善供養（逆修も含む）に使用したもの

開眼歓喜給ラン大菩提心能叶タリト
仏意一五道大臣ノ札上ニハ昔モ」
マタナキ善根也ト注シ之浄
ハリノ影ノ間ニハ同現不可悦功徳一ト
凡思冥道之感賀誠知ヌ
大菩提之無疑サレハ先
ケフ被写顕給諸仏菩薩
諸大乗経一々皆変大慈
大悲之光一文々悉現紫磨
黄金ノ真仏一奉告聖霊一』
御ラン様不知ヤ一前是娑婆
本師営仏事之日也一仏
浄土芳縁殊申付我等一
故為導汝ヲ故来爰《コヽ》一ニ也於今
者悪道之恐再莫危思コト一
任彼等願念一速可ト之出生
死一言　弥陀善逝展黄
金御腕ヲ一引聖霊御手ヲ一」
只今移極楽浄刹奉居

上品蓮台給ソ此時
聖霊聞食之一歓喜御涙
幾許　哀弟子思師之道
毎人世常之事ナレトモ後世
之訪菩提之友未必如此
ウレシウモ　忘身捨命後世
マテト奉ケルカナ懸憑一只現」
世ノ御憐愍ノミニ非ス後世引
接実又忝シ　只又仏経
御訪ノミカハ遂捨世一毀身御ヌ一
此悦此畏ハ銘肝銘心一悲
涙感涙相並テ随喜納
受無極聖霊極楽蓮
台ヨリ遥々ト思食遣ハ不候哉
サレハ聖霊ハ依此善之堅故」
忽進浄土菩提之道一ニ御シ
化(法か)主ハ預仏界納受御故増進
大菩提心之思亡者ノ菩提我身
出離共以今ハ無疑師弟

甚深之契手本只在
今者也非只当時之随喜ノミニモ一
兼可為後代之物語仏モ
経モ能々垂憐一善願速
令成弁給ヘ返々モ一仏浄
土ニ結縁九品蓮台同シテ座ヲ一
交ムコト詞一如昔一互謁不替古ヘニ一
一心合掌御願旨趣只是コソ
候メレ三世十方諸仏聖衆
必哀愍助受□□言

」

(177)

（表紙・本文湛睿筆）

睿之
田中草
筒奉納表白為慈父ミ
亡者相兼文武内外諸徳事
襁褓中告別事
檀那自交僧而行［　］

粘葉装　一五・三×一三・〇cm（三一四函六三号）

謹敬。
方今南浮州扶桑朝信□(心)
大施主朝散大夫別駕殿
下
夫久遠実成之月ノ影ハ雖耀クト

」

(C) 追善供養(逆修も含む)に使用したもの

常在不滅之秋ノ空ニ一近成方
便之花ノ色ハ猶痛ム随縁永離
之春ノ風ニ一＼如来猶如此一凡類
豈不然乎　＼伏惟過去先考《私天》
＼仁義在リ情ニ一伝フ賢名於累祖」
之風ニ一忠孝備ハル身ニ一続ク陰
徳於数代之跡ニ一＼細《セイ》柳営ノ
下ニハ君トシテ而用ルコト如塩梅ノ一大樹陰ノ
前ニハ人皆ナ帰スルコト同シ桃李ニ一＼閲テ武
略ヲ一而得タリ道ヲ一＼所営者龍蹄
八駿之勢存兵法二而振フ威一』
所旋一者亀文《クヰフン》三尺之覚
加之一＼花ノ＼下月ノ前有触タル節《ヲリ》ニ一
之芳情一礼仏誦経一萌ス随フ
時ニ一之結縁ヲ一類＼戚《セキ》皆蒙
慈愍ヲ一憑而成ス膠《カウ》漆之契ヲ一
陪従悉誇ル恩恵ニ一尊テ而」
専ニス晨昏之礼ヲ一＼都是
＼付内一付外一在徳在儀一

＼爰先考右金吾幽儀＼去弘安
作咢《サクカク》(酉＝八年)之歳至テ仲冬下旬之
候ニ一＼俄ニ随ヒ無常之暴風ニ一
忽伴有為之冥使ニ一＼自其
以来＼尊容去テ何ニカ在マシマス」
未尋往還於黄城之雲ニ一
幽魂隠テ無跡一唯混ス哀涙
於北芒之露ニ一＼告別離ヲ一而卅《三》
余《ケ》年春花《クワ》秋月之興増恨ヲ一
断愁膓ヲ一而千万廻供仏施僧
之功酬フ恩ヲ一＼歎述ムト心緒口中
悱々タリ舌根閉《ト》チテ而難弁一」
欲黙シテ止ムト之ヲ一胸ノ中ニ憤《フム》々タリ
肝府砕《クタ》ケテ而易迷ヒ一＼老鶴
帰レハ旧里ニ一丁令カ之詞得タリ再ヒ
聞コトヲ一黄鵠喚ヘハ古墳ニ一子安カ之
容《カタチ》有重テ見コト一　＼然＼今向テ古
墓ニ一喚トモ名ヲ一幽魂不シテ答一而唯』
聞ク岸松之声ヲ一尋《帰》テ旧室ニ一

慕シタヘハ跡ヲ一亡霊不シテ見一ヘ而空ク泣野
草之露ニ一思往事ヲ一此恨ハ猶
切也案スルニ旧記ヲ一吾悲弥苦也
其ノ上ヘ襁褓之中ニシテ而告御セハ別ヲ一者
難駐メ其ノ面影ヲ於眼ノ前ニ一新」
生之時ニシテ而値玉ヘハ喪モニ一者無残コト其ノ
遺音ヲ於耳ノ底ニ一身体髪
膚雖得タリト其恩ニ一不致水菽
一滴之報ヲモ一顕官重職雖
伝其■《跡》ヲモ不励夙夜一時之
勤ヲモ一悲哉受テ二儀之所生ヲ一」
不得尊親之養育ヲモ一恨哉
分テ二親之精血ヲ一不致孝行
之礼敬ヲモ一親子之別離ハ雖
常ノ恨ナリト一此恨ハ猶越ヘタリ世ニ一生死
之悲歎ハ雖常ノ思ナリト一此思又異ナリ
他ニ一依之朝々暮々ノ祈願」
志シ報恩之作善ヲ一年々歳々ノ
追善運フ謝徳之懇誠ヲ一

然間今迎三十三年之遠忌ヲ一
殊励如法如説之苦行ヲ一啻タヽ
匪雇ヤトテ禅侶ヲ一修スルノミニ行業ヲ一又是
励自身ヲ一成写功ヲ一蓋是」
以一心敬礼之勤行ヲ一擬一生
孝礼之志ニ一以三業懺摩之
軌儀ヲ一備三性孝養之誠ニ一
周ノ文王一夜ニ三起之勤ツトメ摸スルニ
之ニ一顕ス六時懺悔之薫修ニ一
唐ノ大宋ノ五日ニ一ヒ朝セシ之思写スニ之ヲ一」
当アツ三昧道場之坐立ニ一契好
伴ニ一而二五輩黙光陰而三七
日懺悔已ニ争テ精進如シ説ノ一
書功無為ニシテ奉納早ク成シヌ
非三宝之納受者此願輙スク
難成非諸神之擁護者」
此行速難遂一雖難シト一所成一
是レ易シ豈非孝《忠》精ノ所致一哉
抑此経者億々万劫之間ニモ

(C) 追善供養(逆修も含む)に使用したもの

難シテ逢一適聞ク世々流転之
中ニモ難シテ受一希レニ持ツ是以
昔玄弉三蔵企シニ諸国ノ芔《(抖)》藪ヲ一」
大乗流布之国ハ甚タ希ナリ又西
域十二ニ記スル諸国ノ風俗ヲ一一乗
弘行之地ハ未見一然日本我
朝者言ヘハ境ヲ一第三辺国也論スレハ
時ヲ一第三之末法也一乗猶盛ニシテ
四衆悉ク帰ス豈是時機云コ、ニ』
相応シ因縁非令ルニ然一哉
就中 如法ノ写功者先哲之
所企一聊爾《レウ》ニシテ而難修シ一如説
修行者諸仏之所讃一徳広クシテ
而無辺リ一 故 選テ善根
之中ニ殊ニ最ナルヲ一企テ如法」
如説之書写ヲ一取テ行因
之中尤モ勝レタルヲ一重ヌ半
行半坐之修功ヲ一紙ハ非
祭倫《サイリム》カ之所ニ設クル一以テ清浄
法水ヲ一透成《スキナセリ》 筆ハ非
蒙恬《モウテム》カ之所ニ制スル一以無漏ノ」
善苗ヲ一括成《ク、リナセリ》 所観一者
十如実相《四仏知見》之妙理一念《因》
三千《一果》之義在胸一所写者
一部十軸之真文六万
九千之点任タリ手ニ一誦南
岳之懺文ヲ一牛羊之」
眼忽ニ鳴キ修スレハ普賢之
妙行一猿猴之心自ラ閑ナリ
一時ニ念ス十方三宝ヲ一三反ニ
陳ス六根罪障ヲ一難行
苦行何レカ等キ此ノ行ニ一積
功累徳何レカ同此功ニ一』
然者 三世ノ諸仏者影
現シ一乗読誦之夜ノ月ニ一
六情ノ煩悩者除滅セン五体投
地之朝ノ日ニ一 方今 情蓋
廻クテ風ニ一宛転タリ滅後ニシテ省ミ逢カト」

在世之儀式ニ一宝鬘映シテ目ニ一
清瑩《セイケイ》タリ劫末ニシテ而疑フ臨カト出
世之佳会ニ一然今終テ書
功一兮納メ筒ニ一調ヘテ巻軸ヲ一兮
堅フス封ヲ一請擁護ヲ於馬
台之神ニ一待開講ヲ於」
龍花之尊ニ一旨趣誠
幽玄也功徳又甚深者
歟若然者過去幽霊
都率之雲西方之月往
来任心ニ一九品之台三会
之砌値遇随ハン願ヒニ一任功」
帰本故ゝゝ蓬海万里之
雲ノ際ニハ遠ク翫ヒ紫挂之
秋ノ月ヲ一混閬《コムラウ》二山之霞ノ
外ニハ遥カニ戯紅桃之春ノ花ニ一
門葉弥ヨ繁《サカリニシテ》上下同ク歌ヒ
千年一家業久保テ親戚』
皆期セム万才ヲ一伽藍基ヒ

堅クシテ比シ西明之古風ニ一僧徒
塵収《ヲサマテ》学ハン南山之旧規《キウキヲ》一
乃至法界ゝゝ
　補闕分ニ尺迦牟尼宝号打
　　薬師宝号打
　　観音宝号打
廻向無上菩提打」
六種廻向
供養浄陀羅尼一切誦打
敬礼常住三宝
敬礼一切三宝
我今帰依」
（二面白紙）

(C) 追善供養(逆修も含む)に使用したもの

(178)

為孫表白

乳父合力

睿之

(表紙・本文湛睿筆)

粘葉装　一三・五×一三・五cm (三一四函七号)

伏以過去〻〻〻〻
太守禅門○之愛母
左典廏家之芳室
柔和稟性一
哀憐在思一
面月満而争二秋雲ヲ一
」

顔花開テ而編二春ノ梢
　而間信心禅尼〻〻
冊之一擬家門之楯一
崇之充子孫城一
為孫子一者
　雖為夫婦之好一
奉為禅尼者
　不異二養子之儀一ニ
」
故
春裁花ノ衣ヲ一
　纏玉之姿ヲ一
秋色紅葉袂一
　温雪之膚ヲ一
」
所祈者万才齢
所望一者百年ノ幸
事与心一依違シテ
涙与恨交来
悲歎不足云一ニ
哀傷無物喩一フルニ
」

一人隠御《シテ》
万侶恨《ニ》沈《ム》
就中彼乳父
金吾殿下
自強保之中　」
竭養育之節一
自誕生之初一
運含乳之実一
其間
訪者域之薬《医》方一
奉含良薬一　」
請仏神之加被一
専致祈祷一
然而
定業有《テ》限《リ》一
万端無《ク》験《ルシ》一
必滅期至《テ》　』
千載告《ク》別《レヲ》一　」

(179)

（表紙欠、本文他筆、識語湛睿筆）

廻向表白断簡（仮題）

粘葉装　一四・七×一一・一cm（三九九函二〇一号）

（前欠）
日《ト》一豈非我等身心挙
体即除闇遍明之遍照
尊一哉是知挙手一動足一
皆是舎那之密印麤言
軟言無非法爾之真言一

(C) 追善供養(逆修も含む)に使用したもの

＼サレハカウ候ケル間今此ノ＼」
万タラト申ハ即チ過去幽
儀■御全体色心実相之
法門ナレハ＼奉讃歎其ノ本
性一則彼身心所有之両
界諸尊＼増法楽ヲ一施密
益一奉廻向此ノ功徳ヲ一豈ニ不下」
本有薩埵ト御先人聖霊
開知見一成菩提上」
元徳四年四月十五日金―大夫入道殿息女御姫腹法事』

(180)

廻向表白(阿難尊者説法事)(仮題)

(表紙欠、本文他筆、識語湛睿筆)

粘葉装　一四・九×一四・八cm(三九九函一九六号)

(前欠)
被思食事候
＼教主尺尊入滅ノ後チ菩薩
大衆各奉レ恋ルヒ一如来ヲ一都テ触事一増憂＼
時トシテ無休一○　セメテモ悲ノ切ナルシミ
余リ恋慕ノ思ヲモ為休一カ

迦葉尊者結集ノ莚ニ
阿難ヲ請シテ令説法セ汝ハ仏ノ
常随給仕ノ御弟子、多
聞第一ノ人也
昇此ノ師子座ニ仏ノ昔シ説
法シ給シ御法〇《門》一字一言モ
不落サ不漏サ為此ノ衆会ノ
再ヒ説之ヲ給ヘト
阿難依此勧ニ〇《即》昇高
座ニ説法ス〇爰ニ阿難尊者ノ
一ノ徳トシテ為ニ説法ノ高座ニ
タニモ登リ候シカハ仏ニ少モ
不替見ケリ随テ其ノ説法ノ
処同聞ノ徒衆仏会ノ
荘厳道儀ノ有様
一々ニ全ウ不レ異ナラ如来在世ノ
日ニ〇《相同尺尊降臨之者ニ》仍テ雲霞ノ如ク集テ
候シ人天大会皆悲
歎ノ心忘スレテ

只仏ノ説法ヲ聞ソト思ヒキテ
候ケル程ニ〇《阿難尊者》法ヲ説給シ時
日比ナシミ奉ラヌ身ニタニモ
無何此場ニ相望候ヘハ
哀ニ覚候
聖霊最後ノ御逆修ノ
砌ニ事ノ縁ニ触テ一座ノ
唱導勤事候キ
聖霊於退出之時ハ
今日説法コソ貴ケレナント
御色代《シキタイ》ノ仰ヲ蒙テ候シモ
只今ノ事ノ様ニ覚候
今此道場ノ有様ヲ
見候ヘハ
道場モ彼時ニ不替
仏像モ昔ノ仏像也
僧侶《勤行》モ同僧衆唱導《勤行》モ
同導師也何事モ
如ルヲ古ノ見候時ハ

(C) 追善供養(逆修も含む)に使用したもの

今モ正ク聖霊ノ簾中ニ
御テ御聴聞有ル心《コヽ》ー地《チ》テ候」
啓白ノ終リ廻向ノ詞ニ至テ
過去聖霊成等正覚ト
奉ー唱ヘ時コソ実ヤ
聖霊ハ已ニ隠レ給シ
ソカシト　今更驚カレ候テ
御心モサハキ涙モ落候
此条聊カ
如是我聞ト唱テ我レ仏ノ』
説法給シ昔ノ説ヲ承キト
唱シ時コソサテモ
仏ハケニステニ涅槃ニ入給シ
ソカシト始テ驚テ一会ノ
大衆同時ニハト立ー声ヲ
泣悲テ候キ其カ様ニ」
今御善根ノ莚ニ臨ミ候ヘハ
何事モ先人ノ平日ニ不
替ー見ヘ候ニハ如常御願ノー

覚候
御逆修ノ時ハ息災延命ト
祈奉シ詞ノイツシカ三十」
日内ニ引替テ過去聖
霊ト奉ー唱ニコソ生死
無常ノ理モ眼前ニ顕レ
有為転変ノ悲モ心府ニ
銘スル事テ
忍昔ヲー思モ当テ今ニー弥切ニ
悲テ別ヲー涙モ此時殊ニ湿フ
昔シ牟尼円寂ノ後ハ」
驚キニ如是我聞ノ唱ニー
大衆出シキ哀哭之声ヲー
今幽儀追善之莚ニハ
依テニ過去聖霊之詞ニー
男女
○流悲歎ノ涙ヲー
古今時異トモ事是レ同シウ
辺正処替トモ悲是一也』
彼ハ非業現業之涅槃ナシカハ

休恨ヲ於常在霊山之詞一ニ
是ハ分段永逝之別離ナリ
更ニ残二悲ヲ於如幻泡沫之里一ニ＼
不如一只待再会ヲ於一仏
土之蓮ニ一期ニハト値遇ヲ」
於無生忍月一ニ思食＼
依之凝シテ知恩報恩之誠
心一ヲ修讃仏転経之大善＼
若爾過去聖霊依三世＼
覚母之教化一ニ早赴発心
修行之直道一ニ章《答ヘテ》ハレテ一乗」
妙法之汲引一ニ速ニ到菩提
涅槃之果地一御セトナリ」
元亨四年十一月二日大仏大竹為養父』

(181)

地獄苦患事（仮題）

粘葉装　一五・七×一二・七cm（三一四函一二八号）

（表紙欠、本文他筆）

（前欠）

麟一ニ欲命終一苦痛頻＼
盛也歯ヲ食ヒ合セ目ヲ見開テ＼
落シ涙一流汗一振ヒ惶《ヲノヽヒテ》悶
絶ス＼比丘見ルニ之目モ不被充《アテ》一
悲フ覚テ近ク居寄テ取手一

（C）追善供養（逆修も含む）に使用したもの

合貌何ナレハ如此狂乱シ
給ソト問ニ病者気ノ下ニ答ル
之様　獄卒捧鉾近キ
病ノ床ニ羅刹嚙牙来
枕下ニ大ナル銅ノ犬アリ自
口中出猛火其炎遮テ
眼ニ屠身心ヲ仍我レ云苦
痛ト云恐怖ト旁以不可
堪ヘ忍ト語　於此恵咲
弥心憂覚ヘテ非唯恩
愛ノ別レノ悲キノミニ憶像来世ノ
苦果ヲ無為方湿《シホリ》三
衣之袂拭双眼之涙
申ケルハ我日比サシモ諫メ
奉シハ是候不随玉ハ我教
只好ミ造悪業恣妄情
不修玉ハ功徳故此ノ悪相現ス
悲哉只今堕地獄玉ナハ
曠劫多生ニモ何ツヲ憑

其ノ出期　夜昼求メ得シ
財宝モ不可償《アコウ》後生ノ苦
果ヲハ旦タ暮ニ趁テ養シ眷
属モ不可随冥途ノ幽ナル旅ニハ
サレハ於彼三途急難《怖畏》中
不見妻子及親戚車馬
財宝属他人受苦誰
能失至者可訓之
洞然猛火ノ熱夜無扇
枕之妻子モ江蓮寒氷
冷朝ニハ無覆衾之眷
属雖独叫独悲更不
可来テ助人但若念阿
弥陀仏給ハ定テ転此ノ
苦果ヲ必生彼ノ浄邦玉ハン
弥陀本願ハ済四重五逆
導一念十念縦雖日来
造ト悪業今忽発心シテ唱
名号給者ナラハ悪相速カニ

滅シテ聖衆来迎之粧
即現セムト＼
于時悲母忽発改悔之心一
一心ニ合掌ヲ一唱念仏二十余
遍之許唱之一後。又語曰ク
（後欠）

』

(182)

某僧廻向表白（仮題）

粘葉装　一四・九×一一・二cm（三一四函一三四号）

（表紙欠、本文他筆）

（前欠）
爰護持大法主往因旁ニ＼
厚クシテ在俗一為叔姪一入真一為師
弟一現縁尤忝シ預テ度ニ棄テ、＼
恩愛一帰シテ徳ニ貯聖財一然＼
則退顧俗寰《クワンヲ》一者叔父之

儀是レ重ク進テ望道門一ニ者師資
之好甚タ深既世法仏法ト
相兼両縁一又恩愛ト慈愛ト
双《俗》受一身一サレハ《是知》縦雖■
居家一致夙夜ヲ須ク尽玉
孝敬《ケイヲ》一況今入道一。《飽》潤テ徳沢一ニ」

(添付紙)

居家一須致シテ夙夜ヲ尽孝敬一
況今入道一飽テ潤テ徳沢

浴ス法水一既世法ト仏法ト相兼」
両縁ヲ一恩愛ト慈愛ト双テ受玉ヘリ一
身ニ一芳契非一一恩徳幾多
以之思之一大法主不去咫尺ヲ一
可奉ル礼事シ一不離片時モ一可
受法訓一然レトモ僧徒
法侶之習ヒ発心出家之上ヘハ」
学道求法ヲ為先一修行増進
為宗一学ニ無常ノ師一ト申セハ

朝野遠近周流シテ訪ヒ道チヲ一深
山幽崛ニ蟄居シテ養心一是亦
最モ可有一之様コソ候メレ
是以大法主和尚御在生之。《古》』
当初ヨリ至老病及フ多年ニ一之
今一或尋明師ヲ於南都之勝
地一或ハト幽閑ヲ於東関之辺
境ニ一去留無定一遊散任
意御一問必シモ常随奉事シテ
出入告面《コク》之儀ハ無カシ候
サレハカヽル生死到来之刻」
終焉末後之今致最
後之給仕一拝シ円寂之芳
顔一玉ハムコト普通ナヘテハ
可キ難カル有一事テコソ候ニメレ然ルヲ
去シ歳ノ末ヨリ此ノ御病気重ク」
日来ヨリモ御気力モ衰御日来一
之後ハ因縁令然一鎮ニ奉随
逐シ一本意不空一看病給仕

御シテ病患既ニ窮禅体ニ円
寂正ク臨其ノ期親拝シテ臨終
正念之恩顔即悟無生無キ
疑之粧不人伝直《ツテナラタ、チニ》奉
見之御歎キ中ニ至レル悦ナルコトハ
勿論又宿契ノ不浅カラ之程モ
於今被レ思ヒ合知御セハ不候哉
付テハ其レニ聖霊モサスカ恩愛
之情難有親昵之好

（後欠）

(183)

為師表白終句

（表紙・本文他筆）

折本装　一四・〇×一一・〇cm（三二三函一六号）

□（況於除）□□生死□（之苦）□難ヲ之知
識哉況於示ス菩提之宝前ヲ
之導師哉是以諸徳大
衆ニシテ心ヲ慕○先師芳徳ヲ
報謝之恩不浅カラ合力ヲ
祈ル幽儀菩提ヲ且写幅之

営ミ有誠一＼依之一讃歎シテ
施無畏者之尊容一ヲ殊ニ
仰決定代苦之悲願一ヲ
唱誦シテ光明総持之神呪一
偏ニ憑ム除闇得明之法力一
＼□□＼顕経密呪積功一ヲ 」
累徳一ヲ供仏施僧調■
■珍一ヲ尽美一ヲ作善既
慇懃也勝利何唐捐畢
＼若爾先師〻〻
＼興隆仏法之御願ハ経トモ生々一ヲ
無朽一コト上求下化之誓ハ 」
於処々一ニ不退一＼遂便密
厳花蔵ハ任生前之本望一
必ス遂往詣一ヲ仏道増進ハ
答テ没後之追福一ニ早令
円満一旨趣存略在之
委旨□(被)載御
(後欠) 」

(184)

(表紙・本文湛睿筆)

睿之

親《父》思子之志事

浄飯大王将命終之時恋仏与難陀事

子在他所一不値終焉一ニ方来于中陰ノ内一ニ事

粘葉装　一五・三×一二・三cm(三一四函九一号)

父子恩愛事述之了

四恩之恩無飽一百廿ニシテ別ルトモ猶恨

二親之親至忝六十二ニシテ去御争

悲ト云テ候ヘキ

大聖ノ境界猶思子一心アリ増シテ凡夫

底下ノ習ヒ恩愛之妄執ハ

尺尊御父浄飯大王云々」
尺迦如来御父浄飯大王以正法
摂国ヲ以慈心ヲ撫民于時受重
病於身ニ■四大違反シテ倶ニ作残
害其身体○《不安支》■節、欲解喘息
不ルコト定如駛水ノ流ル、カ明医療治モ
不助神仙秘方モ難叶于時
白飯○《王》穀飯王大称王等及諸群
臣長跪叉手同共ニ申サレシ様ハ』
大王稟性不好テ作悪ヲ迄弾指間
○《空不渡時》殖徳本無厭養護人民莫
不得安名聞十方慈被四海大
王今日何故愁悩哉云々
爾時浄飯大王告諸王臣言フンハ我
今雖命断ウト敢不為苦ミト但恨ラクハ
不見我子悉達又恨不見次子」
難陀等云々時ニ諸王臣聞如言語
○《皆》悉啼泣シ涙タ下ルコト如雨ノ白飯王ノ申サレシ

様ハ我聞大聖世尊在王舎城者
闍崛山ノ中ニ去此懸ニ遠クシテ五十由旬
然ルニ大王転羸　設遣トモ使者ヲ
道路懸　遅《ハルカナレハヲソクシテ》　脱無益唯願大王
莫大ニ愁悩シテ懸ケシハ念ヲ諸子ニ時浄飯」
王聞是語已流涙而言境雖
遼遠意望不断其故者我子
成仏神通自在以天眼徹見
以天耳徹聞救摂衆生如母念子云々
爾時仏在霊鷲山○《如案ノ》天耳聞父ノ
御語天眼遥見王ノ病相即告御
弟ノ難陀曰父王今得重病ヲ命」
迫レリ旦暮ニ我与汝可至彼ノ所ニサテ
難陀受仏ノ教勅ヲ長跪作礼
曰唯然世尊今宜往詣報養
育ノ恩云々世尊即以神足猶
如鳫王御身踊虚空ニ忽然トシテ
飛至父王所王即歓喜踊
躍シテ不覚起坐テ白仏言唯』

(C) 追善供養(逆修も含む)に使用したもの

願世尊以御手一触我身一令我一
得安穏ナルコト一我為ニ病一所困シフ一不可忍一
＼仏言唯願大王莫トテ復愁悩一即
幻シ金色ノ臂ヲ更以手一着大王ノ額一
王乍臥一合掌ヲ一心ニ礼仏足一仏ノ
御手ハ猶在ナカラ王ノ心《ムネノ》上ニ一無常忽
至命尽奉絶。云々」

大聖ノ境界タニモ思子一之志ハ加様ニ
コソ候へ我命ノ断事ヲハ全ウ不苦一御
但恨不見吾子ヲ等云々一可述之遂ニ如来ト
難陀尊者ト二人ノ御子ヲ奉テコソ見一
御心ハ落居テ随無常ニ一御事テ。
＼以之思之聖霊モ
＼今信心孝子代厳親ニ一為摂国一」
卜居ヲ於越州之境一故御臨終之
刻不拝芳顔一。ヽヽヽヽ
境遠ク国殊山重河隔＼病席不
能扇枕一死刻不能温莚一＼不聞
最後之語不見臨終之貌＼唯

伝聞断腸ヲ一唯想《ヲモイヤテ》像摧肝御
然トモ別レノ後中陰未過半ヲ一之程ニ
此砌ニ光臨アテ知別レノ之別ナルコトヲモ一
弁悲ミノ之悲コトヲモ御一」
＼但生死之別歎クトモ不可有其
甲斐一菩提之実ハ修シテ可祈
之ヲ一依之一」

(添付紙位置不明)

大方ハ徳モ忝フ恩モ深カウ人ニハ
イカニモシテ終焉瞑目ノ刻ミニハ。」

抑御廻向之旨趣者先妣
聖霊滅罪生善離苦
得道速出生死頓証菩提
ト祈請不交他事一廻向
偏在此事ニ一実ニ報テモ可
報一者悲母之恩徳勤テモ

(185)

悲母《ム》施主段初 通用

睿

（表紙湛睿筆、本文他筆）

折本装　一二・八×一一・七cm（四二三函二四三号）

可勤一者孝《ケウ》子之孝《カウ》行也
凡悲母者託生之源
孝行者衆徳之源本無明
縁行宿縁厚ク結ヒ識
正結生恩愛契リ深シ然間
十月託胎之程ト恩愛之
情《ナサケ》深不顧[redacted]半死半生
之苦ヲ一三年掬育之□
摩頂之哀○懃更ニ無空スルコト不離之一日行

（後欠）

(186)

法花書写　般若転読
光明真言　理趣三昧

(表紙・本文他筆)

(表紙左端欠)

折本装　一四・六×一〇・二cm(三三五函一三〇号)

何況仲尼之伝フル玄訓㆒也以
孝㆒ヲ為百行之本㆒ト牟尼之
述金言㆒也以父㆒ヲ為四恩之
前広ク勘内外之典籍㆒
宜ク報慈父之恩徳㆒ヲ思食
依之讃経王㆒ヲ唱ヘ神呪㆒ヲ捧」

功徳㆒祈菩提㆒所書写㆒スル者妙
法円乗之真文懸針垂露
之点列軸々㆓所転読㆒スル者理趣
般若之妙典金薩適悦
之理開ク内々㆒ニ加之光明
真言唱念一万返㆒ヲ凡云顕
経㆒ト云密呪㆒ト彼モ甚深也
殊勝也展梵席㆒ヲ調ヘ開題
演説之儀㆒抽誠心ヲ尽投
浄財㆒ヲ尽恭敬供養之誠㆒御

(添付紙)

其ノ因ミ

因■密壇飾テ三密瑜」

伽之壇場㆒備ヘ四種随方之
妙供重テ修シテ理趣三昧之妙
業㆒ヲ弥祈過去先考之菩提㆒ヲ
然則先考聖霊
乗妙法之大□(車)ニ早ク進ミ

(後欠)」

(187)

＼先年引上修之
重至正忌日更修之
ム為悲母旨趣之余
＼悲母モ孝子モ共□□事
＼度々修善之事
＼十三年之事
＼母子共ニ如本⌈　⌋

睿之

(表紙湛睿筆、本文他筆)

粘葉装　一四・五×一三・七㎝（三三五函三二号）

今日信心諸大施主⌈　⌋
大方ハ不知案内ノ事⌈　⌋
争可奉知内ノ巨□候一
＼サレトモ又御信心之至ハ□□
察申一事候＼其故者悲母□
他界之後今年コソ始□□
一十三年一ニ御事テ候ナルヲ
去年モ已ニ相擬此ノ遠忌之御
報恩一ニ抽御追福修善□
候ケルナルニ今年又迎今ノ正忌日一
重テ展讃仏講経之梵席一
御スハイカサマニモ報謝ノ□□モ□
孝行之勤メモ不ムニハ⌈　⌋
サル事ハ候ヘキ是⌈　⌋
報謝之思遂年⌈　⌋
無忘一引導抜済⌈　⌋
骨髄一ニ而不ケル等閑一ナラ□或□
事於人命不定一ニ引上テ今年ニモ
修之一或待得テハ今年今月
之正忌一ヲ我齢已及八□□
難期後年一ヲ是ヲ最後ノ

(後欠)

(188)

（表紙湛睿筆、本文他筆）

旨趣之初《通用》
別離之悲歎古今並同事
睿之

粘葉装　一四・四×一三・五cm（四二三函二四〇号）

御廻向之趣者不ルニ申ヘ一定テ三
宝証明シ〔作善ヲ一〕御願ヲ一不ルニ祈一必ス諸天
納受シテ報恩《法味》法味一祈願併ラ備ハリ聖
霊ノ増進ニ一報恩悉ク飾幽

（添付紙）
法味一

儀ノ菩提ヲ一御スヘシ■其上ヘ会者
定離ハ非今初メタル之悲ニ一生」
者必滅自本一令存玉フ一理ナリ
ナレハ事新シク不及申述
今更非可語一《事思食》サレハ
仏界ニハ塵数ノ諸仏若干ノ
賢聖継テ踵《クヒス》ヲ一入滅シ人間ニハ
一天ノ聖主四海ノ君王累ネテ代ヲ一
零落ス十善ノ威光モ皆ナ昔シ
語《カタ》リ万乗ノ誉《徳香》モ只名ノミ残セリ」
何況尋レハ孤山ノ雲ヲ一○後《即是》レ前ツ
煙ノ末ヘ訪ヘハ効原ノ塚ヲ○《是亦》新
旧ノ塊《ツチクレ》多シ是知全ク
○《非》聖霊一人之御別《離》○一又非檀
主独リノ之御○歎《愁》ニ一但思ヘトモ尋常《ヨノツネノ》之
習《ソト》一尚ヲ悲キハ者生死之別レ
案スレトモ打チ｜任タル之理ハリソト又迷ル、ハ』

（後欠）

(189)

（表紙湛睿筆、本文欠）

睿之

弥陀念仏行
仏法滅尽事
法滅之時念仏行殊勝事
智覚禅師事

粘葉装　一三・八×一三・二cm（四二三函二四一号）

※本文欠

(190)

（表紙〈除異筆〉湛睿筆、本文他筆）

睿之

親＼法花読誦事
為二親
表白　長楽寺
通用＼悲慈深重事
廻向句
円□（異筆）

折本装　一四・五×一三・五cm（四二三函二二九号）

敬白シ
＼今南閻浮提扶桑朝信心女
大施主殿下
運＼一心誠ヲ一（朱）／抽テ三業志ヲ一迎テ□（時か）
正第四日ヲ一八軸真文開結二経
等ヲ転読シ三宝ノ御前ニ跪テ供

（D）補遺

養恭敬シ開講演説シ御ス事
アリ其御趣旨趣何者　夫
＼六欲天ノ誇《ホコルモ》二勝妙ノ果報ニ一終ニ拭ヒ二」
退没之汗ヲ一　四道士ノ神
仙秘法ヲ得ル未究無常ノ悲ヲ一
＼所以ニ誕生ノ始メ蒙懸ノ終喩如シ
懐容ノ去留カ一栄花ノ春黄落
ノ秋実ニ似タリ二枕ノ上ニ残《ノコ》ル夢ニ一
＼爰過去幽儀　＼有為ノ眠」
忽ニ驚テ（朱）＼無常ノ路ヘ赴候ヨリ
以来朝＼ニモ歎ク夕ニモ歎ク恩
顔何ニカ去シ（朱）＼寤モ恋ヒ覚テモ恋フ
法韻何ニカ隠候シ天＼ニ仰テ悲
歎スレトモ梵天帝尺モ不訪ハ一
（朱）＼地伏テヲ咽《エツ》スレトモ堅牢地神
不ス助一徒＼ニ白テ新墓ムニ一袂ヲシ」
ホレハ北芒ノ露ノミ壌々タリ
（朱）＼空帰テ一旧床ニ一胸ヲ燋セハ
東岱ノ熛片々タリ歎＼テモ無シ

由一聖霊得脱ノ下媒《ナカタ》テセ一（朱）＼恨テモ
無《何》益《ム》一幽儀正覚ノ＼非因二＼不如
諸仏出世ノ本意タル一乗妙典ヲ
読誦シ前生成仏ノ直路タル十
軸ノ真文ヲ講センニハト候歟励テ随」
分ノ恵果ヲ一資二親ノ菩提ニ一願ハ
望ヲ令成就一候ヘトナリ若爾ハ悲母
幽儀幷先考亡魂有＼執ノ
霊晴テ常寂光ノ空風静ナル
（朱）／無想ノ月明ニシテ般若ノ海底
清カラン兼テハ女大施主息災
延命快真快楽乃至法界平等利益』
御願旨趣唯要如此一委旨
三宝恵知証唯々給ヘシ
　廻向句云
＼乍愁一年積乍愁一月積一
（朱）／含悲一露往キ霜往ク　＼抑□
算レハ星霜《セイ》ヲ一四十三年ノ古シ雖旧タリト一
塞テ眼ヲ一思ニ恩顔ヲ一如昨日如今日一」

＼真タル如宮裏ニハ三帰更朗カニ(朱)／菩提樹
下ニハ七覚ノ花房鮮
九州《キウシウ》ノ脂膏《シカウ》者音管
領《レイ》也今只移御セ九品菡《カム》旧
之台一ニ　重歟
＼椿葉《チム》《ツバキ》　椿《ツバキ》ノ木也　トコワカ也
」

(191)母別子旨趣（三一四函九九号）

※『称名寺聖教　尊勝院弁暁説草　翻刻と解題』（勉誠出版、二〇一三年）一一頁参照。

(D)補遺

(192)金光明最勝王経講讃廻向（三一四函一一六号）

※『称名寺聖教　尊勝院弁暁説草　翻刻と解題』（勉誠出版、二〇一三年）三一一頁参照。

(193)

（表紙・本文湛睿筆）

弁
四巻金光明経尺

睿之

粘葉装　一三・三×一三・〇cm（三二九函四七号）

次諸大乗経
先金光明経一部四巻
大意者此経示三身妙体一ヲ
尺迦一諦窮帰一明菩提妙果ハ訓テ
十方軌二正法中道ヲ為其体一
三默四徳為其宗一却大乗

満家之教門究竟無余之
極説滅罪生善之
証大菩提之要妙是其本意」
題目金光明ノ三字ハ顕
法譬一也或表法応化三身一
或示法身般若解脱或
□□了因道後至果三種
□性

入文解尺者此経四軸中総有」
十八品分為三段序品ハ序
説段自寿量品捨身
品是正説讃仏一品流」
□(通か)」
殊此四軸経為懺悔滅罪
無下ニ□□□リ被持成給
事□道カ因縁ヨリ事起テ

□□道トカハ唐土ノ
在別紙
□(サ)レハ罪障懺悔之道此経ニ
逢フ敵キ不御一之御法コソ候ヘシ
＼千劫所作極重悪業若能
至心一懺悔者如是衆罪」
悉皆消滅云々
是金光明清浄微妙速能除滅
一切業障云々
□□(自)他ノ訓ニ纔発タル願一許タニモ
□□尊ノ勝利カヽル事テ候ヘハ増シテ
何力自心ノ底ヨリ出テ書妙
文一奉ラン展供養一功徳之至
千劫所作極重悪業是金光
明速能除滅」
縦百千万劫「　」鉄囲一
抱レ誤テ□積ラン罪ミ過也ト云トモ
金光明ノ光一ヒ照シ臨マン之時
□□何レノ罪カ□□滞之罪一

□(千)劫所作極重悪業是金光明
□(速)能除滅□凡罪障懺悔
無左右一事コソ候メレ
ケフ阿弥陀仏御供養之刻ニ
相当テ往生浄土之道ニハ都
無過タル罪障一之妨一念仏称
名之力念々非除ノミニモ八十億
劫生死之罪又金光滅罪
□(之)効験相合テ雖芥子微
□□罪障煩悩ノ御身上ニ残ラン
［　　］トコソ候メレ
」

(194)

円《ム》覚経総尺

湛睿

（表紙・本文湛睿筆）

粘葉装　一五・六×一一・七cm（三〇九函八〇号）

大方広円覚修多羅了義
経ノ
将尺此経ヲ一可開三門ヲ一先初
大意者夫レ仏徳無量也
総持セル之ヲ一者ノ名テ曰円覚一
法門無辺也流出スル之一者
」

号シテ称ス十四ト一一心与円覚一
名異ニシテ而体同シ総ヘテ而言フニ之ヲ一
統テ衆徳ヲ而共ニ備ヘ爍テラシ群
民目テ一而独照者也然間 」
語其竪一則不向テモ前際一
去ラ一不従リモ後際一生一　其
横則不上ノホテモ仏界ニ一弥一不下テモ
生界ニ一滅不生不滅一豈
四山之可容一離性離一教 」
爰五色之能盲是以
処生死流一驪珠独耀
於滄海一踞涅槃ノ岸ニ一
桂輪孤朗於碧天ニ一恢
々焉タリ晃々焉タリ迥出ッ思 」
議之表一也我仏証此一愍
物ノニ迷ルコトヲ之ニ一即説テ今ノ経ヲ一指シテ
体ヲ一投シ玉フ機ニ一是即大意也
次尺題目者大方広円覚
之五字ハ標所詮之法義ヲ一 」

修多羅了義経之六字ハ
歎能詮之勝能ヲ一就初所
詮中ニ一上三字如次ノ一是レ体相
用之三大別義也円覚ノ二字ハ直ニ
指霊明廓徹不二ノ総体ヲ一 」
也是則総別之徳具ニ彰シ法
義之門双挙ク故名ク大方広
円覚ト一就後ノ能詮中ニ一修多
羅三字総指諸経ヲ一了義二
字別歎此ノ一部ヲ一此ハ是レ諸経 」
決了ノ秘密ノ奥蔵十二部《分》教ノ
清浄ノ眼目ナルカ故也経之一字ハ
正指此典ヲ一所説ノ法門契約
借テ義一助ケハ名ヲ一方ニ称スヘシ
契経ト一故総云大方広円 」
以□説法
覚修多羅了義経
第三入文解尺者始自如是
我至同住如来平等法会ニ一
者是序分也次於是文殊師

菩薩ヨリ下尽円覚菩薩章一ニ之十一
章ハ是正説分也後賢善首
菩薩章下至経説一是流通
分也一経判尺大略如此
凡是ノ経者唯仏与仏之境
界八万法蔵之眼目三世
如来之所守護也十方薩
埵之所帰依也経説云善
男子是ノ経ヲ名テ為頓教大乗一ト
頓機ノ衆生従此一開悟ス亦摂
漸修ノ一切ノ群品ヲ譬ハ如下大海
不攘小流一ヲ乃至蚊蝱及
阿修羅飲其ノ水一者皆得中
充満上文　可訓尺之
圭山大師尺此ノ文一云大海有
無量之水一飲之則量腹
少多円覚ニ有リ無辺法門一
受之一則随器頓漸文
可訓尺之

其無辺法門者経ノ初ニ仏告
文殊ニ云無上法王ニ有大陀
羅尼門一名テ為円覚一ト流出シテ一
切ノ清浄転如菩提涅槃及
波羅蜜一ヲ教授菩薩一文
清浄真如ハ者理也菩提涅槃
是果也波羅蜜者十八了
蜜即行也教授者能○詮教
也菩薩者所被持也法門雖
多シト一不出教理行果一ニ今
免云流出一ト明知円覚ニ含無
辺ノ法門一ヲ也得此意ヲ可委之一
以此ノ無辺ノ法門一ヲ摂ス頓漸ノ万
摂一ヲ即正宗分ニ有テ十一章ノ
経文具ニ説此ノ旨一ヲ其中ニ先ツ文
殊一章総明信解真正一ヲ
疏云頓ニ悟下本有円覚妙
心一本無シト中々明生死上方ニ名
真正ノ信解一文経云一切如

来本起因地皆依円照
清浄覚明永断無明」
方成仏道

＼次普賢章已下明依解修行
随根証入中先此ノ普賢一
章ハ徴尺スト用心ヲ一申テ凡ソ解ト」
行トハ如ス相依スレトモ在言而
似相反セルニ＼依之学人
迷之一＼或有自恃天真一軽
厭進習者或有固執先
聞ヲ一担麻棄金二者二＼及至」
楽着名相ニ以文二為解一ト
繫立滞行位二高ク推聖境ニ一
等己上得此ノ意ヲ一加語二可委之一此等並
不下弁解ト行ト意実ニ相符シテ言
而似ルコトヲ反上故也改今普賢ノ一」
章正

玄鏡云依解生行々起
解絶雖絶而現解行
相融（ママ）文円覚疏云初観
一体雖覚全真後遇八
風紛然起妄行如窮」
子解似電光何法修
治永除病本文
＼已明依解成行之旨竟故
普眼章已後広説其ノ修
行之相貌ヲ一有三根修行一」
＼所謂＼普眼金剛蔵弥勒
清浄恵之四章通シテ明観
行ヲ一是上根修証也＼次威徳
自在弁音浄諸業障
普覚之四章別シテ明観行ヲ一」
是中根修証也＼後円覚菩薩ノ
一章ハ説荘リ道場ヲ一立テ、期限ヲ一
修加行二正憶念ヲ一之義ヲ一是則
末世障重ク衆生根鈍ニシテ

輒ク難カ修証一シ故託シ強縁ニ憑テ」
勝境ニ令下漸次ニ修行シテ契中証
円覚上ニ此是下根之観行
也
如是一此経具ニ開テ解行両」
門一広摂頓漸万機一ヲ[redacted]是
十二部経之樞健、三世如
来之宝蔵生霊《レイ》之眼
目万法之骨髄也依之
経説云若有人一聞此経ノ名ヲ一」
生信一不疑一当知是人非但
於一仏二仏所一ニ種諸福恵
必是恒河沙一切仏所ニシテ種
諸善根故聞此ノ経教ヲ一
爾時八万金剛二十八天十万鬼王等各白仏言
如来滅後末世衆生修行」
是法者
我等各守護スルコト是
人一如クシ護眼目昼夜不ルコト
離一如彰一随逐シテ除キ災難ヲ一
与ヘシ福寿一若有テ悪鬼悪神」
侵其ノ人ニ一者我等当ニ使
其ヲ砕コト如ナラ微塵一云々
法理掲焉故冥衆ノ擁
護既以如此一若爾今護
持大法主凝無二之信心一写」
一部之妙典ヲ一

(195)

提婆品

（表紙・本文湛睿筆）

折本装　一三・七×一一・四cm（三〇七函二一号）

次提婆品転読三百□
＼凡法花経ノ勝テ諸教ニ同□
事ハ唯是窮ムル一切衆生□
成仏道之宗旨一偏ニ此之一
段候＼其故者爾前諸教中
多分於衆生界一明（ママ）シント五姓」
各別之旨一隠シ一性皆成
妙理一又説テ唯男子ノミ可シト・
成仏ス一不許女人ノ作仏ヲ一
然四十余年漸調機□
三乗ノ権執悉（ママ）トラケ陶一□
機根已ニ発之剋ミ＼□」
集メ衆一法譬因縁□
説テ法一開キ方便門一示□
□之時＼五姓悉帰一□」

(表紙〈除異筆〉・本文湛睿筆)

(196)

諸(異筆)経ノ部

遺《ム》教経

睿之

折本装　一三・四×九・三cm（三一六函三九号）

謂遺教経
凡此経者如来最後之遺属尺子画紳
之良典ナリ行此経ヲ一者ノハ
名真実ノ仏子ト一背此ノ
教ニ一者非ルヘシ尺尊ノ遺弟ニ一

是以三国ノ祖師四依ノ論師
或学心ヲ一受持シ或造テ論一
称讃帰仏信法之輩
誰不帰依一知恩謝
徳之家尤可信仰一ス
依之今為報セムカ聖霊撫
育之芳徳一殊ニ転讃
尺尊慇懃之遺教一御
旨趣既異他一勝利
何ッ唐捐聖霊
早遠離十纒六垢一速
成就八大人覚一

(197)

（手沢名湛睿筆、表紙〈除手沢名〉・本文他筆）

湛睿

如法経立筆表白
╲武略福禄相兼事
（朱）神下╲孝子事 ╲後室事
（朱）廻向╲仏子残留事
╲母子［ ］事 （梵字）ケンカウ

粘葉装 一六・〇×一二・九cm（三九一函二七号）

先三礼
次神分
抑清浄懺悔之処
如法写経之砌
為ニ法味喰受センカ冥衆定来
臨影向シ給ラム」

然則
上奉始梵尺四王三界九
居四禅八定天王天主
下為難陀抜難陀上首内
海外海竜王竜神等
殊ニハ」
如法守護卅番神王城鎮
守諸大明神
別シテハ
関東守護二所三島八幡三
所若宮権現当所勧請
諸大明神部類眷属」
殊ニ
護持大施主 等本命衆神
当年属星七曜九曜北辰
北斗
総
上天下界天竜八部日本国
中大小神祇併《シカシナカラ》 為法楽荘」

厳威光増益一切神分
般若心経丁
大般若経名丁
　次表白
慎敬白浄妙法身摩訶毘盧
舎那因極果満盧舎那界
会一乗教主釈迦牟尼無上
大覚世尊証明法花多宝
善逝十方分身諸釈迦牟
尼仏平等大会一乗妙典《テン》八
万十二顕密聖教文殊弥勒
浄行無辺行等諸大菩薩身
子迦葉目連須菩提等諸
賢聖衆
二聖二天十羅刹女
自界他方天竜八部—
如法守護三十番神等
一乗弘通四依弘経
三国伝灯諸大祖師

殊ニハ
法花経中霊山虚空仏宝
僧宝
総シテハ
仏眼所照恒沙塵数一切ノ三
宝境界コトニ驚而言
方今南贍部州大日本国
信心大施主
抽テ一心ノ丹誠専三業精誠
屈数口僧侶一修シ七日懺悔
調テ清浄之儀式
写シ妙法之真文一
以テ慇懃修善之御恵業一ヲ
賁《カサリ》十種供養先考聖霊之御菩提一ヲ
御ス事アリ其御志之趣何者
夫
一切有為之法ハ如幻ノ
　水中之月為セン有一トヤ
三界無安之理リ難遁一

（D）補遺

枕上之夢メ徒ニ結フ
何況
中夜双林之春ノ花
尊容空ク隠レ栴檀之煙リニ一 」
南陽甘谷之秋月
遐齢只限菊水之流
人中之尊尚如此
世上之悲又誰免レム
伏惟過去先考聖霊
稟累葉之勇《ヨウ》塵ヲ 」
生東夷之武家ニ
兵《ヘイ》略備テ身ニ軍法《ハウ》得タリ器ヲ一
依テ曩劫之善種ニ一
入福庭之家門一
歓幸聞ヘ外ニ一快楽満テリ内ニ一加之
仍 」
栄耀秀一門
運請《セイ》期シキ百年ヲ一
何況

身ハ雖纏ルト世累《俗》之繁務ニ一
心ハ専望ム仏界之浄刹ヲ一
故ニ 」
常口ニハ唱テ南無《ミタ》之号ヲ一
通シ憑ヲ於摂取之光ニ一
専心ニハ期シテ浄刹之往詣ヲ一
懸ク望ヲ於霊山之月ニ一
加以
一乗如法之勝行
為毎年二季之勤行 」
尺尊称名之行業ハ
為長時不断之勤修《シュ》ノ
誠是
在テ家尚出家ヲ一
宛如浄名居士之在シカ室ニ一 」
以賢而守賢ヲ一
殆学《マナフ》仲尼子公之出シニ国ヲ一
真俗相兼テ
現当有御シキ憑一

而ルニ
心也有テ背キ例ニ一
甘泉失味ヲ一矣
仍
階老之妻室ハ朝暮悲テ
禱シカトモ之神道ニ一
鏡レ谷之感尚ヲ晩《ヲソキ》
倍従之諸人ハ昼夜歎テ
訪シカトモ之ヲ医家ニ一
薬欄《エキラン》之方《ホウ》如空キカ一
遂而《ツイニシテ》
去三冬之季《始》孟《仲》冬《夏》之節
同中《上》旬之候第六之天
有待有テ限
忽辞シ白日之旧城《キウセイ》ヲ一
無常無クシテ情ケ一
早趣キ黄泉之新洛ニ一
自爾以降
徳音絶テ無聞

風払フ空階之荒砌《クワウセイ》ヲ一
芳儀去テ有涙一
露泣ク荒籬《クワウリ》ノ之閑庭ニ一
万事皆非ナリ
再会相阻ツ
嗚呼
蒼波三千之底有リ再見コト
白雲万里之境又有帰コト
哀哉冥途何ナル道ソ
一去テ再不ル還一
恨哉黄泉何境
一別レテ重不ル来一
生死之別離ハ
雖為《タリ》ト二事旧一
此ノ別離ハ殊似タリ新ニ来ルニ一
有為之無常ハ
雖毎ノ人二事ナリト一
此ノ無常ハ専如シ限カ我レニ一
而ルニ

（D）補遺

千万端之遺哀」
放潔之処
第一周之忌景
不ルニ量一云テ臻ル
爰信心孝子
受テ厳考之遺体一ヲ
備リ聖霊之嫡男一ニ」
幼齢《レイ》ニシテ而継キ軍法《クムハウ》一ヲ
稚年ニシテ而伝フ家門一ヲ
因茲
仰恩山之高一コト者
一片之月徒傾キ
顧レハ徳海之深者」
万点之露空ク滴ル
是以
迎第一周之良曜
修シ一心之発露一ヲ
調ヘテ如説之行儀一
写妙法之経王」

是故
就テ聖霊閉眼之幽砌一ニ
屈シ十口蘿衿ノ苾蒭一ヲ
擺《ウコカシ》テ普賢降臨之浄場一ヲ
修ス七日勇猛之懺悔一ヲ
新ニ調ヘテ麻衣紙銹之道儀一ヲ」
敬テ写ス木筆石墨《セキホク》之露点一ヲ
旨趣誠ニ幽玄也
功徳又甚深ナル者歟
抑後室ノ禅定比丘尼
依テ五百生死之往因一ニ
生レテ為ナリ伉儷之友一」
牽《ヒカレ》テ十二因縁之釣鏁一ニ
久ク結フ夫婦之縁一ヲ
芳契一十余廻
朝暮ニ無背《ソムク》心一
巨細十万端
瘖寐ニ守ル賢慮一ヲ」
松風蘿煙

常約《チキリ》百年之階老一ヲ
桑弧蓬矢《サウキウホウシ》
既生ス数輩之男女一ヲ
然間
芝蘭之苟不浅
松蘿之色惟深
万事無ク隔ルコト心一ヲ
一言モ無シ背コト二思一ヲ
久ク事ヘテ生前一ニ
終ニ備ル後室一ニ
倩思ヘハ平日之顧眄《メン》ヲ
盍《ラン》咽《ナンソムセハ》一没後之遺涙一ニ乎
加以
(朱)嫡男 幼年ノ(朱)継家先立早也 恩遇嬰孩《カイ》ノ恩女
(朱)末子随我又以早世 或残テ遺室一ニ而慕《シタイ》(朱)彼○跡一ヲ
(朱)或《カノ》遊テ膝サノ(朱)没後 下一ニ而匍匐《ホフク》ス○(朱)訪菩薩一ヲ
○大鵬《カル》忽ニ去ル
覆影一ヲ之(朱)翅サ何クニカ行ク
遺卵《キラム》猶稚《ノコシナシ》

守栖《ホルス》一ヲ之(朱)吾独也(朱)□ 何 去 育《ハコクミ》俄カニ隔ツ
顧レハ此一ヲ芾幼稚也
何空為ル孤露之身一
思ヘハ彼一非ス傾ケル御齢一ヒニ
何早赴キ黄泉之路一ニ
夭死者雖娑婆之常恨一ナリト
此ノ恨ハ殊ニ越タリ余ノ恨一ニ
別離ハ雖穢土之常歎一ナリト
此ノ歎ハ猶ヲ切ナリ余歎一ヨリ
但
歎テモ而何為
恋慕者妄想之愛結ナルカ故
栄《ハケテモ》而可訪一
無為者真実之報恩ナルカ故
(朱)三畢 依之
与《クミシテ》今度 息男之追善一ニ
不懈礼仏ヲ於昼夜一ニ
不闕丁(聴)聞ヲ於朝暮一ニ
聞テハ一心敬礼之唱《トナヘヲ》一

請ヒ聖霊正覚之善根早ク生一ント
合セテハ慙愧懺悔之声一ヲ
祈ル幽儀無始之罪障悉ク滅一ント
仍
半行半坐之三昧」
勧行已ニ終テ
十種供養
如法写経之儀式
方軌方ニ副《カイツクロウ》
花ナ開テ木筆之端《ハシ》一ニ
将写ス妙法之花文一ヲ
露ユ落テ素紙之上一ニ」
新添《ソフ》垂露之点一ヲ
此即
清浄之儀式也
是非如法之書写一ニ哉
夫今経者
八万聖教之中ニハ」
難解難入之妙典以テ此
経ヲ為帝王ト
十二法門之内ニハ
甚深深奥之秘蔵此
教一ヲ為第一一ト
故
諸仏出世之本懐」
衆生成覚之直因ナリ
是以
四花雨テハ空一ラニ
開キ方便之門一ヲ
千界涌ハ地一ニ
顕ス久遠之本一ヲ
一乗平等之天ニハ」
下シテハ普潤ノ雨一ヲ而生ス三草二木之花一ヲ
会三帰一之庭ニハ
転シテハ大法ノ輪ヲ而摧ク羊車鹿車之轅《ナカヘ》一ヲ
依之
断善無性モ
共ニ遊ヒ施権之門一ニ
敗種ノ二乗モ

悉ク趣ク顕実之路一ニ
論其頓益者
述タリ須臾聞之即得究竟等一ト
思其易《イ》行一ヲ者
説ケリ乃至於一偈皆成仏無疑一ト
良哉竜女之即身成仏
憂哉達多之当果之記別
加之
分座全座之輩
速ニ預リ尺梵輪王之果報一ニ」
半行半座之族
親拝普賢菩薩之色身一ヲ
一念信解之功徳
早ク勝レ五波羅蜜之行
五十展転之随喜ハ
超タリ四果無漏之徳一ニ」
凡
一句一偈受持ノ之福満チ虚空一ニ
一字一点書写之功遍セリ法界一ニ

貫花散花之文
併顕シ菩提涅槃之功徳一ヲ
懸針垂露之点
悉ク結フ皆成仏道之妙果一ヲ」
何況
如説修行之輩者
萌《キサシ》即往安楽之業一ヲ
若但シ書写之類者
感ス即往都率之果一ヲ」
故
尋ネ余流於横川之源一トニ
訪フ遺風於天長之暦《レキ》一ニ
擺《ウコカシテ》幽儀終焉旧宅　多年私宅之幽栖
為普賢懺悔之道場一ト
屈シテ十口清浄之苾蒭一ヲ」
点ス一七个日之蘊景一ヲ
観スルニ以テ無生之恵日一ヲ
消ニ以テス衆罪之霜露一ヲ
遂ニ調ヘテ四行之方軌一ヲ」

(D) 補遺

新ニ写テ一乗之妙文ヲ一
資シ先考得脱之覚果ヲ一」
備フ聖霊成仏之直因ニ一
誠是
卓躒《ラクスル》万行ニ一
最尊最上之報恩也
超過ル諸善ニ一
無二無三之追善也」
若爾者過去先考聖霊
二障麤《死生死》重之雲忽ニ晴レテ
四智三身之月光朗カニ
一乗実相之風早扇テ一
中道一実之花苞ヒ鮮《アサヤカナラン》
殊ニハ後室禅定比丘尼」
称名ノ窓《マト》観念ノ砌ニハ
夭塵散シテ而年久ク
一生ノ終リ十念《観》ノ夕ニハ
信水澄テ而蓮ス迎ヘム
別シテ孝子大施主

保テ寿域ヲ於万廻《クワイ》ニ一」
椿葉之色無ク反コト一
開テ栄路於億歳ニ一
梅花之翠トリ不ラン改一
凡
旧労奉公之輩
聞法結縁之類」
万春ノ花ナ久匂ヒ
千年ノ月常ニ明ニ
同ク来会シ慈尊之出世ニ一
共ニ坐列シテ妙法之同聞ニ一
無ク忘二コト今日之結縁ヲ一
預ラム作仏之記別ニ一」
乃至
胎卵湿化皆帰シ
平等大会之一地ニ一
三界六道悉ク遇《アハム》
弥勒慈尊之三会ニ一
敬白

(198)

百部経廻向

（表紙湛睿筆、本文他筆）

折本装　三〇・二×三六・七cm（三三六函九三号）

蓋シ入聖霊之心ノ間一ニ」
百光遍照之□□□輪ヲ
曜シ玉ヘリ幽儀之□□一ヲ
同シク初地ノ菩薩之行化一ニ
身ヲ百仏世界ニ分身
讃揚シ」
相等シク台上ノルサナノ□□ニ
一花百億国ノ化仏ヲ
開出シ
百億須弥ノ之間一ニ』
還来穢国ノ之化導ヲ
施コシ
百千万般之衆生ニ
同体大忠之慈愛シ」
垂シメ給ヘト思食
者也」

是以
以百部転読之功一ニ用
開百法明門之覚《サトリ》一業
擬シテ百劫修行之修因一ニ」
感シ百福荘厳之妙体一ヲ
百千万劫之菩提之修因一ヲ

(199)

一業所惑事

睿之

（表紙・本文湛睿筆）

粘葉装　一二・八×一一・三cm（三二九函一一号）

サシモ心憂ク思出スモ悲
候ツル今年モ已ニ暮候ヌ
＼相構又再ヒ不逢是《カヽル》
年ニ不シト生是ル世ニ一＼我モ
人ニモ立誓一可廻計ヲモ候」
＼凡衆生ノ三界六道ニ

此死生律スル其ノ業因ニ一
＼有共不共之不同カ一候共
先不共業ト申ハ面々
受ルコト其ノ身ニ一各々《テノヽヽ》不一准一
＼男女□　□男ノ中ニモ○」
女ノ中ニモ○皆是各別○
＼共業ト申ハ広狭遠近
重々ニ候＼先三界相望セハ
＼欲界々々同乃至上亦
□トテ」
＼就同シ欲界ノ中ニ一一大千
界々々々中有百億ノ
須弥世界一一須弥界
中有四州一＼且ク南浮界
中有中国一有辺国一
＼皆是我モ人モ共造
同シ業一故□□業ノ所果」
＼共於同処一受生一
＼受楽ミヲ一則共受ケ同楽一

逢苦《沈憂》一則共逢同苦《沈憂》二＼
但就造其ノ業ヲ一又有重
々不同一雖造同業一我ハ
不知人ノ造一人ハ不弁我造一」
縦＼雖弁ヘ知ルト一有不同心一合
力縦雖同心スト一有不合力一
又付同心合力スルニ一親疎
浅深依＼人事異ニ随時
差《シナ》〱ナリ＼如是以異類万旦《多》
受雖モ亦随テ千差」
万別
然今欲界中一閻部
州ナムハ中々申モ物遠候取＼テモ
和国ニ一関東ニ受生ヲ一其ノ
一□ノ御事共ハ不申及一
又ナヘテノ貴賤」
置而不論一此禅律ノ
人法

(200)

法爾恒説事

湛睿

（表紙湛睿筆、本文他筆）

粘葉装　一八・〇×一一・六cm（一一三函一四号）

問当演義抄中引妙経開示悟入之四仏
知見之文一爾者清涼大師意今此中四種ハ
倶ニ通ス能化ノ辺可云乎答爾也付テ之ニ依テ解
釈ニ一案スニ道理ヲ一開示ノ二種ハ雖通スト能化一悟入ノ二
種ハ尤可限所化ニ一矣是ヲ以テ他宗ノ人師此ノ旨ヲ
尺成ス如何」

答開示悟入之四仏知見尤倶可通能
化所化也故鈔尺云以テ言ヲ顕示シテ令メムト其ヲ
知ラ有ト者唯明示ノ義ノ如示スカ貧女ニ宅中ノ
宝蔵ヲ未見未証セ使ルハ其ヲ修行セ義通開示不
知令知名之為悟未証能証称之為入
顕現之言対於開義文」
問於法爾恒説ノ花厳ニ可有不聞之類乎
答云々両方若一切衆生悉聞者凡高山頓
大之教偏為普賢円機設之何不分所
被浅深一切衆生悉聞之可云乎是以見円
経文或説如是経典但為乗不思議乗菩薩
摩訶薩説不為余人ト或非余境界之所知」
普賢方便皆得入云々何況第八会声聞
如聾旨意非不聞之類乎若依之爾者
正披円経文ヲ説普遍常転法輪力之中
一切衆生無不聞者文如何
答法爾恒説聞不聞者上古難義去来未
決也仍可出二義先本寺義云既円経文」
分明ニ一切衆生無不聞者文何不聞衆生可

有哉但於宗家解尺中以大機常感無
間断故ト尺事ハ自大持前見之時於法爾
恒説花厳一切衆生雖聞之不悟其意故
尚如生盲不見日而日不簡有眼無眼雖
照之ヲ有眼者見之無眼者如不見之故探玄
記十五尺云問若遍空界毛端処悉無日」
出世間故此処現今不問答以根無熟故
猶如生盲不見日非謂無日出世間等亦
聾故不聞非謂無説文意云一切衆生普
雖聞之以根未熟不悟其意故無得益
如盲聾為言倩案道理於恒説花厳
者見能説教主山月大地等皆性海具徳故
舎那妙行也謂所説教法ヲ草木樹鳥声」
皆是本自具足ノ説教故恒説花厳也何可
有不聞衆生哉依宿種有無故於根未熟
衆生雖聞而不悟花厳ト大持前ニハ有情モ
無有不聞衆生情見若破法界円現ヌレハ何
物非舎那説教於不聞有二意雖聞而
不悟名不聞門ト又総相不聞之門今此義

意ハ同門意也故宗家解尺処々雖文更非」
相違一旨帰ニ問答ヲ云問准此所説花厳
会ハ総無了時何容有一部経教答為下
劣衆生於無尽説中略印此等法集流
通故有一部一令其見聞方便引入無際
限中如観牖隙見無際虚空当知此中
道理亦爾文意云下劣衆生ハ雖聞常恒
説法不悟之一猶如聾人一故於無尽説中略」
説七処八会儀式方便引入無尽説令悟之為言
難云雖聞常恒説無得益者同不聞一若爾者
有不聞衆生一云義ヲ可存一何一切衆生悉聞之一
定哉答実於得益有無者雖有不同一実
聞之一何依得益ニ又不聞トセ可定乎
尋云第八会声聞如聾如盲者雖聞不悟一
云事歟将又総相不同云事歟依之聞不モ」
定事也如何益答智論云又如仏説不可思
議解脱経五百阿羅漢雖在仏辺而不
聞或時得聞而不能用文准此文可思之歟又
清冷(涼)大師尺五百声聞事言

一義云恒説花厳経遍衆生界一持縁未熟
衆生不聞之一即探玄記第十五問答偏大
持常威ノ前ニ雖無間断一猶未熟衆生者不聞」
之一見旨帰既喩世盲者不見日何残疑滞
哉但於一切衆生無不聞者経文者大持前無間
断聞一之可云也云々」
問花蔵世界者為無辺ノ土一為当有辺畔可云乎
答両方也若有辺者凡花蔵世界者是法
界等無別之国土也已ニ出タリ分量之外ニ一十身舎
那境界更不可云有辺際乎若依之爾者
披今経見説彼五ノ相ヲ文ヲ一花蔵世界之外別説在
十世界一爰知有辺云事如何
答花蔵世界無辺際云事解尺明也但示十
世界ヲ説事ハ私非可苦労探玄記ノ問答也」
問花蔵無辺ナラハ何ツ此中有東等耶ト答以テ花蔵辺無
辺不二ナルカ故名無辺ト無辺々不二故名有辺一ト
不壊辺ヲ恒ニ無辺也不壊無辺ヲ恒辺也辺無
辺不二更不及情計ノ処也云々解尺既明
鏡也有何疑乎

(201)

（表紙・本文湛睿筆）

光明啓白

睿之

折本装　一五・八×一二・〇cm（三三六函五五号）

真光明真言法者罪霜消滅之軌
範□□往詣之指南也誦スル之者ハ戴
「　」頭ヘノ上ニ一行之類ハ交ル蓮台ヲ於
「　」依之飾テ秘密瑜伽之壇場ヲ一
「　」真言之深法ヲ一檀恵之刃レ契印ヲ一
□示シ自営之風範ヲ一羅鏤之唱讃　」

□ヲ一也学フ密厳国之行儀ヲ一教迹已ニ
□□ナリ□地尽《ラン》シテ速疾ナラ一乎然則依此
「　」無窮ノ生死ヲ於刹那ニ一酬テ此
「　」品ノ直往於順次ニ一凡ツ上
求下化之益偏ニ依今ノ神呪ニ一浄
国済□□望ミ殊ニ答其ノ密儀ニ一一
心之丹誠三宝垂知見ヲ一給ヘ矣　」

(202)

（表紙・本文湛睿筆）

八講諸座法則

睿之

粘葉装　一三・四×一二・六cm（三〇九函二四号）

八講諸座作法付有仏養□□

先三礼　　次登高座

次法用如初二丁次開眼

次神分

八座講経結眼之庭

報恩謝徳之砌証明

善根一哀納法味一為ニ

冥衆定テ降臨影向玉

大梵天王尺提桓因一ヲ

奉テ詣一三界□□四禅八

定天王天衆毘楼博叉

沙竭羅雲音妙幢啖

□海光等内海外海ノ

竜王竜□□別テハ信□心

殊[　　]

護持大施主殿下御□□

□神当□□至諸宿□

上当寺勧請仏法擁護

神祇冥道総テハ六十

余州三千余座尽空法界

有勢無勢大小神祇、、、

一切神分、、大般若、、、

次祈願

専為天長地久宝祚円満御願

為関東泰平ヒサナ□仏名

諸人快楽薬師宝号奉為
過去聖霊出離—住—阿ミタ宝号　観自在菩薩名奉為大施主
禅下　□□御願　□□円満普礼」
為□至法界——
次願文
次経題
次発願謹テ発願金一丁至心発願
新写妙典開題演説
所生功徳天衆地類倍増法楽
倍増妙光過去聖霊
御出離生死往生極楽信心施主」
増長福寿及此法界、、、
(以下三行博士譜アリ)
衆生無辺誓願
煩悩無　　法門無
無上菩提
次一切普誦一丁次小読経諸僧同
次心経合一丁堂達起座授諷誦

次諷誦　□□師訖金「　」只仰□請」
次発願手持諷誦可□読□願至心発□
御諷誦ヰ力過去聖霊往生
極楽護持施主御願成就
乃至法界——
次四仏如前
次小祈願　由御諷誦ヰ力ニ故
過去聖霊頓証菩提ノ御願
可成就円満尺迦一丁普賢一丁　花厳一丁」
次仏名
(以下二行右傍博士譜アリ)
南無帰命頂礼諷誦ヰ力
聖霊決定　往生極楽
次教化」
(以下六行右傍博士譜アリ)
九乳ノ鳥□　ナラ□
両足鵜鳥ヲハヲトロ
カシタテマツリケレ
依一紙之御諷誦故聖霊

進九品之覚路一ニマシマスヘキ
モノナリケリ
次堂達賜諷誦
次勧請取香以揚勧請
願我生　世之
恒修　疾証
次読師挙経題」
次講師説法
方今当八座御講之法座一ニ」
被副法花開題演説大方
広化々々被開眼供養一
普賢大士
十種願王普賢大士聖容
仏ニ総別ノ功徳円満経ニ歎貫ノ
文段相分レタリ先仏ニ総功徳
者法報化之三身是也

(203)

（表紙・本文湛睿筆）

私
筒奉納旨趣　六補(浦)
為亡母追福　為慈父逆修
亡妻亡兄十三年
摂提事
睿

粘葉装　一二・六×一三・三㎝（四二三函二三三号）

御願ノ旨趣者悲母ノ御為ニハ
擬シ追善一ニ厳親ノ御為ニハ
備御ス逆修一ニ乃至亡妻亡
兄等ノ離苦得楽マテ廻施
雖区一ナリト悉無不スト云コト起ラ知
恩報謝之懇志一ヨリ
（以下欠）

（204）

（手沢名湛睿筆、表紙〈除手沢名〉・本文他筆）

湛睿

上（異筆）　三千仏供養

折本装　一四・三×一二・三cm（三一七函二六号）

三世三劫得名事
彦抄云上生経疏新抄引之
意云劫初成水上有千朶蓮
花浄居天衆遊戯水中為見
此蓮花唱言於此劫中有
千仏出世荘厳此世界故号」

荘厳劫
言賢劫者意云即成劫初時
此三千界是水々上有千朶蓮
花浄居天人見之而唱言今此劫
中有千賢人出世故名賢劫
言星宿劫者意此劫中有千
仏現猶如星而暦々出故言星
劫也云々」
三千仏因縁事出薬王薬上菩薩経
仏告大衆言我曾往昔無数
劫時於妙光仏末法之中出家
学道聞是五十三仏名初名普光仏次名普明仏次名普静仏乃至第五十三名一切法常満之仏
聞之合掌心生歓喜後教化人会」
得聞持他人聞之展転相教乃至
三千人此三人異口同音称諸仏
名一心敬礼如是敬礼諸仏因縁
功徳力故即得超越無数億劫
生死之罪其千人者花光仏

為首仏名経云荘厳劫第一最初仏者名曰人中尊仏此経異取意也
下至毘舎仏於荘厳劫得成為仏
過去千仏是也仏名経ニハ一千最後名金剛王仏
此中千仏者拘留孫仏為首下至
楼至如来此千仏ハ如来名経於賢劫次第ニ成仏
後千仏者日光如来為首一下至須
弥相仏於星宿劫中当得成仏文
此星宿劫最初幷最後仏号与仏名経異也
此則三百仏若三万仏三億仏ト

(添付紙)

今絵像中々尊事云々□勧竜威経後□□□

不列而三千仏之事　依之縁起
也現在千仏者此外亦因縁多
之也云々
仏名経云若善男子善女人聞
是三千三劫諸仏世尊名号歓
喜信楽持諷読誦而不誹謗
或能画（書か）写為他人説或能画
作立仏形像

大乗造像功徳経上云一切諸仏
得大菩提転正法輪現大神通
降伏外道作大仏事皆悉坐
故是以応作坐師子座結伽（ママ）之
像文
或能供養香花伎楽歎仏功徳
至心作礼者勝下用二テ十方諸仏国土
満中珍宝淳摩尼珠ヲ一積コト至
梵天ニ二百千劫ノ中ニ布施スル者《モノ》ニ上是善
男子善女人等也曾供養是
諸仏之後生之処歴侍諸仏
至于作仏而無窮尽皆当為
三世三劫中仏而所授決所生
之処常過三宝得生諸
仏刹土六情完具不堕八難
当得諸仏三十二相八十種好具
足荘厳文
次造仏功能
大乗造像功徳経云爾時三十三

天王白仏言世尊今在人間
頗亦有人曾於嚢生作仏像
不仏言天王諸有曾雖作仏像」
者皆於過去已得解脱在天衆
中尚復無有呪於余処一唯有
北方毘沙門子那履沙婆曾於
往昔造菩薩像以此福故後得
為王名頻婆沙羅一ト復因見我今
得生天有大勢力永離悪道
優楼螺迦葉伽耶迦葉那提迦
葉迦葉並曾於往世修故仏」
堂由此因縁永得解脱憍梵
波提昔作牛身追求水草各
遶精舎食諸草竹因見尊
容発歓喜心乗茲福故今
得解脱尸毘羅曾持宝
蓋供養仏像阿菟楼馱然
一支灯亦以供養輸鞞那曾
掃仏堂一阿婆摩那於仏像前」

燃灯施明難陀比丘愛重尊
儀香水洗沐有如是等無量
諸阿羅漢皆悉曾於仏像之所
薄申供養乃至極下如那伽
波羅於像座前以少許黄丹
画一象身而為供養由此福故
皆永離苦而得解脱天主若
復有人能於我化未滅尽来」
造仏像者於弥勒初会皆得解脱
若有衆生非但為己而求出離乃
為欲得無上菩提造作仏像者当
知此則為三十二相之因能令
其人未速致成仏文
以速致成仏一句引合上文能
可尺会也云々
誡造仏図絵之残生死義不久
説」
以便宜一善一縁モ於仏像結縁
如経文者皆以得脱以之言之

投浄財擬信心図正一仏二仏一善
根塞霊室功徳遍□□留生死
不久速疾成仏無疑然今
女大施主為亡者三世三劫三千
仏之図絵御事聖霊之御得道速疾
施主之御善根広大云々
誰致疑

号堀川殿
祖父太政大臣良房忠仁公

」

仁明■太子
文徳―母冬嗣女

文徳第四子
母染殿后
清和　陽成　光孝

宇多

延喜照宣公
朱口女

大政大臣照宣公基経――時平左大臣右大将
右大臣顕忠
左大将保忠
中納言敦忠

堀別殿　極楽寺殿　大政大臣忠平
貞信公
清慎公

菅宰相

(205)

上西門院一品経供養（仮題）

（表紙欠、本文湛睿筆）

粘葉装　一五・一×一一・七㎝（四二三函二四六号）

但右法花経
慎敬白周遍法界浄妙法身
マカヒルサナ五百塵点本
初実成因円果満ルサナ如
来大恩教主尺迦善逝□□
大覚世尊灯明法花多宝

世尊＼十方分身諸尺迦牟尼仏」
法花経中去来現在諸仏
世尊＼平等大会一乗妙典
八万十二権実聖教＼文殊
弥勒薬王大楽説等ノ八万
大士浄行無辺行等千界
菩薩＼陳如迦葉身子目連」
等三周得悟諸大声聞
乃至四向四果有学無学一切
賢聖却＼テ霊山虚空二処
三会発起影向当機結
縁四衆殊ニハ懺悔教主普賢 大慈大悲観自在尊
大士多聞持国十羅刹女等」
＼乃至仏眼所到塵数世界中
現不現前三宝境界而言
南＼―
是ハ上西門院一品経供養
被図絵普賢十ラ刹女
被供養之」

(206)

古 弥陀念仏事
＼七種選択念仏
＼法照禅師之因縁

睿

（表紙湛睿筆、本文他筆）

折本装　一三・一×一一・八cm（三一六函三三号）

凡
案二シ三経ノ意一候ニ諸行ノ中ニ
念仏カ選択セラレテ候
＼先双観（巻）経ノ中ニ在リ二三選」
択一一ニハ選択本願二ハ
選択讃歎　三選択留教

第一ニ選択本願者法蔵
比丘於二百一十億ノ中ニ所
選択往生ノ行ヲ一
無量寿経上具足五」
趣思惟。　第二選択
讃嘆者上ノ三輩ノ中ニ雖
挙菩提心等ノ余行ヲ一尺迦
不讃嘆余行ヲ一唯於念
仏ニ而讃歎之　其有得
聞彼仏名号歓喜踊躍」
乃至一念当知此人為得
大利則是具足云々
第三選択留教者上雖
余行余善ヲ一尺迦選択シテ
唯留念仏ノ一法ヲ一当来之
世経道業、、」
次観無量寿云有三
選択一選択摂取　二
選択作讃　三選択付属

第一選択摂取者観経之
中雖明定散諸行ヲ一弥
陀光明唯照念仏ノ衆
生摂取不捨一」
経云一々光明、、、
第二選択作讃者下品上
生ノ中ニ汝称仏名故諸罪云々
第三選択付属　仏告阿
難、、、阿弥陀経ニ
在一選択一所謂、、、
証誠也　已上三経一意シテ」
七種選択偏限名号ニ一
サレハ
大唐法照禅師トテ無止事
在智行高徳ノ人一常ニ受コトヲ二生ヲ
於末法ニ一歎キ形交タル二尭季ニ一」
事ヲ悲ム雖聞トニ如来ノ聖教ヲ一
苟テ濁世之瓫ヲ一出離不一定一
為何々我等凡惑ナリ諸法師

不具足観機三昧ヲ一遂ニ不叶
空ク帰三悪道ニ一如入宝山ニ一 」
空シテ手ヲ一帰カ二可恥可悲一奉
尋大聖文殊ヲ一五台山ニ
登リ給ケリ難受人身ヲ受ハ雖
喜ナリト一不生在世ニモ一不生天竺ニモ一
生コト辺州ニ一是涙恨也難聞一
仏法ヲ聞コトハ雖幸ナリト一過正法一過キ 」
像法一如来滅後経タリ二一千
余歳ヲ一　大聖文殊師利ハ三
世ノ覚母九代祖師位隣
大覚ニ一悟リ既ニ究竟セリ常ニ在シテ諸
仏ノ御前ニ一列玉ヘリ一切衆生ノ
発ス二菩提心ヲ一文殊教化ノ力ナリ 」
然ニ此ノ菩薩ハ近ク五台山ニ在常ニ
捨テ身ヲ一奉尋故有ラム二尋
相タテマツル事一無量法門ノ
中ニ指シテ奉尋出要ヲ一又不奉
値一只此山ニシテ死ナムト誓テ向フ彼山ニ一

代ハ唐ノ第八ノ御門ト代宗 」
皇帝治十八年ノ内大暦
五年丁戌自《ヨリ》尺尊滅後
一千七百九ケ年日本ニハ人王
四十九代光仁天王ノ御宇当レリ
宝亀元年ニ一四月六日ヨリ
思食シ立テ被登彼山ニ一遥ニ 」
前途ニ望メハ山深シ鳥ノ音タニ
オトナハス又旧卿（郷）ヲカヘリ
ミレハ導（ママ）遠シ雲ノカケハシ
トタヘヲアヤフム　サシモ仏
法ニ身ヲマカセ命ヲアタニ思テ
思食シ立ケレトモイマワニアレハ 」
心細クサムカタナク　身モツカレ
アシモイタシ　　雖然
念処道求ノ心ロ弥々トヲテ
遥ニ登テ見給フニ
有リ二一ノ石門一左右ニ有リ二童子一
号ス善財難陀ト一彼童子 」

禅師ニ問云ク此山ハ嶮高シ
汝チ在テカ何等ノ志一登ルソ法照
禅師上件ノ事ヲ語リ被申一
于時二二童子引テ禅師ノ手ヲ一
漸ク奥ヘ入ル又一ノ有金門一大
聖竹林寺ト云額ヲ打タリアル
彼入テ金門ニ一御ラムスルニ微
妙殊勝ノ霊地ナリ玉与金《ト》ナ
ラヘタリ黎水山ト毘(崑)崙
山ヲ如シ二和合セルカ一縦横廿余
計ナリ又金ノ階ヲ歩ミ入ル其
階ノ体ラク如シ蜉《ニシ》ノ奥一ニ
衆宝荘厳ノ宮殿楼
閣並タリ二甍ヲ一其内ニ普賢
文殊大聖並テ光ヲ在一ス
普賢菩薩ハ七支六牙大白
象ニ乗玉ヘリ其象ノ頂ノ上ニ
在三ノ作人二一ハ投金輪ヲ一
一ハ持摩尼珠二一把ル金剛
杵ヲ一五十種光明具足シテ
其身ニ一衆多ノ菩薩囲遶前
後ニ一為諸仏ノ長子ト一首楞厳
三昧ノ威徳実ニ気高恒
順衆生ノ菩薩大慈大悲誓イ
色ニ顕レ玉ヘリ又文殊師
利菩薩ハ在師子坐上ニ一其師
子ノ王ハ六度円満体大シテ
万行諸ハラ蜜ノ膚ヘ肥《コヘ》タリ即
一万二千ノ菩薩ヲ為眷属ト一侍ヘリ
左右ニ一凡此ノ菩薩ハ三世ニ成
道ス過去ニハ竜種上尊王
如来現在ニハ観《歓歟》喜蔵摩尼
宝積仏未来ニハ普賢世
尊ト可シト名一思ヒ連ルニ涙浮フ双
眼ニ一五体ヲ投テ地ニ稽首作
礼ヲ一合掌ヲ二菩薩ニ奉問一
詞ニ言ク末法ノ凡夫去テ聖ヲ一時
遥ナリ知識転劣ニシテ垢穢最モ

深シ仏法県広ニシテ法門無量ナリ
修何ノ法文一ヲ修何行一ヲ易
得成就一コトヲ唯願大聖為我一
解脱シテ令断疑納一ヲ」
文殊師利言汝已念仏
今生正是時ナリ
諸修行門無過念仏二大
聖各舒《ノヘ》テ手一ヲ摩禅師ノ頂ヲ
如是被勧于時一禅師且正
拝生身之応摂一ヲ且委ク受二ク」
二聖ノ教訓一ヲ泣々顧ミ宿縁ノ
純熟一コトヲ伏テ喜仏陀ノ加被一ヲ
而後善財難陀二童子
付法照一ニ送ル本路一ニ漸ク前ノ
石門ノ前ニシテ二聖ノ御ナコリヲ
悲テ向ノ山頂泣々礼ス挙頭一ヲ」
見レハ無童子一モ不見石門一如
夢一似幻一ニ自其以来一向
念仏三昧作五会讃一ヲ

道俗男女ヲ勧メ給
彼仏因中三弘誓

(207)

懺悔事

睿

(表紙・本文湛睿筆)

粘葉装　一五・〇×一一・七cm（四二三函二七一号）

凡《ソ》罪障懺悔之法総《テハ》為《タリ》
仏法修行之綱要一別為末
代悪世之衆生一《ノ》殊《ニ》以至
要也専可《キハ》行《タル》一此《ノ》法候其故《ハ》
現世名利之事《ニマレ》後生菩提
之望《マレ》所求《ムル》之不叶一所祈《ル》之

不成一併罪障煩悩《ノ》成祟《タヽリヲ》一
之所為《テ》候サレハ起信論《ノ》中《ニ》
以従先世一来《タ》多《ク》有《ルヲ》重罪
悪業障一故為邪魔諸鬼《ノ》一
之所《レ》悩乱一或為《ニ》世間事
務《ノ》一種々《ニ》牽纏《ヒキマトハレ》或為病

（後欠）

(208)

在家女人交僧衆書写事　　睿

悲母遠《ム》忌旨趣 賀島妻悲母七年 嘉暦二年三月五日海岸寺

悲母恩徳事 付薬王品文

孝子報恩之大切事

為如法経檀那事

自交僧衆㆒手写経事

（表紙・本文湛睿筆）

粘葉装　一四・八×一一・五cm（三一四函一四号）

仏経讃歎大略如此㆒旨趣無他
偏奉為メナリ先妣聖霊出離生死
証大菩提㆒サレハ唯仰証明於三
宝之眸㆒ニ勿待啓白於短才之
吻㆒早応孝子ノ御祈念㆓ニ聖
霊速カニ進覚路㆒御スヘシ

」

抑悲母之寛徳深重之至リ
可ク始申㆒候ハネトモ今被書写
供養㆒玉フ妙経ノ中以喩明ストシテ一
乗深奥之旨ヲ㆒薬王品ニハ有
十喩ノ称歎㆒諸余ノ品亦挙種々
喩ヘヲ且薬王品ニ如帝尺於三十
三天中王㆒タルカ此経亦爾諸経中
王タリ乃至如渡リニ得船ヲ㆒如民得
王ヲ㆒如子ノ得タルカ母㆒ト云ヘリ今就
此文㆒聊有可思之処㆒其故ハ
父恩ハ高ク妙高八万之嶺㆒ヨリモ
母徳ハ深シ滄溟三千之底㆒
徳ノ窮リ恩ノ至レル二親是レ斉シ
然々。在別紙

」

サレハ先妣聖霊芳恩之至
亦以可爾㆒爰女大施主
知恩報恩之志自然トシテ備心㆓
孝養父母之勤メ受性㆒不倦㆒

」

依之悲母在生之古《ハ》水菽之
孝行無懈聖霊没後之
今《ハ》蓮台之覚蘂添厳《御》
凡《ソ》孝養報恩之道追福
修善之営《ミ》有心之人皆勤
之於今雖不可驚大施主
今御作善之体慇懃之至《リ》
実《ニ》異他《ニ》御事《ト》覚候故何者
凡世人之心短《キ》習《ヒ》恩所去
世之後縦《ヘハ》近《ハ》四十九日之
営《ミ》遠《ハ》一周三廻之訪《ヒ》是許《ヲコソ》
存《シ》美《イミシキ》孝行《ト》為《シタル》難有報
恩《ト》事《テ》候へ此事纔《カニ》営《ミ》
ヌル後《ニハ》多《クハ》名残少《ク》
思出《ルコト》猶希《ナル》事《ハ》不御了
何況唱神呪写経巻之
勤《メ》偏《ニ》費他人《ノ》力《ヲ》
難行苦行《シテ》苦《シメ》自身尽筋
力千万人《カ》中《ニ》人尚難有

事候然《ルヲ》今護持女大施主
蒙恩《ヲ》知其《ノ》恩《ノ》深《コト》載徳《ヲ》弁
其《ノ》徳《ノ》重《コトヲ》依之悲母去世之
後年序久廻《トモ》懐旧
恋慕之御意暦日猶難抑
寒暑稍積《トモ》報恩謝徳
之志触折《リニ》弥切《ナリ》所謂
彼七々四十九中陰之為善
百朝一周三廻之追福何《レモ》〳〵
抽孝誠励懇篤《御ノミカハ》
今《特》迎七廻《十三廻》之遠忌重《先》《テ》尽《シ》
一心《無二心》之勤労選取《テ》法門《ノ》中《ニ》
深奥《ナル》之一乗妙典《ヲ》思企功
徳《ノ》中《ニ》第一《タル》之如法写経《ヲ》飽《マテ》
投浄財《ヲ》厳普賢懺悔之
道場自交僧衆致難行
苦行之発露孝行之志
誠心之至冥衆之知見《モ》定《テ》新《ニ》
聖霊之得脱《モ》無《コソ》疑候《ラメ》

凡ソ今年ハ相当リ伽藍発起
之願主大尼ノ御一周忌ニ即又
為タル願主養恩ノ七年ノ遠」
忌之間追福修善旁ニ為
当寺ノ経営ト雖可シト遂ケラル此ノ
如法写経ヲ因縁輙不調
大願頗難果シ之処ニ今女
大施主同又当リ御先妣七廻之
大遠忌ニ候程ニ悦テ与僧衆」
知識之作善ニ忽為如法書写
之檀那総被写サ数部ノ妙典
中ニ別シテ進一部ノ御経ヲ擬シ我母
即往安楽之資糧ニト思食
又但非為檀那ト総成玉フ公《クミ》ニ大
善ヲ自交《入浄場》僧衆ニ手ツカラ致シテ」
南無ヲ写経王御云彼云此
浄心信敬之至無類トニモ
カウニモ聖霊得度之条
有ル憑御事不候乎

アノ依人事異トヤ実ニサル
事テ候ソレニ今大施主」
女人御身也難行苦行争可
容易在家御事也家業ト云
奉公ト云倶可悤劇サレトモ
志至テ切ナル時ハ公私不能成
障報恩有トキハ誠修善無不
成就抛万事参籠当伽」
藍ニ契一心書写御此妙典
サレハ三七ヶ日之加行難満已満
一乗書写之正行難終ヘ亦終ヌ
是偏施主ノ孝行有誠
之所致也抑又非冥衆ノ護
念無カ暗《クモリ》之令ルニ然哉以此等ノ」
功徳併奉為ニト聖霊廻向祈
念御セハ臨池入木之筆ノ端ニハ
六万九千ノ諸仏列光悉顕ハレ
懸針垂露之金ノ黙ハ先妣
聖霊紫磨之膚添テ潤ヲ

滅罪証覚無疑往生成仏有ルヿ憑一

御事トコツ覚候ヘ即アノ第三年〈添付紙「即アノ第三年幷七廻」〉

御追善トコソ覚候ヘソレモ此ノ

如法写経如今ノ手ヲ自ラ尽

誠一勤行〈御事〉実一知恩報

恩不尽一之御志追福修善

不飽一之御営重テモヽヽ如是

抽精誠〈御事テ〉候

アノ弥天ノ道安法師我レト手ヲ致

悲母一於給仕ヲ事聊被思食

候羅什三蔵上足ノ弟子

第一難有一之御勤メ甚深難解

之報恩不異弥天仕母一之

古ノ志一モ相契ヌル聖人勤孝ヲ之

本意ニモ御事トコソ覚候ヘ

サレハ過去聖霊効原ノ屍モ依テ之一放チ

光一黄城ノ魂モ依之一合テ

咲一上輩下輩ハ有トモ不審一

往生極楽無疑始一御事候

但不尽者恩愛別離之涙

有余者懐旧恋慕之悲ナリ

憂ハ隔トモ年一不旧一歎ハ遠

月一弥新ナリ就中

是以女大施主娑婆百年之

孝行ハ雖懐クト風樹之恨ミラ

安養九品之覚薬ハ飽テ

添蓮台之厳一思食シテ自投

浄財一不求メ他費一手カラ致

発露一更忘タリ身ノ苦ミラ実一

(209)

（表紙・本文湛睿筆）

為悲母逆修表白
慈父亡過
悲母存生

睿□之

粘葉装　一三・二×一一・八cm（三一四函八号）

□(夫か)無始惑乱之間六趣四□(生)「　」
常ノ疎□有為輪転之極三途
□(八)難□為シキ定家一ト然間無明之
酒ケ弥失本心ヲ二不恐塞厭「　」
之望ヲモ「　」之睡リ深「　」
無「　」楽一ヲモ□哉

漏「　」
「　」
臨「　」抗之今縦「　」
将「　」底ニ一何「　」
之波一ニ争テカ重遇仏法「　」
思惟シテ之一ヲ独愁吟ス之一ヲ豈不歎
乎寧□励手就中皆戴恩
□ヲ慈父徳高於華岳「　」
□蒙乳養悲母志深「　」
羸之底ヨリモ一而先考奉テ告永別一
□之知娑婆之可厭一悲母存在
眼前ニ

乎

（後欠）

(210)

慈父表白 暦応四年十一月四日 土一了親一周忌引上

睿

（表紙・本文湛睿筆）

折本装　一二・六×一〇・八cm（四二三函二四二号）

今日、、信心大施主幷
諸大施主等母子兄弟
面々之懇志互ニ諍力一仏
経顕密種々之善根各
尽《シテ》数一擬先考一周之追善ニ一
展恭敬供養之梵席御

(211)

亡《称カ》母施主段
\母子兄弟同好修善之人事
\亡者生前修善事
\施主帰仏修善事
\悲母病席致看病等事
\没後之追善事

睿

（表紙・本文湛睿筆）

粘葉装　一三・六×一三・四cm（四二三函一三二一号）

御廻向旨趣者不申述之前ニ聖
霊已納受之一仏天モ垂レ□
知見御事テ候ヌランサレハ不見
聞トモ候ヌヘシサハ候ヘトモ実ニハ
又仏ニモ神モ正ク開詞一ヲ□声
押返候所ヲ思一クトキ申ニ成ヌレハ

縦難ク成一難キ叶事ナレトモ
神明三宝被テ責一必顕感
応一シルシヲ見セ玉是ハ定レル習候
サレハ此段ヲハ唱導トシテハイカニモ
可申開候ソ更無他事一
一心合掌テ所祈思食一聖霊ノ
出離生死一往生極楽上品蓮
台成等正覚此一事コソ候メレ
必ス仏モ照シ経モ哀テ□□く
一念莫レト違ヘ御一スコト候ト□
凡ソハ聖霊ノ後世菩提ノ御増□
不審ナク覚候ツ故何者
先御在生之当初落飾永入
無上仏道一候之後乃至近□
作法ヲ奉見一候シニ起居坐臥
之御願造次顛沛ノ御望ニハ
帰依三宝之外無カシ他事一モ
事候メレ九夏三伏之暑月ニモ
欣求浄土之営《イトナミ》無懈一玄冬

素雪之寒朝ニモ称名転
経之勤無暇《有勇》一讃仏講経之
砌ニハ無不往テ結縁セ一念仏修善
之輩ニハ無不致礼敬凡ソ
数十年ノ御所修《在々処々聴聞随喜時々剋々念仏修善》シテ善根薫
修之積リハ莫太ノ御事テコソ
候メ随テ御臨終
況ヤ信心大施主等身似タレトモ交ハルニ俗
塵ニ心ハ実ニ遊仏境一ニ在世間一
専□出世之行一居穢土二已萌
浄土之因一御非□欣求浄
土之思ノ有ル誠一知恩報恩孝
養謝徳之志又懃故悲母在
生之御時晨昏水菽之孝不
懈ラ一病床不預之間薬石給
仕之勤尽力一乃至没後喪
寂之今ハ毎日毎時之修善
七日〳〵ノ功徳仏事善根添
潤一称恵累蓄御セハ眼前

没後薫修相合テ悲母聖霊
往生極楽之御願更無疑之間
却悲母ノ恩徳ノ親子芳縁不
等閑一事大方ノ定レル習ト申ナカラ
其之聖霊ト信心大施主等ト
御行儀作法ト云物ハイカサマニモ
非只事一定宿善能ク催御シコソ
候メレアノ見聞世間ノ有様ヲ一候
人ノ心善悪二ノ道相異ニ相替レル
事不云父母一不依兄弟一
ソレニ悲母聖霊信心大施主等コソ
宿善備身一ニ発心修行何モ不
劣御互勧仏道同勇善事
御シ有様返テモ〳〵難有少キ類
御事共テハ候へ其故者厭離
穢土欣求浄土厭時共厭之欣
時共欣之念仏修善聴聞
随喜修スルニハ即同修交レハ
即同交ル悲母若怠《ヲコタリ》御歟ト

見ル、時ハ数輩ノ孝子達《タチ》ヲ
自行シテ之ヲ一奉励其ノ志ヲ一布施
等若緩ウシ御歟ト覚ユル時悲
母比丘尼先立諸仏前ニ御スニ
誰不《サレ》奉ラ従ヒ之一其外毎月
点日《ヒ》ヲ一修スレハ浄業ヲ一互ニ期上品
蓮台之往詣御スカ故ナリ一六
時遂テ時《トキ》ヲ一行礼讃ヲ一為励生
即不生之正定ノ業一故ナリ如此ノ
母子一ニシ御志ヲ兄弟合セ力ヲ」
御シテ面々自身ノ御得脱ハ勿
論サテハ悲母ノ往生極楽之
御素懐《本意》ニ為違フコト一奉ラウト令メ成就一
云事テ手ヲ取リクムテ勤メ行ヒ
御《臨終正念、、、》シハ不候乎サレハ随テ去災ノ孝子
最上ノ報恩トハ是コ□候メレ
ソレニヨリテモ申合ヒ又旁々ノ
御意《イ》ニモ悲ミ深□ウ哀レモ切ナル御事
□候「　」察「　」候且ハ一日見在

之時モ申候キ凡ソ母子之□昵ハ
于今一始シメ□事ト申ナカラ如
形申候過去悲母禅定比丘尼ハ
今信心孝子等ノ御事ハ付世間
付出世一ニ如影ノ随フカ形一片時須
臾モ不離レ咫尺寸□モ無隔ルコト
聞法之砌リニハ必共運歩修善
之処ヘハ共運歩ヲ一聞法之砌ニハ
必並肩ヲ御事テコソ候シニ今年□信
アノ寺ヘ入御候シニ御息女ノ禅尼達ハカス〳〵ニ御
同道候シカトモ悲母禅尼一人ノミ」
闕御シカハ生死無常之習ハ毎ノ人一
事トハ申ナカラ恩愛離別之悲
眼ノ前ナル今更受タル膚ヘニ一御恨テハ
御候ウト察申サレタシ候ケレ
アノ南都解脱上人

(211)〜(212)

(212)

（表紙湛睿筆、本文他筆）

夫後妻之悲深事

志切之時隔生ニ再逢事
雖夢而有実事

折本装　一四・六×一二・二㎝（四二三函三七九号）

近キ世ノ事佐渡ノ院ノ御宇ニ
和泉国ニ年来住ケル男アリ年来
志ノ深クシテ相具シタリケル妻ヲ難産ニ
シテ大事ニ候ケルカ子ヲハ平カニ産テ
後重ク煩ラヒ候ケレハ其男心苦ク
覚ヘテヒタスラソヒ居テアツカヒ

サハクリ候ケリ限ニテ見候ケル
時髪ノアツケニ乱テ顔ニユラレ
懸ニ候ケルヲ結ヒワケムトテ
傍ニ文ノ候ケルヲ片端ヲ引ヤリテ
ユイワケ候ケリ　カクテ此女房（妻）
イク程ナクテ　ヤカテ息絶
ウチ入候ケリ男ハ只涙ニクレテ
サコソ悲シク覚ヘ候ケメ泣々
（後欠）

(213)

為悲母

湛之

（表紙湛睿筆、本文他筆）

大和綴　二五・五×一九・七㎝（一一二函一号）

（表紙裏）

為悲母 法花三身　金光明表白　四智五智施主段

或三礼如常　法則又如常

」

次開眼仏眼真言　大日真言　次神分如常　祈願如常

次表白

慎敬自周遍法界摩訶ヒルサナ因円果満ルサナ界会

一代教主尺迦牟尼無上大薄伽梵東西二世界薬師
如来無量寿仏宝浄世界全身舎利多宝善逝十方
分身諸尺迦牟尼仏始リ自無吉樹下金剛座上ノ正覚朝終至
鶴林ノ樹下沙羅林ノ夕ニ所説五時坐満兼単対帯ノ
御教遍吉曼殊等大悲闡提ノ菩薩阿利耶梅怛利等ノ　」
□□ノ如来法身大士地蔵竜寸等ノ無仏世界ノ能化善師
地涌千界発誓弘経ノ諸大菩薩鶖子迦葉等三明
六通之諸阿羅漢慶喜善吉等四双八輩ノ諸賢聖衆
尸棄大梵憍尸迦等ノ諸天天竜八部等ノ二界八番ノ
諸衆別テハ二処三会発起影向当機結縁ノ四衆
総テハ尽虚空遍法界帝網世界海世界数ノ微尽
刹土ノ一切喜悦界処ニ皆々暫自給信心大法主トモ《大施主トモ》
抽テ一心清浄誠ヲ凝《専》シテ三受相応志平等大会一乗妙法　」
蓮華経二部法性最底金光明経両部八巻ヲ書写シ
螺貝之面上営テ供仏施僧之行願ヲ席開題開眼単
席ヲ事有リ其意趣何者生者必滅ハ一向起之習也貴
餞誰人カ免タル之ヲ諸行無常三有界之習也賢愚何輩
避之者哉自本雖知此理ヲ始此事莫不悲伏惟ハ
過去ノ悲母尊霊恩徳尤深シ宿コト腹中十月更致廿八

転之煩ヲ遊コト膝上ニ三年費ヤス百八十石之乳海ヲ大海雖モ
深ト彼畳金輪之上ニ迷過雖トモ高ト須《頂》憐切《刹》多之雲
恩義之深高コト敢テ先可期而已爰以常思食シキ千秋安 」
穏ナリ致水菽ノ養ヲ一期長遠シテ営ナムト晨昏之孝ヲ
此間去年今月之天老病暗催テ身ハ共ニ朝露ト消ヘ
命ハ伴テ夕煙ト登九空ニ御シキ自爾以来音信絶テ三百
余日如《若》入重暫之中隔見参十二ヶ月似伏炉炭
之上ニ千行之涙未乾一周忌景既ニ満タリ徒ニ歎テ何ニカ為セン
空ク悲テ無理由不如例テ三宝之境界ニ奉訪後ノ冥途ヲ
不シ如カ仍励シテ一心ノ丹誠ヲ追孝善根ヲ所営給也冥途
境異ナリ使者モ不可至死生遠隔レリ音信モ不可通ス仰テ
不断ノ慈悲代ヘ冥途長夜ノ使ニ以一乗金言ヲ擬ス黄 」
泉音信之消息ニ仰願三宝界会若悠知恩報恩ノ志ヲ
過去幽霊ヲ往生極楽ノ前途ヲ必令遂給トナリ委旨ハ奉譲
三乗ノ知見ニ日記状ヲ可奉読上歟
次願文　次経ノ題名　次発願　次四弘　次諷誦
次教化　次説経
般若心経ニ有数ノ訳遍覚三蔵　不浄三蔵　般若三蔵等ノ
八家ノ訳有リ其中ニ世流布ノ般若心経ヲハ空海和上ハ鳩摩
羅什三蔵ノ所訳了ヘリ行程モ克ク文モ言不幾ラ四家十六
会ノ肝心般若二十年源底也故ニ上界ノ諸天ハ甘呂(露)ノ法 」
味ト納受シ下界神祇ハ無二ノ重宝ト崇之ヲ者也所ニ
為法楽荘厳ノ所奉転読也委スルニ不能
仏ハ四智三身五眼蔵御坐ス先四智者大円鏡智平等
性智妙観察知成所作智也如次ノ宝経花開無量
寿鼓音仏也胎蔵界八葉ノ中ノア・アー・アン・アク（梵字）
種子也
五眼ト者肉眼　天々　恵々　法々　仏眼也肉眼者ト被障
細遠色ヲ縁ス天眼者三千世界之内外麤細色ヲ縁ス
恵眼者随仮入雲ノ意ヲ縁ス法眼者随雲出仮ノ「　」 」
仏眼者ハ真無為理ヲ縁スル也
三身者法報応ノ三身也先法身ト者有仏無仏性相常然
里《理》無来無去不生不滅法也喩以凝然常住ノ妙里(理)在■
則源無改ル事如空真欠リ法有情非情無隔コト此里(理)ニ迷ヲ云
衆生ト此理ヲ悟ヲ仏ト申ス衆生ニ是ヲ云蔵理ト仏ト顕ヲ法身ト申ス
名前異ナル許也更ニハ其所一也覚悟遅速許也遂ニハ皆悉可
□事也次報身者自受用身ハ理智冥合ノ身万状荘厳ノ姿タ
□□更証ノ仏唯仏与仏ノ境界也　次他受用身ハ修円無際ノ

仏実報花理ノ意也万行万善ノ修因ニ畢テ尊持相好ノ身ト」
口調ヘリ地住已上為菩薩一ノ普賢行布ノ二門ヲ説キ全ク縁座
法門ヲ不交ヘ一次応身者勝応身高貴体方便土ノ境ニ
或八万四千ノ相好一同居見堪タリ劣応身ハ同般若土ノ教主
随類一応同ノ姿也大少随時一ニ教化浅深ニ任ス凡四弁
八音ノ理ヲ吹尺梵諸天モ随喜ノ袂ヲ飜シ三十二相花ヲ貫ク
鬼畜修羅モ渇仰合ス掌此則応身ナリ三身者粗如此
此ハ諸仏ノ総居也別ハ率都婆〔如常〕
次金光明経ノ書写ハ是四巻金光明経也将尺此経有三
同初大意者此金光明経ハ言語道断ノ法不可思議□ニモ」
□且趣縁ニ一事相ニ説之一ヲ四仏世尊常ニ不護持ヲ一組□ノ
鎮ニ恭敬給処也故滅罪生善ヲ以此経ノ大意ト為次尺題目
梵云修跋拏婆頗婆鬱多摩因陀羅遮闕拏修多
修多羅ト一漢土ニハ云金光明帝王経ト今略帝王ノ二字ヲ一只云
金光明ト一以此王字一喩十重三法ニ一所謂道識性般若等也
或金光明ノ三字ヲハ法報応ノ三身トモ云法身般若解脱三徳秘
蔵ノ妙理トモ云仏部金剛部蓮花部ノ三部諸尊トモ云也
第三入文判尺者此経一部四巻十八品也始自如是我聞一
□□寿量品天竜信相菩薩室一序分也随爾時四仏下」

□□空品為正宗分一随四天王訖経一流通分也品々大旨
□□懐自記ノ宿章疏ニ一雖然一寿量品ニハ於如来善命
経相菩薩致疑問一ヲ依テ信相ノ疑問ニ一四仏世尊忽ニ顕現仏
寿命常住不滅ノ様《ヤウ》ヲ説給ヘリ懺悔品ニハ妙幢菩薩夢見
金鼓所説一ヲ説懺悔偈一ヲ四天王品ニハ四大天王菩薩廿八使
之無量鬼神共ニ於仏前一流布此経一ヲ処ニハ一切ノ災難悉ク
令消除一誓給ヘリ大体存略一ヲ如此浮テ方于船筏ヲ
渡三有ノ苦海一ヲ耀テハ大乗ノ金光一ヲ照四生ノ冥暗一ヲ以
□姓ノ月輪一ヲ解紅蓮之水一ヲ灑制底之智水一ヲ「　」」
□熱之炎一ヲ彼ノ張布カ位シ扇一ニ孝未扇恵風一ヲ「　」
妄想之炎一ヲ羨臣カ汲水一ヲ養尚法水ヲ湛テ不洗業障
炎一ヲ然今扇テハ金光明恵風一払五障ノ非器之炎一ヲ湛テ
法性制底智水一ヲ洗幽霊十八章ノ堀一ヲ伯羊カ脱シ
衾一ヲ亦是有何益一カ只無上ノ法衣ヲ可奉也王祥カ
扣氷一ヲ営ミ思ヘハ夫無由一醍醐《タイコ》ノ法味可備也誠和濃
両明此経ノ勝利ハ掲焉ナル者也過去悲母〔慈父トモ〕之幽霊成仏
□□計コト有功能乎」
（一面白紙）」
□法花経三段〔如常〕大意　尺名　入文判尺略之ヲ本迹

二門大旨如此但此経ハ諸経ノ王レハ是諸経之王ト説ケリ
更ニモ王許リ目出事ハ候御辰旦天竺ノ王ニカヽル可ニ妨ハ
鬼畜修羅ノ王尋可ニ非ス日本帝王誠ニ目出御坐ス
一天君十善ノ主ト成レハ百官万乗ナヒキニ随テ綸言ヲ進
事者或ハ官位ヲ望ミ或ハ重過ヲ犯ル者長下ニ申公卿ニウ
タルハ叶事十ニ一也一人之帝王ニ申ツレハ重過ヲモ許シ
高官ヲモ授給爾前帯権ノ経ハ更ニ参儀公卿コソ候メレ
地住已上ノ位ヲ望モ叶事十之一也五逆十悪ノ過ヲハ」
□法ト云テ逆罪犯人ヲハ三界ニ獄ニ捨テ敗種ノ二乗ハ永不成仏ト
宣テ四向四果ノ聖人ニ起住已上ノ加諧ヲハ目外トコソ見レ□経コソ
調達カ破法輪ノ罪ニ依テ無間獄ニ禁獄ニ忽ニ獄門ヲ開テ首
楞厳ノ法味ヲ与ヘ二乗ハ敗種ノ者ニ依テ永滅放下平等大
会之除目ヲ行ニ初住無生ノ登天ヲ遂ク是コソ爾前ノ経ニ短ク事ヨ
サルテハサハ恭敬供養ノ誠ヲ致御ス罪障雖有不及逆罪ニハ
殺生者ニハ似トモ慈悲闕ニ非ス成仏ノ望モ何ノ難事カ可有無二
菩提無疑事也サレハ神力品□(説)於我滅度後応受持此経等
□(説)タリ　於我滅度従ヨリ二千余年ノ末々法ノ此時当リ」
□受持此経ト説リケル訪問ノ幽霊コソ御ナレ決定ノ言誠
偏無有疑ノ重言誰人カ□之ヲかし此品時舌紅蓮ノ

吐テ梵天之イラカニサシハサミ給シ事此言疑カハセシカ為也不以
筒竜女ハ海底鱗也妙法功ニ依テ正覚ヲ南方ニ唱
過去幽霊ハ人間ノ女人也法花書写ノ力ニ依テ往生ヲ一向□
遂ム彼ハ戒品フナウ仕テ海底ニ沈シ事八千年一乗ノ力ニ依テ
初住ノ悟ヲ眼前ニ開是ハ五戒修因ニ翻テ人界ノ生受タリ
是遂八旬ノ身後ニ往生ヲ乎　荊谿大師尺ノ見候ヘハ
他経但記菩薩不記二乗但記男不記女等尺給ヘ」
サルテハサハ花厳阿含方等般若等ノ四時五教ハ思ヘハ何ニカせん
女人成仏ノ儀ノ候ハネハ一句半偈ナレトモ一乗法華経コソ
大切ナレ五障三従ノ女人モ成仏得道器ト説タレハ善悪
不二邪正一如談爾前帯権ノ経ニハ永事切タリ須臾聞之
即得究竟金言ハ今経ヨリ事起レリ然則過去幽霊
五障之雲晴四智月輪朗ナリ三従之霞消ヘテ
三明大覚日輪赫奕シ御坐ト也
抑没後ノ追善ト云事尤可修事ニ候也女故ハ仏経
□者仏行テ八大地獄ニ見廻給事候レキ然ニ」
焦熱地獄ヲ令見給シニ堕五人ノ悪人地獄釜ニ一人ハ
□□(サト)許云テ底ニ沈ミ一人ハ涌出テ僅ニハト許唱テ又沈一人
独ト許云テ沈ヌ爾時江臥尊者其言ヲ不聞知ラ奉問仏ニ

此罪人何事ヲカ候ソ仏答給ク沙ト申ハ娑婆ニ有リシ時善根ヲ
不修事ヲ口惜ケレト歎スルカ不言敢沈也一人婆ト云者
娑婆ニ子共有覧為我急亦修シテ善根ヲ助ト云也云々以彼ヲ思之ヲ
過去尊霊モ若三途ノ暗冥迷御ハ、孝子等相接テ
修テ善根ヲ訪助給ヘトコソ思給覧況一周忌ノ善根ト申
事ハ尤可修事ニ候須修十王経ヲ見候ヘハ一年過此転」
辛苦六道輪廻仍未定　男女□(修)斎福業因　造仏
造経出迷津文《ム》意ハ一年モ過キ時節モ重ラハ娑婆世界ノ
様ニ有モ付ヘキカト思候ヘハ設昨苦ニハ今日増コソノ悲ハ
今年勝様御ヒ六道輪廻モ不定娑婆孝子等ノ訪ニ
依テ苦患ヲハ可免事ニ候トコソ御メレ加之一周忌ノ日ハ炎摩王
宮ヨリ一人ノ冥官ヲ遣シテ此人ノ薫室ヲ何様ナル所行カ
有ト令検注給ナリ冥官娑婆ヨリ還テ此人家ニ殺生放逸ヲ
為ト申セハサテハ無暫ノ子息ヲ養育シ立タテタリトテ八大地獄ノ泥
梨ヘ遣ス若此人薫室ニ有此人ノ供今仏経□□」
□雖モ罪深ト天上浄土ヘ遣候也然則今日炎摩□□
共娑婆ヨリ来テ過去尊霊ノ御為ニ何様ル善根カ修給ト具見
給覧冥官ノ実見無私修大善根ヲ給ト答申覧
炎摩王裁断無偏頗定天上浄土ヘ可往生謀《コトハリ》給覧

過去幽霊モ何計カ随喜涙難禁御坐覧トコソ思ヘ候ヘ
然一乗妙法蓮花経首題名字ヲ説僧異口同音シテ
挙御坐スニ過去幽霊於雖生死無疑事ニ候其故ハ今日
善人男子昼夜ニ常ニ以殺生ヲ為業ト更無他念」
敢テ不修一善ヲモ時有一人沙門教テ云更ニ汝ヲ一生間ニ偏ニ
以悪業ヲ為身業ト命終ノ後ニ遺三途薫里ニ無疑付
見哀悲ク覚ユ汝相接テ南無妙法蓮花経ト唱ト云此時ニ
鬼呵嘖テ云汝ハ遊□モ不善ノ物カナ妙法蓮花経トハ何事ノ有様ソ
有リ何ノ故カ我ニカヽル無キ由無益ノ事ヲハ有ソト云テ大罵詈
誹謗ス其後ニ件悪人運命已尽キ炎摩王庁ヘ召シヌ暫ク
見居レハ無数億ノ罪人炎摩大王ノ御前列居タリ冥官冥
官定テ罪人ノ善悪業ヲ随業ノ体ニ各分遣六道ニ其
□造善業ヲ往善処ヘ輩□有也万カ一也造悪」
業ヲ堕三途ニ物無数也不可称計爰件男思様ハ
□一生中ニ偏以殺生放逸ヲ以宗ト以邪見慳貪ヲ
為能ト定行無間地獄ヘ事ハ無疑サルテハ善根ノ由ヲ妄語シテ
免テ地獄ノ報ヲ思居タリ時炎摩法王遥ニ見遣テ是様ハ彼
者ハ極悪不善無極者也早無間大地獄ヘ可追遣ル
爾時ニ男聞此事ヲ天地夕塞《クレ》テ不覚者モ成ヌ更思遣ルニサコ

ソハ候ケメ夫尋無間地獄有様ヲ七重鉄城固周テ億千
釼ト交ヤキハウヲ七重鉄網厚覆テ千万火聚乱下ル十八ノ
□接テ無間モ刀林廻四面ニ高盛ナリ三熱ハ熾燃シテ焼ク　」
□熾□ハ纏五体ニ無復コト廻シ眼ヲ見四方ヲ馬頭牛豆(頭)ノ
恐形無シ情ケ埒テ耳ヲ聞ハ四維ヲ炎摩法王ノ呵責ノサキラ
□量処モ行住坐臥語黙候シカ所縁所行モ無非コト苦ニ
落ヲチハ々ハ可キカハ有出期ノ一中劫間預ル一日一夜万死万生ノ苦ニ
罪報ト云物凡無可翻尽様モ更ニカヽル浅猿処ヘ堕沈ナハ
戴熱鉄ノ火輪ヲ送多ノ星霜ヲ伏猛火ノ底ニ過サム若干ノ
春秋ヲ許悲シキ事カハ可有ル爰件男随本支戻リ事ナレハサリトテ
□ルヘキ事カハトテツイヒサマツヒテ気冷ノ中様ハ吾ハ存生ノ時ニ
□□(妙法)蓮花経一巻読人也サリトモ猶可遣地獄ヘ歟如何　」
□□之無悞何輒ク地獄ヘ罷リ向ト高シテ声ヲキラ〱シク陳
□□時炎摩大王俄ニ従七宝ノ床下リテ忌テ百千砂ヲ拝シテ
此男ヲ其様吾従劫初已来勘無数罪人ヲ未曾聞
妙法蓮花経ト唱ル声ヲハ汝前生ニ雖無悪不造ノ者ト今既ニ
唱ツ不思議経王ノ首題ヲ一巻読ト申ヲ猶虚言ニテ雖可蒙
不除罪報ヲ経王威力難思シテ一度《ヒトタヒ》モ依奉ル唱其首題ノ
□字ヲ功力ニ衆罪ハ悉如消カ霜露朝日ノ光ニ汝早可往

□□□ニ器カ成レリ々レハ此程ノ事ニ凡不及左右ニ事也心爾時
□炎摩法王ノ御前ニ件罪人カ依正倶ニ事賛テ何事モ皆　」
□□文有様ニ成ヌ所以ニ三熱大地ノ上ニハ灑八功清浄水ヲ
□□炎下ニハ扇テ解脱清涼ノ風ニ十八牛頭ハ拘テ膝ヲ傍居
□□ヒシハ成テ業ト徒ニ有リ熱鉄ノ丸ハ成テ禅悦ノ味ト宛口ニ
掛縄ハ為自然ノ宝衣ト纏身ニ立所ニ已ニ指西ヲ去凡所音ノ
及無数億ノ罪人皆離苦得楽云々然則依沙門ノ教ニ乍不
信ノ心一度聞シ首題ノ名字ヲ其功力スラ尚《ナヲ》如此何況運誠ヲ
致志ヲ為過去悲母聖霊ノ書写供養功徳ニテ所以ニ須臾モ
□□必備三菩提ノ台ヲ刹那モ運思ヲ定テ顕一仏乗ノ
□□□依之染紫毫ヲ写妙文ヲ輩ハ受果報於尺天ノ　」
「　」ヲ初聴聞ヲ之類ハ得快楽於梵王宮ニ更ニ
□□入妙典無二無三経王也一部八巻ヲ捧頭ニ薬王
薬上大法主使トシテ届幽霊ノ生処ニ御坐ス廿八品当額ニ
十羅刹女施主訪ト云テ幽霊得脱ノ謀リ御坐ト也有頂ノ雲
上ニハ退没ノ苦悉《患》永止メ無間ノ煙底ニハ三熱苦ヒ永抜カム
□道六道同帰仏道ニ三乗五乗等シク為ラム一乗　仰承歟
□□教主尺迦多十方護念説善逝五青蓮然恕時ヲ悪悲眸ヲ
「　」之丹誠ニ依一座講演ニ成就二世大願ニ

(214)

故起煩悩事

湛睿

(表紙湛睿筆、本文他筆)

袋綴装　一七・一×一四・一cm（一六函四号）

故起煩悩事

問七地以前菩薩故起煩悩事為已伏煩悩将
如何若已伏煩悩者任《スルニ》已折伏現種子無能《ノ》
理《ハリニ》雖菩提力争可有《ル》生果功能耶若無功
能者故越《シテ》何為耶是以瑜伽論中在皮麤《カハ》
重皆悉永断能令一切上中煩悩皆不現行云々

已下《ノ》品第十巻○煩悩不伏之知《ヌ》故起《ノ》煩悩未伏《ノ》惑《ナリト》云事
況云初地已上能頓伏尽《ト》已上云伏尽《スト》之可知
有《テ》未伏《ノ》惑可故起事若依之爾者未
伏《ノ》種子其《ノ》力不損失《セ》任《テ》煩悩《ノ》自力《ニ》定《テ》可成過
失何又立《テム》故起名言《ヲ》耶是以論中第十能頓伏尽而
不為失云々故起《スル》已伏《ノ》惑《ヲ》旨明也如何
答雖有異義可故起《ス》已伏《ノ》煩悩《ヲ》初地無漏現
行位《ニ》何《レノ》煩悩《カ》不違《セ》聖道云《フ》第十令永不行如阿羅
漢豈《ニ》有所証《ミ》残煩悩耶若爾者已伏《ノ》惑《ト》云事無疑
一辺《ノ》難勢是為証《ト》已折伏現種子無能者付
煩悩者是別書也不可為疑《ト》但於瑜伽論者下品煩悩者
汎爾異生所論之菩提サタ故起○已伏《ノ》惑《ノ》上《ノ》微細《ノ》
一用也還《テ》已伏《ノ》証拠也次論《ノ》已上《ノ》言者子島
作二尺第二《ノ》尺《ハ》同最勝《ノ》疏彼《ノ》尺意已上伏《スル》
故起《ノ》煩悩《ヲ》也更《ニ》非有《ルニ》未伏《ノ》惑歟可答申
重難云初地已上無漏現行故惑任性《トシテ》更不
可起之然為《ニ》助願受生起之《ヲ》故云故起煩
悩更不可依■《ル已》伏已折伏《ニ》種子《ノ》自《ニハミラ》無其《ノ》用
争故起《セン》之耶若雖無《シト》用以《テ》願力不思議令

有用者雖無煩悩可有殺生等事人殺生未必起嗔如取魚鳥菩薩利生何仮煩悩耶一依之可知必作不饒益事去依威力者留下品可故起之何故起闕自力惑耶可知」

瑜伽下品煩悩者是也是次七地以前雖受変易身何不助衆生苦如八地以上然而留分段者悲願之至為代受苦衆生苦也故無力変易身無代受苦習也悲願不破此理已伏煩悩亦争令有生果功能哉所詮有下品煩悩未伏指置之云故起已伏惑事似無言詮是随テ故起未伏惑之義菩薩戒本菩薩若用耎中品纏毀犯四種他勝処法不捨菩薩浄戒律儀上品纏以犯即名為捨云々」

瑜伽菩薩地聞之若故起已伏煩悩者初地以上頓伏者所依所知已断能依煩悩○断随事歟初地断貪第二地断嗔者仁王経説也疏云七地以前尚起貪嗔等■豈三地已上無貪嗔耶此疑何義雖不可遁付今義難思四是次一辺難以論文為已伏方文随以之可被備証拠歟彼能頓伏尽上中煩悩前七地中雖暫現起者下品煩悩也指已上言所摂云下品煩悩也非初地言所摂上中惑更下見已伏惑五是惑已伏除為」

試彼力無性摂論常為已伏証若爾者難思已伏惑不起故寧還試□耶付未伏惑起之試得意叶文理更無相違六是

答已伏惑云事論最勝疏誠以明也初地伏煩悩時潤生々果功能悉伏之乎文種子上功能不可有旨如疑但依悲願之力助生果功能菩薩勝能也不可有背已折伏現種子無能之理云難但於未伏惑可故起之難一■旦雖可爾無未伏種子之上可背故起名言雖有旧旨不如故起ト云已伏歟」

付之無能種子令有功能者雖無煩悩可殺生又雖変易身可救苦云二難々遁但八地已上雖救衆生苦大悲深重之余留分断不如代其苦薩埵王子不任化肉以自身施餓虎故最勝疏化自身施益物事故云々以之為潤色歟無煩悩可殺生云難者其事非難其事可有故但菩提薩埵者以誠為和殺生等事可依嗔煩悩故起嗔煩悩也次瑜伽○下品煩悩者一惑上有三品功能雖留下品

其惑ハ已ニ上中二用被伏了故全非未伏也
問八地以上若有殺等事者雖無煩悩一其事成
就七地以前何必依嗔一耶　答菩薩加行必雖発
悲心一正断命等時者露弊其心一依無慙等一
発殺等業一也於八地以上一者非例一純無漏相続
位無可起煩悩非相例一 一義 或又無殺生等一也
位已異也不可等一若一切皆同者悲増菩薩
留分段一有何由一耶説法利生事勝以前一故
末世有殺等事以他命尽期一今見殺等事一在
之歟」
問深位菩薩顕神明一殺《スル》　悪人一事在之一豈非八地已上
所作一耶　答彼命尽等期令見其事一為止後
悪一示現也実非殺之一ヲ 已上二難乎 次菩薩戒（本か）□文非
相違一任惑自力一起之一捨菩薩戒一今依悲難一故不
捨戒■品一也次最勝疏尺事先子島尺初地已上文一
作二尺初尺ハ於初地入心云初地一住出云已上一第二尺
以惑力一起初地伏之一為故意一起七地以前随宜一伏之一ヲ
私云対初地一云已上尤可通二地已上言不可限初
地一依之一引最勝疏此文与後義云々上綱存第二」

尺歟此尺意断所知後不可故起能依煩悩
問若爾違尚起貪嗔等尺一　答種類無量也更
不可違一付重仁王経等一相配之一初地行施一故
維貪一第二地重戒一故断嗔一等也然而三地所
断欲貪尽豈非貪耶疏十本即由五欲起
貪多住散乱障於定及修恵文第四地微
細煩悩現行障又通貪也疏等取我愛云々
次上中煩悩等者上中品功能也下品者故
起煩悩也於一惑有無量種類於一義一功能」
無量也依増勝用一故已伏也■残微細用者故起也地
前漸伏也 頓伏之中又非無頓漸一最勝疏ニ初地□□者漸伏也 ○今依永伏故意不能令起者頓伏也四地身
見等也断所依所知一乎能依惑不起也
漸伏頓伏有種《シュ》 種 ○異義略之一畢
私推図取

暫伏一 観恵勢ヲ以 以令不行
永伏
漸伏一 多類功能漸次伏 一障功能漸頓伏
頓伏一 多類一時頓伏尽 一障功能究竟尽
多類漸頓対
一障漸頓対

上人後御案云々
初御案者漸伏暫伏同也頓伏永伏同也云々

問 初地已上々々言通七識一歟若通者豈不未伏一耶
私推 別尋疏文如彼論説○一切上中煩悩品皆不現行云々
以違略纂等ニ一
一義云不依下品者第七惑也六識ノミヲ云上中一第七ヲ
為下品歟唯識義十巻記云章意以惑力一現
行スルヲハ乍三品一歓喜地ヲ伏尽故上中下品皆不現行文
然七地以前ニハ以故意一起下品煩悩ヲ一不起上中煩悩ヲ一
故大論文唯云上中皆不現行一不云下品一故不違文
准此尺一可会疏及伽摂相違一歟 已上私推取意書了
遁倫記引景法師義一上中煩悩已伏一為衆生故
起下品煩悩時起之一云々取意此記意者故起煩
悩者通伏未伏一也上中煩悩故疑之一云也大意歟
一故起煩悩性事一沙汰也如尋思抄
已上知足院御草也

故起煩悩事 大夫得業草 縁《エン》円

問付菩提薩埵勝行一且七地以前菩薩故起貪
等煩悩一事ハ為起已伏惑一将有テ未伏煩悩可
起之一耶両方 若已伏惑者已伏惑者
対治所損ノ法更難起貪等ノ作用一為済度利生一
起貪嗔等惑一事尤可云未伏惑一耶依之一本論瑜
伽中十地菩薩下品煩悩留述タリ所故起貪嗔等
尤可開未伏煩悩一耶 若依之一爾者未伏惑過失
尤重ノ法何可云雖暫現起而不為失一耶依之一論
中上説全永不行一畢故起所伏惑一見タリ詮ニ此事ハ
地上未伏有ノ無諍也有ハ者尤可起之一耶而
依淄洲大師解尺中一思地三煩悩伏位一ヲハ伏煩悩一
者依断同体ノ所知一十地所断雖但所知倶犯《ホン》不
行即通二障此心也而所地障地々漸次断之一一度ニ
不断之一後々地ノ所知ト同体煩悩前々ノ地ニ可有之一
初地ニ入時諸煩悩伏尽云事大違解尺一是
依之一論中判初地以上能頓伏尽置以上ノ詞一若
一度ニ伏者何云已上一耶頓伏ノ詞永伏也頓伏永伏
一云事学者常註也更非一度ニ伏事一地々間
永伏尽ルヲ已○伏尽上ト云也同ナリ所知障乃至十地法永
伏尽文一煩悩已上ノ言ハ当所知十地ノ言一ニ煩悩頓伏ノ
言ハ同所知永伏詞二是次初地無漏一被押一一切煩
悩伏者初地一切所知リキ可伏之一非地々障一煩悩尚々
被押初地無漏一ニ況於十地所断所知ニ耶答爾

地上所起一故起所知歟故起テ必開已伏惑一故々起
所知之事全無跡一事也不可云不起所知判一
故起煩悩必依所知一故又所知ハ地々ニ漸次伏ト見タリ
違論文二三是次故起名言開已伏惑一至極ノ理
備之一事大ニ不爾雖未伏惑凡夫惑障任性」
起之一地上ニハ雖有未伏ノ惑観心相続不可起一故起
云事也アヤマテ天性ハ未伏ナルヲ凡夫自然誤テ起ニ殊ニシテ
以故起二云故起一トコソ覚フレ争依故起ノ名一ニ忽已伏起トハ
聞ル四是
已上縁円得業草也

(215)

(表紙・本文湛睿筆)

亡者資益施主事＼　睿之

為父一悲之

此日諸人落涙法皇御感云々

遠忌追善弁

後白河法皇於最勝光院被修之

聖人至于百代ニ一被祭一事＼

得遠忌之追報ヲ一為有徳之人ト一事＼

子孫前死老父修追善事＼

粘葉装　一四・二×一三・六cm（四二八函一七号）

一部称揚一軸科段取要
所意之
捧講演所生功徳者偏奉
資本願聖霊ノ菩提ニ一廻向＼
已年旧リムタリ上品生ノ蓮ノ
匂幾重ヲ薫修又日深

安楽土之月ノ光リ已ニ窮レル者哉」
然而御志之至御願之忝サハ
毎年今日ヲ毎迎御ス必
開此大伽藍之扃ニ弥陀
尊之宝前ニ供具克調道
儀新荘　僧徒列襟ニ臨
幸必成御テ此御八講
厳重ニ勤行シ御次第薫修」
実ニ旧タル事テ候ヘハ　定知
安養界ノ晴レノ空ニハ月輪歴テ年
弥澄ミ蓮花台ノ露ノ光リ荘
厳随テ日ニ増進御スラムト云事
アノ聖人ハ百代マテニ被ルト祭申
是カイミシウ爰ニ被思合候」
爰被思食譬ヘハ宿善
厚身ニ果報無ウ止コト成リ御シヌル
人是ハ無キ跡ノ報恩夢ノ
後ノ訪是カ不絶常被レテ
勤行久ク被レ問後世ヲ被ル、

荘菩提ヲ以之為シ実トノ聖徳ト」
イミシキ果報トハ申事テ
縦ヒ目前ノ幸無ク双ヒ生タル程ノ
栄ヘイミシウ甚見ル人ナレトモ
若眼閉チ息絶ヌル後チ跡ニ
無慕恩ヲ之人成ヌレハ七々」
四十九ノ暗キ道ニ独リ悲テ無ノミカハ
憑方又月忌遠忌毎年
廻来レトモサル事アルカトモ人
全不知ラ不思ハ之悲　是ハ在
生ノイミシキ慶ヒ栄ヘサレハ
ケフハ還テ恨ノ基タル事テ」
サレハサハ無下ニ後世又不問ハレ
之輩ハ皆魂去テ捺梨之
釜ニ沈ミ念々叫フ声ノミ猛シク
骨ハ化シテ成路ノ辺ノ土ト年々
春草生　姓モ不存知名ヲモ
不被知ス何レノ世ノ人トタニエ分テ
得ヌ事テコソ候ヘハ存日ノ栄ハ」

実ニ夢ノ中ノ戯後世ノ遺
恨ハ却テ無可キ尽ク二之世一モ事テ
候ニ高モ賤モ若其身已ニ
隠去ヌル之跡春秋雖積一
歳月雖旧一猶有追修
追善之栄一モ有忌日報
恩之訪一モ是カ実ニ目出カリ」
ケル事テ是ヲカウ以テ被問
訪一実ニ有徳之人トハ申タル
＼聖霊安元ノ秋雲ニ玉体
早隠御テ星霜已積年
歳月実旧リムタル事テハ候へ
トモ今日各御念仏○
我君必臨幸此道場此伽藍ニ」
御テ僧徒諸共ニ過去聖霊
出離生死往生浄刹証大
菩提ト奉唱廻向一御事
御薫修已ニ罷成リムタル十五六年一
ヤラム

聖霊御遺徳之忝於焉
実ニ弥被思知一事テ候付テモ＼之一猶」
悲雖尽一者＼此高倉先院
聖霊ナトテカ早隠御シムシ
＼安元二年ノ秋ノ別レ恋慕之
涙未シニ乾一治承五年ノ春ノ空ラ
昇霞之悲又相加ヘシコト＼先帝
聖霊若マタニ保チ御マシ丶カハ」
此御八講尽未来際ノ御願
主トシテ報恩謝徳之御勤メ
是ヲハ実ニ向後遥《ユクスヘ》カニオホ
ツカナカラス君モ奉思食譲
御ヘキ事コソ候ニ＼尊儀
永ク絶蓬莱洞之中一ニ仙骨
早埋香竜寺之辺一リニ御シムシ」
事テ候へハ只我君独及御テ
七旬御齢一毎年執《トリ》行此
御八講一ヲ御次第倩思連《ツ、ケ》之
候ニ実思惨然トシテ摧肝一ヲ

サレハ聖霊自極楽浄土ノ中
央上品上生之台ノ上ニ明カニ　」
奉照此事御テ一　御追修之
忝幾許受悦奉随喜
納受ニ御ラムト覚ヘ候サレハ
付之ニ本願《過去》聖霊定被
思食ニ候ラム我君《大施主》御宝《寿》算
弥万才ニ々々ヲ奉テ重ニ此追　」
修追善之御訪遥猶竜　」
（後欠）

(216)

（標目湛睿筆、標題・本文他筆）

「（湛睿筆）　」之人恩愛難捨事
（湛睿筆）善知識是大因縁ニ事　」
小納言致正入道因縁《夫婦離別》

折本装　一四・六×一一・八cm（三三九函四八号）

「　」少納言
「　」候ケリ年来世ヲ
厭□志シ深ク候ケレトモ其次テナクテ
罷過候ケルカ或時比ハ八月計ノ
事ニテ月クマナク空ラスミワタリテ
野ニモ山ニモナカメワヒヌル心地シテ

心ゥスマシツク〳〵トキ《コ》シ方行末ノ　」
事マテ思ノコス事ナク我
身一ノ秋ナラネトモチ、ニ物
悲シク覚ケルマ、ニハ抑我身
終ニウキ世ノ中ニナカラフル事ハ
⊓　⊔事ソカシ今日有ト
⊓　⊔待ヘキ露ノ命カハト
⊓　⊔ヲモシメ苔ノ　」
⊓　⊔サム事ノミ
⊓　⊔覚テヤカテイカケ
⊓　⊔洗ヒケツリ愛
候ケル気色サスカニ怪ク見ヘ候
ケレハ其ノ北方ニテ候ケル人是ヲ
見テサメ〳〵ト泣候ケレトモ何ナニト
云事モ候ハス又致正モ申ス事モ　」
□□《ナシ》、其夜アケニケレハ、取装《シャウ》
束《ソキテ》、例ノ出仕リ候ハヒキツクロヒテ、
先、東宮ノ御方ヘ参リテ、其後
法成《性歟》寺入道殿下御許ヘ参シテ、

⊓　⊔ヲ申サレタリケレハ、
⊓　⊔哀ナル事ニ被テ思食一、水
⊓　⊔シテ□ハセ候ケリ、
⊓　⊔被仰一ケレハ
⊓　⊔給リテ涙ヲ押ヘテ
⊓　⊔ケリヤカテ僧賀(ママ)
上人ノ御許ヘマイリテ如ク本意一
髪ヲオロシテ麻ノ衣身ヲ任セテハ
候ケレトモ　サスカニ志シ深カリシ
北ノ方ニシテ行ナントタニモ申シ置事　」
無クテ立出シカハ何カニ恨ミシク思覧
又タ、ナラヌト聞シ物ヲナムト思出
サシテツク〳〵トナカメカチニテ
勤メ行フ事モ候ハス只物思タル
サ⊓⊔中ニ涙クミテ居チ候之間
⊓　⊔人是ヲ御覧シテ御辺ハ
⊓　⊔家ヲ□□難離一　」
(中欠)
⊓　⊔

ニテ御坐シ時アソハシ置給ヘル

御文コソ候ヘトテメノ子ノ

□宰相殿トテ候ケルカ彼ノ

□出シ涙ニ咽テ僧賀上人ニ

□リケリ上人哀ニ悲シク

様マテコマカニサハクリテ後

彼ノ白骨ノ頸ニ懸ケ限リノ時ヲ

□クキノ跡ハカリヲ懐ニ入テ立

帰リ小納言致正入道ニ見セラレ

タリケリ家ヲ出シ時マテハ柳

髪遠黛ノマユスミ朱丹芙蓉ノ

貌人ニモスクレテ枕ヲ並

心ヲカヨワシテヤサシカリシ形ノフ

カシ纔ニ卅余日隔テ、ミシ

ニモ有ラヌ白骨ヲ彼北方マテ

見ルヘシト思サリキ生者

□□会者定離分段遷反ノ

□眼前ニアラハレテ悲シ

覚ケルニ又懐ヨリ文ノ一取リ出シテ

是コソ北方ノ最後御文トテ

伝ヘラレテ候ヘトテ与ヘラレタリ

ケルヲ致正入道引ヒラヒテ

跡モサタカナラス又涙

消ヘケルニト覚シテ打ニシミタル

文字モフリ筆モサタカニ不記

涙ニ目モクレニケル給トモソコ

ハカトナク ユカメル所モ有リ是ヲ

見テクレ心迷テ暫打置テ

涙ヲ流シケルカサスカニ猶ユカシクテ

又引ヒロケテヨメハ

ウキ身一ツ、ツラサナレハ人ヲ

ウラミ奉ルヘキコトノ葉ナラ

ネトモ タトヒマコトノ道思食

入ラセ給トモナトカ今一トタヒハ

露ノナサケトモ思食日来ノ

ムツヒト思食ハカナキ御

詞ヲタニモカクト知ヤ給ハサリ

ケル思食メシステラレ奉リ思ヒ切リ
給ハム人ヲ留メ申ヘキ事ニモ
アラス只ナラヌ身行エタニモ
御覧ハテ、打捨給ヌレハ
中〳〵ニコトノ葉ヲヨハヌ心地シ
ナカラ只今我身ノ空シキ空ラノ」
夕《ユフ》煙リトモヘ登ラム事ハ
不顧《カヘリ》ミ只御行ヘノヲホツカナサ
アヘナサノミ心苦シクテ思ヒ
結ホヽレ候ヌル故ニヤイト、
病モヲホリ力ラモヲトロヘテ
已ニ限ニテコソ候ヘ今ハ此ノ
世ニテ見奉ル事ハ夢ニタニモ」
憑ミモ候ハテ独リ闇ラキヤミニ
コソ迷イテ候ヌレ心ノ中ノハレ
マナケハ涙ノ露モ争テカ書
可留ナムト書テヲク也
カキクラス事ノハノミヲ形ミニテ
露ノ命ノ消ムカナシサ

致正入道是ヲ見テウツフキ入テ」
涙ヲソ流シ候ケル此ノ事ノ心苦シクテ
コソ一スチニモ不行一ハレサリツレ今ハ
何事ニカ此ノ世ニ心留ル事アル
ヘキト思ケレハイト、道心ヲ堅ク
発シテ貴トク行ヒケルカ猶又宮
コノ事ノ少シ心ニ懸テ三条ノ
院ノ東宮ト申ケル時召仕ハレテ」
殊ニ御目カケラレナレムツヒマ
イラセタリシ事常ニ誰忘ワレス
覚候ケレハ
　君ニ人ナレナ習ヲ奥山ニ
　入テノ後モ恋シカリケリ
東宮御返事
　ワスラレス思イテツ、山人ヲ
　シカソ恋シク我モナカムル
トアソハシテ被タル召御衣ヲ
ヌキテ御消息ニ相副テ被遣一
タリケレハ涙ヲ抑《ヲサ》ヘテ袖ヲシホ

(216)

リ候ケルヲ僧賀《(ママ)》上人御覧シテ
東宮ヨリ御衣給ハレタル人ハ
仏ニ成ルカ此ノ意ニテハ如何ラカ
生死ハ可望給一ハチシメラレテ其⌊
後ハ一助チニ行ナヒスマシテ
往生ヲ遂タリキ⌊
（中欠）
⌈　⌋サマヲ替□仏道
⌈　⌋ニハ心ニ入レテ行ナヒ
⌈　⌋本意ナレナト
詠《ナカ》スカチニテ涙クミ給ヘルソ
旧里ノ恋シク思ヒ出テ給カ有リ
マヽニノ給ヘト被仰一ケレハ致正
入道申ケルハマコトニ如仰一⌊
日来ノ本意ニテ候シカハ世遁レテ
此ノ御下タニ候程ナレハ争テカ再タヒ
旧里ヘ立帰ムトハ存候ヘキ　又
仏道ヲ行セシトハ何《ナニ》故ニカ思候ハム
⌈　⌋之時生《ウミ》月ニ当リテ

⌈　⌋戸何ナニトナク日来ヨリモ⌊
⌈　⌋殊ニ心ヲハケニ
⌈⌋セ候テハ中〱ニ障リ
⌈　⌋モ覚ル事モヤ
候ハムス覧ト存候テ白地ニ出仕シニ
出ル由ニテヤカテ加様ニサマヲ
替リ音信《ヲトツレ》ヲモ仕リ候ハネハ生《イキ》テヤ
候覧死ニモヤシ候覧タノモシカ
ルヘキ我身タニモ行ェナク⌊
（一丁分空白）
⌈　⌋算僧都ノ⌊
申⌈　⌋僧候ケリ我身モ
類《タクヒ》ナキ貪シク候ケレハ母ヲハクヽム
力モ無シ其母ワヒシサ無申限一
候間此僧都ヲアツカフ便リモ
□也或年ノ春雪イミシク
フリ積リテ人跡絶タシ間ヲトツル、⌊
人モナシ　ヒタスラニ煙絶テ殊ニ
心思キ年有リケリ京ニ母ナル人ハ

(D) 補遺

一人アレトモ　ムケニタヘ〴〵シキ
サマナレハ中ヲ〴〵ニ心苦シクテ殊
更此ノ有様ヲ被レ聞レ思ヘリケルヲ

□サヲヤ思ヒアリ

□恩有リケリ宮コタニモ
跡タヘタル雪ノ中ニ雪深キ峰ノ
スマヒサコソト推ヲシハカラレ
テ心苦クコソナムト細ニ書テ
サマ〴〵ノ菜ナムト取ソヘテ
ホカヒヲ一具送ラレタリケリ
思ヨラヌ程イト哀ニ難有
覚ユル中ニ此使ノ男マメヤカニ
寒気ニテ深キ雪ヲ別テ来タレル
有様見モイトヲシク候ケレハ
先火ナムト□キテ此以テキタル

□食物ヲシテ候ハセテ候ヘハ

□ハラ〳〵ト涙ヲ落シテ

□食候ハサリケルヲ僧都怪ク
思何カニナト食テ泣ソト
尋テ候ケレハ此男涙ヲヲシ
拭ヒテ申ケルハ今此参ラレテ

候物ナヲサリミナモ出来リ
トモアヒモ便リナキ御事ニテ
候間思食メシワヒテ母御前ノ

（中欠）

□□□方ニ尋ォサセ給候ツレ

□イヤシカラス時ニ用クレタリ

□是モ又思ノ外ニ年来
□□ワタリケル妻ハカナク
成リテ歓漸クヲコタル程ニ
此女ヲ哀イカテモ思ヨリテ
申ケレハ　イナム事ナク父母
ヤカテ領掌シ候ヌ此女ハ
此事ヲ聞ョリサマ〴〵ニ有ルマシ
キ由ヲ苦ロニ辞シ申ケレトモ
親ノ心ニ随カハヌ限ナキ罪ハ

⊓⊔ミツカラノ心ニコソ
⊓⊔事ニ思トモ争テカ親ノ
⊓　⊔候ヘキ不叶ハ一
⊓　⊔知ヨリモ
⊓　⊔ハト
⊓　⊔ウリニ　⊔
⊓　⊔今ノ
⊓　⊔行候ケレトモ袖ノシツク
⊓　⊔ナシカヽリケレトモ
置□□近クナリニケレハ其歎ノ
色ハサラヌ様ニモテナシテ悦タル
気色ニ成リテ車ヨリ下《ヲ》リテナヨ　⊔
⊓⊔歩入リテ軌《キ》張ノ前ニヨリ
（中欠）　⊔
何事　ヤサシキ事□ノ候
ケレハ父母モイツキカシツク
事無申限一カヽリケレハ高キ
⊓　⊔　⊔
⊓　⊔也⊓　⊔

此男心サシ深ク又トキ者⊓　⊔
候ケルモ誠ニ理深ク見ヘ候ケリ
カクテ互ノ志シ深クテ三年月《トセ》モ
スキ候ヌレハ月日ノスクルマヽニハ
⊓⊔無類一ヒノミ覚ヘテサマ〳〵
不浅一契リ署ノ事ノ葉シケク　⊔
候ケリ　カヽル程此男病ヲ受テ
従イク程無クテ終ニハカナク
成候又此妻有ニモ有《アラ》ヌ心
地シテ悲ノ余リニ命モ可絶一
見ヘテヨソニ見人モ胸クルシク
覚候ケリ月日ハ改トモ別ノ涙ハ
⊓⊔モナシ父母是ヲ見テ　⊔
⊓　⊔ワスノ種ヲタニモ
シケル　戸《ト》ノ屋《ヤ》トノ軒ナレ
カシト覚テ心ニカヨハヌ事ヲイ
タク歎テモ何ニカハセムナムト申シ
ナクサメテ　スコシ候ケリ
□□郭奕《エキ》ト云人候ケリ

（中欠）」

居タル事カク気色ヲ見ルニ
今ノ男ノ心ノ中ウレシク覚事
限モ候ハス又物ナムト申タル
詞ハニ付テモハツカシクノミ覚ヘテ
忽ニマチカクヨルヘキ心地モ
セス　ヲクセラレテ無左右一モ」
帳台ヘ不入此男良久ナル
程ニ落ヤコヱノ鳥モナキ袖ニ
落クル鐘ノヲトモシ候ケリ

此男モヲクシテ已ニ夜アクル程ニ
成ケル時此女房ナニトナク
心地ノ用事シニイツル体ニモテ」
ナシテ身近キ女房独リフタリ
計リ具シテ片方ノツマトノ内入ヌ
彼コニテイタク打泣テ女房達ニ
合テ申ケルハ我ウセニシ人ノ
契ヲ思フニツカノマモタヘ忍ヘキ

心地モセネトモ親ニ背ク罪ヲ
恐レテナマシヰニ是マテハ来レトモ」
又フタリノ顔ヲ可キニモ見アラス
草ノ隠ニテモサコソ恨メシク
思ラメトイヒモヤラス涙ニ咽ツ、

（中欠）」

「　　」

西ヲ不ヌハ知一何ナテ計事カハ有ラムト
サケヒテ泣悲シム由ヲス兵忽ニヨテ
□□ヲモ若□ヲモサシ□シテケリ」
其後程嬰ニハ重ネテサ〳〵ノ財宝ヲ
与ヘキ此敵心安ク覚ヘテ疑カヒ危フム
事無クテスクシ候ケリ此ノ時
程嬰件ノ金ハ財物ヲモチテ
左大臣ノ北ノ方ニ奉リテ如ク忍一ソタ
□□若君已ニ十五ニモナリ給ヌ
忍ヒテ元服シテ名ヲハ趙武ト「　」」
武勇人「　」長良ニモ「　」
養由カ百撥百歩ノイキヲヒヲ伝

焚会ヵ鴻門ニ入ショリモ武クシ已ニ

勢ヲモヨシテ程嬰ハ副将軍トシテ

親ノ敵ノ屠岸賈ヲ打落シテ

父ノ跡ヲツキテ趙武ハ生年十七ニ

シテ左大臣ニ成ニケリ世ヲシツメ

□ヲタテヽ後程嬰心安クウレ

シク覚テ此趙武ニイトマヲ乞テ

死ヌヘキ由ヲ申シケレハ趙武大ニ

驚テ何カニ汝我ヲ幼ヨリ今日マテ

ハクヽミタテヽ親ノ跡ヲツキ敵ヲモ

ホロホス事偏ニ汝ヵ力也我

生々世々　此恩難報

イカニ何事ナキ人ノ御

コ□□□ニイカニ何事ノ心ニカナハ

ネハカクハ恨ミ給ツト驚キサハキ

テ申シケレハ程嬰申ケルハ

我昔シ杵臼ニ契ツテ云ヘル事アリ

汝ハヤスキ付テ先ッ命ヲ失ナフ我ハ

恩ノ深キニヨリテ難キ事ニ退縦ヒ

□汝ヵ共ヲハスヘシト申タルヘキ

然ヲ今君ニ於テハ心安ミ奉ル此

時我若残リ留テ富ミサカヘテ

死ナスハ已ニ杵臼ヲスカシタルニ

似タリ亡魂ノ思ハム心ノ中コソ

□カミケレ賢人ハ二言ナシト

□　　　□留ルヘカラスト□

□　　　　□行テ云ク汝何カニ

我レヲヲソシト待ツラム功名已ニ称ヒ

遂ヌ不レハ退位ヲフ会ニ害ニ不如早ク

汝ヵ契ヲ果サムニハト誓テハナタル

劔ヲ口含テ杵臼ヵ塚ノ上ニ倒レ

臥シテ死ニケリ趙武ハ此ノ事ヲ

見アヘナク悲シク覚ケレハ我モ

諸共ニ死ナムトソ悲シク覚ケレハ

歎ケルアマリニ歎ノ色ヲ顕サハ

トテ三年マテ色ヲキテヌク事

無クシテ泣悲シミ候ケリ年

月ヲフレトモ更ニ懈タリ候ハス

（E）追補

涙《ニソ》ヲホレテ候ケル思《ヒ》知《ル》

□□誰□□《マント》カヽルタメシヤ」

「　」習カヽル思深《キ》事《ヲモ》

只歎ナカラコソスクシ候ヘ如思《ノ》一

報《スル》事ハ難叶候」

（二丁分白紙）」

（中欠）

「　」彼□□サクリ求候

「　」此男ナニトモ思ワカス

「　」候ヌレハ其《ノ》ヲモカケモ

「　」タル悲《サニ》テ其跡《ヲ》見《レハ》」

「　」ヲ落《シテ》帰候ニケル

「　」□《ヲ》取《テ》細《ニ》見候ケレハ

「　」髪《ノ》乱懸《リ》タリシヲ

「　」ケル文《ノ》ヤルニ露《モ》

タカヒ候ハスサテモ彼《ノ》モトヒハ

サナカラ焼ハフリシ時煙《リト》ナリシ

カハ留マルヘキ故《モ》ナシヨニ怪《シク》」

覚《ヘテ》アリシ　ヤリノコシノホムラヲ

取出《シテ》ツキテ見《ルニ》聊《モ》

タカワス其《ノ》文《ノ》片ハシニテ」

（以下白紙）

(E)追補

(217)

為先妣廻向表白（仮題）

（表紙欠、湛睿筆）

折本装　一三・〇×九・七cm（四二一函三三号）

御願一々ニ無違失スルコト一
先妣聖霊往生成仏
之御廻向更不有疑
ト覚候
（後欠）

」

（前欠）
□因忝クシテ得人間
栄耀之勝報御ノミカ一
宿善潔クシテ一乗修行
之熏習カタ〱積玉ヘリ
現在安穏後生善処ノ

」

（218）

彼岸七ヶ日布薩表白（仮題）

（表紙欠、湛睿筆）

折本装　一二・五×一二・〇cm（四二一函三九号）

斎日《ナムトニハ》殊可
受《ケ》持《ツ》戒《ヲ》一経論中
遍《ク》勧《メ》励《シテ》之一候且《ク》
先挙一経之説候者
地蔵菩薩教四因縁十
王経云

（正）□和二年二月晦日金―布

（前欠）

行一本《ト》＼以防悪発
善之妙理一殊為戒
体候間止悪修善之
勤《メハ》専以戒行一為本一
候＼仍如是一彼岸時（六）□

(219)

開悟得道因縁（仮題）

（表紙欠、湛睿筆）

折本装　一二・一×一一・八cm（四二一函四三号）

（前欠）

仏法勝利ハ逆縁尚
不空一カラ之上ヘ謬テ我等
無始ヨリ迷真執妄シテ
流転無キ際一是マテモ可キ
開悟得道一ス之因縁ナルソ

ナムトカ深奥之所談
ソレト申ハアノ嘉祥《勝万宝窟上》大師
解尺ニ世間ニ有レハ一夕之眠
則有一朝之覚一既有生
死ノ長夜一則有朗然ノ
大覚也《可訓尺之》
是ト申ハ菩薩「　　」
決定可成仏一「　　」
又於菩提一趣セト決定シテ可証
得一之誓一涅槃経説
一切衆生《一切有心之類》悉有仏性之
旨一我身ナカラモ於已一ニ勿レト
軽メ賤一シウスルコト説キ教ヘ御
一切有テ心一動ハ《ハタル》カリノ
類深ク信シテ我レ必ス可シト成
仏一ス努力々々不可軽メ賤一ウ
ト説タルハ是候

(220)

持戒功徳（仮題）

（表紙欠、湛睿筆）

粘葉装　一三・〇×一二・八cm（四二一函六七号）

（前欠）

□(常)在三昧之仏心㆒ヲモ＼□根
未熟ナレハトモ不可□(早か)下㆒スカ身
不トモ及㆓不退崛㆒＼何況今
梵網経モ衆生受仏戒
遂ニハ三学円備
至ラント万徳円満之位㆒ニ＼大ニ立
志ヲ㆒堅ク発シテ誓㆒不有ルヘカ
滞リ㆒辺㆓ニ落ツル㆒一門ニ㆒之義ハ
候＼イカニモ仏法ハ信解真正□
ソレ＼ニ付テ今ハ又⎾　　⏌
一門ニ申セハ＼今経ニ衆生受
仏戒即又成仏位々同大覚已真是諸仏子
其＼持分ハ指当
賤ク⎾　　⏌
是ハ直ニ以戒法㆒全
名仏体㆒ト
其ノ戒法ヲ直名仏船
⎾　　⏌
楽念仏仕⎾　　⏌可持戒善之
⎾　　⏌
⎾　　⏌
因此

（後欠）

(221)

為母七々日忌廻向表白（仮題）

（表紙欠、湛睿筆）

折本装　一三・〇×九・八cm（四二一函七一号）

（前欠）
爰《理趣》護持禅定女大施主
由迎有縁亡魂《悲母聖霊》七々之忌
日一為耀無上菩提《菩提涅槃》如々
満月一＼苦修供仏施僧之
福善一同宮《御シテ》講経誦《妙経頓》
呪《写》之恵業一＼開題演
説《シ》称揚讃歎《セシ玉ノ》
因《ミ》＼擺密壇一兮調理
趣三昧之軌則一借
曼荼一兮致三十七
尊之供養一＼作善慇懃
也功徳甚深也＼三宝
定《テ》納受諸尊必哀
愍＼方今
（後欠）

（222）

金沢某寺本尊供養表白（仮題）

（表紙欠、湛睿筆）

折本装　一三・〇×一一・七cm（四二一函七四号）

無垢界之風此外調
山海之珍饌供一寺
之苾蒭皆是鄭重
作善無非広大之勝
因
康永三―三―十三―　金―

（前欠）
因所讃歎者当寺
常住之本尊也朝
望於知足天之月
所頓写者霊山開
顕之真文也追跡□

(223)

（表紙欠、湛睿筆）

某檀越供養表白（仮題）

折本装　一三・二×一二・一cm（四二一函七五号）

（前欠）

懐候
依百部転経之微功ニ一尚
現世ニ一開テ除病延命之
花報ヲ一後生ニ感ス往生
極楽之妙果ヲ一
└

況ヤ＼依千部転読之
薫修ニ一何ソ無下成スル現当二
世之悉地ヲ一得ルコト中頓証菩提
之大益上＼何況彼ハ只一人
狭少之独善此ハ即諸人
同心之恵業ナリ＼定知
大法主ヲ奉始メ一与善合
力僧徒檀主一
＼横ニ十方竪ニ三世共ニ
感シ無辺ノ福寿ヲ一尽シ
仏界ヲ一窮メテ生界ヲ一同ク証シ
如空ノ菩提ヲ一御事

（後欠）

└　└

(224)

（表紙欠、湛睿筆）

廻向理趣三昧供養表白（仮題）

折本装　一二・九×一一・五cm（四二一函七六号）

（前欠）
念《修》仏《福》念《修》法《善》誠心既不浅一カラ
供養恭敬済度定テ有
憑一即＼因テ其ノ廻向ノ梵
席二ニ方ニ修此ノ理趣三
味一＼抑理趣三昧者
舎＼那内証之実是
金薩心腑之般若也
宣＼フ秘要ヲ於字々一ニ実ニ
括ス諸教之大綱一ヲ摂ム
奥義ヲ於文々一ニ卓躒セリ
余乗之弘軌一ニ＼勤
精スレハ衆罪忽ニ滅シ
読誦スレハ万徳悉備
実＼是開悟得脱《滅》第
一之善根抑又報恩
謝徳無双之恵業ナリ
云此一＼云彼一顕密ノ功徳
莫大ナリ得《頓》□《悟》即《頓》□《証》聖《霊》
（後欠）

（225）

法華経縁起（仮題）

（表紙欠、湛睿筆）

折本装　一五・一×八・五cm（四二一函八五号）

（前欠）

霊山会上菩薩声聞悟《リ》一乗妙法之」
深旨《ヲ》一預《テ》当来成仏之記別《ニ》一
面々被達《セ》菩提先途一候其《ノ》
歓喜之余且為《メ》奉報《シ》仏《ノ》恩
徳《ヲモ》一且為果自分《ノ》弘経利物

之大願《ヲ》一歟各々於仏《ノ》前《ヘニ》一今《ノ》
法花経《ヲ》可弘通《ス》一之由《ヲ》自《ラ》

（後欠）

（226）

（表紙欠、湛睿筆）

三宝供養表白（仮題）

折本装　一五・二×一一・七cm（四二一函八七号）

（前欠）

一方
讃仏講経之庭
付法蔵中一切聖人（僧宝）殊ニハ。
乃至尽虚空無辺法界現■現
前同相別相住持等ノ一切
三宝ニ而是

（後欠）

（227）

（表紙欠、湛睿筆）

某子廻向表白（仮題）

折本装　一二・五×一二・〇cm（四二一函九七号）

（前欠）

経中説云為親為子□
世縁互有修善皆獲
益文意ハ凡成親□□（成子）
全非恩愛妄執一旦
之因縁ノミニ哀子ヲ孝スル

親一ニ皆是多生宿善
共業之所ナリ果一依之今
為メニ親一ノ修ニマレ功徳一若ハ為子一ノ
□□ニマレ善根一互ニ善縁一ト
皆得功徳一ヲ共帰一如一ニ
同ク成仏道一トコソ候メレ
実ニ経文モ不明□□
又道理モ必然□□
（後欠）

(228)

（表紙欠、湛睿筆）

某廻向表白（仮題）

折本装　一二・八×一一・〇cm（四二一函九八号）

（前欠）
菩提有憑一
若爾過去（聖霊）——出離生死
不廻サ踵一スヲ証大菩提如ナラン指スカ
掌一ヲ然則寂静安楽之
都中ニハ花増シ上品蓮台之荘一ヲ

（E）追補

等覚無垢之山ノ上ニハ風払
無明之雲ヲ乃至
（後欠）

（229）

某供養表白草案（仮題）　（表紙欠、湛睿筆）

粘葉装　一五・九×一一・二cm（四二二函一〇二号）

（前欠）
不可⌐　　⌐
界而已╲今南贍部州
□
（後欠）

(230)

（表紙欠、湛睿筆）

読経作善釈（仮題）

粘葉装　一二・九×一〇・三cm（四二一函一〇四号）

（前欠）

讃歎セシメ玉フ\仏則普遍賢善
之大聖徹果一ニ該因一経又開
権顕実之妙典即シテ真一ニ示真一
此\外普賢\行願品梵網
心地戒本光明神呪大タラニ

或転読或唱誦\作善慇懃
也
（後欠）

(231)

功徳善根釈（仮題）

（表紙欠、湛睿筆）

粘葉装　一二・八×一一・三cm（四二一函一〇五号）

（前欠）

凡功徳善根者本是真
善妙有之法《ナレハ》順益違
損雖因縁有《リト》等差其《ノ》
所《ノ》修一切《ノ》善法無《レハ》不《コト》自然《トシテ》
帰順《セ》本性《ニ》得生浄刹［　　］
菩提共《ニ》以決定《シテ》更無疑候 」

（後欠）

(232)

衆生界釈（仮題）

（表紙欠、湛睿筆）

粘葉装　一四・八×一〇・三cm（四二一函四四号）

（前欠）

□□衆□
若円教即一切衆生並悉
旧来発心亦竟修行
亦竟成仏亦竟更無
祈成具足理事
然《ルヲ》若於衆生界《ニ》少分《トシテモ》 」

（後欠）

(233)

法華功徳（仮題）

（表紙欠、湛睿筆）

折本装　一四・七×八・五cm（四二一函四〇号）

（前欠）

仏則今此三界之教主也
立五百ノ大願一救我等ノ患難ヲ一
経亦開闡一乗之妙典也
開四仏知見示成仏ノ直路
＼仏経共最勝也功徳豈」
唐捐哉

(234)

某説草押紙（仮題）

（表紙欠、湛睿筆）

粘葉装　一三・七×九・六cm（四二一函六二号）

（前欠）

今此三界○可訓尺
＼本誓悲願ノ殊ニ深娑婆ニ一
済度方便ノ専ラ切我等ニ一
御事滅諦之金言誰致疑有心之
輩何緩帰依一哉＼薬師三」

（後欠）

(235)

某供養表白（仮題）

（表紙欠、湛睿筆）

折本装　一三・二×八・七cm（四二一函六三号）

（前欠）

「　　　」

処ニ理智法帝廻灯明　」

之眸一恭敬低頭之

庭二八ノ開士垂降臨

之影納\受大法主之懇

情一成就諸聖霊之

証果乃至法界□

（後欠）

(236)

（表紙欠、湛睿筆）

某抄断簡（仮題）

断片　一五・八×四・二cm（四二一函一一四号）

（前欠）

致誠㆒擬シテ生前水菽之孝行

進メ後生善処之資糧ヲ㆒修シテ一日頓写ノ

（後欠）

(237)

（表紙欠、湛睿筆）

某草稿（仮題）

断片　四・七×三・九cm（四二一函一一五号）

（前欠）

画于水ニ㆒教導之趣不著其ノ

跡ヲモ㆒無其ノ甲斐㆒○、、、

（後欠）

(238)

仏身総別功徳釈（仮題）

（表紙欠、湛睿筆）

断片　一二・八×五・二cm（四二二函一一九号）

（前欠）

先総功徳者所証之真理
是名法身能証之円智ヲ」
即為報身一即智与大悲
随物一施益ヲ一是名応身」

（後欠）

(239)

於称名寺祈願往生表白（仮題）

（表紙欠、湛睿筆）

断片　一三・八×六・〇cm（四二二函一二二号）

（前欠）

「　　　」是殊
就テ称名律寺之清壇ニ一
専祈往生極楽之□

（後欠）

(240)

某表白（仮題）

（表紙欠、湛睿筆）

断片　一五・一×七・八cm（四二一函一二三号）

（前欠）

方便ヲハ（朱）／一切十方仏（朱）・上不知辺

際一（朱）・何況凡夫類（朱）・測度知

原際（朱）・ト説テ猶非仏智ノ境界ニ一

更以凡智ヲ一不ル可称計一広大無

窮ノ本誓悲願ニ御スソト云ヘリ

（後欠）

(241)

極楽往生祈願表白（仮題）

（表紙欠、湛睿筆）

断片　一三・〇×三・一cm（四二一函一二六号）

（前欠）

□□殊ニハ九品能化弥陀

善逝蓮花部中諸大眷

（後欠）

(242)

誓願名号釈（仮題）

（表紙欠、湛睿筆）

断片　一五・一×四・九cm（四二一函一一〇号）

（前欠）

一聞明王ノ本誓ヲ一謳カニ唱レハ大悲
名号一如影ノ随カ形一世々生々
区々処々□人片時不立離一

（後欠）

(243)

説草草案（仮題）

（表紙欠、湛睿筆）

綴葉装　一五・二×四五・七cm（四四二函一六号）

（前欠）

＼依悲涙一恋在世之生□《尽渇仰》
性一悲滅後之今一
＼サレハ花厳経欲令衆憂悲
感募。仏入滅全非捨《愍衆生》
□《（我）》等一只為誡衆生撟《（憍か）》恣厭

念之心《如来不出世亦》＼。サレハタ、何《縦雖偽》ニモ〳〵流
悲涙一奉恋《□□遠》如来ヲ一加《□モ励意》之々モ
仏ニモノト
尽渇仰可悲《返々》別離一＼凡世俗
法モ。迎恩《然憍恣厭念之誤息「　」》所之遠忌。
何況尺尊。尋《其》□□之久
弔五百《已□不□□》塵点之古ヘノ仏《如来》常
在霊山之月無隠《雲》訪其
化用一無勝国土之今教主
報仏化儀イツモ常之然□
或不為果衆生無辺誓願
度之普《本》願一或為度娑婆
為我等＼重来五濁。入三
有泥渇ノ＼水且此仮示縁謝
即滅之理二而待□□即生
之時＼サレハ恩愛之徳モ厚
サレハ迦葉尊世尊大恩。
迦葉＼依尽之頭上戴仏御
足□□□□ニ飲光□□之

□肩荷仏御手廻十方二＼一事
不違仏意一尽心致供養。
何況我当化。智積《加之 法花経》菩提我見
尺迦如来候

離＼世間《巻第四 十四》示現涅槃十義
大＼慈大悲難行苦行
□＼穢不必普度ヲ一而多クハ提
娑婆界ニ一披物ヲ悲百雖常
相導ニト一而専出大幽門ニ一利

述阿難悲歎事

如来告阿難云汝煩悩未尽
証理未窮如是悲歎歟　但
汝ハ為三世諸仏仞者得多
聞第一之称一何以＼生□有限
之入滅一強致別離無《恋慕》□之悲
歎哉　面＼如浄満月眼若
青蓮華仏法大海水伝入阿
難心吾＼一代諸教無所残

皆悉流入汝心一サレハ生者必滅
之理有為無常之旨非今
□始可驚一之事一雖因極早
□之如来一被脱三界二之旨
三世諸仏皆入滅玉事也○
阿難猶積ムルニ弥増悲ヲ一雖諫
□被シハ申一有為無常之理生者必滅
之旨非不明一○但廿五年之間
□至難仏道一尽夜朝暮之処天片時
□依之受功利請□三衣ヲ
ヒチサケテ懸千仞之峰二一
赴沙竭羅竜宮之時荷一□
凌万里之波一然間満月」
尊容物馴廿五年之
久廻⌈　⌋様蓋悲物《ナツカシクシテ》廿方
二万余日之□ヒ幾クカ視シ然
三十二相之花姿　埋□栴
旦之薪一二八十随好之月白
殊二月十五之煙ト承レハ思

惑未尽之依□其余執□
残レリ争胸モヒシケサルヘキ争
不有心一ト申テ不覚ノ涙○時
如来モ青蓮ノ眸ニ流涙一丹
（朱）□脣ニ含悲ヲ○告阿難云八十
年之有限ハ機縁有ト限一○悲テモ□之円□於今無力
二月十五日之入滅
無由一歎モ何為但我□之後
迎□○可○同之仏一々答了亦請同四事
然後眼流大悲之涙一面含
慈愛之相一沙羅林之間抜提
河之辺中春三五ノ夜半
唯遥超越入諸三昧一逐入安住
第四禅定頭北面西帰大円寂
沙羅双樹東西二双垂
枝覆仏一低ルコト如人恩物一多
変如白鶴一菩提□一化永ク隔一□□□
道常闇《トコヤミ》○失智恵之炬一生長存
帰達□之期一二三界六」

是時多聞第一ノ阿難尊者迷
惑夷方一仏法外護金剛力士
悶絶躃地三千世界六
種ニ振動シ五十二類一時感徹
大梵天王ハ急《イソヒ》テ下高台ノ国
周章ト不顧《アハテヽ》梵衆梵師之扈
従一尺提桓因騒出喜見
息喘息トアヘタヘテ不調ノヘ三十
三天之国澆一五恒河沙大
□長者朱輪耀道一七恒河
□(沙)諸王夫人金鈿烈光一
十六大国ノ諸王各相具シテ一天
八十億ノ人民一春水ヲ来リシ
四恒河沙ノ離直子皆悉殺八
万四千大象一而集廿恒河
沙金翅鳥王ハ競垂天翅一
飛来凡水神風神数多
微塵ヨリモ香象□象量過タリ
恒沙一□□五十二類

証果羅漢ハ拭涙ヲ於三衣一別
或煩悩焦胸一得忍菩薩振
声於□千一方便涙洗面一

迦葉逢仏入滅事

金□《黄金》膚変而四八之妙相既
住丹菓唇乾而八弁之
梵声亦止玉フ凡恒沙塵
数之賢聖斉涙一○嗚咽
無量無辺之人天□足一
啼泣三十三天モ　日月
星宿失光人天大会ノ
無常事実ニ大哉

別功徳事

次奉仮別功徳者

今日法会毎年雖恒例
諸衆渇仰随年一以弥新其故
応仏之相○如下
次別功徳者尺迦如来一代之

化縁多ク尽テ永ク閉円寂ノ□ヲ一
四八弁之梵声《随機巧妙》忽止テ終ニ為無
余ノ煙ト一＼四海八地　振動
三界六道
＼応仏ノ八相何レモ皆雖為メニ
娑婆我等《雑悪衆生》所垂玉フ一之化儀ナリト
涅槃《滅後無福我等》一相ハ取リ別キ殊ニ為
懲怯　怨　厭　怠ヲ一《滅後無福我等所示之方便》所示玉フ一之
方便。サレハ《其怯怨厭怠者。》何様モ懐
恋慕悲歎一悲如来入滅
尽渇仰《□慚愧》深心一責我等過失一
＼五濁乱慢之。煩悩熾盛
＼非尺尊慈悲一誰能救六
道輪廻之苦一非尺尊方便
争得超二種生死邕《ユウ》難《ヨウ》
＼十方浄土雖広一無処于
容スルニ罪悪衆生一諸仏出世
雖多一無尽＼于導クニ業障
我等＼是以過去無数劫来

徒生徒死鎮ニ　□従
冥入矣無聞仏法僧ノ化一
＼煩悩海深無底無涯
菩提彼岸遠クシテ隔雲隔
霞《カスミ》一＼是以我本師観彼《此》
衆生一哀此迷＼徒《其情》従因
行昔一至果位今一＼□ノハ
住娑婆一＼為栖一導□□
為勤一慈悲超諸仏恩徳。
五□龍王之本師。
＼但其ノ無念ニ候事
往昔結縁尚薄クシテ被漏
在世説法之砌ニ無始積
悪厚クシテ＼受滅後辺ノ鄙
之生一非但漏四十九年
之説教一ニ剰不列五十二類
之。数《衆生》＼悪業払テ□モ。
＼然今
（以下抹消）

□性活然而本無生滅
万劫　如一仏身寂
真　然冥一円四
申法　常在霊鷲山。
為凡夫結縁之而
意我本師大聖尺尊
╲語其者仏身寂□□四相

其
諸住
非但内証　寂
抑其外用亦直三世
╲次列　我本師
尺尊者久遠実成之
成之雖尽。専　大悲者
利　山　不娑婆之我等
也能垂応用於
趣輪廻之旧
凡尺尊一代之世之化相偏是本意

「

済生利物之方便八相
一代之儀式無非衆生
得度之因縁其中□
仏モ殊大慈大悲□心一
人□□モ恋慕渇仰焦
╲胸唯此ノ最後□之
一　超余相一非唯╲
在世当時大衆憂悲盛
慕　辺地末代
哀傷易趣滅後　心
誠只此毎年今日之法会
実ニ渇仰於仏
仏種善根実有謂
候凡世俗之法皆
以サコソ候我
所一或父母ヽヽ其
人　後命日　遠キ
必我報恩之勤　期哀
(以上抹消)

「

三界火宅之無父母死無海
之船師撫衆生一如一子一育
我等一過二親一加之我等
雖受辺地人身一忝列尺
門ノ遺弟一剰顕宗密教
○住《幢□》而已　持戒修善
結縁過分種智□因
　植之当来成仏
　　之其恩之重厚
徳之報縦身ヲチ、二割《サク》
恤□□砕トモ争可報
＼尽此恩是　迦葉
世尊大恩以益事
迦葉漏尽之□
（以下抹消）
＼自最初恐之故至因
円果満之今一大悲念々
増長利益塵々周辺
＼非但過去遠々《和光》利益

」

広大《同塵》一未来永々済生
利物何ツレノ無□(限)其ノ期一只
衆生無辺誓願度
衆《若有》生界尽者我度生之
願出□□尽然ルヲ衆生界
不可尽故我願モ不可尽一
＼非但　安非モ〔　〕
□願一　＼横遍三際
竪近凡至＼十方法界
無不至之　九至十世
無時　不遍
之不二モ好テ出世成道二不一
一何　入滅涅槃トモ一　中
□如来不出世
（以上抹消）
■二含愛恋之相一眼流
大悲之涙一
＼二月十五之月光浮提河之
波中夜三更之風音鳴

」

双林之梢一＼七宝所成之
床上ニ展敷尼師旦ヲ一
以来在□□一ニ告大衆言
我昔無量劫之間難行
苦行偏為汝等一
依本誓悲願適出娑婆
等悪之国一機縁有限
今欲涅槃一汝等以深心二可
□□紫磨黄金之色身
旦夜見已ナハ又再不可見一。
時大衆悲歎声
一　縦雖。与憍恣厭念之□過□□
仮示スト縁謝懺悔之理
若シ又□恋慕渇仰之
□□(僧か)無機□(興か)即生之益」
一　サレハ如来善巧有其
甲斐一在世之□哀声悲
感セシハ。懺悔之□云々」
爰弟子僧仮尺門名一成

剃髪染衣之形一聊例遺
弟之数一抽恋慕渇仰之
□(志)一＼遥想儀涅槃会之儀式一
舌鳴咽無再見之教勅
＼牛王鹿王獅子王□祇
□涙流二天衆竜衆夜叉
衆共捧花致供二＼三明羅
漢廃井(詮)儀一悶絶シ六度
菩薩休利生一啼哭＼摩耶
夫人来天上之雲二悲別一
五百諸尊従他方之霞一集
訪滅一＼只非有情界之悲歎
兼及器世間之哀慟
然今信心、、、＼祈奉図
絵涅槃会曼陀羅二展開
眼讃歎之梵筐奉荘厳
五種ノ供養物一致称揚一
座之啓白一＼常在霊山之
「　」移清浄心水一」

懸御双樹之梢葉覆
渇仰□地一非滅之滅度
雖隔二千余年一非生ノ之
生身来二月十五二ニ若爾
以今日値正縁一預当来
得度益一普依一善ノ
余慶　無辺郡(群)類
乃至　｜　｜」
凡娑婆世界受生一之我等煩悩ノ
アノ煩悩深無底生死海無辺
大海ノ水ノ湛タルコトヲ申スニハ深コト
八方由旬広コト四州ニ弥漫　天ヨリ
八十億ノ諸大竜王各降雨
閻(南)浮提二千五百河水西倶貨
州五千河水東勝身州□□(八千)四百
河水北□□(瞿盧)州一万河水□□
此四天下如是二万五千河水九
百河水悉入大海
見仏益大事

晋経三十二云一切諸仏有十種
法若有衆生見如来者皆悉
疾得十種果報等文
左在見仏之利益可会云々」
(二丁分白紙)」
遺教経事
如来讃三十二相之文一提
河催五十二類之涙世尊止
八十ヶ年之化導一群生
運二千余年之闇　自非
遺教之真文一何為衆生
之形見一　故或受持者。
読誦者。」
(二丁分白紙)」
何其者此ノ受人界善趣之身
値仏法流布之世二ニ是レカ過去
達スル之昔ヲ顧ルニモ尤当今出来
水々ヲ思ニモ難有一事テ候ナル
其中ニ先ノ人身ノ難得一事ヲ

申ニハ人間ニ受生一者ハ少爪上
土ヨリモ悪趣ニ堕在スル者ハ過
□□一尺土ニ受二人身一少ク経悪趣一多カ又横
大地ノ量一ニトテ○条今眼前ニ
候コソ候メレ地獄我《(ママ)》鬼ノ有様ハ不知
畜生道ニ取テモ至テ大身ナル契池○至テ
微細ナルクラ鳥ナレト○《人間界》先今眼前誰
御沈見事テアノ禽獣魚鳥
ロウ□異類千万
煩悩虚空ニ遍在山野河海ニ充
満テ無処隙
無処隙○《遍満シタル候》舎利弗ノ○
ソレカ人間界トテ今　□房通
四周ニ□伝ヘテ聞ク貴賤男女人ノ数
先国郡郷村トテ候且ク一郷ノ内
一村内イカニソ《ト中トモ》千人万人
イカニモ有数有限 不過候サテ其ノ郷村ノ住ノ
内ニ候禽獣魚上螻中　已大小
麤細異形万旦

只是　智ノ境界ニシテ凡智ノ算数ノ
□テ可及之処テ無キ下
増シテ日本一州ノ内唐土天竺乃至
三千大□《(千)》尽空法界ノ異朝同類ノ
無辺
海刹　内ニ有ト有ユルフウヒト
生類　事ニカ候ヘキ候
サレハ畜生□ノ中ニ取テモ先ツ此ノ今
眼前ニ見ヘ候一類ノ悪趣衆生
サル時ニ堕悪趣一ニ之衆生
善趣与人間ニ衆生比之一計之一
堕悪趣一之衆生多大地三塵
之数一ヨリモ来コト人間一受楽一之衆生
纔ニ少爪上之土一ヨリモ○サレハ此ノ
受人身一尤□□甚タ難
抑サレハ是ハイカニトソカウハムスルソ○
トヤハ所仰一苦楽之果報全非自然一
不渇惑

□□モ善悪之果因一善悪之造業
不□捐必招苦楽之果報
造業受報酬因感果必然道
理一乃至仏ニ而難道御事テ
候暫シテ凡夫畜生　　中及候
アノ苦楽之果報ハ善悪ノ業カ顕
一切衆生私モ人モ以之思之候サレハ
我等衆生所修造悪業□
多「　」羅之類希レニ又適□
羅之志モ善心ノ起ルコトハ少ク悪念
多善心少ケレハ
多造悪業一多。一日一夜中。
此条今又眼前ナル候世間ノ
有様取テモ身一人上テモ悲之一承之
「　　」
□ニ身□不下レハ□朝夕渡ル
世之計ニ費心一偏得テモ少利一継テ
力故為望ト一郡(群)生偸盗無不犯
所怖

或日夜便人之焦ニ身□□□
偏以奉公立身　無所残
「」仮「　」他物立身「」本妄語
無所憚
」

付録

（表紙、本文他筆）

為湛睿一周忌表白文（仮題）

切紙四折両面書　一六・〇×一一・五cm（三三六函九四号）

（外題ナシ）

慎敬両種十身マカヒルサナ玄刹玄数
大調御師通方洪観十々無尽称法本
教修多羅蔵等果徳常随厳会供
養等ノ深広無際ノ海会聖衆総ハ
同異類等ノ虚空容塵無辺土田
帝網重々不可説不可量ノ三宝ノ境
界而言ク方今一結諸衆迎先師ノ
候忌一講円宗満教之深理ヲ一
其志趣者
花厳者一乗窮極ナルカ之故
見聞之因曠劫ニモ甚堅ク
木叉者三学之根本ナルカ之故
受持之縁多生ニモ尤稀ナリ
而トモ先師尊霊者
内ニハ湛十玄六相之智水ヲ一
遥ニ浮西寺之秋月ヲ一
外ニハ薫シテ五篇七聚之戒香ヲ一
遠ク伝フ南山之春匂ヲ一
加之
広学ニシテ窮仏説
三蔵之数返浮テ心海一無残スコト一
多聞ニシテ明祖典

（E）追補

諸宗ノ実義極テ恵珠ヲ一無シ陰ルコト一
然間
門流挙テ浪　伝ヘ乗戒之舟船一
弟葉成テ林一　継ク顕密之梁棟ヲ一
偏ニ是先師ノ洪恩也是非尊霊ノ
原徳乎　是以
思其恩山安明モ非高一
顧其徳海巨壑《カク》モ無深コト一依之
擺テ生前多年之仏庭
展一夕開講之梵莚一
崛滅後数輩之鳳才ヲ一
刷両座論難之斎席ヲ一
嗚呼
交語ヲ一義道皆亡魂ノ之貴訓ナレハ
恋古之涙徒ニ落チ
列ル袖一法侶悉幽霊ノ之後弟ナレハ
懐旧之腸欲断ナント一
倩思作善之誠一
定廻覚霊還念之眦給ラン一

若爾者先師上人
人法々爾ノ悟
遍玄々一周回シ
自覚々他ノ願
応刹々究竟シ給ヘ
無二之懇誠
只仰キ知見ヲ於降臨之冥衆ニ一
唯一之丹祈
偏ニ任ス証明ヲ於先亡ノ玄鑒ニ一
乃至
尽空之刹土皆預余薫ニ一
無辺之郡宿同ク成セン妙果ヲ一
敬白
於金沢九間講朴問十明
貞和三十一卅日為先師一周忌　光全（か）ム

相(武)州称名寺沙門湛睿伝（『本朝高僧伝』巻第十七）

釈湛睿。字本如。不知㆓生縁姓譜㆒。少随㆓凝然㆒従㆓事羯磨㆒。遊㆓雑華海㆒。沖㆓融円理㆒。後嗣㆓禅爾㆒。為㆓戒壇院学頭㆒。三学共備。一衆服㆑徳。元応初受㆓檀請㆒。住㆓鎌倉(金沢)称名寺㆒。授戒講経。法石日盛。元亨二年著㆓教理鈔㆒。建武元年撰㆓纂釈三十二巻㆒。翼㆓解華厳大疏㆒。以㆓某年㆒卒㆓於所住㆒焉。

主要語句索引

【あ行】

【か行】

【た行】

【な行】

【は行】

【や行】

【ら行】

【わ行】

著者紹介

納冨常天（のうどみ　じょうてん）

1927　佐賀県鹿島市に生まれる
1950　駒澤大学文学部仏教学科卒業
1955　神奈川県立金沢文庫勤務
1974　文学博士（駒澤大学にて取得）
1981　神奈川県立金沢文庫長
1989　鶴見大学文学部教授
1997　鶴見大学副学長
2000　曹洞宗大本山總持寺宝物殿館長
現在　鶴見大学仏教文化研究所顧問

主要著書

『鎌倉の教学』（鎌倉市教育委員会）、『解脱門義聴集記』（金沢文庫）、『鎌倉仏教形成の問題点』（共著、平楽寺書店）、『日本高僧遺墨』（共著、毎日新聞社）、『道元禅の思想的研究』（共著、春秋社）、『伝教大師研究別巻』（共著、早稲田大学出版部）、『神奈川県史』通史編 1 原始古代中世（共著、神奈川県）、『金沢文庫資料の研究』（法蔵館）、『道元』日本名僧論集八（共著、吉川弘文館）、『鎌倉の仏教』（かまくら春秋社）、『金沢文庫資料全書』第十巻 四分律行事鈔見聞集（金沢文庫）、『天童小参抄』（横浜市教育委員会）、『金沢文庫資料の研究―稀覯資料篇』（法蔵館）、『新修門前町史』（共著、石川県門前町）、『總持寺と曹洞宗の発展』（總和会宮城県支部）、『總持寺住山記』（共編著、大本山總持寺）、『本朝高僧伝総索引』（法蔵館）、『曹洞宗大本山　總持寺五院輪住帳』（大本山總持寺）

金沢文庫蔵《かなざわぶんこぞう》
国宝《こくほう》 称名寺《しょうみょうじ》聖《しょう》教《ぎょう》 湛《たん》睿《えい》説《せつ》草《そう》 研究と翻刻

著者　納冨常天
発行者　池嶋洋次
発行所　勉誠出版㈱
〒101-0051 東京都千代田区神田神保町三―一〇―二
電話　〇三―五二一五―九〇二一㈹

二〇一八年六月十二日　初版発行

印刷 製本　太平印刷社

ISBN978-4-585-28042-2　C3081

称名寺聖教 尊勝院弁暁説草
翻刻と解題

新たに発見された一三〇点余りもの、弁暁の説草（説教の台本）を翻刻。学僧弁暁の法会・唱導の実体を伝える根本資料。

神奈川県立金沢文庫 編・本体一二〇〇〇円（+税）

南宋・鎌倉仏教文化史論

「清規」や儀礼次第書、儀礼の場で用いた文物に着目、鎌倉仏教の宗教史的・美術史的・文化史的意義を東アジア世界とのかかわり等、総合的な視点から解明する。

西谷功 著・本体一五〇〇〇円（+税）

明恵上人夢記 訳注

鎌倉仏教に異彩を放つ僧・明恵の精神世界を探る基礎資料。中世の歴史・信仰・美術・言語、ひいては広く日本文化を解明するための画期的成果。

奥田勲／平野多恵／前川健一 編・本体八〇〇〇円（+税）

天野山金剛寺善本叢刊
全二期・全五巻

【第一期】第一巻 漢学 第二巻 因縁・教化
【第二期】第三巻 儀礼・音楽 第四巻 要文・経釈
第五巻 重書

天下の孤本を含む平安時代以来の貴重善本を選定し収載。精緻な影印と厳密な翻刻、充実の解題により、その資料性と文化史的・文学史的価値を明らかにする。

後藤昭雄監修／（第一巻）後藤昭雄・仁木夏実・中川真弓（第二巻）荒木浩・近本謙介（第三巻）中原香苗・米田真理子（第四巻）箕浦尚美（第五巻）赤尾栄慶・宇都宮啓吾・海野圭介 編

本体 第一期三二〇〇〇円（+税）第二期三七〇〇〇円（+税）